Helmut Amann

Deutsche Literaturgeschichte

Vom Barock bis zum Expressionismus

Ein Lehrbuch für die Sekundarstufe II

Gymnasium
berufliches Gymnasium
Gesamtschule
Fachoberschule
Berufsoberschule

Verlag Europa-Lehrmittel · Nourney, Vollmer GmbH & Co. KG
Düsselberger Straße 23 · 42781 Haan-Gruiten

Europa-Nr.: 72708

Autor: Helmut Amann, 56112 Lahnstein

1. Auflage 2020

Druck 5 4 3 2 1

Alle Drucke der selben Auflage sind parallel einsetzbar, da bis auf die Behebung von Druckfehlern untereinander unverändert.

ISBN   978-3-7585-7270-8

© 2020 by Verlag Europa-Lehrmittel, Nourney, Vollmer GmbH & Co. KG, 42781 Haan-Gruiten
http://www.europa-lehrmittel.de

Umschlag, Layout, Grafik, Satz: Doris Busch Grafik Design, 40477 Düsseldorf
Umschlagkonzept: tiff.any GmbH, 10999 Berlin
Druck: RCOM Print GmbH, 97222 Würzburg-Rimpar

Statt eines Vorworts: Ein Wort zuvor

Literaturgeschichte – warum? Wozu?

Literaturgeschichte? Dichtung? Dichter? Sind Letztere – sie schreiben ja schließlich Literaturgeschichte –nicht jene Gestalten, die fortwährend Luftschlösser bauen, nächtliche Wolkenkuckucksheime[1] einrichten, rätselhaft meist und oft jahrhundertealt?

Und wir Schüler sollen deren „nebulöse" Werke erschließen, enträtseln, schließlich sogar in diesen heimisch werden, weil's die Bildungspolitik so will? – Wolkenkuckucksheime? Nein!

Die Wirklichkeit, Fakten und Zahlen zählen für uns!

Aber es gibt ja – Gott sei Dank! – auch Dichter, die uns im „Lesebuch für die Oberstufe" mit dem sympathisch-väterlichen Rat überraschen: „Lies keine Oden, mein Sohn, lies die Fahrpläne: / sie sind genauer"[2]. Und hat nicht schon Ende des vorletzten Jahrhunderts ein namhafter Vertreter der Literatenzunft höchstselbst den Dichter als einen der Wirklichkeit „fast bis an die Sterne"[3] entrückten Sonderling entlarvt?: „Er saß nur still vor seinem Lichte [...] / Und fieberte und schrieb Gedichte, / Ein Träumer, ein verlorner Sohn!"[4]

Und nun auch noch Literaturgeschichte? Potenzierte Gegenwarts- und Wirklichkeitsferne!

Was interessiert uns Geschichte? Wir leben jetzt. Hier und heute. Und war da eben nicht von konkreten „Fahrplänen" die Rede, die zu studieren sich eher lohne als chiffrierte Literatur? Geschichte kennt keine! „Die Geschichte ist eine Buslinie mit Haltestellen, aber ohne Fahrplan", sagt – ein Dichter![5]

Alles sehr konfus, widersprüchlich, verwirrend!

Ergo: Lassen wir's mit der Dichtung. Und mit der Literaturgeschichte erst recht. – Doch … halt!

Vielleicht liegt unser Unbehagen oder gar unsere Aversion Dichtung gegenüber darin begründet, dass der sie Vermittelnde (Lehrer) gar keinen „Fahrplan" braucht, weil er nur eine einzige Haltestelle hat bzw. kennt oder weil der für die Vermittlung zuständigen Institution nur eine ganz bestimmte genehm ist, an der wir – bleiben wir im Bild – einzusteigen haben. Die Bezeichnungen eines solchen Haltepunkts sind stets leicht auszumachen: „Was will uns der Dichter (damit) sagen?", „Was will der Dichter (damit) ausdrücken?". Friedrich Nietzsche, wirkmächtiger Philosoph und selbst Literat von Weltrang, hätte auf eine solche Frage vermutlich am liebsten geantwortet: „Wenn er etwas ausdrücken will, geht er aufs Klo!" In der Tat hat er genau das gesagt, nur etwas weniger anstößig formuliert: „Der Autor hat den Mund zu halten, wenn sein Werk den Mund auftut".[6] Will heißen: Es gibt nicht *die* eine und einzig richtige Deutung, nicht *die* alleinig richtige Interpretation. Warum? Weil es nie nur eine einzige Wirklichkeit gibt. „Inmitten der Welt der Zahlen und Fakten gibt es die Welt der Gedanken und der Vorstellungen, der Träume und der Fantasien, des Glaubens und der Mythen", stellt der Literaturkritiker Ulrich Greiner tref-

---

1   Das Kompositum *Wolkenkuckucksheim* ist eine Lehnübersetzung des altgriech. Nomens *Nephelokokkygia*. Es findet sich in der Komödie *Die Vögel* (414 v. Chr.) des griech. Dichters Aristophanes (zwischen 450 v. Chr. und 444 v. Chr.-380 v. Chr.). Dort bezeichnet es eine Stadt in den Wolken, also etwas Unwirkliches, eine Utopie.

2   Enzensberger 1999, S. 88

3   Holz 1886, S. 394

4   ibid. S. 295

5   Osborne, John James (1929-1994), britischer Dramatiker (*Look Back in Anger*, dt.: *Blick zurück im Zorn*); zitiert nach: http://www.h-age.net/hinter-den-kulissen/zitate-zur-geschichte.html

6   Nietzsche 2006, S. 397

fend fest und ergänzt: „Das Eigentümliche der Literatur besteht darin, dass sie alle diese Wirklichkeiten nebeneinander gelten lässt, gleichzeitig und gleichberechtigt."[7]

Die vermeintlich ausschließlich wahre Wirklichkeit, in der „Zahlen und Figuren / sind Schlüssel aller *Kreaturen*"[8], ist lediglich eine neben vielen Wirklichkeiten. Und gerade weil dies so ist „haben es die Eliten eines Landes, sofern sie diesen Namen verdienen, nie versäumt, Literatur zu lesen".[9]

Es nimmt daher kaum wunder, dass gerade bei exponierten Vertretern jener Profession, die vielen als Inbegriff der Pragmatik schlechthin gilt, bei Politikern nämlich, eine auffallend gute Kenntnis und intensive Beschäftigung mit schöngeistiger Literatur, mit Dichtung zu beobachten ist. Ein paar Beispiele:

Der ehemalige Bundesminister für Bildung und Wissenschaft und spätere Erste Bürgermeister der Freien Hansestadt Hamburg, Klaus von Dohnanyi, offenbart in seinem Nachwort zu dem von der Schriftstellerin Ulla Hahn, bedeutende Lyrikerin der Gegenwart, herausgegebenen Band „Gedichte fürs Gedächtnis":[10]

> *Seit über fünfzig Jahren trage ich in meinen Aktentaschen und Koffern, auf allen Dienstreisen und Urlaubswegen, eine in grünes Leder gebundene, auf federleichtem Papier gedruckte Anthologie des Rainer Wunderlich Verlages aus Tübingen mit mir. ‚Das Buch der deutschen Lyrik', eine kostbare Ausgabe des Jahres 1947. Kaum zu glauben, daß damals, mitten in den Hungerjahren und vor der Währungsreform 1948, so etwas Schönes überhaupt herstellbar war. [...] Was die Nazis verbannt hatten, steht wieder da, [...] die letzten Strophen der [...] Sammlung sind von Stefan George. [...] Ich hoffe, daß diese Anthologie auch junge Menschen an die Schönheit und Tiefe deutscher Lyrik führt, damit früh gepflanzt wird, was dann im Sturm des Informationszeitalters Bestand haben soll.*[11]

Sahra Wagenknecht, einstige Fraktionsvorsitzende ihrer Partei im Deutschen Bundestag, schreibt und doziert über Goethes „Faust".[12] Der vormalige Bundeskanzler Gerhard Schröder rezitiert nach Vorgabe der Anfangsverse mühelos Rilkes „Herbsttag"-Gedicht in einer Fernseh-Talkshow. Und im Kontext der französischen Präsidentschaftswahlen 2017 wurde u. a. betont, dass der Kandidat Emmanuel Macron, aktuelles Staatsoberhaupt Frankreichs, sich bereits in jungen Jahren mit der „Literatur der Klassiker" auseinandergesetzt habe.

Ihnen und anderen Eliten, die diesem Wort im besten Sinne entsprechen, ist bewusst, dass sie im Lesen von Texten, in denen die Sprache zu sich selbst findet, – von Dichtung also – sich selbst begegnen, quasi sich selbst zu lesen beginnen. Das Lesen von Dichtung ist neben dem ästhetischen Erlebnis immer auch und zuerst ein Prozess der Selbsterkenntnis der sich ausformenden Individualität, und eine wesentliche Möglichkeitsbedingung, um ein – sich selbst und anderen gegenüber – verantwortliches Leben zu führen.

---

7   Greiner 2006
8   Novalis 2016, S. 178
9   Greiner 2006
    Wie wichtig bzw. empfehlenswert die Lektüre schöngeistiger Literatur auch für Führungskräfte in der Wirtschaft ist, darauf verwies der Journalist und Karriereberater Martin Wehrle in seiner Serie „Führungskräfte. Das Zitat ... und Ihr Gewinn" in der Wochenzeitung DIE ZEIT. Er führt z. B. Goethes 1795/96 erschienenen Entwicklungsroman *Wilhelm Meisters Lehrjahre* als Beispiel dafür an, „dass sich Menschen von innen heraus entwickeln und nicht ausschließlich in ihrer Funktion entwickelt werden können, wie es der Begriff ‚Personalentwicklung' fälschlicherweise assoziiert." Vgl. Wehrle 2011
10 Hahn 2016
11 ibid. S. 283 f.
12 s. Wagenknecht, Sahra 2011

Zu ebendieser aktiven, originären und überlegten Selbst- und Welterkenntnis fordert der gerade zitierte Nietzsche, Meister des geschliffenen Worts, unter strengem Verdikt penetranter Imitation auf:

> *Vademecum – Vadetecum*
>
> *Es lockt dich meine Art und Sprach,*
> *Du folgest mir, du gehst mir nach?*
> *Geh nur dir selber treulich nach: –*
> *So folgst du mir – gemach! gemach!*[13]

Nur so, im Sich-selbst-Folgen, wird Selbstkenntnis allererst möglich. Um sie zu erreichen, ist die Beschäftigung und Auseinandersetzung mit Dichtung und Literatur unverzichtbar, und zwar in einer Weise, die nichts verpflichtend vorgibt, keine Bedingungen stellt, keine „Fahrpläne" kennt. Sie sollte dem Gang durch „ein unbekanntes Haus" mit „offen gelassenen Türen" gleichen, idealerweise der Leser dort „nichts Gewohntes um sich finden".[14]

Diesen Weg (Vadetecum) zu beschreiten fordert dem Einzelnen ungleich mehr ab als die Beantwortung der in Schulen immer noch häufig gestellten eindimensionalen „Fahrplan"-Frage (Vademecum) „Was will uns der Dichter sagen?"

Auch das häufig anzutreffende Bild vom weltabgewandten, den Wirklichkeiten entfremdeten Dichter ist zu revidieren. Schon ein kursorischer Blick in Briefe, Selbstzeugnisse oder Biografien von Dichtern genügt, und wir erahnen die Art, Fülle und Intensität jener Wirklichkeiten, die sie mit seismografischer Genauigkeit, intuitiver Präzision und unterschiedlichen Bewusstseinszuständen erfassten, erlebten und schließlich immer auch: selbst schufen! Nicht selten bestimmten Literaten die Geschicke ganzer Kulturen und Nationen, übten und üben Einfluss aus über Jahrhunderte, Jahrtausende hinweg. Wie prägend und wirksam Lektüreerfahrungen und Dichtung für den Einzelnen und die Gesellschaft sein können, davon zeugen z. B. die folgenden Reflexionen des ehemaligen deutschen Bundeskanzlers Helmut Schmidt:

> *Mit fünfzehn Jahren bekam ich die „Selbstbetrachtungen" des Mark Aurel*[15] *geschenkt. […] Ich habe noch am selben Abend angefangen darin zu lesen, und was ich las, hat mir gewaltig imponiert. Die Reflexionen eines römischen Kaisers, der damals bereits seit 1750 Jahren tot war, waren ein prägender Leseeindruck. Ich hatte auch vorher schon viel gelesen: Teile der europäischen Romanliteratur des 19. Jahrhunderts oder Geschichten von Mark Twain […] später die Buddenbrooks. Bei der Lektüre der Selbstbetrachtungen des Mark Aurel hatte ich jedoch zum ersten Mal das Gefühl, dass dieses Buch ein für mein weiteres Leben richtungsweisendes Buch werden würde […] Einige Jahre später habe ich das Buch mit in den Krieg genommen […] Das Buch hat mich in schweren Stunden geleitet, vom RAF-Terror bis zur Nachrüstung. Vor allem die beiden Tugenden […] sprachen mich auf der Stelle an. Die innere Gelassenheit und die bedingungslose Pflichterfüllung […] Wenn ich das Buch heute zur Hand nehme, entdecke ich weitere Forderungen, denen ich mich sofort anschließen kann – die Forderung nach Humanität und Menschlichkeit etwa oder die Forderung nach Gerechtigkeit.*[16]

Oft engagieren sich Dichter und Literaten unmittelbar in Gesellschaft und Politik, bekleiden hochrangige akademische Positionen oder politische Spitzenämter: Schiller, gelernter Mediziner, z. B. wirkte als Professor für Geschichte (!) an der Universität Jena, die heu-

---

13   Nietzsche 2017, S. 13. Übersetzt lautet der lat. Titel „Folge mir – folge dir".
14   Benne 2005, S. 158
15   Mark Aurel (121–180), römischer Kaiser (161–180). Seine *Selbstbetrachtungen* zählen zur Weltliteratur.
16   Schmidt, Helmut 2015 und 2016, S. 21 ff.

te seinen Namen trägt. Der Jurist Goethe bestimmte als Staats- und Finanzminister die Geschicke des Herzogtums Sachsen-Weimar-Eisenach entscheidend mit. Neben diesen beiden wohl bekanntesten Vertretern deutscher Dichtung wären viele andere Namen vor und nach deren Zeit zu nennen: Andreas Gryphius etwa, der wohl berühmteste Dichter des Barocks, fungierte als Landessyndikus (Anwalt), sein Dichterkollege Martin Opitz war Diplomat und Kanzleisekretär. Auch für die Gegenwart lassen sich viele Beispiele anführen: Man denke an den letzten Staatspräsidenten der Tschechoslowakei und den ersten der Tschechischen Republik, Václav Havel, an die Dichter und einstigen Staatspräsidenten Angolas und des Senegals, Agostinho Neto und Léopold Sédar Senghor, an den aktuellen Staatspräsidenten der Republik Irland Michael D. Higgins … und nicht zuletzt an den Literatur-Nobelpreisträger Winston Churchill, den wohl bedeutendsten britischen Staatsmann.

Wichtiger aber ist, sich zu vergegenwärtigen, dass Dichter – und darin besteht ihre eigentliche und vornehmste Funktion – äußerst aufmerksame Beobachter der menschlichen Verhältnisse, der menschlichen Psyche, der Gesellschaft sowie der jeweiligen Zeitumstände sind, die sie kritisch reflektieren und analysieren. Mit ihren Werken üben sie – mehr oder weniger verfremdet, oft auch direkt unter Einsatz ihrer Freiheit, ja ihres Lebens[17] – Kritik an den Mächtigen bzw. den herrschenden sozialen Verhältnissen ihrer Zeit. Zuweilen sind es auch ganz persönliche leidvolle Erlebnisse und Erfahrungen, existenziell bedeutsame Grenzsituationen, die literarische Werke initiieren und sich in diesen offenbaren. Dann gleichen sie der Perle als einem Produkt der Abwehr eines in eine Muschel eingedrungenen, sie bedrohenden Fremdkörpers. „Kunstdinge", also auch und gerade Dichtung, sagt Rilke, „sind […] immer Ergebnisse des In-Gefahr-gewesen-Seins, des in einer Erfahrung Bis-ans-Ende-gegangen-Seins".[18]

Dichter und Literaten wirken als unverzichtbare Katalysatoren auch mit dem moralischen Anspruch, den Menschen zu läutern, seine Lebensverhältnisse zu verbessern, vor allem aber ihn zur kritischen Reflexion gesellschaftlicher Verhältnisse und seiner selbst aufzufordern. Dabei bedienen sie sich einer bewusst gestalteten Sprache, sodass häufig das, was gesagt wird, mit der Art und Weise korrespondiert, wie es gesagt wird. Insofern ist mit der formalsprachlichen Gestaltung häufig ein ästhetischer Anspruch verbunden, auf den bereits der römische Dichter Horaz (65 v. Chr.-18 v. Chr.) aufmerksam machte, indem er die Funktion von Dichtung

---

17   Stellvertretend seien genannt:
Christian Friedrich Daniel Schubart (1739-1791), Dichter des Sturm und Drang. Mit seinen die Herrschenden seiner Zeit kritisierenden Schriften, u. a. mit dem Gedicht *Die Fürstengruft* (1783), machte er sich zum Anwalt der Unterdrückten. Er wurde eingekerkert und musste in der Haft Umerziehungsmaßnahmen erdulden.
Georg Büchner (1813-1837), Dichter des Vormärz, setzte sich ebenfalls für die Schwachen und Unterdrückten ein. Mit seiner Flugschrift *Der Hessische Landbote* (1834) rief er unter der Parole *Friede den Hütten! Krieg den Palästen!* die hessische Landbevölkerung zur Revolution gegen Bevormundung und Unterdrückung auf. Er wurde steckbrieflich gesucht und musste nach Frankreich fliehen.
Salman Rushdie (geb. 1947) wurde aufgrund seines Romans Die satanischen Verse (1988) von dem damaligen Staatsoberhaupt des Iran, Ayatollah Chomeini, 1989 in Abwesenheit zum Tode verurteilt, weil das Buch „gegen den Islam, den Propheten und den Koran" gerichtet sei. Für das Ergreifen Rushdies wurde ein Kopfgeld ausgesetzt, das mehrfach, zuletzt 2016, erhöht wurde. Der Dichter lebte jahrzehntelang versteckt und unter Polizeischutz in den USA. Mehrere Übersetzer seines Werks wurden verletzt oder umgebracht. Neuerdings tritt Rushdie wieder öffentlich auf.
Das im Wortsinn brennendste Zeugnis für die einflussreiche Wirkung literarischer Werke und von deren Schöpfern sind die in der Geschichte leider immer wieder zu beobachtenden öffentlichen Bücherverbrennungen. Was als Demonstration von Macht und Souveränität der Herrschenden daherkommt, ist in Wahrheit Ausdruck von deren Angst vor Macht- und Autoritätsverlust.
Die wohl bekannteste und folgenreichste Bücherverbrennung wurde von den Nationalsozialisten am 10. Mai 1933 reißerisch inszeniert.

18   Rainer Maria Rilke in einem Brief vom 24. Juni 1907 an seine Frau. Zitiert nach: Böhmer 2004, S. 166
„Der Dichter, der aus der Fülle des Glücks schreibt, muss noch gefunden werden", denn „[o]hne Trauma macht es […] keiner!", bestätigt über 100 Jahre später Adolf Muschg (geb. 1934) anlässlich des 200. Geburtstages seines Dichterkollegen und Landsmannes Gottfried Keller (1819-1890). Zitat nach: DIE ZEIT (Schweiz) Nr. 24/2019, 6. Juni 2019

in seine heute oft zitierte Formel fasste: *prodesse et delectare* – nützen und erfreuen. Die Beschäftigung mit Literatur und Dichtung, das Lesen, bietet uns die Chance, unsere Bildung wesentlich zu vervollkommnen. Der Begriff *Bildung* nämlich umfasst die Idee des ganzen Menschen[19], alle seine Seelenvermögen: Denken, Wollen und Fühlen. Im Unterschied zur Erziehung, die stets im sozialen Kontext stattfindet, ist Bildung die Aufgabe eines jedes Einzelnen. Sie ist ein selbst zu verantwortender, fortwährender, nie abschließbarer, vor allem aber – man beachte das reflexive (!) Verb *sich* bilden – individueller Prozess, ein selbstverpflichtender Imperativ. Sie unterstützt und führt uns auf dem Weg der Selbstfindung zur Selbst- und Welterkenntnis. Nur wenn man weiß, wer man ist, kann es gelingen „(unser fliehendes Daseyn) an [der] unvergänglichen Kette, die durch alle Menschengeschlechter sich windet, (zu befestigen)".[20]

Zentrales Medium dieser „unvergänglichen Kette", der Überlieferung, ist die Dichtung, i. w. S. also das Erzählen. Das Verb er-zählen (!) ist in diesem Zusammenhang keinesfalls synonym mit *sagen, reden, plaudern, mitteilen* etc. Es bedeutet vielmehr *etwas in eine Reihe bringen, eine geordnete Folge herstellen*.[21] Eine Erzählung formt also ein an sich indifferentes, zufälliges Geschehen, ein Chaos zu einer Geschichte, transformiert es zur Menschenwelt, zu einem Kosmos, d. h. zu etwas für uns Sinnhaftem. Dies wiederum bedeutet: Nur der erzählende Mensch ist ein Mensch, und nur der erzählte Mensch ist ein Mensch[22] oder, in den Worten Salman Rushdies, einer der führenden Romanciers unserer Tage: „Wer seine Geschichte nicht erzählen kann, existiert nicht."[23] Schließlich ist Erzählen und somit Dichtung stets etwas Dialogisches. Denn: Es genügt nicht zu wissen, wer man ist, wer man war, sagt Rushdie zu Recht, es muss jemand hören [oder lesen].

Wenn nun – wir erinnern uns – Geschichte zwar „Haltestellen", jedoch per se keinen „Fahrplan" kennt, dann stellt sich die Frage, wie und woran wir uns orientieren können. Wir müssen daher das Zeit-Kontinuum, die „Buslinie", bzw. das sich in ihm ereignende Geschehen, so strukturieren, dass dieses mit Sinn aufgeladen, also zur Geschichte wird. Die Sequenzen zwischen den „Haltestellen" nennt die Literaturwissenschaft Epochen.

Deren Abgrenzung voneinander ist für Literaturhistoriker aus zweierlei Gründen unverzichtbar: Zum einen können so Gemeinsamkeiten und Zusammenhänge, zum anderen Einschnitte und Umbrüche verdeutlicht und die schwer überschaubare Fülle des Materials systematisiert und geordnet werden. Dennoch erfüllen Epochen-Bezeichnungen kaum mehr als eine Hilfsfunktion. Zwar geben sie eine vorläufige Orientierung, eine absolute Grenzziehung aber erlauben sie nicht. Literaten und Werke können nämlich keineswegs immer eindeutig der einen oder anderen Epoche zugeordnet werden. Oft sind es mehr oder minder willkürlich gewählte Kriterien, welche den Beginn resp. das Ende einer solchen bestimmen. Ein Beispiel: Während etwa der Anfang der *Weimarer Klassik*[24] relativ einheitlich und begründet auf das Jahr 1786 (Goethes erste Italien-

---

19   In diesem Zusammenhang ist auf eine verbreitete Fehlmeinung hinzuweisen, die unter *Bildung* umfangreiches und fundiertes Wissen versteht. Letzteres ist zwar ein notwendiges, keinesfalls aber hinreichendes Mittel zur Bildung. Denn es kommt entschieden darauf an, wie dieses Wissen eingesetzt, angewandt wird. Beispielsweise kann man medizinisches Wissen und medizinische Forschung – wie es beispielsweise die Nationalsozialisten praktizierten – auch dazu „nutzen", um für das politische System missliebige Personen als „Versuchskaninchen" zu missbrauchen, sie bewusst psychisch und physisch zu verletzen oder gar zu töten.
Im strengen Sinne sind (auch) Schulen keine Bildungsinstitutionen. Schulen leisten zwar Hilfestellung bei der Bildung, bilden selbst aber können sie nicht. Dies ist stets selbstverantwortliche Aufgabe jedes Einzelnen.

20   Schiller 1789, S. 32

21   vgl. Kluge, S. 223

22   Harig, Ludwig, zitiert nach Greiner 2006

23   Rushdie, Salman in einem Interview, s. Neue Zürcher Zeitung, vom 8. März 2009.
Zitiert nach: https://www.nzz.ch/nur_wer_seine_geschichte_erzaehlen_kann_existiert-1.2161321

24   Die Weimarer Klassik wird zuweilen auch als zweite deutsche Klassik bezeichnet, um sie von der ersten „deutschen" Klassik, die eher unter der Bezeichnung „staufische Klassik" bekannt ist, abzugrenzen. Letztere ist ungefähr um 1200 zu verorten. Ihr werden z. B. die mittelhochdeutschen Dichter Walther von der Vogelweide, Wolfram von Eschenbach, Hartmann von Aue, Gottfried von Straßburg zugerechnet.

reise) datiert wird[25], ist das Ende dieser Epoche weniger klar und mehr zufällig fixiert: Je nachdem nämlich, ob man Schillers (1805) oder Goethes (1832) Todesjahr zugrunde legt, erstreckt sich die Weimarer Klassik über 19 oder 46 Jahre; und selbst im ersteren Falle überschneidet sich diese mit der Epoche der Romantik, im letzteren mit dem Biedermeier.

Prinzipiell aber spiegelt Literatur die (subjektiven) Weltanschauungen, (objektiven) Weltbilder und Zeitläufte wider, indem sie diesen dichterischen Ausdruck verleiht wie sie umgekehrt diese wiederum selbst mitbestimmt. Es überrascht daher nicht, dass bestimmte für eine Epoche typische Elemente ihre je spezifischen Ausdrucksformen zumeist auch in anderen Künsten – der Malerei, der Musik – finden. So bekennt der schon oben zitierte Klaus von Dohnanyi: „[A]ls ich erwachsen wurde habe ich gespürt, wie nahe Musik, Malerei und Lyrik einander verwandt sind". Ja er sieht in einem gelungenen Gedicht ein „Gesamtkunstwerk", das „die drei Dimensionen: Wort, Musik und Bild vollkommen verein[t]".[26] Ein – im literarhistorischen Sinne – wahrhaft romantisches Bekenntnis.

Die vorliegende Literaturgeschichte richtet sich an Schüler/-innen der Oberstufe und bietet einen exemplarischen Überblick über die deutsche Literatur vom Barock bis zum Expressionismus.

Sie …

- vermittelt die die jeweilige Epoche prägenden gesellschaftlich-politischen Hintergründe sowie die sie bestimmenden geistesgeschichtlichen Strömungen.
- zeigt die innerhalb einer Epoche und zwischen den Perioden wesentlichen Zusammenhänge auf.
- analysiert und interpretiert exemplarisch für die Epochen repräsentative Texte.
- demonstriert interdisziplinäre Bezüge zwischen Literatur und Kunst, insbesondere der Malerei.
- visualisiert anhand von Info-Grafiken epochenrelevante Aspekte und Zusammenhänge.
- ermöglicht aufgrund eines grammatischen und stilistischen Glossars das Auffrischen der für die Analyse und Interpretation literarischer Text erforderlichen Kenntnisse und Kompetenzen.

Die Textauswahl konzentriert sich dabei fast ausschließlich auf lyrische Werke. Nicht allein weil diese aufgrund ihrer Kürze im Vergleich zu Texten der beiden anderen literarischen Gattungen – Epik und Dramatik – im Rahmen einer Literaturgeschichte als Ganzes, d. h. nicht nur in Auszügen, dargestellt und analysiert werden können, sondern auch weil sich „jede Wandlung des Kulturzustandes", d. h. jeder Epochenumbruch, „am frühesten in der Lyrik (äußert), die stets zuerst in Gährung (sic) gerät".[27]

Kürze darf hier jedoch nicht im Sinne von bequem, *mühelos* oder *leicht* verstanden werden, im Gegenteil: Kürze ist das Ergebnis einer Ver-Dichtung. Dichtung, Lyrik insbesondere, ist quasi ein Konzentrat und erfordert immer auch ein besonderes Augenmerk auf die formale Gestaltung. Eine sorgfältige formalsprachliche Analyse und das Herstellen eines Inhalt-Form-Bezugs ist für eine begründete Interpretation und Deutung eines literarischen Werks unverzichtbar. Dessen Form ist mitnichten eine bloße Hülle, sondern ein integraler Bestandteil seines Wesens und seiner Wirkung. Nie nur geht es um das Was, sondern stets auch um das Wie des Gesagten. Zwischen beiden besteht

---

25   Hier lassen sich z. B. präzise Daten angeben: Goethe brach am 3. September 1886, nachts um 3:00 Uhr mit der Postkutsche nach Italien auf. Während seines fast zweijährigen Aufenthaltes beeindruckte ihn die Kultur der griechisch-römischen Antike (ca. 800 v. Chr.-600 n. Chr.). In ihr – insbesondere in deren Kunstschaffen – sah Goethe das Muster idealer menschlicher Entfaltung.

26   Hahn 2016, S. 284

27   Lublinski 1909, S. 194. Ähnlich äußert sich Pinthus 2018, S. V

eine wechselseitige Korrelation, sei sie nun konvergent oder divergent, affirmativ oder widersprechend.

Wer diese Inhalt-Form-Relation ignoriert – was häufig (auch) in Ermangelung lexikalischer, grammatisch-syntaktischer und stilistischer Kompetenzen bzw. aus relativer Unkenntnis literarischer Grundbegriffe geschieht –, setzt sich dem berechtigten Vorwurf einer beliebigen oder willkürlichen Interpretation aus.

Wissenschaft muss bestimmten Kriterien genügen, insbesondere denen der Objektivität, der Geordnetheit und der Nachprüfbarkeit. Ihre Ergebnisse müssen begründet und intersubjektiv nachvollziehbar sein. Dies gilt selbstverständlich auch für die Literaturwissenschaft. Doch ist bei ihr – darin unterscheidet sie sich von anderen Wissenschaften – neben der Untersuchung des Was eben gleichermaßen die des Wie relevant: „Der Inhalt eines wissenschaftlichen oder philosophischen Satzes ist das Gesagte; der Inhalt eines poetischen Satzes ist das Sagen des Gesagten."[28]

---

28   Gelfert, zitiert nach: http://www.literatur-wissen.de/Studium/Gedichtinterpretation/gedichtinterpretation.html

Grafische Übersicht der Epochen[29]

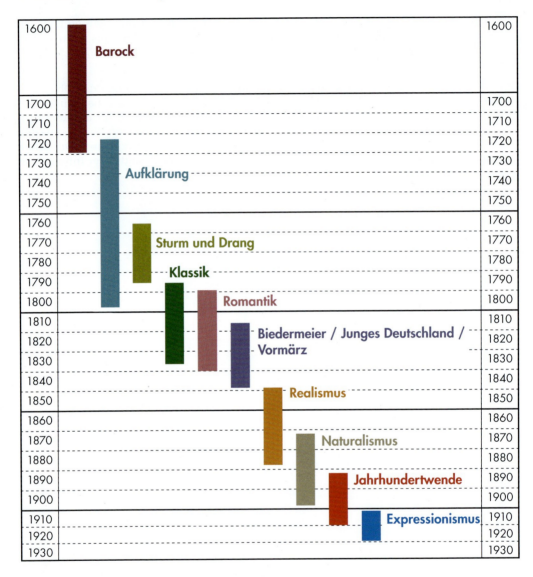

---

29   Das Wort „Epoche" ist ein Lehnwort aus dem Griechischen (ἐποχή = Epoché) und bedeutet „Haltepunkt", „(Zeit-) Abschnitt".

Die Festlegung von Epochengrenzen ist prinzipiell problematisch, denn sie erfolgt stets perspektivisch. Immer auch könnten begründet andere Zeiträume bzw. Daten gewählt werden.[30] Zudem sind die einzelnen Zeitabschnitte oft nicht klar voneinander zu trennen, da sie sich zuweilen überschneiden bzw. (teilweise) parallel zueinander verlaufen und sich gegenseitig beeinflussen.[31] Letztlich ist daher eine „genaue Scheidung der einzelnen Epochen unmöglich oder erscheint zunächst als bedenkliche, wenn nicht gar als naive Willkür".[32] Als methodische Hilfskonstrukte sind geschichtliche Einteilungen indessen unverzichtbar. Wie anders wäre Orientierung möglich?

---

30 Z. B. wird der Beginn der Klassik auf das Jahr 1786 festgesetzt, in dem Goethe zu seiner ersten Italienreise aufbrach.
Ebenso gut hätte man hierfür z. B. auch das Jahr 1794, den Beginn von Goethes und Schillers gemeinsamer Schaffensperiode, wählen können. Und was markiert das Ende der Epoche? Schillers (1805) oder Goethes (1832) Todesjahr? In der Literaturgeschichtsschreibung wird sowohl das eine wie das andere Datum als Epochengrenze angesetzt.
31 Z. B. verlaufen Aufklärung, Sturm und Drang, Klassik und Romantik teils parallel zueinander.
Das für die Aufklärung charakteristische Merkmal und Motiv der Autonomie des Menschen z. B. blieb keinesfalls auf diese Epoche beschränkt, sie beeinflusste den Sturm und Drang ebenso wie die Klassik und die Romantik.
32 Wilpert 1989, S. 252

Inhaltsverzeichnis

1. Begriff

Der Begriff *Barock* leitet sich vom portugiesischen *barocco* ab und bezeichnete ursprünglich eine unregelmäßig geformte, schiefrunde Perle. Später wurde das Wort aus seinem spezifischen Kontext des Schmuckhandwerks gelöst, erfuhr eine Bedeutungserweiterung und wurde zunächst pejorativ (abwertend) in der Bedeutung *verschroben, exzentrisch, merkwürdig, trügerisch* gebraucht.

Im Sinne eines Stilbegriffs wurde das Wort erstmals als Kategorie zur Beschreibung der italienischen Architektur verwendet, und zwar von dem namhaften Kunst- und Kulturhistoriker Jacob Burckhardt in seinem 1855 erschienen Werk „Cicerone", das sich mit der italienischen Kunstwelt von der Antike bis zur Mitte des 19. Jahrhunderts beschäftigt. Anfangs wird die Vokabel auch hier in negativer, dann aber zunehmend mit neutral-freundlicher Konnotation verwendet.

Barocke Fassade des Stifts
Neumünster, Würzburg

Kennzeichnend für die Architektur des Barocks sind insbesondere schwingende, konkave und konvexe Formen, aufwändig gestaltete Giebel, Kuppeln, Zwiebeltürme, vergoldete Stuckatur und Fensterbekrönungen mit ausladenden ornamentalen Schmuckelementen. Auffallend ist zudem, und zwar in Architektur und Malerei gleichermaßen, eine fast mystifizierende Lichtführung. Die für die Barock-Architektur typischen Elemente sollten den Eindruck von Kraft, Bewegung, Vitalität und Dynamik vermitteln und in ihrem Arrangement die Menschen beeindrucken, d. h. Zeugen der Macht und Ehre Gottes (Kirchen) bzw. der weltlichen Herrscher (Schlösser) sein.

Von der Baukunst ging die Bezeichnung Barock schließlich auf alle anderen Künste, auf Literatur, Malerei und Musik, über und wurde auch auf die Park- und Landschaftsgestaltung angewendet. Letztlich dehnt sich der Umfang des Begriffs so weit, dass man damit das Lebensgefühl eines weit über das 17. Jahrhundert hinausreichenden Zeitraums zu fassen sucht.

Allgemein stilbildendes Kennzeichen des Barocks ist die Betonung üppiger, bis zum Artifiziellen (Gekünstelten) neigender Formen, gegenüber denen das Inhaltlich-Substanzielle häufig zurücktritt.

2.   Historisch-geistesgeschichtlicher Hintergrund

2.1   Dualismus und gegensätzliche Weltanschauungen

Als Dualismus wird eine Lehre oder eine Theorie bezeichnet, die von zwei sich widersprechenden, sich evtl. ergänzenden Grundprinzipien des Seins ausgeht, z. B. Leben vs. Tod, Diesseits vs. Jenseits, Vernunft vs. Gefühl, Geist vs. Materie.

Diese Gegensätzlichkeit wird im 17. Jahrhundert besonders offenbar und begegnet in nahezu allen Lebensäußerungen, in der Philosophie ebenso wie in der Literatur und den Künsten. Theorien und Lehren von Philosophen und Wissenschaftlern sowie Entdeckungen und Erfindungen beeinflussten bzw. veränderten das tradierte Weltbild und führten zu unterschiedlichen Weltanschauungen. Der kirchliche Einfluss auf das Leben der Menschen im Zeitalter des Barocks war jedoch (noch immer) so dominant, dass wissenschaftliche Erkenntnisse, die der orthodoxen kirchlichen Lehre widersprachen, als häretisch verdammt wurden. Wer sie publizierte oder vertrat, wurde verfolgt, mit

Schlosspark Versailles

dem Tode bedroht und musste öffentlich Abbitte leisten. So wurde z. B. Galileo Galilei 1633 gezwungen, sein Bekenntnis zur kopernikanischen Lehre, zum heliozentrischen Weltbild zu widerrufen. Nichts sollte den Einfluss, die Macht und Autorität der Kirche gefährden, und so hielt sie wider besseres Wissen an überkommenen Lehren und Dogmen fest. Andererseits erschütterten neue Erkenntnisse und die Widerlegung alter Weltbilder sowie die daraus resultierenden Weltanschauungen das Selbstverständnis und das Sicherheitsgefühl der Menschen. So sahen sich beispielsweise viele durch die Falsifikation des geozentrischen Weltbildes buchstäblich aus dem vermeintlichen Zentrum des Universums verbannt und an dessen Rand gedrängt, fühlten sich sozusagen „heimatlos". Auch Veränderungen und Erkenntnisse von geringerer kosmisch-religiöser Tragweite führten zum Streit um die Deutungshoheit, verunsicherten und forderten die Menschen zu einer Neuorientierung heraus. So z. B. auch die Entdeckung des Blutkreislaufes im Jahre 1618 durch William Harvey (1578-1657). Durch sie wurde die seit 1.400 Jahren geltende Auffassung des griechischen Arztes Galenos von Pergamon (129/131-ca. 200) widerlegt, wonach das Blut in der Leber ständig neu gebildet und durch Kontraktion von Arterien bewegt werde. Harvey wurde nicht nur von Galenos' Anhängern attackiert, sondern auch von der Kirche angefeindet. Denn die Bewegungen des Herzens zu verstehen, so die kirchliche Lehrmeinung, war allein Gott vorbehalten.

Trotz solcher Widerstände sind Vorboten aufgeklärten Denkens zunehmend deutlich vernehmbar. Der französische Philosoph und Mathematiker René Descartes (1596-1650) etwa lehrte, dass die Welt aus zwei unterschiedlichen Substanzen bestehe, der Vernunft (ratio) einerseits und der Materie bzw. der Außenwelt andererseits, wobei allein Vernunft (res cogitans), also das Denken, Gewissheit garantiere: cogito ergo sum, d. h.: Ich denke, also bin ich.[33] Die Wahrnehmung der Außenwelt (res extensa) durch die Sinne indessen sei

---

33   Bei diesem bekannten cartesianischen Grundsatz handelt es sich um einen unvollständigen, weil um die erste Prämisse verkürzten Syllogismus, der vollständig lautet: 1. *Alles, was denkt, ist.* 2.: *Ich denke.* Daraus folgt 3.: *Ich denke, also bin ich.*
Descartes sagt z. B. nicht *Ich schreibe, also bin ich.* Denn diese Tätigkeit beträfe die Außenwelt, und ich könnte dahingehend getäuscht werden, dass ich mir lediglich einbilde, dies zu tun.

trügerisch, da sich diese leicht irreführen ließen (z. B. durch optische Täuschungen). Das Phänomen Dualismus begegnet uns auch bezüglich der Auffassungen unterschiedlicher Denker. War Descartes der Überzeugung, dass der Mensch allein aufgrund angeborener Ideen[34], also mittels der von sinnlicher Erfahrung unabhängigen Vernunft, zu wahren Erkenntnissen gelange, vertrat der englische Philosoph John Locke (1632-1704) die entgegengesetzte Auffassung: Quelle der Erkenntnis seien die Sinne. *Nichts ist im Verstand, was nicht vorher in den Sinnen gewesen ist*, betonte Locke. Der Verstand gleicht nach Locke – im Gegensatz zu Descartes' Lehre – bei der Geburt des Menschen einem unbeschriebenen Blatt Papier (tabula rasa), das sozusagen erst mit und aufgrund der Sinneserfahrung „beschriftet" wird.

René Descartes

Während man Descartes' Theorie als Rationalismus (lat. ratio = Verstand) bezeichnet, spricht man bei der Haltung Lockes von Empirismus (griech. empeiría = Erfahrung).

Ein weiterer Dualismus, der für das 17. und 18. Jahrhundert bedeutsam wurde, betrifft die Staatslehre. War Aristoteles (384 v. Chr.-322 v. Chr.) überzeugt, dass der Mensch ein soziales, also ein auf Gemeinschaft ausgerichtetes Wesen (griech. zoon politikon) sei, verfocht der englische Philosoph und Staatstheoretiker Thomas Hobbes (1588-1679) in seinem Hauptwerk „Leviathan" (1651) die gegenteilige Auffassung: Der Mensch sei ein egoistisches Geschöpf, das einzig sein eigenes Überleben und Wohlergehen im Sinn habe und dies mit allen Mitteln zu verteidigen und abzusichern bestrebt sei. Von Natur aus herrsche Krieg aller gegen alle (lat. bellum omnium contra omnes). Der Mensch, so Hobbes, sei dem Menschen ein Wolf

John Locke

(lat. homo homini lupus). Um in Frieden und Sicherheit leben zu können, müssten die Menschen daher ihre persönliche Macht im Sinne eines Gesellschaftsvertrages einem absolutistischen Staat[35] übertragen.

Damit liege alle Macht beim Staat bzw. König. Hobbes begründete mit dieser Lehre die philosophische Rechtfertigung absolutistischer Staaten bzw. der absolutistischen Herrschaft, wie sie im Frankreich Ludwigs XIV. realisiert war und die nach dem Ende des 30-jährigen Krieges in Deutschland (Heiliges Römisches Reich Deutscher Nation) mit weitreichenden Konsequenzen zum Vorbild unzähliger (Duodez-) Fürstentümer[36] wurde.

---

34 Angeborene Ideen (ideae innatae) bringen wir schon mit auf die Welt, sie haben ihren Ursprung also in uns selbst. Sie sind evident, d. h., sie sind unmittelbar einleuchtend und bedürfen keines Beweises, z. B. der Satz des Widerspruchs, den jede empirische Feststellung bereits voraussetzt: Zwei einander widersprechende Aussagen können nicht zugleich zutreffen. Oder die Idee von der ausgedehnten endlichen Substanz (Materie).

35 Die dem Absolutismus zugrunde liegenden staatspolitischen Ideen sind wesentlich vorgeprägt von den Staatstheoretikern Jean Bodin (1529-1595) und Niccolò Machiavelli (1469-1527). Bodin macht sich in seinen *Sechs Bücher(n) über den Staat* (1576) stark für den Absolutismus. Von ihm stammt u. a. auch der Begriff *Staatssouveränität*, den er definiert als die höchste Letztentscheidungsbefugnis im Staat. Nach Bodins Konzeption der absoluten Herrschaft sollte diese Befugnis stets nur der Person des Königs zukommen, prinzipiell unteilbar sein und es dem Herrscher ermöglichen, Recht auch gegen den Willen der Untertanen verbindlich setzen zu können. Machiavelli ist bedeutendster Verfechter der Idee der *Staatsraison* (Streben nach Sicherheit und Selbstbehauptung des Staates mit beliebigen Mitteln, die er jedoch als sog. Arkanwissen (Geheimwissen) verbrämt.

36 *Duodezfürstentümer* ist eine ironische Bezeichnung für sehr kleine, unbedeutende Fürstentümer, deren Fürsten sich in betont absolutistischer Manier gerierten.

2.2   Zerrissenes Lebensgefühl: himmelhoch jauchzend – zu Tode betrübt

Die Epoche des Barocks war also eine zwiespältige, von Gegensätzen geprägte Zeit. Die herrschende Grundstimmung, das Lebensgefühl des „Barockmenschen", würde die moderne Psychologie vermutlich als kollektive bipolare affektive Störung, die ältere als manisch-depressive Befindlichkeit charakterisieren. Eine eigenartige zwischen überbordender Lebensfreude und inniger Todessehnsucht changierende Verfasstheit bestimmte die gesamte Epoche. Ihren Ausdruck fand sie in allen Künsten (Architektur, Bildhauerei, Malerei, Musik, Literatur) und sie erfasste sämtliche Lebensbereiche, was in dieser Totalität und Dichte bis dato einmalig war und bis heute blieb.

Das in sich gespaltene Lebensgefühl zwischen „Himmelhoch jauchzend, Zum Tode betrübt"[37] verschaffte sich Ausdruck in zwei Imperativen, die jedem begegnen, der sich mit dieser Epoche auch nur oberflächlich befasst und die – wie unten zu zeigen sein wird – in ihrer Antithetik (Gegensätzlichkeit) auch die Form literarischer Werke maßgeblich bestimmen: Die beiden aus dem Lateinischen stammenden Maximen lauten: *Carpe diem* und *Memento mori*.

Ersteres bedeutet wörtlich „Pflücke den Tag!" im Sinne von „Genieße den Tag!". Dieses Motto geht zurück auf die Ode „An Leukonoë" des eingangs erwähnten römischen Dichters Horaz (65 v. Chr.-8 v. Chr.). Dort rät dieser, angesichts der für den Menschen knapp bemessenen Lebenszeit, sich eben dieses Lebens im Hier und Heute zu erfreuen und es maßvoll zu genießen. Horaz' Appell ist also nicht hedonistisch, d. h. im Sinne eines exzessiv-ausschweifenden Lebens zu verstehen, sondern ist der Lehre des Philosophen Epikur (um 341 v. Chr.-270/271 v. Chr.) verpflichtet. Als Verfechter individuellen Lebensglücks sah der griechische Denker dieses primär im Zustand der *Ataraxia*, d. h. in der Affektlosigkeit (Seelenruhe) und emotionalen Gelassenheit allem Unbill und dem Schicksal gegenüber. Er empfahl eine Bedürfnisregulation zum Zweck der Lustmaximierung.[38] Und: Epikur vertrat eine Ausrichtung des Lebens auf das Diesseits, weil auch die Seele mit dem Tod zerfalle.

Hans Baldung, genannt Grien: *Die drei Lebensalter des Weibes und der Tod* (1510)

Der zweite, dem ersten entgegengesetzte Wahlspruch „Memento mori" hat seine Wurzel bei den Benediktinermönchen des Mittelalters und bedeutet wörtlich „Sei des Sterbens, des Todes eingedenk!", also „Sei dir bewusst, dass du sterblich bist!". In der cluniazensischen[39] Liturgie[40] war dieses Monitum wesentlicher Bestandteil der Heiligen Messe. In der Epoche des Barocks entwickelte sich aus dieser Mahnung der wohl für dieses Zeitalter prägendste Begriff und Gedanke: der

---

37 Diese zur Redewendung gewordenen Verse stammen aus Goethes „Egmont" (Dritter Aufzug). In diesem in den Jahren 1566 bis 1568 spielenden und 1787 vollendeten Drama sind sie Teil eines von Klärchen, der Geliebten des Titelhelden, gesungenen und deren ambivalente Gefühlslage spiegelnden Liedes. Vgl. Goethe 2018, S. 46

38 Beispiel: Man sollte sich also durchaus den irdischen Freuden und Vergnügungen zuwenden, jedoch so, dass daraus für einen selbst keine unangenehmen Folgen entstehen, z. B. keine Kopfschmerzen und Übelkeit nach exzessivem Alkoholkonsum.

39 In Cluny (Frankreich) befand sich die berühmte Benediktinerabtei. Von deren Mönchen gingen im Mittelalter bedeutende Reformbestrebungen aus. Ende des 10. bis Mitte des 12. Jahrhunderts hatten deren Äbte weitreichenden Einfluss und waren Ratgeber von Kaisern und Päpsten. Bekannt sind die Benediktiner für die strenge Einhaltung von Ordensregeln, den Regula Benedicti.

40 Unter *Liturgie* versteht man die Gesamtheit der Zeremonien und Rituale des christlichen und jüdischen Gottesdienstes.

der *Vanitas*.[41] Dieses Wort findet sich häufig im Buch „Der Prediger Salomo"[42] des Alten Testaments. Es ist die lateinische Übersetzung des hebräischen הבל [*hævæl*] und bedeutet *Windhauch*. Metaphorisch steht es für *Vergänglichkeit, Flüchtigkeit, Unbeständigkeit, Vergeblichkeit*. Die deutsche Entsprechung des Begriffs Vanitas ist Eitelkeit und bedeutet ursprünglich *Nichtigkeit*, (innere) *Leere, Schein, Täuschung, Prahlerei*.[43]

Der Verfasser des Buches „Der Prediger Salomo" versteht sich als ein nach Weisheit Suchender.[44] Seine Erkenntnis gipfelt bereits zu Beginn in der zutiefst pessimistischen, ja nihilistischen Feststellung der Nichtigkeit alles Irdischen: *vanitas vanitatum et omnia vanitas*.[45] An deren Gewissheit lässt er keinen Zweifel, was nicht nur die tautologische Formulierung signalisiert, sondern auch die Beobachtung, dass das stets prädikativ verwendete Wort eitel in dem nur wenige Seiten umfassenden Buch 38-mal metaphorisch variiert erscheint, z. B.: „Ich sah an alles Tun, das unter der Sonne geschieht, und siehe, es war alles eitel und ein Haschen nach Wind".[46]

Schließlich wird auch das Streben nach Wissen und Weisheit selbst als nichtig erkannt: „Und ich [der Prediger] richtete mein Herz darauf, daß ich lernte Weisheit und erkennte Tollheit und Torheit. Ich ward […] gewahr, daß auch dies ein Haschen nach Wind ist."[47]

Unausgesetzt stieß man im Barock auf dieses Motiv der Vergänglichkeit und Nichtigkeit alles Irdischen, der *vanitas mundi*. Interessanterweise stellt dies ein paradoxes Phänomen dar. Insofern nämlich, als man der Absenz gerade durch ihre ständige Präsenz – vornehmlich in Gestalt von Allegorien und Symbolen – in allen Bereichen des Lebens und der Kunst begegnete. Dabei wurde die Nichtigkeit des Diesseits entweder absolut[48] oder in relativ-kontrastiver Weise[49] gestaltet. Im letzten Fall eben durch das Erzeugen einer antithetischen Spannung zwischen Lebenslust und Lebensfreude einerseits, Weltflucht und Todessehnsucht andererseits.

---

41   Das Nomen *Vanitas* leitet sich vom lat. Adjektiv *vanus* ab und bedeutet *inhaltslos, leer, nichtig*.

42   s. Pred 1-12

43   Eitelkeit bedeutet also nicht wie im heutigen Sprachgebrauch Gefallsucht, Selbstgefälligkeit etc., sondern Nichtigkeit, Vergänglichkeit, Leere. Von diesem ursprünglichen Sinne zeugen heute noch das Verb vereiteln (etwas zunichtemachen) und die Redewendung *eitel Sonnenschein* (nichts als Sonnenschein); vgl. Kluge 1999, S. 214

44   vgl. Pred 1,13: „und ich richtete mein Herz darauf, die Weisheit zu suchen und zu erforschen, bei allem, was man unter dem Himmel tut."

45   Die lat. Losung ist zu übersetzen mit *Eitelkeit der Eitelkeit, und alles ist eitel, bloßer Schein*.

46   Pred 1,14

47   ibid. 1,17

48   Der Kupferstich/die Radierung *Vanitas vanitatum et omnia vanitas* Gabriel Ehingers (1652-1736) ist die unverkennbare Manifestation des *Memento mori*. Vergänglichkeit und Nichtigkeit bemächtigen sich hier alles Irdischen: des Menschen, der Kultur, der organischen und der anorganischen Natur. Das Werk mutet geradezu wie die visuelle Übersetzung von Gryphius' gleichnamigem Sonett an, das unten, S. 30 ff, genauer betrachtet und analysiert wird.

49   Jacob Marrels (1614-1681) *Stillleben mit Blumenstrauß, Geige und Totenschädel* verbindet beide Devisen, das *Carpe diem* und das *Memento mori*, und spiegelt bzw. erzeugt so die das barocke Lebensgefühl prägende Spannung zwischen Weltsucht und Weltflucht.

Die beiden folgenden Bilder veranschaulichen eindrucksvoll diese ambivalente Grundstimmung, die tiefe Zerrissenheit des Lebensgefühls, die sich in den Haltungen *Carpe diem* vs. *Memento mori* ausdrückt.

Gabriel Ehinger:
Vanitas vanitatum et omnia vanitas
Kupferstich/Radierung (1680)

Jacob Marrel:
Stillleben mit Blumenstrauß, Geige und Totenschädel
(1637)

Was sind die Anlässe und Gründe für diese zwischen den Extremen schwankenden Stimmungen?

2.3   Der 30-jährige Krieg und die Folgen[50]

Der von den Reformatoren im 16. Jahrhundert entfachte Glaubenskampf gegen die katholische Kirche entwickelte sich im 17. Jahrhundert zu einem Kampf um die weltliche Macht schlechthin. Im Namen Gottes, der Religion und des Glaubens wurden überall in Europa blutige Kriege geführt, in deren Verlauf sich die politischen Kräfteverhältnisse völlig verschoben. Der verheerendste und folgenreichste unter ihnen war der 30-jährige Krieg (1618-1648).

Erschwert bereits dessen unvorstellbare Dauer den Überblick, wird dieser auch durch die Tatsache beeinträchtigt, dass es sich im Grunde um mehrere miteinander verwobene Konflikte handelte: um den Kampf zwischen Katholiken und Protestanten, um die Auseinandersetzung zwischen dem schwächelnden Habsburger Kaisertum und den Territorialfürsten im Heiligen Römischen Reich Deutscher Nation und um die Rivalität der europäischen Großmächte bezüglich des Führungsanspruchs (Hegemonie).

Sind schon das Ausmaß der Verwüstung dieses sog. Religionskrieges und die durch die in seinem Gefolge von marodierenden Söldnerzügen verübten Brandschatzungen, Bela-

---

50   Der 30-jährige Krieg wurde/wird auch als der *Teutsche Krieg* oder der *Böhmische Krieg* bezeichnet.

gerungen und Plünderungen kaum vorstellbar, so wurden Not und Elend noch potenziert durch grassierende Seuchen, insbesondere die Pest. Hinzu kamen klimatische Veränderungen wie die beginnende kleine Eiszeit, die zu Hungersnöten führte.

Der damals weitverbreitete Aberglaube, dass hinter all dem Unglück Magie stecke, führte außerdem zu zahlreichen Hexenverbrennungen, die im 17. Jahrhundert ihren Höhepunkt erreichten. Mit initiiert wurden diese barbarischen Morde nicht zuletzt durch das äußerst populäre Buch „Malleus maleficarum" („Hexenhammer") des Dominikaners und Inquisitors Heinrich Kramer, das vermutlich 1486 erstmals erschien und bis ins 17. Jahrhundert 29 (!) Auflagen erfuhr. Es beschreibt u. a., wie ein Hexenprozess abzulaufen hat, und schreckt auch vor detaillierten Schilderungen grässlichster und qualvollster Foltermethoden nicht zurück.

Die Bilanz des 30-jährigen Krieges und all seiner Begleiterscheinungen war katastrophal: Lebten zu Beginn des Krieges geschätzte 17 Millionen Menschen im Heiligen Römischen Reich Deutscher Nation, waren es bei der Unterzeichnung des Westfälischen Friedens 1648 noch ca. 8 Millionen. Am stärksten litt die Bevölkerung auf den Dörfern, von denen bei Kriegsende ca. 15.000 völlig zerstört waren. In den Städten waren die Verluste zumeist geringer. Jedoch gab es auch Städte, die zu großen Teilen Trümmerwüsten glichen und deren Bewohnern unsägliches Leid zugefügt worden war. Vor allem Kinder, Frauen und Geistliche mussten oft dermaßen furchtbare Gräueltaten über sich ergehen lassen, dass selbst Angehörige der kaiserlichen Armee darüber erschraken. So geschehen z. B. in Magdeburg am 20. Mai 1631, dem Tag der sog. „Magdeburger Hochzeit":[51]

> *Dann das Pappenheimische*[52] *Volck / wie auch die Wallonen / so am aller Unchrist-lichen ärger als Türcken gewütet / keinem leichtlich Quartier gegeben [= schonen] / sondern haben mit nidergehawen / beydes der Weiber und kleinen Kinder / auch schwanger Weiber in Häusern und Kirchen / ingleichen an Geistlichen Personen also tyrranisiret und gewütet / dz auch viel von dem andern Tyllischen*[53] *Volck selber Abschew darvor gehabt.*[54]

A la fin ces Voleurs infames et perdus / Comme fruits malheureux a cet arbre pendus.   Monstront bien que le crime horrible et noire engeance / Est lieu mesme instrument de honte et de vengeance,   Et que cest le Destin des hommes vicieux / Desprouuer tost ou tard la Iustice des Cieux.

Jacques Callot:
Die großen Schrecken des Krieges
[Der Galgenbaum]
(1633)

---

51   s. https://de.wikipedia.org/wiki/Magdeburger_Hochzeit

52   Gottfried Heinrich Graf zu Pappenheim (1594-1632) war ein General im 30-jährigen Krieg, der für die Katholische Liga und den Habsburger Kaiser unter Wallenstein kämpfte. Sein Regiment galt als besonders mutig und tapfer. Schiller setzte ihm in seiner Dramentrilogie „Wallenstein" in „Wallenstein II. Wallensteins Tod", 3. Aufzug, 15. Auftritt, ein literarisches Denkmal, indem er den Titelhelden, Oberbefehlshaber der kaiserlichen Armee, zu einem Gefreiten sagen lässt: *Daran erkenn ich meine Pappenheimer.*
Schiller 2000, S. 63

53   Johann T'Serclaes von Tilly (1559-1632) war ein berühmter Heerführer im 30-jährigen Krieg und kämpfte ebenfalls für die Katholische Liga.

54   Theatrum Europaeum, Bd. 2, S. 368; s. https://de.wikipedia.org/wiki/Theatrum_Europaeum
zitiert nach: https://de.wikipedia.org/wiki/Magdeburger_Hochzeit

Das Heilige Römische Reich Deutscher Nation war am Ende des Krieges also in einem äußerst desolaten Zustand. Es glich einem Flickenteppich von ca. 400 Einzelterritorien.[55] Die Niederlande und die Schweiz schieden als souveräne Staaten aus dem Reich aus. Den Regenten, den Habsburger Kaisern Ferdinand II. (1578-1637) und Ferdinand III. (1608-1657), war es nicht gelungen, die kaiserliche Autorität zu festigen und über das gesamte Reichsgebiet auszudehnen. Auch die von Ferdinand II. gewaltsam angestrebte Rekatholisierung des Reiches schlug fehl. Sein Versuch war kontraproduktiv, wirkte konfliktverschärfend. Denn er rief die protestantischen Schweden auf den Plan. Deren König Gustav II. Adolf kam seinen Glaubensbrüdern zu Hilfe. Dadurch sicherte er nicht nur indirekt den „deutschen" Protestantismus, sondern verhalf Schweden auch zu einer Vormachtstellung im nördlichen Europa. Zur führenden Großmacht des europäischen Kontinents indessen stieg das mit Schweden verbündete Frankreich auf. Es profitierte von der Schwäche des habsburgischen Rivalen, der zudem Teile Lothringens und des Elsass an die neue Hegemonialmacht abtreten musste.

Frankreich wurde nicht nur politisch und militärisch, sondern auf nahezu allen Gebieten die bestimmende und einflussreichste Nation Europas. Ihr unumschränkter Herrscher war Ludwig XIV. (1638-1715), der die von Kardinal Richelieu unter Ludwig XIII. geplante und zielstrebig vorbereitete königliche Zentralmacht im Sinne eines absolutistischen Königtums ausbaute und seine Macht in einer bis dato kaum vorstellbaren (barocken) Prachtentfaltung demonstrierte, wofür das prunkvollste aller Barockschlösser, das Schloss Versailles mitsamt seinen weitläufigen Garten- und Park-Anlagen, nur ein Beispiel ist.

Obwohl sie fortwährend mit Katastrophen, Krankheiten und Hunger konfrontiert wurden und der Tod allgegenwärtig war, sahen die Menschen das Leben nicht als Jammertal. Im Gegenteil: Schönheit, Glück und Sinnenfreuden wurden zum Objekt gesteigerten Interesses, ja zur Begierde. Sie suchten den Augenblick des Genusses, so er sich bot, voll auszukosten. Dies spiegelt sich in der bereits erwähnten prachtvollen Architektur mit ihrer reichen Ornamentik, in den aufwändig nach geometrischen Mustern angelegten Gärten und Parkanlagen, in sinnenfrohen, z. T. bacchantischen Gemälden, in zu leiblichen Genüssen auffordernden Liedern, aber auch in prunkvollen (Messe-)Zeremonien, die insbesondere vom Jesuitenorden praktiziert wurden und die freilich auch psychologisch motiviert waren. Die Jesuiten waren die wichtigsten Träger der Gegenreformation. Sie hofften, die Menschen nicht allein durch Predigten, sondern auch durch prächtig gestaltete Kirchen, glanzvolle,

Adriaen van Utrecht:
Großes Stillleben mit Hund und Katze (1647)

---

55   Einen Überblick über die zersplitterte politische Gliederung Deutschlands nach dem Westfälischen Frieden 1648 gibt folgende Karte: https://de.wikipedia.org/wiki/Heiliges_R%C3%B6misches_Reich#/media/File:HRR_1648.png

lichte und stuckverzierte Innenräume zu beeindrucken. So hofften sie, die zum Protestantismus konvertierten ehemaligen Glaubensbrüder zurückzugewinnen.

Das *Memento mori* fand also durchaus sein kollektives Korrektiv. Das *Carpe diem* wurde jedoch in erster Linie individuell interpretiert und gelebt, wenn man die Gelegenheit dazu erkannte und der Moment ein günstiger war. Auch hier ganz in des „Prediger[s] Salomo" Sinne. Doch dieses Mal – im Gegensatz zum Vanitas-Konzept – mit gänzlich umgekehrtem Vorzeichen: „Ein Jegliches hat seine Zeit"[56], „[...] Da merkte ich, dass es nichts Besseres [...] gibt, als fröhlich sein und sich gütlich tun in seinem Leben".[57]

Freilich war die individuelle Stimme des *Carpe diem* selten so deutlich vernehmbar wie die des *Memento mori*, was in einer von grausamen Kriegen, todbringenden Seuchen und Hungersnöten heimgesuchten Zeit nicht verwundert. Doch es gab sie. Und manches Mal übertönte sie sogar lautstark die melancholisch-nihilistische Vanitas-Melodie, obschon diese auch meist dann noch als Unterton deutlich vernehmbar blieb.

Ein bemerkenswertes literarisches Beispiel für ein solches vorurteilslos lustvolles Bekenntnis zum Diesseits, zur ungetrübten Sinnenfreude unter trotzig-provokanter Verachtung des „Foltereisens" *Memento mori* ist das folgende Lied des Lyrikers Johann Christian Günther (1695-1723):

Johann Christian Günther

Studentenlied[58]

Müdes Herz,
lass den Schmerz
mit dem Atem fahren!
Lebst du doch
jetzo noch
in den besten Jahren.
Toren denken vor der Zeit
an die Nacht der Eitelkeit;
gnug, wenn uns das Alter zwingt
und den Kummer mit sich bringt.

[...]

Brüder, wir
sind jetzt hier,
und wer weiß wie lange?
Jeder Schritt
ist ein Tritt
zu dem letzten Gange.
Nehmt die Wollust zum Voraus,
und besucht das Freudenhaus,
eh ein ungewisser Tag
uns die Bahre liefern mag.

Glaubt doch nur
Epikur
macht die klügsten Weisen:
Die Vernunft
seiner Zunft
sprengt die Foltereisen,
die der Aberglaube stählt,
wenn er schlechte Seelen quält,
und des Pöbels blöden Geist
in die Nacht des Irrtums reißt.

[...]

Dieser Schluck,
dieser Trunk
geht auf das Vergnügen
derer, die
Schoß und Knie
fein gemächlich fügen.
Fort ihr Brüder! Trinkt
und schreit,
weil ihr noch in Leipzig seid
und man in der schönen Stadt
doch kein ewig Leben hat.

---

56 Pred 3,1
57 ibid. 3,12
58 Zitiert nach: Müller, Wilhelm 1827, S. 39-42

2.4   Das Alamodewesen und der Kampf um die deutsche Sprache und Dichtung

Während in Frankreich, Italien, Spanien oder England im 17. Jahrhundert bereits eine gehobene Dichtkunst in der jeweiligen Nationalsprache gepflegt wurde, traf dies für Deutschland nicht zu. Konfessionelle Auseinandersetzungen als Folge der Reformation, die Eigenwilligkeit vieler Territorialfürsten, die zu brechen dem Kaiser nicht gelang, und nicht zuletzt das Fehlen eines politisch, wirtschaftlich und kulturell führenden Zentrums waren die wichtigsten Gründe dafür, dass sich eine deutsche Literatursprache erst verspätet herausbildete. Bedienten sich die Gelehrten sowohl in ihren wissenschaftlichen Arbeiten als auch in der Dichtung nach wie vor des Lateins, erlangte das Französische mit der Herrschaft Ludwigs XIV. in Deutschland außerhalb der Universitäten einen enormen Einfluss. Der beschränkte sich mitnichten auf die Sprache, sondern erfasste und durchwirkte das gesamte kulturelle und gesellschaftliche Leben des Adels. Aus Prestigegründen und um „salonfähig" zu erscheinen ahmten auch weite Teile der nichtadeligen Bevölkerung die französische Sprache und die französische Lebensart in einer Weise nach, die diese oft der Lächerlichkeit preisgab. Diese übertriebene und unreflektierte Kopie alles Französischen im 17. Jahrhundert wird nach franz. *à la mode* als *Alamodewesen* bezeichnet.

Einige Beispiele dieser „Ausländerei": Anreden wie *Monsieur, Madame, Mademoiselle* wurden gang und gäbe. Deutsche Verwandtschaftsbezeichnungen wurden mehr und mehr durch die französischen ersetzt: Aus *Vater, Mutter, Oheim, Muhme, Vetter* und *Base* wurden *Papa, Mama, Onkel, Tante, Cousin, Cousine*.

Gesellschaftliche Wertschätzung drückte man ebenfalls französisch aus: *galant, charmant, nobel, nett, interessant*. Man machte sich *Complimente*, trieb *Plaisir, Coquetterie* oder *Conversation*. Und man *logierte* im *Palais, Kabinett, Salon, Hôtel* oder in der *Etage* mit *Möbeln, Galerie* usw. Diejenigen, die all dies nicht auf Französisch benennen konnten, wurden als *Parvenus* oder *Pöbel* verachtet.[59]

Dieses demonstrativ bemühte Nacheifern alles Französischen, insbesondere der französischen Sprache, ging einher mit einer zunehmenden Marginalisierung, Geringschätzung, ja Missachtung der deutschen Sprache. Französische Lebensart und Sprache wurden zum (vermeintlich) überlegenen Statussymbol. In satirischer Schärfe geißelt z. B. der Dichter Friedrich von Logau (1605-1655) diesen Umstand:

> *Wer nicht Frantzösisch kan,*
> *Ist kein gerühmter Mann;*
> *Drum mussen wir verdammen,*
> *Von denen wir entstammen,*
> *Bey denen Hertz und Mund*
> *Alleine deutsch gekunt.*[60]

In seinem „schön new Lied [...] Wider alle Sprachverderber" beklagt der „Teutsche Michel" den bis zur Unverständlichkeit reichenden fremdsprachigen Einfluss auf die Muttersprache und bedauert, dass man diese „so wenig acht":[61]

---

59   vgl. Polenz 2009, S. 100
60   Zitiert nach: Rosenberger 2015, S. 139
61   Ein schön new Lied genannt Der Teutsche Michel. Wider alle Sprachverderber / Cortisanen / Concipisten vnd Concellisten / welche die alte teutsche Muttersprach mit allerley frembden / Lateinischen / Welschen / Spannischen vnd Frantzösischen Wörtern so vielfältig vermischen / verkehren vnd zerstehren / daß Sie jhr selber nicht mehr gleich sihet / vnd kaum halber kan erkant werden.
     Gedruckt im Jahr da die teusch Sprach verderbt war. / 1642. Das Lied umfasst insgesamt 50 Strophen; der Verfasser ist unbekannt.
     Zitiert nach: https://de.wikisource.org/wiki/Ein_sch%C3%B6n_new_Lied_genannt_Der_Teutsche_Michel

> ICH teutscher Michel / versteh schier nichel /
>> In meinem Vatterland / es ist ein schand.
>> Man thut ietzt reden / als wie die Schweden /
>> In meinem Vatterland / pfuy dich der schand.
> Fast jeder Schneider / will jetzund leyder /
>> Der Sprach erfahren sein / vnd red Latein:
>> Welsch vnd Frantzösisch / halb Iponesisch /
>> Wann er ist voll vnd toll / der grobe Knoll.
> Der Knecht Matthies / spricht bona dies /
>> Wann er gut morgen sagt / vnd grüst die Magd:
>> Sie wend den Kragen thut ihm dancksagen /
>> Spricht Deo gratias / Herr Hippocras.
> Ihr fromme Teutschen / man solt euch beutschen /
>> Daß ihr die Muttersprach / so wenig acht. […]

Der Teutsche Michel

Im Gegensatz zum politisch atomisierten Deutschland, in dem zwar de jure eine zentrale Staatsgewalt existierte, wo aber de facto Kaiser und Territorialfürsten zerstritten waren, gab es in Frankreich – und dies lange vor dem 17. Jahrhundert – eine politisch und wirtschaftlich führende Region, die als das Kernland Frankreichs schlechthin galt und gilt: die Île-de-France,[62] die Gegend um Paris. Aus dem ursprünglichen Dialekt dieser in jeder Hinsicht maßgeblichen Region entwickelte sich die französische Standardsprache. 1635 gründete König Ludwig XIII. in Paris die „Académie française zur Förderung von Kunst und Wissenschaft". Deren vornehmste Aufgabe war – und sie ist es bis heute – die Pflege der französischen Sprache.

2.4.1 Dichter und Sprachgesellschaften als Förderer der deutschen Sprache und Literatur

Wie aber konnte in dem einem „Flickenteppich" gleichenden Deutschland eine anspruchsvolle Dichtung in deutscher Sprache geschaffen werden, um auf Augenhöhe zu den bereits etablierten europäischen Nationalliteraturen aufzuschließen? Und: Wie konnte man dem massiven Einfluss fremder Sprachen auf das Deutsche wirksam begegnen?

Die erste Frage beantwortete maßgeblich Martin Opitz (1597-1639), Dichter und führender deutscher Literaturtheoretiker, der mit seinem 1624 veröffentlichten *Buch von der Deutschen Poeterey* allererst die Voraussetzungen für eine anspruchsvolle (Kunst-)Dichtung in deutscher Sprache schuf. Dieses Werk, das als einer der „erstaunlichsten Erfolge der Literaturgeschichte"[63] gilt, stellt Regeln für fast alle Gattungen deutscher Dichtung auf, informiert über Aufbau, Fragen des Stils, Handhabung von Versmaß, Reim etc. Als prinzipiell wegweisend erwies sich Opitz' Forderung hinsichtlich der metrischen Gliederung eines Verses:

Martin Opitz

Nicht nur die Anzahl der Silben sollte hierfür maßgebend sein, sondern die natürliche Betonung, der regelmäßige Wechsel von betonter (Hebung) und unbetonter (Senkung) Silbe.

---

62 Diese Bezeichnung geht vermutlich auf das altfränkische *liddle* Franke zurück, was *Kleinfranken* bedeutet.
63 Kittstein 2011, S. 20

Diesem metrischen Gesetz, das er – wie alle seine Regeln – anhand vieler Beispiele erläuterte und exemplifizierte, verhalf Opitz zur allgemeinen Anerkennung. Barocke Dichtung war ohnehin stets regelgeleitete Dichtung; zugleich war sie immer auch Gelehrtendichtung. Obwohl die Auffassung vertreten wurde, dass Dichtung, d. h. deren Techniken, prinzipiell lehr- und lernbar sei, bedeutete dies nicht, dass auf Talent und Kreativität gänzlich verzichtet werden könnte. Insbesondere, so Opitz, setze Dichtung aber ein hohes Maß an gelehrter Bildung voraus. Er meinte damit vor allem das gründliche Studium und das Übersetzen der großen griechischen und lateinischen Schriftsteller ins Deutsche und die fundierte Kenntnis der klassischen Rhetorik. Der *poeta doctus*, der gelehrte, gebildete Dichter, galt der Barockzeit als das Ideal des Poeten schlechthin. Diese Auffassung zeugt freilich auch von einem gewissen elitären (Selbst-) Verständnis, was den Kreis der Rezipienten der Barockdichter bzw. deren Werke a priori relativ stark einschränkte.

Von wenigen Ausnahmen abgesehen orientierten sich fast alle bedeutenden Dichter des 17. Jahrhunderts an Opitz' Regelpoetik – allen voran der wohl bekannteste und berühmteste Dichter der Zeit, Andreas Gryphius (1616-1664).

Die zweite Frage zielte auf die Ebenbürtigkeit des Deutschen im Vergleich zu anderen bereits anerkannten Nationalsprachen ab. Diese zu erreichen glich einer Herkulesaufgabe, da die deutsche Sprache zu einer Sprachvarietät derjenigen zu verkommen drohte, die am unteren Rand der Gesellschaft situiert waren.[64] Der Einfluss fremder Sprachen, allen voran des Französischen, musste also zurückgedrängt und das Deutsche auch in den gesellschaftlich angesehenen Kreisen heimisch werden.

Unbestritten war, dass ein Einzelner diese ungeheure Aufgabe nicht würde leisten können – und sei er auch mit der vorzüglichsten Reputation ausgestattet. Davon zeugt u. a.

die Tatsache, dass einer der größten Denker (nicht nur) seiner Zeit, der Universalgelehrte, Philosoph und Mathematiker Gottfried Wilhelm Leibniz (1646-1716) in zwei gedankenreichen Schriften „Vorschläge zur Hebung der Muttersprache" unterbreitete, diese aber nie veröffentlichte, weil er selbst sein außerordentliches Ansehen nicht für hinreichend erachtete, „um den Kampf gegen so eine tiefgehende Zeitströmung aussichtsreich zu führen".[65]

Schließlich waren es die im 17. und 18. Jahrhundert gegründeten sogenannten Sprachgesellschaften, die sich die Erhaltung, Normierung und Förderung der deutschen Sprache zur Aufgabe machten und wesentliche Anstrengungen unternahmen, das Deutsche von fremdsprachigen Elementen zu reinigen (Sprachpurismus). Die mit 890 Mitgliedern größte und bedeutendste dieser „Sprachakademien" war die 1617 von Fürst Ludwig I. von Anhalt-Köthen (1579-1650) in Weimar gegründete *Fruchtbringende Gesellschaft* (societas fructifera), auch *Palmenorden*[66] genannt. Neben Dichtern, Sprachgelehr-

Das Emblem der Fruchtbringenden Gesellschaft mit dem Bildnis ihres Gründers, Fürst Ludwig I von Anhalt-Köthen, und der Devise „Alles Zu Nutzen"

---

64   Nicht nur in adeligen Kreisen, auch im Bürgertum wurden Kinder von früh auf dazu angehalten, mit ihren Eltern und untereinander Französisch zu sprechen, während sich die Muttersprache auf den Verkehr mit dem Gesinde beschränkte. Vgl. Polenz, 2009, S. 101

65   Polenz 2009, S. 101

66   „Palmenorden" deshalb, weil die auf der Imprese (Verbindung eines Sinnbildes mit einer Devise) Kokospalmen abgebildet sind.
Kokospalmen und deren Früchte galten/gelten als vielfach brauch- und verwendbare Pflanzen. Weitere bedeutende Sprachgesellschaften waren: „Deutschgesinnte Genossenschaft" (Hamburg, 1643); Pegnesischer Blumenorden (Nürnberg, 1644); Elbschwanorden (Wedel, 1660); Deutsche Gesellschaft (Leipzig, 1697).

ten und Literaturtheoretikern waren viele ihrer Mitglieder Fürsten, Hofbeamte und Adelige, weshalb die Institution auch politisch, militärisch und diplomatisch sehr gut vernetzt
war, was der Gesellschaft bei der Durchsetzung ihrer Ziele sehr zustattenkam. Als ihr
Hauptanliegen formulierte sie,

> [...] daß man die Hochdeutsche Sprache in jhren rechten wesen und standt /
> ohne einmischung frembder außländischer wort / auffs möglichste und thunlichste
> erhalte / uñ sich so wohl der beste(n) außsprache im reden / alß d(er) reinesten art
> im schreiben uñ Reimen-dichten befleißige.[67]

Die Aufnahme in den Palmenorden setzte weder hohe Geburt noch eine anderweitig
exponierte Stellung voraus. Entscheidend war einzig die Liebe zur deutschen Muttersprache und der ernsthafte Wille, ihr zu dienen. Dennoch: Ihr gehörten die besten Geister
des damaligen Deutschland an, u. a. auch die drei bereits erwähnten Literaturtheoretiker
und Dichter Opitz, Gryphius und Logau.

Von außerordentlicher Bedeutung war auch das Wirken des Grammatikers und Dichters
Georg Schottelius (1612-1776), ebenfalls Mitglied der Gesellschaft. Seine 1663 erschie-
nene *Ausführliche Arbeit Von der Teutschen HauptSprache* war in puncto Aufwertung
des Deutschen gegenüber anderen Sprachen ein Meilenstein und hat alle nachfolgenden
Arbeiten zur und über die (Schul-)Grammatik des Deutschen grundlegend beeinflusst.
Auch viele Schriftsteller, Sprach- und Literaturtheoretiker, die kein Mitglied der Sprach-
gesellschaft waren, wirkten in deren Sinne, so zum Beispiel Hans Jakob Christoffel von
Grimmelshausen (um 1622-1676), der die ausländische „Pralerey und das Gepräng"[68] mit
und in seinem „Teutschen Michel" (1673), einer volkstümlichen und satirischen Schrift,
verspottete.

Wichtige Impulse setzte auch eines der bekanntesten Mitglieder des Palmenordens: Philipp von Zesen (1619-1689), Verfasser des ersten großen deutschen Barockromans („Die
Adriatische Rosemund", 1645). Sein sprachschöpferisches Wirken im Dienste des Sprachpurismus weckte und beförderte wesentlich ein Bewusstsein für die Förderung und Pflege
der deutschen Sprache. Erfolgreich ersetzte er viele Fremdwörter durch deutsche „Kreati-
onen" und trug so wesentlich dazu bei, den fremdsprachigen Einfluss, insbesondere den
der französischen Sprache, zu mindern. Einige von Zesens – heute als „normale deutsche
Wörter" eingestuften – Neologismen (Wortneuschöpfungen) waren: *Abstand* für Distanz,
Anschrift für Adresse, *Augenblick* für Moment, *Ausflug* für Exkursion, *Emporkömmling*
für Parvenü, *Grundstein* für Fundament, *Jahrbücher* für Annalen, *Leidenschaft* für Passion, *Nachruf* für Nekrolog, *Rechtschreibung* für Orthographie, *Sterblichkeit* für Mortalität,
Tagebuch für Journal, *Trauerspiel* für Tragödie, *Verfasser* für Autor, *Vertrag* für Kontrakt,
Vollmacht für Plenipotenz, *Weltall* für Universum.[69]

---

67   Zitiert nach: https://de.wikipedia.org/wiki/Fruchtbringende_Gesellschaft
68   Grimmelshausen 1673; s. Titel: „Deß Weltberuffenen Simplicissimi Pralerey und Gepräng mit seinem Teutschen
     Michel"
69   vgl. Polenz 1994, S. 121 f.
     Einige Vorschläge Zesens (z. B. *Meuchelpuffer* für *Pistole*, *Jungfernzwinger* für *Kloster* ...) konnten sich nicht
     durchsetzen und sorgten zuweilen auch für Spott bei manchen Zeitgenossen. So wird in mehreren Sprach- und
     Literaturgeschichten behauptet, dass Zesen *Nase* durch *Gesichtserker* ersetzen wollte. Das trifft natürlich nicht
     zu, da *Nase* ein deutsches Urwort ist, also gar nicht zu ersetzen war. Das wusste natürlich auch Zesen. Vielmehr
     wollte man sich mit der Pseudo-Verdeutschung über ihn lustig machen.

3. Dichtung des Barocks – Beispiel: Andreas Gryphius: Es ist alles eitel[70]

Andreas Gryphius

VANITAS, VANITATUM, ET OMNIA VANITAS.
Es ist alles gãtz eytel. Eccl. 1. V. 2.

1 JCh seh' wohin ich seh' / nur Eitelkeit auff Erden /
2 Was dieser heute bawt / reist jener morgen ein /
3 Wo itzt die Städte stehn so herrlich / hoch und fein /
4 Da wird in kurtzem gehn ein Hirt mit seinen Herden:
5 Was itzt so prächtig blüht / wird bald zutretten werden:
6 Der itzt so pocht und trotzt / läst ubrig Asch und Bein /
7 Nichts ist / daß auff der Welt könt unvergänglich seyn /
8 Jtzt scheint des Glückes Sonn / bald donnerts mit beschwerden.
9 Der Thaten Herrligkeit muß wie ein Traum vergehn:
10 Solt denn die Wasserblaß / der leichte Mensch bestehn
11 Ach ! was ist alles diß / was wir vor köstlich achten /
12 Alß schlechte Nichtigkeit ? als hew / staub / asch unnd wind ?
13 Als eine Wiesenblum / die man nicht widerfind.
14 Noch will / was ewig ist / kein einig Mensch betrachten !

(Erstdruck 1637)

Andreas Gryphius

---

70 Erstmals veröffentlicht wurde das Gedicht 1637 in Gryphius' erstem Gedichtband „Sonnete", der in Lissa, heute Leszno (Polen), erschien. Er umfasst 31 Sonette, nach ihrem Erscheinungsort auch „Lissaer Sonette" genannt. Zitiert nach: Schädlich 2011.
Die untenstehende Fassung aus dem Jahre 1643 wurde zitiert nach: Gryphius 2012, S. 12 f.

Andreas Gryphius

Es ist alles Eitel.

1 DV sihst / wohin du sihst nur Eitelkeit auff Erden.
2 Was diser heute baut / reist jener morgen ein:
3 Wo itzund Städte stehn / wird eine Wisen seyn /
4 Auff der ein Schäfers-Kind wird spilen mit den Herden:
5 Was itzund prächtig blüht / sol bald zutretten werden.
6 Was itzt so pocht und trotzt ist Morgen Asch und Bein /
7 Nichts ist / das ewig sey / kein Ertz / kein Marmorstein.
8 Itzt lacht das Gluck uns an / bald donnern die Beschwerden.
9 Der hohen Thaten Ruhm muß wie ein Traum vergehn.
10 Soll denn das Spil der Zeit / der leichte Mensch bestehn?
11 Ach ! was ist alles diß / was wir vor köstlich achten /
12 Als schlechte Nichtikeit / als Schatten / Staub und Wind;
13 Als eine Wisen-Blum / die man nicht wider find't.
14 Noch will was Ewig ist kein einig Mensch betrachten!

(1643)

Gryphius gilt als „die bedeutendste Stimme der Literatur des deutschen 17. Jahrhunderts".[71] Sein Sonett „Es ist alles eitel" ist ein für den literarischen Barock repräsentatives Werk, denn es weist alle wesentlichen, die Epoche bestimmenden Merkmale auf:

* Vanitas-Motiv und religiöser/biblischer Bezug
* Dualismus, Zerrissenheit des Lebensgefühls
* Dominanz des *Memento mori* gegenüber dem *Carpe diem*
* Starke Betonung formaler Elemente
* Vermeidung von Fremdwörtern

3.1 Vanitas-Motiv und religiöser Bezug

In seiner ältesten Fassung, die aus dem Jahre 1637 datiert, trägt das Gedicht den lateinischen Titel „vanitas vanitatum, et omnia vanitas"[72]. Er wird sogleich ins Deutsche übersetzt: „Es ist alles gätz eytel". Der Vermerk „Eccl[esiastes]. 1. V. 2."[73] kennzeichnet ihn als wörtliches, dem alttestamentarischen Buch „Der Prediger Salomo" (Pred) entnommenes Zitat. In dieser den Weisheitsbüchern des Alten Testaments (AT) zugerechneten Schrift gibt Salomon Ratschläge für eine gute Lebensführung, warnt vor einer falschen und er-

---

71 Borgstedt, s. Nachwort Gryphius 2012, S. 206
72 *vanitatum* ist der Genitiv Plural des lateinischen Nomens *vanitas* (Nichtigkeit, Vergänglichkeit). Es handelt sich also bei dem Ausdruck *vanitas vanitatum* um das rhetorische Stilmittel des Polyptoton, d. h. um die Wiederholung eines Wortes in einem anderen Kasus bzw. Numerus. Dieses Stilmittel dient hier der Nachdrücklichkeit der Aussage. In der deutschen Übersetzung übernimmt diese Funktion das tautologische *gätz* (ganz = alles).
73 *Ecclesiastes* ist die griech. Übersetzung des hebr. *Kohelet* (קהלת) und bezeichnet das Buch, das die Lutherbibel *Der Prediger Salomo* nennt.

innert daran, dass der Tod letztlich alle Errungenschaften des Lebens zunichtemacht.[74] Das Vanitas-Motiv wird also bereits im Titel benannt und das Sonett durch den Verweis auf die biblische Quelle[75] der Sentenz erkennbar in einen christlich-religiösen Kontext gerückt. Im Text selbst wird das Motiv dann konkretisiert und vielfach variiert, der biblische Bezug ohne expliziten Hinweis auf das ebenfalls zur Weisheitsliteratur zählende „Buch der Psalmen" ausgeweitet: „Ein Mensch ist in seinem Leben wie Gras, er blüht wie eine Blume auf dem Felde; wenn der Wind darüber geht, so ist er nimmer da, und ihre Stätte kennet sie nicht mehr".[76]

3.2   Dualismus – Zerrissenheit des Lebensgefühls

Die für den Barock typische Zerrissenheit des Lebensgefühls spiegelt sich in der deutlich antithetischen Struktur des Gedichts. Auffällig sind vor allem die zahlreichen Antonymen-Paare: *alles* (Titel, V. 11) vs. *nichts* (V. 7), *aufbauen* vs. *einreißen* (V. 2), *blühen* vs. *zutretten* [= zertreten] (V. 5), *vergehn* (V. 9) vs. *bestehn* (V. 10) bzw. *ewig* (V. 7, 14), *lachen* (V. 8) vs. *donnern* (V. 8), *Städte* [Kulturlandschaft] (V. 3) vs. *Wiesen* [Naturlandschaft] (V. 3), *Glück* (V. 8) vs. *Beschwerden* (V. 8), *Ruhm* (V. 9) vs. *Traum* (V. 9), *pocht und trotzt* [Leben, Vitalität] (V. 6) vs. *Asch und Bein* [Tod, Verfall] (V. 6). *Nichtigkeit* [der Welt] (V. 1-13) vs. *Ewigkeit* [Reich Gottes] (V. 14). Adversativ verwendeten Demonstrativpronomen (*dieser* vs. *jener*, V. 2) und Temporaladverbien (*heute* vs. *morgen*, V. 2; *itzt* [= jetzt] vs. *bald*, V. 5) ergänzen und verstärken die Antithetik, die sich als signifikantestes Gestaltungsmittel des Textes keineswegs auf die lexikalische Ebene beschränkt. Während der erste Teil vieler Verse im Präsens formuliert ist, steht der zweite im futurischen Präsens bzw. im Futur (vgl. V. 2, 3, 5, 6, 8). Das Künftige, welches das Hier und Heute (*heute*, V. 2, und *itzt*, V. 6) transzendiert und auf das es sich vorzubereiten gilt bzw. gelten sollte (V. 14), hat sozusagen das letzte Wort.

Die *Nichtigkeit* (V. 12) des als *köstlich* (V. 11) Erachteten ist total. Sie umfasst den auf das Diesseits ausgerichteten Menschen (V. 10), das von ihm materiell (*Städte*, V. 3) und ideell-geistig Geschaffene (*hohen Taten Ruhm*, 9), sprich Zivilisation und Kultur, sowie die organische (*Wiesen-Blum*, V. 13) und anorganische (*Ertz, Marmorstein*, V. 7) Natur. Und auch das dem Menschen von der Laune des Schicksals überkommene Glück entpuppt sich als unbeständig und vergänglich (V. 8).

Rätselhaft mögen in Anbetracht dieses radikalen Vanitas-Topos die Verse *Wo itzund Städte stehn / wird eine Wisen seyn / Auff der ein Schäfers-Kind wird spilen mit den Herden* erscheinen. Wird hier ein Locus amoenus beschworen, ein idyllischer, paradiesischer Ort, an dem Mensch, Tier und Natur in Einklang und Unschuld (*Schäfers-Kind*) miteinander leben? Werden am Ende der Tage Not und *Beschwerden* (V. 8) auf der Erde ins Nichts verschwinden? Eine Bibelstelle scheint eine solche Hypothese zu erlauben: „Ein kleiner Knabe wird Kälber und junge Löwen und Mastvieh miteinander treiben."[77] Ein nochmaliges Augenmerk auf den Titel gibt Gewissheit: Das auf den ersten Blick anscheinend unscheinbare unbestimmte Pronomen ist insofern ein bestimmtes, als es irdische

---

74   Trotz dieser skeptischen, ja pessimistischen Haltung, die der Weisheitslehrer dem Diesseits und dem Leben gegenüber einnimmt, (z. B. Pred 7,1: „[...] der Tag des Todes (ist) besser als der Tag der Geburt"), rät er doch auch zu heiterer Gelassenheit, ruft gar zur Freude, zum Genießen auf (z. B.: Pred 9,9: „Genieße das Leben mit deinem Weibe, das du liebhast, solange du das eitle Leben hast". Doch erscheint das Memento mori stärker, das „Trauern [...] besser als das Lachen" (Pred 7,3).
   Der für das Zeitalter des Barocks so typische Dualismus zwischen Lebensbejahung und Lebensverneinung schöpft aus dieser Quelle bzw. spiegelt sich in ihr.
75   Die Textfassungen nach 1637 verzichten auf den lateinischen Titel des Sonetts und auf den Verweis auf dessen biblische Quelle.
76   Ps 103,15 f.; vgl. auch Ps 144,4
77   Jes 11,6

Ausnahmen so generell wie lapidar ausschließt: *Es ist alles* [!] *eitel*. Das kleine Wörtchen ist bzw. wird so selbst sprachlicher Spiegel der Antithese in konzentriertester Form.

Werden Vergänglichkeit und Nichtigkeit alles Irdischen fortlaufend und in immer neuen Bildern variiert, so wird diesen horizontalen Antithesen (Diesseits) mit dem letzten Vers eine einzige vertikale (Ewigkeit/Jenseits) – quasi als Antithese der Antithesen – gegen-übergestellt. Diese eröffnet die (noch) nicht erkannte Perspektive zur möglichen Erlö-sung. Dazu bedarf es der Negation bzw. des Transzendierens des unreflektiert-passiven Sehens (vgl. V. 2) und des willentlichen Betrachtens (vgl. V. 14) in dem im 17. Jahrhundert gebräuchlichen Sinne von „streben nach".

3.3 Dominanz des *Memento mori*

Das Symbol der Vanitas, das *Memento mori*, dominiert den gesamten Text. Den im Prä-sens (!) stehenden, dem Augenblick verhafteten Erscheinungsformen des *Carpe diem* ist von Beginn an die künftige, im Futur sich ankündigende Negation inhärent. Dabei ist es unerheblich, ob die Ausprägungen des *Carpe diem* das Ergebnis eigener Bemühungen, Taten und Verdienste (z. B. *Ruhm*, V. 9) oder eher zufällige Glücksmomente sind (vgl. V. 8). Die unumstößliche Erkenntnis der *Nichtikeit* (V. 12) alles Irdischen artikuliert sich am Ende des als Conclusio (V. 11 f.) aus den vorausgegangenen Versen in einer mit der Inter-jektion *Ach!* einsetzenden und die Begriffe Nichtigkeit und Vergänglichkeit in der Figur der Accumulatio (*Schatten / Staub und Wind*, V. 12) entfaltenden rhetorischen Frage.

3.4 Betonung formaler Gestaltungsmittel

Im Zusammenhang mit der Begriffsklärung „Barock" wurde bereits betont, dass die rei-che, oft bis zur Übersteigerung ins Artifizielle neigende Verwendung formaler Elemente ein für diese Epoche typisches Merkmal ist.

Gryphius orientiert sich in Form und Aufbau seines Gedichts an den von Opitz in seinem „Buch von der Deutschen Poeterey" (1624) niedergelegten Richtlinien für das Sonett. Der aus dem Italienischen stammende Begriff wurde im Barock mit Klinggedicht übersetzt. Es handelt sich um eine formal streng reglementierte Gedichtform, die sich besonders dazu eignet, einen Gedanken in einem antithetischen Verfahren zu entwickeln. Die (in-haltliche) Antithetik findet ihre formale Entsprechung bereits in einer auffälligen Zwei-teilung: Ein Sonett besteht aus 14 Zeilen. Diese gliedern sich in vier Strophen, von denen die ersten beiden je vier Zeilen umfassen. Sie werden Quartette (Vierzeiler) genannt und bilden zusammen den sog. Aufgesang. Die beiden letzten Strophen bestehen aus je drei Zeilen, die als Terzette (Dreizeiler) bezeichnet werden. Sie bilden den sog. Abgesang. Dieser Differenz analog ist die Anwendung unterschiedlicher Reimschemata, welche die inhaltliche Disparität spiegeln: Die beiden Quartette zeichnen sich jeweils durch einen umarmenden Reim aus, die beiden Terzette durch einen Schweifreim, d. h., sie beginnen jeweils mit einem unterschiedlichen Paarreim, finden aber in ihrem je letzten Vers eine Reimentsprechung und sind auf diese Weise miteinander verbunden. Das Reimschema in Gryphius' Sonett ist also abba abba ccd eed.

Gryphius hält sich auch an Opitz' Maßgabe, den Alexandriner zu dem die deutsche Dich-tung dominierenden Versmaß zu machen. Ein Alexandriner ist ein Vers, der aus zwölf oder 13 Silben besteht. Diese sind in ihrer Abfolge alternierend (regelmäßig wechselnd) unbetont (∪), betont (/). Man spricht in diesem Fall vom jambischen Versfuß oder kurz von einem Jambus (∪ /). Da ein Jambus immer aus zwei Silben besteht, endet ein 13-sil-biger Vers mit einem unvollständigen (katalektischen) Versfuß, also einer unbetonten Silbe, der keine betonte mehr folgt. Bei einem solchen mit einer unbetonten Silbe en-denden Vers spricht man von klingender oder weiblicher Kadenz. Endet ein Vers mit einer betonten Silbe, spricht man dagegen von einer stumpfen oder männlichen Kadenz. Neben der vorgegebenen Silbenzahl eines Verses (zwölf oder 13) und dem Versfuß (Jambus) gibt es zwei weitere wesentliche Kriterien für den Alexandriner: Er umfasst sechs betonte Silben. Und: Zwischen dem dritten und vierten Versfuß befindet sich ein deutlich wahrnehmbarer, als Zäsur bzw. Dihärese bezeichneter Einschnitt. Aufgrund dieser sich so ergebenden „Zweischenkeligkeit" ist der Alexandriner für die Darstellung und Entwicklung antithetischer Inhalte besonders geeignet.

Beispielhaft lässt sich die Struktur des Alexandriners an den ersten beiden Zeilen des Sonetts aufzeigen:

∪ / ∪ / ∪ / | ∪ / ∪ / ∪ / ∪

Du sihst wohin du sihst   nur Eitelkeit auff Erden

∪ / ∪ / ∪ / | ∪ / ∪ / ∪ /

Was diser heute baut   reist jener morgen ein

Beide Verse bestehen jeweils aus einem 6-hebigen alternierender Jambus und einer Zäsur nach der dritten Hebung. V. 1 umfasst 13 Silben, endet katalektisch (Versfuß unvollständig) mit weiblicher/klingender (unbetonter) Kadenz. V. 2 hingegen umfasst zwölf Silben, endet akatalektisch (Versfuß vollständig) mit männlicher/stumpfer (betonter) Kadenz.

Das von der Antithetik geprägte Gestaltungsprinzip des Sonetts zeigt sich formal so gerade auch im Nebeneinander von akatalektischen (z. B. V. 2, 3) und katalektischen (z. B. V. 1, 4) Versschlüssen, in der Verwendung von männlichen und weiblichen Kadenzen. Auch die parallele Verwendung von Zeilenstil (z. B. V. 1, 2, 5, 6, 7) und Enjambement (V. 3 f., 11-13) spiegelt die inhaltliche Antithetik auf der formalsprachlichen Ebene. Während der Zeilenstil, bei dem Satz- und Versende in eins fallen, (beim Sprechen) eine Zäsur generiert, unterbleibt eine solche beim Enjambement. Hier wird ein Satz über eine oder mehrere Versgrenzen hinweg fortgeführt. Im letzteren Fall spricht man von Hakenstil.

Beachtung verdient ferner die Figur des Chiasmus: Die Überkreuzstellung der Verben (*bauen, einreißen*, V. 2) erfolgt exakt an der Grenze der metrischen Zäsur zwischen dem dritten und vierten Versfuß des Alexandriners. So wird die Betonung der semantischen Opposition zwischen beiden Verben auch formal unterstrichen.

In den V. 8 und V. 11 erkennt man, dass die natürliche Betonung nicht mit dem vorherrschenden Metrum übereinstimmt: Das Indefinitpronomen *Nichts* (V. 7) und die Interjektion *Ach!* (V. 11) werden – entgegen der vom Versmaß geforderten Betonung – in natürlicher Sprechweise akzentuiert, ein weiteres Phänomen, das mit der inhaltlichen Antithetik korrespondiert.

Dass das Sonett gerade im Barock seine „deutsche Blütezeit" erlebte, ist der aus den Fugen geratenen Welt dieser Zeit geschuldet. Kriege, Seuchen und Hungersnöte nährten den verstärkten Wunsch und die Sehnsucht nach religiöser Transzendenz, nach Ordnung und Transparenz. Ihren adäquatesten literarischen Ausdruck fanden sie in der regelgeleiteten Poetik, insbesondere im Ordnungssystem Sonett.

3.5   Vermeidung von Fremdwörtern

Das im 17. Jahrhundert immer stärker um sich greifende Alamodewesen, sprich die übertriebene Ausrichtung des modisch-gesellschaftlichen und kulturellen Lebens nach französischem Vorbild, blieb nicht ohne nachhaltigen Einfluss auf die deutsche Sprache. Sie wurde zusehends von der französischen überformt und stand in Gefahr, von dieser in weiten Teilen der Gesellschaft (Adel und Bürgertum) verdrängt und zur Sprachform der unterprivilegierten Schichten (Gesinde, Bauern) zu werden. Dieser Entwicklung Einhalt zu gebieten, die „Ehre" der deutschen Sprache zu retten und ihr gegenüber den längst etablierten großen europäischen Literatursprachen (Französisch, Italienisch, Spanisch, Niederländisch, Englisch) einen ebenbürtigen Status zu verschaffen, war das ausgewiesene Ziel der bereits erwähnten Sprachgesellschaften und natürlich das der führenden Dichter und Literaturtheoretiker. So kämpfte auch Gryphius im Sinne Opitz' und der Sprachgesellschaften für eine von fremdländischen Einflüssen, insbesondere von Gallizismen freie deutsche Sprache.[78]

Gryphius' Text kommt ohne Fremdwörter aus. Zwar trägt die Erstveröffentlichung (1637) einen lateinischen Titel; der aber wird direkt übersetzt, und die nachfolgenden Fassungen ab 1643 verzichten ganz auf ihn.

Nicht zu verwechseln mit Fremdwörtern sind einige dem heutigen Leser nicht mehr vertraute Formen und Begrifflichkeiten früherer deutscher Sprachstufen. Im Laufe der Jahrhunderte verändert sich die eigene Sprache auch ohne Einflüsse von außen. Dies trifft auf die lautliche Erscheinungsform[79] und häufiger noch auf die Begrifflichkeit bzw. Bedeutungen von Wörtern zu. Man spricht in letzterem Zusammenhang von Bedeutungswandel. Ein Beispiel begegnete uns bereits: *eitel*. Die ursprüngliche Bedeutung des Adjektivs ist „nichtig", „leer", die heutige „eingebildet", „aufgeblasen" (inhaltsleer). *Bein* (6) wird in seiner originären Bedeutung „Knochen" gebraucht; *pochen* und *trotzen* (10) meinte früher „prahlen". Das zweimal verwendete *sol* (V. 5), *soll* (V. 10) ist nicht in der Bedeutung des homonymen Modalverbs „sollen", sondern als 3. Person Singular Futur des Hilfsverbs „werden" zu verstehen.[80] Auch *schlecht* (V. 12) hat einen Bedeutungswandel erfahren. Es heißt ursprünglich nicht „minderwertig", „mangelhaft" oder „defizitär", sondern „einfach" (vgl. auch „schlicht"), „schlechthin geltend". Ferner ist *einig* (V. 14) mit „einzig" und *leicht* (V. 10) mit „gering", „rasch" (vergänglich) zu übersetzen. Schließlich ist auch das Verb *betrachten* (V. 14) nicht in der heute geläufigen Bedeutung „etwas anschauen" aufzufassen, sondern meint „bedenken", „überlegen", „streben nach".[81]

---

78 Übernahme bzw. Entlehnungen sprachlicher Elemente und Strukturen aus dem Französischen ins Deutsche (z. B. à propos)

79 Die Formen *itzund* (3, 5), *itzt* (6, 8) sind wie auch die hier nicht verwendeten Varianten *jetzo, jetzund, jetzunder* zeitgenössische (Frühneuhochdeutsch, ca. 1350-1650) Varianten des Temporaladverbs „jetzt"; *zutretten* (5) meint „zertreten".

80 Ins Neuhochdeutsche übersetzt lautet V. 5: „Was jetzt so prächtig blüht, wird bald zertreten werden" und V. 10: „Wird denn das Spiel der Zeit der leichte Mensch bestehen?"

81 Über die Herkunft und ursprüngliche Bedeutung deutscher Wörter und deren Bedeutungswandel, den diese im Laufe der Jahrhunderte erfuhren, informieren Kluge 1999 und Duden, Bd. 7, 2014.

3.6   Formanalyse[82]

Aufbau			Andreas Gryphius **Es ist alles eitel**	Reimschema Kadenz	Thema	Besonderheiten / Es = grammatisches Subjekt
Aufgesang	Quartett	1	∪ / ∪ / ∪ / | | ∪ / ∪ / ∪ / (katalektisch, w) Du siehst, wohin du siehst, nur Eitelkeit auf Erden	a w	Natur – Kultur / Zivilisation	Apostrophe: *Du* (1) Epanalepse: *siehst – siehst* (1) Alliteration: *Eitelkeit – Erden* (1) *Städte stehn* (3) Chiasmus: Subjekt + Prädikat / Prädikat + Subjekt } 2 Antithese: *dieser* vs. *jener* (2) *baut* vs. *reißt ein* (2) *heute* vs. *morgen* (2)
		2	∪ / ∪ / ∪ / | | ∪ / ∪ / ∪ / (akatalektisch, m) Was dieser heute baut, reißt jener morgen ein;	b m		
		3	wo jetzund Städte stehn, wird eine Wiese sein,	b m		
			Enjambement			
		4	auf der ein Schäferskind wird spielen mit den Herden.	a w		Inversion: *wird spielen* (4) Zeilenstil: V. 1 und V. 2 Enjambement: V. 3-4 Zäsur in V. 4 überspielt
	Quartett	5	Was jetzund prächtig blüht, soll bald zertreten werden,	a w	materielles Sein – organische u. anorganische	Antithese: *jetzund* vs. *bald* (5) *blüht* vs. *zertreten* (5) *jetzt* vs. *morgen* (6) *Jetzt* vs. *bald* (8) Anapher: *Was* (5); *was* (6) Epipher: *kein Erz, kein Marmorstein* (7) Personifikation: *lacht das Glück* (8) Synästhesie: *lacht … donnern* (8) Asyndeton: HS + HS (8) versetzte Betonung (7)
		6	was jetzt so pocht und trotzt, ist morgen Asch und Bein;	b m		
		7	/ / ∪ / ∪ / | ∪ / ∪ / ∪ / nichts ist, das ewig sei, kein Erz, kein Marmorstein.	b m		
		8	Jetzt lacht das Glück uns an, bald donnern die Beschwerden.	a w		
Abgesang	Terzett	9	Der hohen Taten Ruhm muß wie ein Traum vergehn.	c m	Diesseits vs. Jenseits	Vergleich: (9) Inversion: vorangestelltes Genitivattribut (9) rhetorische Frage: (10) Interjektion: *Ach* (11) Zeilenstil (9) vs. strophenübergreifendes Enjambement (11-13) versetzte Betonung (11)
		10	Soll denn das Spiel der Zeit, der leichte Mensch bestehn?	c m		
		11	/ / ∪ / ∪ / | ∪ / ∪ / ∪ / Ach, was ist alles dies, das wir für köstlich achten,	d w		
			Enjambement			
	Terzett	12	als schlechte Nichtigkeit, als Schatten, Staub und Wind,	e m	ideelles Sein – Mensch	Alliteration: *Schatten, Staub* (12) Anapher: *als … als* (12), *als* 13 Accumulatio: *Nichtigkeit: Schatten, Staub und Wind* (12) freier Relativsatz *was ewig ist* (14) statt eines attributiven Relativsatzes („*das*, was ewig ist) → Betonung Gottes bzw. des Ewigen als dem Absoluten.
		13	als eine Wiesenblum, die man nicht wieder find't!	e m		
		14	Noch will, was ewig ist, kein einig Mensch betrachten!	d w		

---

82   Der Einfachheit halber ist hier die neuhochdeutsche Form abgedruckt. Zitiert nach: Hahn 2016, S. 146

3.7 Interpretationsskizze

Gryphius' Gedicht *Es ist alles eitel* ist ein Sonett, eine – wie bereits betont – im 17. Jahrhundert besonders häufige literarische Form. Mit ihren strengen, den Strophenbau und die metrische Gliederung bestimmenden Regeln bildete die Gedichtform sozusagen ein literarisches Korrektiv zur Regellosigkeit und den Wirren des 30-jährigen Krieges. Was dieser Zeit fehlte, bot das Sonett: Ordnung, Orientierung, Transzendenz.

Gryphius' Verse kennen nur ein Thema: die Nichtigkeit und Vergänglichkeit alles Irdischen sowie die Vergeblichkeit alles diesseitigen menschlichen Tuns. Im Gegensatz zu dem rhetorisch höchst kunstvoll in immer neuen Bildern sich entfaltenden Vanitas-Sujet erscheint der eine Erkenntnis formulierende Titel selbst lapidar. Doch ist der aus lediglich vier Wörtern bestehende Aussagesatz komplexer, als es ein nur flüchtiges Lesen/Hören suggeriert: Das Subjekt des Titelsatzes ist inhaltsleer, *eitel* [!], denn Es ist ein grammatisches, also lediglich formales Subjekt. Der Titel lautet nicht „Alles ist eitel". Dem nichts (!) bedeutenden Es steht mit dem Indefinitpronomen *alles* sein „antonymes" semantisches Subjekt-Äquivalent gegenüber. So betrachtet spiegelt bereits der Titel des Sonetts auf der formalsprachlichen Ebene den für die Zeit des Barocks typischen antithetischen Dualismus.

Der erste Vers expliziert die thesenartige Erkenntnis des Titels. Allerdings nimmt die dort als objektive Tatsache ausgegebene Festellung hier die subjektive Note einer Klage an: Zweimal wendet sich das lyrische Ich in der Figur der auf Nachdrücklichkeit abzielenden Epanalepse an ein Du, dem durch die Fokuspartikel *nur* die objektiv-nüchterne „alles"-Aussage zur bedauernswerten irdischen Wahrheit wird: *Du siehst, wohin du siehst, nur Eitelkeit auf Erden* (V. 1).

In den folgenden Versen der ersten beiden Strophen (V. 2-8) wird – der Forderung der barocken Poetik entsprechend – eine Reihe erläuternder Exempla (Beispiele) entfaltet, welche die im Titel und in der ersten Zeile geäußerte These belegen. Das bisher semantisch noch vage *alles* wird nun konkretisiert: Der Vergänglichkeit unterworfen ist das vom Menschen selbst Geschaffene, Zivilisation und Kultur (V. 2, 3), aber auch das unabhängig von ihm Vorhandene: die belebte und unbelebte Natur (V. 5, 6). Die eingangs (Titel, V. 1) aufgestellte These, wonach allem Irdischen von Beginn an Verfall, Auflösung, Nichtigkeit inhärent sind und die Annahme überzeitlicher Existenz auf Erden Täuschung ist, wird nirgendwo nachdrücklicher – und dieses Mal in negativer Formulierung – vorgetragen als in V. 7: *Nichts ist, das ewig sei, kein Erz, kein Marmorstein.* Aufgrund des dreimaligen Gebrauchs der Indefinitpronomen und deren epiphorischer Verwendung in Verbindung mit dem seit Horaz geläufigen monumental-literarischen Topos „Erz und Marmorstein" suggeriert diese Zeile eine Wahrheit im Duktus unbezweifelbarer und endgültiger Gewissheit. Unterstrichen wird die Bedeutung dieses Verses bzw. seiner Aussage zusätzlich dadurch, dass *Nichts* nicht als Auftakt,[83] sondern betont zu lesen ist.

Während die beiden Quartette dezidiert darauf verweisen, dass alles Materielle unwiderruflich dem Verfall anheimgegeben ist, belehrt der zweite Teil des Gedichts in den Terzetten darüber, dass auch das Ideelle notwendig demselben Schicksal unterliegt: *Der hohen Taten Ruhm muss* [!] *wie ein Traum vergehn* (V. 9). Schließlich wird der Mensch selbst zum Gegenstand der Reflexion: *Soll denn das Spiel der Zeit der leichte Mensch bestehn?* (V. 10). Die Antwort auf die Frage liefert diese selbst. Sie ist eine rhetorische. Denn: *Spiel* bedeutet ursprünglich „Tanz", „Kurzweil", und *leicht* (V. 10) ist etymologisch

---

83 Der Auftakt ist in der Verslehre der akzentuierenden Metrik der Teil des Versmaßes vor der ersten Hebung (betonte Silbe).
Jambische($\cup$ /) und anapästische ($\cup \cup$ /) Verse sind demzufolge auftaktig, trochäische und daktylische hingegen auftaktlos.

mit „rasch", „gering"[84] zu übersetzen. Das *Carpe diem*, der irdische Genuss, die irdischen Annehmlichkeiten haben keinen Bestand. Sie halten buchstäblich nur eine kurze Weile an. Und die Existenz des dem Augenblick frönenden Menschen selbst ist nicht minder leicht, d. h. rasch vergänglich und ergo gleichermaßen „gering" und nichtig wie *alles dies* (V. 11) von ihm fälschlich als *köstlich* Erachtete (V. 11). Berücksichtigt man außerdem, dass in der ersten Fassung des Gedichts (1637) der auf das Diesseits ausgerichtete Mensch mit einer *Wasserblaß*, einer Seifenblase, verglichen wird, ist die aus allen vorgenannten Beobachtungen und Einsichten deduzierte bzw. diagnostizierte Erkenntnis so melancholisch wie unabänderlich (V. 11-13). Sie wird im klagenden Gestus (*Ach!*, V. 11) in der 1. Person Plural (*wir*, V. 11) als Gewissheit formuliert, nachdem das lyrische Ich und das *Du* (V. 1) zu einer kollektiv-desillusionierten Schicksalsgemeinschaft verschmolzen sind. Dennoch bleiben die Menschen dem Irdischen, der Zeit und dem vermeintlich erfüllenden Augenblick verhaftet, und zwar alle und ausnahmslos – vorerst: Denn *Noch will, was ewig ist, kein einig* [einziger] *Mensch betrachten* (V. 14). Das Temporaladverb *noch* indes kündet von der Möglichkeit eines Perspektivenwechsels vom Diesseits zum Jenseits, vom Zeitlichen zum Ewigen, von der Nichtigkeit und Leere zur Fülle und Erfüllung.

4.   Der Barock in der Malerei – Beispiel

Jacob Marrel: *Stillleben mit Blumenstrauß, Geige und Totenschädel*

Jacob Marrel: *Stillleben mit Blumenstrauß, Geige und Totenschädel* (1637)

Ein für den Barock typisches Gemälde ist Jacob Marrels[85] „Stillleben mit Blumenstrauß, Geige und Totenschädel". Es entstand im selben Jahr (1637) wie Andreas Gryphius' Sonett „Es ist alles eitel".

Ins Auge fällt auf den ersten Blick der in freundlichen, hellen Farben gehaltene Blumenstrauß. Zusammen mit der die Blumen fassenden bauchförmigen gläsernen Vase und mit der rechts auf einem aufgeschlagenen Notenbuch vertikal platzierten Geige dominiert er das Bild – scheinbar. Auf den zweiten Blick wird dieser Lebensfreude (*Carpe diem*) vermittelnde Eindruck quasi neutralisiert: Im Hintergrund nämlich wird der Betrachter eines Totenschädels (*Memento mori*) gewahr, der perspektivisch zwischen Blumen(-Vase) und Geige auf zwei übereinanderliegenden geschlossenen Büchern drapiert ist. Diese die Bildmitte bestimmenden Gegenstände befinden sich in einer ge-

---

84   s. Kluge 1999, S. 512

85   Jacob Marrel (1614-1681) war ein bedeutender (Stillleben-)Maler des Barocks. Inspiriert von der Entwicklung der Malerei in den Niederlanden verbrachte er einige Zeit in Utrecht. 1651 heiratete er in Frankfurt Johanna Sibylla Heinsius, die Mutter der berühmten Naturforscherin und Künstlerin Maria Sibylla Merian, die er im Malen und Zeichnen unterrichtete. Das 93 x 80 cm große Stillleben befindet sich in der Staatlichen Kunsthalle Karlsruhe.

wölbten Mauernische. Sie wird von halblinks einfallenden Strahlen einer nicht erkennbaren Lichtquelle beleuchtet, sodass Violine und Notenbuch sich in der gläsernen Vase spiegeln (!). Wendet sich der Betrachter nun in einem dritten Blick den Einzelheiten des Bildes zu, stößt er auf eine kaum fassbare Fülle von Gegenständen, die wie zufällig situiert erscheinen. Ihnen eignet jedoch eine bestimmte Ordnung und eine jeweils besondere Symbolik, die sich dem heutigen Betrachter nicht mehr ohne Weiteres erschließt.

Im Folgenden sollen daher die nicht im Zentrum des Bildes platzierten Objekte (Blickführung von oben nach unten) aufgeführt und deren Botschaften, Anspielungen und Bedeutungen erläutert und erklärt werden:

- *Engelsputten*
  oben links und rechts:
  Ihre ursprünglich positive Funktion wird durch die ihnen zugeordneten Attribute (Sanduhr bzw. Seifenblasen) der Vergänglichkeit relativiert.

- *Totenköpfe*
  oben links und rechts:
  Symbol für die Omnipräsenz (Allgegenwärtigkeit) des Todes

- *Sanduhr* (Stundenglas)
  oben links:
  Symbol der Vergänglichkeit, Hinweis auf die unerbittlich verrinnende Lebenszeit

- *Seifenblasen*
  oben rechts:
  Symbol der Zerbrechlichkeit und Vergänglichkeit des sinnlich Glanzvollen, Schönen und Faszinierenden

- *Libelle*
  oben links:
  gilt zur Zeit des Barocks als lebensbedrohliches giftiges Insekt

- *Schmetterling*
  oben Mitte:
  Symbol der Reinkarnation und Unsterblichkeit

- *Bücher*
  Mitte/Vordergrund:
  Texte und Musik kombiniert mit Symbolen des Vergangenen (Totenschädel) stellen alles Tun, Bemühen, auch den Ruhm in Frage

- *Messer* unten links:
  Verletzlichkeit

- *Zitrone* (halb geschält)
  unten links:
  Symbol der Vergänglichkeit, kein vollständiges Auskosten des Genusses

- *Maus*
  unten links:
  Anspielung auf Hungersnöte, Epidemien

- *Eidechse*
  unten halblinks:
  Symbol für das Böse (kleiner Drachen)

- *glimmende Lunte*
  unten Mitte:
  Symbol für unaufhaltsam „verglimmende" Lebenszeit

- *Tabak/Pfeife*
  unten links/Mitte:
  Symbol für flüchtigen, „verrauchenden" Genuss

- *antike Münzen*
  unten Mitte:
  Symbol für den Untergang des vermeintlich so mächtigen Römischen Reichs

- *Tintenfass/Feder*
  unten rechts:
  Symbol fragwürdigen (literarischen) Ruhms (Eitelkeit)

Richtet man einen verweilenden Blick auf den vom Betrachter vermutlich zuerst wahrgenommenen Gegenstand, den Blumenstrauß, lässt sich auch hier ein antithetisches Kompositionsprinzip erkennen. Allerdings ist es hier diffiziler und auf zwei Ebenen gestaltet. Die Natur-Kultur/Zivilisation-Opposition, die sonst in der Darstellung von Tieren (Libelle, Schmetterling, Maus, Eidechse) einerseits und Artefakten (Violine, Bücher, Messer, Pfeife) andererseits leicht zu erkennen ist, ist hier weniger offenkundig. Denn Blumen sind nicht einfach Blumen, sondern werden in ihrer Darstellung nahezu unmerklich differenziert in (kultivierte) Zierpflanzen und (natürliche) Feld- bzw. Wiesenblumen.

- *Weiße Madonnen-Lilie:*   Sie ist eine der ältesten kultivierten (seit ca. 1500 v. Chr.) Zierpflanzen überhaupt und symbolisiert in der christlichen Formensprache Reinheit, Unschuld und Jungfräulichkeit.

- *Rose:*   Erst mit Beginn des Barocks wurde die Rose als Zierpflanze verwendet und gilt seitdem als Königin der Blumen. Zuvor diente sie als Heilpflanze. Sie gilt als Symbol der Liebe und der Jugend.

- *Tulpe:*   Sie kam Mitte des 16. Jahrhunderts von der Türkei nach Europa. Tulpenzwiebeln wurden zum begehrten Spekulationsobjekt. Es entstand eine Tulpenmanie, ein Tulpenfieberwahn. Es kam zum ersten Börsenkrach in der Geschichte, der sich erst 1637, also im Jahr der Entstehung von Marrels Stillleben, wieder beruhigte. Die Tulpe symbolisierte Leichtsinn und Spekulation.

Alle Blumen befinden sich in derselben Vase. Abgesehen von der besonderen Symbolkraft der Zierblumen ist hier interessant, dass die älteste kultivierte Zierpflanze und lange als heidnisch geltende Madonnen-Lilie mit der zur Entstehungszeit des Bildes jüngsten kultivierten Zierpflanze, der Rose, auch farblich (Weiß vs. Rot) kontrastiert. Beide wiederum stehen insofern im Gegensatz zur Tulpe, als diese bzw. deren Zwiebel zur damaligen Zeit in erster Linie ein an der Börse gehandeltes Spekulationsobjekt war und erst später allgemeine Zierpflanze wurde.

Trotz der Unterschiede zwischen ihnen und den Werten, auf die sie verweisen, unterliegen auch sie wie alles Irdische nach kurzer Zeit der Blüte dem unausweichlichen Gesetz des Verfalls. Dass in der Mitte des Bildes eine sich neigende Blüte der Madonnen-Lilie den Totenschädel (fast) berührt, ist ein weiterer bewusst gestalteter Ausdruck der das Barock kennzeichnenden antithetischen Gestimmtheit.

Besondere Aufmerksamkeit verdient die Vase. Sie ist gläsern, signalisiert also Zerbrechlichkeit. Ihre dunkel gehaltene Farbgestaltung kontrastiert mit den freundlich-hellen Nuancen der Blütenblätter der sie fassenden Blumen. Wesentlicher aber ist, dass die Vase außer dem Liederbuch und der Violine – für das flüchtige Auge kaum erkennbar – das Atelier des Künstlers und diesen selbst widerspiegelt. Auch hier handelt es sich einmal mehr um eine Paradoxie: die Präsenz der Absenz. Was nicht zu sehen ist, ist zu sehen.

Das Bild im Bilde frönt sozusagen auf dunklem Grund dem hellen Leben, dem *Carpe diem*, und der Künstler scheint sich selbst zu huldigen, indem er seinem narzisstischen Bedürfnis nach Selbstbespiegelung folgt und sich in seinem Werk selbst verewigt, was – wie „Der Prediger" weiß – eitel ist: „Als ich aber ansah alle meine Werke, die meine Hand getan hatte, und die Mühe, die ich gehabt hatte, siehe, da war es alles eitel und Haschen nach Wind und kein Gewinn unter der Sonne."[86]

Dennoch wird die Welt von den Menschen des Barocks nicht (nur) als Jammertal erlebt, wie es manche (Literatur-)Geschichten glauben machen. Marrels Bild könnte, zugegebenermaßen etwas übertrieben, auch als Allegorie der leiblichen Genüsse, als Hommage an das irdische Leben des Menschen „gelesen" werden. Dessen fünf Sinne kommen in ihrer Totalität durchaus (auch) positiv auf ihre Kosten: Tabak (Riechen), Blumen (Sehen, Riechen), Geige (Hören), Zitrone (Schmecken), Münzen (Tasten). Und wenn man sich

---

86   AT, Pred 2,11

nicht zu sehr aufs Sehen verlegt, vernimmt man vielleicht beim genauen Hinhören ganz leise des Predigers Salomo Stimme: „Da merkte ich, dass es nichts Besseres […] gibt als fröhlich sein und sich gütlich tun in seinem Leben."[87]

5.   Dichter und Werke im Überblick (Auswahl)

Dichter	Werke
Paul Fleming (1609-1640)	*Teütsche Poemata* [1642]
Hans Jakob Christoffel von Grimmelshausen (1622-1676)	*Der abentheurliche Simplicissimus Teutsch* (1669) *Der teutsche Michel* (1670)
Andreas Gryphius (1616-1664)	*Sonette* (1637) *Sonn- und Feiertagsonette* (1639) *Leo Armenius oder Fürstenmord* (1650) Trauerspiel *Carolus Stuardus oder Ermordete Majestät* (1657) Trauerspiel *Catharina von Georgien* (1657) Trauerspiel *Horribilicribrifax Teutsch* (undatiert, vermutlich 1663) Komödie
Christian Hoffmann von Hoffmannswaldau (1616-1679)	*Deutsche Vbersetzungen vnd Getichte* (1679) *Kuriose Helden-Briefe und andre herrliche Gedicht* (1673)
Friedrich von Logau (1604-1655)	*Deutscher Sinn-Getichte drey Tausend* (1654)
Martin Opitz (1597-1639)	*Buch von der Deutschen Poeterey* (1624)
Angelus Silesius (1624-1677)	*Cherubinischer Wandersmann* (1675)
Paul Gerhardt (1607-1676)	Kirchenlieder, von denen sich heute noch viele in den Gesangbüchern befinden, z. B. das zum Weltkulturerbe zählende *O Haupt voll Blut und Wunden*

---

87   ibid. 3,12

6.   Erfindungen und Entdeckungen im Überblick (Auswahl)

Zeit	Erfindung/Entdeckung	Erfinder/Entdecker
1609	Pendel- und Fallgesetze, Gesetze des freien Falls	Galileo Galilei
1609-1619	Gesetze der Planetenbewegung	Johannes Kepler
1618	Blutkreislauf	William Harvey
1643	Quecksilberbarometer	Evangelista Torricelli
1657	Pendeluhr	Christiaan Huygens
1665-1672	Infinitesimalrechnung	Isaac Newton / G.W. Leibniz
1666	Gesetz der Schwerkraft	Isaac Newton
1667-1678	Nachweis einer endlichen Lichtgeschwindigkeit	Christiaan Huygens
1693	Europäisches Porzellan	Ehrenfried W. v. Tschirnhaus Johann F. Böttger
1718	Quecksilberthermometer	Daniel Gabriel Fahrenheit
1725	Erster Beweis für die Richtigkeit von Kopernikus' heliozentrischem Weltbild	James Bradley

7. Info-Grafik

BAROCK

- 30-jähriger Krieg
- Seuchen
- Pest
- Hungersnöte
- Hexenverbrennungen

Vanitas
Es ist alles eitel
(Prediger Salomo 1,2)

Weltsucht

Carpe diem

- Diesseits
- Zeit
- Spiel
- Blüte
- Genuss
- Schein

Mensch in bipolarer Spannung

Weltflucht

- Jenseits
- Ewigkeit
- Ernst
- Verfall
- Askese
- Sein

Memento mori

antithetische Welt- und Menschenbilder

- geozentrisches Weltbild
- Empirismus
- zoon politikon

- heliozentrisches Weltbild
- Rationalismus
- homo homini lupus

Verlust der Orientierung / Unsicherheit

Ordnungsstreben

Überwindung der Unsicherheit im Rückgriff auf eine „gottgewollte" Ordnung
(Sieg des Absolutismus)
Formstrenge in Literatur (Sonett) und Landschaftsgestaltung (französische Gärten)

1.   Begriff

Der Begriff *Aufklärung*, der als Epochenbezeichnung das ausgehende 17. und gesamte 18. Jahrhundert umfasst, hat sich um die Mitte des 18. Jahrhunderts gebildet und durchgesetzt. Das Substantiv ist von dem Verb *aufklären*[88] abgeleitet. Dieses enthält das faktitive[89] *klären* mit der Bedeutung (jemandem) *etwas klar, transparent machen*. Das scheinbar deutsche Wort *klar* ist dem lateinischen (*clarus*) entlehnt und bedeutet *hell, licht, deutlich*.

Die Aufklärung war eine Bewegung, die im Zeitraum zwischen ca. 1720 und 1800 den gesamten europäischen Kontinent und Nordamerika erfasste und bis heute wirksam ist.

Als prinzipielles Ziel verfolgt sie die Befreiung und Emanzipation des Individuums von (dogmatisch) tradierten Lehren und Weltbildern, von blinder Untertänigkeit und unreflektierter Unterwerfung unter Institutionen, insbesondere die der Kirche und des Staates. Erreicht werden kann und soll dies durch den selbstständigen, autonomen Gebrauch des „eigenen Verstandes"[90] und durch die den Zusammenhang der Dinge erhellende, schlussfolgernde Vernunft (Ratio[91]). Diese gilt als vornehmste Fähigkeit des Menschen. Sie allein – so die Überzeugung der Aufklärer – garantiert ihm wahre und richtige Erkenntnis und ermöglicht ihm, über Wahrheit und Richtigkeit zuverlässig zu urteilen und zu entscheiden. Aufgrund seiner rational gewonnenen Erkenntnis ist das Ich imstande, überkommene Traditionen und Normen als fragwürdig oder falsch zu identifizieren und/oder bisher fraglos anerkannte Autoritäten als Schein-Autoritäten zu entlarven.

Da die Epoche eine gesamteuropäische war, verwundert es nicht, dass sich neben der deutschen auch viele andere Sprachen zur Bezeichnung der Epoche der Lichtmetaphorik bedienen,[92] zumal der Begriff *Aufklärung* während der Frühmoderne eng korrespondiert mit der Abwertung des Mittelalters als einem Zeitalter der Dunkelheit und des finsteren Aberglaubens. Schon in der Antike bemühten große Philosophen bevorzugt Metaphern des Lichts und der Erhellung bei

---

88 Das Verb *aufklären* ist ursprünglich mittelniederdeutsch (*upklären*) und ein Wetter-Ausdruck aus der Seemannssprache mit der Bedeutung *klar werden, aufhellen*. Vgl. Kluge 1999, S. 64

89 Faktitive Verben bezeichnen Verben des Bewirkens und des unmittelbaren Herbeiführens eines im Verbstamm bezeichneten Zustandes, vgl. z. B. auch: schwärzen = schwarz machen, *tränken* = (ein Tier) trinken machen.

90 Kant 1784, S. 481

91 Das lat. Substantiv *ratio* bedeutet Vernunft, Berechnung, (logischer) Grund und bezeichnet ein vernunftgeleitetes Denken und Handeln; *rational* heißt demnach *vernünftig, auf Grundlage der Vernunft.*

92 z. B.: engl. *Age of Enlightenment*, franz.: *Siècle des Lumières*, niederl.: *Verlichting*, ital.: *illuminismo*, poln.: *Oświecenie*

der Frage und Suche nach Erkenntnis und Wahrheit.[93] Häufig verwendet wird die Licht-Metapher im Kontext Wahrheit auch in der Bibel.[94]

Wie das Licht die Dunkelheit vertreibt, „besiegt" und bisher nur undeutlich sich abzeichnende oder aufgrund der Finsternis falsch interpretierte Gegenstände dem Dunkel entreißt[95] und diese klar und deutlich sichtbar macht, so demaskiert die Vernunft vermeintliche Wahrheiten, Aberglauben etc. und führt zur wahren und richtigen Erkenntnis der Dinge und von deren Zusammenhängen.

2.   Historisch-geistesgeschichtlicher Hintergrund

2.1   Verstand und Vernunft – zwei die Epoche charakterisierende Begriffe

Zwei Wörtern begegnet man in der Epoche der Aufklärung immer wieder: *Vernunft* und *Verstand*. Oft wird die Epoche der Aufklärung als das Zeitalter der Ratio bezeichnet. Ratio ist lateinisch und bedeutet Vernunft. Zu Recht spricht man von einem „Zeitalter der Vernunft". Von einem „Zeitalter des Verstandes" oder der *Mens*[96] hingegen spricht man nicht. *Verstand* und *Vernunft* bezeichnen nämlich nicht dasselbe, sind keine Synonyme. Da es der Aufklärung primär um wahre und richtige Erkenntnis zu tun ist, ist es ratsam, sich zu vergegenwärtigen, wie der Mensch überhaupt zu wahren und richtigen

Immanuel Kant

Erkenntnissen gelangen kann. Im vorigen Kapitel haben wir bereits erfahren, dass die Rationalisten, z. B. René Descartes, überzeugt sind, dass der Mensch mit angeborenen Ideen (lat. ideae innatae) auf die Welt kommt, also mit Denkinhalten, die nicht aus der Erfahrung stammen, sondern dem Bewusstsein vor aller Erfahrung (a priori) vorgegeben sind, z. B. mathematische Axiome, logische Gesetze, Gott, ethische Werte. Die Gegenposition hierzu vertreten die Empiristen, z. B. John Locke. Sie lehren, dass alle Erkenntnis mit den Sinnen, also mit der sinnlichen Wahrnehmung anhebt, ohne die Erkenntnis schlichtweg nicht möglich sei. Der Hauptvertreter der Aufklärung, Immanuel Kant[97] (1724-1804), verbindet – vereinfacht gesagt – beide Theorien. Erkenntnis ist das Ergebnis notwendigen Zusammenwirkens von Verstand *und* Anschauung. Denn: Der Verstand kann nichts anschauen, und

---

93   Vom Licht der Erkenntnis ist z. B. bei dem bedeutenden vorsokratischen Philosophen Parmenides von Elea (520/515 v. Chr.-460/455 v. Chr.) die Rede: *Im Augenblick der Erkenntnis öffnet sich ein großes Tor und es ergießt sich daraus ein Licht.*
Zitiert nach: Hürlimann 2015.
Vgl. auch Platons (428/427 v. Chr.-348/347 v. Chr.) Sonnengleichnis im sechsten Buch seines Dialogs „Politeía". Die Sonne wird dort als Lichtquelle bezeichnet, die dem Auge ermöglicht, Gegenstände zu sehen, während man im Dunkeln lediglich farblose undeutliche Schatten erkennt.

94   vgl. z. B. AT Psalm 43/1,3: Gott […] *errette mich von den falschen und bösen Leuten!* […] *Sende dein Licht und deine Wahrheit, dass sie mich leiten.*

95   Hingewiesen sei in diesem Zusammenhang darauf, dass das in der Philosophie, insbesondere bei den Vorsokratikern und Aristoteles, häufig vorkommende griech. Wort für Wahrheit αληθεια (Aletheia) wörtlich das *Unverborgene* bedeutet. Die griech. Bezeichnung enthält also die Licht-Metapher sozusagen bereits in sich „verborgen".

96   lat. *mens* = Verstand

97   In seinem Hauptwerk „Kritik der reinen Vernunft" (1781) klärt Immanuel Kant, Hauptvertreter der (philosophischen) Aufklärung, die Frage, wie Erkenntnis überhaupt möglich ist. Er gelangt zu der überzeugenden Einsicht, dass die beiden sich widerstreitenden Erkenntnistheorien – Empirismus und Rationalismus – zusammengeführt werden müssen.

die Sinne vermögen nichts zu denken. Kants berühmtes, oft zitiertes Wort verdeutlicht dies einprägsam: „Gedanken ohne Inhalt sind leer, Anschauungen ohne Begriffe sind blind." Nach Kant konstituiert sich Erkenntnis aus Anschauung (Sinne), Verstand und Vernunft. Dabei ist, wie die untenstehende Grafik verdeutlicht, die Vernunft gegenüber dem Verstand das höhere Vermögen. Denn während jener „nur" Begriffe und Urteile bildet, vermag diese zu schlussfolgern, zwischen Ideen und Begriffen Zusammenhänge herzustellen und zu entscheiden, ob diese gewiss oder lediglich wahrscheinlich sind. Metaphysische Erkenntnisse hingegen kann die Vernunft nicht gewinnen, da es für die „Gegenstände" der Metaphysik,[98] z. B. Gott oder (unsterbliche) Seele, keine Anschauungen gibt.

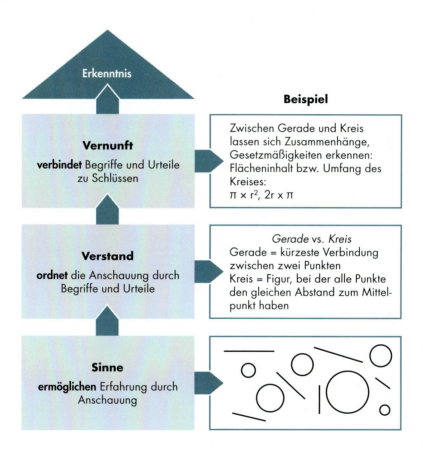

---

98 *Metaphysik* ist die Lehre von dem hinter der sinnlich (empirisch) erfahrbaren Welt Liegenden, von den letzten, nicht mehr hintergehbaren Gründen und Zusammenhängen des Seins. Gegenstand der Metaphysik sind z. B. die Fragen:
Gibt es Gott? Gibt es einen letzten Sinn, warum die Welt existiert? Hat der Mensch eine unsterbliche Seele?

2.2   Kants Beantwortung der Frage: Was ist Aufklärung?

Das Wort *Aufklärung* hatte sich bis zur Jahrhundertmitte zwar rasch durchgesetzt, wurde aber offenbar häufig als Schlagwort, also als semantisch nicht klar bestimmter Ausdruck gebraucht oder im allgemeinen Sinne von „sich über einen Sachverhalt Klarheit verschaffen" verstanden. Es ist das Verdienst Kants, das Wort auf den Begriff gebracht zu haben, nachdem die „Berlinische Monatsschrift" zur inhaltlichen Klärung aufgerufen hatte.[99] Den Anlass zu dem Appell gab der Berliner Pastor Johann Friedrich Zöllner (1753-1804) in dieser Zeitschrift vom Dezember 1783:

> *Was ist Aufklärung? Diese Frage, die beinahe so wichtig ist, als: was ist Wahrheit, sollte doch wol (sic) beantwortet werden, ehe man aufzuklären anfinge! Und doch habe ich sie nirgends beantwortet gefunden.*[100]

Zöllner, selbst Aufklärer, hatte offenbar die Erfahrung der vagen und/oder fehlinterpretierten Verwendung des Wortes gemacht. Das von der Aufklärung in den Fokus gestellte selbstbestimmte, reflektierte, verantwortlich handelnde Ich wurde anscheinend nicht selten (auch) im Sinne eines narzisstischen, alles andere unreflektiert abwertenden Individuums missverstanden bzw. missbraucht. Darauf lassen folgende provokante Verse schließen, die Zöllner just in der Ausgabe der „Berlinischen Monatsschrift" publizierte, in der auch Kants Essay *Beantwortung der Frage: Was ist Aufklärung?* veröffentlicht wurde.[101] Sein Gedicht überschrieb der Berliner Theologe mit *Der Affe. Ein Fabelchen.*[102]

Dessen ironisch-sarkastische Note ist offenkundig:

> *Ein Affe stekt' einst einen Hain*
> *Von Zedern Nachts in Brand,*
> *Und freute sich dann ungemein,*
> *Als er's so helle fand.*
> *„Kommt Brüder, seht, was ich vermag;*
> *Ich, – ich verwandle Nacht in Tag!"*
>
> *Die Brüder kamen groß und klein,*
> *Bewunderten den Glanz*
> *Und alle fingen an zu schrein:*
> *Hoch lebe Bruder Hans!*
> *„Hans Affe ist des Nachruhms werth,*
> *Er hat die Gegend aufgeklärt."*

---

99   Unter Aufklärung versteht Kant – wie zu zeigen sein wird – die Entwicklung des Menschen zu einer mündigen Persönlichkeit.

100   zitiert nach: Gerlach 2005, S. 57

101   Zöllners *Fabelchen* erschien in der Berlinischen Monatsschrift. Zwölftes Stück, December 1784, auf S. 480, Kants Essay *Beantwortung der Frage: Was ist Aufklärung?* auf S. 481.

102   Der kurze Text ist voller indirekter und versteckter Botschaften, auf die hier nur stichwortartig verwiesen sei: Der Protagonist (*Affe*) ist ein gänzlich unmündiger Akteur. Einerseits erfreut er sich – der verheerenden Folgen nicht bewusst – in infantil-kindischer Weise an seiner Tat (*Und freute sich dann ungemein*), andererseits geriert er sich in maßloser Arroganz und blasphemischer Selbstüberschätzung als omnipotenter gottgleicher Wundertäter (*Kommt Brüder, seht, was ich vermag; / Ich, – ich verwandle Nacht in Tag!*). Diese Stelle erinnert an 1. Mos 1,3: *Und Gott sprach: Es werde Licht! Und es ward Licht.* Narzisstisch (vgl. das zweifach wiederholte Personalpronomen 1. Pers. Singular: *Ich, – ich verwandle Nacht in Tag!*) fordert er Huldigung von seinesgleichen ein (*Hoch lebe Bruder Hans!*). Auch die Allusion an die Bibel in den ersten beiden Versen zeugt von der Hoffart des Protagonisten: Während es in Jes 41,19 heißt: *Ich will in der Wüste wachsen lassen Zedern*, macht „Bruder Hans" – gerade umgekehrt – aus einem *Hain von Zedern* eine Wüste.
Schließlich ist auch der Spott des letzten Verses nicht zu überhören: Aufklärung bezeichnet die Mündigkeit, also eine Fähigkeit des Menschen. Eine *Gegend* aber kann in diesem – mentalen – Sinne mitnichten *aufgeklärt* sein.

Die zur Wissensvermittlung und (moralischen) Belehrung besonders geeignete und daher von der Aufklärung gern verwendete literarische Form der Fabel wird hier in ihrer genuin didaktischen Funktion ad absurdum geführt. „Hans Affe" – die personifizierte Un-Vernunft, ja Dummheit – „verwandelt" in maßlos-hybrider Überheblichkeit seine „Gegend" in ein buchstäblich flammendes Inferno. Er zerstört nicht nur seine eigene Lebensgrundlage, sondern auch die seiner „Brüder". Dass Zöllner sein Gedicht „Fabelchen" nennt, unterstreicht seine gleichermaßen ironische wie sarkastische Kritik an der nicht nur vagen, sondern bisweilen gar bizarren Verwendung des Wortes *Aufklärung*. Das verniedlichende Diminutiv *Fabelchen* steht in groteskem Gegensatz zu seinem Inhalt, zur brachialen, gänzlich sinnlosen und (selbst-)vernichtenden Aktion des Protagonisten. Die Fabel des Autors schlägt die „Aufklärung" mit ihren eigenen Waffen – bis Kant Zöllners Frage, was denn Aufklärung sei, vorbildlich in wahrhaft aufgeklärter Manier, d. h. klar und deutlich, beantwortet.

Immanuel Kants prominente Definition des Begriffs Aufklärung:

Aufklärung ist der Ausgang des Menschen aus seiner selbst verschuldeten Unmündigkeit. Unmündigkeit ist das Unvermögen, sich seines Verstandes ohne Leitung eines anderen zu bedienen. Selbstverschuldet ist diese Unmündigkeit, wenn die Ursache derselben nicht am Mangel des Verstandes, sondern der Entschließung und des Mutes liegt, sich seiner ohne Leitung eines anderen zu bedienen. Sapere aude! Habe Mut dich deines eigenen Verstandes zu bedienen! ist also der Wahlspruch der Aufklärung [...]

Zu dieser Aufklärung aber wird nichts erfordert als Freiheit; und zwar die unschädlichste unter allem, was nur Freiheit heißen mag, nämlich die: von seiner Vernunft in allen Stücken öffentlichen Gebrauch zu machen.[103]

Anders ausgedrückt: Dinge, Institutionen, Autoritäten, überlieferte Lehren, Doktrinen, Traditionen, Normen etc. mithilfe des eigenen Verstandes selbstständig und kritisch zu hinterfragen, zu kontrollieren, zu prüfen, mittels der Vernunft ggf. aus den so autonom und für sich gewonnenen Ergebnissen die richtigen Entscheidungen („Entschließung") zu treffen und diese „öffentlich", also „mutig", d. h. unter Hintanstellung der Furcht vor potenziellen Sanktionen, zu vertreten – das bedeutet Aufklärung und also Mündigkeit.

2.3   Das erstarkende Bürgertum als Träger und Katalysator aufklärerischen Gedankenguts

Deutschland war nach dem 30-jährigen Krieg ein kaum zu überblickender Flickenteppich von kleinen und kleinsten Territorien, die von absolutistischen Fürsten in entsprechend selbstherrlicher Manier regiert wurden. Auch wenn Preußen sich anschickte, unter den Hunderten von Territorien eine führende Rolle zu spielen, gelang dies zunächst keinem der Territorialfürsten. Unerreichtes Vorbild war und blieb für die meisten Ludwig XIV., seine Macht und die Prachtentfaltung seines Hofes.

---

103   Kant 1784, S. 484
       s. auch: http://www.deutschestextarchiv.de/book/view/kant_aufklaerung_1784/?hl=erfordert&p=20

Die politische Ordnung nach dem Westfälischen Frieden (1648) und nach der Vertreibung der Türken aus Mitteleuropa (Wien 1683) war relativ stabil. Doch nach und nach beeinflussten die Ideen der Aufklärer alle Lebensbereiche der Menschen. Postuliert wurden z. B. politische Reformen: Der absolutistischen Willkürherrschaft setzte Charles Montesquieu (1689-1755) die Forderung nach Teilung der staatlichen Gewalt[104] zwischen Parlament, Regierung und Gerichten entgegen, um so eine gegenseitige Kontrolle zu ermöglichen. Sie war ihm Garant politischer Freiheit. Eingefordert wurde auch die Berücksichtigung und Achtung der ausnahmslos jedem Menschen zustehenden Menschenrechte.[105]

Manche der absolutistischen Herrscher erfüllten bzw. realisierten einige dieser Forderungen freiwillig.[106] Wo dies der Fall war, spricht man – im Gegensatz zum *höfischen* – vom *aufgeklärten* Absolutismus.

Konsequent umgesetzt wurden diese Ideen jedoch erst Jahrzehnte später in der *Virginia Declaration of Rights*[107] der USA (1776) und der *Déclaration des Droits de l'Homme et du Citoyen*[108] (1789) der Französischen Revolution.

Die Philosophen der Aufklärung suchten den Menschen nicht nur von der absolutistischen Herrschaft, sondern auch von den ‚unvernünftigen' Dogmen der Kirche zu befreien. Kraft seiner Vernunftbegabung, so ihre Überzeugung, ist der Mensch zu einer ebenso umfassenden wie einheitlichen Welterkenntnis fähig. Das heißt: Er bedarf weder einer göttlichen Offenbarung noch einer ihm diese vermittelnden bzw. interpretierenden (kirchlichen) Instanz – eine im Hinblick auf die vorangehende Epoche des Barocks geradezu revolutionäre Haltung. Dabei vertreten die Aufklärer keinen Atheismus. Gott offenbare sich dem Menschen nicht durch irrationale Wunder, sondern physiko-theologisch, d. h. im vernünftigen und perfekten Aufbau der Natur und in deren Gesetzen. Allein die Vernunftwahrheiten führen – so die meisten Philosophen der Aufklärung – zur echten Religion: zum Deismus. Darunter verstehen sie den auf Vernunft gegründeten Glauben, wonach Gott die Welt zwar erschaffen hat, aber nach der Schöpfung nicht mehr in diese eingreift. Die Orientierung an der Vernunft bewirkt eine spürbar stärkere Säkularisierung. Hatte der Einfluss der Kirche schon aufgrund des unsäglichen Leids, das die Konfessionskriege im 17. Jahrhundert über die Menschen gebracht hatten, gelitten, so schwand er nun zusehends. Und der im Barock immer wieder angemahnte Blick auf das Ewige, das Jenseits richtete sich nun mehr und mehr direkt und offen auf das Diesseits.

Es ist das erstarkende Bürgertum, das die Aufklärung trägt und forciert, während sich parallel zu dessen Aufstieg der allmähliche Niedergang der Aristokratie abzeichnet. Der unsensiblen Willkürherrschaft des Adels stellt das Bürgertum eine aufgeklärte Moral entgegen: An die Stelle des Wohls privilegierter Individuen setzt es das Gemeinwohl. Die wichtigsten „Instrumente" der aufstrebenden Schicht sind Bildung und Kultur, weshalb

---

104 Man spricht von *Legislative* (Gesetzgebung – Parlament), *Exekutive* (ausführende Gewalt – Regierung), *Judikative* (Rechtsprechung – Gerichte). Vor Montesquieu hatte sich bereits John Locke (1632-1704) mit der Gewaltenteilung befasst.
       Montesquieu entwickelte seine diesbezüglichen Gedanken in seinem Hauptwerk *De l'esprit des Loix* (Vom Geist der Gesetze). Weil die Werke des französischen Staatstheoretikers der Zensur unterlagen, erschien das Buch 1748 anonym. Dennoch wurde es drei Jahre später auf den sog. Index, d. h. auf das Verzeichnis der verbotenen Bücher, gesetzt.
105 Zu den Menschenrechten zählen u. a. Rechtsgleichheit, Meinungs- und Pressefreiheit, Verbot der Sklaverei, humane Behandlung von Strafgefangenen.
106 Hervorzuheben ist Friedrich II. (1712-1786), König von Preußen. Von ihm ist der Satz überliefert *Un prince est le premier serviteur et le premier magistrat de l'Etat.* (Ein Fürst ist der erste Diener seines Staates.) Der „Alte Fritz" führte eine rege Korrespondenz mit dem französischen Aufklärer, Dichter und Philosophen Voltaire (1694-1778). Aufgeklärte absolutistische Herrscher/-innen waren auch Maria Theresia (1717-1780), Erzherzogin von Österreich und Königin u. a. von Ungarn und Böhmen, sowie deren Sohn Joseph II. (1741-1790), Kaiser des Heiligen Römischen Reiches Deutscher Nation. Auch Katharina die Große (1729-1796), Kaiserin von Russland, gilt als Repräsentantin des aufgeklärten Absolutismus.
107 häufig auch als *Virginia Bill of Rights* bezeichnet
108 Erklärung der Menschen- und Bürgerrechte

---

es nicht überrascht, dass die Literatur zu einem bedeutenden Medium des Bürgertums wird. Rasch entwickeln sich eine Lesekultur, ein Zeitschriftenmarkt und eine literarische Öffentlichkeit. Erstmals bildet sich ein Buchmarkt. Mit ihm entstehen kommerziell ausgerichtete Verlagshäuser. Lesen wird zu einem geselligen Ereignis, zu einem Gemeinschaftserlebnis. Man trifft sich in sog. Lesezirkeln, in literarischen Vereinigungen oder auch in Gasthäusern. An die Stelle bisher wiederholten intensiven Lesens religiöser Texte – zuvorderst der Bibel und des Katechismus – tritt nun ein thematisch breitgefächertes, extensives Lesen. Dieser neue literarische Kontext bedingt auch das bisher nicht gekannte Urheberrecht, das wiederum die Voraussetzung war für den sich neu etablierenden Beruf des freien Schriftstellers, der vom Verkauf seiner Schriften leben kann.

Die auffälligste Erscheinungsform der Literatur sind neben Almanachen[109] und Kalendern die nach englischem Vorbild konzipierten, weit verbreiteten Moralischen Wochenschriften.[110] Über 500 unterschiedliche Titel erscheinen während der ersten Hälfte des 18. Jahrhunderts in Deutschland. Sie spielen in Bezug auf die Verbreitung und Bemühungen um die Durchsetzung der Ideen der Aufklärung eine wesentliche Rolle. Kurzweilig und geschickt verknüpfen sie Information, Belehrung, Erziehung und Unterhaltung, wobei die Kritik an Adel und Hof ebenso wenig ausgespart bleibt wie Häme und Spott gegenüber der aristokratischen Lebensweise. Vornehmlich widmen sich die Wochenschriften den Themen Erziehung zur Toleranz und Sittlichkeit, Zusammenleben in der Gesellschaft, Familie, Politik, Ethik, Moral. Dabei bedienen sie sich gerne eines ironisch-satirischen Sprachstils. Als vorrangiges Ziel verfolgen sie die Entwicklung und Optimierung der Fähigkeit zu rational begründetem Urteilen einschließlich der moralischen Urteilsfähigkeit ihrer Leserschaft.[111] Auffällig sind darüber hinaus der konsequente Fingerzeig auf den Gemeinsinn und das soziale Engagement sowie der Hinweis auf das Gemeinwohl. Dieses steht auch in Zusammenhang mit der die Epoche der Aufklärung prägenden Wirtschaftslehre, der maßgeblich von dem französischen Arzt und Ökonomen François Quesnay (1694-1774) entwickelten Physiokratie.[112] Das ökonomische Konzept der Physiokraten zielt auf die Wohlfahrt aller Menschen im Staat ab. Eine wesentliche Rolle spielt dabei das aus

---

109 Ein Almanach ist eine periodische, i. d. R. jährlich erscheinende Zeitschrift (Jahrbuch). Im 18. Jh. verstand man darunter eine mit einem Kalender verbundene bebilderte Sammlung von Texten mit zumeist literarischer, philosophischer, medizinischer, landwirtschaftlicher sowie alltagspraktischer Thematik.

110 Bedeutsame Wochenschriften waren z. B.: *Der Vernünfftler* (1713-1714), *Gespräche im Reich derer Todten* (1718-1739), *Der Patriot* (1724-1726), *Die vernünftigen Tadlerinnen* (1725-1727), *Der Biedermann* (1727-1729), *Der Freund* (1754-1756). Einige der Wochenschriften wurden von bedeutenden Literaten und Literaturtheoretikern herausgegeben. Der Sprachforscher, Dramaturg und Professor für Poetik und Metaphysik der Aufklärung Johann Christoph Gottsched (1700-1769) edierte z. B. *Die vernünftigen Tadlerinnen* und *Der Biedermann*. Viele Dichter und Schriftsteller, z. B. Lessing und Klopstock, bedienten sich der moralischen Wochenschriften als Publikationsmöglichkeit eigener literarischer und philosophischer Beiträge. Die Auflagen waren oft beachtlich. *Der Patriot* z. B. begann mit 400 Exemplaren und steigerte seine Auflage auf über 5.500. Andere erreichten sogar im Nachdruck eine Auflage von über 15.000 Stück, z. B. die *Gespräche im Reich derer Todten*.

111 Zur Leserschaft zählten u. a. Gelehrte, Kaufleute, Ärzte, Wissenschaftler, Juristen und Theologen. Die Zielgruppe umfasste aber keineswegs nur Männer, sondern – ein sprechendes Indiz für die Aufklärung – auch Frauen. Einige der Zeitschriften waren sogar eigens für eine weibliche Leserschaft konzipiert, z. B. Gottscheds *Die vernünftigen Tadlerinnen*.

112 Die Physiokratie – der Begriff stammt aus dem Griechischen und bedeutet wörtlich übersetzt *Herrschaft der Natur* – ist eine von dem Franzosen François Quesnay (1694-1774) begründete ökonomische Schule, die lehrt, dass allein die Natur Werte hervorbringt und die Quelle allen Wohlstands der Boden sei. Produktive Wirtschaftszweige sind demnach allein die Landwirtschaft, die Fischerei und der Bergbau. Der Boden ist einziger Ursprung des Reichtums eines Landes. Nur die drei genannten Wirtschaftszweige sind, so die Lehre, in der Lage, einen Überschuss der Produktion über die Vorleistungen hinaus zu erzielen. (Das bedeutet z. B., dass der Wert des Ertrags einer landwirtschaftlichen Fläche höher ist als der Betrag, der zuvor in Saatgut investiert wurde.) Das Gewerbe hingegen tritt lediglich landwirtschaftliche Produkte um.
Quesnay tritt für eine Selbstregulierung der Wirtschaft ein. Als Erster verwendet er den Begriff *Wirtschaftskreislauf*. Letzteren sieht er als natürliche Abfolge zwischen den in der Landwirtschaft Tätigen, den Grundeigentümern und der sog. unproduktiven Klasse, worunter er all diejenigen versteht, die nicht in der Landwirtschaft beschäftigt sind. Seine Lehre legt er in seinem 1758 erschienen *Tableau économique* dar. Daneben verfasste er zahlreiche Artikel für die von Diderot und d'Alembert herausgegebene *Enzyklopädie*.

der „natürlichen Vernunft" abgeleitete Naturrecht.[113] Dieses gilt als unwandelbar, unveräußerlich und bezeichnet den Vorrang der Rechte des Individuums vor denen der Gemeinschaft. Darunter kann auch das Recht des Privateigentums subsumiert werden.[114] Mit dessen Anerkennung, der Forderung nach Gewerbefreiheit, Verkehrsfreiheit und Freihandel sowie der Maxime *Laissez faire et laissez passer*[115] wenden sich die Physiokraten dezidiert gegen den Merkantilismus, d. h. gegen die gängelnde und dirigistische Gewerbe-Wirtschaftspolitik des Absolutismus zugunsten eines mündigen Wirtschaftsliberalismus.

2.4   Wissen im Dienste der Bildung, der Tugend, des Fortschritts und des Glücks

Geistige Emanzipation des Individuums und der Gesellschaft von tradierten Autoritäten, von staatlicher und kirchlicher Bevormundung ist – wie bereits betont – das Hauptanliegen der Aufklärung. Um diesem zu entsprechen, bedarf es neben der Fähigkeit und dem Willen, sich seines „eigenen Verstandes" zu bedienen, sowie der Bereitschaft zur Selbstbestimmung auch unzensierten objektiven Wissens. Denn dieses ermöglicht, falsche oder manipulative Lehren, Darstellungen und Sachverhalte als solche zu erkennen bzw. zu widerlegen, es mindert die Gefahr, willfähriger Spielball in der Hand der Mächtigen zu werden und schützt vor Irrlehren und Aberglauben.

Um das Licht der Vernunft in möglichst alle (!) Volksschichten zu tragen, Herrschaftswissen auszuschließen und den Prozess der Emanzipation von der überkommenen Ständeordnung zu beschleunigen, initiierten die beiden Franzosen Denis Diderot[116] (1713-1784) und Jean Baptiste le Rond d'Alembert[117] (1717-1783) eine profunde umfangreiche Enzyklopädie.

Dieses im modernen Verständnis erste umfassende Nachschlagewerk deckte alle Wissensbereiche ab und berücksichtigte das gesamte zu seiner Zeit verfügbare Wissen. Sein Titel:

Denis Diderot

---

113 Dem Begriff *Naturrecht* korrespondiert der des *positiven Rechts*, auch *gesatztes Recht* genannt. Dieses bezeichnet das vom Menschen gesetzte (gemachte) und daher wandelbare Recht.

114 Zuweilen wird bestritten, dass das Privateigentum ein Naturrecht sei. Zumindest aber widerspricht es diesem nicht, wie bereits Thomas von Aquin (1225-1274), einer der einflussreichsten Theologen und Philosophen der Geschichte, darlegte:
In gewisser Weise schütze das Privateigentum nämlich das Gemeineigentum, vermehre dieses sogar. Zu Thomas von Aquins Begründung des Rechts auf Privateigentum vgl. z. B. Forschner 2006, S. 138.

115 Der franz. Phraseologismus ist zu übersetzen mit *Lassen Sie machen, lassen Sie laufen!* Er war Ausdruck der Überzeugung, dass sich das Gemeinwohl am besten im freien Wettbewerb der Wirtschaftssubjekte ohne Einmischung des Staates entwickelt. Allerdings betonten die Physiokraten, dass ein aufgeklärter Herrscher für eine dem Naturrecht analoge Gesellschaftsverfassung sorgen müsse, da spontanes und vom Eigeninteresse motiviertes Handeln eine solche Verfassung, die weitgehend einer natürlichen Ordnung entspricht, nicht erzeugen könne.

116 Diderot war Schriftsteller, Literaturtheoretiker und Philosoph und der eigentliche Begründer der *Encyclopédie*. Wegen einiger schon vor Erscheinen des ersten Bandes der *Encyclopédie* von ihm veröffentlichten aufklärerischen Schriften war er vom 24. Juli bis 3. November 1749 inhaftiert worden. Der Pfarrer seiner Gemeinde Saint-Médard denunzierte ihn als „gottlosen, sehr gefährlichen Menschen" [!]. Gegenüber dem Schriftsteller und Philosophen Voltaire, ebenfalls bedeutender Aufklärer, äußerte Diderot im Zusammenhang mit seiner Arbeit an der *Encyclopédie*, dass er Angst vor einer Verfolgung habe, er aber dennoch nicht fliehen werde. Dies beweist, wie viel Mut es in der vom höfischen Absolutismus geprägten Zeit bedurfte, gegen die rigide Bevormundung von Staat und Kirche der Vernunft und der Wahrheit eine Bresche zu schlagen.
Die (Charakter-)Eigenschaft des (Wage-)Muts und der eigenständige, autonome Gebrauch des Verstandes bzw. der Vernunft sind für die Aufklärung konstitutiv, machen den aufgeklärten Menschen aus; vgl. Kants oft zitierten Appell: *Sapere aude! Habe Muth* [wörtlich: *Wage dich*] *dich deines eigenen Verstandes zu bedienen!* ist also der *Wahlspruch der Aufklärung.* Kant 1784, S. 481.

117 d'Alembert war Mathematiker, Physiker und Philosoph. Zusammen mit Diderot war er Herausgeber der von 1751-1765 in Paris erschienenen Enzyklopädie.

Encyclopédie ou Dictionnaire raisonné des sciences, des arts et des métiers.[118] Das grandiose Opus gilt als eines der Hauptwerke, ja als ein Bollwerk der Aufklärung und sieht sich dieser explizit und nachdrücklich verpflichtet. Das heißt: Wissen und Kenntnisse sollen ausnahmslos allen Menschen ungefiltert zugänglich sein. Sie sind weder Selbstzweck noch dürfen sie als Herrschaftsinstrumente missbraucht oder zurückgehalten werden. In diesem Sinne entspricht die *Encyclopédie* auch der oft zitierten, aber fast ebenso häufig fehlinterpretierten Formel „Wissen ist Macht", die von Francis Bacon,[119] dem Wegbereiter des Empirismus, geprägt wurde. Wissen soll nach Bacon gerade nicht dazu dienen, Macht über andere Menschen zu gewinnen, sie zu bevormunden und in Abhängigkeit zu halten, sondern Wissen sollte zur Beherrschung der Natur führen und in den Dienst des Fortschritts gestellt werden. Dabei geht der Anspruch der Enzyklopädisten weit über die objektive Naturerkenntnis hinaus. Sie verstehen ihr Werk zugleich als Mittel zur Bildung, also zur Selbst- und objektiven Welt(er)kenntnis, zur ethisch-moralischen Vervollkommnung des Individuums und der Gesellschaft. Wissen und Kenntnisse sollen also zu einem freiheitlichen, besseren, glücklichen und verantwortungsbewussten Leben führen. In den Worten Diderots:

> *Tatsächlich zielt eine Enzyklopädie darauf ab, die auf der Erdoberfläche verstreuten Kenntnisse zu sammeln, das allgemeine System dieser Kenntnisse den Menschen darzulegen [...] damit unsere Enkel nicht nur gebildeter, sondern zugleich tugendhafter und glücklicher werden, und damit wir nicht sterben, ohne uns um die Menschheit verdient gemacht zu haben.*[120]

2.5 Zweifel an Kultur und Fortschrittsglauben als Garanten des Glücks

Entschieden widerspricht der Genfer Philosoph, Pädagoge, Komponist und Schriftsteller Jean-Jacques Rousseau (1712-1778)[121] der aufklärerischen Ansicht, wonach Kultur und Fortschritt zu einer immer besseren Gesellschaft führen und die Menschen glücklicher machen. In seiner preisgekrönten[122] Abhandlung, die den schweizerischen Denker über Nacht berühmt machte, versucht er nachzuweisen, dass es sich genau umgekehrt ver-

---

118 Die deutsche Übersetzung des Titels lautet: *Enzyklopädie oder ein durchdachtes Wörterbuch der Wissenschaften, Künste und Handwerke.* Das Werk umfasst 17 Textbände mit 71.818 Artikeln auf ca. 18.000 Seiten. Hinzu kommen elf Bildtafelbände mit 7.000 Seiten. Insgesamt arbeiteten an der Enzyklopädie 144 Personen – die sog. Enzyklopädisten; unter ihnen Charles Montesquieu, François Quesnay, Anne Robert Jacques Turgot, Jean-Jacques Rousseau, Paul Henri Thiry d'Holbach.
Diderots Ziel war es, nicht allein das Wissen und die Kenntnisse des gebildeten Bürgertums zusammenzufassen und bereitzustellen, sondern das Wissen aller (!) Menschen. In die Enzyklopädie fanden z. B. auch Artikel von Handwerkern Eingang. So trug z. B. der Uhrmacher Jean Romilly mehrere Artikel über technisch-handwerkliche Aspekte der Uhrmacherei bei.
Eine Übersicht aller Mitarbeiter findet sich auf https://de.wikipedia.org/wiki/Enzyklop%C3%A4dist_ (Encyclop%C3%A9die)

119 Francis Bacon (1561-1626), engl. Frühaufklärer, Philosoph und Staatsmann. Um die Natur zu beherrschen, müsse man ihr gehorchen (*natura parendo vincitur*), lehrt Bacon. Das allerdings sei nur möglich aufgrund der Kenntnis ihrer Gesetze.
Diese Erkenntnis zu erlangen, werde erschwert durch sog. *Idola* (Trugbilder), z. B. die der *Idola Theatri* (Trugbilder der Tradition). Darunter versteht Bacon scheinbar überzeugend vorgetragene Lehrsätze und Dogmen, die ohne kritische Prüfung unbesehen von nicht hinterfragten, vermeintlichen Autoritäten übernommen werden.

120 L'Encyclopédie, Band 5, 1751, S. 635. Zitiert nach: https://de.wikipedia.org/wiki/Encyclop%C3%A9die_ ou_Dictionnaire_raisonn%C3%A9_des_sciences,_des_arts_et_des_m%C3%A9tiers
Die Bezeichnung *Enzyklopädie* setzt sich zusammen aus griech. κύκλιος (kyklios = Kreis) und παιδεία (paideia = Bildung), bedeutet also wörtlich *Kreis der Bildung*.

121 Rousseau war ein vielseitig begabter Autodidakt und wurde seiner Schriften wegen, die zu lesen verboten war, verfolgt.

122 Der Originaltitel lautet *Discours sur l'origine et les fondements de l'inégalité parmi les hommes.* Die Abhandlung war eine Antwort auf eine Preisfrage der Académie de Dijon: *Quelle est l'origine de l'inégalité parmi les hommes, et est-elle autorisée par la loi naturelle?* („Was ist der Ursprung der Ungleichheit unter den Menschen, und lässt sie sich vom Naturrecht herleiten?"). Seinen Aufsatz publizierte Rousseau 1755, Verfolgung und Zensur antizipierend, in Amsterdam.

Jean-Jacques Rousseau

hält: Fortschritt und Kultur entfernten den Menschen vom Naturzustand und damit vom Glück. Im Naturzustand lebte der Mensch ursprünglich in einer heilen, glücklichen Welt. Er war – so Rousseau – frei und (moralisch) gut geboren: *Alles, was aus den Händen des Schöpfers kommt, ist gut; alles entartet unter den Händen der Menschen.*[123] Diese Überzeugung liegt allen philosophischen und pädagogischen Schriften Rousseaus als zentrale These zugrunde. Doch weshalb verkehrte sich diese von Natur aus paradiesische Situation in ihr Gegenteil?

Rousseau führt zwei Gründe an. Erstens: Das Eigentum entfremdete den Menschen vom Naturzustand. Es begründete Herrschaft und Knechtschaft und führte zu Neid, Verbrechen und Krieg:

> *Der erste, der ein Stück Land eingezäunt hatte und auf den Gedanken kam zu sagen ,Dies ist mein' und der Leute fand, die einfältig genug waren, ihm zu glauben, war der wahre Begründer der zivilen [bürgerlichen] Gesellschaft. Wie viele Verbrechen, Kriege, Morde, wie viele Leiden und Schrecken hätte nicht derjenige dem Menschengeschlecht erspart, der die Pfähle herausgerissen oder den Graben zugeschüttet und seinen Mitmenschen zugerufen hätte: ,Hütet euch davor, auf diesen Betrüger zu hören. Ihr seid verloren, wenn ihr vergeßt, daß die Früchte allen gehören und daß die Erde niemandem gehört!'.*[124]

Zweitens: Geistig-intellektuell habe sich der Mensch durch Überbewertung der Vernunft, Verbildung und gesellschaftliche Einflüsse vom Naturzustand entfernt. Gott z. B. existiert, weil man ihn fühlen, nicht weil man ihn denken kann, andernfalls wüssten ja nur Philosophen von ihm inmitten einer gottlosen Welt. Um zu wissen, dass Gott existiert, muss man, so Rousseau, nur Mensch, d. h. ein empfindsames Wesen, sein. „Existieren" heißt für ihn „Empfinden". Gott kann nur unmittelbar gefühlt werden, wenn etwa beim Anblick der Natur deren zweckmäßige Anordnung mehr empfunden als erkannt (Deismus) wird.[125]

Den Ausweg aus diesem im doppelten Wortsinn unnatürlichen unfreien Zustand[126] sieht Rousseau in der Rückkehr zum Naturzustand, was auf zwei Wegen erreicht werden soll:

Erstens: durch Schaffung demokratischer Strukturen. Der Staat soll auf einer Übereinkunft innerhalb des Volkes, dem sog. „contrat social", dem Gesellschaftsvertrag, beruhen. Das Volk – also alle Staatsbürger – ist Träger der staatlichen Souveränität,[127] der Herrschafts- und Entscheidungsgewalt des Staates. Und da dessen Oberhaupt ein Mensch ist und alle Menschen gleich sind, stimmen die Entscheidungen dieses Staatsoberhaupts

---

123 Rousseau 2018, S. 107. Dieser These steht die von Hobbes (1588-1679) diametral entgegen. Nach ihm befindet sich der Mensch von Natur aus im „Krieg" mit seinesgleichen: *Homo homini lupus* (Der Mensch ist dem Menschen ein Wolf).

124 Rousseau 2017, S. 74

125 vgl. Reitmeyer/Zumhof 2014, S. 207

126 Rousseaus 1762 erschienenes politisch-theoretisches Hauptwerk „Der Gesellschaftsvertrag" beginnt mit dem lapidaren Befund *Der Mensch wird frei geboren, und überall ist er in Banden.* Rousseau 2012, S. 14

127 Rousseaus Souveränitätsbegriff unterscheidet sich grundlegend von dem des Absolutismus, dem Jean Bodins (1529/30-1596) Theorie zugrunde liegt. Der absolutistische Herrscher (König, Fürst) versteht sich als Souverän schlechthin. Als irdischer Stellvertreter Gottes beansprucht er alle Befehlsgewalt, erlässt nach Gutdünken Gesetze, denen er selbst nicht untersteht. Von jeder äußeren (Gesetzes-)Bestimmung losgelöst, wähnt er sich niemandem und keiner Instanz gegenüber verantwortlich.
Ludwig XIV., quasi der personifizierte Absolutismus, rechtfertigte seine Herrschaft mit den Worten: *Gott, der die Könige über die Menschen gesetzt hat, hat gewollt, dass man sie als seine Stellvertreter achte. Er selbst hat sich das Recht vorbehalten, über Ihren Wandel zu urteilen. Es ist Gottes Wille, dass wer als Untertan geboren ist, willenlos zu gehorchen hat.* Zitiert nach: Carls/Rieger 1988, S. 31

mit dem allgemeinen Willen überein. Der Volkswille wird durch Abstimmung ermittelt. Der Einzelne muss sich diesem Volkswillen unterordnen. Die Gesetzgebung bezweckt Freiheit und Gleichheit.[128] Die Demokratie ist somit die Staatsform, die dem Einzelnen Schutz gewährt und zugleich dessen Freiheit garantiert. Aufgrund dieser seiner Lehren gilt Rousseau zu Recht als wichtiger Wegbereiter der Französischen Revolution.

Zweitens: Durch eine natürliche Erziehung soll der Mensch wieder gut werden. Damit das Kind gut bleibt, müsse es ferngehalten werden von Vernunft, da es dieser noch nicht zugänglich sei. Erst ab dem zwölften Lebensjahr sei das Kind imstande, seinen Geist der Vernunft zu öffnen, weshalb man auch zuvor nicht mit Moralvorstellungen an das Kind herantreten solle. Und so ist es z. B. konsequent, dass Rousseau die Lektüre von Fabeln – ein für die Aufklärung gleichermaßen typisches wie verbreitetes literarisches Genre – für Kinder ablehnt.[129] Stattdessen gelte es, dem Primat der Sinnlichkeit und dem Herzen zu entsprechen, Acht zu haben auf die natürlichen Veranlagungen und die Instinkte des Kindes und deren Entfaltung zu fördern. Erst nach dem Heranwachsen solle es in die Gesellschaft eingeführt werden. Nicht Zucht und Gewalt, sondern nicht-autoritäre, natürliche Erziehung durch Gespräch, Zuwendung, Beispiel, Vorbild und Lebenserfahrung (Selbsterfahrung) machen das Erziehungsideal nach Rousseau aus. Auch mit Unrast und Stress sollte das Kind bei der Erziehung nicht konfrontiert werden. Es gehe

Geraubte Kindheit: Der 5-jährige Prinz Baltasar Carlos als Thronfolger des span. Königs Philipps IV. in Uniform und hoch zu Ross. Gemälde von Diego Velázquez (1634/35)

nicht darum, Zeit zu gewinnen, sondern Zeit zu verlieren. Überhaupt kritisiert Rousseau, dass die Erwachsenen stets den Erwachsenen im Kinde suchten und nicht daran dächten, was der Mensch vorher sei: ein Kind! Zu Recht gilt Rousseau als Entdecker der Kindheit.

Rousseaus Akzentuierung des Gefühls, der Natürlichkeit sowie der (bedingten) Ablehnung der Vernunft wird fünf Jahrzehnte später zum Leitmotiv der Romantik.

3. Dichtung der Aufklärung – Beispiele

3.1 Die Fabel als Zentralgattung der Epoche

Die Orientierung an der Vernunft und Kants Appell zur Mündigkeit initiierten einen sich zusehends intensivierenden Prozess der Emanzipation des Bürgertums vom absolutistisch-selbstherrlich regierenden Adel und vom auf Kosten wissenschaftlichen Fort-

---

128 Im „Gesellschaftsvertrag" schreibt Rousseau:
Bei der Untersuchung, worin das höchste Wohl aller [...] besteht, wird man finden, dass es auf zwei Hauptgegenstände hinausläuft, Freiheit und Gleichheit: [...] Weil der Lauf der Dinge stets auf die Zerstörung der Gleichheit ausgeht, deshalb muss gerade die Kraft der Gesetzgebung stets auf ihre Erhaltung ausgehen. Rousseau 2012, S. 74 f.

129 vgl. Rousseau 2018, S. 250-252
s. auch: http://gutenberg.spiegel.de/buch/emil-oder-ueber-die-erziehung-erster-band-3811/16
Wichtig ist Rousseau zudem, dass der Fabeldichter auf die explizit formulierte Moral einer Fabel verzichtet. Wer alles sage, gibt der Pädagoge zu bedenken, sage zudem wenig, denn am Ende höre man ihm nicht mehr zu. Die (abstrakte) Lehre müsse vom Leser selbstständig herausgefunden, erkannt werden, was wiederum nur möglich sei, wenn der Rezipient zuvor eigene, greifbare Erfahrungen gesammelt habe.

schritts am eigenen Machterhalt und Schutz eigener Privilegien festhaltenden Klerus: Den Forderungen nach verstandes- und vernunftbasierter Erkenntnis, nach Freiheit und verantwortlicher Selbstbestimmung, nach Gleichheit und Toleranz wurde mehr und mehr entsprochen. Ein wesentliches Ergebnis dieses aufklärerischen Prozesses war auch die Erkenntnis von der Erziehbarkeit des Menschen. Sie führte zu einer Aufwertung der Pädagogik, was auch an deren Begründung als eigenständige wissenschaftliche Disziplin ablesbar ist. Aufgrund dieser Fakten überrascht es kaum, dass die Literatur der Epoche eine vorwiegend didaktisch ausgerichtete ist und daher belehrende Genres bevorzugt anzutreffen sind.

Eine literarische Form, die Fabel,[130] erfreute sich besonderer Beliebtheit. Diese Gattung, die heute zumeist intuitiv der Kinderliteratur zugerechnet wird, war im 18. Jahrhundert „ein literarischer Ort, an dem sich Philosophie und Moral eines erwachenden Bürgertums kreuzten".[131] In keinem anderen Jahrhundert spielte die Fabel in der deutschen Literatur eine bedeutendere Rolle als zur Zeit der Aufklärung. Eine erste Blütezeit erlebte sie während der Reformation. Im Barock hingegen begegnet diese Gattung kaum, obwohl man sie aufgrund der politisch-gesellschaftlichen Situation hier eher vermuten würde als im 16. Jahrhundert, in dem u. a. auch Luther als erfolgreicher Fabeldichter hervorgetreten ist.

Chr. F. Gellert

Wie außerordentlich populär die lehrhaften Erzählungen im 18. Jahrhundert waren, lässt sich auch daran erkennen, dass Christian Fürchtegott Gellerts[132] *Fabeln und Erzählungen* (1747, 1748) neben der Bibel das meistverbreitete Buch des 18. Jahrhunderts war. Unbestritten trug der Leipziger Dichter und Lehrer Goethes entschieden zur Bildung eines breiten Lesepublikums bei.

Doch viele Fabeln des zu seiner Zeit überaus geschätzten Literaten vermitteln den Eindruck, als sei ein glückliches und gutes Leben ausschließlich innerhalb der Familie und des Freundeskreises möglich. Sie empfehlen den Rückzug in die Innerlichkeit und raten zur Selbstbescheidung – eine mit Blick auf das künftige 19. Jahrhundert fast schon biedermeierlich anmutende Haltung:

---

130   *Fabel* ist ein Lehnwort, dem das lat. *fabula* (Geschichte, Erzählung, Sage, Theaterstück) zugrunde liegt. Definiert wird die Fabel *als kurze, lehrhafte Erzählung in Vers oder Prosa, in der nicht-menschliche Akteure – Tiere, Pflanzen, Gegenstände – so handeln, als besäßen sie Bewusstsein und andere menschliche Eigenschaften wie die Fähigkeit zu denken und zu sprechen. Die Lehrhaftigkeit wird durch die Konstruktion demonstrativer, modellhafter und unmittelbar auf den Menschen übertragbarer Fälle gesichert. Dabei kann der Sinn, die ‚Moral', implizit in der Fabel enthalten sein (d.h. die Fabel lehrt ‚aus sich') oder explizit formuliert werden. Dies geschieht entweder durch ein der Erzählung vorangestelltes Promythion oder durch ein nachgestelltes Epimythion. Zitiert nach: Meid 1999, S. 164

131   Dorn 2011, S. 36 f.

132   Christian Fürchtegott Gellert (1715-1769) war Professor für Literatur und Moral an der Universität Leipzig. Goethe, der bei Gellert studierte, bezeugt, dass der Dichter gerade auch bei jungen Leuten sehr beliebt war: *Die Verehrung und Liebe, welche Gellert von allen jungen Leuten genoss, war außerordentlich. Es kostete einige Mühe, zu ihm zu gelangen. Seine zwei Famuli schienen Priester, die ein Heiligtum bewahren ...* Zitiert nach: Schmitz-Scholemann 2015,
      s. http://www.deutschlandfunk.de/vor-300-jahren-geboren-gellert-ein-fast-vergessener.871.de.html?dram:article_id=324417

> *Genieße, was dir Gott beschieden,*
> *Entbehre gern, was du nicht hast.*
> *Ein jeder Stand hat seinen Frieden,*
> *Ein jeder Stand auch seine Last.*[133]
>
> *O lernt, ihr unzufriednen Kleinen,*
> *Daß ihr die Ruh nicht durch den Stand gewinnt.*
> *Lernt doch, daß die am mindsten glücklich sind,*
> *Die euch am meisten glücklich scheinen.*[134]

Ein Appell zur Veränderung der (noch) absolutistisch geprägten politisch-gesellschaftlichen Ordnung ist nicht vernehmbar, und so kann, wie Günter Saße richtig bemerkt, „von einem erstarkenden bürgerlichen Selbstbewusstsein, das hinausdrängt in die Sphäre der Politik, um sie nach den Postulaten der Moral zu verändern, bei Gellert keine Rede sein".[135] In nahezu schicksalsergebenem Habitus beansprucht dieser *Zufriedenheit mit seinem Zustande*.[136]

Und die Fähigkeit zum Verstandesgebrauch sieht Gellert ganz offenbar nicht als eine dem Menschen universale Potenz. Er relativiert sie – ganz im Gegensatz zu genuinen Denkern und Dichtern der Aufklärung. An seiner didaktischen Mission indes lässt er keinen Zweifel, wobei ihm das unterhaltende Moment merklich bedeutsam ist, sodass er ganz der Maßgabe entspricht, was Dichtung nach Horaz leisten soll: *prodesse et delectare*, also nützen und erfreuen. Allerdings nimmt er dem Leser oft – entgegen der Forderung der Aufklärer – die von diesem selbst zu erbringende intellektuelle Leistung ab: die Lehre selbst zu erkennen und zu erschließen. So endet z. B. die 52 Verse umfassende Fabel *Die Biene und die Henne* mit einem diesbezüglich bemerkenswerten Lehrsatz:

> *O Spötter, der mit stolzer Miene,*
> *In sich verliebt, die Dichtkunst schilt;*
> *Dich unterrichtet dieses Bild.*
> *Die Dichtkunst ist die stille Biene;*
> *Und willst du selbst die Henne sein:*
> *So trifft die Fabel völlig ein.*
> *Du fragst, was nützt die Poesie?*
> *Sie lehrt, und unterrichtet nie.*
> *Allein wie kannst du doch so fragen?*
> *Du siehst an dir, wozu sie nützt:*
> *Dem, der nicht viel Verstand besitzt,*
> *Die Wahrheit durch ein Bild zu sagen.*[137]

Zudem – davon zeugen neben den *Fabeln und Erzählungen* seine nicht minder berühmten *Geistliche[n] Oden und Lieder* (1757) – hält Gellert an der Transzendenz der christlichen Jenseitsvorstellung fest, an deren Stelle die Philosophen der Aufklärung aus Vernunftgründen den Deismus setzen.

---

133 Die vier Verse bilden die 4. Strophe von Gellerts 8-strophigem Kirchenlied *Zufriedenheit mit seinem Zustande*; s. Gellert 1997, S. 157-158.

134 Diese vier Verse markieren das sog. Epimythion, d. h. den nachgestellten Lehr- bzw. Merksatz, der Gellert'schen Fabel *Der junge Drescher*; s. Gellert 2016, S. 95-98, hier S. 98.

135 Saße 1988, S. 113

136 Gellert 1997, S. 157

137 Die zwölf Zeilen beschließen als Lehrsatz die Fabel *Die Biene und die Henne*; s. Gellert 2016, S. 52-54, hier S. 53 f.

Ich weis, daß mein Erlöser lebt,
Daß ich, erwecket aus der Erde,
Wenn er sich zum Gericht erhebt,
Im Fleisch ihn schauen werde.[138]

Man kann Gellert als Frühaufklärer bezeichnen; er war wichtiges Ferment der sich entwickelnden Lesekultur. Ein Aufklärer im eigentlichen Sinne aber war er nicht. Doch hat
er nachfolgenden Dichtern den Weg in diese Richtung geebnet. Deutlich wird dies, wenn
man sich vergegenwärtigt, wie das Genre Fabel nach ihm gehandhabt wird: als ein „in
eine Erzählung eingefügtes Drama in knappster Form",[139] bei der sich das dramatische
Geschehen unter Wahrung der Einheit von Ort, Zeit und Handlung oft auf eine einmalige Rede (actio) und Gegenrede (reactio) beschränkt.[140] Während Gellert in seinen oft
weitschweifigen,[141] zur Geschwätzigkeit neigenden, aber dennoch gefälligen Fabeln nur
leise Kritik an den Mächtigen übt, sich gelegentlich gar nur darauf beschränkt, dem „einfachen Mann" Tipps zum Verhalten unter seinesgleichen zu geben, monieren Aufklärer
im eigentlichen Sinne, z. B. Gotthold Ephraim Lessing (1729-1781) oder Gottlieb Konrad
Pfeffel (1736-1809), offen und unmissverständlich die gesellschaftlichen und politischen
Missstände ihrer Zeit. Mutig kritisieren sie die rücksichtslos absolutistisch herrschenden
Fürsten selbst.[142]

---

138   Es handelt sich um die 12. Strophe des Kirchenlieds *Trost der Erlösung*; s. Gellert 1997, S. 142-144, hier S. 143.
      Gleichwohl finden sich bei Gellert auch physikotheologisch gefärbte Passagen, d. h. solche, die den rationalisti-
      schen Beweis für die Existenz Gottes in den Wundern seiner Schöpfung sehen. Vgl. z. B. das in Teilen von Beet-
      hoven vertonte Lied *Die Ehre Gottes aus der Natur*, das mit der berühmten Zeile *Die Himmel rühmen des Ewigen*
      Ehre anhebt und in dem der Verfasser zunächst eine Anleihe bei der Bibel macht (vgl. AT, Psalm 19,2-6), dann
      jedoch fortfährt: *Vernimms, und siehe die Wunder der Werke, / Die die Natur dir aufgestellt! / Verkündigt Weisheit*
      und Ordnung und Stärke / Dir nicht den Herrn, den Herrn der Welt?; s. Gellert 1997, S. 115
139   Dithmar 1988, S. 190
140   vgl. als Beispiel die unten stehende Fabel *Der Igel* von Gottlieb Konrad Pfeffel
141   Lessing bedauert, *daß die gerade* [direkt] *auf die Wahrheit führende Bahn des Aesopus* [6. Jh. v. Chr., Begründer
      der europäischen Fabeldichtung] *von den Neuern, für die blumenreichern Abwege des schwatzhaften Gabe zu*
      erzehlen, so sehr verlassen werde. Zitiert nach: Dithmar 1988, S. 102
142   Die unterschiedliche Intensität der Kritik – auch hinsichtlich der Adressaten – macht z. B. ein Vergleich zwischen
      den beiden titelgleichen Fabeln *Der Tanzbär* von Gellert und Lessing deutlich. Der Kern beider Fabeln ist der-
      selbe: Einem in Gefangenschaft dressierten Tanzbär gelingt es, sich selbst seiner Ketten zu entledigen und kehrt
      zu seinen Artgenossen in den Wald zurück. Die Lehren (Moral) aber sind durchaus unterschiedlich: Während
      Gellert davor warnt, mit seinen Fähigkeiten und Leistungen zu prahlen, um sich vor Unmut, Neid, Missgunst und
      Verfolgung seiner „Brüder" zu schützen, kritisiert Lessing offen die Ständeordnung und die heuchlerischen, auf
      Vorteilsnahme abzielenden Machenschaften des Adels und des Klerus. Auffällig und für die Textsorte Fabel alles
      andere als typisch ist die Beobachtung, dass Lessing teilweise die anthropomorphisierte Tierwelt verlässt und mit
      dem *Hofmann*, dem personifizierten Prototyp eines unlauteren, unaufgeklärten Charakters (Höflings [!]) in den
      humanen Bereich wechselt.

Christian Fürchtegott Gellert

Der Tanzbär (1746)

Ein Bär, der lange Zeit sein Brot ertanzen müssen,
Entrann, und wählte sich den ersten Aufenthalt.
Die Bären grüßten ihn mit brüderlichen Küssen,
Und brummten freudig durch den Wald.
Und wo ein Bär den andern sah:
So hieß es: Petz ist wieder da!
Der Bär erzählte drauf, was er in fremden Landen
Für Abenteuer ausgestanden,
Was er gesehn, gehört, getan!
Und fing, da er vom Tanzen redte,
Als ging er noch an seiner Kette,
Auf polnisch schön zu tanzen an.
Die Brüder, die ihn tanzen sahn,
Bewunderten die Wendung seiner Glieder,
Und gleich versuchten es die Brüder;
Allein anstatt, wie er, zu gehn:
So konnten sie kaum aufrecht stehn,
Und mancher fiel die Länge lang danieder.
Um desto mehr ließ sich der Tänzer sehn;
Doch seine Kunst verdroß den ganzen Haufen.
Fort, schrien alle, fort mit dir!
Du Narr willst klüger sein, als wir?
Man zwang den Petz, davon zu laufen.

Sei nicht geschickt, man wird dich wenig hassen,
Weil dir dann jeder ähnlich ist;
Doch je geschickter du vor vielen andern bist:
Je mehr nimm dich in acht, dich prahlend sehn zu lassen.
Wahr ists, man wird auf kurze Zeit
Von deinen Künsten rühmlich sprechen;
Doch traue nicht, bald folgt der Neid,
Und macht aus der Geschicklichkeit
Ein unvergebliches Verbrechen.

Gellert 2016, S. 7-8

Radierung (1776)
von Daniel Chodowiecki
zu Gellerts Fabeln:

**… fort mit dir!
Du Narr willst klüger sein, als wir?**

Gotthold Ephraim Lessing

Der Tanzbär (1759)

Ein Tanzbär war der Kett' entrissen,
Kam wieder in den Wald zurück,
Und tanzte seiner Schar ein Meisterstück
Auf den gewohnten Hinterfüßen.
„Seht", schrie er, „das ist Kunst; das lernt man in der Welt.
Tut es mir nach, wenn's euch gefällt,
Und wenn ihr könnt!" – „Geh", brummt ein alter Bär,
„Dergleichen Kunst, sie sei so schwer,
Sie sei so rar sie sei,
Zeigt deinen niedern Geist und deine Sklaverei."

Ein großer Hofmann sein,
Ein Mann, dem Schmeichelei und List
Statt Witz und Tugend ist;
Der durch Kabalen steigt, des Fürsten Gunst erstiehlt,
Mit Wort und Schwur als Komplimenten spielt,
Ein solcher Mann, ein großer Hofmann sein,
Schließt das Lob oder Tadel ein?

Eine für die Epoche der Aufklärung typische Fabel und zugleich eine Repräsentantin ihrer strengsten dramatisierten[143] Form ist *Der Igel* von Gottlieb Konrad Pfeffel. Sie orientiert sich an dem seit der Antike bis zur Moderne im Wesentlichen unveränderten dreigliedrigen Aufbau der Gattung: (Ausgangs-)Situation (situs), Rede (actio) und Gegenrede (reactio) bzw. Lösung. Auf das potenzielle vierte Glied, den explizit formulierten Lehrsatz (Epimythion), verzichtet Pfeffel, wodurch er das diese Epoche auszeichnende Vertrauen in die Mündigkeit, die Kraft des eigenen Verstandes und der eigenen Vernunft bestätigt. Somit entspricht er auch dem Postulat der aufgeklärten Pädagogik, wonach der Leser die Lehre einer Fabel selbst extrahieren sollte.

Die Fabel war seit der Antike bis zur Aufklärung eine europäische Zentralgattung,[144] die vor allem drei Ziele verfolgte: Sie war erstens „ein Signal zum Kampf gegen den Adel",[145] also gegen die Herrschenden, zweitens Instrument der Kritik an politischen, sozialen oder kirchlich-religiösen Missständen und drittens – darin bestand ihr didaktischer Wert, das *fabula docet* – moralische und/oder lebenspraktische Belehrung.

Die Übertragung der Handlung auf den nicht-menschlichen Bereich (Bildhälfte) dient dabei sowohl der Anschaulichkeit als auch dem Schutz des Autors vor möglichen Sanktionen der/des Kritisierten. Alle die genannten formalen und inhaltlichen Kriterien finden sich beispielhaft in Pfeffels kleinem Werk:[146]

---

143 Merkmal der dramatisierten Fabel ist die Auflösung der Handlung in ein Gespräch.
144 Elm/Hasubek 1994, S. 7-15; S. 7.
    Nach der Aufklärung wird die Fabel zunehmend weniger gepflegt und wird schließlich zur Kinderliteratur;
    vgl. Hofstaetter/Peters 1930, Bd. 1, S. 1182
145 Crusius 1920, S. I-LXIII
146 Pfeffel 1802, S. 33-34

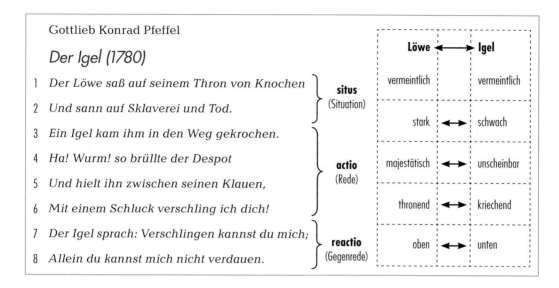

Gottlieb Konrad Pfeffel

Der Igel (1780)

1 *Der Löwe saß auf seinem Thron von Knochen*

2 *Und sann auf Sklaverei und Tod.*

situs
(Situation)

3 *Ein Igel kam ihm in den Weg gekrochen.*

4 *Ha! Wurm! so brüllte der Despot*

5 *Und hielt ihn zwischen seinen Klauen,*

6 *Mit einem Schluck verschling ich dich!*

actio
(Rede)

7 *Der Igel sprach: Verschlingen kannst du mich;*

8 *Allein du kannst mich nicht verdauen.*

reactio
(Gegenrede)

Löwe	⟷	Igel
vermeintlich		vermeintlich
stark	⟷	schwach
majestätisch	⟷	unscheinbar
thronend	⟷	kriechend
oben	⟷	unten

Der Löwe, gemeinhin aufgrund seiner physischen Stärke und majestätischen Erscheinung als König der Tiere bezeichnet, ist hier unschwer als Bild eines absolutistisch herrschenden Fürsten (*Despot*, V. 4) auszumachen. In barbarischem und frevelhaft-selbstüberschätzendem Habitus schickt er sich an, seine Untertanen zu entwürdigen und zu versklaven. Ihren Tod nimmt er nicht nur in Kauf, sondern kalkuliert ihn bewusst als Mittel zum exklusiv eigenen Nutzen (*verdauen*, V. 8).[147] Die durch die Konnotation des Begriffs (Denotat) *Löwe* vermittelte Vorstellung von Stärke, Macht, Eleganz und Ehrfurcht gebietender Erscheinung verkehrt die Fabel ins gerade Gegenteil: Völlig enthemmt und unbeherrscht (!) geriert sich der Löwe als *brüllender Despot* (V. 4), der seine von oben (*Thron*, V. 1) herab zur Schau gestellte Position einzig und allein dem tödlichen Missbrauch seiner Macht verdankt, worauf *sein Thron von Knochen* (V. 1) zweifelsfrei verweist. Seine entwürdigend-verachtende Anrede (*Ha! Wurm!*, V. 4) des Igels, seines (vermeintlichen) Untertans, im Verbund mit seiner großspurigen, auf Furcht einflößende Wirkung zielenden Drohung (*Mit einem Schluck verschling ich dich!*, V. 6) zeugt von hybrider Verkennung der Situation und der überlegenen Wehrhaftigkeit des vermeintlich Schwachen.

Der Igel reagiert überraschenderweise nicht wie vom ungestüm *brüllenden* Löwen erwartet untertänig-*kriecherisch*, sondern – ganz im Vertrauen auf die eigenen Fähigkeiten (Ratio) und natürlichen Vorzüge (Stacheln) – mutig und in überlegen-sachlichem Duktus (*sprach*): *Verschlingen kannst du mich; Allein du kannst mich nicht verdauen* (V. 7-8).

Eine kurze formalsprachliche Analyse der Fabel liefert folgende Ergebnisse:

Die acht Zeilen zeichnen sich durch eine ausschließlich parataktisch organisierte Syntax aus. Zwischen die drei zweizeiligen syndetischen Parataxen (V. 1, 2; 4, 5; 7, 8) sind symmetrisch zwei einzeilige eingefügt, nämlich zwischen 2 und 4 sowie 5 und 6. Hypotaktische Konstruktionen werden nicht verwendet. In Verbindung mit dem jambischen Metrum der Verse erzeugen die Parataxen eine der inhaltlichen Dramatik entsprechende Dynamik.

---

147 Zu Recht bemerkt Wilhelm Kühlmann, dass Pfeffel „die Tiere mit spezifischem Fehlverhalten der Fürsten seiner Zeit (ausstattet) und damit eine Direktheit der Aussage (erreichte), die nicht nur aufklären, sondern auch dem politischen Kampf dienen wollte".
Ebenso konstatiert Kühlmann, dass Pfeffel „in zahlreichen Fällen eine Radikalisierung der Gattung [Fabel] (vornahm), die der Radikalisierung der politischen Verhältnisse vor der Französischen Revolution entsprach". Kühlmann 1995, S. 221 u. 420

Bei genauerem Hinsehen lässt sich eine Zweiteilung erkennen: Während die Verse 1-4 in Kadenz (w m w m) und Reim (a b a b) konsequent alternierend angelegt sind und zusätzlich phonetisch durch den Vokal o aller Reimwörter geeint sind, wird diese Regelmäßigkeit in Kadenz (w m m w) und Reim (c d d c) in der zweiten Hälfte (5-8) aufgegeben. Die bis dahin engagierte Diktion verlangsamt sich, wird klarer, was sich in der im Gegensatz zu der in Vers 4 übersteigerten emotional-unbeherrschten Inquit-Formel (V. 4 *Ha! Wurm! so brüllte der Despot*) in der nüchtern abgeklärten Reaktion des Igels widerspiegelt (V. 7 *Der Igel sprach* [...]), wobei hier auch die korrekte Interpunktion (Doppelpunkt) auffällt. Diese die Gegensätze zwischen den beiden Protagonisten auch formalsprachlich hervorhebenden Beobachtungen werden schließlich noch durch die beiden an exponierter Stelle platzierten (Versende) antithetischen Personalpronomen (V. 8 *du* vs. *mich*) unterstrichen.

3.2   Die unvermittelte Ent-Fabelung des Menschen und die Betonung seines Eigenwerts

3.2.1   Gotthold Ephraim Lessings Gedicht: *Ich*[148]

Nicht nur von staatlich-politischer Willkürherrschaft, Bevormundung und Unterdrückung will die Aufklärung den Menschen befreien. Auch von Standesschranken, von allen Fesseln überhaupt möchte sie ihn lösen und ermutigen, sich seines absoluten, ungeteilten[149] Wertes als Individuum inne zu werden.

G. E. Lessing

Ein deutliches Zeugnis hiervon gibt der wohl wichtigste literarische Vertreter der Epoche: Gotthold Ephraim Lessing. Dieses Mal allerdings nicht im Gewand einer einen kritikwürdigen Sachverhalt (nur) indirekt monierenden Fabel, sondern in einem Gedicht, dessen Titel bereits die Kernbotschaft der Aufklärung im scheinbar unscheinbaren Personalpronomen *ich* konzentriert. Dieses wird substantiviert und erhält so eine inhaltlich substantiierende, für die absolutistischen Herrscher der Zeit provokante Dimension: Das Pronomen wird zum Abstraktum – zum befreiten, losgelösten Menschen, zum Individuum, zum *Ich*.[150] Das lyrische Ich zeigt sich völlig autonom, nur sich selbst verpflichtet: Sowohl ideeller (narzisstischer) Begehrlichkeiten (*Ehre*, V. 1) als auch über Selbstgenügsamkeit hinausreichender materieller Bedürfnisse (*Schätze*, V. 5) gänzlich ledig, verfolgt das ausschließlich dem Diesseits verhaftete *Ich* im Bewusstsein und in der Überzeugung des eigenen Wertes (*Weiß ich nur wer ich bin*, V.12) zielgerichtet den Weg der Selbstfindung und der Selbsterkenntnis.

Alle Äußerlichkeiten, alle auf prahlende Attribute berechnete und gerichtete Aufmerksamkeit (*prächtig Feierkleid*, V. 4) werden ausgeblendet, weil sie vom Ziel ablenken, zu realisieren, dass dem Menschen nur eine kurze Zeitspanne (*zugezählte Stunden*, V. 3; *kurze Wege*, V. 6; *wie lange währt's* [...?], V. 9) bleibt. Andere Individuen geraten nicht ins Blickfeld des *Ichs*; sie bleiben unbestimmt (*man*, V. 8; *Nachwelt*, V. 10).

Die folgende Übersicht verdeutlicht die Struktur des Gedichts und vermittelt die wesentlichen, mit dem Inhalt korrespondierenden formalen Elemente.

---

148   zitiert nach: Wolf, Gerhard 1985, S. 19

149   Das Nomen *Individuum* leitet sich ab aus lat. individuus und bedeutet wörtlich *das nicht Geteilte, das Ungeteilte*.

150   *losgelöst* nicht im absolutistischen Sinne (lat. *absolutus legibus* = losgelöst von Gesetzen), sondern losgelöst, d. h. befreit von der Willkürherrschaft des auf Äußerlichkeiten gründenden, den Menschen instrumentalisierenden Absolutismus

Gotthold Ephraim Lessing

Ich

1 *Die Ehre hat mich nie gesucht;*

2 *sie hätte mich auch nie gefunden.*

3 *Wählt man, in zugezählten Stunden,*

4 *ein prächtig Feierkleid zur Flucht?*

5 *Auch Schätze hab ich nie begehrt.*

6 *Was hilft es sie auf kurzen Wegen*

7 *für Diebe mehr als sich zu hegen,*

8 *wo man das Wenigste verzehrt?*

9 *Wie lange währt's, so bin ich hin,*

10 *und einer Nachwelt untern Füßen?*

11 *Was braucht sie wen sie tritt zu wissen?*

12 *Weiß ich nur, wer ich bin.*

(1752)

3.2.1.1 Formanalyse

Gotthold Ephraim Lessing → *Ich* (1752)	Reim	Kadenz	Thema	Besonderheiten
ᴗ / ᴗ / ᴗ / ᴗ / 4-hebiger Jambus				Personalpronomen *ich* = formal Akk.-Objekt
1 *Die Ehre hat mich nie gesucht;*	a	m		Doch das Adverb *nie* relativiert dies inhaltlich: Das *Ich* lässt sich weder vom passiven noch akti-
2 *sie hätte mich auch nie gefunden.* Pause durch Metrum u. Reim	b	w		ven Geschehen beeinflussen: Es bleibt unberührt → Autonomie
3 *Wählt man, in zugezählten Stunden* ⌐ Kürze des Lebens	b	w		• Zeilenstil (1, 2) vs. • Enjambement (3-4)
4 *ein prächtig Feierkleid zur Flucht?* Enjambement	a	m		• Antonyme • Tonbeugung (*wählt*) • dunkler Vokal (u) der Reimwörter • rhetorische Frage
5 *Auch Schätze hab ich nie begehrt.*	c	m		• keine Pause nach den ersten beiden Versen wie in der 1. und 3. Strophe
6 *Was hilft es sie auf kurzen Wegen* ⌐ Kürze des Lebens	d	w		• Enjambement (6-8) • mittelheller Vokal der Reimwörter (e)
7 *für Diebe mehr als sich zu hegen,* ⌐ Enjambement	d	w		• rhetorische Frage
8 *wo man das Wenigste verzehrt?*	c	m		
9 *Wie lange währt's, so bin ich hin,* ⌐ Kürze des Lebens	e	m		• Alliterationen (9, 11, 12) • umgangssprachlich: ‚hin sein' für ‚tot sein'
10 *und einer Nachwelt untern Füßen?* Enjambement	f	w		• Enjambement (9-10) • rhetorische Frage
11 *Was braucht sie wen sie tritt zu wissen?* Pause durch Metrum u. Reim	f	w		• hellster Vokal (i) der Reimwörter • 3-maliges *ich*
12 ᴗ / ᴗ / ᴗ / *Weiß ich nur, wer ich bin.*	e	m		• Konditionalsatz als unabhängiger Hauptsatz! • nur einsilbige Wörter im letzten Vers • nur 3 statt sonst 4 Takte, alle tragen einen Ton!
Rahmen (Titel-Ende) zunehmende Aufhellung der Vokale u → e → i				• Rahmen: letzter Vers und Titel

Thema-Spalte (vertikal): ideelle Werte / Ruhm — materielle Werte — Wert des eigenen Ichs; Kurzlebigkeit – keine Transzendenz (Jenseits)

3.2.1.2 Interpretationsskizze

Titel und Schlusszeile des Gedichts bilden einen auffälligen Rahmen: Der letzte Vers nimmt den Titel durch zweifache Wiederholung des Personalpronomens auf, und zwar in einem an definitiver Entschiedenheit und Überzeugungskraft beeindruckenden Duktus. Die auf ungestörte Selbstreflexion im Dienste der Selbsterkenntnis und Selbstgenügsamkeit ausgerichtete Existenz spiegelt sich in der sechs einsilbige (!) Wörter umfassenden Zeile. Sie ist die einzige, die ohne Mehrsilber auskommt. Und eine weitere Besonderheit zeigt sich: Im Unterschied zu allen vorangehenden Versen hat dieser letzte keine vier

Hebungen, sondern begnügt sich mit drei Takten. Dennoch tragen alle sechs Wörter einen Ton. Und so stockt der bis dahin regelmäßige Rhythmus, gerät außer Tritt. Das Ich lässt sich weder einnehmen noch einbinden in das unreflektierte Gleichmaß, den Fluss alltäglicher Äußerlichkeiten. Interessant ist auch der syntaktische Status der Zeile. Grammatisch markiert sie einen von einem Objektsatz abhängigen Konditionalsatz,[151] der jedoch dadurch Selbstständigkeit (Autonomie!) gewinnt, dass die vorangehende Zeile mit einem Fragezeichen abgeschlossen wird. Auch dieser Umstand verdeutlicht: Das Ich bewahrt bewusst seine unbestechliche Souveränität, und zwar sowohl dort, wo es (grammatisches) Subjekt, als auch dort, wo es (grammatisches) Objekt ist (*mich*, V. 1, 2). Denn das negierende Adverb *nie* (V. 1, 2, 3) bezeugt: Das Ich bleibt de facto unberührt vom aktiven wie vom passiven Geschehen. Gänzlich unbeeindruckt von heteronomen Versuchungen und Versprechungen sieht dieses seine Stellung, seine Geltung in nichts anderem als in sich selbst begründet – darin besteht der wahre Wert des Ichs. Diese Erkenntnis bricht sich selbst auf der unscheinbarsten aller formalsprachlichen Ebenen, der phonetischen, Bahn: Zusehends hellen sich, klären sich sozusagen die Vokale der Reimwörter vom dunkelsten (u) in der ersten Strophe über den mittelhellen (e) zum hellsten (i) aller Vokale in der Schlussstrophe auf.

Dass für die Aufklärung Verstand und Vernunft primäre Bedeutung haben, dokumentiert sich auch im verwendeten Wortschatz: Emotionen, Empfindungen, Gemütsbewegungen, gar Affekte ausdrückende Nomen oder Verben begegnen kaum, wohl aber solche, die auf Ratio, (Selbst-)Bewusstsein, Erkenntnis, Überzeugung und Wissen verweisen. Auch diesbezüglich ist Lessings kleiner Text beispielhaft: Emotiv-expressive Verben kommen kaum vor, und wenn doch, werden sie sogleich negiert (*Auch Schätze hab ich nie begehrt*, V. 5). Stattdessen fällt das zweimal realisierte wissen (V. 11, 12) auf, das sich zudem beide Male an exponierter Stelle findet, nämlich am Ende bzw. zu Beginn einer Zeile, dazu fast noch in der Figur des Gegensätzlichkeit (*ich* vs. *andere*) widerspiegelnden Chiasmus. Auch dass die infinite Form (*wissen*) der *Nachwelt*, die finite (*weiß*) aber dem Ich zugeordnet ist, hebt den entschiedenen Akt des *Ich*-Bewusstseins zusätzlich hervor.

Die deutliche Absage an den in der Antike zuerst von Aristoteles (384 v. Chr.-322 v. Chr.) entwickelten (positiven) Ehrbegriff[152] ist nicht neu. Bereits die Philosophie der Frühaufklärung tut sich schwer mit dem Begriff. Hobbes (1588-1679) kritisiert ihn als einen narzisstisch nach Anerkennung heischenden.[153] Als solcher stellt *Ehre* eine heteronome Bedrohung des autonomen Ichs dar, nämlich sich der Meinung und dem Urteil anderer auszuliefern, abhängig zu werden und sich durch die (eitle) Ausrichtung auf oberflächliche Attribute zu verlieren. Auch bei Shakespeare (1564-1616), der für Lessings Literaturtheorie der Aufklärung besonders bedeutsam war, steht die Ehre in zweifelhaftem Ruf: *Was ist Ehre? Ein Wort. Was steckt in dem Wort Ehre? Was ist diese Ehre? Luft. [...] Ehre ist nichts als ein gemalter Schild beim Leichenzug*,[154] heißt es in Shakespeares Heinrich

---

151 Die beiden letzten Verse lauteten in standardsprachlicher Syntax: *Was braucht sie wen sie tritt zu wissen, wenn ich nur weiß, wer ich bin?* Oder: *Was braucht sie zu wissen, wen sie tritt? Wichtig allein ist, dass ich weiß, wer ich bin.*

152 Aristoteles setzt sich in seiner *Nikomachischen Ethik*, dem Hauptwerk seiner ethischen Schriften, mit dem Begriff auseinander. Zur Erlangung von Eudaimonia (Glückseligkeit) bedarf es nach dem griech. Philosophen auch sog. äußerer Güter, wozu er neben Reichtum, Freundschaft, Herkunft und Nachkommen auch die Ehre zählt.

153 Nach Hobbes erfüllt die Ehre die alleinige Funktion, sich vor anderen auszuzeichnen und seine Überlegenheit zur Schau zu stellen; vgl. Hobbes 1977. S. 77 f.
Wie oben ausgeführt, werden Ehre und Ruhm auch im Barock negiert, aber nicht, weil man sie als Äußerlichkeiten verachtet, wie z. B. Gryphius' Gedicht *Es ist alles eitel* (s. unten S. 31) deutlich zeigt (*Ach! was ist alles dis was wir für köstlich achten*, V. 11), sondern weil sich der Mensch auf die Transzendenz, das Ewige, als den einzigen Wert, auf den es sich im Diesseits zu konzentrieren lohne, ausrichten soll. Im Gegensatz zur Aufklärung steht im Barock daher das Ich nicht im Vordergrund, sondern tritt bescheiden zurück, wird ins *wir* (vgl. vns = uns, V. 8; wir, V. 11) bzw. in das indefinite *man* (V. 12) integriert. Ähnlich wie Lessing, jedoch weniger kunstvoll, problematisiert und interpretiert auch Gellert den Ehrbegriff. Seine Fabel *Das Füllen* schließt mit den Versen [...] *Und, seiner Freiheit ungetreu, / Eilt man nach stolzen Ehrenzeichen, / Und desto tiefer Sklaverei.*

154 Diese Worte legt Shakespeare Sir John Falstaff in seinem Historiendrama „Heinrich IV." (1596/97) in den Mund. Zitiert nach: Shakespeare 1975, S. 263

IV. Und beim bedeutendsten Vertreter des deutschen Realismus, Theodor Fontane, liest man fast 100 Jahre nach Lessing in dessen Sinne ganz aufklärerisch: *Es kann die Ehre dieser Welt / Dir keine Ehre geben, / Was Dich in Wahrheit hebt und hält, / Muss in dir selber leben. […] Das flüchtge Lob, des Tages Ruhm, / Magst Du dem Eitlen gönnen; / Dies aber sei Dein Heiligthum: / Vor Dir bestehen können.*[155]

4.   Die Bühne als Ort der Emanzipation des Bürgertums und die Funktion des Theaters

Johann Chr. Gottsched

Die einseitige Ausrichtung an der Vernunft führt zu einer strengen Regelpoetik, d. h. zu einer normativen Anleitung zum Dichten mit dem Ziel, die Vernunft des Publikums und vernunftgemäßes Schreiben zu fördern. Insbesondere wird dieser Anspruch an das Drama gerichtet. Erhoben und ausgeführt wird er nachdrücklich von dem Literaturtheoretiker Johann Christoph Gottsched (1700-1766) mit und in seinem *Versuch einer Critischen Dichtkunst vor die Deutschen.*[156]

Gottsched, der in der Tradition des französischen Klassizismus[157] und der Antike steht, sieht die Aufgabe der Poesie im Allgemeinen und des Dramas im Besonderen darin, die Wirklichkeit und die Natur abzubilden und nachzuahmen (Mimesis),[158] ohne dabei den Bereich des Wahrscheinlichen zu verlassen. Die Tragödie ist für Gottsched die höchste Gattung und die Bühne für ihn das schlechthin adäquate Medium zur moralischen Bildung des Publikums. Zu Beginn eines Dramas soll ein moralischer Lehrsatz[159] formuliert werden, der die Grundlage für die sich anschließende Entfaltung der Handlung bildet und diesen illustriert.

Dass Gottsched bezüglich der dramatischen Darstellung an den aristotelischen Einheiten von Zeit, Ort und Handlung[160] festhält, ist seinem Postulat der Wahrscheinlichkeit (Nachvollziehbarkeit) des dargestellten Geschehens und einer von Nebenhandlungen klar abgegrenzten Haupthandlung geschuldet. Lessing lehnt dieses Prinzip ab, weil er für die Wahrscheinlichkeit einer szenischen Darstellung und deren Plausibilität allein die Handlung als wesentlich erachtet, nicht aber Ort und Zeit. Auch der Ständeklausel und damit dem Prinzip der Fallhöhe bleibt Gottsched nach dem Vorbild der französischen Klassik verhaftet – eine dem Geist der Aufklärung zutiefst widersprechende Erscheinung, der Lessing entschieden entgegentritt. Denn es waren in der Vergangenheit

---

155   Fontane 1905, S. 27. Es handelt sich um den vierten von elf 1895 verfassten Sprüchen, die in „Gedichte" integriert sind.

156   Schrift erschien 1729 in Leipzig, wurde aber auf 1730 vordatiert. Eine „vierte sehr vermehrte Auflage" erschien 1751.

157   Als dessen Hauptvertreter gelten Pierre Corneille (1606-1684) und Jean Racine (1639-1699).

158   Nach Aristoteles gründet jedes künstlerische Schaffen in einem angeborenen Nachahmungstrieb, der jedoch über die Darstellung des Empirisch-Faktischen hinausreicht, dabei aber das nach den Regeln der Wahrscheinlichkeit bzw. Notwendigkeit Mögliche mit einbezieht. Im Gegensatz zu seinem Schüler wertet Platon die Kunst und damit den Mimesis-Begriff negativ. Da nach Platon unsere Wirklichkeit bereits ein Abbild der wahren Wirklichkeit ist, ist für ihn die Kunst sozusagen eine Kopie der Kopie (vgl. Platons Höhlengleichnis im 7. Buch seines Dialogs „Politeía").

159   *Zuallererst wähle man sich einen lehrreichen moralischen Satz, der in dem ganzen Gedichte zum Grunde liegen soll, nach Beschaffenheit der Absichten, die man sich zu erlangen vorgenommen. Hierzu ersinne man sich eine ganz allgemeine Begebenheit, worin eine Handlung vorkommt, daran dieser erwählte Lehrsatz sehr augenscheinlich in die Sinne fällt.*
Gottsched 2009, S. 96

160   vgl. ibid. S. 163-167

und sind nach Gottsched noch immer ausschließlich Personen hohen Standes, denen ein Auftritt in der Tragödie vorbehalten ist, während die diesen vermeintlich an Bedeutung und Größe unterlegenen Bürgerlichen[161] mit ihrer Präsenz in der Komödie vorliebnehmen müssen. Die Begründung: Je höher der soziale Rang des Protagonisten, desto tiefer werde sein tragischer Fall empfunden.

Lessings 1755 erschienenes und uraufgeführtes Stück *Miss Sara Sampson* trägt den Untertitel *Ein bürgerliches* [!] *Trauerspiel* – eine zu dieser Zeit brüske Provokation. Signalisierte er doch demonstrativ den Bruch mit der überkommenen Tradition, wonach Bürgerlichen auf der Bühne ausnahmslos servile oder gar sie der Lächerlichkeit preisgebende Rollen zugedacht waren. Das Neue, ja Revolutionäre an Lessings *Miss Sara Sampson* war, dass sich das Schicksal eines verführten Mädchens – das der Titelheldin – in bürgerlichen Kreisen abspielte und dass Probleme des Familienlebens aufgerollt wurden, wie sie mehr oder minder das Publikum persönlich berührten. Personen bürgerlichen Standes wurden in tragischen Situationen gezeigt, was bis dato ausschließlich den Angehörigen höheren Standes vorbehalten war.

Frontdeckel des ersten bürgerlichen Trauerspiels: Lessings „Miß Sara Sampson" (1755)

Das bürgerliche Trauerspiel bricht also radikal mit der klassizistischen und damit auch Gottscheds Auffassung der Tragödie, indem es den Problemen des häuslich-privaten Bereichs Raum gibt, bürgerliche moralische Werte gegen gesellschaftliche Konventionen und korrupte Aristokratie setzt oder die Liebe als eine alle Standesschranken überwindende Kraft inszeniert.

Wie die Tragödie gliedert sich das bürgerliche Trauerspiel in fünf Akte, ist aber im Gegensatz zu diesem nicht in gebundener Sprache verfasst.

Während das Drama nach Gottscheds Vorstellung die Welt abbilden und moralische Wahrheiten darstellen soll, geht es Lessing um die bereits von Aristoteles in dessen Poetik (um 335 v. Chr.) genannte kathartische[162] (κάθαρσιϛ) Funktion: Durch Erregung von Mitleid (Ελεοϛ = éleos) und Furcht (φóβοϛ = phóbos), die Lessing als auf sich selbst bezogenes Mitleid versteht, soll das Drama den Zuschauer von einem Übermaß an Emotionen (Affekten) reinigen. Es ist also nicht Ziel der Tragödie, Theaterbesucher von Emotionen (Affekten) zu befreien, sondern sie zu läutern.

In seinem 17. Literaturbrief vom 16. Februar 1759 geht Lessing – nicht nur bekannt als Dichter, Dramentheoretiker, Philosoph und Aufklärer, sondern auch als äußerst streitbarer Geist – Gottsched denn auch scharf an:

---

161 Der Begriff *bürgerlich* ist hier freilich noch nicht in seiner modernen Bedeutung zu interpretieren, für den Besitz und Bildung konstitutiv sind. Auftreten im bürgerlichen Trauerspiel können Bürger und Adelige gleichermaßen. Ausgeschlossen bleiben die „ganz Großen", d. h. Könige und Fürsten, sowie der „Pöbel".

162 *Katharsis* ist ein zentraler Begriff der aristotelischen Dramentheorie und bezeichnet die Hauptfunktion der Tragödie: die Reinigung der Seele von Leidenschaften, d. h. von starken Emotionen – den Affekten – durch das Hervorrufen von Furcht und Mitleid.

‚Niemand, sagen die Verfasser der Bibliothek[163] wird leugnen, dass die deutsche Schaubühne[164] einen großen Teil ihrer ersten Verbesserungen dem Herrn Gottsched zu danken habe.' Ich bin dieser Niemand; ich leugne es geradezu. Es wäre zu wünschen, dass sich Herr Gottsched niemals mit dem Theater vermengt hätte, seine vermeinten Verbessrungen betreffen entbehrliche Kleinigkeiten, oder sind wahre Verschlimmerungen.[165]

Im selben Brief wendet sich Lessing explizit auch gegen Gottscheds Vorbilder, die Hauptvertreter des französischen Klassizismus, Pierre Corneille und Jean Racine. Dagegen lobt er die „Meisterstücke des Shakespeare". Seine Anerkennung findet ebenfalls das „bürgerliche Theater" Denis Diderots, des Herausgebers der oben erwähnten für die Aufklärung so bedeutsamen *Encyclopédie*. Lessings *Das Theater des Herrn Diderot* erscheint 1760.

Letztlich verdrängt Lessings sensualistische[166] Auffassung die cartesianisch rationalistische Ansicht Gottscheds. Sittlichkeit bzw. Moral ist nicht das Ergebnis einer den Willen kontrollierenden Ratio, sondern entspringt, so Lessing, einem dem Menschen angeborenen Sinn für Moral bzw. der Geselligkeit. Der schottische Philosoph Francis Hutcheson (1694-1746) spricht von einem *moral sense*, von einem moralischen Gefühl, das durchaus einer Ausbildung und Verbesserung fähig sei. Diesen Gedanken nimmt Lessing auf: Die Tragödie soll durch die Erregung von Mitleid letztlich „unsere Fähigkeit, Mitleid zu fühlen, erweitern".[167] Kurz: Es geht ihm um die Bildung des Herzens, die er höher schätzt als nüchterne Gelehrsamkeit.

Überhaupt ist zu beobachten, dass die gegenüber der (reinen) Verstandestätigkeit wenig geschätzten Empfindungen eine Aufwertung erfahren, aus der eine Gegenbewegung parallel zur Aufklärung erwächst. Nicht nur Lessing wendet sich vehement gegen die rationalistische Dramentheorie Gottscheds, auch von anderer Seite regt sich massiver Widerstand.

Allen voran beziehen die schweizerischen Philologen Johann Jakob Bodmer (1698-1783) und Johann Jacob Breitinger (1701-1776) entschieden Position gegen die Auffassungen des – wie sie ihn spöttisch nennen – „Literaturpapst[es]" Gottsched. Das schöpferische Element, die Fantasie, vor allem aber die Darstellung des „Wunderbaren" – im Gegensatz zu dem nur Wahrscheinlichen, dem (rational) Nachvollziehbaren, Erwartbaren – reklamieren sie für die Literatur. In seiner 1740 erschienenen *Critische[n] Abhandlung von dem Wunderbaren in der Poesie* legt Bodmer seine literaturtheoretischen Grundsätze dar. Mit ihren auch dem Sensualismus verpflichteten dichtungstheoretischen Prinzipien und ihrer Verehrung des Mittelalters – und nicht der Antike (!) – werden sie auch die Epoche der Romantik mitbestimmen.

---

163   Gemeint ist die von Friedrich Nicolai (1733-1811), Hauptvertreter der Berliner Aufklärung und Freund Lessings, herausgegebene Zeitschrift *Bibliothek der schönen Wissenschaften und der freyen Künste*, die von 1756-1806 in zwölf Bänden erschien;
s. http://ds.ub.uni-bielefeld.de/viewer/toc/1921384/1/

164   *Schaubühne* steht synonym für *Theater*.

165   Meid 2006, S. 225

166   Der Sensualismus ist eine Geistesströmung der frühen Aufklärung, die vor allem von England ausging. Seine Lehre besagt, dass Menschen nur sinnliche Empfindungen wahrnehmen. Empfinden und Wahrnehmen werden gleichgesetzt. Der Sensualismus ist demnach eine Sonderform des Empirismus. Einflussreiche Sensualisten waren der Begründer der Nationalökonomie (Volkswirtschaftslehre), der Moralphilosoph Adam Smith (1723-1790) und der für Lessings Reflexion bezüglich der Wirkung der Tragödie wichtige Philosoph Francis Hutcheson (1694-1746), der lehrte, dass der Mensch neben den bekannten fünf Sinnen über weitere – quasi innere Sinne – verfüge: z. B. Schönheit, Ehre, das Lächerliche oder Moral.
Letztere, der *moral sense* oder *common sense*, sei der bedeutsamste und – wie alle Sinne – angeboren. Wichtig sei er, weil der Mensch durch ihn Tugend und Laster als solche empfinde und diese Empfindungen Gefühle von Lust und Schmerz auslösten.

167   Martinec 2003, S. 145

Ungeachtet aller Kritik hat sich Gottsched doch bleibende Verdienste um das Theater erworben:

Gemeinsam mit der Schauspielerin Friederike Caroline Neuber (1697-1760) verbannte er die derb-komische Figur des „Hanswursts" von der deutschen Bühne. Die bäuerliche Gestalt trat seit dem 16. Jahrhundert vor allem in Stegreifkomödien („Hanswurstiaden") auf. Gottsched wollte mit ihrer Abschaffung nicht nur die Qualität der Komödie verbessern, sondern vor allem ihren sozialen Status. Darüber hinaus ist es vor allem ihm zu verdanken, dass der bis zu seiner Zeit verachtete Schauspielerberuf („fahrendes Volk") anerkannt und die Schauspieler wirtschaftlich abgesichert wurden.

5.   Die Aufklärung in der Malerei – Beispiel

Jacques-Louis David: *Der Schwur der Horatier*

Es gibt eine Kunst des Barocks, der Romantik, des Realismus, des Impressionismus … Eine Kunst der Aufklärung aber gibt es nicht. Diese Epoche wird bestimmt durch die Philosophie und die Literatur. Ihr Medium ist weder die Malerei noch die Architektur, sondern das Wort, die Sprache. Und doch erhoben auch die Künstler dieser Zeit die Forderung nach einer klaren verstandesmäßigen, vernunftgeleiteten Kunst. Realisiert wird sie im Klassizismus. Das Vorbild: die Antike. Den barocken „ver-

Jacques-Louis David: *Der Schwur der Horatier* (1784)

wirrungen des formensinns, der masslosigkeit im ausdruck"[168] stellen die Künstler klare Linien, Formen und Proportionen entgegen. Den Prozess des Zerfalls absolutistischer Feudalherrschaft und den zunehmenden Verlust der Wirkungsmacht des christlichen Glaubens und der Kirche nahmen sie nicht nur zur Kenntnis, sondern unterstützten und beschleunigten diese Entwicklung. Und so sind die religiösen Sujets und Motive auch nicht von ungefähr im Zeitalter der Aufklärung fast ganz verschwunden.

---

168   Winckelmann 1764; zitiert nach: http://www.wuthri.ch/skript/gesch/g18klassiz.htm

Eines der berühmtesten Gemälde aus der Zeit der Aufklärung ist Jacques-Louis Davids[169] (1748-1825) *Der Schwur der Horatier*[170] (1784).

In einem klaren, an eine Bühne erinnernden Bildraum positioniert der Maler zwei Personengruppen: links im Vordergrund in reliefartiger Profilansicht und akkurater Formation die drei zum Kampf bereiten Horatier-Brüder, deren zum Schwur ausgestreckte Hände auf die Waffen als Auftrag zum Gefecht deuten. Die drei Schwerter bilden zusammen mit dem die Waffen in Höhe der Schwurhände haltenden Vater als personifizierter Kampfauftrag das Zentrum des Bildes. Rechts im Hintergrund erkennt man, von einem Streiflicht erhellt, die zweite Personengruppe: die drei Frauen der Krieger. Im Gegensatz zum kompromisslos-entschlossenen und demonstrativ aufrechten Gestus der Männer vermitteln Gebärde und Mimik der teils in kauernder Position verharrenden Frauen Ratlosigkeit, Traurigkeit und Leid. Sie scheinen beherrscht von der sie lähmenden Furcht, ihre Männer im bevorstehenden Waffengang zu verlieren.

Markiert bereits die ausgewogene, nüchtern-sachliche Darstellung und die klare Linienführung einen Bruch mit der barocken Stiltradition, wie er größer kaum sein könnte, findet diese „optische Rationalität" auch eine bemerkenswerte inhaltliche Äquivalenz: Man könnte Davids Werk als Allegorie der Gegenüberstellung von zwei ethischen Prinzipien deuten: Gesinnungsethik vs. Verantwortungsethik.[171]

Für den Gesinnungsethiker spielen die (möglichen) Folgen seines Tuns keine Rolle. Sein Kriterium für ethisch gutes Handeln[172] ist allein die Pflicht. Für den Verantwortungsethiker hingegen sind die Konsequenzen des Handelns das entscheidende Kriterium. Das erstgenannte Prinzip bestimmt die deontologische,[173] das letztere die teleologische[174] Ethik.

Offenbar handeln die Horatier-Brüder nach dem Prinzip der Gesinnungsethik. Für sie ist anscheinend die Pflicht (Verteidigung Roms) ausschließliches Motiv des Handelns. Die (möglichen) Folgen bleiben dabei unberücksichtigt, d. h., die Horatier nehmen selbst den eigenen und/oder den Tod ihrer Brüder und das Leid ihrer Frauen bzw. Familien in Kauf.

---

169 Jacques-Louis David war ein französischer Maler und gilt als Begründer des Neoklassizismus. Er war aktiv am politischen Geschehen seines Landes beteiligt. Während der Französischen Revolution war er Abgeordneter des Nationalkonvents (1792-1794). Sein Gemälde *Der Schwur der Horatier* machte ihn mit einem Schlag berühmt. Es waren insbesondere die klaren Linien und Formen, die „antike Simplizität", die die Menschen begeisterten. Ein Berichterstatter für den *Teutschen Merkur* schrieb: [D]*as Volk läuft truppweise vom Morgen bis zum Abend herbey, es* [das Bild] *zu sehen [...] keine Papstwahl setzte je die Gemüter in eine größere Bewegung.* Zitiert nach: Toman 2000, S. 371

170 Das Bild entstand nach einer Geschichte des römischen Geschichtsschreibers Titus Livius (59 v. Chr. – um 17 n. Chr.):
Um etwa 650 v. Chr. kam es wegen gegenseitiger Viehdiebstähle zu Auseinandersetzungen zwischen den Städten Rom und Alba Longa. Als sich die Heere gegenüberstanden, bemühte man sich wegen der starken benachbarten Etrusker, übermäßiges Blutvergießen zu vermeiden. Der römische König Tullus und der albanische Diktator Mettius Fufetius einigten sich auf einen Kampf jeweils zweier Drillings-Brüder, die sich zu jener Zeit zufällig in den Heeren befanden. Vertraglich wurde vereinbart, dass sich die unterlegene Seite den Siegern unterwerfen werde. Während zwei der Horatier-Brüder fielen, gelang es dem dritten, die Gegner, die Curatier-Brüder, mit einer List zu besiegen.

171 Die Begriffe *Gesinnungsethik* und *Verantwortungsethik* wurden von dem bedeutenden Soziologen und Nationalökonomen Max Weber (1864-1920) in die ethische Diskussion eingeführt. Populär wurde das Begriffspaar insbesondere durch Webers 1919 in München gehaltenen Vortrag *Politik als Beruf*.

172 *Handeln* ist ein Tun, das gewollt, beabsichtigt, geplant ist. *Verhalten* hingegen ist unbewusst, instinktiv, geschieht sozusagen automatisch.

173 *Deontologische Ethik* bezeichnet eine Klasse von ethischen Theorien, deren bekannteste die Pflichtethik Immanuel Kants ist, also der kategorische Imperativ. Die Bezeichnung leitet sich ab von griech. δεον (deon = Pflicht, das Gesollte).

174 *Teleologische Ethik*, griech. τελοζ (telos = Ziel, Zweck), bewertet eine Handlung nach den Folgen, die sie bewirkt. Der Utilitarismus, lat. utilis (= Nutzen), z. B. ist eine teleologische Ethik. Der Utilitarismus verfolgt den größtmöglichen Nutzen bzw. das größtmögliche Glück der größtmöglichen Zahl von Menschen.

Die Frauen der Drillings-Brüder dagegen denken augenscheinlich nicht an die Pflicht, die Stadt zu verteidigen, sondern an die Folgen des Kampfes für sie und ihre Familien. Sie sind Vertreter der Verantwortungsethik, auch wenn sie in der aktuellen Situation von der für sie Unheil kündenden Szenerie buchstäblich übermannt und daher handlungs-unfähig erscheinen.

6. Exkurs: Ethik der Aufklärung

Beide ethischen Prinzipien jedoch sind problematisch und taugen unbesehen nicht als Kriterien für die Bestimmung moralisch guten Handelns, denn es gilt zu fragen:

1. Entspringt die Absicht, das Handeln eines Menschen nach dem Pflichtkriterium wirk-lich dem uneigennützig *guten Willen*[175] oder ist das Handeln egoistisch bestimmt?[176] Diese Frage lässt sich nie zuverlässig beantworten. Denn während das handelnde In-dividuum um seine eigenen Motive sicher weiß, bleiben ihm das Innere, die Psyche, die Gedanken und somit auch die Beweggründe anderer Menschen verborgen. Zwar mag es Anhaltspunkte für deren Triebfedern geben, definitiv auszumachen jedoch sind sie nicht.

2. Wer kann für jeden Einzelfall und mit Sicherheit sagen, welche Folgen eine Handlung zeitigt und ob sich diese Folgen auf lange Sicht positiv oder negativ auswirken?

Gibt es ein zuverlässiges zweifelsfreies Kriterium für eine moralisch gute Handlung? Immanuel Kant hat die Frage positiv beantwortet: ja, den *kategorischen Imperativ*.[177] Es handelt sich um ein Vernunftgesetz, das der strengen Logik folgt. Als oberstes Moralge-bot menschlichen Handelns schließt es egoistische Motive aus und befreit den Menschen von jeder Art der Fremdbestimmung. Die bekannteste Formulierung des *kategorischen Imperativs* lautet:

> *Handle so, dass die Maxime deines Willens jederzeit zugleich als Princip einer allgemeinen Gesetzgebung gelten könne.*[178]

Eine *Maxime* ist ein subjektiver Grundsatz des Handelns, eine Regel, nach der jemand handelt oder zu handeln beabsichtigt. Diese gilt für das jeweils handelnde Individuum, andere Menschen können andere Maximen haben. Im Unterschied zu Maximen sind *Prinzipien* Grundsätze, Regeln, die ausnahmslos, also für alle Geltung beanspruchen. Um nun zu prüfen, ob eine Maxime zum Prinzip des Handelns im Sinne einer *allgemeinen* (moralischen) *Gesetzgebung* erhoben werden kann, muss die Maxime generalisiert, d. h. verallgemeinert werden. Anschließend ist zu klären, ob man die Verallgemeinerung als Gesetz wollen kann. Dies wird nur dann der Fall sein, wenn die verallgemeinerte Maxi-me widerspruchsfrei ist. Ein Beispiel:

---

175 Bekannt ist Kants Diktum, mit dem er den ersten Abschnitt seiner 1785 erschienenen „Grundlegung zur Metaphy-sik der Sitten" eröffnet: *Es ist überall nichts in der Welt, ja überhaupt auch außer derselben zu denken möglich, was ohne Einschränkung für gut könnte gehalten werden, als allein ein guter Wille.* Kant 2017, S. 15
Doch nicht auch Verstand, Mut, Beharrlichkeit, Entschlossenheit etc. *ohne Einschränkung* gut? Sie sind nicht gut an sich, sondern nur dann, wenn ein guter Wille von ihnen Gebrauch macht. Als Tugenden des Kriminalkom-missars z. B. sind Mut, Entschlossenheit und Beharrlichkeit gut, als Tugenden eines Bankräubers hingegen sehr schädlich.
Verstand, Vernunft, Intelligenz können offenbar nicht nur segensreich wirken. *Denn ohne Grundsätze eines guten Willens können sie höchst böse werden.* Kant 2017, S. 16

176 Beispiel: Ein mehr oder weniger bekannter Sportler spendet 20.000 € für leukämiekranke Kinder. Was ist sein Motiv?
Liegt ihm das Schicksal der vom Tod bedrohten Kinder am Herzen, oder möchte er seine Publicity steigern?

177 Den *kategorischen Imperativ* entwickelte Kant in seiner ersten bedeutenden Schrift *Grundlegung zur Metaphysik der Sitten* (1785). Eine ausführliche Darlegung dieses Sittengesetzes findet sich in Kants *Critik der practischen Vernunft* (1788).

178 Kant 1788, S. 54 § 7

Maxime: *Wenn ich in Geldnot bin, leihe ich mir Geld gegen das Versprechen, es zurückzuzahlen, obwohl ich weiß, dass dies nie geschehen wird.*

Generalisierung: *Immer wenn Menschen in Geldnot sind, sollten sie sich gegen falsches Versprechen Geld leihen.*

Diese Generalisierung widerspricht sich selbst und kann deshalb nicht zu einem allgemeinen Gesetz erhoben werden. Wieso? Ich verpflichte mich einem anderen gegenüber das zu tun, was ich versprochen habe. Wenn es nun ein allgemeines Gesetz gäbe, in Notsituationen falsche Versprechungen abzulegen, würde die Selbstverpflichtung aufgegeben. Das allgemeine Gesetz enthielte einerseits eine Selbstverpflichtung, nämlich die, das Geld zurückzuzahlen, andererseits aber zugleich deren Aufhebung. Ein solches Gesetz kann kein vernünftiger Mensch wollen, da es sich selbst widerspricht.

Nicht zu verwechseln ist der *kategorische Imperativ* mit der *Goldenen Regel*. Sie wird fälschlicherweise oft mit jenem gleichgesetzt.

Die *Goldene Regel*, die Kant als *Gesetz der Klugheit* bezeichnet, orientiert sich – im Gegensatz zum kategorischen Imperativ – an den Folgen einer Handlung für das Individuum bzw. an Phänomenen, die Kant unter dem Begriff *Neigung* zusammenfasst: Gefühle, Emotionen, Sympathie, Interessen etc. Bezüglich der Neigungen ist der Mensch nicht autonom, sondern heteronom: Nicht er bestimmt die Neigungen, sondern diese bestimmen ihn. Sie sind quasi „Gesetze der Natur", denen der Mensch unterliegt, mithin ist er bezüglich der Neigungen unfrei.

Klugheit definiert Kant als *die Geschicklichkeit in der Wahl der Mittel zu seinem eigenen größten Wohlsein.*[179]

In der Tat kann man Kant (Verstandes-)Kälte, ja Härte vorwerfen, wenn allein die Ratio Kriterium ethischen Handelns sein darf, nur die *Pflicht*, nicht aber die *Neigung*. Denn das bedeutet, dass z. B. Freundschaft oder Mitleid keinerlei ethische Relevanz haben, weil sie nicht das Ergebnis der Selbstbestimmung und des guten Willens, sondern ohne Zutun des Menschen quasi instinkthaft gegeben sind. Im Unterschied zur englischen Moral-sense-Theorie,[180] die moralische Urteile auf ein grundlegendes naturgegebenes moralisches Empfinden zurückführt und damit bereits auf die Romantik vorausweist, entspricht Kant nicht nur dem aufklärerischen Ideal der vollkommenen rationalen Selbsttransparenz, sondern setzt diese absolut. Kants ethischen Rigorismus konnte auch Friedrich Schiller mit seiner Auffassung der *schönen Seele* (Ausgeglichenheit von Gefühl und Moral) nicht akzeptieren und holte 1797 in den *Xenien* zum ironischen Seitenhieb auf Kants edle Gefühle und Neigungen verbannenden kategorischen Imperativ aus:

> *Gerne dien ich den Freunden, doch tu ich es leider mit Neigung,*
> *Und so wurmt es mir oft, daß ich nicht tugendhaft bin.*
> *Da ist kein anderer Rat, du mußt suchen, sie zu verachten,*
> *Und mit Abscheu alsdann tun, wie die Pflicht dir gebeut.*[181]

---

179 Kant 2017, S. 46

180 Diese Theorie, die ihre Wirkung teilweise bereits in den Werken Lessings, Gellerts u. a. entfaltete, unterstützte wesentlich eine gegen die einseitige Betonung der Ratio sich richtende und entwickelnde Bewegung: die der Empfindsamkeit, von der z. B. Goethes außerordentlich erfolgreiches, 1774 erschienenes Jugendwerk *Die Leiden des jungen Werthers* zeugt.

181 Schiller 2005, S. 341

Die folgenden Grafiken veranschaulichen den grundlegenden Unterschied zwischen Kants *kategorischem Imperativ* und der oft mit diesem gleichgesetzten *Goldenen Regel.*[182]

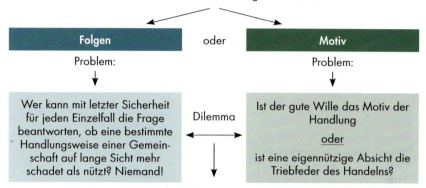

Der kategorische Imperativ

Was ist das Kriterium moralisch guten Handelns?

Folgen	oder	Motiv
Problem:		Problem:

| Wer kann mit letzter Sicherheit für jeden Einzelfall die Frage beantworten, ob eine bestimmte Handlungsweise einer Gemeinschaft auf lange Sicht mehr schadet als nützt? Niemand! | Dilemma | Ist der gute Wille das Motiv der Handlung <u>oder</u> ist eine eigennützige Absicht die Triebfeder des Handelns? |

Lösung des Dilemmas[183]: der kategorische Imperativ:

Handle so, dass die Maxime deines Willens jederzeit zugleich als Prinzip einer allgemeinen Gesetzgebung gelten könne.

Der kategorische Imperativ hat die Form eines Vernunftgesetzes und ist daher notwendig und allgemein gültig.

Es ist das oberste Gebot menschlichen Handelns.

Er ist sicheres Fundament aller Moralität und eröffnet – so paradox das zunächst scheint – dem Menschen die Möglichkeit, wirklich frei zu sein, denn:

Wer wollen kann, dass die Handlungsweise des kategorischen Imperativs zu einem allgemeinen Moralgesetz werde, läuft nicht Gefahr, lediglich sein eigenes Bestes zu wollen. Er befreit sich damit zugleich von jeder Art von Fremdbestimmung.

Da das Moralgesetz als unbedingte Sollensforderung keinerlei Rücksicht auf die zu erreichenden Folgen einer Handlung nimmt, der Einzelne aber sehr wohl an den jeweiligen Konsequenzen seiner Handlung interessiert ist, wundert es nicht, dass die meisten Menschen lieber nach dem Gesetz der Klugheit (Goldene Regel) als im kantischen Sinne moralisch handeln.

---

182 Die Goldene Regel ist unabhängig an verschiedenen Orten entstanden und findet sich in vielen Kulturen, im Konfuzianismus ebenso wie im Buddhismus und natürlich im Christentum:
Was dir selbst verhasst ist, das mute auch einem anderen nicht zu. (AT, Tob. 4,15)
Alles, was ihr wollt, dass euch die Menschen tun, also tuet auch ihr ihnen. (NT, Mt 7,12).

183 Dilemma: Situation, die zwei Wahlmöglichkeiten bietet, die jedoch beide zu einem unbefriedigenden problematischen Ergebnis führen.

Kategorischer Imperativ		Goldene Regel

Kategorischer Imperativ

Handle so, dass die Maxime deines Willens jederzeit zugleich als Prinzip einer allgemeinen Gesetzgebung gelten könne.

Maxime

Wenn ich in Geldnot bin, leihe ich mir Geld gegen das Versprechen, es zurückzuzahlen, obwohl ich weiß, dass dies nie geschehen wird.

Generalisierung der Maxime

Immer wenn Menschen in Geldnot sind, sollen sie sich gegen falsches Versprechen Geld leihen.

▼

Prüfung auf Widerspruchsfreiheit

Die Generalisierung ist widersprüchlich, denn sie enthält eine Selbstverpflichtung (Versprechen) und zugleich deren Aufhebung.

▼

Ergebnis

Maxime kann <u>nicht</u> zum Gesetz erhoben werden.

Goldene Regel

Behandle andere so, wie du selbst behandelt werden willst.

Negativ formuliert:

Was du nicht willst, dass man dir tu', das füg auch keinem anderen zu.

Ich <u>fühle</u> mich unwohl, gekränkt, betrogen …, wenn du das mir gegebene Versprechen brichst

▼

Also breche ich das dir gegebene Versprechen auch nicht.

▼

Das Einlösen des Versprechens geschieht <u>nicht</u> aus Gründen der Vernunft, sondern aus Gründen des Sich-selbst-Wohlfühlens, ist also egoistisch motiviert.

▼

Wer aus diesem Grund ein gegebenes Versprechen einhält, handelt <u>nicht</u> aus Pflicht, sondern pflichtgemäß, d. h., sein Handeln stimmt zwar mit dem Handeln aus Pflicht überein, das Motiv aber ist die Neigung (Gefühl), <u>nicht</u> die Ratio. Also ist das Handeln nicht autonom, sondern heteronom bestimmt. Es ist legal, aber <u>nicht</u> moralisch.

7.   Dichter und Werke im Überblick (Auswahl)

Dichter	Werke
Johann Christoph Gottsched (1700-1766)	*Versuch einer Critischen Dichtkunst vor die Deutschen* (1729 bzw. 1730) *Der sterbende Cato* (1732) Drama; als Muster für die praktische Umsetzung der in der *Critischen Dichtkunst* dargelegten Theorie
Gotthold Ephraim Lessing (1729-1781)	*Fabeln. Drey Bücher: Nebst Abhandlungen mit dieser Dichtungsart verwandten Inhalts* (1759) *Miss Sara Sampson* (1755) ⎫ *Minna von Barnhelm* (1767) ⎬ Dramen *Emilia Galotti* (1772) ⎪ *Nathan der Weise* (1779) ⎭ *Hamburgische Dramaturgie* (1767-69) dramentheoretische Schrift
Christian Fürchtegott Gellert (1715-1769)	*Fabeln und Erzählungen*, 2 Bände (1746, 1748) *Das Leben der Schwedischen Gräfin von G**** (2 Tle., 1747, 1748) Briefroman *Die Betschwester* (1745) ⎫ Lustspiele *Die zärtlichen Schwestern* (1747) ⎭ *Geistliche Oden und Lieder* (1757)
Karl Philipp Moritz (1756-1793)	*Anton Reiser* (4 Tle. 1785, 1786, 1790) Roman
Johann Jakob Bodmer (1698-1783)	*Critische Abhandlung von dem Wunderbaren in der Poesie* (1740)
Georg Christoph Lichtenberg (1742-1799)	*„Sudelbücher"* (1764 ff.) Gedankensplitter in aphoristischer Schreibweise

8. Erfindungen und Entdeckungen im Überblick (Auswahl)

Zeit	Erfindung/Entdeckung	Erfinder/Entdecker
1712	Atmosphärische Dampfmaschine	Thomas Newcomen
1718	Maschinengewehr	James Puckle
1726	Blutdruck	Stephen Hales
1742	Celsius-Skala	Anders Celsius
1750	Milchstraße	Thomas Wright, Immanuel Kant
1752	Blitzableiter	Benjamin Franklin
1757	Sextant	John Campbell
1768	Dampfwagen	Nicholas Cugnot
1774	Rechenmaschine	Philipp Matthäus Hahn
1781	Entdeckung des Uranus	Wilhelm Herschel
1783	Heißluftballon	Brüder Montgolfier
1783	Fallschirm	Louis-Sébastien Lenormand
1785	Mechanischer Webstuhl	Edmond Cartwright
1791	Galvanischer Strom	Luigi Galvani
1796	Hydraulische Presse	Joseph Bramah
1796	Schutzimpfung	Edward Jenner
1798	Lithografie/Steindruck	Alois Senefelder
1798	Schwarze Löcher	Pierre-Simon Marquis de Laplace
1799	Batterie	Alessandro Volta

9. Info-Grafik
AUFKLÄRUNG

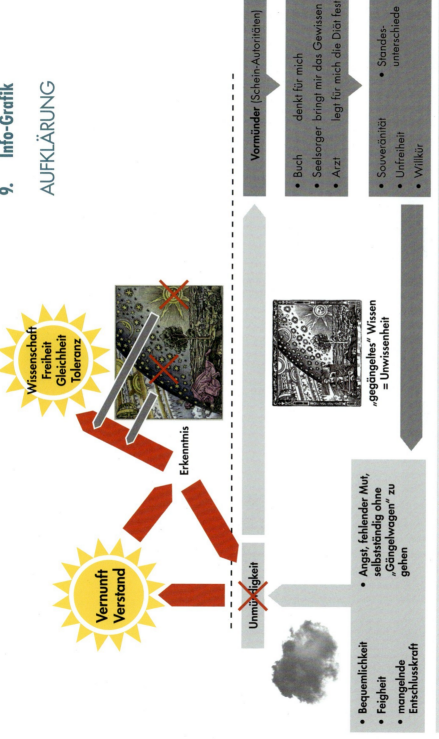

Vormünder (Schein-Autoritäten)

- Buch denkt für mich
- Seelsorger bringt mir das Gewissen
- Arzt legt für mich die Diät fest

- Souveränität
- Unfreiheit
- Willkür
- Standes- unterschiede

Wissenschaft Freiheit Gleichheit Toleranz

Vernunft Verstand

Erkenntnis

Unmündigkeit

„gegängeltes" Wissen = Unwissenheit

- Angst, fehlender Mut, selbstständig ohne „Gängelwagen" zu gehen

- Bequemlichkeit
- Feigheit
- mangelnde Entschlusskraft

[...] Daß der bei weitem größte Teil der Menschen [...] den Schritt zur Mündigkeit außer dem, daß er beschwerlich ist, auch für sehr gefährlich halte: dafür sorgen schon jene Vormünder, die die Oberaufsicht über sie gütigst auf sich genommen haben. Nachdem sie ihr Hausvieh zuerst dumm gemacht haben und sorgfältig verhüteten, daß diese ruhigen Geschöpfe ja keinen Schritt außer dem Gängelwagen, darin sie sie einsperreten, wagen durften, so zeigen sie ihnen nachher die Gefahr, die ihnen drohet, wenn sie es versuchen, allein zu gehen. Nun ist diese Gefahr zwar eben so groß nicht, denn sie würden durch einigemal Fallen wohl endlich gehen lernen. (Kant 1784, S. 482)

1.   Begriff

Die Epoche des *Sturm und Drang* ist nach Friedrich Maximilian Klingers (1752-1831) gleichnamigem, 1777 in Leipzig uraufgeführten Drama benannt. Ursprünglich sollte es den Titel *Wirrwarr* tragen. Der schweizerische „Genieapostel"[184] Christoph Kaufmann (1753-1795), eine originelle Persönlichkeit seiner Zeit, veranlasste Klinger, den (vorgesehenen) Titel seines Werks in *Sturm und Drang* umzubenennen.

Da die Dichter dieser Periode die ‚*Originalgenies' als Urbild des höheren Menschen und Künstlers […] des wahren Schöpfers der Kunst (verherrlichten),*[185] wird die Epoche auch als *Geniezeit* oder *Genieperiode* bezeichnet.

Das *Originalgenie*[186] – der Begriff wurde erstmals auf Homer[187] (um 800 v. Chr.), den frühesten Dichter des Abendlandes, bezogen – schafft scheinbar unabhängig und wirkt vermeintlich außerhalb jeder (kulturellen) Tradition und Bindung.[188]

Der Sturm und Drang ist eine rein deutsche Bewegung. Sein ausgeprägtes Profil rechtfertigt es, ihn als eigene Epoche zu werten, wenngleich man ihn auch als Sonderströmung der Aufklärung verstehen kann. Obwohl er die Verabsolutierung der Ratio entschieden ablehnt und diese zugunsten des Gefühls, der Fantasie, der Leidenschaft und Spontaneität relativiert, bildet er keine prinzipielle Gegenströmung zur Aufklärung, denn einen reinen Irrationalismus propagiert er nicht.

---

184 Die Bezeichnung *Genieapostel* ist diffamierend gemeint, weil Kaufmann seiner als hervorragend eingeschätzten pädagogischen Begabung nicht entsprach und er wohl ein windiger Charakter war. Klinger fühlte sich von ihm geradezu bedrängt, den ursprünglichen Titel seines Dramas aufzugeben.

185 Wilpert 1989, S. 901

186 Der Begriff ist eine Lehnübersetzung aus Robert Woods *Essay on the Original Genius of Homer* (1769), der 1771 als deutsche Übersetzung mit dem Titel *Versuch über das Originalgenie* erschien.

187 Homer gilt als Verfasser der Epen *Ilias* und *Odyssee*, die die Weltliteratur immer wieder beeinflusst haben. Ob er jedoch wirklich gelebt hat und er der Verfasser der beiden großen Epen ist, ist noch immer nicht zweifelsfrei geklärt.

188 Dass indessen eine Schöpfung jenseits aller kulturellen Tradition nicht möglich ist, eine solche nur Utopie sein kann, war vielen Dichtern in ihrem überbordenden Enthusiasmus vermutlich nicht bewusst. Vgl. hierzu die Parodie *Das Originalgenie* des Satirikers, Publizisten und Dramatikers Karl Kraus in: Wagenknecht, Christian 1989, S. 145

2. Historisch-geistesgeschichtlicher Hintergrund

2.1 Erste rebellische Jugendbewegung der deutschen Geistesgeschichte

Für die Dichter des Sturm und Drang, junge Männer aus dem Mittel- und Kleinbürgertum, die meisten von ihnen im dritten Lebensjahrzehnt, ist das Originalgenie Leitbild und Paradigma. Das Symbol des Originalgenies ist ihnen die mythologische Figur des archetypischen Rebellen und Retters der Menschheit: Prometheus.[189] So ist die Sturm-und-Drang-Bewegung auch die Manifestation eines Generationenkonflikts, des Aufbegehrens junger Männer gegen aufklärerische Väter[190] und gesellschaftliche Unfreiheit. Durch ihre von Fantasie und Gefühl bestimmte Lebenshaltung und ihr Literaturverständnis grenzten sich die Dichter ostentativ von der älteren Generation ab und verweigerten sich jeder Beschränkung der Subjektivität durch das Vernunftgesetz. Literatur ist ihnen schöpferische Produktivität, Befreiung, Medium zur flammenden Kritik an den politischen und sozialen Verhältnissen, an Autoritäten und Traditionen.

Dazu bedienen sie sich auch einer neuen, d. h. spontanen, vom Korsett syntaktischer Regeln und rationaler Nüchternheit befreiten Sprache. Der Sturm und Drang ist die erste Jugendbewegung der deutschen Geistesgeschichte überhaupt – sie war eine rebellische, eine Revolte.

2.2 Kernbegriff der Epoche: Genie

Der Begriff, der diese Epoche prägen sollte, ist der des Genies. Gründlich reflektiert und ausführlich theoretisch erörtert wird er vor allem von dem Dichter Heinrich Wilhelm von Gerstenberg[191] (1737-1823) und dem Theologen, Dichter und Kulturphilosophen Johann Gottfried Herder[192] (1744-1803). Beide werden so zu den Wegbereitern des Sturm und Drang. Als Genie schlechthin gilt ihnen der englische Lyriker und Dramatiker William Shakespeare (1564-1616), auf den bereits Lessing aufmerksam geworden war, weil er sich nicht den Regeln der aristotelischen Poetik unterwarf, wie es die französischen Klassizisten und Gottsched in ihren Werken taten bzw. forderten.

---

189 *Prometheus* ist gleichsam die Programmfigur des Sturm und Drang und Titel von Goethes bekannter gleichnamiger Hymne, von der der Verfasser selbst in seiner Autobiografie *Aus meinem Leben. Dichtung und Wahrheit* als von einem *Zündkraut einer Explosion* spricht; s. https://gutenberg.spiegel.de/buch/dichtung-und-wahrheit-dritter-und-vierter-teil-7128/6
Nach der „Theogonie" (Entstehung der Welt und der Götter), einem Werk des griech. Dichters Hesiod (um 700 v. Chr.), ist Prometheus ein listiger Betrüger, der dem höchsten der Götter, Zeus, das Feuer entwendet hatte und daher von diesem bestraft wurde, indem ihn Hephaistos, der Gott des Feuers und der Schmiede, auf Zeus' Anweisung an den Kaukasus schmiedete, wo ihm allnächtlich ein von Zeus geschickter Adler ein Stück seiner nachwachsenden Leber fraß.
Der griech. Tragödiendichter Aischylos (525 v. Chr.-456 v. Chr.) hingegen sieht in Prometheus in der ihm zugeschriebenen Tragödie einen Wohltäter und Freund des Menschen. Der Titan gilt als Lehrer und Retter der Menschheit. Den Dichtern des Sturm und Drang wurde die Figur des Prometheus zur Allegorie des Originalgenies.

190 Beispiele für Vater-Sohn-Konflikte gibt es viele. Der Stürmer und Dränger Jakob Michael Reinhold Lenz (1751-1792) etwa lässt sich nicht in das von seinem Vater vordiktierte Theologie-Studium pressen. Als er stattdessen Rousseau liest und literarischen Interessen nachgeht, bricht der Vater mit ihm. Friedrich Schiller (1759-1805) erlebte seinen Vater als sehr autoritär und litt unter dessen cholerischen Ausbrüchen. Vgl. Lahnstein 1981, S. 11

191 Den Geniebegriff reflektiert Gerstenberg in seinen *Briefe[n] über Merkwürdigkeiten der Litteratur.* Bd. 1. Die Briefe 14-18 umfassen den *Versuch über Shakespears Werke und Genie.* Brief 20 enthält den in Dialogform verfassten Essay *Vom poetischen Genie* (1767).

192 Herders Aufsatz *Shakespear* war ursprünglich als Antwort auf Gerstenbergs *Versuch über Shakespears Werke und Genie* gedacht. Der 1773 erschienenen endgültigen Fassung gingen zwei Entwürfe voraus. Von Bedeutung für Herders Geniebegriff ist auch sein *Journal meiner Reise im Jahre 1769*, das Arno Schmidt als „die Magna Charta des Sturm und Drang" bezeichnet. s. Schmidt, Arno 1971, S. 174

Was aber ist Genie, was zeichnet es aus? Gerstenberg betont, dass Genie nicht mit „großer Kopf, schöner Geist,[193] Meisterstück u.s.w. zu verwechseln" sei und ergänzt: „Ben Johnson, Corneille, Virgil[194] waren große Köpfe, machten Meisterstücke, und hatten kein Genie. Shakespear [sic], ein Genie, machte selten Meisterstücke, und war kein schöner Geist [...] wo Genie ist, da ist Erfindung, da ist Neuheit, da ist Original; aber nicht umgekehrt."[195] Ähnlich fasst Herder den Geniebegriff; das erhellt sich bereits aus seiner an sich selbst gerichteten Frage: „Wenn [sic] werde ich so weit sein, um alles, was ich gelernt, in mir zu zerstören und in mir selbst zu erfinden, was ich denke und lerne und glaube".[196] Genie, das ist nach Herder das „uneingeschränkte, aufrichtige Bekenntnis des Künstlers zu sich selbst, ohne Rücksicht auf die Konventionen der Gesellschaft".[197] Das ist die Natur des Genies, das Natur nicht mehr nur künstlerisch nachahmt (Mimesis), sondern sie schöpferisch vollendet. Ihm eignet etwas Heiliges, etwas Göttliches, ein Herz, das nicht durch logische Beweisführung überzeugt, sondern durch „Lebhaftigkeit und Evidenz"[198]: *Hast du's nicht alles selbst vollendet / Heilig glühend Herz?* heißt es in der Mitte von Goethes Hymne Prometheus.

„Der große Mann der Wissenschaft", hingegen, sagt Kant, „ist vom Genie spezifisch verschieden, denn ihre Leistungen lassen sich erlernen".[199] Genie aber ist „[d]*as Ungelernte, Unentlehnte, Unlernbare, Unentlehnbare, innig Eigentümliche, Unnachahmliche, Göttliche [...] das Inspirationsmäßige*".[200]

2.2.1 Vorbild Shakespeare – „Ein Sterblicher mit Götterkraft begabt"

Das Bedauern, dass Gefühl, eigenständiges sinnliches Erkennen, Wahrnehmen und poetisches Denken als Analogon zur Vernunft auf dem Altar der Ratio nahezu ganz geopfert wurden, artikuliert sich nirgendwo deutlicher als in den Worten Johann Gottfried Herders, des Initiators der Sturm-und-Drang-Bewegung:

> *Wir sehen und fühlen kaum mehr, sondern denken und grübeln nur; wir dichten nicht über und in lebendiger Welt, im Sturm und im Zusammenströmen solcher Gegenstände, solcher Empfindungen, sondern erkünsteln uns entweder Thema oder Art, das Thema zu behandeln, oder gar beides, und haben uns so lange, so oft, so von früh auf erkünstelt, dass uns jetzt freilich kaum eine freie Ausbildung mehr glücken würde; denn wie kann ein Lahmer gehen?*[201]

Und plötzlich „gehen" sie dann doch, die vermeintlich „Lahmen", verwandeln das Bewegungslos-Statische in eine ungeheure kraftvoll-stürmische Dynamik. Ihr Übervater: Shakespeare. Den Stürmern und Drängern war und wurde er zum Inbild des irdischen Prometheus, zum Inbegriff des Genies, das aus sich heraus die Menschen, das Leben, die Welt, ja alles neu erschafft. Wieder hören wir Herder, nun aber nicht resignativ. Er ist begeistert, geradezu euphorisiert von Shakespeare und dessen Dramen. Die nämlich

---

193 Der Ausdruck „Schöner Geist" wurde im späteren 18. Jahrhundert durch „Schöngeist" als Lehnübersetzung des französischen „bel esprit" abgelöst und bezeichnet jemanden, der sich weniger mit alltäglichen Dingen als mit den sogenannten schönen Künsten (Dichtung, Musik, darstellende und bildende Kunst) beschäftigt. Vgl. Duden 2014, S. 754

194 Mit Ben Johnson ist vermutlich Ben Jonson (1572-1637) gemeint, der neben Shakespeare bedeutendste englische Dramatiker der Renaissance. Pierre Corneille (1606-1684) war ein französischer Dramatiker und „Virgil", d. i. Vergil (70 v. Chr.-19 v. Chr.) gilt als wichtigster Dichter der klassischen römischen Antike.

195 Gerstenberg. *Briefe über Merkwürdigkeiten der Literatur.* 1767, Brief 20, s. Anmerkung 8

196 Herder 1769, zitiert nach: Guth 2013, S.

197 zitiert nach: Karthaus 2007, S. 63 f.

198 ibid. S. 48

199 zitiert nach: Eisler 2015, S. 183; s. auch: Hildesheim 2015; s. auch: https://www.textlog.de/32338.html

200 Lavater, zitiert nach: Köhn, Eckhardt 2005, S. 107
     Johann Caspar Lavater (1741-1801) war ein schweizerischer Pfarrer, Schriftsteller und Philosoph. Er stand u. a. in regem Austausch mit Herder und Goethe.

201 Mai 2015, S. 57

Heinrich Friedrich Füger
(1751-1818)
*Prometheus bringt den
Menschen das Feuer*, 1817

William Shakespeare

bedienen nicht mehr das rational Konstruierte, das Analytische. Auch nicht die nach Goethe „kerkermäßig ängstlichen" und „lästigen Fesseln" gleichenden aristotelischen Einheiten. Diese stammten aus der „‚Kindheit' der Kultur', [...] damals war natürlich, was wir heute, im achtzehnten Jahrhundert, als künstlich empfinden".[202] Die Dichtung des genialen Individuums gilt als nicht ersetzbares Medium der Wahrheit über menschliche Wirklichkeit. Und die Erkenntnis der Welt ist nicht durch verstandesmäßige Operation, sondern vollkommen allein durch Anschauung, Gefühl und Empfindung eben dieses genialen Individuums möglich.[203] Und dass ein „Genie bekanntermaßen mehr ist, als Philosophie, und ein Schöpfer ein ander Ding, als [ein] Zergliederer", das bewies laut Herder „ein Sterblicher mit Götterkraft begabt"[204]: Shakespeare eben. Und Goethes Einschätzung Shakespeares fällt nicht weniger euphorisch-anerkennend aus. Durch ihn, Shakespeare, sei er vom „‚Blindgebornen' zum Sehenden" geworden.[205] Wichtig ist den Stürmern und Drängern auch die geschichtliche Bedingtheit, in der und durch die Dichtung entsteht. Diese ist nicht überzeitlich. Wer dies missachtet, schafft nichts Lebendig-Wirksames, sondern „Puppen".[206] Lebendig-Wirksames aber schuf das englische Genie:

*Shakespeare [...] fand keinen so einfachen Geist der
Geschichte, der Fabel, der Handlung:
er nahm Geschichte, wie er sie fand, und setzte mit
Schöpfergeist das verschiedenartigste Zeug zu einem
Wunderganzen zusammen.*[207]

---

202   zitiert nach: Karthaus 2007, S. 63
203   Kindlers Literaturlexikon 1974, Bd. 23, S. 10408 f.
204   Müller, Johann von 1821, S. 308
205   Kindlers Literaturlexikon 1974, Bd. 23., S. 10408
       Von Goethes überschwänglicher Begeisterung und Verehrung für den Engländer zeugt seine als 22-Jähriger am 14. Oktober 1771 in seinem Elternhaus in Frankfurt am Main gehaltene Rede *Zum Schäkespears Tag*. Diese ist keine literarische Kritik, sondern ein bedingungsloses Bekenntnis zu Genie und zur Natur: *Natur! Natur! Nichts so Natur als Shakespears Menschen!*
       Zitiert nach:
       http://www.zeno.org/Literatur/M/Goethe,+Johann+Wolfgang/Theoretische+Schriften/Zum+Sch%C3%A4 kespears+Tag
206   Solch eine ‚Puppe des griechischen Theaters' ist [nach Herder] das französische, die Werke von Corneille, Racine und Voltaire. Alle Regeln der Schulpoetik sind scheinbar auf das sorgfältigste [sic] beachtet, aber wenn man die Personen dieser Stücke außerhalb der Bühne betrachtete, wären es nur ‚Narren'". Zitiert nach: Karthaus 2007, S. 63
207   Herder, zitiert nach: Turk 1992, Einleitung S. X

3. Dichtung des Sturm und Drang – Beispiele

3.1 Literarische Kritik an skrupellosen Landesfürsten:
C. F. D. Schubart: *Die Fürstengruft*

Die Orientierung auf das Diesseits, das Vertrauen auf und in die Kraft des eigenen Verstandes und in die eigenen Fähigkeiten entfalteten in Verbindung mit der Entwicklung und Anwendung empirischer (Forschungs-)Methoden eine ganze Reihe positiver Wirkungen. Zahlreiche Erfindungen und Entdeckungen eröffneten insbesondere in der zweiten Hälfte des 18. Jahrhunderts ganz neue Perspektiven, führten zu einer beträchtlichen Erweiterung des Weltbildes, brachten Fortschritte in der Medizin[208] oder boten bisher unbekannte Möglichkeiten der Fortbewegung.[209]

Wenig wirksam war dagegen das aufklärerische Gedankengut auf der politisch-gesellschaftlichen Ebene. Zwar war das Bürgertum teilweise in die Verwaltung eingebunden, doch blieb es politisch weiterhin ohne Einfluss. Auch Aufstiegschancen boten sich ihm kaum. Wie kraftvoll indessen die Aufklärung Veränderungen herbeiführen konnte, ja revolutionäre Befreiungsprozesse (mit) zu initiieren imstande war, zeigten die Amerikanische Revolution und die Loslösung der Dreizehn Kolonien vom Britischen Empire.

In Deutschland hingegen klammerten sich viele Landesfürsten noch immer an das Konzept des Gottesgnadentums. Ein beeindruckendes, zugleich kontrastiv aufschlussreiches Zeugnis von den restriktiven deutschen Zuständen gibt Christian Friedrich Daniel Schubart (1739-1791) in seiner 1755 veröffentlichten anekdotischen Erzählung Zur Geschichte des menschlichen Herzens:[210]

> *Wann wir die Anekdoten lesen, womit wir von Zeit zu Zeit aus Engelland und Frankreich beschenkt werden; so sollte man glauben, daß es nur allein in diesen glücklichen Reichen Leute mit Leidenschaften gebe. Von uns armen Teutschen liest man nie ein Anekdötchen, und aus dem Stillschweigen unserer Schriftsteller müssen die Ausländer schließen, daß wir uns nur maschinenmäßig bewegen und daß Essen, Trinken, Dummarbeiten und Schlafen den ganzen Kreis eines Teutschen ausmache, in welchem er so lange unsinnig herumläuft, bis er schwindlicht niederstürzt und stirbt. Allein, wann man die Charaktere von seiner Nation abziehen will, so wird ein wenig mehr Freyheit erfordert, als wir arme Teutsche haben, wo jeder treffende Zug, der der Feder eines offenen Kopfes entwischt, uns den Weg unter die Gesellschaft der Züchtlinge[211] eröffnen kann.*
>
> *An Beispielen fehlt es uns gewiß nicht, und obgleich wegen der Regierungsform der Zustand eines Teutschen bloß passiv ist, so sind wir doch Menschen, die ihre Leidenschaften haben und handeln, so gut als ein Franzos' oder ein Brite.*

Gegen die absolutistischen Machtpolitiker, *die Hunde nur und Pferd' und fremde Dirnen / Mit Gnade lohnten, und Genie / Und Weisheit darben liessen,*[212] erhebt sich jene junge

---

208 z. B. Schutzimpfung gegen Pocken, Bestimmung des arteriellen und venösen Blutdrucks, Therapie von Skorbut

209 Heißluftballon (Montgolfière), Fallschirm (vgl. Tabelle „Wichtige Erfindungen und Entdeckungen" im Kapitel „Aufklärung")

210 Die Erzählung erschien in der Januarausgabe des von Balthasar Haug herausgegebenen „Schwäbischen Magazins".
    Der folgende Auszug wird zitiert nach: http://www.teachsam.de/deutsch/d_literatur/d_aut/sci/sci_dram/raeuber/sci_raeub_4_3_txt_1htm
    Schiller inspirierte diese Geschichte, in der die Protagonisten zwei ungleiche Brüder sind, zu seinem Drama „Die Räuber".

211 Züchtling: jemand, der eine Zuchthausstrafe (Gefängnisstrafe) verbüßen muss oder verbüßt hat

212 Schubart, Die Fürstengruft, S. 206 (V. 61-63)

Dichtergeneration, deren Vertreter später – nomen est omen – als „Stürmer und Dränger" bekannt wurden. Furchtlos und unerschrocken geißeln sie in ihren Dramen und
Gedichten die brutalen, oft grausamen, menschenverachtenden Machenschaften vieler
Landesfürsten. Dabei bedienten sie sich einer von authentischem Pathos getragenen und
einer mit bisherigen (stilistischen) Normen brechenden Sprache.[213]

Herzog Karl Eugen
von Württemberg

Eines der sprechendsten Beispiele skrupelloser Landesfürsten ist der Herzog von Württemberg, Karl Eugen (1728-1793).
Den Hof seines kleinen Herzogtums machte er nach dem Vorbild von Versailles zu einem der prunkvollsten Europas. Neben dem *Neuen Schloss* in Stuttgart ließ er sich drei weitere
repräsentative Palais errichten. Er veranstaltete teure Jagden,
gab rauschende Bälle, ließ luxuriöse Opern inszenieren und
unterhielt einen aufwändigen Hofstaat, wozu auch zahlreiche
Mätressen gehörten. Als die Steuereinnahmen und zusätzlich
andere, willkürlich von den Untertanen erhobenen Abgaben
nicht mehr ausreichten, um die Kosten für den verschwender-
ischen Lebensstil zu finanzieren, drohte Württemberg der
wirtschaftliche Ruin. Um diese Gefahr abzuwenden, ver-
kaufte der egozentrische Potentat kurzerhand junge Bauern,
Handwerker und Tagelöhner zu Tausenden als Söldner ins
Ausland.[214] Oft wurden die Männer mit Gewalt bzw. unter Anwendung von Betäubungsmitteln gegen ihren Willen „rekru-
tiert". Wer versuchte, sich durch Flucht zu entziehen, wurde
verfolgt. Wurden die Häscher des Herzogs eines Flüchtigen
habhaft, töteten sie ihn; Fluchthelfer wurden inhaftiert.

Zwei „Stürmer und Dränger" hatten unter Karl Eugen besonders zu leiden: Friedrich Schiller (1759-1805) und Christian
Friedrich Daniel Schubart. Ersterer wurde gegen seinen und
seiner Eltern Willen vom Herzog zum Medizinstudium an
der „Militärische[n] Pflanzschule"[215] gezwungen. An dieser
1770 von Karl Eugen bei Gerlingen gegründeten und später
nach Stuttgart verlegten Anstalt, an der härtester militärischer Drill herrschte, geschah kaum etwas ohne Kontrolle
und Aufsicht.[216]

Friedrich Schiller

Kaum zu glauben, dass Schiller unter diesen Umständen sein
Drama „Die Räuber", eine offene Kritik am Feudalsystem
seiner Zeit und ursprünglich nur als Lesedrama konzipiert,
schreiben konnte. *In Tyrannos*[217] lautet die Imprese auf dem
Titelblatt. Und sie macht deutlich, wer der namenlose Adres-
sat des Verfassers sein könnte – der Herzog!

---

213   Ein frühes, für den neuen Sprachstil typisches Beispiel ist Gerstenbergs Tragödie *Ugolino* (1768); s. unten S. 93.

214   u.a. an England für den Kolonialkrieg in Amerika oder an die Niederländische-Ostindien-Kompanie. Der Söldner-
handel wurde auch in anderen Fürstentümern in großem Stil betrieben, z. B. in Hessen-Kassel von Landgraf
Friedrich II.

215   später in „Carlsschule", 1781 in „Hohe Carlsschule" umbenannt

216   Der strikt getaktete Tagesablauf: *Aufstehen sommers 5 Uhr, winters 6 Uhr, danach Musterung, Rapport, Früh-
stück, danach Unterricht 7–11 Uhr, Montursäubern und Musterung durch den Herzog. 13 Uhr Mittagessen, anschließend abteilungsweiser Spaziergang in Gegenwart von Aufsehern und erneut Unterricht von 14–18 Uhr. An
eine Erholungsstunde von 18–19 Uhr schlossen sich Musterung, Rapport und Abendessen um 19:30 Uhr an. Schla-
fengehen war für 21 Uhr anberaumt. An Sonntagen waren größere Spaziergänge unter Aufsicht von Offizieren
möglich. Besuche der Angehörigen wurden ebenso selten gestattet wie Urlaub, Ferien gab es keine.* Zitiert nach:
Stade 2005, S. 34

217   Die lateinische Wendung bedeutet *Gegen (die) Tyrannen* bzw. *Gegen Tyrannei*.

Zur Uraufführung[218] seiner „Räuber" am 13. Januar 1782 reiste Schiller heimlich und ohne Genehmigung des Herzogs nach Mannheim. Zur Strafe wurde der Dichter mit 14-tägigem Arrest belegt. Zugleich wurde ihm jede weitere schriftstellerische Tätigkeit strikt untersagt. Schiller erträgt den stupiden Drill nicht länger, noch weniger die jede Autonomie, jeden Freiheitsdrang unterdrückenden Zustände und flieht im September 1782 nach Frankfurt am Main bzw. nach Oggersheim. Doch ein sicheres Versteck vor den Bütteln des Herzogs sind diese Orte nicht. Und so landet er durch Vermittlung eines Freundes in Thüringen unweit von Meiningen, wo er das Drama *Kabale und Liebe*, eines der bedeutendsten deutschen Theaterstücke, zu Papier bringt. Das Stück, in dem die höfische Welt und die des Bürgertums konfligieren, ist ein typisches Sturm-und-Drang-Drama. Uraufgeführt wurde es am 13. April 1784 in Frankfurt am Main. Das bürgerliche Trauerspiel ist ein Fanal für die Freiheit und eine Anklage, ein Kampf gegen den Adel, gegen Willkür, Unterdrückung, Bevormundung, Menschenhandel, Verschwendungssucht, Mätressenwesen und Intrigen. Auch hier werden die unseligen Verhältnisse der Feudalherrschaft mutig und mit Herzblut angeprangert. Dass Karl Eugens einstige Mätresse und spätere zweite Ehefrau Franziska von Hohenheim (1748-1811) das zeitgenössische Vorbild einer der Protagonistinnen, Lady Milford, abgibt, ist nur eine Facette des Dramas.

C. F. D. Schubart

Offene Kritik am Absolutismus im Allgemeinen und am württembergischen Herzog im Besonderen übte Christian Friedrich Daniel Schubart. Als Herausgeber der aufklärerische Ideen verbreitenden und forcierenden Zeitschrift *Teutsche Chronik* (1774-1777), ein mit etwa 20.000 Lesern sehr erfolgreiches Journal, war Schubart dem Herzog ein Dorn im Auge. Der mutige Mann kritisiert die Willkürherrschaft der absolutistischen Fürsten und die katholische Kirche, insbesondere die Jesuiten. Verächtlich nennt ihn der Herzog einen „deutschen Voltaire"[219] und unterstellt in maßloser Übertreibung, dass es kein gekröntes Haupt auf dem Erdboden gebe, „so nicht von ihm [Schubart] in seinen herausgegebenen Schriften auf das freventlichste angetastet worden"[220] sei. Schubart kritisiert vehement den Verkauf von württembergischen Landeskindern für Englands Kolonialkriege und verhöhnt die Mätresse des Herzogs, Franziska von Hohenheim, als „Lichtputze, die glimmt und stinkt".[221]

Unter dem Vorwand, ihn zum Essen einladen zu wollen, lockte ein kirchlicher Spitzel den streitbaren Dichter auf württembergisches Terrain, wo er am 23. Januar 1777 ohne Angabe von Gründen, ohne Anhörung und formelle Anklage festgenommen wurde. Einige Tage später wurde Schubart unter demonstrativer Anwesenheit des nach Genugtuung heischenden Herzogs und seiner zu dieser Zeit offiziellen Mätresse Franziska auf der Festung Hohenasperg eingekerkert und dort zehn Jahre gefangen gehalten.

---

218 Die Uraufführung am Mannheimer Nationaltheater war ein grandioser Erfolg, vor allem junge Menschen zeigten sich begeistert und waren emotional bis aufs Äußerste ergriffen:
      „*Das Theater glich einem Irrenhause, rollende Augen, geballte Fäuste, stampfende Füße, heisere Aufschreie im Zuschauerraum! Fremde Menschen fielen einander schluchzend in die Arme, Frauen wankten, einer Ohnmacht nahe, zur Türe. Es war eine allgemeine Auflösung wie im Chaos, aus dessen Nebeln eine neue Schöpfung hervorbricht!*" Zitiert nach: Zeller 1958, S. 28 f.

219 s. Schubart, Ludwig 1798, S.83

220 Erlass Herzog Karl Eugens an den Kloster-Oberamtmann Scholl in Blaubeuren vom 18.01.1777. Abgedruckt in: Strauß, David Friedrich 1849. Bd. I, S. 333 ff.

221 vgl. Safranski 2009, S. 19 f.
      „Lichtputze" ist eine Zange zum Kürzen eines brennenden Kerzendochts und bezeichnete als Schimpfwort eine zänkische Frau.

Während seiner Haft verfasste er eines seiner bekanntesten Werke: *Die Fürstengruft*. Das Gedicht, das sich in 26 4-zeilige Strophen[222] gliedert, hält den Tyrannen-Fürsten souverän und in frappant ironisch-sarkastischer Diktion[223] den Spiegel vor, der die Despoten in peinlicher Weise demaskiert. Ihre auf Einschüchterung angelegte Machtdemonstration (V. 26-28) und scheinbare Größe werden als hohl und nichtig, sie selbst als klein und unbedeutend wie „Staub und Würmer" (V. 70) entlarvt. Ihre unmenschliche Herrschaft (V. 81-84) verfängt nicht bei „[d]en Weisen" (V. 31), nicht bei dem seine Freiheit einfordernden „Genie" (V. 66). Denn dessen „Geister schreckte sie" (V. 68). Nur vermeintlich hat das Genie Schubart „am Thron zu laut gesprochen", weswegen ihn Karl Eugen „[i]n harte Fesseln schlug" (V. 31 f.). Die aber fürchtet der aufgeklärte, auf Menschlichkeit dringende (V. 86) Freiheits-Rebell nicht. Er sprengt sie, nicht zuletzt dadurch, dass sein im Kerker verfasstes Werk, das er vermutlich einem Essensträger diktierte, unbemerkt die Zensur passieren konnte. Und so kursierte[224] es bald in unzähligen Abschriften, was den Herzog veranlasste – Ausdruck absoluter Hilflosigkeit eines absoluten Herrschers –, Schubart noch restriktiveren Haftbedingungen zu unterwerfen.

Erstmals veröffentlicht wurde *Die Fürstengruft*[225] – ohne dass der Verfasser selbst Kenntnis davon hatte – im Frankfurter Musenalmanach auf das Jahr 1781.[226]

Die Fürstengruft

1 Da liegen sie, die stolzen Fürstentrümmer,
2 Ehmals die Götzen ihre Welt!
3 Da liegen sie, vom fürchterlichen Schimmer
4 Des blassen Tags erhellt!

5 Die alten Särge leuchten in der dunkeln
6 Verwesungsgruft, wie faules Holz;
7 Wie matt die großen Silberschilde funkeln,
8 Der Fürsten letzter Stolz!

9 Entsetzen packt den Wandrer hier am Haare,
10 Geußt Schauer über seine Haut,
11 Wo Eitelkeit, gelehnt an eine Bahre,
12 Aus hohlen Augen schaut.

13 Wie fürchterlich ist hier des Nachhalls Stimme,
14 Ein Zehentritt stört seine Ruh'!
15 Kein Wetter Gottes spricht mit lauterm Grimme:
16 O Mensch, wie klein bist du!

17 Denn ach! hier liegt der edle Fürst, der gute,
18 Zum Völkersegen einst gesandt,
19 Wie der, den Gott zur Nationenruthe
20 Im Zorn zusammenband.

21 An ihren Urnen weinen Marmorgeister,
22 Doch kalte Thränen nur, von Stein,
23 Und lachend grub vielleicht ein welscher Meister,
24 Sie einst dem Marmor ein.

25 Da liegen Schädel mit verloschnen Blicken,
26 Die ehmals hoch herabgedroht,
27 Der Menschheit Schrecken! denn an ihrem Nicken
28 Hing Leben oder Tod.

29 Nun ist die Hand herabgefault zum Knochen,
30 Die oft mit kaltem Federzug
31 Den Weisen, der am Thron zu laut gesprochen,
32 In harte Fesseln schlug.

33 Zum Todtenbein ist nun die Brust geworden,
34 Einst eingehüllt in Goldgewand,
35 Daran ein Stern und ein entweihter Orden,
36 Wie zween Kometen stand.

37 Vertrocknet und verschrumpft sind die Kanäle,
38 Drinn geiles Blut, wie Feuer floß,
39 Das schäumend Gift der Unschuld in die Seele,
40 Wie in den Körper goß.

---

222 Ursprünglich bestand das Gedicht aus den ersten 22 Strophen. Die letzten vier (23-26), in denen Schubart eine Lanze für „bessre Fürsten" (V. 89) zu brechen scheint, fügte er später hinzu. Vgl. Warneken 2009, S. 295-299

223 Beispielhaft hierfür ist bereits der erste Vers: Durch die virtuose Verknüpfung von Oxymoron und Paronomasie („stolzen Fürstentrümmer") erzielt Schubart den Effekt einer ironischen, souverän distanzierten Haltung, die von tiefster Verachtung und überlegener Häme zeugt.

224 vgl. Potthast 2016, Einleitung S. 8

225 Schubart, Christian Friedrich Daniel [o. J.], S. 205-208

226 vgl. Honolka 1985, S. 215

---

41 Sprecht Höflinge, mit Ehrfurcht auf der Lippe,
42 Nun Schmeichelei'n ins taube Ohr! —
43 Beräuchert das durchlauchtige Gerippe
44 Mit Weihrauch, wie zuvor!

45 Er steht nicht auf, euch Beifall zuzulächeln,
46 Und wiehert keine Zoten mehr,
47 Damit geschminkte Zofen ihn befächeln,
48 Schamlos und geil, wie er.

49 Sie liegen nun, den eisr'n Schlaf zu schlafen,
50 Die Menschengeiseln, unbetraurt,
51 Im Felsengrab, verächtlicher als Sklaven,
52 Im Kerker eingemaurt.

53 Sie, die im eh'rnen Busen niemals fühlten
54 Die Schrecken der Religion,
55 Und gottgeschaffne, bessre Menschen hielten
56 Für Vieh, bestimmt zur Frohn;

57 Die das Gewissen, jenen mächt'gen Kläger,
58 Der alle Schulden niederschreibt,
59 Durch Trommelschlag, durch welsche Trillerschläger
60 Und Jagdlärm übertäubt;

61 Die Hunde nur und Pferd' und fremde Dirnen
62 Mit Gnade lohnten, und Genie
63 Und Weisheit darben liessen; denn das Zürnen
64 Der Geister schreckte sie; —

65 Die liegen nun in dieser Schauergrotte,
66 Mit Staub und Würmern zugedeckt,
67 So stumm! so ruhmlos! noch von keinem Gotte
68 Ins Leben aufgeweckt.

69 Weckt sie nur nicht mit eurem bangen Aechzen,
70 Ihr Schaaren, die sie arm gemacht,
71 Verscheucht die Raben, daß von ihrem Krächzen
72 Kein Wüthrich hier erwacht!

73 Hier klatsche nicht des armen Landmanns Peitsche,
74 Die Nachts das Wild vom Acker scheucht,
75 An diesem Gitter weile nicht der Deutsche,
76 Der sich vorüberkeucht!

77 Hier heule nicht der bleiche Waisenknabe,
78 Dem ein Tyrann den Vater nahm;
79 Nie fluche hier der Krüppel an dem Stabe,
80 Von fremdem Solde lahm!

81 Damit die Quäler nicht zu früh erwachen,
82 Seid menschlicher, erweckt sie nicht.
83 Ha! Früh genug wird ihnen krachen
84 Der Donner am Gericht.

85 Wo Todesengel nach Tyrannen greifen,
86 Wenn sie im Grimm der Richter weckt,
87 Und ihre Gräul zu einem Berge häufen,
88 Der flammend sie bedeckt.

89 Ihr aber, bessre Fürsten, schlummert süße
90 Im Nachtgewölbe dieser Gruft!
91 Schon wandelt euer Geist im Paradiese,
92 Gehüllt in Blüthenduft.

93 Jauchzt nur entgegen jenem großen Tage,
94 Der aller Fürsten Thaten wiegt;
95 Wie Sternenklang tönt euch des Richters Wage,
96 Drauf eure Tugend liegt.

97 Ach, unterm Lispel eurer frohen Brüder —
98 Ihr habt sie satt und froh gemacht —
99 Wird eure volle Schale sinken nieder,
100 Wenn ihr zum Lohn erwacht.

101 Wie wird's euch seyn, wenn ihr vom Sonnenthrone
102 Des Richters Stimme wandeln hört:
103 „Ihr Brüder, nehmt auf ewig hin die Krone
104 Ihr seyd zu herrschen werth."

3.2   Johann Wolfgang von Goethe: *Prometheus*

Keine andere Gestalt ist für das Denken, Wollen und vor allem für das Fühlen der jungen Dichtergeneration so charakteristisch und von so überragender Symbolkraft wie jener legendäre, gegen den Göttervater Zeus rebellierende Titan Prometheus.[227] In ihm, dem listig-vorausdenkenden[228] Menschenfreund, sah Goethe eine ihn zur Gestaltung reizende Identifikationsfigur. Das Ergebnis: die Hymne *Prometheus*, „Zündkraut einer Explosi-

---

227   vgl. Anm. 189
228   Der griech. Name *Prometheus* bedeutet der *Vorausdenkende*, der *Vorbedenker*.

on",[229] die der damals 25-jährige Verfasser zunächst nur unter Freunden und Vertrauten kursieren ließ, weil eine Veröffentlichung ihm als zu riskant erschien.[230]

Prometheus[231]

1 Bedecke deinen Himmel, Zeus,	Wer half mir
Mit Wolkendunst,	Wider der Titanen Übermuth?
Und übe, dem Knaben gleich,	30 Wer rettete vom Tode mich
Der Disteln köpft,	Von Sklaverey?
5 An Eichen dich und Bergeshöhn;	Hast du's nicht alles selbst vollendet
Müßt mir meine Erde	Heilig glühend Herz?
Doch lassen stehn,	Und glühtest jung und gut,
Und meine Hütte, die du nicht gebaut,	35 Betrogen, Rettungsdank
Und meinen Herd,	Dem Schlafenden da droben?
10 Um dessen Gluth	Ich dich ehren? Wofür?
Du mich beneidest.	Hast du die Schmerzen gelindert
Ich kenne nichts ärmers	Je des Beladenen?
Unter der Sonn' als euch, Götter!	40 Hast du die Thränen gestillet
Ihr nähret kümmerlich	Je des Geängsteten?
15 Von Opfersteuern	Hat nicht mich zum Manne geschmiedet
Und Gebetshauch	Die allmächtige Zeit
Eure Majestät,	Und das ewige Schicksal,
Und darbtet, wären	45 Meine Herrn und deine?
Nicht Kinder und Bettler	Wähntest du etwa,
20 Hoffnungsvolle Thoren.	Ich sollte das Leben hassen,
Da ich ein Kind war,	In Wüsten fliehen
Nicht wusste, wo aus, wo ein,	Weil nicht alle Knabenmorgen
Kehrt' ich mein verirrtes Auge	50 Blüthenträume reiften?
Zur Sonne, als wenn drüber wär'	Hier sitz' ich, forme Menschen
25 Ein Ohr, zu hören meine Klage,	Nach meinem Bilde,
Ein Herz wie mein's	Ein Geschlecht, das mir gleich sey,
Sich des Bedrängten zu erbarmen.	Zu leiden, zu weinen,
	55 Zu genießen und zu freuen sich,
	Und dein nicht zu achten,
	Wie ich!

---

229 Als solches bezeichnet Goethe sein Gedicht noch fast 40 Jahre später in seiner Autobiografie „Dichtung und Wahrheit".
Entstanden ist das Gedicht vermutlich Ende 1774. Ursprünglich war es Teil des Fragment gebliebenen gleichnamigen Dramas.

230 Ohne Goethes Wissen veröffentlichte sein Freund Johann Heinrich Jacobi in *Über die Lehre des Spinoza in Briefen an den Herrn Moses Mendelssohn. Breslau 1785* Goethes Gedicht. Er tat dies zwar ohne Nennung von Goethes Autorschaft, dennoch aber sehr zu dessen Unmut. Da Jacobi nämlich vor *Prometheus* Goethes Gedicht *Das Göttliche* setzen ließ, vermutete die Leserschaft zutreffend, dass Goethe auch der Autor des *Prometheus* sei. Vgl. Bosse 2009, S. 39

231 Zitiert ist hier die Fassung nach Goethe's Schriften. Achter Band. Leipzig 1789, S. 207-209
s. auch: https://books.google.de/books?id=tyUHAAAAQAAJ&pg=PA207&redir_esc= y#v=onepage&q&f=false

3.2.1 Formanalyse

Strophe		Johann Wolfgang von Goethe **Prometheus**	Thema	Besonderheiten
1	1	Bedecke deinen Himmel, Zeus,	Degradierung Zeus' zum Befehlsempfänger Umkehrung der Machtverhältnisse	• despektierliche Apostrophe (1)
	2	Mit Wolkendunst,		• keine ehrfürchtige, eines Gottes würdige Anrede (*Du*, 11)
	3	Und übe, dem Knaben gleich,		• Infantilisierung Zeus' (*Knaben gleich*, 3)
	4	Der Disteln köpft,		• 3-fach wiederholtes Possessivpronomen *mein* (6, 8, 9)
	5	An Eichen dich und Bergeshöhn;		• Hyperbaton bzw. Inversion (*übe … dich*, 3, 5 statt „übe dich", *lassen stehn* statt „stehen lassen")
	6	Mußt mir meine Erde		• Alliteration (*Mußt mir meine*, 6)
	7	Doch lassen stehn,		• dativus ethicus (*mir*, 6)
	8	Und meine Hütte, die du nicht gebaut,		• Ellipse (*Und meine Hütte / Die du nicht gebaut* [hast], 8; [DU] *Mußt mir meine Erde / Doch lassen stehn*, 6,7)
	9	Und meinen Herd,		• Enumeratio (*meine Erde, meine Hütte, meinen Herd*, 6, 8, 9)
	10	Um dessen Gluth		• Positionierung vorgenannter Objekte jeweils an exponierter Stelle (Versende)
	11	Du mich beneidest.		• Anapher (*Und*, 8, 9)
				• Enjambements (1-5, 6-11)
2	12	Ich kenne nichts ärmers	Verachtung aller Götter als unselbstständige, heteronome Wesen	• Präposition *unter* (13) vs. *drüber* (24)
	13	Unter der Sonn' als euch, Götter!		• einsilbiges statt zweisilbiges Substantiv (*Sonn*, 13), zweisilbige statt dreisilbige Substantivierung (*[Ä]rmers*, 12)
	14	Ihr nähret kümmerlich		• Ironie (*kümmerlich*, 14 vs. *Majestät*, 17)
	15	Von Opfersteuern		• Neologismen (*Opfersteuern*, 15, *Gebetshauch*, 16)
	16	Und Gebetshauch		• Konjunktiv Irrealis
	17	Eure Majestät,		• antithetisch verwendete Personalpronomen (*Ich*, 12 vs. *Ihr*, 14)
	18	Und darbtet, wären		• Enjambements
	19	Nicht Kinder und Bettler		
	20	Hoffnungsvolle Thoren.		
3	21	Da ich ein Kind war,	Rückschau, Erkennen der Ohnmacht der Götter	• Tempuswechsel: Präteritum
	22	Nicht wusste, wo aus, wo ein,		• Inversion (*wo aus, wo ein*, 22 statt: „wo ein, wo aus")
	23	Kehrt' ich mein verirrtes Auge		• Umgangssprache (22) vs. gehobene Stilebene (23)
	24	Zur Sonne, als wenn drüber wär'		• Synekdoche (*Kehrt' mein verirrtes Aug*, 23; *Ein Ohr, zu* [...], 25)
	25	Ein Ohr, zu hören meine Klage,		• *Sonne*, 24 vs. *Sonn'*, 13)
	26	Ein Herz wie mein's		• Ellipse (*Kehrt mein verirrtes Aug*, 23 statt „Kehrte ich …")
	27	Sich des Bedrängten zu erbarmen.		• Reminiszenz an die Bibel (*Da ich ein Kind war*, 21, NT, 1. Kor 13,11; *Sich des Bedrängten zu erbarmen*, 27; AT, Sprüche Salomons 14,31)
				• Allusion an den christlichen Gott, den man über der Sonne wähnt (*drüber*, 24)
4	28	Wer half mir	autonomes, aus sich selbst schaffendes Individuum	• rhetorische Fragen
	29	Wider der Titanen Übermuth?		• Anapher (*Wer*, 28,30)
	30	Wer rettete vom Tode mich		• postpositionierte Selbst-Apostrophe (32)
	31	Von Sklaverey?		• Polyptoton (*glühend*, 33, *glühtest*, 34)
	32	Hast du's nicht alles selbst vollendet		• Synekdoche, Alliteration (*Heilig glühend Herz*, 33)
	33	Heilig glühend Herz?		• Neologismus, Ellipse (*Rettungsdank*, 35)
	34	Und glühtest jung und gut,		• Antonomasie (*Dem Schlafenden da droben*, 36, für Zeus)
	35	Betrogen, Rettungsdank		• Umgangssprache (*da droben*, 36)
	36	Dem Schlafenden da droben?		• Ellipsen (35, 36)

5	37	Ich dich ehren? Wofür?	Versagen der göttlichen Autorität	• direkte syntaktische Konfrontation (*Ich* = Prometheus vs. *dich* = Zeus) • rhetorische Fragen • Ellipse (*Ich dich ehren?*, 37 statt „Ich soll dich ehren?") • insistierende Anapher (*Hast du* […]?, 38, 40) • syntaktischer Parallelismus (39-42) • Reminiszenz an die Bibel (*Je des Beladenen*, 39; NT, Mt 11,28)
	38	Hast du die Schmerzen gelindert		
	39	Je des Beladenen?		
	40	Hast du die Thränen gestillet		
	41	Je des Geängsteten?		
6	42	Hat nicht mich zum Manne geschmiedet	absolute Macht von Zeit und Schicksal	• rhetorische Frage • Personalpronomen 1. Person als Objekt (*mich*, 42) • Enjambement • Inversion • syndetische Zusammenführung der Possessivpronomen (45)
	43	Die allmächtige Zeit		
	44	Und das ewige Schicksal,		
	45	Meine Herrn und deine?		
7	46	Wähntest du etwa,	Emanzipation von kindlichen Illusionen	• rhetorische Frage • asyndetische Reihung (47, 48) • hypotaktische Konstruktion (Hauptsatz, kausaler Gliedsatz) • Neologismus und Doppelmetapher (*Knabenmorgen, Blüthenträume*, 49, 50) • Reminiszenz an die Bibel (*In Wüsten fliehen*; NT, Mk 1,1-4, Lk 3,3 f.)
	47	Ich sollte das Leben hassen,		
	48	In Wüsten fliehen,		
	49	Weil nicht alle Knabenmorgen		
	50	Blüthenträume reiften?		
8	51	Hier sitz' ich, forme Menschen	absolute Hinwendung zum Diesseits, Lebensbejahung	• Präsens • Inversion (*Hier sitz' ich*, 51 statt „Ich sitze hier") • Personalpronomen 1. Person (51, 53, 57) • Possessivpronomen 1. Person (52) • Verben des Fühlens, der sinnlichen Wahrnehmung im Infinitiv (54, 55) • Personalpronomen, 1. Person als letztes Wort • Reminiszenz an die Bibel (*forme Menschen/Nach meinem Bilde*, 51, 52; AT, Mose 1,26 f.)
	52	Nach meinem Bilde,		
	53	Ein Geschlecht, das mir gleich sey		
	54	Zu leiden, zu weinen,		
	55	Zu genießen und zu freuen sich,		
	56	Und dein nicht zu achten,		
	57	Wie ich!		

3.2.2 Interpretationsskizze

Schon die äußere Form des Gedichts mutet „rebellisch" an. Denn sie bricht radikal mit den traditionellen Regeln. Statt barockem Opitz'schem Metrenzwang und aufklärerischem Regelmaß stößt man auf reimlose,[232] metrisch variable Verse ohne feste strophische Ordnung und auf Verszeilen von beliebiger, sehr unterschiedlicher Länge. So werden bereits die formalen Gestaltungsmittel zum Ausdruck des „glühenden" Lebensgefühls bzw. des Strebens nach maximaler Autonomie, individueller Freiheit und Originalität der jungen Dichtergeneration.

Goethe hat sein Gedicht also in freien Rhythmen[233] verfasst, die für das Genre Hymne konstitutiv sind. Ursprünglich war diese Gedichtform ein zu Ehren von Göttern, Helden oder der Natur unter musikalischer Begleitung feierlich vorgetragenes Preis- und Loblied. Und so ist zu fragen: Handelt es sich bei Goethes Gedicht tatsächlich um eine Hymne? Es beginnt nämlich nicht mit einer genretypischen lobpreisenden Apostrophe. Im Gegenteil: Prometheus schleudert Zeus unvermittelt eine Salve von Befehlen entgegen. Schon das erste Wort des Gedichts ist ein Imperativ („Bedecke", V. 1). So wird Zeus, der oberste aller Götter, zum Befehlsempfänger. Das ursprüngliche Machtgefälle,

---

232 ausgenommen V. 55 und 57

233 Die freien Rhythmen wurden von Friedrich Gottlieb Klopstock (1724-1803), dem Hauptvertreter der Empfindsamkeit, einer literarischen Tendenz innerhalb der Aufklärung, im Zusammenhang mit dessen Nachahmung der antiken Pindar'schen Ode in die deutsche Literatur eingeführt. Dabei handelt es sich um eine nach dem griech. Dichter Pindar (um 520 v. Chr.- nach 446 v. Chr.) benannte Form des altgriechisch. Chorliedes mit freier Strophenform und Reimfolge, jedoch mit festem dreiteiligem (Strophe, Antistrophe, Nachstrophe), mehrmals wiederholbarem strophischem Aufbau.

das sich (nur noch) in der räumlichen Vertikalen abbildet (Zeus oben: „Himmel", V. 1, Prometheus[234] unten: „Erde", V. 6), wird umgekehrt. Umkehrung ist die markanteste Strategie des „Prometheus" und – inhaltlich wie formal – ein durchgehendes Kompositionsprinzip des Gedichts. Und so wird auch die Hymne in eine Anti-Hymne verkehrt, ehe diese wiederum, in einer zweiten Umkehrung, zu einer Hymne, nämlich zum Lobpreis Prometheus' (Sprecher-Ich) selbst wird.

Zu Beginn der ersten Strophe gibt Prometheus Zeus unmissverständlich Order, hinter seinen „Wolkendunst" (V. 2) zu verschwinden und sich von seinem, Prometheus', beanspruchten Macht- und Herrschaftsbereich, der Erde, fernzuhalten. Höhnisch konfrontiert er Zeus mit dessen mangelnder Reife, indem er ihn infantilisiert („Knaben gleich", V. 3), ihm in seiner spezifischen Eigenschaft bzw. Tätigkeit als Gott des Donners und des Blitzes Dilettantismus vorhält („übe [...] dich", V. 3, 5) und auf seine fehlende Zielstrebigkeit und Entschlusskraft verweist („Der Disteln köpft", V. 4). Den exklusiven Anspruch auf seinen eigenen Herrschaftsbereich unterstreicht Prometheus durch eine klare Grenzziehung zwischen „mein" und „dein" („deinen Himmel", V. 1 vs. „meine Erde", V. 6) und den selbstbewussten Hinweis auf seine Tatkraft und individuelle Leistung. Dabei fokussiert er den Blick in einer quasi konzentrischen Bewegung von seinem äußersten Wirkungskreis, der „Erde", über seine „Hütte", seinen „Herd" zu dessen „Gluth" (vgl. V. 6-11) als innersten Quell seines originären Schöpfertums, mit dem er den Neid seines Widerparts auf sich gezogen hat (vgl. V. 11). Das unerschütterliche Selbstbewusstsein des Sprecher-Ichs und die kategorische Verteidigung seiner Autonomie spiegeln sich auch in einer expressiven, emphatischen Sprache: Das 3-fach wiederholte Possessivpronomen „mein" (V. 6, 8, 9) im Verbund mit der intensivierenden m-Alliteration („Musst mir meine Erde", V. 6) und dem die emotionale Partizipation des Sprechers enorm verstärkenden Dativus ethicus („mir", V. 6) lässt an der Entschlossenheit Prometheus' zu eigenständigem, schöpferischem Handeln unter Missachtung Zeus' keinen Zweifel. Sie äußert sich zudem in dem mit fast einhämmernder Funktion verwendeten anaphorischen „und" (V. 8, 9) sowie einer eindrücklichen Enumeratio, deren Elemente („Erde", V. 6; „Hütte", V. 8; „Herd", V. 9; „Gluth", V. 10) ausschließlich an exponierte Stellen (Versenden) gesetzt sind. Das Prinzip der Umkehrung der Machtverhältnisse und die Distanz zwischen Zeus und Prometheus bilden sich u. a. in der Inversion („lassen stehn", V. 7) und der Figur des Hyperbatons ab: Die syntaktisch korrekte unmittelbare Wortfolge des Imperativs „übe dich" ist aufgelöst, Verb und Reflexivpronomen sind auseinandergerissen und weit voneinander platziert („Und übe, dem Knaben gleich / Der Disteln köpft, / An Eichen dich und Bergeshöhn", V. 3-5).

Die zweite Strophe generalisiert und intensiviert Prometheus' Verachtung. Diese beschränkt sich nicht länger nur auf Zeus, sondern trifft nun alle Götter: „Ich kenne nichts ärmers / Unter der Sonn' als euch, Götter!" (V. 12 f.). Denn sie alle leben, handeln und schaffen nicht wie Prometheus aus dem Innern eines, „glühenden Herzens", sondern sind armselige, passive, unselbstständige Geschöpfe, die auf Verehrung und Opfergaben naiver, unmündiger Menschen angewiesen sind. Schließlich „darbten" sie, „wären / Nicht Kinder und Bettler / Hoffnungsvolle Thoren" (V. 18-20). Die Kluft zwischen Sein und Schein der Götter artikuliert sich auch in auffälligen formalsprachlichen Phänomenen, u. a. in Prometheus' ironischer Anrede der „kümmerlichen" (V. 14) Kreaturen mit „Eure Majestät" (V. 17), im Wechsel des Modus vom Indikativ zum Konjunktiv Irrealis (V. 19) und in dem interessanten Neologismus „Opfersteuern" (V. 15), der vorgeblich Sakrales (Opfer) als etwas Profanes (Steuern) und somit als Betrug identifiziert.[235]

---

234 *Prometheus* ist ein Rollengedicht. Der Einfachheit halber wird hier der Sprecher des Gedichts, das lyrische Ich, mit Prometheus gleichgesetzt. Im Grunde aber spricht das lyrische Ich in der Maske des Prometheus. Genaueres hierzu s. Bosse 2009, S. 41

235 Grundwort des Kompositums ist „Steuern"; „Opfer" hingegen nur Bestimmungswort.

Die desillusionierende und elementar aufklärerische Erkenntnis über das wahre Wesen und Sein der Götter stellt sich dar als Ergebnis eines intensiv erlebten individuellen Erfahrungs-, Entwicklungs- und Befreiungsprozesses, der in den folgenden zwei Versgruppen reflektiert und formal durch den Tempuswechsel vom Präsens zum Präteritum angezeigt wird.

Seine in Kindertagen tief empfundene Ohnmacht, seine enttäuschten Hoffnungen auf göttliche Hilfe sind Prometheus, wie seine Rückschau (V. 21-27) beweist, nach wie vor präsent. Der Schmerz der verletzten und verstörten Kinderseele ist noch deutlich spürbar, verschafft sich Ausdruck in einer die einstige Verzweiflung spiegelnden emphatischen, zuweilen fast stakkatohaft wirkenden Sprache. Die Strophe ist die einzige, die auf einen Angriff und eine direkte Anrede der Götter verzichtet.

Umrahmt wird die Versgruppe mit Reminiszenzen bzw. Allusionen an die Bibel,[236] also den christlichen Gott. Der erwies sich jedoch nicht minder als Zeus und sein göttliches Gefolge als Götze. Im Gegensatz zu diesen hatte Prometheus jenen gar über[237] der Sonne gewähnt. Auch in dieser Strophe ist die Form dem Inhalt adäquat gestaltet: Auffällig sind die Inversion,[238] die Ellipse,[239] die parallelen Infinitive,[240] die Synekdochen.[241] Sie alle sind sprachliche Manifestationen einer verzweifelten, Beistand erflehenden kindlichen Psyche, während der neuerdings verwendete Konjunktiv II das Gottesbild als Illusion entlarvt und das Nebeneinander zweier unterschiedlicher Stilebenen[242] die Diskrepanz zwischen Hoffnung und deren Nichterfüllung reflektiert.

Hielt sich Prometheus in der dritten Strophe mit Attacken auf seine als Parasiten entlarvten göttlichen Adressaten zurück, schleudert er Zeus in der vierten Versgruppe nun in einer ungeheuren, sich aus Selbsterkenntnis, Selbstvertrauen und Selbstbehauptung speisenden Dynamik abgrundtiefe Verachtung entgegen. Nach einer Kaskade rhetorischer Fragen (V. 28 ff.), die in der die erste und zweite Person in eins setzende Selbst-Apostrophe „Hast du's nicht alles selbst vollendet" (V. 32) kulminiert, artikuliert sich die Verachtung des nun auch des Betrugs bezichtigten Zeus'. Sie äußert sich in einer despektierlichen, Distanz signalisierenden Periphrase (Antonomasie)[243] und in einer an Expressivität kaum zu überbietenden radikal verdichteten, fast regellosen Syntax und Lexik der V. 35, 36.[244]

Die fünfte Strophe hebt die zuvor betonte Distanz nur scheinbar wieder auf. Sie beginnt mit einer unmittelbaren syntaktischen Konfrontation der Protagonisten, wobei Prometheus als Subjekt (*Ich*), Zeus (*dich*) als Objekt fungiert. Den von Zeus implizit erhobenen Anspruch auf Verehrung schmettert Prometheus als impertinente Anmaßung entschieden ab – wieder in Form nachdrücklicher, anaphorisch gestalteter rhetorischer Fragen (V. 38-41).

---

236 V. 22: Kor 13,11; V. 28: vgl. z. B. Jes 54,8, Mk 5,19

237 Das für die Hymne konstitutive Prinzip der Umkehrung zeigt sich auch in den Antonymen „Unter" (V. 13) und „drüber" (V. 24)

238 V. 22: „wo aus, wo ein" statt „wo ein, wo aus"

239 V. 23: „Kehrt mein verirrtes Aug" statt: Kehrte ich mein verwirrtes Auge

240 V. 25: „zu hören", V. 27: „zu erbarmen"

241 Es handelt sich um die Pars-pro-Toto-Synekdochen „Aug" (V. 23), „Ohr" (V. 25), „Herz" (V. 26).

242 Während die Wendung „wo aus wo ein" (V. 22) der Umgangssprache entnommen ist, ist der Ausdruck „Sich des Bedrängten zu erbarmen" (V. 27) insbesondere wegen des Genitivattributs der gehobenen Stilebene zuzurechnen.

243 Die Distanz manifestiert sich im Verzicht auf eine direkte Anrede Zeus', der Vermeidung der Nennung des Eigennamens, welcher ersetzt wird durch das Passivität und Interesselosigkeit ausdrückende Partizip „dem Schlafenden" (V. 36).

244 Die extrem expressive Sprachkraft der V. 36 und 37 verdankt sich dem Stilmittel der Ellipse. Die Verse bestehen nur aus einer Addition syntaktisch nicht verbundener Einzelwörter ohne Konjunktionen und finite Verbformen. Selbst auf der lexikalischen Ebene ist eine extreme Kompression zu beobachten: Statt des analytischen Ausdrucks „Dank" für die (Er-)Rettung wird der synthetische, emotional wirksame Neologismus „Rettungsdank" (V. 35) kreiert.

In der folgenden Strophe werden nun jene zwei Instanzen genannt, denen alles und jeder gleichermaßen „Unter der Sonn'" (V. 13) unterworfen ist: „Die allmächtige Zeit / Und das ewige Schicksal" (V. 43 f.). Indem Prometheus diese als Realitätsprinzipien anerkennt, unterliegt er nicht der Illusion, absolut autonom zu sein. Die Restriktionen dieser „allmächtigen" (V. 43) und „ewigen" (V. 44) „Herrn" (V. 45) weiß er für sich ins Positive zu verkehren. Sie nämlich sind es – sie allein –, die ihn „zum Manne geschmiedet" (V. 42) haben, insofern sie ihm Ansporn waren, mit leidvollen Erfahrungen und enttäuschten Hoffnungen konstruktiv und proaktiv umzugehen.

Mit dieser, die Unreife eines Kindes überwindenden konsequenten und reflektierten Haltung und Lebensgestaltung widersteht und konterkariert Prometheus die auf Unlauterkeit, Täuschung und Betrug basierenden Erwartungen Zeus', was die vorletzte Strophe deutlich insinuiert: Trotz enttäuschter Hoffnungen, trotz des Wissens um unerfüllbare „Blüthenträume" (V. 50) resigniert er nicht. Weder wird er deshalb „das Leben hassen" (V. 47) noch „In Wüsten fliehen" (V. 48), sondern ganz der Erde treu – erdverbunden – bleiben, das Leben kompromisslos annehmen, bejahen und selbst gestalten.

Dieses uneingeschränkte Jasagen zum Diesseits, zu sich selbst, mit allen emotionalen und psychischen Facetten: „Zu leiden, zu weinen, / Zu genießen und zu freuen sich" (V. 54 f.) gewinnt – ganz in wörtlichem Sinne und in Umkehrung von Mose 1,26 f. – Gestalt in der *Formung von Menschen* (V. 51), will heißen: Prometheus ist und wird Pädagoge, Lehrer, Philanthrop.

Wie in Stein gemeißelt wirken die beiden lapidaren, die Hymne beschließenden einsilbigen Wörter, die zusammen den kürzesten aller 57 Verse des Gedichts bilden. Sie erscheinen als gewaltiges Konzentrat unbeugsamen Selbstvertrauens, unerschütterlicher, immer wieder neu zur Vollendung strebender schöpferischer Kraft des Individuums und artikulieren die Missachtung vermeintlich höherer (göttlicher) Instanzen. Formal spiegelt sich dies in der exklusiven Setzung des Personalpronomens „ich" als letztes Wort, welches zugleich das einzige des gesamten Gedichts mit einer Reimentsprechung ist – dem Reflexivpronomen (!) „sich" (V. 55).

3.3 Die Emotionalisierung der Sprache am Beispiel von Gerstenbergs Drama *Ugolino*

Ein frühes prägendes literarisches Dokument des Sturm und Drang ist die 1768 anonym erschienene und 1769 in Berlin uraufgeführte Tragödie „Ugolino"[245] des bereits erwähnten Dichters und, neben Herder, wichtigsten Wegbereiters des Sturm und Drang Heinrich Wilhelm von Gerstenberg (1737-1823).

In noch deutlicherer Weise als in Goethes „Prometheus" spiegeln sich hier Empfindungen und Gefühle in einer nahezu völlig aufgelösten Syntax und der absoluten Dominanz der expressiven Sprachfunktion. Beides dokumentiert die Befreiung originären Empfindens und Fühlens von der die Emotionen disziplinierenden regelgeleiteten Ratio, welche die Werke der Aufklärung so maßgeblich bestimmte.

Der folgende kurze Ausschnitt aus Gerstenbergs Hauptwerk „Ugolino" ist ein für den Sturm und Drang typisches und eindrückliches Beispiel für von „syntaktischer Ratio" unzensiertes und daher unvermitteltes, authentisches Empfinden, Fühlen und Erleben:

---

245 Gerstenberg, Heinrich Wilhelm von: Ugolino. Eine Tragödie in fünf Aufzügen. Hamburg und Bremen. 1768 (anonym erschienen)
In Pisa intrigiert der Erzbischof gegen den Stadtherrn Ugolino della Gherardesca, indem er einen Volksaufstand gegen ihn anzettelt und unterstützt. Er lässt Ugolino und dessen drei Söhne Francesco, Anselmo und Gaddo gefangen nehmen, in einen Turm sperren und den Schlüssel im Arno versenken. Verzweiflung und Hunger setzen den Eingekerkerten so zu, dass sie ihr Denken und Handeln kaum mehr kontrollieren können. Ugolino z. B. ersticht – im Wahn, den Erzbischof vor sich zu haben – seinen 13-jährigen Sohn Anselmo.

Ha! wie er wütet, der Gedanke! wie er sich in mir umkehrt! Ich kann ihn nicht ausdenken! und mag nicht! O pfui! pfui! Brandmaal für die Menschlichkeit! ewiges Brandmaal! Ich kann mich deiner nicht erwehren; du Wohnhaus des Schreckens! nicht mehr Kerker meiner Erniedrigung! Gruft! Gruft der Gebeine Gherardescas! Gruft meiner Auferstehung! aber erst meiner Verwesung! ah! nicht nur meiner! Fürchterlich! hier hinsinken! hier mit dem Tode ringen! einsam! von keiner freundschaftlichen Hand unterstützt! ganz einsam! mein Weib, meine Kinder rings um mich gesammelt! dennoch ganz einsam! jeder Sinn voll ihrer Verwesung! fürchterlicher als einsam! Tod, wie keiner dich starb, o du bist fürchterlich! Ich will nicht, ich will dich nicht denken! Doch zwingt mich dieser Anblick. Ach daß ich Vater und Mensch sein muß! Steh auf, armer Gaddo! Du antwortest nicht?[246]

Emotionalität, Expressivität und Subjektivität äußern sich bzw. bilden sich ab in einer Quasi-Negation der Ratio, des Denkens (*nicht* ausdenken, *nicht* denken), insbesondere aber im häufigen Gebrauch folgender sprachlicher Formen:

- Interjektionen (*Ha!*, *O pfui!*) als syntaktisch unverbundene Äußerungen
- Personalpronomen (*ich*, *mich*) und Possessivpronomen (*meine*, *meiner*) der 1. Person Singular
- Ausrufezeichen, oft statt eines Punktes oder eines Kommas gesetzt
- emotiv konnotierte Nomen (*Schrecken, Verwesung, Tod*) und Adjektive (*fürchterlich, einsam*)
- Correctio (*Gruft!, Gruft der Gebeine; Brandmaal* [...] *ewiges Brandmaal; einsam* [...] *ganz einsam*)
- Apostrophen (*du Wohnhaus, Tod, wie keiner dich starb*)
- Einwortsätze und Satzfragmente (*Gruft!, jeder Sinn voll ihrer Verwesung!*)

246 Gerstenberg 1768, S. 41 f., s. auch: http://www.deutschestextarchiv.de/
     book/view/gerstenberg_ugolino_1768?p=47

4. Dichter und Werke im Überblick (Auswahl)

Dichter	Werke
Johann Gottfried Herder (1744-1803)	*Shakespear (1773)* Aufsatz *Journal meiner Reise im Jahr 1769* (veröffentlicht 1846)
Heinrich Wilhelm von Gerstenberg (1737-1823)	*Versuch über Shakespeares Werke und Genie* (1767) *Ugolino* (1768, anonym) Drama
Johann Wolfgang von Goethe (1749-1832)	*Zum Schäkespears Tag* (1771) Rede *Sesenheimer Lieder* (1771), u.a. *Willkommen und Abschied, Mailied* *Prometheus* (1774) Ode/Hymne *Götz von Berlichingen mit der eisernen Hand* (1773) Drama *Die Leiden des jungen Werthers* (1774) Briefroman
Friedrich Schiller (1759-1805)	*Die Räuber* (1781) Drama *Kabale und Liebe* (1784) Drama
Christian Friedrich Daniel Schubart (1739-1791)	*Die Fürstengruft* (1779/1780) Gedicht
Friedrich Maximilian Klinger (1752-1831)	*Sturm und Drang (Der Wirrwarr)* (1776) Drama
Heinrich Leopold Wagner (1747-1779)	*Die Kindermörderin* (1776) Drama
Jakob Michael Reinhold Lenz (1751-1792)	*Der Hofmeister* (1774) Tragikomödie *Die Soldaten* (1776) Tragikomödie

5.   Info-Grafik

STURM UND DRANG

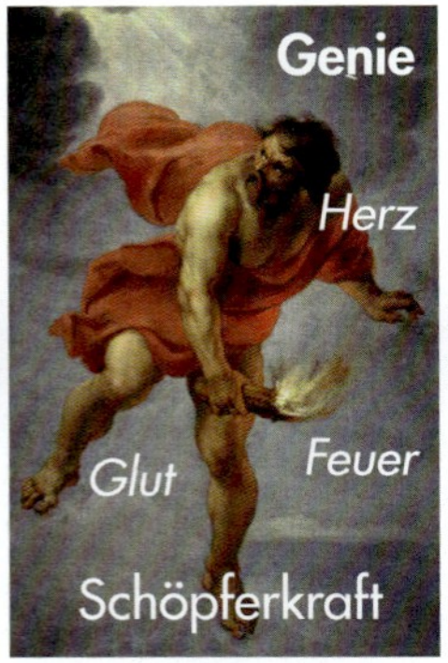

Genie

Herz

Feuer

Glut

Schöpferkraft

ICH

geniales Individuum

originaler Schaffensdrang

Gefühl   Fantasie   Vernunft

~~Wissenschaftler~~

- Leidenschaft
- Spontaneität
- Pathos

Erleben / Empfinden

Ausdruck des Original-Genies

einseitig begrifflich-
analytisches
Sprechen

*Genie ist die angeborne Gemütsanlage (ingenium),
durch welche die Natur der Kunst die Regel gibt.*

Immanuel Kant (1790)

Annäherung bis zur Einswerdung

Künstlerische Produktivität

= Analogie zum Wirken
der Natur

insbesondere
Dichtung

Natur

natura naturans

schöpferisch

dynamisch

ursprünglich

Liebe als Passion

Pantheismus

*Natur! Natur! Nichts so Natur als
Shakespears Menschen!*

Goethe (1771)

Vorbehalt bzw. Abgrenzung gegen:

verstandesmäßige, regelgläubige Haltung Regelpoetik	einseitige Vernunft-fixierung	
Zustände in deutschen Fürstentümern	Ideal der Selbsttransparenz	Benachteiligung der Frauen
Absolutismus Ständeordnung	Unproduktivität der Gesellschaft	Gott-Vater Fürsten Väter
Transzendenz und Personhaftigkeit Gottes	Aufklärung nur als technischer Fortschritt	
Natur als Objekt natura naturata geordnetes System	Abwertung der Geschichte	

1. Begriff

Das Nomen *Klassik*[247] und das Adjektiv *klassisch* sind auf das lateinische *classicus* zurückzuführen, das ursprünglich einen *civis classicus*, einen römischen Bürger der höchsten Vermögens- bzw. Steuerklasse bezeichnet. Dieser ursprünglich sozial-ökonomische Begriff erfuhr alsbald eine quasi metaphorische Bedeutungserweiterung, indem ihn der römische Grammatiker und Schriftsteller Aulus Gellius (um 130- ca.180) auf mustergültige Dichter bezog, die er „scriptores classici" nannte.

Während der Renaissance (15./16. Jh.), der die Antike generell als Vorbild galt, wurde das Adjektiv *klassisch*[248] im Sinne von „vorbildlich", „mustergültig", „nachahmenswert" insbesondere auf die Bereiche Kunst und Kultur bezogen.

Klassik als Bezeichnung einer Epoche kultureller Gipfelleistungen und mustergültiger Werke einzelner Nationalliteraturen[249] hat sich jedoch erst im 19. Jh. herausgebildet. Von den Hauptrepräsen-
tanten der Epoche (Weimarer) Klassik selbst – Goethe und Schiller – wurde das Substantiv *Klassik* zwar im Kontext der Antike verwendet, nicht aber bezogen sie es auf ihr eigenes literarisches Schaffen bzw. auf ihre eigenen Werke.[250]

Theobald von Oer:
Der Weimarer Musenhof (1860)

Die von dem Publizisten und Schriftsteller Heinrich Laube (1806-1884) geprägte und von dem Literatur- und Kunsthistoriker Hermann Hettner (1821-1882) verbreitete Epochen-Bezeichnung „Weimarer Klassik" verweist mit ihrem Attribut neben der Tatsache, dass die Hauptvertreter der literarischen Klassik[251] in Weimar lebten und wirkten, auch auf den Fakt, dass es neben dieser zweiten Blütezeit, die sich in Bezug auf Form und Inhalt an der Antike Griechenlands und Roms orientiert, eine

Friedrich Schiller deklamiert im Tiefurter Park. Unter den Zuhörern: zweite Person ganz links (sitzend mit Blick zu Schiller) Herder, in der Bildmitte (sitzend mit Kappe) Wieland und rechts (stehend) Goethe.

---

247 Wie jede literarische Epochenabgrenzung ist auch die der Weimarer Klassik lediglich als grobe Orientierung zu verstehen. Ihr Beginn wird zumeist mit Goethes erster Italienreise (1786) festgesetzt, ihr Ende auf Schillers (1805) bzw. Goethes Tod (1832) datiert. Bisweilen wird die Epoche ausschließlich auf beider gemeinsames Schaffen zwischen 1794-1805 bezogen; vgl. S. 11

248 Vgl. auch die noch heute verwendeten Bezeichnungen *klassische Philologie* bzw. *klassische Sprachen* für die im Römischen Reich (Imperium Romanum) üblichen (Verwaltungs-)Sprachen Latein und Altgriechisch

249 Die Blütezeit anderer bedeutender europäischer Nationalliteraturen fällt bereits ins 16./17. Jh.: England (Elisabethanisches Zeitalter: Shakespeare, Ben Jonson), Spanien (Siglo de Oro = Goldenes Zeitalter: Cervantes, Calderón), Frankreich (Corneille, Molière, Racine).

250 Während Goethe diesbezüglich in der Verwendung des Wortes „klassisch" die Gefahr einer voreiligen Idealisierung von Werk und Autor sah und Schiller in einem Brief vom 21. Januar 1802 an seinen Freund Christian Gottfried Körner (1756-1831) monierte, dass den Deutschen „alles gleich fest wird" und „treffliche Werke [...] gleich für heilig und ewig erklärt werden", schrieb Goethes Mutter Catharina Elisabeth (1731-1808) am 25. Dezember 1807 an ihren Sohn: „du und Schiller ihr seid hernach Classische Schriftsteller – wie Horaz Lifius – Ovid u wie sie alle heißen [...] was werden alsdann die Profesoren Euch zergliedern – auslegen – und der Jugend einpleuen." Unter Beibehaltung originaler Schreibweise zitiert nach: Brochmeyer 1998, S. 35

251 Neben Goethe und Schiller waren dies insbesondere Christoph Martin Wieland (1733-1813) und Johann Gottfried Herder (1744-1803). Sie alle lebten und wirkten in Weimar und gehörten dort dem von der Herzogin von Sachsen-Weimar-Eisenach, Anna Amalia (1739-1807), gegründeten kulturellen Kreis, dem sogenannten Weimarer Musenhof an, den die Herzogin seit 1775 um sich versammelte.

erste literarische Hochzeit gab, nämlich die sogenannte „staufische Klassik".[252]
Diese währte von ca. 1170 bis 1250. Weil sie sich formal an der höfischen Gesellschaft orientierte, spricht man auch von „höfischer Dichtung".

Heute bezeichnet das Adjektiv *klassisch* allgemein etwas zeitlos Gültiges, Vortreffliches, Vorbildhaftes.

2.   Historisch-geistesgeschichtlicher Hintergrund

2.1   Das Ideal der Epoche: Die schöne Seele – Harmonie, Humanität, Vollkommenheit

Im Zentrum der Weimarer Klassik steht das Ideal der Harmonie – der Harmonie der Weltordnung und der Harmonie des Individuums. Dieses erscheint aufgrund vorhergehender Umstände und Entwicklungen innerlich zerrissen, uneins mit seiner Umgebung, der Natur, der Welt und nicht zuletzt mit sich selbst.

Diese Zerrissenheit, die zuvorderst aus dem ungelösten Wertekonflikt zwischen der von der Aufklärung postulierten Vernunft (Ratio) und dem im Sturm und Drang propagierten Gefühl (Emotio) resultiert und deren wohl markantester gesellschaftspolitischer Ausdruck die Französische Revolution ist, manifestiert sich neben dem bereits genannten Gegensatz *Vernunft* vs. *Sinnlichkeit* in den antonymen Begriffspaaren:

Pflicht	vs.	Neigung
Kunst	vs.	Natur
Form	vs.	Inhalt
Gesetz	vs.	Freiheit
Gesellschaft	vs.	Individuum
Arbeit	vs.	Vergnügen

Im Sinne der sich durch die Harmonie des ganzen Menschen auszeichnenden Humanität ist die Klassik bestrebt, diese Dualismen miteinander zu vermitteln, zu versöhnen, d. h., die Seelenvermögen des Menschen, also Denken, Wollen und Fühlen, in ein Gleichgewicht zu bringen.[253]

---

252 Große Dichter der Staufischen Klassik waren: Walther von der Vogelweide, Hartmann von Aue, Gottfried von Straßburg und Wolfram von Eschenbach. Hauptformen ihrer Dichtung: Minnesang, höfischer Roman, Gralsroman und Heldenepos.

253 Dem Denken sind Vernunft und Logik, dem Wollen das Sittliche, das Ideal des Guten und dem Fühlen das Ideal des ästhetischen Wertes, der Schönheit zuzuordnen.

Dies zu leisten ist nach Auffassung der sich an den Werten der Antike[254] orientierenden Dichter der Epoche die Aufgabe der der Schönheit dienenden Kunst.[255] Diese ist ihnen Spiegel der höchsten Vervollkommnung des Menschen. Demnach ist die Kunst oberster Zweck, ihre vornehmste Aufgabe die (ästhetische) Erziehung des Menschen zu einer umfassend gebildeten, harmonischen Gesamtpersönlichkeit, kurz: die Erziehung zur Humanität. Deren wesentlichste, sich mit dem Ideal des Weltbürgertums verknüpfenden Elemente sind Toleranz, Freiheit und Sittlichkeit.

Erziehungsideal ist die „schöne Seele", denn „[i]n einer schönen Seele ist es [...], wo Sinnlichkeit und Vernunft, Pflicht und Neigung harmonieren".[256]

Affekte und sittliche Kräfte stehen idealerweise beim Menschen in einem harmonisch ausgeglichenen und daher zugleich auch in einem als ästhetisch schön empfundenen Verhältnis. Schiller spricht in diesem Zusammenhang von „Charakterschönheit" als dem menschlichen Idealzustand, räumt jedoch ein, dass diese „reifste Frucht [der] Humanität bloß eine Idee (ist), welcher gemäß zu werden er [der Mensch] mit anhaltender Wachsamkeit streben, aber die er bei aller Anstrengung nie ganz erreichen kann".[257]

2.2 Die Französische Revolution: Hoffnung auf den Sieg der Vernunft und der Freiheit

Das wichtigste und bei Weitem folgenreichste Ereignis des ausgehenden 18. Jahrhunderts war die Französische Revolution. Wie die nordamerikanische Unabhängigkeitsbewegung hat auch sie ihren unverkennbaren Ursprung im Gedankengut der bis heute fortwirkenden Aufklärung. Darauf verweisen bereits die ersten beiden der insgesamt 17 Artikel umfassenden „Erklärung der Menschen- und Bürgerrechte" (Déclaration des Droits de l'Homme et du Citoyen) vom 26. August 1789,[258] die in Anlehnung an die amerikanische Unabhängigkeitserklärung verfasst und zum Vorbild für die am 10. Dezember 1948 einstimmig angenommene „Allgemeine Erklärung der Menschenrechte" (Menschenrechtscharta) der Vereinten Nationen wurde.

In einer komprimierten Form war die „Erklärung der Menschen- und Bürgerrechte" im revolutionären Frankreich und bald darüber hinaus in ganz Europa in der einprägsamen, implizit zugleich die (nationale) Einheit beschwörenden Parole „Freiheit, Gleichheit, Brüderlichkeit" (Liberté, Égalité, Fraternité) vernehmbar. Dass die Losung tatsächlich bereits annähernd 100 Jahre zuvor entstand, zeugt von der Wirkmächtigkeit der Frühaufklärung. Urheber der griffigen Trias nämlich ist ein Kleriker (!), der Erzbischof von Cambrai, François de Salignac de La Mothe-Fénelon (1651-1715). Sie findet sich in sei-

---

254 Diese Werte sind neben denen des Wahren, Schönen und Guten insbesondere Maß, Ordnung, Proportion und Symmetrie.

255 Der Begriff umfasst nach Auffassung der Dichter vorrangig die bildende Kunst und die Literatur.
Von grundlegender Bedeutung für die Klassik und deren Kunstbegriff in der Literatur war die intensive Rezeption der Werke des Archäologen, Bibliothekars und Kunstschriftstellers Johann Joachim Winckelmann (1717-1768). Er entwickelte den für die Weimarer Klassik bedeutsamen Vorbildcharakter der Antike. Goethe, Herder, vor allem aber Schiller beschäftigten sich intensiv mit Winckelmanns Darstellungen und Analysen in dessen Hauptwerken „Gedancken über die Nachahmung der griechischen Wercke in der Mahlerey und Bildhauer-Kunst" (1756) und „Geschichte der Kunst des Alterthums" (1764). Vgl. S. 82

256 Schiller [2012], S. 40; s. auch: https://gutenberg.spiegel.de/buch/ueber-anmuth-und-wurde-3320/2
Ein annähernd begriffliches Pendant der „schönen Seele" findet sich in der Antike. In Platons Dialogen und im VIII. Buch von Aristoteles' „Eudemische[r] Ethik" begegnet man dem Begriff „Kalokagathia" (= Schönheit und Gutheit), der in der Antike das Ideal der körperlichen (sinnlichen), moralischen und geistigen Vollkommenheit bezeichnet.

257 ibid. S. 43; s. auch: https://gutenberg.spiegel.de/buch/ueber-anmuth-und-wurde-3320/3

258 In den beiden ersten Artikeln der „Erklärung" heißt es: *Die Menschen sind und bleiben von Geburt frei und gleich an Rechten. Soziale Unterschiede dürfen nur im gemeinen Nutzen begründet sein.* Und: *Das Ziel jeder politischen Vereinigung ist die Erhaltung der natürlichen und unveräußerlichen Menschenrechte. Diese Rechte sind Freiheit, Eigentum, Sicherheit und Widerstand gegen Unterdrückung.* Zitiert nach: http://www.verfassungen.eu/f/ferklaerung89.htm

Der dritte Stand (1789)

nem Erziehungsroman „Die Abenteuer des Telemach" (Les Aventures de Télémaque, fils d'Ulysse), der 1699 im Ausland erschien, da Fénelon wegen „unbotmäßiger Publikationen" bereits unter scharfer Beobachtung des französischen Königshofes stand.[259]

Der mit seinen Steuern und Abgaben das verschwenderische höfische Leben des Königs (Ludwig XVI.) und das des von jeder Steuerlast befreiten ersten und zweiten Standes finanzierende dritte Stand[260] erhob sich gegen die ihn bevormundende und ausbeutende absolutistische Herrschaft. Denn die Vertreter des dritten Standes, die selbst meist ums nackte Überleben kämpfen mussten und aufgrund einer Missernte im Jahre 1788 oft Hunger litten,[261] sollten wegen maroder Staatsfinanzen nun noch stärker zur Kasse gebeten werden.

Nachdem der König wegen des drohenden Staatsbankrotts die Generalstände einberufen, sich jedoch geweigert hatte, nach Köpfen statt nach Ständen abstimmen zu lassen, erklärten sich am 17. Juni 1789 die Vertreter des dritten Standes, der ca. 98 % der Bevölkerung ausmachte und an der Regierung beteiligt werden wollte, kurzerhand zur Nationalversammlung. Diese verkündete am 26. August 1789 die oben erwähnte „Déclaration des Droits de l'Homme et du Citoyen", die zu unterzeichnen Ludwig XVI. am 5. Oktober 1789 von Bürgern und Nationalgardisten gezwungen wurde.[262]

Die Revolution begann also nicht erst mit der Erstürmung der Bastille (14. Juli 1789), die dem Volk als Symbol für die verhasste „alte Ordnung" (Ancien Régime) und die Willkürherrschaft des Königs galt, sondern bereits einen Monat zuvor (17. Juni 1789).

Die den Geist der Aufklärung atmende „Erklärung der Menschen- und Bürgerrechte" und die Revolution nährten die berechtigte Hoffnung auf Änderung der Verhältnisse. Viele deutsche Intellektuelle – unter ihnen z. B. die Dichter und Philosophen Herder, Hölderlin, Klopstock, Schiller, Schubart, Wieland, Fichte, Hegel, Kant, Schelling – begrüßten die Revolution zunächst: Enthusiastisch und mit dem Bedauern, dass sie nicht vom eigenen „Vaterland" ausging, preist sie z. B. Friedrich Gottlieb Klopstock in seiner 1790 entstandenen Ode *Sie, und nicht wir*[263]:

---

259 vgl. Wildner 2012, https://www.thieme-connect.com/products/ejournals/pdf/10.1055/s-0032-1304586.pdf

260 Der erste Stand umfasste den Klerus, der zweite den Adel. Den dritten Stand bildeten das Großbürgertum, vor allem aber Bauern, Handwerker und Tagelöhner als die zahlenmäßig bei Weitem größten Bevölkerungsgruppen.

261 Aufgrund der Missernte stieg der Preis für Brot um mehr als das Dreifache. Ein Handwerker z. B. musste die Hälfte seines Lohnes dafür ausgeben und viele konnten sich das Hauptnahrungsmittel gar nicht mehr leisten. Viehseuchen verschlimmerten die Situation im Frühjahr 1789 zusätzlich, weshalb diese Zeit oft auch als „Brotnot" bezeichnet wird.

262 Die obige Karikatur eines unbekannten Zeichners aus dem Revolutionsjahr trägt den Titel *„A faut esperer q'eu jeu la finira bentot"* („Es ist zu hoffen, dass das Spiel bald vorbei ist."). Sie zeigt die ungeheure Last, die der dritte Stand zu tragen hatte und unter der er zusammenzubrechen drohte: Er musste sowohl den Klerus (Kreuz) als auch dem Adel (Orden) dienen. Die aus deren Taschen quellenden Zettel listen die Pflichten der Untertanen auf, u. a. „Unterhalt, Salz- und Tabaksteuer, Frondienst, Zehnt, Militärdienst". Besonders gravierend und paradox erscheint, dass man den dritten Stand selbst seiner Lebensgrundlage beraubte. Dem Bauer, gestützt auf seine Hacke, deren Stiel mit der Aufschrift „getränkt mit Tränen" versehen ist, war die Jagd – Privileg des Adels – verboten, und so musste er oft genug hilflos zusehen, wie Rebhühner die Saat, Karnickel die Ernte fraßen. Die Karikatur und deren ausführliche Interpretation finden sich unter dem interaktiven Link https://segu-geschichte.de/der-dritte-stand/

263 Klopstock 1798, S. 134; s. auch: https://gutenberg.spiegel.de/buch/gedichte-9422/43

Friedrich Gottlieb Klopstock

Hätt' ich hundert Stimmen; ich feyerte Galliens Freyheit
Nicht mit erreichendem Ton, sänge die göttliche schwach.
Was vollbringet sie nicht! So gar das gräßlichste aller
Ungeheuer, der Krieg, wird an die Kette gelegt!
[…]
Ach du warest es nicht, mein Vaterland, das der Freyheit
Gipfel erstieg, Beyspiel strahlte den Völkern umher:
Frankreich wars!

Auch Schiller hegte anfangs Sympathie für die Revolution, setzte große Hoffnungen in sie. Sein Freiheitsdrama „Die Räuber" wurde ab 1785 in Frankreich äußerst erfolgreich aufgeführt. 1792 wurde ihm gar von der französischen Nationalversammlung die Ehrenbürgerschaft verliehen, da er sich um Freiheit und Humanität verdient gemacht habe.

2.2.1 Terrorherrschaft konterkariert die lautere Absicht der Revolution

Doch alle Erwartungen, dass die Freiheit im Namen der aufgeklärten Vernunft siegen würde, wurden jäh enttäuscht. Denn nicht nur durch die sog. Septembermorde (Massacres de Septembre)[264], sondern vor allem durch die zwischen Juni 1793 und Juli 1794

Maximilien Robespierre

währende Schreckensherrschaft, den „Grande Terreur", der radikalen Jakobiner[265] wurden die Ideale der Aufklärung verraten, der hehre Wahlspruch der Revolution *Liberté, Égalité, Fraternité* ad absurdum geführt.

Weil die absolutistischen Herrscher in Europa angesichts der Ereignisse in Frankreich um ihre eigene Macht fürchteten, schmiedeten Leopold II., Erzherzog von Österreich und Kaiser des Heiligen Römischen Reiches, sowie König Friedrich Wilhelm II. von Preußen eine Allianz, um Ludwig XVI. wieder zur alten Macht zu verhelfen. Ihre Unterstützung für den Bourbonen erklärten sie am 27. August 1791 in der sog. Deklaration von Pillnitz, woraufhin die französischen Revolutionäre am 20. April Österreich und am 8. Juli 1792 Preußen den Krieg erklärten. Unter dem Oberbefehl Karl Wilhelm Ferdinands, Herzog von Braunschweig-Wolfenbüttel, rückte die Allianz nach Paris vor und drohte, die Stadt zu zerstören, falls dem König etwas zustoßen sollte. Die Drohung wurde von den Revolutionären als Indiz dafür gewertet, dass Ludwig insgeheim mit den Alliierten paktierte. Der wütende Mob stürmte daher den königlichen Palast, nahm den König gefangen und setzte ihn fest.

Obwohl die Revolutionsarmee lediglich aus militärisch kaum geschulten Freiwilligen bestand, gelang es ihr, den Marsch der aus Berufssoldaten bestehenden alliierten Armeen auf Paris am 20. September 1792 bei Valmy nahe Verdun zu stoppen („Kanonade von Valmy"). Österreich und Preußen traten den Rückzug an. Dieses Ereignis hatte eine kaum zu überschätzende psychologische Bedeutung, insofern es das Selbstvertrauen der Franzosen und deren nationales Identitätsgefühl stärkte.

---

264 Vom 2. bis 6. September 1792 wurden über 1.200 Revolutionsgegner blindwütig getötet.

265 Deren Führer war Maximilien Robespierre (1758-1794). Während der Terrorherrschaft wurden zigtausend willkürliche Todesurteile vollstreckt, die sich nicht nur gegen Revolutionsgegner, sondern auch gegen Revolutionsanhänger selbst wandten. Deren prominentestes Opfer wurde Georges Jacques Danton (1759-1794). Er hatte sich gegen die Fortführung der von ihm selbst mitbegründeten Terrorherrschaft ausgesprochen.

■ Herzogtum Sachsen-Weimar-Eisenach
(1741-1918)

Bereits am Tag nach der Schlacht, am 21. September 1792, wurde die Republik ausgerufen. Mit dieser Ersten Republik waren das Ende des Ancien Régimes und die 200 Jahre währende Herrschaft der Bourbonen endgültig besiegelt.

In den Folgejahren setzte die Revolutionsarmee den Krieg gegen Österreich und dessen Verbündete (Preußen, Niederlande, Spanien, Portugal, Sardinien, Neapel) fort. Erst am 17. Oktober 1797 endete der am 20. April 1792 begonnene sog. Erste Koalitionskrieg mit dem Frieden von Campoformi(d)o. Jedoch schloss Frankreich 1795 mit Spanien und Preußen den Sonderfrieden von Basel, dem sich 1796 das Herzogtum Sachsen-Weimar-Eisenach anschloss. Inmitten des vom Kriegsgeschehen heimgesuchten Europa konnte sich so während einer zehnjährigen Friedenszeit bis 1806 im beschaulichen Weimar die Blüte der Klassik entfalten, ehe dann mit Macht auch dort der Krieg einfiel und Preußen in der Doppelschlacht von Jena und Auerstedt von den Franzosen vernichtend geschlagen wurde.

2.3   Evolution statt Revolution – Harmonisierung von Sinnlichkeit und Vernunft

Hatten sich bereits während und nach den Septembermassakern viele Vertreter der deutschen Geisteswelt enttäuscht vom Revolutionsgeschehen abgewandt, war dies – von wenigen Ausnahmen abgesehen[266] – vollends nach der öffentlichen Hinrichtung Ludwigs XVI. am 21. Januar 1793 der Fall.

Bedeutsam für die Literatur der Weimarer Klassik wurden die Haltungen, Einsichten und Reflexionen Goethes und Schillers infolge des desillusionierenden Verlaufs der Revolution.

Auch wenn Goethe der „Kanonade von Valmy" in Verkennung ihrer wahren Bedeutung eine in geradezu überschwänglichem Ton formulierte welthistorische Dimension zumaß[267], was vereinzelt zu Fehlinterpretationen seiner Einstellung zur Revolution führte, war seine Haltung doch eine von Beginn an skeptische, die sich zu einer dezidiert ablehnenden, ja hasserfüllten entwickelte. Noch ganz unter dem Eindruck der Schlacht von Valmy schrieb er am 16. Oktober 1792 in einem in Luxemburg verfassten, an Herder und dessen Frau Caroline gerichteten Brief:

---

266   z. B. der Naturforscher, Universitätsbibliothekar und Reiseschriftsteller Johann Georg Adam Forster (1754-1794), Mitglied des Mainzer Jakobinerklubs und einer der führenden Akteure der kurzlebigen Mainzer Republik (März bis Juli 1793)

267   Am Vorabend der Schlacht von Valmy (19.09.1792), die Goethe als Begleiter seines Arbeitgebers und Freundes Herzog Karl August von Sachsen-Weimar-Eisenach und dessen Truppen hautnah miterlebte, soll er zu seinen Kameraden gesagt haben: „Von hier und heute geht eine neue Epoche der Weltgeschichte aus, und ihr könnt sagen, ihr seid dabei gewesen."
So jedenfalls zitiert Goethe sich selbst in seiner autobiografischen Schrift „Kampagne in Frankreich 1792", die 1822, also 30 Jahre nach dem Ereignis erschien. Aufgrund der großen zeitlichen Distanz sind Zweifel berechtigt, ob Goethe diesen Satz wirklich so sagte bzw. er nicht übertrieb. Denn der sog. „Kanonade von Valmy" kann historisch längst nicht die Bedeutung zugemessen werden, wie Goethes Worte glauben machen. Vgl. Borst, 1974, S. 101. Doch gibt es auch hier sich einander widersprechende Wertungen und Urteile, vgl. z. B. Hildebrandt 2011, S. 128.

> *Ich eile nach meinen mütterlichen Fleischtöpfen, um dort wie von einem bösen*
> *Traum zu erwachen, der mich zwischen Koth und Noth, Mangel und Sorge, Gefahr*
> *und Qual, zwischen Trümmern, Leichen, Äsern und Scheishaufen gefangen hielt.*
> *Lebet wohl und haltet Euch für so glücklich als ihr seid.*[268]

Und gegenüber seinem engen Vertrauten und Freund Johann Peter Eckermann (1792-1854) äußert Goethe am 4. Januar 1824:

> *[...] ich konnte kein Freund der Französischen Revolution sein, denn ihre Greuel*
> *standen mir zu nahe und empörten mich täglich und stündlich [...] Ebensowenig*
> *aber war ich ein Freund herrischer Willkür [...] Weil ich nun aber die Revolution*
> *haßte, so nannte man mich einen ‚Freund des Bestehenden' [...] ein sehr zweideuti-*
> *ger Titel, den ich mir verbitten möchte.*[269]

Doch lehnte Goethe die Revolution keinesfalls aus nur subjektiven Gründen ab, etwa weil ihn die „Greuel" persönlich angewidert hätten, wie sein Statement vermuten lassen könnte, vielmehr missbilligte er generell jeden „gewaltsamen Umsturz",

> *weil dabei ebensoviel Gutes vernichtet, als gewonnen wird. [...] Sie [Eckermann]*
> *wissen, wie sehr ich mich über jede Verbesserung freue, welche die Zukunft uns*
> *etwa in Aussicht stellt. Aber [...] jedes Gewaltsame, Sprunghafte, ist mir in der Seele*
> *zuwider, d e n n e s i s t n i c h t n a t u r g e m ä ß.*[270]

Der Evolution, nicht Revolutionen, die er mit „Treibhäusern" vergleicht, redet Goethe das Wort. Was er zuvor abstrakt formulierte, übersetzt er als Naturfreund in ein konkret-evolutives Bild:

> *Ich bin ein Freund der Pflanze, ich liebe die Rose, als das Vollkommenste, was un-*
> *sere deutsche Natur als Blume gewähren kann; aber ich bin nicht Tor genug, um zu*
> *verlangen, daß mein Garten sie mir schon jetzt, Ende April, gewähren soll. Ich bin*
> *zufrieden, wenn ich jetzt die ersten grünen Blätter finde, zufrieden, wenn ich sehe,*
> *wie ein Blatt nach dem andern den Stengel von Woche zu Woche weiter bildet; ich*
> *freue mich, wenn ich im Mai die erste Knospe sehe, und bin glücklich, wenn endlich*
> *der Juni mir die Rose selbst in aller Pracht und in allem Duft entgegenreicht. Kann*
> *aber jemand die Zeit nicht erwarten, der wende sich an die Treibhäuser.*[271]

Im Gegensatz zu Goethe war Schiller ganz im Sinne des der zweiten Auflage seines Sturm-und-Drang-Dramas „Die Räuber" vorangestellten Mottos „In Tyrannos" anfangs von der Französischen Revolution begeistert. Doch mit Beginn des „Grande Terreur" 1793 musste er seine Überzeugung, dass sich Geschichte teleologisch zu einem „menschlichen Vernunft- und Friedensreich" hin entwickele, revidieren: Dass die Revolution zum Fiasko wurde, bedeutete für Schiller einen „regelrechten Schock", einen Rückfall in die „Barbarei", auf eine Stufe mit der „brutalen Gewalt der Tierheit", wie er in einem Brief vom 7. Juli 1793 an seinen Förderer Herzog Friedrich Christian von Augustenburg (1765-1814) bekennt.[272]

Im Gegensatz zu seiner in seiner Antrittsvorlesung „Was heißt und zu welchem Ende studiert man Universalgeschichte?" (1789) vertretenen Auffassung begreift Schiller Geschichte nun nicht mehr länger als vernünftiges Geschehen, als geschlossenes, zielgerichtetes, teleologisch finalisiertes System, sondern als ein „Risikogeschehen" mit offenem Ausgang.

---

268   Zitiert nach: Sengle 1993, S. 124
269   Eckermann 2015, S. 510, 511
270   Goethe am 27. April 1825 zu Eckermann, s. Eckermann 2015, S. 536
271   ibid. Dass Goethe mit „Natur" allerdings nicht ungehemmten Wildwuchs meint, signalisiert der Begriff „Garten", der als in Form gebrachte Naturlandschaft definiert werden kann.
272   vgl. Riedel 2006, S. 162

Seiner verstörenden Erfahrung setzt Schiller sein Prinzip der „ästhetischen Erziehung"[273] entgegen. Denn „unbekümmert um die sinnliche Natur des Menschen"[274] führt die bloße Aufklärung des Verstandes, des Kopfes, ganz offenbar per se nicht nur nicht zu einer humanen Gesellschaft, sondern kann – wie die Terrorherrschaft während der Französischen Revolution gezeigt hat – geradezu deren Gegenteil bewirken, kann der Mensch im Namen der Vernunft zur Bestie werden. Und so fordert Schiller – gegen Kant – die „Rehabilitation der Sinnlichkeit"[275], „weil der Weg zu dem Kopf durch das Herz muß geöffnet werden."[276]

Zu schnell, zu unbedacht reduzierten die Vertreter der Aufklärung den Menschen zum (Nur-)Vernunftwesen, ohne sich zuvor hinreichend bewusst zu sein, dass sein Handeln nicht allein durch Begriffe, sondern ebenso durch Empfindungen bestimmt wird. Pflicht und Neigung sind demnach nicht im Kant'schen Verständnis als ein sich reziprok ausschließendes „Widerpart-Paar" zu betrachten, sondern beide Begriffe müssen verbunden, harmonisiert werden. Denn: Nur Menschen, die ihre Vernunft und ihre – modern ausgedrückt – emotionale Intelligenz gleichermaßen zu einer „Totalität des Charakters" ausbilden, sind „fähig und würdig […], den Staat der Noth mit dem Staat der Freyheit zu vertauschen",[277] sprich eine humane Gesellschaft zu errichten. Die Versöhnung von Vernunft und Sinnlichkeit, von vernünftigem Streben und Leidenschaft sieht Schiller im Spiel realisiert:

> Denn, um es endlich auf einmal herauszusagen, der Mensch spielt nur, wo er in voller Bedeutung des Worts Mensch ist, und er ist nur da ganz Mensch, wo er spielt.[278]

Gemeint ist hier jedoch nicht das Kinderspiel im Gegensatz zur Arbeit der Erwachsenen im Sinne Rousseaus, sondern Spiel wird hier als organisches Gefüge von Teilen, als lebendiges Ganzes verstanden, bei dem der Mensch nicht „nur an ein einzelnes kleines Bruchstück des Ganzen gefesselt [ist und] sich […] selbst nur als Bruchstück (ausbildet)".[279]

Diese in einem Wirkungszusammenhang stehende lebendige Ganzheit sah Schiller – im Gegensatz zu dem durch die Spezialisierung in der modernen Arbeitswelt zerstückelten Individuum und zur Gesellschaft – in der Antike realisiert:

> Jene Polypennatur[280] der griechischen Staaten, wo jedes Individuum eines unabhängigen Lebens genoß und, wenn es Noth tath, zum Ganzen werden konnte, machte jetzt einem kunstreichen Uhrwerke Platz, wo aus der Zusammenstückelung unendlich vieler, aber lebloser Theile ein mechanisches Leben im Ganzen sich bildet.

---

273 Dieses entwickelt er in seiner erstmals 1794 veröffentlichten Schrift „Über die ästhetische Erziehung des Menschen, in einer Reihe von Briefen" (im Folgenden zitiert: Schiller 2013). In dieser umfangreichen Abhandlung setzt sich Schiller mit Immanuel Kants Lehre vom ästhetischen Urteil, die dieser im ersten Teil seiner „Kritik der Urteilskraft" (1790) darlegt, und mit dem Verlauf der Französischen Revolution auseinander. Abrufbar ist Schillers Schrift unter:
https://gutenberg.spiegel.de/buch/ueber-die-asthetische-erziehung-des-menschen-in-einer-reihe-von-briefen-3355/1
Das Wort „Ästhetik" leitet sich vom altgriechisch. αἴσθησις (aísthēsis) ab und bedeutet ursprünglich Lehre von der Wahrnehmung, vom sinnlichen Anschauen und Empfinden schlechthin. Bis zum 19. Jh. verstand man unter Ästhetik in erster Linie die Lehre von der Schönheit, den Gesetzmäßigkeiten und der Harmonie in Natur und Kunst. vgl. https://de.wikipedia.org/wiki/%C3%84sthetik

274 zitiert nach: Borchmeyer 2005, s. auch https://literaturkritik.de/id/8136

275 Kandylis 1981, S. 19

276 Schiller 2013, S. 33

277 ibid. S. 18

278 Schiller 2013, S. 62 f.

279 ibid. S. 23

280 „Polypennatur" ist Metapher für ein organisches Gefüge von Teilen, die selbst je für sich ein Ganzes bilden. Bildspender sind die Korallen (Superorganismus) bildenden Polypen, die ihrerseits wieder miteinander verbunden sind.

> *Auseinandergerissen wurden jetzt der Staat und die Kirche, die Gesetze und die
> Sitten; der Genuß wurde von der Arbeit, das Mittel vom Zweck, die Anstrengung
> von der Belohnung geschieden. Ewig nur an ein einzelnes kleines Bruchstück des
> Ganzen gefesselt, bildet sich der Mensch selbst nur als Bruchstück aus, ewig nur
> das eintönige Geräusch des Rades, das er umtreibt, im Ohre, entwickelt er nie die
> Harmonie seines Wesens, und anstatt die Menschheit in seiner Natur auszuprägen,
> wird er bloß zu einem Abdruck seines Geschäfts, seiner Wissenschaft.*[281]

In bzw. durch die Versöhnung und Harmonisierung von Sinnlichkeit und Vernunft, von
Pflicht und Neigung, von vernünftigem Streben und Leidenschaft, von Freiheit und Form
überwinden Schiller und die Klassik den Kant'schen Rigorismus und das einseitige Ver-
nunftpostulat der Aufklärung.

Dieser Ausgleich und die Bindung des guten und richtigen Handelns an das Erfreuliche
und Schöne konstituiert die ästhetische Moral, die sich in einem Menschentypus offenbart, den Schiller „schöne Seele" nennt:

> *In einer schönen Seele ist es also, wo Sinnlichkeit und Vernunft, Pflicht und Nei-
> gung harmonieren [...] Nur im Dienst einer schönen Seele kann die Natur zugleich
> Freiheit besitzen und ihre Form bewahren, da sie erstere unter der Herrschaft eines
> strengen Gemüts, letztere unter der Anarchie der Sinnlichkeit einbüßt.*[282]

Die „schöne Seele" zeichnet sich dadurch aus, dass die sinnlich-natürlichen und sitt-
lich-geistigen Kräfte in einem harmonischen, ausgeglichenen Verhältnis zu- und miteinander stehen und deshalb auch als ästhetisch schön empfunden werden. So eignet der
Schönheit eine gleichermaßen ästhetische wie ethische Qualität, eine sich unwillkürlich
in Anmut und Grazie ausdrückende Harmonie.[283]

Wie aber bildet sich eine „schöne Seele" aus, in der Sinnlichkeit und Vernunft, Pflicht
und Neigung versöhnt sind? Schillers Antwort: durch ästhetische Erziehung, also durch
Kunst und Literatur. Diese sollen nicht nur unterhalten und gefallen, sie sollen den Menschen zu einem guten Menschen und die Gesellschaft zu einer humanen (aus-)bilden,
weshalb bereits

> *[d]er griechische Künstler, der einen Laokoon*[284] *[...] darzustellen hat, von keiner
> Prinzessin, keinem König, keinem Königsohn (weiß); er hält sich nur an den Men-
> schen. Deßwegen wirft der weise Bildhauer die Bekleidung weg, und zeigt uns bloß
> nackende Figuren, ob er gleich sehr gut weiß, daß dies im wirklichen Leben nicht
> der Fall war. Kleider sind ihm etwas Zufälliges, dem das nothwendige niemals nach-
> gesetzt werden darf, und die Gesetze des Anstands oder des Bedürfnisses sind nicht
> die Gesetze der Kunst. Der Bildhauer soll und will uns den* Menschen *zeigen,
> und Gewänder verbergen denselben; also verwirft er sie mit Recht.*[285]

---

281 Schiller 2013, S. 23
282 Schiller [2012], S. 40; s. auch: http://gutenberg.spiegel.de/buch/-3320/2
283 Einem *schönen Seele* ähnlichen Konzept begegnet man in der Antike bei den griechischen Philosophen, z. B.
     bei Sokrates und seinem Schüler Platon: Sie bezeichnen dieses Konzept mit dem Begriff καλοκἀγαθία (Kaloka-
     gathia = kalós kai agathós, d. h. das Schöne und das Gute). Es verweist auf eine ästhetisch-ethische Einheit – auf
     das Wahre, Schöne und Gute –, die den Denkern der griechischen Antike als Bildungsideal, als Stufe höchster
     Vollkommenheit galt, die sie ἀρετή (Arete) nannten.
284 Laokoon ist eine Figur der griechischen Mythologie. Zur Skulptur s.u.
285 Schiller 2009, S. 71

Das ist das Credo der Weimarer Klassik, zuvorderst das Schillers, dem der „Ruhm gebührt [...] die Kunst dahin gestellt zu haben, wo sie hingehört: auf den Königsthron der Gesellschaft".[286]

2.4   Die antike (Bildhauer-)Kunst als Vorbild: *Edle Einfalt, stille Größe*

Es war der Begründer der wissenschaftlichen Archäologie, Johann Joachim Winckelmann (1717-1768), der mit seiner 1755 erschienenen, äußerst wirkmächtigen Schrift „Gedancken über die Nachahmung der Griechischen Wercke in der Mahlerey und Bildhauer-Kunst"[287] den Vorbildcharakter der griechischen Antike entwickelte, der für die Weimarer Klassik von so grundlegender Bedeutung werden sollte und der sich – so Winckelmann – in den „griechischen Meisterstücke[n]" als „edle Einfalt und stille Größe" offenbart.

Laokoon-Gruppe
Rom, Vatikanische Museen

Als meisterlichstes aller „Meisterstücke" gilt Winckelmann eine um 200 v. Chr. von den rhodischen Bildhauern Hagesandros, Polydoros und Athanadoros geschaffene Skulptur,[288] die den troischen Priester Laokoon[289] und dessen beide Söhne im Todeskampf mit sie würgenden Schlangen darstellt. Das Standbild, als „Laokoon-Gruppe" bekannt, faszinierte bereits römische Gelehrte und Künstler, so z. B. Plinius d. Ä. (23/24-79) und Michelangelo (1475-1564).

In der europäischen Geisteswelt wurde es insbesondere im 18. Jahrhundert Gegenstand gründlicher Reflexionen. Neben vielen anderen Intellektuellen befassten sich Lessing, Goethe und Schiller[290] besonders intensiv mit dem berühmten Kunstwerk und mit Winckelmanns Analyse und Interpretation desselben. Laokoon gilt Winckelmann als die reine, perfekte und im doppelten Wortsinn klassische Verkörperung einer „große[n] und gesetzte[n] Seele"[291] im Sinne einer „schönen Seele":[292] Trotz seines Todeskampfes wirkt der trojanische Priester äußerst beherrscht: Kein Schrei der Agonie und der Pein, kein Aufschrei der Verzweiflung, kein konvulsives Zucken – allenfalls ein „beklemmtes Seufzen" – dringt aus dem nur leicht geöffneten Mund. Das Gesicht, Ausdruck der Seele, bleibt ruhig.

---

286 Radisch 2005
   Über die Schwierigkeiten der Mission der ästhetischen Erziehung war sich Schiller wohl bewusst:
   „Der N u t z e n ist das große Idol der Zeit, dem alle Kräfte frohnen und alle Talente huldigen sollen. Auf dieser groben Waage hat das geistige Verdienst der Kunst kein Gewicht". Schiller 2013, S. 9
   s. auch: http://gutenberg.spiegel.de/buch/uber-die-asthetische-erziehung-des-menschen-3341/3

287 Die Abhandlung erschien in einer Auflage von kaum 50 Exemplaren, entfaltete aber eine ungeheure Wirkung, sodass bereits 1756 eine zweite Auflage erforderlich wurde; vgl. https://de.wikipedia.org/wiki/Johann_Joachim_Winckelmann

288 Die als 2,40 m hohe Marmorkopie 1506 in Rom wiederentdecke Skulptur befindet sich heute in den Vatikanischen Museen.

289 Laokoon, troischer Priester des Apollon, wurde – so berichtet der römische Dichter Vergil (70 v. Chr.-19 v. Chr.) in seinem Epos *Aeneis* – mit seinen beiden Söhnen von Schlangen getötet, die ein erzürnter Gott geschickt hatte. Laokoon hatte nämlich die List der Griechen durchschaut und die Trojaner davor gewarnt, das hölzerne Pferd, das die Griechen bei ihrer vorgetäuschten Abfahrt am Ufer zurückgelassen hatten und mit dessen Hilfe Troja erobert werden sollte, in die Stadt zu ziehen. Die Götter, die den Sieg der Griechen wünschten, bestraften daraufhin Laokoon und dessen Söhne.

290 Lessing: Laokoon oder über die Grenzen der Mahlerey und der Poesie (1766), Goethe: Über Laokoon (1798), Schiller: Über das Pathetische (1793)

291 Winckelmann 2013, S. 28

292 ibid. S. 30

So wie die Tiefe des Meers allezeit ruhig bleibt, die Oberfläche mag noch so wüten, ebenso zeiget der Ausdruck in den Figuren der Griechen bei allen Leidenschaften eine große und gesetzte Seele. Diese Seele schildert sich in dem Gesichte des Laokoons, und nicht in dem Gesicht allein, bey dem heftigsten Leiden. Der Schmertz, welcher sich in allen Muskeln und Sehnen des Cörpers entdecket, und den man gantz allein, ohne das Gesicht und andere Theile zu betrachten, an dem schmerzlich eingezogenen Unter-Leib beynahe selbst zu empfinden glaubet; dieser Schmertz [...] äussert sich dennoch mit keiner Wuth in dem Gesichte und in der gantzen Stellung.[293]

Der Archäologe und Kunstschriftsteller sah in der Laokoon-Figur ein ethisches Vorbild, einen ethischen Appell und einen Ausdruck der Schönheit. Diese wird sinnlich wahrgenommen und empfunden, doch rational konstruiert und begriffen und ist somit Ausdruck eines geistigen Ideals.

Für die beiden Hauptvertreter der Weimarer Klassik, Goethe und Schiller, erfüllt die Kunst eine der Humanität verpflichtete erzieherische, eine bildende Funktion, sowohl in individueller wie gesellschaftlich-sozialer Hinsicht. Wesentlich dabei sind – wie bereits betont – das rechte Maß, die Harmonisierung, der Ausgleich von Gegensätzen wie der zwischen Geist und Sinn, Vernunft und Natur, Pflicht und Neigung. Eben diese Harmonie verkörpert Laokoon, der „Held", denn

Helden sind für alle Leiden der Menschheit so gut empfindlich als andere, und eben das macht sie zu Helden, daß sie das Leiden stark und innig fühlen, und doch nicht davon überwältigt werden. Sie lieben das Leben so feurig wie wir andern, aber diese Empfindung beherrscht sie nicht so sehr, daß sie es nicht hingeben können, wenn die Pflichten der Ehre oder der Menschlichkeit es fordern.[294]

Laokoons selbst dem furchtbarsten Todeskampf trotzende Selbstbeherrschung spiegelt die zum „Stande der Ruhe" gezähmte schmerzvolle Dynamik seines Körpers. So wird diese Skulptur zum mustergültigen konkreten Repräsentanten jener bekannten, oft zitierten abstrakten Sentenz, mit welcher die Epoche der Weimarer Klassik kurz und treffend charakterisiert werden kann: edle Einfalt, stille Größe.[295]

Joachim J. Winckelmann

Was aber bedeutet dieses Diktum, das zu einer der wirkmächtigsten Sentenzen der Geistesgeschichte geworden ist, konkret? „Einfalt" ist hier in seiner ursprünglichen Bedeutung mit *Einfachheit, Schlichtheit, Reinheit, Lauterkeit des Herzens, des Geistes, des Gemüts* zu übersetzen.[296] „Einfalt" verweist also primär auf eine sittlich-moralische Komponente, die durch das Attribut „edel" zu einem Superlativ verstärkt und intensiviert wird. Die ursprüngliche Etymologie des Adjektivs ist *vortrefflich, vornehm, zum Adel gehörig.*[297] Der Ausdruck „stille Größe" verweist auf die Gestaltung des Moments des

293   Winckelmann 2013, S. 27 f., 30

294   Schiller 2009, S. 71; s. auch: http://gutenberg.spiegel.de/buch/ueber-das-pathetische-3311/1)

295   vgl. Winckelmann 2013, S. 27: „Das allgemeine vorzüglichste Kennzeichen der Griechischen Meisterstücke ist endlich eine edle Einfalt, und eine stille Größe, so wohl in der Stellung als im Ausdruck."
Ob diese zum geflügelten Wort gewordene Formulierung ursprünglich von Winckelmann selbst oder von dessen Freund, dem Maler und Bildhauer Adam Friedrich Oeser (1717-1799), bei dem sowohl Goethe als auch Winckelmann das Zeichnen erlernt hatten, stammt, ist nicht bekannt.

296   Die heute überwiegend pejorative Bedeutung im Sinne von *naiv töricht, geistig beschränkt* hat das dem Substantiv zugrunde liegende Adjektiv erst später angenommen. Vgl. Duden 2014, S. 243; Kluge 1999, S. 211

297   vgl. Duden 214, S. 239; Kluge 199, S. 204

größten Leidens und der unsäglichen Qualen vor der direkten, unausweichlichen Konfrontation mit dem Tod. Diese spiegelt die „schöne Seele" im Stande der Einheit, der Ruhe.

3. Dichtung der Klassik – Beispiele

3.1 Johann Wolfgang von Goethe: *Natur und Kunst*

Während der Sturm und Drang die Sinne und die Emotio, die Aufklärung hingegen die Urteilskraft und die Ratio betonte, ist es das Verdienst der Weimarer Klassik, diese im Rückgriff auf und durch gründliche Reflexion und Analyse der griechischen Antike zusammengeführt und gezeigt zu haben, dass Humanität erst durch Ausgleich, Harmonisierung und Zusammenwirken von Sinnen und Vernunft, von Pflicht und Neigung möglich ist. Dazu bedarf es eines „redlichen Bemühens" des Einzelnen wie der Gesellschaft. Denn Humanität – so die Erkenntnis der Weimarer Klassik – ist weder durch Revolution zu erreichen (Goethe) noch kann sie als Ergebnis einer (vermeintlich) teleologischen, der Vernunft folgenden Geschichts-entwicklung begründet erhofft bzw. realisiert (Schiller) werden.

Es ist ein kleines Wortkunstwerk, in dem Goethe die wesentlichen Thesen, Erkenntnisse, Einsichten und Postulate der Weimarer Klassik in eine dieser Epoche scheinbar widersprechende literarische Form gegossen hat: in die des Sonetts. Bekannt ist es unter dem Titel „Natur und Kunst".[298]

> Natur und Kunst, sie scheinen sich zu fliehen
> Und haben sich, eh man es denkt, gefunden;
> Der Widerwille ist auch mir verschwunden,
> Und beyde scheinen gleich mich anzuziehen.
>
> Es gilt wohl nur ein redliches Bemühen!
> Und wenn wir erst, in abgemeßnen Stunden,
> Mit Geist und Fleiß, uns an die Kunst gebunden;
> Mag frey Natur im Herzen wieder glühen.
>
> So ist's mit aller Bildung auch beschaffen.
> Vergebens werden ungebundne Geister
> Nach der Vollendung reiner Höhe streben.
>
> Wer großes will muß sich zusammen raffen.
> In der Beschränkung zeigt sich erst der Meister
> Und das Gesetz nur kann uns Freyheit geben.

Auf den ersten Blick befremdet die Form des Sonetts im Kontext der Klassik – gilt sie doch als bevorzugte Darstellungsweise antithetischer Thematik und Problematik, wie sie z. B. für den Barock typisch war. Goethe widerstrebte denn auch bis kurz vor der Niederschrift seines Gedichts diese Form, die er bezeichnenderweise in genau ebendieser ironisierte. Der Titel ist Programm:

---

298 Das Gedicht trägt ursprünglich keinen Titel, es ist Teil des Einakters „Was wir bringen", den Goethe anlässlich der Eröffnung des Theaters in Bad Lauchstädt – heute in Sachsen-Anhalt gelegen – im Juni 1802 verfasste; s. Goethe 1802, S. 70 f.

Das Sonett[299]

Sich in erneutem Kunstgebrauch zu üben,
Ist heil'ge Pflicht, die wir dir auferlegen:
Du kannst dich auch, wie wir, bestimmt bewegen
Nach Tritt und Schritt, wie es dir vorgeschrieben.

Denn eben die Beschränkung läßt sich lieben,
Wenn sich die Geister gar gewaltig regen;
Und wie sie sich denn auch gebärden mögen,
Das Werk zuletzt ist doch vollendet blieben.

So möcht' ich selbst in künstlichen Sonetten,
In sprachgewandter Maaße kühnem Stolze,
Das Beste, was Gefühl mir gäbe, reimen;

Nur weiß ich hier mich nicht bequem zu betten;
Ich schneide sonst so gern aus ganzem Holze,
Und müßte nun doch auch mitunter leimen.

Aber Goethes Skepsis im Stile herausfordernder Ironie verwandelte sich alsbald in die ernsthafte „heil'ge Pflicht", „[s]ich in erneutem Kunstgebrauch zu üben" und plötzlich wusste er – angeregt von und durch den Einfluss Gottfried August Bürgers (1747-1794) und den August Wilhelm Schlegels (1767-1845) – sich sehr wohl auch in der Form des Sonetts „bequem zu betten".

Der Dichter Bürger, Kind der Aufklärung und des Sturm und Drang, und der Literaturhistoriker und Übersetzer Schlegel griffen die ursprünglich romanische, seit dem Barock weitgehend vergessene Gedichtform wieder auf, befreiten sie jedoch von „eitle[r] Spielerei" und „künstlichen Gesetze[n]". Ziel ist ihnen „Hoheit und Füll' in engen Gränzen / Und reines Ebenmaß der Gegensätze [!]":

---

299 Entstanden ist „Das Sonett" vermutlich um 1800 im Zusammenhang mit einem Gedichtband August Wilhelm Schlegels, den dieser am 23. März 1800 an Goethe sandte. Darauf verweist die Titelgleichheit. Von den 91 Gedichten waren 62 Sonette.

Das Sonett[300]

Zwei Reime heiß' ich viermal kehren wieder,
Und stelle sie, getheilt, in gleiche Reihen,
Daß hier und dort zwei eingefaßt von zweien
Im Doppelchore schweben auf und nieder.

Dann schlingt des Gleichlauts Kette durch zwei Glieder
Sich freier wechselnd, jegliches von dreien.
In solcher Ordnung, solcher Zahl gedeihen
Die zartesten und stolzesten der Lieder.

Den werd' ich nie mit meinen Zeilen kränzen,
Dem eitle Spielerei mein Wesen dünket,
Und Eigensinn die künstlichen Gesetze.[301]

Doch, wem in mir geheimer Zauber winket,
Dem leih' ich Hoheit, Füll' in engen Gränzen.
Und reines Ebenmaß der Gegensätze.[302]

Goethes Sonett „Natur und Kunst" kann als Musterbeispiel für die Epoche der Klassik gelten: Es formuliert die Erkenntnis, dass weder das glühende, ungezähmte Gefühl des Sturm-und-Drang-Genies noch die nüchterne Vernunft-Logik des Aufklärers je für sich zur Humanität, Schönheit und wahrer Größe führen, sondern, dass es dazu beider in einem ausgewogenen, harmonischen Verhältnis bedarf: Die freifließenden naturgemäß anmutenden Verse fügen sich dabei klaren, doch kaum merklichen (Form-)Gesetzen. Nichts an ihnen erscheint künstlich, nichts gezwungen, Wort und Form verschmelzen zu einer Einheit.

Das Sonett ist – insbesondere die letzte Strophe – so in das kleine „Vorspiel" integriert, dass die Anlehnung an Schiller und dessen in Auseinandersetzung mit Kant gewonnene Erkenntnis kaum übergangen werden kann: dass nämlich Gefühl und Vernunft, Freiheit und Gesetz keine Gegensätze markieren, sondern dass sie das Schöne konstituieren, was gerade auch ethisch-moralisch bedeutsam (ästhetische Moral) ist.

Das Sonett, wie bereits erwähnt, ohne Titel, folgt direkt einem kleinen Passus des „Vorspiels", der selbst wiederum die Bedeutung der beiden sich nur scheinbar widersprechenden, realiter aber harmonierenden und sich bedingenden Elemente Sinnlichkeit („beglückt") und Vernunft („begriff") unterstreicht:

---

300 Schlegel 1846, S. 303-304

301 Der „eitle[n] Spielerei" und dem „Eigensinn [der] künstlichen Gesetze" gegenüber mahnt Bürger folgende Kriterien an:
„[V]ornehmlich alsdann ist das Sonnett gut, wann sein Inhalt ein kleines, volles, wohl abgerundetes Ganzes ist, das kein Glied merklich zu viel, oder zu wenig hat, dem der Ausdruck überall so glatt und faltenlos, als möglich, anliegt, ohne jedoch im mindesten die leichte Grazie seiner hin und her schwebenden Fortbewegung zu hemmen." Zitiert nach: Bürger 1789, S. 24; s. auch: https://www.uni-due.de/lyriktheorie/texte/1789_buerger.html

302 Diese Kriterien der Ausgewogenheit von Inhalt und Form, die Ablehnung inhaltsleerer Formen und Formeln und das „Ebenmaß der Gegensätze" hat sich auch Goethe zu eigen gemacht, was u. a. ein Brief an seinen Freund, den kulturpolitisch sehr einflussreichen Komponisten, Dirigenten und Musikpädagogen und Maurermeister Carl Friedrich Zelter (1758-1832) vom 26. Juni 1808 beweist. In Bezug auf ein Sonett des Dichters und Übersetzers Johann Heinrich Voß (1751-1826) bedauert Goethe in diesem Brief, dass ihm (Voß) „für [= vor] lauter Prosodie die Poesie ganz entschwunden" sei. Zitiert nach: Hehn 2016, S. 244, Anm. 1

Im Sinne schwebt mir eines Dichters alter Spruch,

Den man mich lehrte, ohne dass ich ihn begriff,

Und den ich nun verstehe, weil er mich beglückt.[303]

Diese Worte wie auch die des Sonetts sind einer von einem Knaben – Allegorie des Maskenhaft-Künstlichen – verfolgten Nymphe – Allegorie des Natürlichen, Lieblichen – in den Mund gelegt.

Bewusst wählt Goethe für dieses Sonett als Versmaß nicht den im Barock dominierenden Alexandriner, sondern den Endecasillabo. Bei diesem handelt es sich um einen 11-silbigen, jambischen, 5-hebigen, mit weiblicher Kadenz schließenden Vers. Er weist zwei Haupthebungen auf, deren eine stets auf der 10. Silbe liegt, während die 4. oder 6. Silbe den anderen Akzent trägt, dem eine Zäsur folgt. So gliedern sich die Verse des ursprünglich in der italienischen Dichtung beheimateten Endecasillabos in zwei ungleiche Teile.

Im Gegensatz zu der für die Darstellung antithetischer Inhalte prädestinierten strengen, ja starren Form des Alexandriners eignet dem Elfsilber trotz der ihm ebenfalls eindeutig vorgegebenen formalen Elemente eine auffällige Leichtigkeit. Er verzichtet auf die konsequent Gegensätze abbildende symmetrische Struktur des Alexandriners. Dieser teilt sich als Ergebnis einer sehr deutlich stehenden Zäsur nach der 3. der insgesamt sechs Hebungen in zwei gleiche Halbverse. Die Hauptakzente des Verses sind ebenfalls fix. Sie liegen auf der 6. und 12. Silbe. Oft alternieren die Versschlüsse zwischen männlicher und weiblicher Kadenz, was den antithetischen Charakter des ursprünglich französischen Versmaßes zusätzlich unterstreicht.

Aufgrund seines demonstrativ antithetisch angelegten Korsetts wirkt der Alexandriner im Deutschen beim akzentuierenden Vortrag relativ steif und leblos, während der Endecasillabo mit seinen klaren, nicht auf kontrastive Wirkung bedachten formalen Vorgaben ein eher lebendig-natürliches und zugleich in sich ruhendes harmonisches Klanggefüge erzeugt.

---

303 Goethe 1802, S. 70. Diese drei Verse stehen dem Sonett „Natur und Kunst" unmittelbar voran.

Veranschaulichung der unterschiedlichen Struktur der beiden Versmaße:

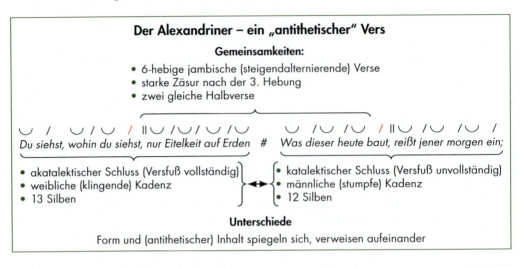

Der Alexandriner – ein „antithetischer" Vers

Gemeinsamkeiten:

- 6-hebige jambische (steigendalternierende) Verse
- starke Zäsur nach der 3. Hebung
- zwei gleiche Halbverse

Du siehst, wohin du siehst, nur Eitelkeit auf Erden   #   Was dieser heute baut, reißt jener morgen ein;

- akatalektischer Schluss (Versfuß vollständig)
- weibliche (klingende) Kadenz
- 13 Silben

- katalektischer Schluss (Versfuß unvollständig)
- männliche (stumpfe) Kadenz
- 12 Silben

Unterschiede

Form und (antithetischer) Inhalt spiegeln sich, verweisen aufeinander

---

Der Endecasillabo – ein „harmonischer" Vers

Durchgehend einheitliche Struktur:

- 5-hebige jambische (steigendalternierende) Verse
- akatalektischer Schluss (Versfuß vollständig)
- 11 Silben
- weibliche (klingende) Kadenz
- zwei Haupthebungen (davon eine beweglich auf 4. oder 6., die andere fest auf der 10. Silbe)
- Zäsur nach (meist) 4. oder 6. Silbe
- Zeile teilt sich in zwei ungleich lange Halbverse

Natur und Kunst, sie scheinen sich zu fliehen   #   Und haben sich, eh man es denkt, gefunden;

- akatalektischer Schluss (Versfuß vollständig)
- weibliche (klingende) Kadenz
- 13 Silben

- katalektischer Schluss (Versfuß unvollständig)
- männliche (stumpfe) Kadenz
- 12 Silben

Erläuterungen: ◡ = unbetonte Silbe, / = betonte Silbe, / = Haupthebung, ‖ = Zäsur, # = Versgrenze

3.1.1 Formanalyse

Aufbau	Zeilen-Nr.	Johann Wolfgang von Goethe ***Natur und Kunst***		Reimschema Kadenz	Thema	**Besonderheiten**
Quartett	1	⌣/⌣ / ⌣/⌣ / ⌣/⌣ Natur und Kunst, ‖ sie scheinen sich zu fliehen	Versmaß: Endecasillabo (= 11-Silber) Zeilenstil	a w	Natürliches und Künstliches sind entgegen ursprünglicher Überzeugung eng verbunden	koordinierende Konjunktion *und* (1) verdeutlicht die Verbundenheit; das rückverweisende *sie* (1) fasst beide Subjekte betont zusammen; Gegensätze *fliehen* (1) vs. *anziehen* (4), *verschwunden* (3) vs. *gefunden* (2) werden durch Reim harmonisiert; lyrisches Ich spricht im Singular, Dativus ethicus *mir* (3), deutet auf dessen besonderes Interesse; 2-maliges Reziprokpronomen *sich* (1, 2) im Sinne von „einander" unterstreicht wechselseitigen Bezug von Natur und Kunst.
	2	⌣/⌣ / ⌣/⌣ / ⌣/⌣ Und haben sich, ‖ eh man es denkt, gefunden;		b w		
	3	Der Widerwille ist auch mir verschwunden,		b w		
	4	Und beyde scheinen gleich mich anzuziehen.		a w		
Quartett	5	Es gilt wohl nur ein redliches Bemühen!		a w	Problematisierung und konkrete Anwendung auf Arbeitsalltag	Appell erscheint im Modus des Indikativs (5), nicht des Imperativs Wechsel von 1. Pers. Sing. zur 1. Pers. Pl. (6) Inversionen: *uns* (7), *frey* (8) *Und wenn wir erst in abgemeßnen Stunden* (6) statt „Erst wenn wir …" Ellipse: *gebunden* (7) statt „gebunden haben" *Natur* (8) und *Kunst* (7) stehen nicht in einer Zeile nebeneinander wie in V. 1 → Vereinigung setzt gewisse zeitliche Abfolge und *Bemühen* (5) voraus: *abgemeßnen Stunden* (6)
	6	Und wenn wir erst in abgemeßnen Stunden,	Enjambement	b w		
	7	Mit Geist und Fleiß, uns an die Kunst gebunden;		b w		
	8	Mag frey Natur im Herzen wieder glühen.		a w		
Terzett	9	So ists mit aller Bildung auch beschaffen.		c w	Generalisierung auf alle (Bildungs-)Bereiche	Synekdoche, Pars pro Toto: *ungebunde Geister* (10); Antonyme: *ungebunde* (10) vs. *gebunden* (7) Metapher: *Vollendung reiner Höhe* (11)
	10	Vergebens werden ungebunde Geister	Enjambement	d w		
	11	Nach der Vollendung reiner Höhe streben.		e w		
Terzett	12	Wer großes will muß sich zusammen raffen.		c w	Bedingungen für höchste Leistungen und Freiheit	Subjektsatz (12) Inversionen: *In der Beschränkung zeigt sich erst der Meister* (13) statt „Der Meister zeigt sich erst in der Beschränkung" *Und das Gesetz nur kann uns Freiheit geben* (14) statt „Nur das Gesetz kann uns Freiheit geben"
	13	In der Beschränkung zeigt sich erst der Meister	Zeilenstil	d w		
	14	Und das Gesetz nur kann uns Freyheit geben		e w		

Erläuterungen: ⌣ = unbetonte Silbe, / = betonte Silbe, **/** = Haupthebung, ‖ = Zäsur

3.1.2   Interpretationsskizze

1. Quartett

Das anaphorische Pronomen *sie* (V. 1) weist die durch die gleichordnende Konjunktion *und* (V. 1) bereits als im Wortsinn verbundenen Subjekte Natur und Kunst nachdrücklich als zusammengehörig aus, indem es die beiden in analytischer Ausdrucksform benannten Phänomene pointiert in synthetischer Form vereint. Die zweimalige Verwendung des Reziprokpronomens *sich* (V. 1, 2) in der Bedeutung „einander" signalisiert die starke Wechselbezüglichkeit zwischen Natur und Kunst. Dabei ist die Position des zweiten Reziprokpronomens eine besondere: Zum einen trägt es einen der beiden Hauptakzente des Verses, zum anderen folgt ihm unmittelbar eine deutliche Zäsur, deren Wirkung dadurch verstärkt wird, dass die syntaktische Einheit des Hauptsatzes nach dem Pronomen von der Parenthese *eh man es denkt* (V. 2) unterbrochen wird, was auf die Revision der Annahme verweist, Natur und Kunst zeichneten sich durch Gegensätzlichkeit („Widerwille", V. 2) aus. Die Korrektur dieses als unzutreffend erkannten Urteils vollzieht sich definitiv und nicht ohne spürbar nachklingende Verwunderung im nachfolgenden Vers: *Der Widerwille ist auch mir verschwunden* (V. 3).

Dennoch zeichnet sich diese erste Strophe durch einen neutral-passiven Duktus aus. Das lyrische Ich tritt nicht als Subjekt (Agens), sondern als Objekt (Patiens) in Erscheinung: als Objekt im Dativ (*mir*, V. 3) und im Akkusativ (*mich*, V. 4). Damit korrespondiert außerdem der Gebrauch der Passivumschreibung *eh man es denkt* (V. 2). Auch dass sich das lyrische Ich des Dativus ethicus bedient, unterstreicht dessen eher passive Haltung im Gegensatz zu der alternativ möglichen Formulierung „Auch mein Widerwille ist verschwunden".

Der Gegensatz zwischen Natur und Kunst ist also als ein trügerischer enttarnt. Beide sind sich einander ergänzende, ausgleichende, harmonisierende Kräfte. Dieser Ausgleich spiegelt sich auch formal, z. B. auf der lexikalischen und phonetischen Ebene, wider: Die Antithetik der Antonyme *gefunden* (V. 2) vs. *verschwunden* (V. 3) und *fliehen* (V. 1) vs. *anziehen* (V. 4) wird jeweils durch Endreim aufgehoben. Und indem die hellen (i) die dunklen (u) Vokale der Reimwörter einschließen, wird selbst deren Kontrast aufgehoben.

Dass im Übrigen entgegen der Logik das Partizip *gefunden* dem Partizip *verschwunden* vorangeht, könnte, selbst unter der Beachtung, dass sich hier beide Formen auf ein anderes Subjekte beziehen, als Hysteron-Proteron aufgefasst werden, das ebenso wie die Inversion (*gleich mich*, V. 4, statt „mich gleich") die Erkenntnis des lyrischen Ichs reflektiert, dass Natur und Kunst sich eben nicht wechselseitig ausschließen, sondern – im Gegenteil – einander bedürfen, sich zur Einheit fügen, sich ergänzen.

2. Quartett

Wie aber soll das lyrische Ich mit diesen beiden es nun in gleicher Weise einnehmenden Kräften umgehen? In seiner Antwort, die aufgrund der Verwendung des formalen Subjekts Es (V. 5) betont unparteiisch wirkt, postuliert das lyrische Ich direkt zu Beginn der zweiten Strophe ein *redliches Bemühen* (V. 5), nämlich sich an den Bedingungen für ein fruchtbares Zusammenwirken beider Kräfte und deren Interdependenz zu orientieren: Die Natur, die Neigung des Menschen in Form von Leidenschaft und Schöpfertum, wird erst dann wirken und sich zur höchsten Blüte frei entfalten können, wenn der Mensch zuvor in *abgemeßnen Stunden* (V. 6), also in den von der Gesellschaft „gesetz"-ten, „künstlichen" Ordnungen, der Arbeitszeit etwa, die ihm aufgetragenen Pflichten [*m*]*it Geist und Fleiß* (V. 7), also mit Vernunft und Willen, erfüllt hat. Erst wenn „[d]ie Kunst, die man ihm übertrug, / Gewissenhaft und pünctlich (ausgeübt)"[304] worden ist, wird *frey Natur im Herzen wieder glühen* (V. 8).

Im Gegensatz zur ersten Strophe spricht das lyrische Ich in der zweiten Versgruppe nicht mehr in der 1. Person Singular, sondern in der 1. Person Plural. Es inkludiert sich also selbst in den Adressatenkreis, begibt sich in die Gesellschaft, identifiziert und solidarisiert sich mit ihr.

Der Sprecher des Gedichts verharrt nicht mehr länger im Habitus des nur (passiv) Erkennenden, sondern wird zum strebsamen Künder eines Handelns, das sich gewissen, undisziplinierte Willkür ausschließenden Kriterien beugt. Die Implikation von Natur und Kunst, die Erkenntnis, dass diese jener als Möglichkeitsbedingung vorausgehen muss, bildet sich auf der formalsprachlichen Ebene als konditionales Satzgefüge ab, das sich über drei Zeilen erstreckt, von denen zwei durch Enjambements verbunden sind.

Bemerkenswert ist zudem, dass die Hypotaxe, an sich ein logisch gliederndes Konstrukt, durch die auffällige Inversion *wenn wir erst* (V. 6) eingeleitet wird. Der grammatischen Norm entsprechend müsste das Temporaladverb *erst* der Konjunktion vorangestellt werden. So wird selbst die Umkehrung dieser beiden Wörter zum Spiegel des Themas Natur (Inversion) und Kunst (Satzgefüge).

Im Vergleich zum ersten Quartett mit seiner eher symmetrischen, additiven und vom Zeilenstil geprägten Struktur verdeutlicht die zweite Strophe auch aufgrund ihrer syntaktischen Gestaltung in besonderer Weise die Komplexität der Thematik.

1. Terzett

Die dritte Strophe, das erste Terzett, generalisiert die in der zweiten Strophe am Beispiel des alltäglichen, des beruflichen Kontextes gemachten Aussagen: *So ists mit aller Bildung auch beschaffen* (V. 9) heißt es da. Bildung, das ist letztlich die Koinzidenz von Kunst und Natur, insofern nämlich Kunst als eine Art höhere, veredelte Natur verstanden werden muss, die mehr ist als nur Abbild der Natur. Auch verengt sich der Kunstbegriff keinesfalls auf die sogenannten schönen Künste (bildende Kunst, darstellende Kunst, Literatur und Musik), also auf vom Menschen mit außerordentlichem Geschick geschaffene Werke. Er umfasst ebenso erworbenes Wissen, angeeignete Kenntnisse und Fertigkeiten, berufliche wie soziale, die traditionell durch Zivilisation vermittelt werden und des Lernens und (Ein-)Übens bedürfen. Auch die Extension des Naturbegriffs ist umfassender, insofern sich der Begriff nicht auf die organische und unorganische Natur beschränkt, sondern auch das weder inneren noch äußeren Regeln unterliegende Spontane, Ungebundene im Menschen selbst mit einbezieht. Natur und Kunst in dem hier dargestellten Sinne müssen, um zur „Vollendung" (V. 11), zur Einswerdung zu gelangen, sich gegenseitig formen und ausbilden.

Erschließt sich diese Erkenntnis aufgrund der abstrakt-argumentativen Darstellung der Problematik im vorliegenden Sonett nicht ganz mühelos, ist ein Blick auf folgende konkrete Verse aus Goethes wenige Jahre zuvor entstandener[305] Ballade „Der Gott und die Bajadere"[306] (1797) hilfreich:

---

304 Goethe 1808, S. 71
     http://www.deutschestextarchiv.de/book/view/goethe_faust01_1808/?hl=Gewi%C5%BF%C5%BFenhaft;p=77
305 Entstanden ist die Ballade vermutlich zwischen dem 6. und 9. Juni 1797 in Jena. Veröffentlicht wurde sie erstmals
     in Schillers Musen-Almanach für das Jahr 1798; s. Schiller 1798, S. 188-193
     Volltext: https://gutenberg.spiegel.de/buch/gedichte-9503/151
306 „Bajadere" ist ein aus dem Portugiesischen stammender Begriff und bezeichnet eine (indische) Tempeltänzerin,
     die bei Gottesdiensten oder auch profanen Veranstaltungen auftritt.

> *Und er [Mahadö[307]] fordert Sklavendienste;*
> *Immer heitrer wird sie [Bajadere] nur,*
> *Und des Mädchens frühe Künste*
> *Werden nach und nach Natur.*[308]

2. Terzett

Das zweite Terzett ist mit dem ersten formal durch die gleiche Reimabfolge c d e verbunden. Inhaltlich wird ein weiteres Mal die Notwendigkeit disziplinierter Orientierung an den bereits genannten Maßgaben betont. Doch wird nun zusätzlich dezidiert eine Forderung erhoben: die strikte Konzentration auf ein Konzept. Denn allein *Beschränkung* (V. 13), also *Gesetz* (V. 14), ermöglicht die Freiheit zu vollendeter „Meister"-Leistung.[309]

Die im strengen Zeilenstil verfassten, inhaltlich aber zusammenhängenden Verse entfalten aufgrund ihrer betont asyndetischen Reihung (V. 12, 13) eine äußerst nachdrückliche und durch die Verwendung des wohl auffälligsten Stilmittels des Gedichts, die Inversion, eine geradezu apodiktische Wirkung. Es ist die implizite Aufforderung zur Umkehr (!) an die keine Schranken achtenden „ungebundne[n] Geister" (V. 10) der Stürmer-und-Dränger-Charaktere – möglicherweise auch bereits an die Romantiker –, die hier deutlich zu vernehmen ist und die sich formal in der häufigen Verwendung der rhetorischen Figur der Inversion spiegelt.

Im Übrigen kann auch in diesem Gedicht, und zwar hinsichtlich des Appells zur Konzentration, zum Sich-„[Z]usammenraffen" (V. 12), ein klassisches, also antikes Vorbild ausgemacht werden: Von Plinius dem Jüngeren (61/62 bis um 113) ist die Sentenz überliefert „Non multa, sed multum".[310] Was der römische Schriftsteller und Politiker auf die konzentrierte und sorgfältige Auswahl der Lektüre bezogen hatte, sollte auf alle „Künste" angewandt werden: Es ist besser, weniges konzentriert und gründlich als vielerlei oberflächlich auszuüben – eine der wesentlichen Aussagen dieses Sonetts.

3.2   Inbild literarischer Klassik: Goethes Drama *Iphigenie auf Tauris*

Auch wenn der Übersichtlichkeit halber im hier gesteckten Rahmen die Darstellung bzw. Analyse umfangreicherer epochentypischer Werke nicht vorgesehen ist, soll an dieser Stelle doch nicht auf einige Gedanken zu Goethes Drama „Iphigenie auf Tauris" verzichtet werden, gilt dieses doch als literarisches Muster der deutschen Klassik par excellence. Uraufgeführt wurde das Stück als Prosafassung am 6. April 1779.[311]

Bereits der Titel verweist darauf, dass der Stoff des Dramas der Antike, genauer der griechischen Mythologie entnommen und auch die Namensgebung selbst in Anlehnung an die Tragödie „Iphigenia in Tauris" des großen griechischen Dramatikers Euripides (um 480-406 v. Chr.) formuliert wurde:

---

307 Mahadö, auch Mahadöh (Mahadeva) ist der Beiname des hinduistischen Gottes Shiva.

308 Goethe und Schiller sehen in der Einswerdung, der Harmonisierung von Natur und Kunst das „Ideal", und zwar genau da, wo „die vollendete Kunst zur Natur zurückkehrt", Schiller 1844a, Anm. S. 339

309 Immer wieder trifft der Leser in klassischen Werken auf diesen zentralen Gedanken der Beschränkung, der Begrenzung.
So heißt es z. B. in Goethes Bildungsroman „Wilhelm Meisters Lehrjahre": *Der Mensch ist nicht eher glücklich, als bis sein unbedingtes Streben sich selbst seine Begränzung bestimmt.* Goethe 1796, S. 357

310 Die Sentenz ist mit „Nicht vielerlei, sondern viel" zu übersetzen und findet sich in Plinius' Briefen „Epistola", VII, 9.15.

311 Weil Goethe diese Form selbst als „ganz höckrig, übelklingend und unlesbar" empfand, nahm er sie im Spätsommer 1786 mit auf die Reise nach Italien und wandelte sie in ein Versdrama um.

Iphigenie, Tochter des Königs Agamemnon, König von Mykene und Feldherr der Griechen vor Troja, und der Klytaimnestra, sollte der Göttin Diana (Artemis) geopfert werden, um den griechischen Schiffen günstige Winde auf der Überfahrt nach Troja zu sichern. Sie wird von Diana gerettet und nach Tauris – einem nach griechischer Vorstellung barbarischen Land – gebracht. So entgeht sie einem tödlichen Schicksal, muss aber fern der Heimat der Göttin als Priesterin dienen. Dem Barbarenkönig des Landes, Thoas, und seinem rauen Volk, den Tauern, bringt und vermittelt sie milde Sitten. Deshalb und ihres edlen Wesens wegen bricht der König mit dem blutigen Brauch seines Landes, jeden Fremden den Göttern als Menschenopfer darzubringen, und hält um die Hand Iphigenies an. Sie aber weist ihn zurück, woraufhin er befiehlt, die alte Tradition des Menschenopfers wieder einzuführen. Orest und sein Freund Pylades, die auf der Insel gelandet sind und als Fremde gefangen gehalten werden, sind die Ersten, die von Thoas zum Tod bestimmt werden. Als Dianas Priesterin ist es Iphigenies Aufgabe, Thoas' Urteil zu vollstrecken. In Orest erkennt sie nun ihren eigenen Bruder. Beide fassen den Entschluss, Thoas zu täuschen und zu fliehen. Zunächst verzögert Iphigenie ihr Vorhaben, dann aber gesteht sie Thoas den Fluchtplan, sagt ihm offen die Wahrheit und nimmt ihn dadurch für sich ein. Nach anfänglichem Zögern gestattet Thoas den Geschwistern und dem Freund die Reise in ihre Heimat.

Das Stück offenbart die tiefe innere Zerrissenheit der Protagonistin. Sie steht in einem Konflikt zwischen zwei sich widerstreitenden Wertesystemen, an dem sie zu scheitern droht: Einerseits ist es ihre Aufgabe, der Göttin (Religion) zu dienen und der Weisung des Königs (Staat) zu gehorchen, andererseits stehen diesen Sollensforderungen die Liebe zu ihrer Familie und die Sehnsucht nach ihrer Heimat entgegen. Das Drama thematisiert eindrücklich die für die Klassik typische Problematik von Pflicht und Neigung und deren Lösung durch Harmonisierung der beiden vormals als unvereinbar geltenden Prinzipien. Nachdem sich Iphigenie in der Tat „redlich bemüht" und sich „mit Geist und Fleiß […] an die Kunst gebunden" hat, indem sie nämlich ihr Handeln selbstdiszipliniert an dem „Gesetz" der Wahrhaftigkeit ausrichtete, konnte „frei Natur [in ihrem] Herzen wieder glühen": Die Liebe zu ihrer Familie und die Sehnsucht nach ihrer Heimat finden Erfüllung. Und: Durch ihr Handeln hat sie einen Barbaren zum Menschen gebildet! So kann Iphigenie als perfekte Verkörperung des Ideals der Klassik, als „schöne Seele", gesehen werden, die jener „Stimme der Wahrheit und Menschlichkeit" folgt, von der sie sagt: *Es hört sie jeder, / Geboren unter jedem Himmel, dem / Des Lebens Quelle durch den Busen rein / Und ungehindert fließt.*[312]

Dass seine Protagonistin die makelloseste Verkörperung des klassischen Ideals, der Inbegriff von Humanität und Harmonie darstellt, dessen war sich Goethe wohl bewusst. In einem Brief vom 19. Januar 1802 an Schiller nennt er seine „Iphigenie" „ganz verteufelt human"[313] – ein (scheinbares) Paradoxon in die rhetorische Figur des Oxymorons gewandet als Statement, das an der Möglichkeit der Verwirklichung dieses Ideals – zumal im Revolutionszeitalter – deutlich vernehmbaren Zweifel anmeldet.

Auch hier wird der Inhalt, wie anhand des Sonetts „Natur und Kunst" aufgezeigt, in „abgemeßne" Formen gegossen: keine wie im Sturm und Drang sich am mündlichen Ausdruck orientierende, keine ungefilterte, die Rebellion des Gefühls transportierende Sprache, keine Kraftausdrücke, keine Vulgarismen. Stattdessen zeichnet sich das Drama durch eine edle Sprache aus. Gefühle und Sehnsüchte (Natur) werden sozusagen durch relativ strenge Formen (Vernunft) gebändigt und sublimiert. So leistet die Sprache auch hier ihren Beitrag zum Ausgleich, zur Harmonie von Leidenschaft und Geist, fungiert als Vermittlerin der Werte der Klassik und dient der ästhetischen Erziehung.

---

312 Goethe 1787, S. 120
313 zitiert nach: Dörr/Oellers 1999, S. 215

Konstitutiv für dieses und das (klassische) deutsche Drama überhaupt ist der Blankvers.[314] Es handelt sich um einen 5-hebigen reimlosen Jamben-Vers, der im Unterschied zum streng reglementierten Alexandriner und auch zum Endecasillabo über bestimmte Freiheiten verfügt. Zu Beginn kann er vom metrischen Schema abweichen, mitunter statt fünf auch vier oder sechs Hebungen aufweisen. Versschlüsse können männlich (stumpf) oder weiblich (klingend) gestaltet sein und sowohl katalektisch als auch hyperkatalektisch enden. Der Hakenstil (Enjambement) begegnet häufiger als der Zeilenstil:

> *Heraus in eure Schatten, rege Wipfel*
> *Des alten, heil'gen, dichtbelaubten Haines,*
> *Wie in der Göttin stilles Heiligthum,*
> *Tret' ich noch jetzt mit schauderndem Gefühl,*
> *Als wenn ich sie zum erstenmal beträte,*
> *Und es gewöhnt sich nicht mein Geist hierher.*
> *So manches Jahr bewahrt mich hier verborgen*
> *Ein hoher Wille, dem ich mich ergebe;*
> *Doch immer bin ich, wie im ersten, fremd.*
> *Denn ach mich trennt das Meer von den Geliebten,*
> *Und an dem Ufer steh' ich lange Tage,*
> *Das Land der Griechen mit der Seele suchend;*
> *Und gegen meine Seufzer bringt die Welle*
> *Nur dumpfe Töne brausend mit herüber.*
> *Weh dem, der fern von Eltern und Geschwistern*
> *Ein einsam Leben führt! […]*[315]

Adolf Friedrich Georg Wichmann:
Iphigenie auf Tauris (1862)

Wie anders geriert sich diese Sprache des Klassikers im Vergleich zum Stürmer und Dränger Goethe! Man erinnere nur an die legendäre Passage seines 1773 erschienenen, 1774 in Berlin uraufgeführten Dramas „Götz von Berlichingen mit der eisernen Hand" – Muster-Schauspiel des Sturm und Drang: Es ist in Prosa, also nicht in Versen abgefasst, der gesprochenen Sprache nachempfunden und wirkt wegen der häufigen asyndetischen Konstruktionen und stark elliptischen Sequenzen oft stakkatohaft. Und neben dem wohl bekanntesten Vulgarismus der deutschen Sprache und Literatur bedient es sich auch anderer Derbheiten:

> *[…]*
> *Halt dein Maul! Habt ihr Händel?*
> *[…]*
> *Mich ergeben! auf Gnad und ungnad! Mit wem redt ihr! Bin ich ein Räuber! Sag deinem Hauptmann vor ihro Kaiserlichen Majestät hab ich, wie immer, schuldigen Respekt. Er aber, sags ihm, er kann mich im Arsch lecken.*[316]

---

314 Die Bezeichnung leitet sich vom engl. *blank verse* ab und bedeutet reiner, d. h. reimloser Vers. Er entstammt der englischen Dichtung, wo er bereits im 16. Jh. bei der Übersetzung antiker Werke verwendet wurde, so von dem Dichter Henry Howard, Earl of Surrey (1516-1547) in seiner Übersetzung von Vergils *Aeneis*. Auf den Reim wurde bewusst verzichtet, weil man ihn mit der Würde (!) des antiken Epos als unvereinbar hielt.

315 Goethe 1787, S. 3-4

316 Goethe 1773, S. 6, 132-133

Nicht nur in puncto Sprache, auch hinsichtlich des Aufbaus, der Tektonik orientiert sich „Iphigenie auf Tauris", wie das klassische Drama generell, im Gegensatz zum Sturm und Drang an „Gesetzen".

Es folgt eindeutigen Bestimmungen der griechischen Antike, die sich aus Aristoteles' um 335 v. Chr. entstandener „Poetik" (poietike techne) ableiten lassen; z. B. ist neben der Einheit von Ort und Zeit auch die Forderung nach einer einsträngigen, linearen Handlung beachtet. Goethes „Götz" hingegen konfrontiert den Rezipienten nicht nur mit ständigen Ortswechseln, vielen Zeitsprüngen und Schlachtszenen, sondern auch mit einer Vielzahl von Figuren, die sich zudem unterschiedlicher Sprachebenen bedienen.

Goethe-und-Schiller-Denkmal vor dem Deutschen National-theater in Weimar

4. Dichter und Werke im Überblick[317] (Auswahl)

Dichter	Werke
Johann Wolfgang von Goethe (1749-1832)	*Iphigenie auf Tauris* (1779/87) Schauspiel *Torquato Tasso* (1780/89) Schauspiel *Wilhelm Meisters Lehrjahre* (1795/96) Bildungsroman *Hermann und Dorothea* (1796/97) Epos *Sonette* (1815/27) Sonetten-Zyklus *West-östlicher Divan* (1819/27) Gedichtsammlung *Urworte. Orphisch* (1820) Sammlung von Stanzen *Wilhelm Meisters Wanderjahre oder die Entsagenden* (1821) Roman
Friedrich Schiller (1759-1805)	*Don Karlos, Infant von Spanien* (1787) Drama *Wallenstein* (1798/99) Dramen-Trilogie *Musenalmanach* (1798) [enthält Balladen von Schiller und Goethe] *Maria Stuart* (1800) Drama *Wilhelm Tell* (1804) Drama Theoretische (philosophische) Schriften: *Über die ästhetische Erziehung des Menschen* (1793/95) *Über naive und sentimentalische Dichtung* (1795)
Johann Gottfried Herder (1744-1803)	*Briefe zur Beförderung der Humanität* (1793/97)
Johann Joachim Winckelmann (1717-1768)	*Gedanken über die Nachahmung der griechischen Werke in der Malerey und Bildhauerkunst* (Zweyte vermehrte Aufl. 1756) *Geschichte der Kunst des Alterthums* (1764)

---

317 Die Tragödie *Faust*, an der Goethe über 60 Jahre lang arbeitete, ist weniger als klassisches denn als epochenüber-greifendes Werk zu werten. Die häufiger der deutschen Klassik zugerechneten Dichter Heinrich von Kleist und Friedrich Hölderlin nehmen insofern eine Sonderstellung ein, als deren Werke weder eindeutig der Klassik noch der Romantik zuzuordnen sind.

5. Info-Grafik KLASSIK

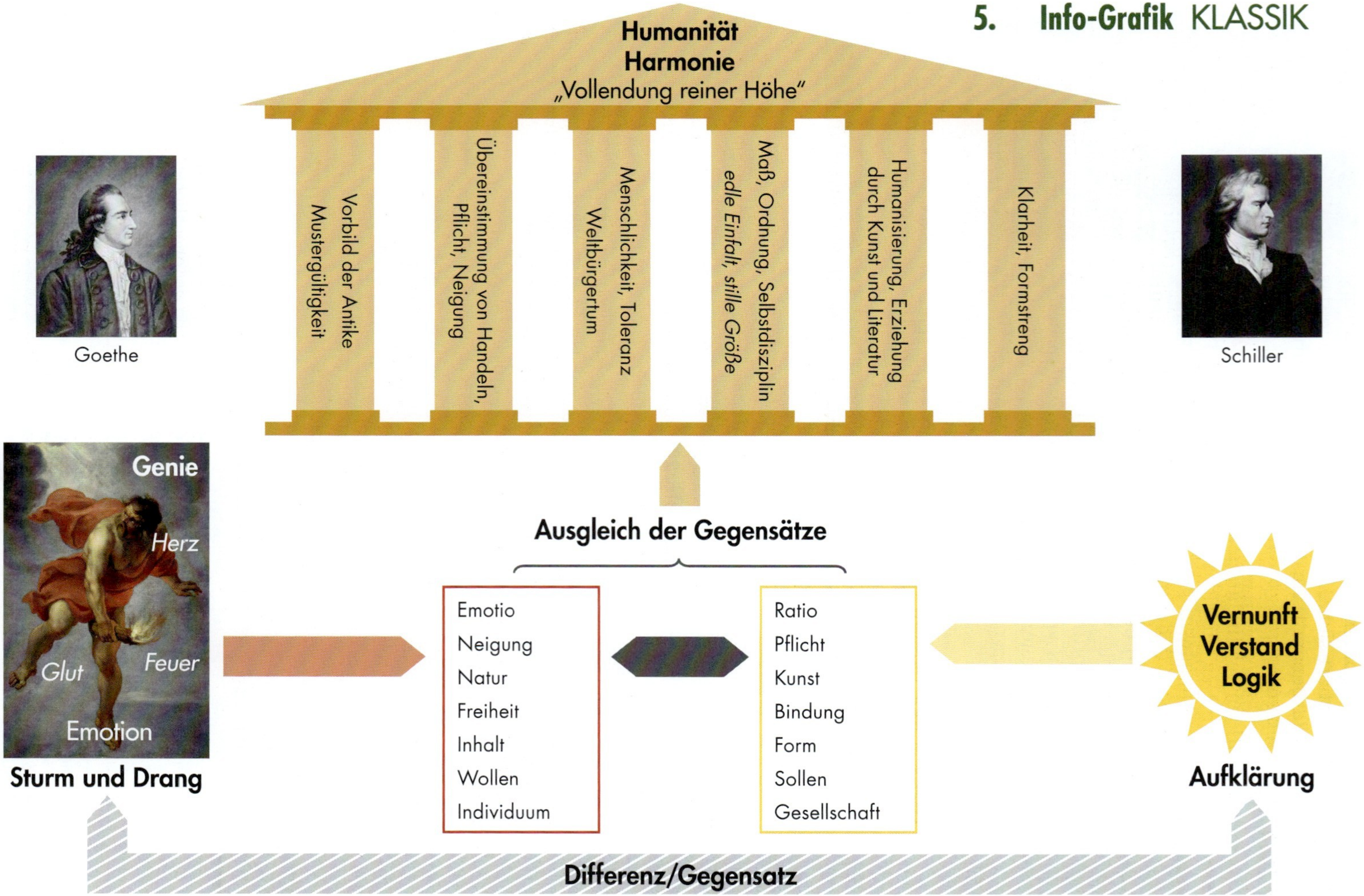

Schiller

Goethe

Vernunft
Verstand
Logik

Aufklärung

Differenz/Gegensatz

Ausgleich der Gegensätze

| Ratio |
| Pflicht |
| Kunst |
| Bindung |
| Form |
| Sollen |
| Gesellschaft |

| Emotio |
| Neigung |
| Natur |
| Freiheit |
| Inhalt |
| Wollen |
| Individuum |

Sturm und Drang

Genie

Herz

Feuer

Glut

Emotion

**Humanität
Harmonie**
„Vollendung reiner Höhe"

Klarheit, Formstreng

Humanisierung, Erziehung
durch Kunst und Literatur

Maß, Ordnung, Selbstdisziplin
edle Einfalt, stille Größe

Menschlichkeit, Toleranz
Weltbürgertum

Übereinstimmung von Handeln,
Pflicht, Neigung

Vorbild der Antike
Mustergültigkeit

1. Begriff

Das Wort „Romantik" lässt sich zurückführen auf das im 17. Jahrhundert bezeugte altfranzösische Adjektiv „romanz" bzw. „romant" und bedeutet „dem Geist der mittelalterlichen Ritterdichtung gemäß". Abgefasst war diese Literatur in der lingua romana[318], der Volkssprache der romanischen Länder[319], also nicht in der lingua latina, dem klassischen Latein, der damaligen Gelehrten- und Wissenschaftssprache. Erst im 18. Jahrhundert nahm das Adjektiv unter dem Einfluss des englischen „romantic", das seinerseits aus dem Französischen entlehnt worden war, die uns heute geläufigen Bedeutungen „poetisch, fantastisch, abenteuerlich, wunderbar, schwärmerisch, gefühlsbetont, stimmungsvoll, malerisch, geheimnisvoll"[320] an. Im 19. Jahrhundert wurde „romantisch" im Sinne von „die Romantik betreffend, von ihr geprägt" gebraucht, ehe die Bezeichnung als Quasi-Epochenbegriff in Abgrenzung zur Aufklärung und Klassik diente.

2. Romantik – eine eigene Epoche?

Die Romantik ist eine zur Klassik parallel verlaufende, dabei keinesfalls einheitliche Bewegung.[321] Insofern ist es zumindest problematisch und im eigentlichen Sinne frag-würdig, ob sie als eigene Epoche gesehen werden kann oder ob dadurch der Epochen-Begriff nicht ad absurdum geführt wird. Dieser zeichnet sich per definitionem ja gerade durch charakteristische, für das entsprechende Zeitalter typische Ordnungsprinzipien bzw. Merkmale aus.

Gemeinsam ist der Klassik wie der Romantik die Frage nach dem Verhältnis von Kunst und Lebenswirklichkeit, die sich infolge des Verlusts der Ganzheitlichkeit als Problem stellte. Die Behandlung des Themas und die Beantwortung der Frage bzw. deren Lösungsansätze hingegen sind äußerst unterschiedlich.

Trotz der Tatsache, dass es sich logisch verbietet, von gleichzeitig existierenden Epochen zu reden, und ungeachtet der Beobachtung, dass die neuere Literaturgeschichtsschreibung dazu tendiert, Klassik und Romantik trotz aller Unterschiede in der Bezeichnung „Kunstperiode" zusammenzufassen,[322] soll die Romantik hier wegen ihrer sich deutlich von der Klassik unterscheidenden Philosophie und aufgrund ihres spezifischen Lösungsansatzes bezüglich des zentralen Problems – des Verlusts der Ganzheit des Menschen – als eigene Epoche behandelt und dargestellt werden.

Das Tertium Comparationis zwischen Klassik und Romantik ist die Kunst. Deren Funktion aber ist eine in beiden Strömungen ganz und gar unterschiedliche. Während der Kunst in der Klassik die Aufgabe zugedacht ist, den infolge der Entfremdung von Mensch

---

318 Aus „lingua romana" entwickelte sich das Nomen „Roman". Zur Etymologie der Begriffe „Roman" und „Romantik" s. Duden, Bd. 7, 2014, S. 703; Kluge 1999, S. 691

319 zu nennen sind insbesondere Frankreich, Italien und Spanien

320 Nicht dem Epochenbegriff adäquat sind in der Umgangssprache oft im Zusammenhang mit „romantisch" bzw. „Romantik" konnotierte bzw. assoziierte Begriffe wie „kitschig", „sentimental", „rührselig" etc.

321 Im Gegensatz zu manch anderen Epochen ist die Romantik eine relativ heterogene Bewegung. Es gab unterschiedliche Gruppierungen, Zirkel und Strömungen. Ein lokales Zentrum, wie es z. B. Weimar für die Klassik war, gab es nicht.

322 vgl. Ulrich 2011, S. 70

und Natur erlittenen Verlust der ursprünglichen Ganzheit (Naivität)[323] zu kompensieren und die Einheit durch „ästhetische Erziehung des Menschen" wiederherzustellen, verweist die Kunst der Romantik immer wieder auf den dauerhaft schmerzlichen Status quo, auf die nicht wieder zu erreichende Ganzheit. Diese kann nach einer grundlegenden Theorie der Romantik, deren Prinzipien, Hypothesen und Grundüberzeugungen unten näher darzulegen sind, nur noch ex negativo gefasst werden: im und als Fragment.

3.   Historisch-geistesgeschichtlicher Hintergrund

3.1   Das Ende des Heiligen Römischen Reiches Deutscher Nation

Im Ersten Koalitionskrieg[324] (1792-1797) konnte sich das revolutionäre Frankreich (1792-1804) gegen ein Bündnis der um ihre Stellung fürchtenden europäischen Großmächte behaupten. Die Ideen und Ideale der Revolution, insbesondere in den von den Revolutionsarmeen besetzten Gebieten, konnten sich so rasch verbreiten. Da Frankreich auch im Zweiten (1798/99) und in weiteren Koalitionskriegen unter Napoleon Bonaparte (1769-1821) gegen die in wechselnden Koalitionen[325] organisierten (Groß-)Mächte Europas siegreich war, gewann es mehr und mehr Einfluss und Macht auf dem Kontinent. Dies führte im Verbund mit Ideen der Revolution letztlich zu den massivsten Änderungen und Umbrüchen in Europa seit dem Dreißigjährigen Krieg. Sinnfälligste Zeugen dieser Entwicklungen sind binnen wenigen Jahren sich rasant verändernde politische Landkarten, die seit dem 6. August 1806, dem Tag seiner Auflösung, kein „Heiliges Römisches Reich Deutscher Nation" mehr verzeichnen. Ursächlich für das Ende des Reiches war insbesondere der Zweite Koalitionskrieg.

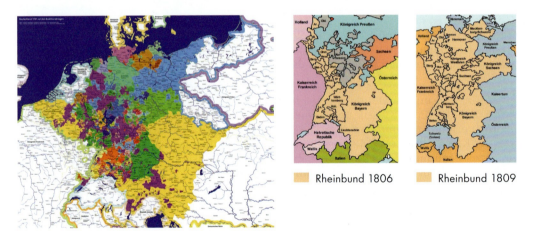

Deutschland vor den Koalitionskriegen von 1791

Rheinbund 1806   Rheinbund 1809

---

323 Die Entfremdung des Menschen von der Natur und den Verlust seiner angeborenen – im ursprünglichen Wortsinn – Naivität bedauerte bereits der Philosoph, Pädagoge und (empfindsame) Aufklärer Jean-Jacques Rousseau (1712-1778) in seiner 1755 erschienenen „Abhandlung über den Ursprung und die Grundlagen der Ungleichheit unter den Menschen" (s. Rousseau 2017) und in seinem 1762 veröffentlichten Hauptwerk, dem Roman „Émile oder Über die Erziehung" (s. Rousseau 2018).

324 Frankreich führte zwischen 1792 und 1815 sechs Kriege gegen wechselnde Koalitionen. Man spricht deshalb auch von Koalitionskriegen. Während man den ersten zuweilen als Revolutionskrieg bezeichnet, werden die nachfolgenden fünf auch napoleonische Kriege genannt, da sie unter der Herrschaft Napoleons geführt wurden.

325 An wechselnden Koalitionen gegen Frankreich beteiligt waren vorwiegend Österreich, Preußen, England, Russland, die Niederlande, Portugal, Spanien und auch das Osmanische Reich.

Nach Napoleons siegreichen Schlachten bei Marengo[326] und Hohenlinden[327] am 14. Juni bzw. 3. Dezember 1800 separierte sich Österreich von seinen Koalitionspartnern Russland und England und schloss im Februar 1801 mit dem Korsen den Frieden von Lunéville.[328] Der Preis dieses Friedens: Sämtliche linksrheinischen Gebiete fielen an Frankreich, was eine territoriale Neuordnung des Reiches bedingte. Seit November 1801 tagte daher die Reichsdeputation[329] in Regensburg,[330] die den am 27. März 1803 in Kraft getretenen sogenannten Reichsdeputationshauptschluss,[331] das letzte wichtige Gesetz des Reiches, verabschiedete. Es bestimmte, dass die weltlichen Fürsten, die ihre Besitztümer auf der linken Rheinseite an Napoleon bzw. Frankreich verloren hatten, durch Säkularisierung des gesamten Kirchenbesitzes und die Mediatisierung fast aller reichsunmittelbaren[332] Städte entschädigt werden sollten. So verschwanden 112 Kleinterritorien, die in größeren aufgingen. Einen Eindruck von diesen einschneidenden territorialen Veränderungen vermitteln die obigen drei Kartenausschnitte.

Damit waren die politischen und rechtlichen Grundpfeiler des Reichs erschüttert, sein Ende unabwendbar: Nachdem am 1. August 1806 die Rheinbundfürsten ihren Austritt aus dem Reich erklärt hatten, legte am 6. August Franz II. „die deutsche Kaiserkrone und das Reichsregiment" nieder.

3.2 Revolution von oben: die preußischen Reformen

Von besonderer Bedeutung war der vierte der Koalitionskriege (1806/07), den Napoleon – seit 1804 selbstgekrönter Kaiser der Franzosen – mit Unterstützung des gerade kurz zuvor gegründeten Rheinbundes gegen Preußen und das mit diesem verbündete Russland führte. In der Doppelschlacht bei Jena und Auerstedt am 14. Oktober 1806 wurde Preußen von den französischen Truppen vernichtend geschlagen. Die Niederlage offenbarte neben der deutlichen militärischen Unterlegenheit Preußens erhebliche organisatorische, politische, ökonomische und gesellschaftliche Schwächen, die den dort noch weitgehend vorherrschenden feudal-absolutistischen Strukturen geschuldet waren. Der preußische König Friedrich Wilhelm III. (1770-1840) sah sich deshalb veranlasst, Reformen im Geiste der der Französischen Revolution zugrunde liegenden Ideale der Aufklärung zu initiieren. Diese waren inzwischen auf Drängen Napoleons auch in den Fürsten- und Herzogtümern des Rheinbundes realisiert worden. Die Reformbestrebungen des preußischen Potentaten waren jedoch weniger das Ergebnis einer überzeugten aufgeklärten Haltung, vielmehr folgten sie der Not, waren Ausdruck machtpolitischen Kalküls: Hohe Reparationszahlungen an Frankreich, erhebliche Gebietseinbußen und der (vorübergehende) Verlust des Großmachtstatus drohten, die Moral der Bevölkerung zu untergraben. Sie sollte daher langfristig gestärkt werden und Preußen gegen Angriffe von außen künftig optimal gewappnet sein. Die Modernisierung Preußens von einem absolutistischen zu einem aufgeklärten Staat erfolgte so nicht durch einen blutigen Umsturz „von unten", sondern – sozusagen präventiv – durch Reformen „von oben". Die beiden wichtigsten von Friedrich Wilhelm III. mit der Durchführung von Reformen beauftragten Köpfe waren der preußische Staatsmann Freiherr Heinrich Friedrich Karl vom und zum Stein (1757-1831) und der ehemalige preußische Außenminister und spätere Staatskanzler Karl August

---

326 Marengo ist heute Stadtteil von Alessandria im Nordwesten Italiens.
327 Hohenlinden ist eine Gemeinde im heutigen Oberbayern.
328 Lunéville ist eine Stadt im Nordosten Frankreichs (Lothringen).
329 Reichsdeputation: reichsständischer Ausschuss im Heiligen Römischen Reich Deutscher Nation
330 Regensburg war Sitz des Reichstags.
331 „Hauptschluss" bedeutet Abschlussbericht.
332 Als „reichsunmittelbar" wurden im frühneuzeitlichen Heiligen Römischen Reich Deutscher Nation Territorialherren und Reichsstädte bezeichnet, die nicht der Landeshoheit eines Fürsten, sondern unmittelbar dem Kaiser unterstellt waren.
Diese „reichsunmittelbaren" Gebiete wurden ab 1803 mediatisiert, d. h. einem Landesherrn unterworfen.

Fürst von Hardenberg (1750-1822).[333] Beide waren – wie auch andere bedeutende Reformer[334] – ausgemachte Patrioten. Indem sie sich gegen die napoleonische Fremdherrschaft auflehnten, stärkten sie das gerade erwachende deutsche Nationalbewusstsein.[335] Über die wichtigsten Reformen informiert die folgende Tabelle:

Jahr	Die wichtigsten preußischen Reformen im Überblick
1807	<ul><li>Aufhebung der Ständeordnung</li><li>Befreiung der Bauern von Erbuntertänigkeit und Leibeigenschaft</li><li>Freiheit des Güterverkehrs</li><li>Freiheit der Eheschließung</li></ul>
1808	<ul><li>Städteordnung / kommunale Selbstverwaltung</li><li>Abschaffung der nicht verantwortlichen Kabinettsregierung, stattdessen: Fachministerien für Inneres, Äußeres, Finanzen, Krieg und Justiz</li></ul>
1810	<ul><li>Aufhebung des Zunftzwangs, stattdessen Gewerbefreiheit, d. h.: Adelige und Bauern können bürgerliche Berufe ergreifen.</li><li>Bildungsreform: Erziehung und Unterricht durch den Staat, allgemeine Schulpflicht, Einführung des Gymnasiums, Abitur als Voraussetzung zum Hochschulzugang</li><li>Freiheit von Lehre und Forschung an den Universitäten</li></ul>
1812	<ul><li>Juden-Emanzipation: In Preußen lebende Juden werden zu preußischen Staatsbürgern mit allen Rechten und Pflichten, freie Religionsausübung.</li></ul>
1814	<ul><li>Heeresreform: Volksheer mit allgemeiner Wehrpflicht statt eines Söldnerheers</li><li>Abschaffung der Prügelstrafe und des Spießrutenlaufens</li><li>Offizierslaufbahn nach Bildungs- und Leistungsprinzip auch für Bürgerliche möglich</li></ul>

3.3   Enttäuschte nationalstaatliche Hoffnungen – Gründung des Deutschen Bundes

Die von oben verordnete und gegen den um seine Privilegien fürchtenden Adel[336] konsequent und erfolgreich durchgeführte Reformpolitik machte Preußen unter Beibehaltung seiner konservativen Note zu einem modernen Staat mit effektivem Verwaltungssystem und effizientem Militär. Nachdem sich Preußen seit der vernichtenden Niederlage bei Jena und Auerstedt 1806 nicht mehr am Waffengang gegen Napoleon beteiligt hatte, erklärte es am 17. März 1813 dem von Russland geschlagenen Frankreich den Krieg.[337] In seiner am selben Tag gehaltenen Rede „An mein Volk" warb König Friedrich Wilhelm III. um Unterstützung im Kampf gegen den „fremden Unterdrücker", indem er emphatisch an die Ehre und den Patriotismus seiner „Preußen und Deutsche[n]" appellierte:

---

333   Nach ihren beiden wichtigsten Betreibern werden die Reformen auch als Stein-Hardenbergische Reformen bezeichnet.

334   z. B. die Heeresreformer Gerhard von Scharnhorst (1755-1813) und Graf Neidhardt von Gneisenau (1760-1831)

335   Freiherr vom Stein wurde auf Drängen Napoleons wegen seiner Antihaltung ihm gegenüber von Friedrich Wilhelm III. entlassen und begab sich für einige Jahre ins Exil nach Böhmen und Mähren. Hardenberg sprach sich für einen preußisch-russischen Krieg gegen Napoleon aus und musste auf dessen Initiative hin zurücktreten.

336   Besonders das Junkertum im ostelbischen Preußen, adelige Grundbesitzer zumeist, sah seine Privilegien und seine Machtstellung gefährdet und forderte zum Widerstand auf.

337   Es war Freiherr vom Stein, der den russischen Zaren Alexander I. (1777-1825), in dessen Diensten Stein seit 1812 als Berater stand, dazu bewegte, sich Napoleon nicht geschlagen zu geben, nachdem dieser bereits Moskau eingenommen hatte. Schließlich brachte Russland Napoleon die erste Niederlage bei. Und es war ebenfalls der geschasste preußische Reformer, der den Zaren dazu anhielt, den Kampf gegen Napoleon über die Grenzen Russlands hinaus fortzusetzen.
Dass im Übrigen das am 10. März 1813 von Friedrich Wilhelm III. gestiftete „Eiserne Kreuz" als Orden unabhängig von Stand und militärischem Rang verliehen werden konnte, ist zugleich ein überzeugender Beweis für die ernsthafte Umsetzung der „aufgeklärten" preußischen Reformen.

*Ihr wißt, was euer trauriges Los ist, wenn wir den begin-
nenden Kampf nicht ehrenvoll enden. [...] Aber, welche
Opfer auch von Einzelnen gefordert werden mögen, sie
wiegen die heiligen Güter nicht auf, für die wir sie hingeben, für die wir streiten und siegen müssen, wenn wir
nicht aufhören wollen, Preußen und Deutsche zu seyn.*

*Es ist der letzte entscheidende Kampf, den wir bestehen
für unsere Existenz, unsere Unabhängigkeit, unseren
Wohlstand; keinen anderen Ausweg gibt es als einen
ehrenvollen Frieden oder einen ruhmvollen Untergang.
Auch diesem würdet Ihr getrost entgegengehen um der
Ehre willen, weil ehrlos der Preuße und der Deutsche
nicht zu leben vermag.*[338]

Friedrich Wilhelm III.

Deutscher Bund 1815-1866

Schließlich gelang es Preußen im Fünf-
ten bzw. Sechsten Koalitionskrieg (1813-
1815), in den sog. Befreiungskriegen, mit
seinen Bündnispartnern Russland, England, Österreich, Schweden und vielen
deutschen Kleinstaaten die französische
Vorherrschaft zu brechen und Napoleon
zu besiegen.

Die Hoffnung auf die nationale Einheit
indessen, die viele Deutsche im Rahmen einer politischen und territorialen
Neuordnung Europas – nach Napoleons
endgültigem Scheitern bei Waterloo 1812
– auf dem Wiener Kongress (1814/15) ge-
hegt hatten, wurde enttäuscht. Man hatte
befürchtet, dass ein einheitlicher deutscher Nationalstaat das Gleichgewicht
in Europa gefährden könnte, das man in
einer Koexistenz der fünf Großmächte
Russland, England, Frankreich, Preußen
und Österreich eher garantiert sah.

Statt eines von den liberalen, demokratischen, nationalen Kräften anvisierten Bundes-
staates mit einer demokratischen Verfassung kam es daher lediglich zu einem Staatenbund, der am 8. Juni 1815 als Deutscher Bund gegründet wurde, nachdem 35 deutsche
Fürstentümer und vier freie deutsche Städte die sogenannte Bundesakte unterzeichnet
hatten. So versprach man einander zwar gegenseitigen (Verteidigungs-)Schutz, auf einheitliche Gesetze, eine gemeinsame Wirtschaftsordnung oder gar auf eine Verfassung
konnten sich Preußen und Österreich jedoch nicht einigen.

Dennoch: Ein Blick auf die Karte zeigt, dass sich der ehemals unübersichtliche Flickenteppich des Heiligen Römischen Reiches Deutscher Nation mit seinen nahezu 400 Einzelterritorien zu einem deutlich weniger fragmentierten, übersichtlicheren Gebiet entwickelt hatte. Viele Kräfte – unter ihnen bedeutende Literaten der Romantik – hielten
auch deshalb weiter an der Idee eines einheitlichen Nationalstaates fest und beförderten
diese nachhaltig. Zeichen hierfür waren u. a. die intensive Beschäftigung mit der deutschen Sprache und deren Geschichte, die Begründung der Germanistik als Wissenschaft
von der deutschen Sprache und Literatur sowie die Sammlung von Volksmärchen.

---

338   zitiert nach: Krebs, Gilbert/Poloni, Bernard 1994. S. 25

Nicht zuletzt aber war gerade auch die Theorie der Romantik, ihre Forderung nach einer „progressiven Universalpoesie",[339] welche quasi als „lingua universalis" die Vereinigung aller getrennten literarischen Gattungen der Poesie anstrebt, Ausdruck eines Einheitsgedankens, eines Einheitswunsches. Ausgehend von der Literatur erfasste die Romantik die Malerei, die Musik, die Religion, die Wissenschaften, ja die gesamte deutsche Kultur. Schließlich wurde die Romantik von einer deutschen zu einer gesamteuropäischen Geistes- und Kulturbewegung.

3.4   Natur und Geist als in der Kunst verschmelzende Formen eines Urprinzips

Mit ihrer einseitig rationalen Ausrichtung, ihrem mathematisch-physikalischen, mechanistischen Denken und ihrem Nützlichkeitskalkül hat die Aufklärung die Welt nach Meinung der Romantiker in einen „verkehrte[n]" Zustand[340] manövriert, aus dem sie nun befreit werden sollte. Der eindimensionalen Verstandesorientierung setzten die Romantiker eine Synthese unterschiedlicher Kräfte und Fähigkeiten des Menschen entgegen, insbesondere sein emotionales, intuitives Vermögen und seine schöpferische Kraft. Die Blindheit der Aufklärung für das nicht durchweg mathematisch Kategorisierbare, das logisch Analysierbare, das Individuelle, Einmalige, Lebendige und Organische hat den Menschen von sich und von der Natur entfremdet.

Diese Gefahr hatte bereits der weitsichtige Aufklärer Jean-Jacques Rousseau (1712-1788) erkannt[341] und zu einer Korrektur aufgefordert. Doch erst jetzt, in der Romantik, sollte sein Diktum Wind in die Segel bekommen.

Das geistesgeschichtlich-philosophische Fundament der Romantik bildet der deutsche Idealismus, insbesondere Friedrich Wilhelm Joseph Schellings (1775-1854)[342] Naturphilosophie.[343] Sie markiert den Kern der (früh-)romantischen Theorie, deren konsequente, kürzeste und zugleich dichteste literarische Transformation wohl Novalis mit seinem Gedicht „Wenn nicht mehr Zahlen und Figuren / Sind Schlüssel aller Kreaturen [...]"[344] gelungen ist.

Schelling hebt die seit Descartes (1596-1659) vertretene und die Aufklärung bestimmende Trennlinie zwischen Geist, denkendem Ich („res cogitans") einerseits und ausgedehnter Wirklichkeit, Natur („res extensa") andererseits auf. Natur und Geist entstammen einem einzigen Urgrund, den der Jenaer Philosoph metaphorisch „Weltseele" nennt.[345] Schelling vertritt also einen Monismus, d. h. die Auffassung, dass allem Sein ein einziges Prinzip zugrunde liegt. Alles Leben ist, so Schelling, eine Schöpfung der Natur, die ursprünglich eine Welt lebloser Materie war. Aus dieser toten Materie entstand das Leben, das sich in einem fortschreitenden Prozess entwickelt: von der Pflanzen- und Tierwelt

---

339   Der für die Romantik grundlegende, von Friedrich Schlegel (1772-1829) geprägte Begriff „Universalpoesie" wird im Zusammenhang mit der Theorie der Romantik unten näher zu erläutern sein; „progressiv" bedeutet hier „fortschreitend, fortschrittlich, sich immerzu erweiternd, nicht abzuschließen".

340   Novalis' Gedicht „Wenn nicht mehr Zahlen und Figuren / Sind Schlüssel aller Kreaturen" schließt mit den Versen „Dann fliegt vor Einem geheimen Wort / Das ganze verkehrte [!] Wesen fort."

341   Neben Rousseau verwiesen auch seine Zeitgenossen, die Schweizer Philologen Johann Jakob Breitinger und Johann Jakob Bodmer, kritisch auf die einseitig rationale Note der Aufklärung, indem sie die Beachtung auch des schöpferischen Elements forderten, so z. B. Bodmer in seiner 1740 erschienenen „Critische[n] Abhandlung von dem Wunderbaren in der Poesie".

342   Schelling begründete in Jena neben den Brüdern August Wilhelm und Friedrich Schlegel, Johann Ludwig Tieck (1773-1853), Novalis (1772-1801) und Heinrich Steffens (1773-1845) die romantische Schule.

343   Diese entwickelte er im Wesentlichen in seinem 1797 in Jena erschienenen Werk „Ideen zu einer Philosophie der Natur".

344   vgl. Anm. 2. Das Nomen „Kreaturen" ist ein Lehnwort aus dem Lateinischen (*creare* = schaffen, erschaffen), bezeichnet also das für die Romantik so wichtige Element des Schöpferischen im Gegensatz zu den nüchternen mathematischen, geometrischen Formeln und logischen (syllogistischen) „Figuren".

345   vgl. den Titel von Schellings 1798 erschienener Schrift: „Von der Weltseele"

bis hin zum Menschen. Dreierlei gilt es bei Schellings Naturbegriff zu beachten: 1. Die Natur ist eine Einheit; 2. Natur ist kein Zustand, sondern ein Prozess; 3. Die Menschen sind aus diesem Prozess als integraler Bestandteil hervorgegangen.

Der Geist ist gegenüber der Materie kein eigenes, ihr entgegengesetztes Prinzip: Geist und Materie sind zwei verschiedene, in einem kontinuierlichen, unauflösbaren Zusammenhang stehende Aspekte eines einzigen Prozesses. Das bedeutet: Der Mensch befindet sich nicht außerhalb der Welt, so als stünde er der Natur entgegen, was die Aufklärung tendenziell annahm. Vielmehr ist er Teil der Natur, quasi vergeistigte Materie. Dies wiederum bedeutet, dass die Materie selbst potenzieller bzw. latenter Geist sein muss: „Die Natur soll der sichtbare Geist, der Geist die unsichtbare Natur sein."[346]

Die beeindruckendste Eigenschaft der Natur ist ihre Schöpferkraft. Denn für Schelling ist Natur nicht wie für die Naturwissenschaften bloßes Objekt, natura naturata, geschaffene Natur, sondern natura naturans,[347] also sich bildende, schaffende, schöpferische Kraft. Das vornehmste ihrer Erzeugnisse ist der selbst schöpferisch tätige Mensch und Kunst die geistig bedeutsamste schöpferische Tätigkeit. Zwar besteht ein grundlegender Unterschied zwischen dem Schöpfungsprozess des Menschen und dem der übrigen Natur. Denn ersterer ist ein sich selbst bewusster Prozess. Doch weil der Mensch integraler Bestandteil der Natur ist, wird auch diese in der Kunst ihrer selbst inne.

Dies erklärt die beiden für die Romantik wesentlichen charakteristischen Sujets: Natur und Künstler. Diesem ist es weniger um die objektive Wiedergabe der Naturphänomene zu tun als vielmehr um deren Spiegelungen im eigenen Inneren und um sein subjektiv-intuitives Empfinden, Ahnen und Erkennen. So weist die Natur über sich selbst, über das sinnlich Erfahrbare hinaus.

Dieser Innerlichkeit – Ausdruck der Wertschätzung und Originalität des Individuums – begegnet man in der Romantik allenthalben; sei es im Kontext der Philosophie, der Malerei oder der Literatur, sei es in expositorischer oder fiktiver Diktion.

> *Merke auf dich selbst: Kehre deinen Blick von allem, was dich umgibt, ab und in dein Inneres – ist die erste Forderung, welche die Philosophie an ihren Lehrling tut*[348],

appellierte und konstatierte der neben Schelling wichtigste und einflussreichste Philosoph der Romantik, Johann Gottlieb Fichte (1762-1814), in der Einleitung seiner „Grundlage der gesamten Wissenschaftslehre" von 1794/95.

> *Der Maler soll nicht bloß malen, was er vor sich sieht, sondern auch was er in sich sieht. Sieht er aber nichts in sich, so unterlasse er auch zu malen, was er vor sich sieht. Sonst werden seine Bilder den spanischen Wänden gleichen, hinter denen man nur Kranke oder gar Tote erwartet*[349],

riet der bedeutendste Maler der deutschen Romantik, Caspar David Friedrich (1774-1840).

---

346 zitiert nach: Danz/Jantzen 2011, S. 104
   Schellings Philosophie wird auch als Identitätsphilosophie bezeichnet, weil sie Natur und Geist nicht als zwei verschiedene, gegensätzliche Entitäten (Wesenheiten) betrachtet, sondern als ein und dieselbe, welche sich in unterschiedlichen Formen manifestiert.

347 natura naturata" bezeichnet die gewirkte Natur, die Welt der Einzeldinge, „natura naturans" dagegen die erzeugende, schaffende Natur. Beide philosophischen Termini haben dichotomische Unterscheidungsfunktion und begegnen insbesondere in der Identitätsphilosophie Baruch de Spinozas (1632-1677), mit der dieser bereits den Versuch unternahm, den cartesianischen Dualismus der zwei Substanzen („res cogitans" und „res extensa") zu überwinden.

348 zitiert nach: Knoepffler 2000, S. 85

349 zitiert nach: Carus 1841, S. 11

Und in Novalis' philosophischer Schrift „Blüthenstaub",[350] einer Sammlung von 114 Aphorismen und Kurz-Essays, heißt es im Fragment Nr. 16:

> *Nach innen geht der geheimnisvolle Weg. In uns, oder nirgends ist die Ewigkeit mit ihren Welten, die Vergangenheit und die Zukunft.*[351]

3.5   Verklärung des Mittelalters

Dieses Eins-Sein von Natur und Geist, deren Verschmelzung in der Kunst, in welcher der Dualismus von Realem und Idealem, Bewusstem und Unbewusstem, Vergangenheit und Gegenwart, Endlichem und Unendlichem auf einer höheren Stufe aufgehoben ist, gilt den Romantikern als paradiesischer Zustand. Ihn sahen sie, scheinbar rückwärtsgewandt, nicht wie die Klassik in der Antike, sondern im Mittelalter verwirklicht, weshalb sie diese Ära, die der Aufklärung als finster und rückständig galt, idealisierten.

In einer Zeit, in der der Nationalstaatsgedanke vor dem Hintergrund der napoleonischen Kriege sich immer deutlicher artikulierte,[352] beschwört Novalis in sehnsuchtsvoller Gestimmtheit das Mittelalter als ein Zeitalter, in dem Europa durch die „eine Christenheit" geeint gewesen sei:

> *Es waren schöne glänzende Zeiten, wo Europa ein christliches Land war, wo Eine Christenheit diesen menschlich gestalteten Weltteil bewohnte; Ein großes gemeinschaftliches Interesse verband die entlegensten Provinzen dieses weiten geistlichen Reichs.*[353]

Charakteristisch für die Geschichtsauffassung der Romantik ist ein dreistufiges, als ‚romantische Triade' bezeichnetes Entwicklungsmodell. Es ist Folie auch für Novalis' Mittelalter-Verklärung:

Auf die Phase der ursprünglichen Einheit von Mensch und Natur folgt deren Verlust, ehe dann in einer dritten Phase die ursprüngliche Ganzheit – nun auf einer höheren Stufe – wiedergewonnen wird.

Vor allem der Verlust der identitätsstiftenden Kraft der Religion durch die Reformation und die Aufklärung evozierte in der Romantik ein Gefühl der Zerstückelung des Daseins. Greifbar wird die Fragmentierung u. a. in der Trennung von Gelehrten und Geistlichen.[354] Im „sola scriptura"-Prinzip[355] der Reformation, das die Bibel zur alleinigen Grundlage des Glaubens autorisiert hatte, sahen die (Früh-)Romantiker gar die Substitution der Religion durch Philologie. Das mit dieser Trennung verbundene Gefühl des Verlusts der Ganzheit

---

350 „Blüthenstaub" erschien 1798 in der von August Wilhelm und Friedrich Schlegel herausgegebenen frühromantischen Zeitschrift „Athenaeum" und zählt zu den wichtigsten nichtfiktionalen philosophischen Schriften der Romantik.

351 Novalis 2015, S. 362

352 So versuchte z. B. Johann Gottlieb Fichte mit und in seinen flammenden „Reden an die deutsche Nation" (1807/08), ein Nationalgefühl zu wecken. Wortgewaltig plädierte er für die Gründung eines deutschen Nationalstaates.

353 Novalis 2015, S. 452
Bei dieser Schrift handelt es sich um eine 1799 entstandene Rede, der Novalis den Titel „Europa" gab. Als vollständiger Druck erschien sie jedoch erst 1826 unter dem nicht von Novalis stammenden längeren Titel, nachdem 1802 bereits Teile der Rede veröffentlicht worden waren.

354 Dichter und Priester gelten der Romantik als ursprünglich eins. „Dichter und Priester waren im Anfang Eins, und nur spätere Zeiten haben sie getrennt. Der ächte Dichter ist aber immer Priester, so wie der ächte Priester immer Dichter geblieben.
Und sollte nicht die Zukunft den alten Zustand der Dinge wieder herbeiführen?", heißt es im 71. Fragment von Novalis' „Blüthenstaub". Zitiert nach: http://www.zeno.org/Literatur/M/Novalis/Fragmentensammlung/Bl%C3%BCthenstaub

355 Der lateinische Ausdruck „sola scriptura" bedeutet „allein durch die [Heilige] Schrift" und besagt, dass die Heilsbotschaft allein und hinreichend durch die Bibel vermittelt wird, sie also keiner weiteren Ergänzung durch die bzw. einer Kirche bedarf. Die Wendung geht auf Martin Luther (1483–1546) zurück.

versuchten viele protestantische Dichter durch Konversion zum katholischen Glauben zu kompensieren. Friedrich Schlegel, einer der führenden Köpfe der Frühromantik und selbst Spross einer protestantischen Pfarrersfamilie, ist nur einer, wenngleich der wohl prominenteste der zahlreichen Konvertiten,[356] denen der Katholizismus die Urform des noch nicht zersplitterten Christentums war.

Auch von der im Mittelalter von den Klöstern ausgehenden Mystik zeigte sich die Romantik beeindruckt und beeinflusst. Die individuelle, innere, ganzheitliche Erfahrung ist der Mystik wesentlich und von (noch) größerer Autorität als die Schrift oder Dogmen.[357]

Das verlorene, als „goldenes Zeitalter" idealisierte Mittelalter soll durch Poesie, d. h. durch Zusammenfassung aller Gegenwelten, in einer umfassenden Synthese wiedergewonnen werden.

Dem Philister, Inbegriff eines im normativ-bürgerlichen Alltag gefangenen kleingeistig-spießbürgerlichen Menschen ohne Sinn für Natur und Kunst, setzten die Romantiker den poetischen Menschen, d. h. den unkonventionellen, schöpferischen, freien und den bis zum Übersinnlichen hin Grenzen überschreitenden Enthusiasten[358] entgegen. Künstler, Wanderer, Reisende, Träumer und auch Wahnsinnige sind daher häufig vorkommende typische Protagonisten in der Literatur bzw. Motive in der Malerei. Caspar David Friedrichs berühmte Gemälde „Wanderer über dem Nebelmeer" oder „Der Träumer" sind Beispiele hierfür.

4. Stadien

Die Romantik ist Spiegel auch der politisch-gesellschaftlichen Verfasstheit Deutschlands zu Beginn des 19. Jahrhunderts: Während die Klassik eine auch geografisch (Weimar) homogene und die Aufklärung eine einheitliche, rational auf Vernunfttatsachen ausgerichtete Erscheinung war, ist die Romantik keine in sich geschlossene Bewegung. Sie umfasst eine Reihe von Gruppierungen, die sich an unterschiedlichen Orten bilden und teils nacheinander, teils nebeneinander bestehen. Insofern ist sie auch Reflex der politischen Situation der Zeit und ein nachrevolutionäres Konzept. In ihrem Bestreben nach Einheit,[359] das sich sowohl in der Forderung nach einer Universalpoesie (Frühromantik, Universalromantik) als auch in der Hinwendung zur Sprach- und Geschichtsforschung

---

356 Selbst wenn Dichter nicht zum katholischen Glauben konvertierten, so war er ihnen doch als „echte Religion unverkennbar", wie der Protestant Novalis in „Die Christenheit oder Europa" betont. Vgl. Novalis 1996, S. 88

357 Von kaum zu überschätzendem Einfluss auf die Romantiker, namentlich auf Friedrich Schlegel, Ludwig Tieck und Novalis, sowie auf die Philosophie des deutschen Idealismus waren die Lehren und Schriften des zu seiner Zeit als „gefährlicher Enthusiast" angefeindeten Görlitzer Mystikers Jakob Böhme (1575-1624). Insbesondere dessen Hauptwerk „Aurora. Die Morgenröte im Aufgang" (1612) fand großen Widerhall. Der folgende kurze Auszug enthält in nuce bereits deutlich das spätere Programm der (Früh-) Romantik und das für diese Epoche bestimmende Begriffsinventar: Distanz zu bzw. kritisches Bewusstsein gegenüber der Ratio und dem Bücherwissen, innig erlebte Beziehung zur Natur, Innerlichkeit, tiefe Religiosität, Einheit und gemeinsamer Ursprung allen Seins: „Du wirst kein Buch finden, da du die göttliche Weisheit könntest mehr inne finden zu forschen, als wenn du auf eine blühende Wiese gehest, wiewohl es nur ein Gleichnis ist. So man aber will von Gott reden, so muss man fleißig erwägen die Kräfte in der Natur, dazu die ganze Schöpfung, Himmel und Erden sowohl Sternen und Elementa und die Kreaturen, so aus denselben sind herkommen. Der Himmel ist überall, auch in dir selber." Zitiert nach: Reinartz, 2013

358 Der aus dem Griechischen entlehnte Begriff „Enthusiasmus" bedeutet ursprünglich „Inspiration durch göttliche Eingebung", entstammt also dem für die Romantik wichtigen Wortfeld „Religion" und „Mystik" und kontrastiert mit dem nüchtern-luziden Begriffsvokabular der Aufklärung und der Klassik.
Ein typischer Vertreter eines (romantischen) Enthusiasten ist z. B. der Protagonist in Joseph von Eichendorffs 1826 erschienener Novelle „Aus dem Leben eines Taugenichts", der entgegen jeder philiströsen Verwunderung eines Portiers Blumen in seinem Garten sät statt Kartoffeln anzubauen und sich souverän über den Philister-Rat eines Gärtners erhebt, „fein nüchtern und arbeitsam" zu sein, „nicht in der Welt herum[zu]vagieren, keine brotlosen Künste und unnützes Zeug [zu] treiben".

359 Einheit ist hier im Sinne eines organischen, sich zu einer Ganzheit entwickelnden Werde-Prozesses zu verstehen, in dem sich das Absolute offenbart: die Ganzheit des Universums, des Leibes, der Seele und des Geistes, des Wissens usw.

im Dienste der Suche nach nationaler Identität (Hochromantik, Nationalromantik) mani-festiert, ist sie zugleich Ausdruck der Sehnsucht nach Überwindung, Entgrenzung und Transzendenz des Bestehenden. Die Stadien der Romantik:

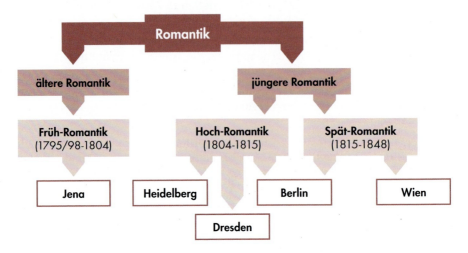

4.1   Jenaer Romantik

Die Romantik war die erste Epoche, die ihren literarischen Werken eine Theorie voran-stellte, diese also nicht nachträglich aus jenen extrahierte. Diese wird allerdings nicht in systematischen Texten entwickelt, sondern in einem Konvolut von Fragmenten vorge-tragen. Die Methode entspricht damit selbst dem grundlegenden Gedanken der Theo-rie, da deren Kern, die progressive Universalpoesie, wesentlich durch ihren Fragment-Charakter bestimmt ist.

Zentrales Publikationsorgan der Jenaer Romantik ist die literarische Programmzeitschrift „Athenaeum". Sie erschien zwischen 1798 und 1800 in sechs Heften und wurde von den Brüdern August Wilhelm Schlegel (1767-1845) und Friedrich Schlegel (1772-1829) herausgegeben. Namhafte Mitarbeiter waren u. a. der Theologe, Philosoph und Staats-theoretiker Friedrich Schleiermacher (1768-1834), Ludwig Tieck (1773-1853) und der be-reits mehrfach erwähnte Novalis[360] (1772-1801), der bedeutendste der frühromantischen Dichter. Seinem um 1800 entstandenen Romanfragment „Heinrich von Ofterdingen" entstammt das berühmteste Symbol der Epoche, das der romantischen Sehnsucht, des metaphysischen Strebens nach dem Unendlichen und der Ferne: die blaue Blume.

Das wichtigste und aufschlussreichste Dokument bezüglich der Bestimmung dessen, was progressive Universalpoesie ist bzw. leisten soll, ist das 116. Athenaeums-Fragment aus dem Jahre 1798. Darin heißt es:

> *Die romantische Poesie ist eine progressive Universalpoesie. Ihre Bestimmung ist nicht bloß, alle getrennten Gattungen der Poesie wieder zu vereinigen, und die Poesie mit der Philosophie, und Rhetorik in Berührung zu setzen. Sie will, und soll auch Poesie und Prosa, Genialität und Kritik, Kunstpoesie, und Naturpoesie bald mischen, bald verschmelzen, die Poesie lebendig und gesellig, und das Leben und die Gesellschaft poetisch machen, den Witz poetisiren, und die Formen der Kunst mit gediegnem Bildungsstoff jeder Art anfüllen und sättigen, und durch die Schwin-*

---

360 Novalis hieß eigentlich Georg Philipp Friedrich von Hardenberg. In Anlehnung an seine Vorfahren, die bereits im 12. Jh. den Namen de Novali trugen, publizierte er erstmals 1798 in der Zeitschrift unter dem Pseudonym Novalis.

gungen des Humors beseelen. Sie umfaßt alles, was nur poetisch ist, vom größten wieder mehre Systeme in sich enthaltenden Systeme der Kunst, bis zu dem Seufzer, dem Kuß, den das dichtende Kind aushaucht in kunstlosen Gesang. Sie kann sich so in das Dargestellte verlieren, daß man glauben möchte, poetische Individuen jeder Art zu charakterisieren, sey ihr Eins und Alles; und doch giebt es noch keine Form, die dazu gemacht wäre, den Geist des Autors vollständig auszudrücken: so daß manche Künstler, die nur auch einen Roman schreiben wollten, von ungefähr sich selbst dargestellt haben. Nur sie kann gleich dem Epos ein Spiegel der ganzen umgebenden Welt, ein Bild des Zeitalters werden [...].[361]

Der Leser stößt hier auf eine Reihe von Paradoxien, die einander auszuschließen scheinen, jedoch zusammengedacht werden müssen. Denn „Bestimmung" und Ziel der romantischen Poesie als Universalpoesie ist das Vermischen und Verschmelzen des bisher Getrennten, Heterogenen und Gegensätzlichen. Und weil die Universalpoesie alle Wirklichkeit und alle Lebensäußerungen umfasst, beschränkt sie sich nicht mehr allein auf Lyrik, Epik und Dramatik, sondern vereinigt die Gattungen und verbindet sie zugleich mit Philosophie, Kritik, Rhetorik, Kunst, ja mit allen Lebensäußerungen, und seien sie so schlicht wie der „Seufzer", den „das dichtende Kind in kunstlosen Gesang (aushaucht)".

Friedrich Schlegel

Auch und gerade das scheinbar Unbedeutende, wenig Eindrucksvolle der Wirklichkeit kann Großes offenbaren. Romantik heißt, sagt Novalis, „dem Gewöhnlichen ein ungewöhnliches Aussehen zu geben, das Banale in ein Geheimnis zu verwandeln". Und: „Indem ich dem Gemeinen einen hohen Sinn, dem Gewöhnlichen ein geheimnisvolles Ansehen, dem Bekannten die Würde des Unbekannten, dem Endlichen einen unendlichen Schein gebe, so romantisiere ich es."[362]

Universalpoesie ist Welt- und Ich-Darstellung zugleich; sie ist in einem dauernden Schöpfungsprozess begriffen, der die Welt – die sichtbare wie die unsichtbare – zunehmend poetisiert. Kein Bereich des Lebens bleibt ausgeschlossen, keine überkommene Formalvorschrift gilt mehr. Voraussetzung für die progressive Entwicklung der Universalpoesie ist die Freiheit des Autors bzw. die Umsetzung jener ästhetischen Theorie, die man mit dem von Friedrich Schlegel geprägten Begriff als „romantische Ironie" bezeichnet und sich in unterschiedlichen Formen der Selbstreferenz zu erkennen gibt. Die „romantische Ironie" beschreibt ein dialektisches Verfahren zur Erstellung von Kunstwerken, das es dem Dichter ermöglicht, seinen Schaffensprozess in dem Bewusstsein zu beobachten, sich jederzeit über sein Werk erheben, es reflektieren, kommentieren, (scheinbar) ver-

---

361 Schlegel, Friedrich 2018, S. 91 f.

362 Novalis 1846, S. 236
    Diese „Definition des Romantischen" gilt nach wie vor als „[d]ie beste". Vgl. Safranski 2015, S. 13

spotten, ironisieren, „aufheben" zu können, um es so in einem stetigen Wechsel von Selbstschöpfung und Selbstvernichtung in der Schwebe zu halten.[363]

Friedrich Schlegels 1799 erschienener Roman „Lucinde. Bekenntnisse eines Unge-schickten"[364] ist die erste umfassende praktische Manifestation seines im 116. Athen-aeums-Fragment dargelegten Konzepts der Universalpoesie:

Unterschiedlichste literarische Genres bzw. Formen – Brieffragmente, aufgezeichnete Dialoge, Gedichte, Aphorismen, Lieder – stehen nebeneinander bzw. verschmelzen mit-einander und werden zuweilen auf unkonventionelle Weise durch besondere Kommu-nikationsstile, z. B. flüchtig auf Zettelchen notierte Kritzeleien, ergänzt. Unmittelbares Erleben und Empfinden der beiden Protagonisten Julius und Lucinde finden auf diese Weise ebenso Ausdruck wie Träume und deren Desillusionierung oder Reflexionen über die Liebe. Letztere rückt Schlegel direkt zu Beginn des Romans in den Bereich des Reli-giös-Mystischen. Durch eine solcherart bewirkte Entgrenzung und Transzendenz ist die Liebe kein nur mehr subjektiv-individuell begrenztes Phänomen, wo „einer dem anderen das Universum" ist,[365] „weil sie den Sinn für alles andre verlieren",[366] sondern sie ver-mittelt statt eines quasi zweisamen „Allein-Gefühls" ein universales „All-eins-Gefühl", also die Liebe zur gesamten Welt, wie sie aus dem zweiten Julius-Brief des Romans zu sprechen scheint: „Alles, was wir [Julius und Lucinde] sonst liebten, lieben wir nun noch wärmer. Der Sinn für die Welt ist uns erst recht aufgegangen."[367]

„Ein Roman ist ein romantisches Buch",[368] sagt Schlegel in seinem „Brief über den Roman". Übersetzt bedeutet diese lapidare Äußerung: Der Roman ist den Romantikern kein ge-schlossenes, eigenständiges Genre, sondern ein „Buch", in dem sich unterschiedlich(st)e Gattungen und Formen, Fiktion und Kritik, Fantasie und Ironie, Traum und Wirklich-keit, mithin auch unterschiedliche Bewusstseinsformen und Stile vermischen (sollen).[369] Deshalb erscheint der Romantik der Roman wie keine andere literarische Form dazu angetan, dem Streben nach Universalität, nach dem Unendlichen, nach Erkenntnis am ehesten zu entsprechen und ihm Ausdruck zu verleihen. Das Bewusstsein, dass dieses

---

363 Ein für „romantische Ironie" typisches Beispiel findet sich z. B. in Schlegels 1799 erschienenem Roman „Lucinde. Bekenntnisse eines Ungeschickten":
Julius, einer der beiden Protagonisten, versetzt den Leser gleich zu Beginn in seine Traumwelt, in der er aus einem „wundersame[n] Gemisch von den verschiedensten Erinnerungen" (S. 8) in tiefer Sehnsucht nach Lucinde fast vergeht. Diese reißt ihn offenbar aus seinen Träumereien:
„Alle Mysterien des weiblichen und des männlichen Muthwillens schienen mich zu umschweben, als mich Ein-samen plötzlich deine wahre Gegenwart und der Schimmer der blühenden Freude auf deinem Gesichte vollends entzündete." (S. 8)
Doch kurz darauf wird deutlich, dass diese (vermeintlich) reale Begegnung ebenfalls ein Traum war:
„Du bist so außerordentlich klug, liebste Lucinde, daß du wahrscheinlich schon längst auf die Vermuthung ge-rathen bist, dies alles sey nur ein schöner Traum. So ist es leider auch." (S. 9 f.)

364 Bereits der Untertitel enthält in nuce einen wesentlichen Programmpunkt der Romantik: die Vereinigung des Gegensätzlichen, hier des Individuellen („Bekenntnisse") und des Universalen (Wesen des „Ungeschickten").
„Roman" darf hier nicht im Sinne des geläufigen Gattungsbegriffs als eine epische Form verstanden werden, die sich durch eine lineare, kohärente Handlung auszeichnet und deren Figuren, eingebettet in ein bestimmtes soziales Umfeld, eine bestimmte Entwicklung nehmen, insofern deren Denken, Fühlen, Wollen, Verhalten und Handeln durch dieses Umfeld mitbestimmt und unter Berücksichtigung der jeweiligen psychischen Disposition ggf. bewertet wird. Vielmehr ist Schlegels Roman die literarische Form bzw. die Umsetzung der Theorie der „pro-gressiven Universalpoesie".
Bereits die befremdlich, weil inkohärent anmutende Gliederung bzw. Struktur des Werks ist Reflex dieser Theorie: *Prolog* [unpag. S. 1], *Julius an Lucinde* [unpag. S. 5], *Dithyrambische Fantasie über die schönste Situazion* (S. 16), *Charakteristik der kleinen Wilhelmine* (S. 31), *Allegorie von der Frechheit* (S. 40), *Idylle über dem Müssiggang* (S. 77), *Treue und Scherz* (S. 94), *Lehrjahre der Männlichkeit* (S. 119), *Metamorphosen* (S. 216), *Zwey Briefe* (S. 222), *Eine Reflexion* (S. 262).

365 Schlegel 1799, S. 243

366 ibid. S. 244

367 ibid.

368 zitiert nach: Behler 1967, S. 334

369 „Ja ich kann mir einen Roman kaum anders denken, als gemischt aus Erzählung, Gesang und andern Formen", betont Schlegel. Zitiert nach: Behler 1967, S. 335

Streben nach dem Absoluten keine Erfüllung findet, äußert sich – neben der Vermischung der Formen und Genres – in einem weiteren für die Epoche konstitutiven Prinzip: dem des bereits erwähnten Fragmentarischen. Kein noch so langer Roman, keine noch so große formale Vielgestaltigkeit ist imstande, die Gesamtheit aller Phänomene einer als unendlich erkannten Welt zu erfassen. Sie bleibt unerzählbar. Diese Grundannahme der Romantik objektiviert sich im Nebeneinander von potenziell unendlichen Erzählsträngen und Verschachtelungen, zwischen denen die eingestreuten Gedichte, Lieder, Briefe, Dialoge, Märchen, Mythen, Reflexionen usw. immer wieder neue Möglichkeiten und Perspektiven eröffnen. Ein Faktum, das (symbolisch) auf die Unabschließbarkeit des Erzählens und somit auf dessen fragmentarischen Charakter verweist.

4.2 Heidelberger Romantik

Kennzeichnend für die Heidelberger Romantik, auch als Hoch- oder Nationalromantik bezeichnet, ist deren ausgeprägtes Interesse für Sprach-, Geschichts- und Mythenforschung, für Volksdichtung und volkstümliche Kultur überhaupt. Es steht zweifelsohne im Zusammenhang mit dem während der Befreiungskriege aufkeimenden Nationalbewusstsein. Motiviert ist dieses Interesse aber nicht nur von nationalpolitischem Bestreben. Vielmehr gingen Philosophen, Wissenschaftler und Dichter davon aus, dass jedes Volk eine Seele, eine „Volksseele", sprich ein unverwechselbares Gemüt und Bewusstsein, auszeichnet, die sich in seiner Sprache, seinen Sagen und Mythen, in seiner Dichtung, seiner Kultur schlechthin offenbart und spiegelt.[370] Diese Hypothese erklärt neben der intensiven Erforschung und Auseinandersetzung der bzw. mit der eigenen Sprache auch das für die Romantik charakteristische Interesse an fremden, exotischen, insbesondere orientalischen Sprachen und Kulturen.[371]

Des Knaben Wunderhorn, Titelblatt

Die Vorliebe für sprachliche Kulturgüter bekundet sich zum einen in einer regen Sammeltätigkeit von Volksdichtung, von Liedern, Märchen und Mythen, zum anderen in der systematischen Erfassung und wissenschaftlichen Untersuchung der deutschen Sprache: Bereits Johann Gottfried Herder trug Texte aus vielen europäischen, besonders west- und osteuropäischen Ländern zusammen, die er ab 1775 als Sammlung unter verschiedenen Bezeichnungen publizierte und deren bekannteste Fassung unter dem Titel „Stimmen der Völker in Liedern"[372] 1807 posthum erschien.

Die berühmteste, einflussreichste und „bis heute [...] wirkmächtigste deutsche Liedanthologie"[373] ist das Hauptwerk der Heidelberger Romantik: die von Achim von Arnim (1781-1831) und Clemens Brentano (1778-1842) herausgegebene Volksliedsammlung „Des Knaben Wunderhorn". Sie ist zwischen 1805/06 und 1808 in drei Bänden erschienen, von denen der

---

370 vgl. auch den um 1800 von Wilhelm von Humboldt (1767-1835) geprägten Begriff „Völkerpsychologie". Der preußische Gelehrte, Schriftsteller und Staatsmann ging davon aus, dass sich Denken in Sprache vollzieht und unterschiedliche „Weltansichten" sprachlich bedingt sind, die Sprache die äußere Erscheinungsform des Geistes eines Volkes ist.

371 Als Beispiel sei hier Friedrich Schlegels 1808 erschienene umfangreiche Monografie „Über die Sprache und Weisheit der Inder" genannt, die u. a. den Sprachwissenschaftler Franz Bopp (1791-1867), Begründer der historisch-vergleichenden Sprachwissenschaft (Indogermanistik), wesentlich beeinflusste. Auch die Orientalistik als wissenschaftliche Disziplin ist ein Kind der Romantik. Vgl. hierzu z. B.: Mangold 2004, S. 42 ff.

372 Der 1771 von Herder geprägte Begriff „Volkslied" ist bei ihm weiter gefasst als im heutigen Verständnis. Melodien sind nämlich nicht mitgeteilt. Auch in Bezug auf die Form gibt es keine eindeutigen Kriterien: Zitate wurden z. B. unter diesem Begriff ebenso subsumiert wie Sagen.

373 Schlechter 2008

erste in Heidelberg redigiert wurde, während die beiden Folgebände unter der Mitarbeit der Brüder Grimm in Kassel entstanden. Die Anthologie enthält insgesamt 723 Lieder vom Mittelalter bis ins 18. Jahrhundert.[374] Charakteristisch sind ihr naiver Ton und ihre scheinbar unverbildete Ursprünglichkeit.[375] So setzt sie einen Kontrapunkt zu der als zerrissen erlebten Gegenwart und scheint jene Sehnsucht nach Ganzheit, Einheit und Einfachheit zu erfüllen, wie man sie im (vermeintlich) „Goldenen Zeitalter", dem Mittelalter, verwirklicht wähnte.

Die hinsichtlich ihrer Wirkung bedeutendsten Vertreter der Heidelberger Romantik waren die Brüder Jacob Grimm (1785-1863) und Wilhelm Grimm (1786-1859). Mit ihren gesammelten „Kinder- und Hausmärchen",[376] die sie von 1812 bis 1858 herausgaben, ihren „Deutsche[n] Sagen" (1816, 1818) sowie Jacob Grimms bahnbrechender „Deutsche[r] Grammatik" (Bd. I 1822, Bd. II 1826)[377] und mit beider beispiellosem Mammutwerk, dem 1838 begonnenen „Deutsche[n] Wörterbuch" (DWB),[378] wurden die beiden Sprachwissenschaftler und Volkskundler nicht nur zu den Begründern der Germanistik,[379] d. h. der Wissenschaft von der deutschen Sprache, Literatur und Geschichte, sondern leisteten auch einen beachtlichen Beitrag zur bzw. bei der Herausbildung einer deutschen (nationalen) Identität. In einer Zeit, in der Deutschland noch immer weitgehend von feudalistischer Kleinstaaterei geprägt war, kämpften sie, selbst unter Inkaufnahme des Verlusts ihrer Professorenämter und der Gefahr, des Landes verwiesen zu werden,[380] für die Abschaffung von Adel und Orden, für liberale Verfassungen in deutschen Ländern,

---

374   Es handelt sich vor allem um Liebes-, Wander-, Soldaten- und Kinderlieder. In einem Brief Brentanos an von Arnim vom Februar 1805, der den Beginn der Arbeit am „Wunderhorn" markiert, heißt es: „Es (das Volksliedbuch) muß sehr zwischen dem Romantischen und Alltäglichen schweben, es muß geistliche, Handwerks-, Tagewerks-, Tagezeits-, Jahrzeits-, und Scherzlieder ohne Zweck enthalten". Zitiert nach: Rieser 1908, S. 11

375   Tatsache ist allerdings, dass von Arnim und Brentano entgegen der betonten Ursprünglichkeit des Liedgutes, die auch der Untertitel der Anthologie „Alte deutsche Lieder" der Anthologie zu bestätigen scheint, „rigoros in die Texte eingegriffen" haben, indem sie Um- und Neudichtungen vornahmen, um einen bewusst naiven Ton zu erzeugen. Vgl. Kittstein 2011, S. 72 f.

376   Die „Kinder- und Hausmärchen", so die Forschung, „sind nach wie vor das bekannteste, weitestverbreitete und meistübersetzte Buch deutscher Sprache". Zitiert nach: Rölleke 1986 [Klappentext]
Über die Brüder Grimm informiert u. a. gründlich Martus 2015.

377   Das Werk ist kein, wie es der Titel nahelegt, nüchternes formales und schematisch angelegtes Regelwerk der deutschen Sprache, sondern berücksichtigt in Bd. I die geschichtliche Entwicklung und Zusammenhänge aller germanischen Sprachen in sehr lebendiger Darstellung. Bd. II bildet die Grundlage für die Entwicklung der modernen Etymologie – der Wissenschaft, die sich mit der Herkunft, Geschichte und Bedeutung der Wörter befasst.

378   Das „Deutsche Wörterbuch" (DWB), kurz auch „Der Grimm" genannt, wurde 1838 als Projekt mit dem Anspruch eines Belegwörterbuchs begonnen, um die Herkunft, den Gebrauch und die stilistischen Varianten eines jeden deutschen Wortes akribisch zu erfassen und zu erläutern. Dies war zu einer Zeit eines noch immer in Kleinstaaten zersplitterten, politisch nicht vereinten Deutschlands keinesfalls nur ein philologisches, sondern insbesondere auch ein nationales Anliegen, insofern die Angehörigen der deutschen Sprachgemeinschaft einer gemeinsamen einheitlichen Sprache versichert sein bzw. werden sollten. Die Grimms hatten das von ihnen begonnene gewaltige Unterfangen allerdings unterschätzt. Sie selbst gaben die drei ersten Bände heraus. Abgeschlossen wurde es erst mit dem 32. Band 1961. Das DWB wird heute weiter ergänzt und digital fortgeführt: http://woerterbuchnetz. de/cgi-bin/WBNetz/wbgui_py?sigle=DWB

379   Ursprünglich war die Germanistik eine Unterabteilung der juristischen Fakultät und beschäftigte sich mit alten Handschriften bzw. „Rechtsalterthümern". Erst 1860 wurden die Germanistik und die Volkskunde zu eigenständigen wissenschaftlichen Disziplinen.
Die Brüder Grimm waren von Haus aus Juristen und wurden durch ihren Lehrer, den Begründer der Historischen Rechtsschule, Friedrich Carl von Savigny (1779-1861), angeregt, alte Rechtstexte historisch und Gebote und Verbote nicht (mehr) als von Gott gesetzt zu betrachten. Savigny leitete sie aus dem Mittelalter, teilweise auch von der Antike her. Diese historische Betrachtungsweise machten sich die Grimms zu eigen, führten die Germanistik aus dem hilfswissenschaftlichen juristischen Nischenbereich und begründeten so die Germanistik als Philologie.

380   Ernst August I., König des Königreiches Hannover, hob kurz nach seiner Thronbesteigung zum 1. November 1837 das vier Jahre zuvor eingeführte und für diese Zeit liberale Staatsgrundgesetz, das u. a. Bürger und Bauern gleiche Rechte zugestand, auf, indem er den Eid auf die Verfassung verweigerte. Sieben Professoren der Universität Göttingen, die sog. Göttinger Sieben, unter ihnen Jacob und Wilhelm Grimm, reichten daraufhin am 18. November 1837 schriftlich Proteste ein.
Sie alle wurden entlassen, drei von ihnen, darunter Jacob Grimm, zudem aus dem Königreich verwiesen, das 1814 auf dem Wiener Kongress als Nachfolgestaat des Kurfürstentums Braunschweig-Lüneburg gegründet worden war. Das Protestschreiben kursierte alsbald in allen Regionen des Deutschen Bundes; es trug den Geschassten den Ruf von Freiheitskämpfern ein.

---

für die Freiheit aller Bürger[381] und für kulturelle Identität. Ihr politisches Engagement ist daher kaum weniger bedeutsam als ihr wissenschaftlich-literarisches Wirken. Beide stehen in engem Zusammenhang, bedingen und befördern einander. Wie wichtig den Grimms die nationale und kulturelle Identität im Sinne einer Sprachgemeinschaft war, lässt sich bereits formal erkennen: Alle ihre Werke – mit Ausnahme der „Kinder- und Hausmärchen" – führen das Attribut „deutsch" im Titel,[382] von dem der Integrationsbegriff „Volk" nicht zu abstrahieren ist. Laut Jacob Grimm verbürgt er implizit gleich einem „natürliche[n] [G]esetz" die künftige nationale Einheit:

Brüder Grimm

> [...] ein volk ist der inbegriff von menschen, welche dieselbe Sprache reden. Das ist für uns Deutsche die unschuldigste und zugleich stolzeste erklärung, weil sie mit einmal über das gitter hinwegspringen und jetzt schon den blick auf eine näher oder ferner liegende, aber ich darf wohl sagen einmal unausbleiblich heranrückende zukunft lenken darf, wo alle schranken fallen und das natürliche gesetz anerkannt werden wird, dasz nicht flüsse, nicht berge völkerscheide bilden, sondern dasz einem volk, das über berge und ströme gedrungen ist, seine eigne sprache allein die grenze setzen kann.[383]

Dass sich indessen auch die Grimms primär der Vergangenheit zugewandt hatten, liegt, wie der Literaturkritiker Walter Boehlich mit Blick auf Jacob Grimms eigenes Bekunden feststellt, darin begründet, dass auch sie die nationale „Misere der Gegenwart [...] dazu bewegt [hat], eine Vergangenheit zu erforschen, in der Größe gewesen sein mußte".[384] Dass die Begründer der Germanistik z. B. auch die wissenschaftlichen Erst-Editoren eines der frühesten Textzeugnisse deutscher Sprache überhaupt sind, des um 840 aufgezeichneten „Hildebrandslieds" – eines germanischen Heldenliedes –, überrascht daher nicht.

Ein Nebenzentrum der Hochromantik war Dresden. Hier trafen sich Heinrich von Kleist (1777-1811), der nationalkonservative Staatsrechtler und Philosoph Adam Müller (1779-1829) sowie der Naturforscher und Mystiker Gotthilf Heinrich Schubert (1780-1860).

Die beiden Ersteren gaben die Zeitschrift „Phöbus – Ein Journal für die Kunst" heraus, die 1808 in zwölf Heften erschien, in dessen erstem u. a. ein Fragment von Kleists Drama

---

381 vgl. z. B. Jacob Grimms am 4. Juli 1848 vor der Nationalversammlung in der Frankfurter Paulskirche gestellten Antrag, folgenden Text in den Artikel I für die „Grundrechte des deutschen Volkes" aufzunehmen: „Alle Deutschen sind frei, und deutscher Boden duldet keine Knechtschaft. Fremde Unfreie, die auf ihm verweilen, macht er frei." Zitiert nach: Wyss 1986, S. 271

382 vgl.: „Deutsche Sage" (1816-1818), „Deutsche Grammatik" (1822, 1826), „Deutsche Rechtsalterthümer" (1828), „Die deutsche Heldensage" (1829), „Deutsche Mythologie" (1835), „Deutsches Wörterbuch" (1838 ff.)
Doch gerade die von vielen für genuin deutsch gehaltenen „Kinder- und Hausmärchen" verzichten auf das Attribut „deutsch".
Aus gutem Grund: *Dornröschen, Rotkäppchen, Aschenputtel* u. a. sind französische Märchen. „Da machen sich zwei junge Männer daran, vermeintlich deutsches Kulturgut vor der französischen ‚Überfremdung' zu retten. Und was fördern sie zutage? Französische Märchen!", konstatiert der Germanist Heinz Rölleke und spricht von einer „köstliche[n] Ironie der Geschichte". Denn Grimms wichtigste Märchen-Zuträgerinnen, die Töchter des Kasseler Regierungspräsidenten Hassenpflug und Dorothea Viehmann, Tochter eines Gastwirts, erzählten viele Geschichten aus der Märchensammlung „Histoires ou Contes du temps passé" des französischen Barockdichters Charles Perrault (1628-1703). Die Erklärung: Die Hassenpflugs und die Viehmann hatten hugenottische Wurzeln. „Den Grimms", sagt Rölleke, „war klar, dass Märchen per se grenzüberschreitend sind. Auch wenn sie das nie offen zugaben." Zitiert nach: Staas 2012

383 Auszug aus Jacob Grimms Rede „Über den Werth der ungenauen Wissenschaften" auf der ersten deutschen Germanistenversammlung 1846 in Frankfurt am Main. Zitiert nach: Burkhardt 2001, S. 451

384 zitiert nach: Vogt 2016, S. 39

„Penthesilea" und ein Gedicht Novalis' veröffentlicht wurden. Schuberts Beiträge waren weniger bedeutsam als dessen Hauptwerke „Ansichten von der Nachtseite der Naturwissenschaft" (1808) und „Die Symbolik des Traumes" (1814), welche die Literatur der Spätphase der Epoche, die Schwarze Romantik, entscheidend beeinflussten und deren Wirkung bis zu den Begründern der Psychoanalyse bzw. analytischen Psychologie Sigmund Freud (1856-1939) und Carl Gustav Jung (1875-1961) reicht.

4.3   Spätromantik

Ein wichtiges Zentrum der Spätromantik war Berlin, wo die Schriftstellerin und Salonnière Rahel Varnhagen von Ense (1771-1833) seit 1790 einen literarischen Salon führte, in dem namhafte Dichter, Naturforscher und Politiker verkehrten, u. a. Ludwig Tieck, Friedrich Schlegel, Friedrich de la Motte Fouqué (1777-1843), Jean Paul, Wilhelm und Alexander von Humboldt. Auch E. T. A. Hoffmann (1776-1822), Clemens Brentano (1778-1842) und Joseph von Eichendorff (1788-1857) unterhielten Beziehungen zu diesem Kreis bzw. zu einzelnen seiner Mitglieder.

Die Spätphase der Epoche war nicht mehr primär von patriotischen Gefühlen und Einstellungen oder von der Hinwendung zum Mittelalter geprägt. Neben konservativen und restaurativen Bestrebungen dominierte nun die sog. Schwarze Romantik, die sich – stark beeinflusst von Schuberts bereits erwähnten „Ansichten von der Nachtseite der Naturwissenschaft" – den Schattenseiten der menschlichen Psyche zuwandte und dabei auch vor negativ-nihilistischen Zügen nicht zurückschreckte: Melancholie, Wahnsinn, Todessehnsucht, das Irrationale, Morbide, die Faszination für das Böse und Düstere, für abseitig-exzessives Verhalten, aber auch das Hin-und-her-Pendeln zwischen einer vermeintlich realen und wunderbaren Welt waren bestimmende Sujets. E. T. A. Hoffmanns Erzählungen „Der unheimliche Gast" und „Vampirismus" oder sein Roman „Die Elixiere des Teufels"[385] verweisen bereits im Titel auf diese Entwicklung, die das Heimliche der Früh- und Hochromantik ins Unheimliche verkehrt.

Eine für die Spätromantik charakteristische literarische Form ist das Kunstmärchen, dessen Urheber im Gegensatz zum Volksmärchen bekannt ist. Es abstrahiert nicht wie dieses von Ort und Zeit und ist (oft) weit entfernt von einer Welt, in der nur das Gute obsiegt. Zumeist gibt es der dunklen Seite der menschlichen Natur Raum. Figuren werden häufig gebrochen dargestellt, Örtlichkeiten, Ereignisse und Personen in der Regel detaillierter beschrieben. Ludwig Tiecks „Der Runenberg" oder E. T. A. Hoffmanns „Der Sandmann" sind Beispiele typischer Kunstmärchen dieser Zeit.

Zur Spätromantik wird auch die sog. Schwäbische Dichterschule gerechnet. Deren führende Köpfe waren Ludwig Uhland (1787-1862) und Justinus Kerner (1786-1862), um die sich an der Universität Tübingen zwischen 1805 und 1808 eine Reihe von Dichtern Dichter scharte. Unter ihnen Wilhelm Hauff[386] (1802-1827), Gustav Schwab (1792-1850) und Karl August Varnhagen von Ense[387] (1785-1858).

Die Schwäbische Dichterschule zeichnet sich trotz des Faktums, dass ihre Balladen auf die Sagenwelt rekurrieren, weder durch eine besonders betonte Hinwendung zum Mittelalter noch durch eine signifikante Nähe zur Schwarzen Romantik aus. Verpflichtet sah

---

385   Zur Attribuierung E.T.A. Hoffmanns als „Gespenster-Hoffmann" s. Begemann 2015, S. 267-273

386   Hauff ist insbesondere für seine Kunstmärchen bekannt, die nichts mit denen der Schwarzen Romantik gemein haben.
Der erste Band seiner Rahmenerzählung „Die Karawane" enthält, wie der Titel bereits vermuten lässt, orientalische Märchen.

387   Der Chronist, Erzähler und Diplomat Karl August Varnhagen von Ense war der Ehemann der oben erwähnten Rahel Varnhagen von Ense, deren Berliner Salon den wohl wichtigsten Treffpunkt der Spätromantik bildete.

---

sie sich vor allem der Natur, in der sie ihren „Meister"[388] sah. Daneben rühmte sie das schlichte Leben, das sich u. a. in einem natürlichen Grundton äußert, was bereits auf das Biedermeier vorausweist.

5. Dichtung der Romantik – Beispiele

5.1 Novalis: *Wenn nicht mehr Zahlen und Figuren*[389]

> *Wenn nicht mehr Zahlen und Figuren*
> *Sind Schlüssel aller Kreaturen,*
> *Wenn die, so singen oder küssen,*
> *Mehr als die Tiefgelehrten wissen,*
> *Wenn sich die Welt ins freie Leben,*
> *Und in die Welt wird zurück begeben,*
> *Wenn dann sich wieder Licht und Schatten*
> *Zu echter Klarheit werden gatten,*
> *Und man in Märchen und Gedichten*
> *Erkennt die ewgen Weltgeschichten,*
> *Dann fliegt vor Einem geheimen Wort*
> *Das ganze verkehrte Wesen fort.*

Novalis

Novalis' vermutlich für den zweiten Teil seines Fragment gebliebenen Romans „Heinrich von Ofterdingen" bestimmtes Gedicht kann nicht nur – wie Ulla Hahn betont – als „Glaubensbekenntnis und Vermächtnis"[390] des Verfassers selbst gelesen werden. Es ist die künstlerische, schöpferische Manifestation der von der Romantik propagierten Theorie der Universalpoesie und insofern Bekenntnis nahezu der gesamten Epoche.

Für Novalis ist der Dichter „Stimme des Weltalls", „Gesang"; der Philosoph nur „Stimme des einfachsten Eins, des Prinzips", der „Rede".[391] Es war Ludwig Tieck, dem Novalis die Abkehr von der Philosophie und die Hinwendung zur Dichtung verdankte.[392] Der Dichter, dessen Reich die Welt sei, „kann alles brauchen", sagt Novalis, „er muß ein Ganzes daraus machen [...] alle Darstellung ist im Entgegengesetzten und seine Freiheit im Ver-

---

388 Justinus Kerners 1839 verfasstes Gedicht „Die schwäbische Dichterschule" nennt Bezugspunkt und Vorbild der Schwäbischen Romantik. Die kontrastive Betonung horizontaler und vertikaler Bildelemente wie auch die Verwendung bestimmter Lexeme („Ähren", „wiegen") erinnern stark an das zwei Jahre zuvor veröffentlichte und vermutlich bekannteste aller deutschen Gedichte, an Eichendorffs „Mondnacht". Kerners 14-zeiliges Gedicht schließt mit den Versen:
„Wo ein goldnes Meer von Ähren durch die Ebnen wogt und wallt, / Drüber in den blauen Lüften Jubelruf der Lerche schallt; / Wo der Winzer, wo der Schnitter singt ein Lied durch Berg und Flur: / Das ist schwäb'scher Dichter Schule, und ihr Meister ist – Natur!", s. Kerner 1914, Bd. 1, S. 22

389 Novalis: 2017, S. 178 f.
Das titellose Gedicht fand sich unter den Paralipomena zu dem 1800 entstandenen zweiten Teil des Romans „Heinrich von Ofterdingen", der 1802 von Ludwig Tieck herausgegeben wurde. Erstmals gedruckt wurde es in den „Berliner Blättern".

390 Hahn 2016, S. 199

391 Novalis 1837, S. 186

392 vgl. Hahn 2016, S. 199. Novalis studierte Mathematik, Jura und Philosophie.
Sein Publikationsname „Novalis" könnte geradezu als Omen für diese Hinwendung Georg Philipp Friedrich von Hardenbergs zur Dichtung gedeutet werden. Der Name „Novalis" ist abgeleitet von der Bezeichnung des Guts seiner Vorfahren im (heute) niedersächsischen Nörten-Hardenberg: De novali führten seine Ahnen als Beinamen, der „die, die Neuland roden" bedeutet.

binden macht ihn unumschränkt".[393] Unschwer lässt sich in diesen Worten die prosaische Variante seines poetischen „Glaubensbekenntnisses" erkennen, die – ganz im Sinne des Universalpoesie-Postulats – durchaus auch prosaische Züge trägt.

Beide Lesarten vermitteln dieselbe Botschaft: Romantik darf keinesfalls – wie es so oft geschieht – als rückhaltlose Verherrlichung des Irrationalen und entschiedene Anti-Haltung der Aufklärung gegenüber verstanden werden. Sie richtet sich gegen deren Diktatur, deren Absolutheitsanspruch. Es geht Novalis und der Epoche um eine ganzheitliche Erfassung der Welt, die nur dann gelingen kann, wenn „sich Licht und Schatten" fortzeugend zur „echte[n] Klarheit wieder gatten".

Eine stichwortartige Interpretationsskizze, der eine Analyse in Form eines grafischen Überblicks vorangestellt sei, soll dies erhellen:

---

[393] Novalis 1837, S. 186

5.1.1 Formanalyse

Zeilen-Nr.	Novalis ***Wenn nicht mehr Zahlen und Figuren***		Reimschema Kadenz		Besonderheiten

	Ausgangspunkt Status quo: *verkehrtes Wesen* = verkehrte Welt				anaphorisch gebrauchte konditionale (Möglichkeit) oder temporale (Gewissheit) Konjunktion *wenn* (1, 3, 5, 7) Inversionen (1, 2, 6, 7, 10)
1	Wenn nicht mehr Zahlen und Figuren	Haupt**voraus-setzung**	a	w	durch Enjambements verbundene fünf Verspaare markieren Gliedsätze ersten Grades.
2	Sind Schlüssel aller Kreaturen,		a	w	streng jambisch gegliederte Verse mit Ausnahme der V. 6, 11, 12; durchgehender Paarreim (6-fach); unreiner Reim *küssen* (3) vs. *wissen* (4) →
3	Wenn die, so singen oder küssen,	Weitere **Bedingungen**	b	w	Missverhältnis zwischen Ratio und Gefühl, *Licht und Schatten* (7) auffälliger Wechsel zwischen dunklen
4	Mehr als die Tiefgelehrten wissen,		b	w	und hellen Vokalen in Versschlüssen, z. B. a vs. i → *Schatten, gatten* (7, 8) vs. *Gedichten, Weltgeschich-*
5	Wenn sich die Welt ins freie Leben,	Spannungsaufbau durch 4-maliges konditionales *wenn*	c	w	*ten* (9, 10) V. 11, 12 enden mit männlicher Kadenz → unter-
6	Und in die Welt wird zurück begeben,		c	w	streicht Entschiedenheit; zusätzliche Senkungen gestalten metrische Form flüssiger und bewegter.
7	Wenn dann sich wieder Licht und Schatten	Weitere Bedingung und zugleich erste Folge	d	w	*Zahlen, Figuren* (1) Synekdoche (Pars pro Toto) für alles Mathemati-sche, Abstrakte, ausschließlich logisch Fassbare
8	Zu echter Klarheit werden gatten,		d	w	*Schlüssel* (2) Metapher Kreaturen (2) = im eigentlichen Wortsinn des lat. *creatio* „das Er- bzw. Geschaffene, die Schöpfung"
9	Und man in Märchen und Gedichten		e	w	*singen, küssen* (3) Verweis auf Intuition, Gefühl als umfassenderes Vermögen des Erkennens
10	Erkennt die ewgen Weltgeschichten,		e	w	und Wissens gegenüber dem nur Rationalen der *Tiefgelehrten* (4)
		Lösung der Spannung			*Welt* (5) vs. *Welt* (6) unterschiedliche Bedeutung
					Metaphern *Licht, Schatten* (7) korrespondierende, keine antonymen Begriffe → Verweis auf Ratio (Aufklärung) und Intuition (Empfindsamkeit) → Ganzheit
					Temporaladverb *wieder* (7) korrespondiert mit *zurück* (6) → Verweis auf vormaligen wünschens-werten Zustand
		Folge Ergebnis			*Mährchen, Gedichte* (9) als zeitlose Wissens-, Wahrheits- und Erkenntnisquellen
11	Dann fliegt vor Einem geheimen Wort		f	m	Abschluss des Satzgefüges durch Hauptsatz
12	Das ganze verkehrte Wesen fort.	Grund	f	m	*geheimes Wort* (11) des Dichters; Zauberformel, Poetisierung des Lebens, eschatologische Botschaft → Wiederherstellung des „Goldenen Zeitalters"

5.1.2   Interpretationsskizze

Das einstrophige zwölfzeilige Gedicht gliedert sich in sechs Einheiten zu je zwei Versen.[394] Der inhaltlichen Struktur entspricht auf der formalen Ebene der konsequent durchgehaltene Paarreim (aa bb cc dd ee ff). Die ersten zehn Verse enden mit weiblicher Kadenz. Der Wechsel zu der Entschiedenheit signalisierenden männlichen Kadenz in den beiden letzten Versen verweist auch formal auf die „Schlüssel"-Stellung dieses Verspaares: Erst die letzte Zeile des Gedichts offenbart (implizit) den Grund für das vom Sprecher des Gedichts angestrebte Ziel, welches wiederum erst der zweitletzte Vers benennt, während die zehn vorausgehenden Zeilen die für das Erreichen dieses Zieles unverzichtbaren Bedingungen anführen. Was also logischerweise zuerst genannt werden müsste, wird zuletzt erwähnt und vice versa. Die im Gedicht thematisierte „Verkehrtheit" der Welt wird so abgebildet, zugleich wieder verkehrt, also umgekehrt, und die Welt somit auch metaphorisch befreit, erlöst.

Mit einer scheinbar ganz und gar unromantischen, weil eher an die aufklärerische Logik erinnernden Kaskade von Wenn-dann-Implikationen baut das Gedicht über fünf Verspaare hinweg eine wachsende Spannung auf, deren Gegenstand und Ziel – wie bereits erwähnt – sich dem Leser erst in den letzten beiden Versen erschließen. In ihnen löst sich die Spannung in fühlbar erlösender Weise auf.

Der erste Doppelvers, eingeleitet mit der konditionalen Konjunktion „wenn", die sich zu Beginn der folgenden drei Verspaare in verstärkender Funktion anaphorisch wiederholt, formuliert die Grundvoraussetzung, um die Welt von ihrem „verkehrten Wesen" (12) zu befreien. Als „verkehrt" wird die Weltdeutung deshalb be- bzw. verurteilt, weil sie „alle Kreaturen" – alles Geschaffene also – ausschließlich unter mathematischen und logischen Kategorien betrachtet, erfasst und erklärt, worauf die Nomen „Zahlen" (V. 1) und „Figuren"[395] (V. 1) als Pars pro Toto für Mathematik und Geometrie verweisen. Die „Schlüssel"-Metapher (V. 2) unterstreicht die monierte These von einer einzig durch Wissenschaft und Logik erkennbaren und verstehbaren Welt.

Statt einer solch nüchtern-rationalen Weltbetrachtung und -erklärung wird im folgenden Verspaar (V. 3-4) ein intuitiv-emotionaler Zugang zur Welt propagiert. Poesie („singen", V. 3) und Liebe („küssen", V. 3) transzendieren das Wissen selbst der Gelehrtesten der Gelehrten („Tiefgelehrten",[396] V. 4). Anders als diese bzw. deren Methoden erfassen und verstehen die beiden genannten ursprünglichen Lebensäußerungen[397] die Welt und deren Wesen besser, weil ganzheitlich und unmittelbarer als jede theoretische Wissenschaft. Mit diesem universalen Anspruch korreliert ein interessantes grammatisches Phänomen: die Verwendung des sog. Pronomens universale (!) „so" (V. 3). Darunter versteht man eine archaische, indeklinable, also für alle drei Genera und in allen Kasus gleichlautende Form des Relativpronomens.[398]

---

394   In der Tatsache, dass die Verspaare nicht als voneinander abgesetzte Strophen erscheinen, sondern in eine einzige Strophe integriert sind, spiegelt sich das Konzept der Universalpoesie, die die Vereinigung bzw. Verschmelzung aller Erscheinungen auch und gerade des Gegensätzlichen postuliert und für die der Ganzheitsgedanke konstitutiv ist.

395   Das Wort „Figur" kann als Homonym gefasst werden, insofern es für zwei Begriffe steht: für ein konkret-abstrakt visuell wahrnehmbares Gebilde einerseits und für bestimmte Schlüsse – sog. Syllogismen – in der formalen Logik andererseits.

396   Die Hyperbel „Tiefgelehrten" kann in diesem Kontext durchaus auch als spöttische Konnotation gedeutet werden.

397   Bereits Herder wertet die Poesie als erste Sprache, als „Natursprache aller Geschöpfe" und als „Wörterbuch der Seele, was zugleich Mythologie und eine wunderbare Epopoee [Epos] von Handlungen und Reden aller Wesen ist!". Herder 1772, S. 87 f.

398   V. 3 ist also zu übersetzen: „Wenn die, die singen oder küssen" bzw. „Wenn, die/diejenigen, welche singen oder küssen".

Die Diskrepanz zwischen Ratio und Intuition, zwischen den „Tiefgelehrten" einerseits, und der Poesie, den Sängern, andererseits wird auch phonetisch angezeigt. Der unreine Reim „küssen" (V. 3) – „wissen" (V. 4) verdeutlicht diese Differenz. Die aber kann unter der im vierten Verspaar (V. 7-8) genannten Voraussetzung aufgehoben werden. Denn das Wissen der „Tiefgelehrten" ist nicht per se falsch. Falsch ist deren bzw. dessen Anwendung und Absolutheitsanspruch.

Erst wenn dieser absolut vertretene theoretische Anspruch, insbesondere auch im ganz alltäglichen Leben aufgegeben ist und die Menschen sich nicht mehr länger ausschließlich von der Ratio, von kompromisslosem Nützlichkeitsdenken und von den die gesellschaftliche Ordnung einschränkenden strengen sozialen Normen bestimmen lassen, eröffnet sich ihnen die Chance, sich „ins freie Leben [...] zurück [zu] begeben" (V. 5, 6). Dann erst wird im Verbund mit all den bisher genannten Voraussetzungen eine Situation geschaffen sein, an die sich eine letzte und entscheidende Bedingung knüpfen kann, deren Erfüllung schließlich die Erkenntnis unverfälschter Wahrheit verheißt und zur Erlösung der bzw. aus der „verkehrten" Welt führen wird: die Wiederherstellung „echter Klarheit" (V. 8) als Erkenntnismedium zeitloser Wahrheit, die „in Märchen und Gedichten" (V. 9) verborgen liegt. Sie offenbart sich weder in gleißendem Licht noch im Schatten der Dunkelheit. Jenes (ver-)blendet, diese macht blind. Die „echte Klarheit", die es ja einst gab,[399] worauf das an betonter Stelle platzierte Adverb „wieder" (V. 7) ausdrücklich verweist[400] und die es wiederzugewinnen gilt, haben nach Meinung der Romantiker just jene getrübt und verschattet, die die Ratio als hellsten und einzig zuverlässigen Erkenntnisquell priesen: die Aufklärer. Das Wesen der Welt, die Wahrheit ist – so die Kunde des lyrischen Ichs – weniger zu errechnen, sie ist mehr zu (er-)fühlen, zu erahnen, zu erspüren. Doch letztlich ist beides, Gefühl und Ratio, zur Gänze der Erkenntnis vonnöten. Dies ist die Botschaft des Verbs „gatten", welches sich semantisch zwar primär an das emotional konnotierte Verb *küssen* (V. 3) anlehnt, zugleich aber eine aus heutiger Sicht „geheime" Auskunft gibt: Das Substantiv, von dem das Verb *gatten* abgeleitet ist (mhd. *gaten = zusammenkommen, passen*), bezeichnet ursprünglich „jemand, der derselben Gemeinschaft angehört", einen Genossen, Verwandten.[401]

Novalis' Gedicht kann als konsequente poetische Umsetzung des prosaischen romantischen Programms gedeutet werden: Die Gegensätze, die zu vereinigen die Romantiker bestrebt waren, werden hier in vielfacher Weise, nicht nur metaphorisch nach- und abgebildet: durch Antonyme,[402] durch Antithesen,[403] durch die parallele Verwendung prosaischer, d. h. formal-logischer Strukturen (Wenn-dann-Implikation) und genuin poetischer Elemente (Reim,[404] Metrum, Rhythmus). Von der syntaktischen bis hinunter zur phonetischen Ebene wird diese Polarität[405] gespiegelt. Doch schließlich werden all diese

---

399 vgl. das bereits oben (S. 128) thematisierte triadische Geschichtsmodell der Romantik: ursprüngliche Einheit von Mensch und Natur → Verlust dieser Einheit → Wiedergewinnung der Einheit auf einer höheren Stufe. Den Romantikern galt das Mittelalter als das ideale, das „goldene Zeitalter", als Ära der „Märchen und Gedichte", der „wahren Weltgeschichten".

400 vgl. auch das dem Temporaladverb „wieder" vorausgehende Verb „zurück begeben"

401 vgl. Kluge 1999. S. 301; Duden 2014

402 z. B. „Licht" vs. „Schatten" (7), „küssen" (3) vs. „wissen" (4)

403 vgl. z. B. Gegenwart (1-4) einerseits vs. (implizite) Vergangenheit (6-9) und Zukunftsvision (6, 11 f.)

404 Im durchgehaltenen Paarreim scheinen die Gegensätze aufgehoben, sie „reimen" sich sozusagen wieder, auch wenn das Gedicht einige „Ungereimtheiten" aufweist, z. B. den unreinen Reim („küssen" vs. „wissen") und den Wechsel von weiblicher (1-10) zu männlicher (11-12) Kadenz.
Der Paarreim ist auch das bevorzugte Reimschema des in der Romantik besonders gepflegten und geschätzten Volksliedes.

405 Besonders auffällig auf der syntaktischen Ebene sind die häufigen Inversionen: vgl. die Verse 1, 2, 6, 7, 10. Auf der phonetischen Ebene fällt die Kontrastierung von dunklen (a, u) und hellen (i, ü, e) Vokalen auf, z. B. „Licht und Schatten" (7), „wieder gatten" (8). In den beiden letzten Versen wird der helle i-Laut mit der entschieden und nachdrücklich wirkenden Alliteration von f-, v- und w-Lauten kombiniert. Dieses phonetische Phänomen repräsentiert quasi eine Einheitlichkeit, in der die Gegensätze aufgehoben scheinen.

Gegensätze („wieder") zu einer Einheit zusammengeführt: Die sich über zehn Verse er-gießende und eine bis zum Bersten unaufhaltsame Spannung erzeugende Kaskade kon-ditionaler Gliedsätze findet ihren Abschluss in einem Hauptsatz,[406] der diese Spannung löst und den Rezipienten mit einem Male spürbar zu erlösen, ihn ins „freie Leben" (V. 5) zu entlassen scheint. Alle Gegensätze sind offenbar aufgehoben, die polaren Enden zur Vollkommenheit eines Kreises zusammengefügt.[407] Und dennoch ist die Erlösung keine vollkommene. Sie bleibt – wie die Werke der Romantiker, die dies bewusst spiegeln sol-len – fragmentarisch: Das „geheime Wort" (V. 11), als Sehnsuchtsmetapher und Rede des romantischen Dichters zu deuten, lässt keinen Zweifel daran.

5.2   Joseph von Eichendorff: *Lockung*[408]

Weil Novalis' Poem ein eher programmatisch-abstraktes ist, soll der Blick noch auf ein für die Epoche – im allgemeinen Verständnis – repräsentativeres Gedicht gerichtet werden: auf Eichendorffs „Lockung". Durch die in vertraut-vertraulicher Diktion gehaltene An-rede eines Du und die geheimnisvoll wirkende, fast alle Sinne einbeziehende Beschwö-rung der „alten schönen Zeit" erzeugt das lyrische Ich eine geradezu (nach-)erlebbare Atmosphäre. So wirken diese Verse sehr anschaulich.

Lockung

Hörst du nicht die Bäume rauschen
Draußen durch die stille Rund?
Lockt's dich nicht hinabzulauschen
Von dem Söller in den Grund,
Wo die vielen Bäche gehen
Wunderbar im Mondenschein
Und die stillen Schlösser sehen
In den Fluss vom hohen Stein?

Kennst du noch die irren Lieder
Aus der alten schönen Zeit?
Sie erwachen alle wieder
Nachts in Waldeseinsamkeit,
Wenn die Bäume träumend lauschen
Und der Flieder duftet schwül
Und im Fluss die Nixen rauschen –
Komm herab, hier ist's so kühl.

Joseph Freiherr von
Eichendorff

---

406 Von Beginn an laufen alle Gliedsätze auf diesen einen und einzigen Hauptsatz (11, 12) des Gedichts zu. Diese Zielgerichtetheit wird formal unterstützt durch die die Doppelverse verbindenden Enjambements.

407 Die beiden ersten und die beiden letzten Verse des Gedichts bilden die Pole und markieren eine gedankliche Kreisbewegung.

408 Eichendorff 2007, S. 181

Auch dieses Gedicht ist – ganz im Sinne des romantischen Universalpoesie-Konzepts – ursprünglich kein selbstständiges Werk, sondern zunächst ohne Überschrift eingebettet und verortet in ein größeres Ganzes: in Eichendorffs 1834 erschienenen Roman[409] „Dichter und ihre Gesellen".[410] Dort hören es in einer Sommernacht zwei kunstsinnige Protagonisten – der poetische Student der Rechtswissenschaft Otto und der Baron Fortunat – als Lied aus „tiefem Garten", hoch zu ihnen ins Schloss dringen.

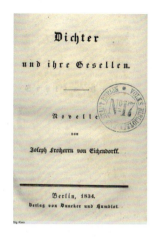

---

409 Die erste in Berlin erschienene Ausgabe weist Eichendorffs epischen Text als „Novelle" aus. Eichendorff selbst sprach von seinem Werk als „einem größeren Roman". Davon zeugt Eichendorffs Brief vom 12. April 1833 an seinen Freund Theodor von Schön. Vgl. hierzu Eichendorff 2007, S. 682. Eichendorffs Verleger Carl Friedrich Wilhelm Duncker, zu dessen Autoren u. a. auch Goethe und E. T. A. Hoffmann zählten, wählte die Bezeichnung „Novelle", um „das modische Interesse an ‚Novellen' [...] auszunutzen". Vgl. Eichendorff 2007, S. 739
In der 1837 ebenfalls bei dem Verleger Duncker erschienenen Sammlung „Gedichte" findet man Eichendorffs Verse erstmals als eigenständigen und mit dem heute bekannten Titel „Lockung" versehenen Text.

410 Das Wort „Gesellen" ist im Sinne von „Freunde" gemeint und spielt auch auf die mittelalterlichen Handwerkerzünfte an.

5.2.1 Formanalyse

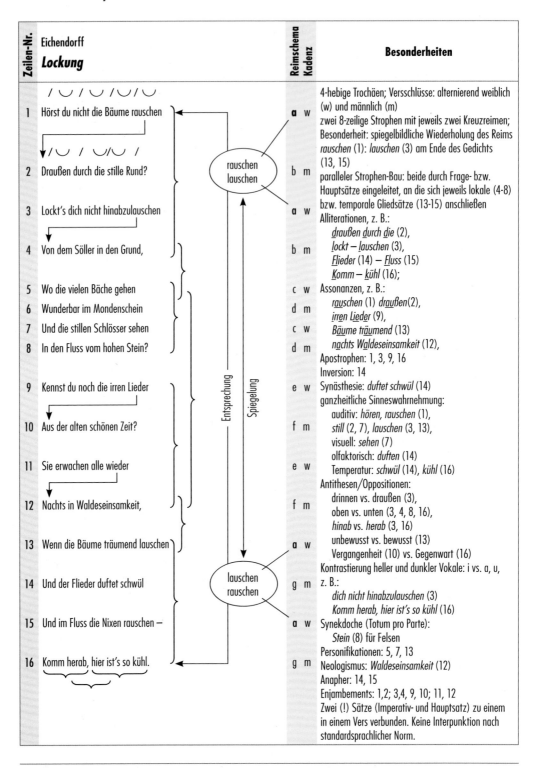

Zeilen-Nr.	Eichendorff *Lockung*	Reimschema Kadenz	Besonderheiten
	/ ʊ / ʊ / ʊ / ʊ		4-hebige Trochäen; Versschlüsse: alternierend weiblich (w) und männlich (m)
1	Hörst du nicht die Bäume rauschen	a w	zwei 8-zeilige Strophen mit jeweils zwei Kreuzreimen; Besonderheit: spiegelbildliche Wiederholung des Reims *rauschen* (1): *lauschen* (3) am Ende des Gedichts (13, 15)
	/ ʊ / ʊ / ʊ /		
2	Draußen durch die stille Rund?	b m	paralleler Strophen-Bau: beide durch Frage- bzw. Hauptsätze eingeleitet, an die sich jeweils lokale (4-8) bzw. temporale Gliedsätze (13-15) anschließen
3	Lockt's dich nicht hinabzulauschen	a w	Alliterationen, z. B.:
4	Von dem Söller in den Grund,	b m	*draußen durch die* (2), *lockt – lauschen* (3), *Flieder* (14) – *Fluss* (15) *Komm – kühl* (16);
5	Wo die vielen Bäche gehen	c w	Assonanzen, z. B.:
6	Wunderbar im Mondenschein	d m	*rauschen* (1) *draußen* (2), *irren Lieder* (9),
7	Und die stillen Schlösser sehen	c w	*Bäume träumend* (13)
8	In den Fluss vom hohen Stein?	d m	*nachts Waldeseinsamkeit* (12), Apostrophen: 1, 3, 9, 16 Inversion: 14
9	Kennst du noch die irren Lieder	e w	Synästhesie: *duftet schwül* (14) ganzheitliche Sinneswahrnehmung: auditiv: *hören, rauschen* (1),
10	Aus der alten schönen Zeit?	f m	*still* (2, 7), *lauschen* (3, 13), visuell: *sehen* (7) olfaktorisch: *duften* (14)
11	Sie erwachen alle wieder	e w	Temperatur: *schwül* (14), *kühl* (16) Antithesen/Oppositionen:
12	Nachts in Waldeseinsamkeit,	f m	drinnen vs. draußen (3), oben vs. unten (3, 4, 8, 16), hinab vs. herab (3, 16)
13	Wenn die Bäume träumend lauschen	a w	unbewusst vs. bewusst (13) Vergangenheit (10) vs. Gegenwart (16) Kontrastierung heller und dunkler Vokale: i vs. a, u, z. B.:
14	Und der Flieder duftet schwül	g m	*dich nicht hinabzulauschen* (3) *Komm herab, hier ist's so kühl* (16)
15	Und im Fluss die Nixen rauschen –	a w	Synekdoche (Totum pro Parte): *Stein* (8) für Felsen
16	Komm herab, hier ist's so kühl.	g m	Personifikationen: 5, 7, 13 Neologismus: *Waldeseinsamkeit* (12) Anapher: 14, 15 Enjambements: 1,2; 3,4, 9, 10; 11, 12 Zwei (!) Sätze (Imperativ- und Hauptsatz) zu einem in einem Vers verbunden. Keine Interpunktion nach standardsprachlicher Norm.

5.2.2 Interpretationsskizze

Das Gedicht gliedert sich in zwei jeweils acht Verse umfassende Strophen, die sich – eine deutliche Reminiszenz an den Strophenbau des von den Romantikern in Anlehnung an das Mittelalter geschätzten Volksliedes – wiederum aus jeweils zwei 4-zeiligen Einheiten zusammensetzen. Diese Zweiteilung bildet sich zudem sowohl in der syntaktischen Struktur als auch im Reimschema ab: Während die jeweils ersten vier Verse beider Strophen aus je zwei durch Enjambement verbundene Frage- (V. 1, 2; 2, 4; 9, 10) bzw. Hauptsätzen (V. 11, 12) bestehen, an deren Ende sich die rhythmische Bewegung in einer Pause staut, wird die jeweils zweite Hälfte der Strophen von lokalen bzw. temporalen Gliedsätzen bestimmt. Deren Rhythmus wirkt weniger stakkatohaft, klingt flüssiger als der der sie einleitenden Sätze. Auch das Reimschema spiegelt die Zweiteilung, und zwar sowohl mit Blick auf die einzelnen Strophen (ababcdcd) als auch hinsichtlich des ganzen Gedichts (ababcdcd efefagag). Alle diese Unterschiede werden verstärkt und doch zugleich aufgehoben und vereint in bzw. durch das konsequent realisierte alternierende trochäische Metrum, die ausnahmslos alternierenden Versschlüsse (weibliche und männliche Kadenzen) und die durchgängige Reimform (Kreuzreim). Schließlich werden auch die beiden Strophen selbst durch die spiegelbildlich angeordneten identischen Reime „rauschen": „rauschen" (V. 1, 15) und „hinabzulauschen": „lauschen" (V. 3, 13) zu einem Ganzen, einer Einheit verbunden.

All die vorgenannten Gegensätze und „Dichotomien" können gedeutet werden als formale Spiegelungen der das romantische Lebensgefühl charakterisierenden und zur Auflösung, zur Erlösung drängenden Ambivalenz.

Metaphorisch drückt sich diese Zerrissenheit aus in den zu vermittelnden Gegensätzen Drinnen vs. „Draußen" (V. 2), oben („Söller", V. 4) vs. unten („Grund", V. 4), Natur („Wald", V. 12) vs. Kultur („Schlösser", V. 7), Bewusstes („lauschen", V. 3) vs. Unbewusstes („träumen", V. 13), Vergangenheit („alte schöne Zeit",[411] V. 10) vs. Gegenwart („hier", V. 16).

In nächtlicher Szenerie wendet sich das lyrische Ich unvermittelt mit zwei durch die Abtönungspartikel „nicht" (V. 1, 3) verstärkte Suggestivfragen an ein Du. Was als Frage erscheint, ist de facto die eindringliche Beschwörung des Angesprochenen, es der „lockenden" (V. 3), aus der Tiefe einer vom stimmungsvollen Zwielicht des Mondes verklärten (Fluss-)Landschaft zu ihm auf den „Söller" (V. 4) hinaufdringenden Stimme gleichzutun: ganz der Natur zu „lauschen" (V. 3), eins zu werden mit ihr und eingedenk „der alten schönen Zeit" (V. 10) sich deren „irren[412] Lieder" (V. 9) zu erinnern. Schließlich wird es vom lyrischen Ich aufgefordert, sein bürgerliches Heim zu verlassen (V. 16), sich ihm anzuschließen, ganz in die Natur einzutauchen,[413] eins zu werden mit ihr.

Besondere Aufmerksamkeit verdient hier das Prinzip der Polarität als Mittel symbolischer Raumgestaltung und als Spiegelung innerer Befindlichkeit: Das Du erscheint dem lyrischen Ich als ein – im wörtlichen Sinne – Gegen-Über:[414] Die Lokaladverbien „hinab" (V. 3) und „herab" (V. 16) markieren die Distanz zwischen dem Sprecher und

---

411 Gemeint ist das von der Romantik verklärte Mittelalter, worauf u. a. auch die Sujets „Schlösser" (7) und „Lieder" (9) verweisen

412 Das Adjektiv „irre" ist hier nicht im Sinne von „psychotisch", „verstört" zu verstehen, sondern in seiner ursprünglichen Bedeutung „(heftig) emotional" bzw. „seelisch bewegt"; vgl. Duden 2014, S. 410 f.

413 vgl. die häufige Verwendung der dem Wortfeld Gewässer zugehörigen Nomen „Bäche" (5), „Fluss" (8, 15), „Nixen" (15)

414 Die räumlich erhöhte Position des Adressaten ist nicht als Metapher für dessen Überlegenheit zu deuten, schließlich richtet sich der Imperativ (15) an ihn. Das „Über" ist hier mit „außen, außerhalb" zu übersetzen im Sinne von „außerhalb des eigentlichen Selbst und des Seinszusammenhangs stehend". Solange der Angesprochene nämlich den „geheimnisvollen Weg nach innen" (noch) nicht antritt, nicht eins geworden ist mit der Natur, sondern den Normen der „Philister", des Bürgertums, und dessen ökonomischen Zwängen folgt, bleibt er sozusagen ein Außen-Stehender.

dem Adressaten: Während sich jener bereits aus dem engen sozialen Normen-Korsett und vom Nützlichkeitsdenken des Bürgertums befreit hat und seiner inneren Stimme, seinem „Grund" (V. 4), gefolgt ist, befindet sich das apostrophierte Du (noch) nicht im Einklang mit sich und der Natur. Sein Aufenthaltsort, der „Söller"[415] (V. 4) – Nahtstelle zwischen Drinnen und „Draußen" (V. 2), bürgerlicher Zivilisation und Natur –, ist bildhafter Ausdruck seiner inneren Ambivalenz. Zwar bleibt letztlich offen, ob das Du dem Lockruf folgt. Doch kann begründet angenommen werden, dass es diesen Weg in die Tiefe, den „Weg nach innen" gehen wird. Die magische Kraft, die das lyrische Ich entfaltet, weist ihm intuitiv den Weg. Diese Magie wird nicht allein hörbar, sondern geradezu spürbar in einer betörenden Klangfülle:

Reim, Assonanzen, Alliterationen[416] und der zum Ende der Strophen hin sich beschleunigende Rhythmus wirken zusammen, verdichten sich zu einem eindringlichen, beschwörend-betörenden Appell, dem sich das angerufene Du wohl schwerlich wird entziehen können. Ob sich dann aber das implizite Versprechen der „Lockung", das Du aus dem beengenden Status quo zu befreien und von der quälenden Ambivalenz zu erlösen, erfüllt oder ob die „Lockung" nicht vielmehr als verbrämte Ver-Lockung spricht, ist nicht zu entscheiden. Eine Auf-Lösung der Ambivalenz bleibt allemal frag-würdig. Gelten doch „Nixen" (V. 15) selbst als ambivalente Wesen,[417] mit denen – wie sich erst am Ende des Gedichts zeigt – hier sogar die „Bäume" (V. 1) gemeinsame Sache machen, indem sie sich offenbar mit ihnen im Be-„rauschen" (V. 1, 15) des Du verbunden haben.

Doch handelt es sich beim Sprecher des Gedichts und dem Adressaten überhaupt um zwei getrennte Wesen? Vermutlich nicht. Denn die alle Unterschiede verschmelzende und zu einer Einheit zusammenführende Universalpoesie als wesentliches Prinzip der Romantik ist hier ins Bild gesetzt. Das Sprecher-Ich und das Adressaten-Ich sind identisch. Letzteres kann als uneigentliches Ich, als Alter Ego, als – sozusagen – umzukehrender Spiegel[418] des wahren Ichs (Ego), gedeutet werden.

Diese Identität bzw. Ganzheit bildet sich auf der formalsprachlichen und inhaltlichen Ebene gleichermaßen ab, indem z. B. Einzelelemente zur Ganzheit komplettiert und Gegensätze miteinander verbunden bzw. verschmolzen werden. So ist die buchstäblich als reizvoll empfundene nächtliche Szenerie insbesondere das Ergebnis der sprachlichen Vermittlung einer ganzheitlichen Sinneswahrnehmung: akustische, visuelle, olfaktorische u. a. Sinnessignale[419] bzw. Reize werden sprachlich ins Bild gesetzt, zuweilen in der Figur der Synästhesie miteinander verschmolzen.[420] Neben einer Reihe weiterer Figuren und Tropen[421] sind es auch syntaktische und lexikalische Besonderheiten, die die Idee der Ganzheit und Einheit spiegeln bzw. mit dieser korrespondieren: u. a. werden ein-

---

415   Ein Söller, auch Altan genannt, ist ein vom Erdboden aus gestützter balkonartiger Anbau. Als Grenzmetapher zwischen Innen und Außen entspricht der Söller dem in der Romantik häufig anzutreffenden Fenstermotiv. Vgl. z. B. Eichendorffs Gedicht „Sehnsucht", das mit folgenden Versen beginnt: „Es schienen so golden die Sterne, Am Fenster ich einsam stand".
Auch in der Malerei, z. B. in Caspar David Friedrichs Bild „Frau am Fenster", stößt man häufiger auf das Motiv.

416   vgl. die tabellarische Übersicht S. 112

417   „Sie [Nixe] ist eine ambivalente Figur, wie schon die Attribute zeigen, die ihr zugeordnet werden: Die Schlange als destruktives, männliches Attribut, das im Fischschwanz der Nixe einen letzten Nachhall findet und das Gefäß, indem [sic] sich sowohl das Empfangende, Schützende, Bewahrende, wie auch das Verschlingende, Kastrierende ausdrückt, das Eichendorff mit der Metapher des ‚stillen Grundes' oder des ‚verschlingenden Schlundes' positiv oder negativ immer wieder neu beschwört." Zitiert nach: Stephan 2004, S. 218 f.

418   Das Spiegelmotiv findet sich häufig in der Romantik. In „Lockung" begegnet es in der Form der spiegelbildlich angeordneten identischen Reime „rauschen": „rauschen" (1, 15) und „hinabzulauschen": „lauschen" (3, 13), in der sowohl dem Du (3) als auch der Natur (13) zugeschriebenen „Lauschen" und in der Spiegelung der Landschaft: „Und die stillen Schlösser sehen / In den Fluss vom hohen Stein" (7-8).

419   vgl. die tabellarische Übersicht S. 112

420   „Und der Flieder duftet schwül" (14) – hier sind Geruchssinn (olfaktorischer Reiz) und Temperatursinn miteinander verschmolzen.

421   vgl. z. B. das Stilmittel (Tropus) Totum pro Parte: „Stein" (8) statt Felsen

zelne Elemente standardsprachlicher analytischer Syntagmen zu einem einzigen Wort verdichtet,[422] das als Neologismus zugleich Ausdruck jener schöpferischen Kraft ist, auf welche die für die Romantik so bestimmende Naturphilosophie Schellings rekurriert.

6.   Die Romantik in der Malerei – Beispiel

Caspar David Friedrich: *Frau am Fenster*

„Schließe dein leibliches Auge, damit du mit dem geistigen Auge zuerst siehest dein Bild. Dann fördere zutage, was du im Dunkeln gesehen, dass es zurückwirke auf andere von außen nach innen."[423]

C. D. Friedrich

Diese Maxime des bedeutendsten deutschen Malers der Romantik, Caspar David Friedrich (1774-1840), fordert, dass ein Bild das Innere nach außen kehre und das Bild so wiederum zum Spiegel für den Betrachter werde. Hier spricht sich aus, was für die Malerei der Epoche wegweisend ist: die Individualisierung der Bildwelten und eine identifikatorische Betrachtungsweise. Typisch hierfür ist Friedrichs 1822 entstandenes Gemälde „Frau am Fenster".[424]

Wie die Literatur bedient sich auch die Malerei der Romanik gerne des Fenster-Motivs.[425] Denn als Bild im wörtlichen wie im übertragenen Sinne eignet sich das Fenster in besonderer Weise zur Darstellung der die Romantik kennzeichnenden Gegensätze, ihrer Ambivalenz und zugleich als Medium zu deren Vermittlung (Verschmelzung). Denn das Fenster markiert die Nahtstelle zwischen Innen und Außen, Nähe und Ferne, Bekanntem und Unbekanntem, Geborgenheit und Gefahr, Individuum und Gesellschaft, Einsamkeit und Gemeinschaft und – in der Romantik insbesondere – die zwischen dem spießbürgerlich-engstirnigen Philister und dem aus sich heraus im Einklang mit der Natur schöpferisch tätigen Künstler. Als Nahtstelle ist das Fenster zudem immer auch Ort von Grenzerfahrungen.

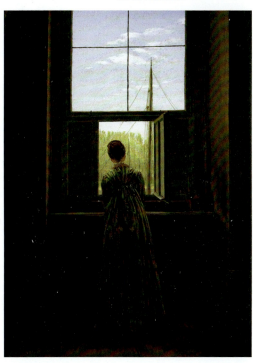

Caspar David Friedrich: *Frau am Fenster* (1818/1822)

Der Blick des Betrachters von Friedrichs „Frau am Fenster" fällt direkt auf eine als Rückenfigur dargestellte Frau. Sie schaut durch das den Mittelpunkt des Gemäldes

---

422   Das analytische Syntagma „die Einsamkeit des Waldes" wird zu einem Wort verdichtet: „Waldeseinsamkeit" (12).

423   zitiert nach: Schulz 2008, S. 91

424   Das Gemälde ist Friedrichs einziges Interieur-Bild. Modell für die als Rückenfigur dargestellte Frau war Friedrichs Ehefrau Caroline Bommer, die er 1818 geheiratet hatte. Vgl. Wolf 2017, S. 14, 15

425   vgl. z. B. Caspar David Friedrichs „Fenster mit Parkpartie" (1806-1811), Georg Friedrich Kerstings „Das Paar am Fenster" (1817) oder Carl Gustav Carus' (1789-1869) „Fenster am Oybin bei Mondschein" (1828)

bildende geöffnete Fenster eines kargen, auf den Ausschnitt einer Fensternische reduzierten Raumes nach draußen.

Die aufrecht stehende, leicht nach links geneigte, in der Bildmitte platzierte Figur ver-
deckt mit ihrem Kopf und Oberkörper den Fluchtpunkt, sodass der Betrachter unwillkürlich dazu animiert wird, sich in sie hineinzuversetzen, sich mit ihr zu identifizieren.
Sein über die rechte Schulter der Frau hinweg streifender Blick nach draußen lässt ihn
dabei weniger sehen als erahnen.

Insbesondere zwei Prinzipien erzeugen neben der verloren-einsam wirkenden Frauen-
figur die Bildatmosphäre: der Kontrast zwischen dem in dunklen Erdfarben gehaltenen
Innenraum und der in freundlich lichten Farben gestalteten Außenwelt einerseits und der
streng geometrische bzw. symmetrische Bildaufbau andererseits.

Der schmucklose Raum weist – abgesehen von zwei auf einem unscheinbaren Tablett am
rechten Rand des breiten Fenstersimses abgestellten Flaschen und einem Glas – keinerlei
Interieur auf. Die dominierenden dunklen Braun- und Grün-Töne des Raumes verströmen
eine beengend melancholische Atmosphäre, die sich in Erscheinung und Habitus in der
aus dem Fenster schauenden Frau konzentriert. Ihr an eine altdeutsche Frauentracht[426]
erinnerndes knöchellanges, in Falten gelegtes und mit Rüschenkragen versehenes Kleid
nimmt die dunklen Farben des Raumes auf. So fügt sie sich farblich fast unmerklich in
die seltsam leere, spartanisch-nüchterne Umgebung ein.

Anders erscheint die Welt jenseits des Raumes und des Fensters: In hellem Gelbgrün
leuchtet eine Reihe von Bäumen, die das jenseitige Ufer eines vor dem Haus vorbeiführen-
den, vom Betrachter nicht unmittelbar einzusehenden Flusses säumen. Klar erkennbar,
wie vom Maler herangezoomt, ist die helle Takelage zweier Segelboote, deren Masten
in einen von weißen Wolken durchzogenen zartblauen, leicht besonnten Himmel ragen.

Bemerkenswert ist die wohlkalkulierte Bildgeometrie. Der senkrechte Holm des Ober-
lichts bildet zusammen mit der Mittelfuge der mächtigen Fußbodendielen die Mittelachse, die imaginär durch den Körper der Frau verläuft. Die durch deren leicht nach
links geneigte Position gestörte Symmetrie wird durch die minimale Rechtsneigung des
größeren der beiden Schiffsmasten ausgeglichen. Und während der Innenraum durchweg von Horizontalen und Vertikalen dominiert wird, bestimmen die Außenwelt eher
unauffällige Diagonalen, die sich insbesondere in der Takelage zu Dreiecken formieren
und dabei den Blick aus dem geöffneten Fenster filigran segmentieren.

Friedrichs Gemälde berücksichtigt in beeindruckender Weise nicht nur die wesentlichen Sujets der Romantik, sondern auch die diesen bzw. der Epoche zugrunde liegende
Philosophie,[427] indem er diese buchstäblich ins Bild setzt: Ambivalenz und Gegensätze
ebenso wie deren Vereinigung und Transzendenz. Werden jene vor allem in der räumlichen und farblichen Kontrastierung von Innen und Außen, Nähe und Ferne, Enge und
Weite, Symmetrie und Asymmetrie dargestellt, visualisiert sich der Wunsch nach Überwindung der Gegensätze in dem nach oben nicht abgeschlossenen, also unbegrenzten
Oberlicht, während sich die Sehnsucht nach Einswerdung des Menschen mit der Natur

---

426   Friedrich stellt insbesondere seine männlichen Figuren oft in altdeutscher Tracht (Nationaltracht) dar, vgl. z. B.
seine Gemälde „Der Wanderer über dem Nebelmeer" (um 1818), „Zwei Männer in Betrachtung des Mondes"
(1819/20), „Mann und Frau den Mond betrachtend" (1824).
Die Tracht gilt als Reminiszenz an das Mittelalter, als politische Beschwörung der Vergangenheit. Sie ist dem Maler (auch) Ausdruck antifranzösischer und antifeudaler Gesinnung. Vgl. hierzu Schneider 2002, S. 177 ff., 181 ff.

427   Friedrich kannte wie auch andere bedeutende Maler der Romantik, z. B. Philipp Otto Runge (1777-1810), die
(natur-)philosophischen Schriften dieser Epoche ebenso wie deren Literatur: „Wie Runge war auch er [Friedrich]
mit der Literatur und Philosophie seiner Epoche gut vertraut und hat sich von ihr anregen lassen". Zitiert nach:
Schulz 2008, S. 90 f.

in der Rückenfigur abbildet, insofern diese als eine vom Betrachter ab- und der Natur unmittelbar zugewandte meditative Person erscheint.

Schließlich kann Friedrichs „Frau am Fenster" – Darstellung einer „gewöhnlichen" Szene – als geradezu genuines Beispiel für Novalis' „Romantisierung des Gemeinen" gelten:

> *Indem ich dem Gemeinen einen hohen Sinn, dem Gewöhnlichen ein geheimnisvolles Ansehen, dem Bekannten die Würde des Unbekannten, dem Endlichen einen unendlichen Schein gebe, so romantisiere ich es.*[428]

7. Dichter und Werke im Überblick (Auswahl)

Dichter	Werke
Friedrich Schlegel (1772-1829)	*Athenaeum* (1798-1800), wichtigste literarische bzw. literaturtheoretische Zeitschrift der Frühromantik; hrsg. von Friedrich Schlegel und dessen Bruder August Schlegel
	Lucinde. Bekenntnisse eines Ungeschickten (1799) Roman
Novalis (1772-1801) (Friedrich von Hardenberg)	*Heinrich von Ofterdingen* (1802) Roman-Fragment
	Die Lehrlinge zu Sais (1802) Roman-Fragment
	Hymnen an die Nacht (1799/1800)
	Blüthenstaub (1798) Aphorismensammlung
	Europa (1799) (1826 als *Die Christenheit oder Europa* erschienen)
Ludwig Tieck (1773-1853)	*Der gestiefelte Kater* (1797) Komödie
	Der blonde Eckbert (1797) Kunstmärchen
	Franz Sternbalds Wanderungen (1798) Künstlerroman
Clemens Brentano (1778-1842) Achim von Arnim (1781-1831)	*Des Knaben Wunderhorn* (1805-1808) Volksliedersammlung
	Zeitung für Einsiedler (1808, anonyme Herausgeberschaft, zusammen mit Joseph Görres)
Joseph von Eichendorff (1788-1857)	*Ahnung und Gegenwart* (1815) Roman
	Dichter und ihre Gesellen (1834) Roman
	Das Marmorbild (1819) Novelle
	Aus dem Leben eines Taugenichts (1826) Novelle
E. T. A. Hoffmann (1776-1822) (Ernst Theodor Wilhelm Hoffmann)[429]	*Der goldne Topf* (1814, überarb. 1819) Novelle
	Der Sandmann (1816) Erzählung (Schauerroman)
	Das Fräulein von Scuderi (1819/21) (Kriminal-)Novelle
Jacob Grimm (1785-1863) Wilhelm Grimm (1786-1859)	*Kinder- und Hausmärchen* (2 Bde. 1812, 1815)
	Deutsche Sagen (2 Bde. 1816,1818) } gemeinsame Werke
	Deutsche Mythologie (1835)
	Deutsches Wörterbuch (1. Bd. 1854, 33. Bd. 1960)
	Deutsche Grammatik (4 Bände, 1819–1837) Jacob Grimm

428 Novalis 1846, S. 236
429 Aus Verehrung für Mozart (1756-1791) änderte Hoffmann seinen dritten Vornamen Wilhelm in Amadeus.

8. Erfindungen und Entdeckungen im Überblick (Auswahl)

Zeit	Erfindung/Entdeckung	Erfinder/Entdecker
1784	Dampfkraftbetriebene Webmaschine („Power Loom")	Edmond Cartwright
1805	Mechanischer Musterwebstuhl	Joseph-Marie Jacquard
1807	Dampfschiff/Raddampfer („Clermont")	Robert Fulton
1812	Buchdruckschnellpresse/Rotationsdruckmaschine	Johann Friedrich Gottlob Koenig
1812	Fraunhofer'sche Linien	Joseph von Fraunhofer
1814	Spektroskop	Joseph von Fraunhofer
1814	Dampflokomotive	George Stephenson
1816	Stethoskop	René Laënnec
1817	Laufrad (Draisine)	Karl Drais
1818	Revolver	Elisha Collier, Artemus Wheeler
1820	Elektromagnetismus	Hans Christian Ørsted
1826	Schiffsschraube	Josef Ressel
1827	Differentialgetriebe	Onésiphore Pecqueur
1831	Elektromagnetische Induktion	Michael Faraday
1832	Grundgesetze der Elektrolyse	Michael Faraday
1835	Elektromagnetisches Relais	Joseph Henry
1836	Faraday'scher Käfig	Michael Faraday
1837/39	Galvanoplastik	Moritz Hermann von Jacobi
1837/43	Elektromagnetischer Schreibtelegraf / Morsealphabet	Samuel Morse
1839	Daguerreotypie	Louis Jacques Mandé Daguerre
1840	Nähmaschine	Josef Madersperger

9. Info-Grafik ROMANTIK

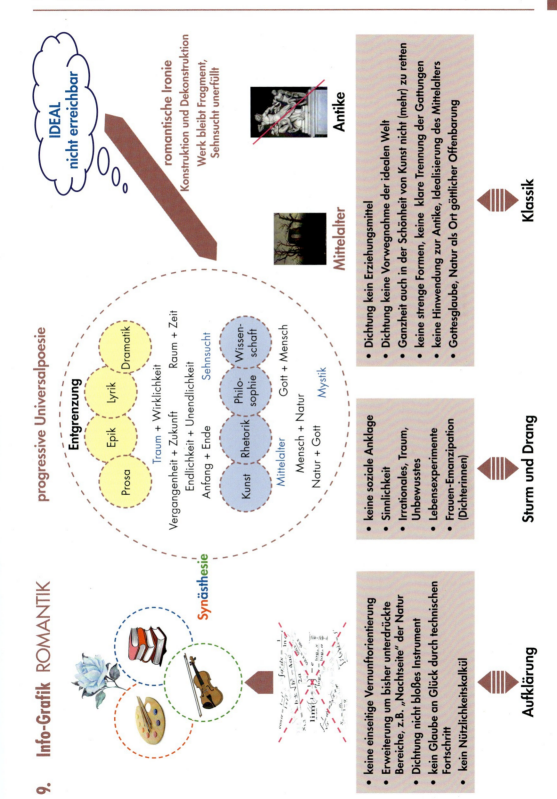

progressive Universalpoesie

IDEAL nicht erreichbar

romantische Ironie
Konstruktion und Dekonstruktion
Werk bleibt Fragment,
Sehnsucht unerfüllt

Antike

Mittelalter

Entgrenzung

Prosa | Epik | Lyrik | Dramatik

Traum + Wirklichkeit
Vergangenheit + Zukunft | Raum + Zeit
Endlichkeit + Unendlichkeit
Anfang + Ende | Sehnsucht

Kunst | Rhetorik | Philo-sophie | Wissen-schaft

Mittelalter | Gott + Mensch
Mensch + Natur
Natur + Gott | Mystik

Synästhesie

Klassik
- Dichtung kein Erziehungsmittel
- Dichtung keine Vorwegnahme der idealen Welt
- Ganzheit auch in der Schönheit von Kunst nicht (mehr) zu retten
- keine strenge Formen, keine klare Trennung der Gattungen
- keine Hinwendung zur Antike, Idealisierung des Mittelalters
- Gottesglaube, Natur als Ort göttlicher Offenbarung

Sturm und Drang
- keine soziale Anklage
- Sinnlichkeit
- Irrationales, Traum, Unbewusstes
- Lebensexperimente
- Frauen-Emanzipation (Dichterinnen)

Aufklärung
- keine einseitige Vernunftorientierung
- Erweiterung um bisher unterdrückte Bereiche, z.B. „Nachtseite" der Natur
- Dichtung nicht bloßes Instrument
- kein Glaube an Glück durch technischen Fortschritt
- kein Nützlichkeitskalkül

1. Begriffe

Die Bezeichnungen „Biedermeier", „Junges Deutschland" und „Vormärz" stehen für unterschiedliche, teilweise parallel verlaufende, nicht durchweg klar voneinander abgrenzbare literarische Strömungen während der Zeit der Restauration (1814/15-1848). Deren reaktionäre Politik indes ist der sie einende Bezugspunkt.

2. Historisch-geistesgeschichtlicher Hintergrund

2.1 Die Neuordnung Europas auf dem Wiener Kongress – Unterdrückung liberaler Bestrebungen

Um den Frieden nach dem Sieg über Napoleon bei Waterloo (1815) zu sichern und ihren eigenen Machtanspruch zu zementieren, waren die Herrschenden bestrebt, ein europäisches Gleichgewichtssystem zu schaffen. Dazu sollte die alte gesellschaftliche und politische Ordnung vor der napoleonischen Herrschaft, die des Ancien Régimes, weitgehend wiederhergestellt werden. Auf dem Wiener Kongress (18. September 1814 bis 9. Juni 1815) wurde daher unter der Ägide des österreichischen Außenministers und späteren Staatskanzlers Fürst Klemens Wenzel Lothar von Metternich[430] (1773-1859) Europa neu geordnet, zahlreiche Grenzen wurden neu bestimmt bzw. neue Staaten geschaffen. Die ehemals über 300 deutschen (Klein-) Staaten wurden auf 35 reduziert. Zusammen mit den vier freien Reichsstädten Frankfurt am Main sowie den Hansestädten Hamburg, Lübeck und Bremen bildeten diese den 1815 gegründeten Deutschen Bund[431], bei dem es sich um einen losen Staatenbund, nicht aber um einen einheitlichen Nationalstaat handelte.

„Der Denker-Club" (Karikatur 1819)
Wie lange möchte uns das Denken wohl noch erlaubt bleiben?

Der Deutsche Bund mit seinen beiden größten und die restaurative Politik in Deutschland bestimmenden Staaten Österreich und Preußen verfügte weder über eine eigene Regierung noch über eine demokratische Volksvertretung. Liberale Verfassungen stellte man, so z. B. der Preußenkönig Friedrich Wilhelm III., in Aussicht, erlassen aber wurden sie nicht. Denn die ihre Herrschaft (wieder) mit dem Gottesgnadentum begründenden monarchischen Regenten sahen in liberalen, demokratischen und nationalen Bestrebungen eine Gefährdung der inneren Ordnung

---

430 Metternich, der sich selbst als „Kutscher Europas" sah, leitete nicht nur den Wiener Kongress, er initiierte auch die Karlsbader Beschlüsse und die Einrichtung der „Zentralkommission zur Untersuchung hochverräterischer Umtriebe" in Mainz.

431 vgl. hierzu auch das Kapitel „Romantik" ab S. 121

und ihrer Macht.[432] Und weil an einigen deutschen Fürstenhöfen die Revolutionsangst grassierte und Aufstände liberaler Aktivisten befürchtet wurden, trafen sich vom 6. bis 31. August 1819 in Karlsbad unter dem Anschein einer zufälligen Zusammenkunft Vertreter der einflussreichsten Staaten des Deutschen Bundes, um – wieder unter Führung Metternichs – rigide Maßnahmen gegen jede Form liberaler, demokratischer und nationaler Bewegungen zu treffen:

Das Ergebnis dieser Karlsbader Ministerialkonferenzen, die sogenannten Karlsbader Beschlüsse, umfassten insbesondere das Verbot der Burschenschaften[433], die Zensur von Büchern, Zeitungen und Zeitschriften, die Überwachung von Universitäten und Professoren sowie die Schließung von Turnplätzen (Turnsperre).[434] Mit der sogenannten „Bundes-Exekutionsordnung" wurde zudem der militärische Einsatz des Deutschen Bundes im Falle von Unruhen und Aufständen in den Einzelstaaten verfügt und geregelt.

Die Annahme des Dekrets im Frühherbst 1819 erfolgte unter merkwürdigen Umständen.[435] Sie bedeutete eine drastische Einschränkung der Freiheitsrechte und begründete die Errichtung eines rigiden Überwachungs- bzw. Polizeistaates.

Zur Umsetzung der Beschlüsse wurde in Mainz eigens eine Behörde, die „Zentralkommission zur Untersuchung hochverräterischer Umtriebe", geschaffen, die – über die Grenzen der Einzelstaaten hinweg – die Bürger überwachte und die sogenannte Demagogenverfolgung organisierte,[436] d. h. die Verfolgung und Anklage bürgerlich-patriotischer, antifeudaler, revolutionärer Aktivisten. Dieses politische Klima begünstigte und förderte ein System von Spitzeln und ein ausgeprägtes Denunziantentum. Viele engagierte, liberal gesinnte, entschieden für Freiheitsrechte eintretende und vehement gegen die Bevormundung durch Staat, Adel und Kirche kämpfende Schriftsteller wurden so Opfer von Verrat und Verfolgung.[437]

2.2   Die Geschichte der Menschheit – ein vom Geist oder von der Natur bestimmter Prozess?

Die die Restaurationszeit bestimmende Geistesrichtung, die weit über diese Epoche hinaus wirksam wurde, war die Philosophie Georg Wilhelm Friedrich Hegels (1770-1831). Der geborene Schwabe mit österreichischen Wurzeln war die beherrschende intellektu-

---

432 Zur Festigung und Absicherung der Macht diente auch die von dem russischen Kaiser Zar Alexander I. veranlasste und am 26. September 1815 in Paris beschlossene „Heilige Allianz" (La Sainte-Alliance), der mit Ausnahme Englands und des Papstes alle europäischen Herrscher beitraten. Sie gab vor, die Staaten nach den Grundsätzen des Christentums bzw. der christlichen Nächstenliebe und des Friedens zu leiten. Unter der Führung Metternichs wurde das Bündnis jedoch zum Werkzeug der Unterdrückung liberaler, demokratischer und nationaler (Einheits-) Bestrebungen.

433 Burschenschaften waren Organisationen von Studenten, die sich unter dem Eindruck der napoleonischen Fremdherrschaft und der Befreiungskriege gegen die Kleinstaaterei und die feudal-absolutistische Herrschaft wandten. Sie kämpften für die politischen Rechte des Bürgertums und für die nationale Einheit. Den Burschenschaften gehörten auch viele Professoren an.

434 Das Turnen war erst 1807 durch den Pädagogen Friedrich Ludwig Jahn (1778-1852) in Deutschland eingeführt worden.
Neben der körperlichen Ertüchtigung strebte die Turnerbewegung gegen den Willen der Landesherren einen deutschen Nationalstaat an. Und so nahmen die Potentaten die Ermordung des deutschen Schriftstellers und russischen Generalkonsuls August von Kotzebue (1761-1819) durch den Burschenschaftler und Turner Karl Ludwig Sand (1795-1820) zum Anlass der Karlsbader Beschlüsse im Allgemeinen und zur Turnsperre im Besonderen.

435 „Unter dem Druck der Hauptmächte – und in einem mehr als fragwürdigen Eilverfahren – nahm die Bundesversammlung am 20. September [1819] die ‚Karlsbader Beschlüsse' an und besiegelte ihr Wohlgefallen durch den ambrosianischen Lobgesang.
Das war nicht nur wegen des Verfahrens fast ein Bundesstaatstreich; denn die Natur des Bundes wurde verändert: im Kampf gegen die radikale Bewegung wurde die Souveränität der Einzelstaaten zugunsten des Bundes beschränkt". Zitiert nach: Nipperdey 1983, S. 282 f.

436 vgl. Hahn/Berding 2009, S. 152 f.

437 Näheres s. unten S. 168

2.2   Die Geschichte der Menschheit – ein vom Geist oder von der Natur bestimmter Prozess?

155

elle Persönlichkeit seiner Zeit und avancierte in Berlin zum preußischen Staatsphilosophen. Wie sein die Philosophie der Romantik prägender Kollege Schelling[438] betrachtet auch Hegel die Wirklichkeit als eine organische Einheit, die nicht in einem bestimmten Zustand verharrt, sondern sich in einem fortschreitenden Entwicklungsprozess befindet, dessen oberstes Ziel die Selbsterkenntnis, das Sich-selbst-Begreifen ist. Doch im Unterschied zu Schelling identifiziert Hegel diesen Prozess nicht mit der (materiellen) Natur, sondern mit dem (ideellen) Geist. Dieser ist nicht aus der Natur hervorgegangen, sondern ist vielmehr das, woraus Wirklichkeit besteht. Er ist selbst Subjekt jenes Geschichtsprozesses, der die Wirklichkeit ausmacht: die Selbstentfaltung des Geistes, der Weltvernunft, hin zum Selbstbewusstsein und zur Selbster-

G. W. F. Hegel

kenntnis. Die in der Geschichte der Menschheit sich äußernde Weltvernunft entfaltet sich in fortschreitend-dialektischer Entwicklung. Das heißt, sie verläuft immer von einem unvollkommenen Einzelnen (These), das durch die Vermittlung eines anderen unvollkommenen Einzelnen (Antithese) in eine höhere, umfassendere Einheit (Synthese) aufgenommen, durch sie aufgehoben[439], wird. Wissen ist in diesem Verständnis immer etwas Dynamisches, Wachsendes, etwas sich stetig Entwickelndes, was zugleich bedeutet, dass die je aktuelle Auffassung von Wissen und Wahrheit stets relativ ist. Der dialektische Verlauf der Geschichte sondert zudem alles Unvernünftige aus, sodass von der Vergangenheit letztlich nur das bleibt, was wahr und richtig ist. In diesem Kontext wird Hegels bekannter und häufig zitierter Satz verständlich: „Was vernünftig ist, das ist wirklich; und was wirklich ist, das ist vernünftig."[440] In diesem Identitäts-Satz von Idee und Wirklichkeit gipfelt Hegels Idealismus.

Weltgeschichte ist für ihn keine Abfolge von nur zufälligen Ereignissen (Kriege, Friedensschlüsse, Königsmorde etc.), die in einem lediglich äußeren Zusammenhang stehen. Vielmehr handelt es sich um einen historischen Prozess, in dem sich die göttliche Wahrheit und Vernunft schrittweise enthüllt. Um ihr Ziel zu erreichen, bedient sich die Weltvernunft einer „List", indem sie „die Leidenschaften für sich wirken läßt"[441]:

Sie bestimmt, instrumentalisiert sozusagen Personen zum Zweck ihrer (schnelleren) Vollendung, indem sie diese glauben macht, mit ihrem Handeln eigene egoistische Ziele – z. B. Machterhalt und Machterweiterung – zu verfolgen bzw. zu realisieren.

Hegel, der den Staatsbegriff an die Stelle des romantischen Volksbegriffs setzt, siedelt die Weltvernunft immer dort an, wo die Macht triumphiert. So war ihm zunächst Napoleon die „Inkarnation des Weltgeistes".[442] Nachdem der Franzosenkaiser besiegt war, schwenkte, so der Philosoph, der Weltgeist um und ließ sich im preußischen Staat nieder. In diesem habe der Weltgeist sein Ziel, d. h. die Entfaltung der absoluten Wahrheit, erreicht. Die Menschen mit ihren subjektiven Wünschen und Bedürfnissen indes sind unerheblich, denn „man muß [...] wissen, daß allen Wert, den der Mensch hat, alle geis-

---

438   Hegel, Hölderlin und Schelling kannten sich gut bzw. waren miteinander befreundet. Die drei Schwaben waren Studenten der evangelischen Theologie am berühmten, 1536 gegründeten und noch heute bestehenden Tübinger Stift.

439   Das Wort *Aufhebung* bzw. das Verb *aufheben* war Hegel Beweis für den spekulativen (einsichtigen) Geist der deutschen Sprache, der imstande ist, gegensätzliche Bedeutungen in einem Wort zu vereinen. Der dialektische Prozess der Aufhebung umfasst dreierlei, nämlich 1. etwas (in seiner Entwicklungsstufe) beenden, negieren; 2. (in anderer Form) aufbewahren; 3. in eine höhere Stufe (der Entwicklung) integrieren, erhöhen.

440   Hegel 2009, S. 56

441   Hegel 2016, S. 78

442   Ruffing 2015, S. 233

tige Wirklichkeit, er allein durch den Staat hat",[443] den man „wie ein Irdisch-Göttliches verehren (muß)".[444]

Der Staat ist nach Hegel eo ipso sittlich, quasi ein natürlicher Rechtsstaat, dem der Einzelne zu dienen verpflichtet ist. Hegels Apotheose des Staates, der konservative Charakter seiner Philosophie, begründete eine weit über das 19. Jahrhundert hinausreichende Staatsgläubigkeit, die nicht nur den konservativ-restaurativen Kräften der Epoche sehr gelegen kam.

Hegels Schüler bzw. die Intellektuellen in seiner Nachfolge spalteten sich in zwei Gruppen: einerseits in die sog. Rechtshegelianer (Althegelianer),[445] die die Hegel'sche Philosophie goutierten und den preußischen Staat bejahten, andererseits in die Linkshegelianer (Junghegelianer),[446] die wesentliche Vorarbeit zu den Ideen des Jungen Deutschland leisteten bzw. aus deren Lehren sich der Radikalismus des Vormärz entwickelte.

Die Linkshegelianer übernahmen Hegels Dialektik[447] als Prinzip der geschichtlichen Entwicklung, wandten sich jedoch gegen seine Lehre, der zufolge alles Bestehende notwendig und vernünftig ist.

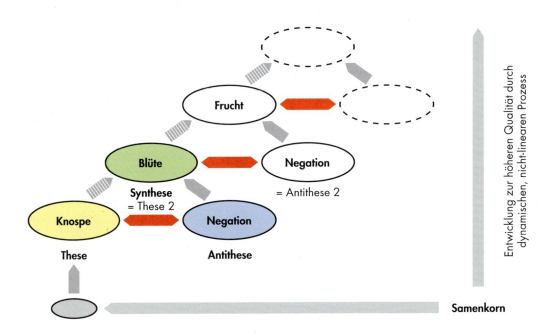

Das Prinzip der Dialektik

---

443 Hegel 2016, S. 86

444 Hegel 2009, S. 423

445 Bedeutende Vertreter waren Georg Andreas Gabler (1786-1853), Nachfolger Hegels an der Universität Berlin, Eduard Gans (1797-1839) und Karl Rosenkranz (1805-1879).

446 Einflussreiche Vertreter waren Arnold Ruge (1802-1880), Bruno Bauer (1809-1882), Max Stirner (1806-1856), Ludwig Feuerbach (1804-1872), Friedrich Engels (1820-1895) und – allen voran – Karl Marx (1818-1883).

447 Die unten stehende Grafik veranschaulicht das dialektische Prinzip als Methode des Denkens in Widersprüchen: These (Sein) – Antithese (Nichtsein) – Synthese (Werden).

2.2   Die Geschichte der Menschheit – ein vom Geist oder von der Natur bestimmter Prozess?

157

Sie verkehrten den dialektischen Idealismus in einen dialektischen Materialismus, stellten Hegel in ihrem Verständnis vom „Kopf auf die Füße". Das heißt, sie erklärten die (Welt-)Geschichte auf materieller Grundlage und interpretierten Literatur, Kunst, Religion, Moral, Wissenschaft sowie Staatsform, Rechtswesen, Parteien und Polizei („Überbau") als Epiphänomene, als ideelle Widerspiegelung der herrschenden materiellen, ökonomischen Verhältnisse („Basis"). Diese zu verändern waren sie bestrebt, um die desolaten – materiell bedingten – politischen und sozialen Verhältnisse zu überwinden und zu verbessern.

Feuerbachs Religionskritik, insbesondere aber Marx' und Engels' Gesellschaftskritik waren und sind bis heute wirksam. Nach der Lehre der beiden Letztgenannten bilden die materiellen Verhältnisse die „reale Basis" nicht nur jeder Gesellschaftsordnung, sondern bestimmen die Geschichte des Menschen und dessen Tun überhaupt. Folgende Grafik stellt die wesentlichen Komponenten und Zusammenhänge dieser von Karl Marx entwickelten Theorie[448] (Basis-Überbau-Modell) dar:

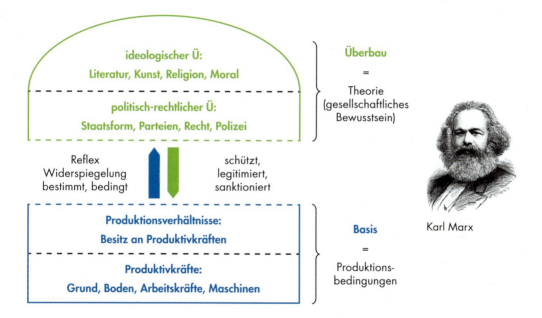

Karl Marx

---

448 Eine erste ausgearbeitete Form dieser Theorie legte Marx 1859 in seiner Schrift „Zur Kritik der politischen Ökonomie" vor.
Hier heißt es im Vorwort:
„In der gesellschaftlichen Produktion ihres Lebens gehen die Menschen bestimmte, notwendige, von ihrem Willen unabhängige Verhältnisse ein, Produktionsverhältnisse, die einer bestimmten Entwicklungsstufe ihrer materiellen Produktivkräfte entsprechen. Die Gesamtheit dieser Produktionsverhältnisse bildet die ökonomische Struktur der Gesellschaft, die reale Basis, worauf sich ein juristischer und politischer Überbau erhebt und welcher bestimmte gesellschaftliche Bewußtseinsformen entsprechen. Die Produktionsweise des materiellen Lebens bedingt den sozialen, politischen und geistigen Lebensprozeß überhaupt." Zitiert nach: http://gutenberg.spiegel.de/buch/zur-kritik-der-politischen-4976/1

3.   Literarische Strömungen

3.1   Biedermeier

Die Bezeichnung Biedermeier kreierten der Jurist Ludwig Eichrodt (1827-1892) und der Arzt Adolf Kußmaul (1822-1902)[449] aus den Titeln der beiden von dem Dichter Joseph Victor Scheffel (1826-1886) 1848 veröffentlichten Gedichte „Biedermanns Abendgemütlichkeit" und „Bummelmaiers Klage"[450]. Diese waren in der 1845 gegründeten Münchner humoristischen Wochenschrift „Fliegende Blätter" erschienen. Dort publizierten Eichrodt und Kußmaul ab 1855 unter dem Namen der von ihnen geschaffenen fiktiven Figur Gottlieb Biedermaier, Inbild eines treuherzigen, aber spießbürgerlichen Zeitgenossen, diverse Gedichte.

Teilweise handelte es sich um Parodien auf Verse des real existierenden Dorfschullehrers Samuel Friedrich Sauter (1766-1846), die die Biederkeit, das Philistertum und die unpolitische Haltung eines Großteils des Bürgertums karikierten und verspotteten.

Der vor allem für die Innenarchitektur und die Malerei reservierte Begriff Biedermeier ist als literatur-wissenschaftliche Epochenbezeichnung umstritten. Dennoch wird er als solcher im Allgemeinen für die Zeit zwischen dem Wiener Kongress (1814/15) und der Deutschen Revolution 1848 bemüht.

Teils parallel zum konservativen, einen akzentuiert betulichen Eindruck vermittelnden Biedermeier verlaufen zwei zeitlich nicht klar voneinander abgrenzbare progressive Strömungen: das betont liberale Junge Deutschland (1830-1840) und der radikal-demokratische Vormärz (1840-1848).

Bildete in der Klassik der Hof den Mittelpunkt kulturellen Lebens, mithin auch den der Literatur, und waren in der Romantik viele Dichter adeliger Abstammung, so war das Biedermeier eine im Wesentlichen vom Bürgertum getragene Epoche. Deren Literaten kamen denn auch aus einfachen Verhältnissen oder bekannten sich – sofern sie adeliger Herkunft waren – zum Bürgertum. Einige verzichteten aufgrund der sozialen Diskrepanz zwischen diesem und dem eigenen Stand demonstrativ auf ihr Adelsprädikat bzw. publizierten unter bürgerlichem Namen.[451]

Die restaurative Politik des Wiener Kongresses und die Karlsbader Beschlüsse enttäuschten jede Hoffnung auf ein gänzliches Ende absolutistischer Verhältnisse, und so bot sich den Bürgern nur eine Alternative: politischer Widerstand oder Resignation. Viele wählten den Weg in die Innerlichkeit, zogen sich ins Private zurück, machten Heim und Heimat[452]

---

449 Der Begriff war bis um 1900 ironisch-negativ konnotiert und wurde zu Beginn des 20. Jahrhunderts zur Kennzeichnung der Innenarchitektur (Interieur) und Malerei in der Zeit zwischen dem Wiener Kongress (1814/15) und der Deutschen Revolution von 1848/49 verwendet. In der Literaturwissenschaft ist der Begriff umstritten.
Bis 1869 war die Schreibweise Biedermaier üblich, danach setzte sich die heute geläufige Form durch.

450 Möglicherweise jedoch geht die Bezeichnung Biedermeier auf den Schriftsteller, Publizisten und Revolutionär Ludwig Pfau (1821-1894) zurück. Er gab die in Württemberg zwischen 1848 und 1853 erscheinende Satirezeitschrift „Der Eulenspiegel. Ein Volks-, Witz- und Carricaturen-Blatt" heraus. Bereits 1847 veröffentlichte Pfau das Gedicht „Herr Biedermeier. Mitglied der besitzenden und gebildeten Klasse", in dem er Spießigkeit, Doppelmoral und Unterwürfigkeit des Bürgertums kritisiert.
Eichrodt, der erst acht Jahre später die Bezeichnung „Biedermaier" verwendete, gab jedoch an, von Pfaus Gedicht erst später Kenntnis erhalten zu haben.

451 z. B. Nikolaus Lenau (1802-1850), eigentlich Nikolaus Franz Niembsch Edler von Strehlenau; Anastasius Grün (1806-1876), eigentlich Anton Alexander Graf von Auersperg; Friedrich Halm (1806-1871), eigentlich Eligius Franz Joseph Freiherr von Münch-Bellinghausen

452 Diese Heim- und Heimatverbundenheit zeigt sich deutlich auch in der Literatur, z. B. in den Werken Adalbert Stifters (Haus und Garten, Österreich), Jeremias Gotthelfs (Berner Oberland), Annette von Droste-Hülshoffs (Münsterland, Westfalen), Eduard Mörikes (Schwaben).

---

zur (geselligen) Idylle, flüchteten sich in eine (Schein-)Welt von Ruhe, Ordnung und Harmonie.

Den Eskapismus hat das Biedermeier mit der Romantik gemein. Doch während dieser bewusst war, dass ihre auf die Gegenwelt projizierten Sehnsüchte keine Erfüllung finden würden, verzichtete das Biedermeier auf das romantische Mittel der Wirklichkeitsüberwindung ebenso wie auf die romantische Ironie.[453] Es beschied sich mit einem eher realistischen Anspruch, pflegte „das Sammeln und Hegen", suchte „das Glück im Winkel",[454] die „Andacht zum Kleinen"[455], hing einem Realidealismus an, indem es die Fantasie an Gegenstände der Alltagswelt knüpfte, um so wenigstens das „kleine Glück" zu finden und zu genießen.

Selbstbescheidung, Haltung des rechten Maßes, Zügelung der Leidenschaften, Religion, Ergebenheit in das Schicksal, Geselligkeit, Harmonisierung von Gegensätzen, Melancholie – das sind die Hauptattribute der das Biedermeier charakterisierenden Mentalität, die sich oft als „Heiterkeit auf dem Grunde der Schwermut"[456] artikuliert:

> *Eines nur ist Glück hienieden,*
> *Eins, des Innern stiller Frieden*
> *Und die schuldbefreite Brust.*
> *Und die Größe ist gefährlich,*
> *Und der Ruhm ein leeres Spiel.*
> *Was er gibt, sind nichtge Schatten,*
> *Was er nimmt, es ist so viel.*[457]

Diese Verse spricht der Protagonist Rustan am Ende von Grillparzers Drama „Der Traum ein Leben".[458] Sie zeugen von der späten Erkenntnis eines mit und an seinem maßlosen Wunsch nach Größe, Macht und Heroentum Gescheiterten, der schmerzlich erkennen musste, dass er den Wert der „Andacht zum Kleinen", der Muße, des „Inneren stillen Friedens" verkannt hatte.

Dieser „innere Frieden" ist nicht nur einer des Gemüts. Er bildet sich ab, schafft sich buchstäblich auch äußerlich Raum im Inneren: in der „guten Stube", mit deren Interieur der Begriff „Biedermeier" heute hauptsächlich assoziiert wird:[459]

---

453 Gemeinsam war beiden Strömungen indessen die Verbindung mit und zu anderen Künsten: Adalbert Stifter (1805-1868) war auch Maler, Annette von Droste-Hülshoff (1797-1848) war Musikerin und Komponistin, der Maler Carl Spitzweg (1808-1885) betätigte sich auch als Poet. Viele Gedichte – z. B. die von Mörike, Rückert oder Lenau – wurden vertont. Droste-Hülshoff schrieb Kompositionen zu vielen ihrer Gedichte und Balladen selbst.

454 Müller/Wess 1999, S. 57

455 Der Blick, die Konzentration auf das scheinbar Kleine, Unbedeutende, auf das Alltägliche bestimmte das biedermeierliche Leben. Adalbert Stifters oft zitierte Wendung „Andacht zum Kleinen" und sein in der Vorrede zu den 1853 erschienenen Erzählungen „Bunte Steine" formuliertes „sanfte[s] Gesetz" (Stifter 1994, S. 10) weisen dem vermeintlich alltäglichen, unwichtigen Dingen einen den als größer erachteten ebenbürtigen Rang zu: „Das Wehen der Luft, das Rieseln des Wassers, das Wachsen der Getreide, das Wogen des Meeres, das Grünen der Erde, das Glänzen des Himmels, das Schimmern der Gestirne halte ich für groß: das prächtig einherziehende Gewitter, den Blitz, welcher Häuser spaltet, den Sturm, der die Brandung treibt, den feuerspeienden Berg, das Erdbeben, welches Länder verschüttet, halte ich nicht für größer als obige Erscheinungen". Stifter 1994, S. 8

456 Paul Kluckhohn, zitiert nach: Frenzel/Frenzel 1988, S. 352

457 Grillparzer [1960-1965], S. 179; s. auch: http://www.zeno.org/Literatur/M/Grillparzer,+Franz/Dramen/Der+Traum +ein+Leben/4.+Akt

458 Grillparzers Drama, das den Untertitel „Dramatisches Mährchen in vier Aufzügen" trägt, entstand zwischen 1817 und 1830, wurde 1834 in Wien uraufgeführt und erschien 1840 erstmals im Druck.

459 Nachfolgende atmosphärische Beschreibung verfasste der jungdeutsche Dramatiker und Journalist Karl Gutzkow (1811-1878). Zitiert nach: Hübner 2004, S. 21-22, Anm. 48

Welch ein Reiz liegt in der traulichen Geselligkeit eines gebildeten Hauses! [...] Die Ordnung und die Pflege verbreiten überall eine Wärme und Behaglichkeit, die neben den äußeren Sinnen auch das Gemüt ergreift. Die kleinen Arbeitstische der Frauen am Fenster, die Nähkörbchen mit den Zwirnrollen, [...] das aufgeschlagene Nähkissen des Tischchens, nebenan das Piano mit den Noten, [...] ein Teppich im Zimmer, der jedes Auftreten abmildert, an den Wänden die Kupferstiche, die Beseitigung alles nur vorübergehenden Notwendigen auf entfernte Räume, die Begegnungen der Familie unter sich voll Maß und Ehrerbietung [...] im Zusammenhang aller dieser Akkorde liegt eine Harmonie, ein sittliches Etwas, das jeden Menschen ergreift, bildet und veredelt.

Biedermeierliches Interieur in einer bürgerlichen Wohnung in Berlin

Ganz „der Andacht im Kleinen" entspricht die Vorliebe des Biedermeier für literarische Kurz- und Kleinformen: Skizzen, Kurzerzählungen, Stimmungsbilder, Märchen, Novellen, die häufig in Almanachen oder Zeitschriften mit Titeln wie „Iris" oder „Gartenlaube" veröffentlicht wurden.

Besonderer Beliebtheit erfreuten sich lyrische Kleinformen, die sich auch alltäglichen Gegenständen unter sorgfältiger Beachtung der Details widmeten[460], ein Naturbild einfingen oder Lebensweisheiten formulierten. Deutlicher und konkreter als es eines seiner berühmten Bilder wohl vermag, zeichnet Carl Spitzweg (1808-1885), bekanntester Maler des Biedermeier und Namensgeber der sprichwörtlich gewordenen „Spitzweg-Idylle", mit Worten ein nahezu vollkommenes Genre-Bild des Biedermeier:

Carl Spitzweg: Der Sonntagsspaziergang (1841)

Lebensregel!

Wenn dir's vergönnt je, dann richt' es so ein,
Daß dir ein Spaziergang das Leben soll sein!
Stets schaue und sammle, knapp nippe vom Wein,
Mach' unterwegs auch Bekanntschaften fein,
Des Abends kehr' selig bei dir wieder ein
Und schlaf in den Himmel, den offnen, hinein![461]

---

460   vgl. z. B. Eduard Mörikes Gedicht „Auf eine Lampe", in dem sehr detailliert Aussehen, Beschaffenheit und Ornamentik der Deckenleuchte eines „fast vergeßnen Lustgemachs" beschrieben werden; s. Mörike 2018, S. 61
461   zitiert nach: Sørensen 2010, S. 19

Diese wenigen Verse, die ohne nennenswerte lyrische Finessen auskommen, zeichnen ein verdichtetes und doch nahezu vollständiges Bild der Mentalität und Lebenshaltung des Biedermeier, ohne zugleich auf „feine" Ironie zu verzichten:

- Realidealismus: erkennbar an der einleitenden konditionalen Konjunktion: *Wenn*
- Ergebenheit in das Schicksal: *vergönnt*
- Beschäftigung im und mit dem Kleinen, Privaten: *sammle*
- Halten des rechten Maßes, Zügelung der Leidenschaften: *knapp nippe vom Wein*
- Geselligkeit: *auch Bekanntschaften*
- sich selbst bescheiden: *selig bei dir*
- religiöse Note: *Und schlaf in den Himmel, den offnen, hinein*

3.1.1 Dichtung des Biedermeier – Beispiel: Eduard Mörike: *Gebet*

Ein Hauptvertreter des literarischen Biedermeier ist der schwäbische Dichter, Übersetzer und Pfarrer Eduard Mörike (1804-1875). Während er einigen „[s]chon zu Lebzeiten als ‚bedeutendster deutscher Lyriker nach Goethe' (galt)"[462], bezeichnen ihn andere despektierlich-gönnerhaft als einen der „niedlichen Zwerge"[463] unter den Dichtern des 19. Jahrhunderts. Gleichviel, eines indessen ist Mörike ganz gewiss: ein authentischer Zeuge und Vertreter elegischen Weltschmerzes der Biedermeierzeit, dessen Werk bei allem Hang zum Eskapismus und trotz aller melancholischen Verdüsterung seines Lebens auch Heiterkeit atmet – weitab von „dem Grunde der Schwermut".[464]

Ein die Haltung und Mentalität des Biedermeier deutlich reflektierendes Gedicht ist Mörikes „Gebet",[465] insofern es einige für die Zeit charakteristische Bedürfnisse und Neigungen thematisiert: Religion bzw. Religiosität, Harmonisierung von Gegensätzen, Streben nach dem rechten Maß und Selbstbescheidung.

Nachfolgende Interpretationsskizze versucht, wesentliche Merkmale des Biedermeier herauszuarbeiten und Zusammenhänge auch unter Berücksichtigung des Form-Inhalt-Bezugs[466] aufzuzeigen. Die vorangestellte Überblicksgrafik beschränkt sich im Sinne einer Analyse auf die für eine Deutung des Gedichts wesentlichen Elemente.

Gebet

Herr! Schicke, was du willt,
Ein Liebes oder Leides;
Ich bin vergnügt, daß beides
Aus deinen Händen quillt.

Wollest mit Freuden
Und wollest mit Leiden
Mich nicht überschütten!
Doch in der Mitten
Liegt holdes Bescheiden.

Eduard Mörike

---

462 vgl. Kluckert 2004, Klappentext

463 Einen solchen nannte ihn der Philosoph und Literaturwissenschaftler Georg Lukács (1885-1971); vgl. Prawer 1960, S. 83

464 Erinnert sei z. B. an die beiden Gedichte „Er ists" und „Septembermorgen", die nicht nur zu den bekanntesten Versen Mörikes, sondern der deutschen Lyrik überhaupt zählen; s. Mörike 2018, S. 15, 65

465 Mörike 2018, S. 88

466 Mörike selbst verweist ausdrücklich auf den engen Zusammenhang von Inhalt und Form in der Dichtung, indem er betont, dass die Form „doch in ihrer tiefsten Bedeutung unzertrennlich vom Gehalt, ja in ihrem Ursprung fast eins mit demselben" ist.
     Zitiert nach: Hahn 2016, S. 242

3.1.1.1 Formanalyse

Zeilen-Nr.	Mörike *Gebet*		Reimschema Kadenz		Besonderheiten
	/ /⌣ /⌣ /				Apostrophe: *Herr!* (1) mit deutlich nachfolgender Pause archaische Verbform *willt* (1) Alliteration: was du *willt* (1)
1	Herr! Schicke, was du willt, ⌐	symmetrischer Strophenbau	a	m	
	↓ Enjambement				*Ein* (2) als Indefinitpronomen („etwas", „irgendetwas") gebraucht nominalisierte Adjektive im Singular → Abstraktion; Alliteration und Assonanz: *Liebes*, *Leides*; dialektale (schwäbische) Färbung
	⌣/⌣/⌣/⌣				
2	Ein Liebes oder Leides;		b	w	
	⌣/ ⌣/ ⌣/⌣				*vergnügt* (3) – ursprüngliche Bedeutung: „zufriedenstellen", „befriedigen"[467]
3	Ich bin vergnügt, daß beides ⌐	Einverständnis mit Gottes Willen	b	w	
	⌣/ ⌣/⌣ /				*quillt* (4): Metapher bzw. Allusion auf Leiden Christi am Kreuz Synekdoche (Pars pro Toto) / Periphrase Assonanzen: *Leides* (2), *beides* (3), *deinen* (4) Vorwiegend helle Vokale/Diphthonge: i, ie, e, ei
4	Aus deinen Händen quillt.		a	m	
	/⌣/ ⌣/⌣				*Wollest* (5, 6): Konjunktiv I in Funktion des Optativs (Wunschform); Parallelismus: (*wollest mit*; 5, 6)
5	Wollest mit Freuden ⌐	Modifikation des bezeugten Einverständnisses:	c	w	
	⌣/ ⌣/⌣/⌣				Antonyme: *Freuden* (5) vs. *Leiden* (6): Pluralformen evozieren konkretere Vorstellungen als die abstrakt wirkenden Singularformen, vgl. z. B. die Zwillingsformel „Freud und Leid"
6	Und wollest mit Leiden ⌐		c	w	
	⌣ /⌣⌣/⌣				
7	Mich nicht überschütten!	asymmetrischer Strophenbau	d	w	unreine Reime: *Freuden* (5) : *Leiden* (6), *überschütten* (7) : *Mitten* (8)
	/ ⌣⌣/⌣				*überschütten* (7): Metapher → Konkretisierung des Abstrakten
8	Doch in der Mitten ⌐		d	w	
	/ /⌣ ⌣/⌣				archaische (schwache) Dativdeklinationsform: *Mitten* (8)
9	Liegt holdes Bescheiden.		c	w	*hold* (9) – ursprüngliche Bedeutung: „gnädig", „zugeneigt", „gewogen"[468]
	/ betonte Silbe (Hebung) ⌣ unbetonte Silbe (Senkung)				*Bescheiden* (9): Nominalisierung des Verbs; zwei Bedeutungen:[469] 1. ursprünglich: „zuteilen", „zuweisen" oder 2. „sich bescheiden mit", „zufrieden sein mit"

---

467 vgl. Duden 2014, S. 892; Kluge 1999, S. 857
468 vgl. Duden 2014, S. 387; Kluge 1999, S. 380
469 vgl. Duden 2014, S. 163; Kluge 1999, S. 101

3.1.1.2 Interpretationsskizze

Das kleine Gedicht[470] trägt den Titel „Gebet". Seine Aussage erscheint als schlichte, an Gott gerichtete Bitte, wie sie aufgrund ihres Verzichts auf die Formulierung persönlicher Wünsche in der Liturgie einer Kirchengemeinde vorgetragen und/oder ihrer lyrisch gestalteten Verse wegen als (Kirchen-)Lied gesungen werden könnte.

In der ersten Strophe, die mit einer betonten Anrufung Gottes, der Apostrophe „Herr!" (V. 1), anhebt, bezeugt das lyrische Ich im Habitus absoluter Ergebenheit sein Einverständnis mit dessen Fügung und Willen. Es äußert hier (noch) keine Bitte, keinen Wunsch, sondern versichert vorbehaltlos das anzunehmen, was Gott ihm bestimmt hat. Schon die Überzeugung, der Glaube allein, dass das ‚Geschickte' – sei es „Liebes oder Leides" (V. 2), „Wonne" oder „Pein"[471] – Gottes Gabe ist, stimmt den Sprecher des Gedichts gänzlich zufrieden.[472]

Diese Haltung, die ihn im Gleichgewicht souveräner Demut hält, spiegelt sich in der von Zweigliedrigkeit und Symmetrie bestimmten sprachlichen Gestaltung dieser Strophe: Sie besteht aus vier Versen, von denen jeweils die beiden ersten und letzten durch Enjambement verbunden sind. Verknüpft bzw. verschränkt werden alle vier Zeilen durch den umarmenden Reim (abba), wobei die Mittelverse mit weiblicher, die beiden äußeren mit männlicher Kadenz enden. Letzteres unterstreicht im Verbund mit der archaischen Verbform „willt"[473] (V. 1) die Festigkeit der Haltung des lyrischen Ichs. Die betonte Gleich-Gültigkeit von Freud und Leid findet ihr formales Äquivalent in der Wahl der Wendung „Liebes oder Leides" (V. 2): Der semantische Gegensatz des Wortpaars wird quasi durch die phonetischen Symmetrien, Alliteration und Assonanz nahezu neutralisiert, die „vergnügte" Haltung durch die helle Klanggestalt beider Antonyme abgebildet. Überhaupt ist es die Vielzahl der verwendeten hellen Vokale[474], die der Strophe ein insgesamt „vergnügt"-freundliches Gepräge gibt.

Die zweite Strophe des Gedichts mag beim flüchtigen Lesen als Paraphrasierung der ersten erscheinen. Ein genauerer Blick indessen offenbart rasch, dass die dort versicherte Selbstgewissheit des lyrischen Ichs, alles ihm von Gott Zugedachte vorbehaltlos annehmen und (er-)tragen zu wollen, keinesfalls eine unerschütterliche ist. Die Furcht vor einem Zuviel, einem „[Ü]berschütten" (V. 7) mit „Leiden" (V. 6) wie mit „Freuden" (V. 5) veranlasst den Sprecher zur Relativierung seines Gelübdes, indem er – vorgetragen in der höflich-feierlichen Form des Wunsches (Konjunktiv I) – einen durch ein Ausrufezeichen deutlich markierten Imperativ formuliert: die Einhaltung des rechten Maßes. Dieses sieht er in einer zwischen einem Zuviel und Zuwenig „in der Mitten" (V. 8) liegenden, harmo-

---

470 Die beiden Strophen entstanden zu unterschiedlichen Zeiten. Die erste ist die jüngere und stammt vermutlich aus dem Jahre 1846; die zweite findet sich bereits als Fragment eines größeren Gebets in Mörikes einzigem Roman „Maler Nolten", der bereits im Jahre 1830 als Manuskript vorlag und 1832 veröffentlicht wurde. Zur Entstehungsgeschichte vgl. Krummacher 1962, S. 253, 261 f.

471 Was der Dichter Hermann Burger (1942-1989) über Mörikes Gedicht „Verborgenheit" schreibt, kann ebenso auf dessen „Gebet" gemünzt werden: „Was die Größe dieses Gedichts ausmacht, ist das nahtlose Ineinander von Wonne und Pein ... nicht himmelhoch jauchzend, nicht zum Tode betrübt, beides miteinander und ineinander". Zitiert nach: Hahn 2016, S. 209

472 Nichts anderes bedeutet das Prädikativum „Ich bin vergnügt" (3). Das Verb „vergnügen" leitet sich ab vom mhd. Adjektiv genuoc und bedeutet ursprünglich „zufriedenstellen", „befriedigen". Die Bedeutung „jemanden fröhlich machen", „ergötzen" nahm es erst später an. Vgl. hierzu: Duden 2014, S. 892, Kluge 1999, S. 857

473 Das archaische „willt" statt „willst" mag reimtechnisch motiviert sein. Die Beobachtung, dass es sich hier jedoch nicht um die einzige altertümliche Form des Gedichtes handelt, wie das schwach deklinierte Substantiv „Mitten" (8) beweist, spricht dafür, dass sich Mörike bewusst an eine Frömmigkeitstradition tieferer Religiosität anlehnt, wie sie etwa in Johann Sebastian Bachs (1685-1750) Kantate „Herr, wie du willt, so schicks mit mir" (1724) oder in „Mein Jesu, wie du willt" (1704) des Kirchenlieddichters Benjamin Schmolck (1672-1737) offenbart.

474 Die erste Strophe wird phonetisch eindeutig von hellen Vokalen (i, ie, e, ü) bzw. Diphthongen (ei) bestimmt. Die dunklen Vokale (a, u, o) bzw. Diphthonge (au) können dort, wo sie realisiert sind, kaum Wirkung entfalten, da sie entweder von den hellen Vokalen eingeschlossen (s. „schicke, was du willt", 1) oder neutralisiert werden (s. „Aus deinen Händen quillt", 4).

nischen Zuteilung („Bescheiden", V. 9)[475] von Freud und Leid. Es ist die Mesotes[476]-Lehre des Aristoteles, an der sich die nachdrückliche Bitte des lyrischen Ichs offensichtlich orientiert: Die „Mesotes", als „Mittleres zwischen Übermaß und Mangel",[477] bestimmt in der aristotelischen Ethik den Begriff der Tugend, die als Voraussetzung für ein ausgeglichenes Gemüt gilt. Das zunächst befremdlich anmutende Begehr, nicht mit Freuden überschüttet (V. 5-7) zu werden, wird vor diesem Hintergrund ebenso evident wie die erbetene (Selbst-)Bescheidung.

Auch in ihrer formalsprachlichen Gestaltung unterscheidet sich die Strophe deutlich von der ersten: Deren auffälligste Bauprinzipien Gleichmaß und Symmetrie wurden – analog zur inhaltlichen Modifikation – aufgegeben: Die Strophe gliedert sich in zwei ungleich lange Teile, die je eine syntaktische Einheit bilden. Die erste umfasst drei (V. 5-7), die zweite zwei (V. 8-9) durch Enjambements verbundene Zeilen. Sämtliche Verse enden mit weiblicher Kadenz. Lediglich zwei Verse (6, 9) sind durch einen reinen Endreim verbunden. Das unregelmäßige Reimschema (ccddc) bleibt ohne Bezug zu dem der ersten Strophe. Zudem erscheint aufgrund des häufig verwendeten dunklen o-Vokals die Klanggestalt der zweiten Strophe im Vergleich zur ersten Strophe etwas eingetrübt. Auch in ihrer metrischen Gliederung unterscheiden sich die beiden Strophen erheblich.[478]

Dass sich in wörtlicher wie übertragener Bedeutung die zweite Strophe deutlich weniger reimt, ist Folge und Ausdruck der Revision eines zuvor nicht hinreichend bedachten, abstrakten Einverständnisses. Sprachlich verdeutlicht diese Differenz u. a. ein Vergleich der Formulierungen „Ein Liebes oder Leides" (V. 2) vs. „Wollest mit Freuden / Und wollest mit Leiden" (V. 5, 6): Zwar bedienen sich beide Sequenzen abstrakter Nomen, doch durch die Verwendung des Plurals wirkt die zweite Version weniger abstrakt, fast konkret. Verstärkt wird dieser Effekt durch die anschauliche Metapher „überschütten" (V. 7), die wiederum stilistisch in auffälligem Kontrast steht zu dem feierlich eingeleiteten Wunsch „Wollest" (V. 5, 6).

Das in diesem versifizierten Gebet geäußerte Bedürfnis nach dem rechten Maß von Freud und Leid ist der zunächst abstrakt, dann aber mit spürbar persönlicherer Note vorgetragene Wunsch nach des „Innern stiller Friede", der für das lyrische Ich in der Harmonie, verstanden als Gleichmut der Seele, besteht. So betrachtet ist dieses kleine Gedicht ein konzentrierter Widerschein biedermeierlichen Denkens, Wollens und Fühlens.

3.1.2   Das Biedermeier als Fassade

Doch das Biedermeier war keineswegs eine ausschließlich von (Selbst-)Bescheidenheit, Religiosität, Harmoniestreben und dem Rückzug in die Sphäre beschränkter privater Gemütlichkeit geprägte Ära.[479] Hinter der Fassade von Tugend, bürgerlicher Wohlanständigkeit, Frömmigkeit und Zurückgenommenheit verbargen sich nicht selten Heuchelei,

---

475   „Bescheiden" (9) kann hier zweierlei bedeuten: Als substantiviertes Verb kann es aus der Perspektive des Gebenden („Herr", 1) im Sinne von „Zuteilung", „Zuweisung" [des Schicksals] verstanden werden. Dafür spricht das Attribut „hold" (9), das ursprünglich „gnädig", „zugeneigt", „gewogen" meint. Zum anderen ist das Nomen aus der Sicht des Empfangenden („Ich", 3) im Sinne des Empfangenden als „Selbstbescheidung" zu interpretieren. Vgl. Duden 2014, S. 163, 387 und Kluge

476   Der griechische Begriff μεσοτηζ (Mesotes) wurde von Aristoteles in die Philosophie eingeführt und bedeutet „Mitte". Er steht in engem Zusammenhang mit dem Tugendbegriff, wie ihn der Philosoph in seinem ethischen Hauptwerk, der „Nikomachischen Ethik", entwickelt.

477   Aristoteles, zitiert nach: http://gutenberg.spiegel.de/buch/nikomachische-ethik-2361/20
Als Beispiel führt Aristoteles u. a. an: „In Geldsachen, im Geben wie im Nehmen, ist die Mitte Freigebigkeit, das Übermaß und der Mangel Verschwendung und Geiz, und zwar so, daß beide Fehler beide Extreme aufweisen, jedoch umgekehrt zu einander." Zitiert nach: http://gutenberg.spiegel.de/buch/nikomachische-ethik-2361/22

478   s. Überblicksgrafik

479   Ulrich Kittstein weist ihr zu Recht das Etikett „,Zerrissenheit' als Signatur" zu, das sich „allenthalben bemerkbar (macht)".
Kittstein 2011, S. 101

(politischer) Opportunismus und ein oft rücksichtsloses Gewinnstreben. Schonungslos kompromittiert z. B. der Dichter, Kunstkritiker und Publizist Ludwig Pfau (1821-1894) diese Doppelmoral in seinem Gedicht „Herr Biedermeier":[480]

Schau, dort spaziert Herr Biedermeier
Und seine Frau, den Sohn am Arm;
Sein Tritt ist sachte wie auf Eier,
Sein Wahlspruch: Weder kalt noch warm.
Das ist ein Bürger hochgeachtet,
Der geistlich spricht und weltlich trachtet;
Er wohnt in jenem schönen Haus
Und – leiht sein Geld auf Wucher aus.

Gemäßigt stimmt er bei den Wahlen,
Denn er missbilligt allen Streit;
Obwohl kein Freund vom Steuerzahlen,
Verehrt er sehr die Obrigkeit.
Aufs Rathaus und vor Amt gerufen,
Zieht er den Hut schon auf den Stufen;
Dann aber geht er stolz nach Haus
Und – leiht sein Geld auf Wucher aus.
[...]
O edles Haus! O feine Sitten!
Wo jedes Gift im Keim erstickt,
Wo nur gepflegt wird und gelitten,
Was gern sich duckt und wohl sich schickt.
O wahre Bildung ohne Spitzen!
Nur der Besitz kann dich besitzen –
Anstand muss sein in Staat und Haus,
Sonst – geht dem Geld der Wucher aus.

3.2   Parallel zum Biedermeier verlaufende Strömungen

Teilweise parallel zum Biedermeier verlaufen zwei literarische Strömungen: das Junge Deutschland und der Vormärz: Beide kritisierten den Idealismus der Klassik bzw. die Fluchttendenzen der Romantik als welt- und wirklichkeitsfremd. Im zwar (bedingt) dem Realismus zugewandten, jedoch unpolitischen Biedermeier erkannten sie die Gefahr der Stagnation und der Stabilisierung der politischen und gesellschaftlichen Missstände.

---

480   zitiert nach: https://gedichte.xbib.de/Pfau_gedicht_Herr+Biedermeier.htm
Das 1846 entstandene Gedicht trug ursprünglich den Titel „Herr Biedermeier. Mitglied der besitzenden und gebildeten Klasse". Der demokratisch-revolutionär gesinnte Pfau veröffentlichte es später in der von ihm in Württemberg herausgegebenen kritischen Satirezeitschrift „Der Eulenspiegel", die zwischen 1848 und 1853 erschien und schließlich von der Zensur verboten wurde. Vgl. https://de.wikipedia.org/wiki/Eulenspiegel_(Satirezeitschrift_18 48%E2%80%931853)

Durch die Verbindung der Literatur mit dem aktuellen politisch-sozialen Leben[481] sollte der Status quo überwunden werden. Beide Bewegungen einte die Ablehnung des Absolutismus, der staatlichen Willkür, der Zensur sowie der Kirche und der Religion. Letztere beide wurden als Teile des Unterdrückungsapparates wahrgenommen.

Sowohl das Junge Deutschland als auch der Vormärz traten entschieden für Freiheitsrechte, Meinungsfreiheit, soziale Gerechtigkeit und Demokratie ein. Das Junge Deutschland kämpfte darüber hinaus engagiert für die Frauenemanzipation, für eine natürliche Religion und für eine neue Moral: die „Wiedereinsetzung des Fleisches".[482]

Der Zerrissenheit der Zeit sollte mit einer emanzipatorischen Verbindung von Kunst, Wissenschaft und Leben begegnet werden. Der insbesondere von den Jung- und Linkshegelianern beeinflusste Vormärz dagegen verwarf den „illusionären Liberalismus" des Jungen Deutschland, wie er sich auch und vor allem in den liberalen Kundgebungen des Wartburgfests (1817) und des Hambacher Fests (1832) äußerte. Er verlegte sich auf eine radikale, systemkritische Politisierung in Form revolutionärer Agitation, in dessen Dienst er vor allem die Lyrik stellte. Sie war das wirkungsvollste Medium des Vormärz und galt dessen Vertretern als „Vorläuferin der Tat".[483]

Das Junge Deutschland indessen sah die Prosa als die seinen Zielen – insbesondere dem der Annäherung von Kunst und Leben – gemäße Sprachform. Ausdrücklich kämpfte es deshalb für die „Emancipation der Prosa".[484] Gepflegt wurden vorwiegend die literarischen Kleinformen Reisebild, Feuilleton, Brief und Novelle.

---

481 Ein solcher Konnex war dem Kunstbegriff und der Literaturauffassung der Dichter des Biedermeier völlig fremd, ja zuwider. Das bezeugt z. B. ein Brief Adalbert Stifters vom 9. Januar 1845 an seinen Verleger Gustav Heckenast: „Das junge Deutschland habe ich am meisten gefürchtet, indem ich mit einer Schattierung desselben, die Tagesfragen, und Tagesempfindungen in die schöne Litteratur zu mischen, ganz und gar nicht einverstanden bin, sondern im Gegenteile meine, daß das Schöne gar keinen andern Zweck habe, als schön zu sein, und daß man Politik nicht in Versen und Deklamationen macht, sondern durch wissenschaftliche Staatsbildung, die man sich vorher aneignet, und durch zeitbewußte Taten, die man nachher setzt, seien sie in Schrift, Wort, oder Werk." Stifter 1962, S. 143
Eine ähnliche Haltung vertritt Mörike. Er ist überzeugt, dass sich eine Poesie, die sich in den Dienst der (Tages-)Politik stellt, selbst entwertet. Vgl. https://www.stefanbarme.de/eduard-moerike/
Auch Heinrich Heine verwahrte sich gegen die politische Instrumentalisierung der Lyrik. In einem Brief vom 17. Oktober 1842 an seinen Verleger Georg von Cotta sprach er diesbezüglich abschätzig von „gereimte[n] Zeitungsartikel[n]". Doch entgegen seinem Statement verfasste er auch tagesaktuelle, soziale Missstände anklagende Lyrik. Das bekannteste Beispiel: sein in dem von Karl Marx redigierten Blatt „Vorwärts! Pariser Deutsche Zeitschrift", Nr. 55 vom 10. Juli 1844 unter der Rubrik „Feuilleton" veröffentlichtes Gedicht „Die armen Weber", das 1846 in überarbeiteter Form unter dem heute geläufigen Titel „Die schlesischen Weber" (Weberlied) erschien. Es kann geradezu als Prototyp politischer Lyrik des Vormärz gelten.

482 Der formelhafte Ausdruck stammt aus dem provokant antikatholischen, 1835 erschienenen Reiseroman „Madonna. Unterhaltungen mit einer Heiligen" von Theodor Mundt (1808-1861), einem der Wortführer der jungdeutschen Bewegung. Er steht für die von dieser immer wieder erhobenen Forderung, der Moral das Recht auf Sinnlichkeit zurückzugeben. Der einflussreiche Literaturhistoriker und Literaturkritiker Wolfgang Menzel (1798-1873), der wesentlich das Verbot der Verbreitung der Schriften des Jungen Deutschland, das der Bundestag am 10. Dezember 1835 erließ, beförderte, mutmaßlich auch initiierte, feindete diesbezüglich neben Heinrich Heine (1797-1856) namentlich die Jungdeutschen Ludolf Wienbarg (1802-1872) und Karl Gutzkow (1811-1878) an und zieh sie in einem Artikel „Die junge Literatur" des von ihm redigierten „Literaturblatt[s] auf das Jahr 1836" der „thierischen Wollust", der „ungezügelten Lüderlichkeit", „ohne sich im geringsten zu schämen". Vgl. Menzel 1836, S. 12

483 Herwegh 1845, S. 91

484 Mundt 1837, S. 49; ibid. S. 48 führte er aus: „Die Schranke zwischen Poesie und Prosa ist im Gedanken durchbrochen, sie bezeichnen nicht mehr verschiedene Ideenkreise, und wenn man auch dem Verse seinen poetischen Heiligenschein und die Berechtigung für einen gewissen Inhalt nie wird abläugnen können, so büßt dagegen die Prosa durch dessen Entbehrung keine innerlichen poetischen Vorteile der Darstellung mehr ein."

3.2.1 Junges Deutschland

Die Julirevolution von 1830, in der sich die bürgerlichen Kräfte Frankreichs gegen den sich absolutistisch gebärdenden König Karl X.[485] durchsetzen konnten, erzeugte in vielen Ländern Europas eine vom Wunsch nach Demokratie und nationaler Einheit getragene Aufbruchsstimmung. Es gründeten sich entsprechende nationale (Jugend-)Bewegungen, die sich bei ihrer Benennung alle des Attributs „neu" bzw. „jung" bedienten.[486] Auf Initiative des italienischen Freiheitskämpfers Giuseppe Mazzini (1805-1872) vereinigten sie sich 1834 in Bern (Schweiz) zum Jungen Europa (Giovine Europa).

Der Schriftsteller Ludolf Wienbarg (1802-1872) gab der deutschen Bewegung den Namen Junges Deutschland. In der Zueignung seiner „Ästhetische[n] Feldzüge", eine 1834 erschienene Sammlung von 22 Vorlesungen, die er ein Jahr zuvor an der Universität Kiel gehalten hatte, heißt es: „Dir junges Deutschland widme ich diese Reden, nicht dem alten".[487] Unter dem „alten" Deutschland versteht Wienbarg

> *das adlige, oder [...] das gelehrte, oder das philiströse Deutschland, aus welchen drei Bestandtheilen dasselbe bekanntlich zusammengesetzt ist. Wer aber dem jungen Deutschland schreibt, der erklärt, daß er jeden altdeutschen Adel nicht anerkennt, daß er jene altdeutsche Gelehrsamkeit in die Grabgewölbe ägyptischer Pyramiden verwünscht, und daß er allem altdeutschen Philistertum den Krieg erklärt und dasselbe bis unter den Zipfel der wohlbekannten Nachtmütze unerbittlich zu verfolgen Willens ist. [...] Ja, begeisternd ist der Anblick aufstrebender Jünglinge, aber Zorn und Unmuth mischt sich in die Begeisterung, wenn man sie als Züchtlinge gelehrter Werkanstalten vor sich sieht. Sclaverei ist ihr Studium, nicht Freiheit. Stricke und Bande müssen sie flechten für ihre eigenen Arme und Füße, dazu verurtheilt sie der Staat.[488]*

Diesen mutigen unverblümten Worten sollten Taten folgen. Zusammen mit Karl Gutzkow (1811-1878) plante Wienbarg für das Jahr 1835 die Herausgabe der Wochenschrift „Deutsche Revue", die die jungdeutsche Kritik hätte bündeln und „die tausend Kräfte, die in Deutschland schlummern", hätte entfesseln sollen. Doch noch vor dem Erscheinen des ersten Heftes wurde es beschlagnahmt. Die offizielle Begründung: „Freche Angriffe auf das Christentum, Herabwürdigung der heiligsten Verhältnisse, namentlich der Ehe".[489]

Es war der Literaturkritiker Wolfgang Menzel[490] (1798-1873), der nicht nur die Publikation der „Deutschen Revue" verhinderte, sondern – und das war von ungleich größerer Bedeutung, weil für die Geschichte der deutschen Literatur von verheerender Tragweite – den am 10.12.1835 vom Bundestag gefassten Beschluss des Verbots aller Schriften des Jungen

---

485 Karl X. (1757-1836) wollte dem Adel wieder zu mehr Macht verhelfen und das Parlament auflösen. Er musste abdanken. Ihm folgte der „Bürgerkönig" Louis Philippe von Orléans (1773-1850), der sich erstmals „Kaiser der Franzosen" nannte, nicht mehr „König von Frankreich und Navarra".

486 „Junges Deutschland" (ursprünglich „Neues Deutschland"), „Junges Italien" (Giovine Italia), „Junges Frankreich" (Jeune France), „Junges Polen" (Młoda Polska)

487 Wienbarg 1834, S. V, VI, VII. Verwiesen sei hier auf den antonymen Begriff „Altdeutschland", den z. B. Heine in seinem sozialkritischen Gedicht „Die schlesischen Weber" 1846 – in der Urfassung „Die armen Weber" (1844) – zweimal verwendet.

488 ibid. S. V-VII

489 zitiert nach: Probst 2009, s. http://www.taz.de/!696173/

490 zu Menzel vgl. auch Anm. 481

Deutschland nicht nur erwirkte, sondern vermutlich auch initiierte.[491] Dieses in Preußen bereits am 14.11.1835 erlassene Verdikt hatte u. a. folgenden Wortlaut:

> *Nachdem sich in Deutschland in neuerer Zeit, und zuletzt unter der Benennung, das junge Deutschland' [...] eine literarische Schule gebildet hat, deren Bemühungen unverholen (sic) dahin gehen [...], für alle Classen von Lesern zugänglichen Schriften die christliche Religion auf die frechste Weise anzugreifen, die bestehenden sozialen Verhältnisse herabzuwürdigen und alle Zucht und Sittlichkeit zu zerstören: so hat die deutsche Bundesversammlung [...] sich zu nachstehenden Bestimmungen vereiniget:*
>
> *1. Sämmtliche deutschen Regierungen übernehmen die Verpflichtung, gegen die Verfasser, Verleger, Drucker und Verbreiter der Schriften aus der unter der Bezeichnung ,das junge Deutschland' [...] namentlich Heinr. Heine, Carl Gutzkow, Heinr. Laube, Ludolph Wienbarg und Theodor Mundt gehören, die Straf- und Polizei-Gesetze ihres Landes, so wie die gegen den Mißbrauch der Presse bestehenden Vorschriften, nach ihrer vollen Strenge in Anwendung zu bringen, auch die Verbreitung dieser Schriften, sey es durch den Buchhandel, durch Leihbibliotheken oder auf sonstige Weise, mit allen ihnen gesetzlich zu Gebot stehenden Mitteln zu verhindern.[492]*

Die namentlich genannten Autoren standen bis dato lediglich in losem Kontakt zueinander. Der Beschluss, der sie öffentlich als staatsgefährdend brandmarken sollte, spricht hingegen von einer „literarischen Schule". Diese Bezeichnung war ein kalkuliertes Konstrukt des Staates bzw. der Polizei, denn eine organisatorisch gefestigte Bewegung im Sinne einer „Schule" war das Junge Deutschland nicht. Gleichwohl einte die angeführten Literaten das entschiedene Einstehen für die gleichen Ziele – Freiheitsrechte, Demokratie, Weltbürgertum, soziales Engagement, Emanzipation – sowie der engagierte Kampf gegen Staat, Adel und Kirche.

Die dem Beschluss folgende massive staatliche Repression führte rasch zum gänzlichen Zerfall der nur informellen Bewegung. Heinrich Heine (1797-1853), dessen Schriften in Preußen bereits seit 1833 verboten waren, und der im Beschluss des Bundestages nicht genannte Ludwig Börne (1786-1837) lebten bereits seit 1831 bzw. 1830 im Pariser Exil und waren die Vorbilder der Bewegung.

Georg Büchner (1813-1837) indessen, dessen Name der Bundestagsbeschluss ebenfalls nicht anführt, war aufgrund seines Pamphlets „Der Hessische Landbote"[493] (1834) mit dem berühmten Aufruf „Frieden den Hütten! Krieg den Palästen!" wegen „staatsverrätherische[r] Handlungen" bereits am 18. Juni 1835 zur Fahndung[494] ausgeschrieben worden. Überzeugt davon, dass die politischen und sozialen Missstände der Zeit nicht

---

491 Heinrich Heine sah in Menzel zu Recht den für das Verdikt verantwortlichen „Denunzianten":
„Er [Wolfgang Menzel] dauert mich wahrlich, der Unglückliche, dem die Natur ein kleines Talent und Cotta [Verleger Johann Friedrich Cotta (1764-1832)] ein großes Blatt [Cottas Literaturblatt „Morgenblatt für gebildete Stände"] anvertraut hatten, und der beides so schmutzig, so miserabel mißbrauchte! Indem es dahingestellt sein, ob es das Talent oder das Blatt war, wodurch die Stimme des Herrn Menzel so weitreichend gewesen, daß seine Denunziation so betrübsam wirken konnte, daß beschäftigte Staatsmänner, die eher Literaturblätter als Bücher lesen, ihm aufs Wort glaubten." Heine 1837, S. 10 f.

492 zitiert nach: https://morbusignorantia.wordpress.com/2013/12/10/verbot-der-schriften-des-jungen-deutschland/

493 Dieses 8-seitige, von dem 21-jährigen Medizinstudenten Büchner verfasste und dem 43-jährigen Theologen und Pädagogen Friedrich Ludwig Weidig redigierte Pamphlet unterrichtete ihre Landsleute anhand des Zahlen des Staatshaushaltes über deren Ausbeutung und rief zur Revolution sowohl gegen die herrschende wie die besitzende Klasse auf. Die ersten der vermutlich 1.000 bis 1.500 anonym erschienenen Exemplare wurden in der Nacht zum 31. Juli 1834 heimlich im Großherzogtum Hessen-Darmstadt verteilt. Das Projekt wurde im Sommer 1834 verraten, woraufhin Büchner nach Straßburg flüchtete.
Zu Entstehung, Druck, Verbreitung und Wirkung des „Hessische[n] Landboten" s. Büchner 2015, S. 441-474

494 Der Fahndungsaufruf wurde am 18. Juni 1835 in der „Großherzoglich Hessische[n] Zeitung" abgedruckt.

---

durch Tagesliteratur und nicht ohne Gewalt[495] beseitigt werden könnten, distanzierte sich Büchner selbst ausdrücklich vom Jungen Deutschland. Am 1. Januar 1836 schreibt er aus dem Straßburger Exil an seine Familie:

> *Übrigens gehöre ich für meine Person keineswegs zu dem sogenannten Jungen Deutschland, der literarischen Partei Gutzkows und Heines. Nur ein völliges Mißkennen unserer gesellschaftlichen Verhältnisse konnte die Leute glauben machen, daß durch die Tagesliteratur eine völlige Umgestaltung unserer religiösen und gesellschaftlichen Ideen möglich sei.*[496]

Dennoch ist er diesem literarischen Kreis zuzurechnen, da die wesentlichen die Literatur des Jungen Deutschland im Vergleich zur übrigen zeitgenössischen Literatur kennzeichnenden Merkmale – insbesondere das Aufbegehren gegen die politische Restauration – auch auf ihn zutreffen. Gleichwohl kommt Büchner seiner betont revolutionären Haltung wegen eine exponierte Stellung zu.

Heinrich Heine fühlte sich weder einer Schule zugehörig noch lässt sich sein Werk eindeutig einer literarischen Epoche zuweisen. Spätromantische Elemente sind darin ebenso auszumachen wie jungdeutsche oder frührealistische. Mit seiner Ballade „Die schlesischen Weber" und seinem Versepos „Deutschland. Ein Wintermärchen" übt auch Heine wie die Vertreter des Jungen Deutschland nachdrücklich und unüberhörbar heftige Kritik an den bestehenden politischen und gesellschaftlichen Verhältnissen. Doch beschränkt er sich dabei weder auf diese Kritik noch opfert er das Konkret-Anschauliche dem Abstrakt-Allgemeinen und damit einer (potenziellen) Ideologisierung. Literatur hat für ihn keineswegs die Funktion, einer unzureichenden Wirklichkeit auf die Sprünge zu verhelfen.[497]

Heinrich Heine

Im Gegenteil: Aufgrund ihrer Autonomie kann sich Kunst, kann sich Literatur ihre Souveränität als Alternative zur Wirklichkeit bewahren. Die vorzüglichsten Mittel hierzu sind neben Anspielungen, Kontrastierungen, Assoziationen und metaphorischen Pointierungen insbesondere auch Satire, Witz, Humor und eine sich bis zum Sarkasmus steigernde Ironie. Politisch-gesellschaftliche Parteinahme alleine ist Heine weder notwendiges noch hinreichendes Kriterium für Dichtung, ebenso wenig wie gereimtes Pathos. Deshalb distanziert er sich von der Bewegung des Jungen Deutschland, dessen Dichtung er polemisch als „Tendenzpoesie"[498] bezeichnet und dessen Werke ihm kaum mehr als „gereimte Zeitungsartikel"[499] sind. Ungeachtet seines die Autonomie der Kunst betonenden Dichtungsverständnisses war Heine von bedeutendem Einfluss auf das Junge Deutschland.

---

495 In einem Anfang April 1833 an seine Familie gerichteten Brief schreibt Büchner:
„Wenn in unserer Zeit etwas helfen soll, so ist es Gewalt […] Man wirft den jungen Leuten den Gebrauch der Gewalt vor. Sind wir denn aber nicht in einem ewigen Gewaltzustand?" Büchner 2015, S. 278

496 Büchner 2015, S. 313

497 vgl. Wiegmann 2003, S. 418

498 In seinem Gedicht „Die Tendenz" (1842) geißelt Heine ebendiese Poesie, die sich auf (politische) Parteinahme beschränkt und die Autonomie und Souveränität der Literatur opfert, indem sie gerade auch das sie auszeichnende Individuelle, Anschauliche, Konkrete zugunsten des Allgemein-Abstrakten opfert. Und so lautet eine seiner ironisch-satirischen Botschaften an die ‚Tendenzdichter':
„Blase, schmettre, donnre täglich, / Bis der letzte Dränger flieht – / Singe nur in dieser Richtung, / Aber halte deine Dichtung / Nur so allgemein als möglich." Heine 1972, Bd. 1, S. 330-331
s. auch: http://www.zeno.org/Literatur/M/Heine,+Heinrich/Gedichte/Neue+Gedichte/Zeitgedichte/13.+Die+Tendenz

499 Heine in einem Brief vom 17. Oktober 1842 an seinen Verleger Georg von Cotta. Vgl. Kölsch 2010, S. 68

Heines in ihrer Wirkung wesentlich von rhetorischen und stilistischen Mitteln bestimmte Kritik an den gesellschaftlich-politischen Zuständen der Restaurationszeit artikuliert sich nirgendwo deutlicher, ernsthafter und zugleich ironischer als in seinem 27 Kapitel umfassenden satirischen Versepos „Deutschland. Ein Wintermärchen".[500] Bereits ein kurzer, Inhalt und Form berücksichtigender Blick auf das erste Kapitel („Caput I") vermittelt diesen Eindruck.

Der Titel spielt geschickt mit Assoziationen und lässt unterschiedliche Deutungen zu – eine probate, von Heine immer wieder gewählte Methode, nicht nur um die Zensur zu umgehen. Der Titel kann verstanden werden als Absage an die Epoche der das Märchen als Genre besonders pflegenden Romantik sowie als Formulierung einer Utopie, insofern von einem Staat die Rede ist, der (noch) gar nicht existiert. Schließlich kann er interpretiert werden als Verweis auf die seit den napoleonischen Befreiungskriegen immer lauter werdenden national-politischen Einheitsbestrebungen. Zudem knüpfen sich an das Bestimmungswort des Kompositums „Wintermärchen" die Assoziationen von Kälte, Erstarrung, Dunkelheit. So kann „Winter" als Metapher für die als desolat empfundenen politischen, sozialen und ökonomischen Zustände „Deutschlands" gefasst werden.

Dass Heine selbst „die ernsten Töne" gerne weniger „abgedämpft", sie weniger mit „den Schellen des Humors [...] überklingelt" hätte, konzediert er im Vorwort. Zensurbedingte „[m]annigfache Bedenklichkeiten" seines Verlegers Julius Campe (1792-1867) veranlassten ihn, sich „dem fatalen Geschäfte des Umarbeitens [...] zu unterziehen".[501]

---

500 Anlass des 1844 entstandenen Versepos ist die Reise des Autors aus seinem französischen Exil von Paris nach Hamburg zwischen dem 21. Oktober und 16. Dezember 1843.

501 Heine 2017, S. 400

3.2.1.1 Dichtung des Jungen Deutschland – Beispiel
Heinrich Heine: *Deutschland. Ein Wintermärchen, Caput I*[502]

1   Im traurigen Monat November war's,
2   Die Tage wurden trüber,
3   Der Wind riss von den Bäumen das Laub,
4   Da reist ich nach Deutschland hinüber.

5   Und als ich an die Grenze kam,
6   Da fühlt ich ein stärkeres Klopfen
7   In meiner Brust, ich glaube sogar
8   Die Augen begunnen zu tropfen.

9   Und als ich die deutsche Sprache vernahm,
10   Da ward mir seltsam zumute;
11   Ich meinte nicht anders, als ob das Herz
12   Recht angenehm verblute.

13   Ein kleines Harfenmädchen sang.
14   Sie sang mit wahrem Gefühle
15   Und falscher Stimme, doch ward ich sehr
16   Gerührt von ihrem Spiele.

17   Sie sang von Liebe und Liebesgram,
18   Aufopfrung und Wiederfinden
19   Dort oben, in jener besseren Welt,
20   Wo alle Leiden schwinden.

21   Sie sang vom irdischen Jammertal,
22   Von Freuden, die bald zerronnen,
23   Vom Jenseits, wo die Seele schwelgt
24   Verklärt in ew'gen Wonnen.

25   Sie sang das alte Entsagungslied,
26   Das Eiapopeia vom Himmel,
27   Womit man einlullt, wenn es greint,
28   Das Volk, den großen Lümmel.

29   Ich kenne die Weise, ich kenne den Text,
30   Ich kenn auch die Herren Verfasser;
31   Ich weiß, sie tranken heimlich Wein
32   Und predigten öffentlich Wasser.

33   Ein neues Lied, ein besseres Lied,
34   O Freunde, will ich euch dichten!
35   Wir wollen hier auf Erden schon
36   Das Himmelreich errichten.

37   Wir wollen auf Erden glücklich sein,
38   Und wollen nicht mehr darben;

39   Verschlemmen soll nicht der faule Bauch,
40   Was fleißige Hände erwarben

41   Es wächst hienieden Brot genug
42   Für alle Menschenkinder,
43   Auch Rosen und Myrten, Schönheit und Lust,
44   Und Zuckererbsen nicht minder.

45   Ja, Zuckererbsen für jedermann,
46   Sobald die Schoten platzen!
47   Den Himmel überlassen wir
48   Den Engeln und den Spatzen.

49   Und wachsen uns Flügel nach dem Tod,
50   So wollen wir euch besuchen
51   Dort oben, und wir, wir essen mit euch
52   Die seligsten Torten und Kuchen.

53   Ein neues Lied, ein besseres Lied!
54   Es klingt wie Flöten und Geigen!
55   Das Miserere ist vorbei,
56   Die Sterbeglocken schweigen.

57   Die Jungfer Europa ist verlobt
58   Mit dem schönen Geniusse,
59   Der Freiheit, sie liegen einander im Arm,
60   Sie schwelgen im ersten Kusse.

61   Und fehlt der Pfaffensegen dabei,
62   Die Ehe wird gültig nicht minder –
63   Es lebe Bräutigam und Braut,
64   Und ihre zukünftigen Kinder!

65   Ein Hochzeitkarmen ist mein Lied,
66   Das bessere, das neue!
67   In meiner Seele gehen auf
68   Die Sterne der höchsten Weihe –

69   Begeisterte Sterne, sie lodern wild,
70   Zerfließen in Flammenbächen –
71   Ich fühle mich wunderbar erstarkt,
72   Ich könnte Eichen zerbrechen!

73   Seit ich auf deutsche Erde trat,
74   Durchströmen mich Zaubersäfte –
75   Der Riese hat wieder die Mutter berührt,
76   Und es wuchsen ihm neu die Kräfte.

---

502   Heine 2017, S. 403-405

Heines wenngleich erzwungenes, doch wohlkalkuliert-manipulatives „Überklingeln" der Kritik „mit den Schellen des Humors"[503] mag die Zensur tatsächlich oft getäuscht oder gar intellektuell überfordert haben, sodass sie die Schärfe und den bitteren Ernst dieser Kritik in vermeintlich unernster, erheiternder Form verkannte.

Politisch-gesellschaftliche Missstände, Widersprüche, Diskrepanzen und Dissonanzen werden in immer neuen Varianten und ironischer Manier anschaulich und mehrschichtig-mehrdeutig ins Bild gesetzt. Da ist z. B. das von Adel und Klerus instrumentalisierte „kleine Harfenmädchen"[504] (V. 13), das mit „wahrem Gefühle" (V. 14), aber „falscher Stimme" (V. 15) das alle irdischen Freuden versagende und Askese fordernde „alte Entsagungslied" (V. 25) singt. Und ebendieser Adel und Klerus ist es, der parasitär die hart erarbeiteten Früchte des Volkes „verschlemmt" (vgl. V. 39 f.), während er dieses selbst mit dem pharisäischen Verweis auf ein besseres Leben „[d]ort oben […] darben" (V. 19, 38) lässt und mit dem „Eiapopeia vom Himmel" (V. 26) sediert und „einlullt" (V. 27).

Kontrastiv zum „alte[n] Entsagungslied" stimmt Heine[505] „ein neues Lied, ein besseres Lied" (V. 33, 53) an. Dieses verklärt weder die Vergangenheit (Mittelalter), wie es die Romantik tat, worauf Heine mit der ‚dissonanten' Figur des Harfenmädchens anspielt, noch kündet es von einer glücksverheißenden eschatologischen Zukunft im „Jenseits" (V. 23) wie die christliche Religion, sondern konzentriert sich ausschließlich auf das Hier und Jetzt (vgl. V. 35-37, 41-42). Nicht nur kündet es davon, dass es „hienieden Brot genug / Für alle Menschenkinder" (V. 41 f.) gebe, sondern bekennt sich auch nachdrücklich und ohne „Miserere" (V. 55) zu allen irdischen Freuden und Genüssen (V. 43 f.).

Aus der unmittelbaren Verbundenheit mit der Erde, nicht aus deren Negation oder gar Verdammnis zugunsten eines den Machtmissbrauch von Herrschenden befördernden „Dort oben" (V. 19, 51) erwachsen den „Menschenkindern" (V. 42) Glück, Freude und immer wieder neue „Kräfte" (V. 76).

Dies ist die Hauptbotschaft des ersten Kapitels (Caput I) des umfangreichen Versepos. Implizit unterstrichen wird sie zudem durch den Verweis auf die mythologische Figur Antaios, die sich hinter der Antonomasie „Der Riese" (V. 75) verbirgt. Dieser, Sohn der Erdgöttin Gaia, bezwingt seine Gegner mit ungeheuren Kräften, die ihm aufgrund seines unmittelbaren Kontakts mit der Erde aus dieser immer wieder aufs Neue zuwachsen. Nomen est omen: Antaios[506] bedeutet „Ich trete entgegen". Die Frage nach dem Dativobjekt bleibt offen. Sie lässt im aktuellen Kontext zwei Antworten zu. Erstens: Ich trete der Erde entgegen, trete auf die Erde, sodass ich – im wörtlichen wie übertragenen Sinne – geerdet bin, und zweitens: Ich trete all jenen entgegen, die, um ihre das Volk unterdrückende Herrschaft zu legitimieren, die Erde als ein gottgewollt zu durchquerendes „Jammertal" (V. 21) ausgeben und ein künftiges abstrakt-allgemeines „Dort oben" (V. 19, 51) als „bessere Welt" (V. 19) versprechen.

Die in Anspielungen, romantischen Versatzstücken, Ironie und Witz geäußerte Kritik an den politisch-gesellschaftlichen Missständen wird durch ein bemerkenswert vielseitiges Repertoire an gestalterischen Mitteln abgebildet und zugleich verstärkt. Widersprüche, Gegensätze und die Diskrepanz zwischen Sein und Sollen spiegeln sich formal auf lexikalischer, syntaktischer, phonetischer und stilistischer Ebene gleichermaßen. Unter Vernachlässigung zahlreicher, insbesondere auf Eindringlichkeit, Nachdrücklichkeit[507]

---

503 ibid. S. 400

504 Wie Gauklerinnen, Tänzerinnen, Leiermädchen traten auch Harfenmädchen im Mittelalter zusammen mit den fahrenden Leuten bei allen Krönungen, Reichstagen, Kirchenversammlungen, aber auch auf Messen und Märkten auf.

505 Entgegen der sonst streng gebotenen Unterscheidung zwischen dem lyrischen Ich bzw. dem Sprecher eines Gedichts einerseits und dem Autor andererseits sind in Heines Versepos beide zweifelsfrei identisch.

506 Antaios leitet sich ab von griech. ἀντάω (antao = ich trete entgegen, ich begegne).

507 Unberücksichtigt bleiben insbesondere die häufig realisierten Anaphern und Alliterationen.

und Anschaulichkeit zielender Figuren und Tropen sei beispielhaft auf folgende Gestaltungsmittel verwiesen:

- Antonyme: z. B. *wahr* (14) vs. *falsch* (15), *alt* (25) vs. *neu* (33), *Erde* (35) vs. *Himmel* (47), *glücklich sein* (37) vs. *darben* (38), *faul* (39) vs. *fleißig* (40), *oben* (51) vs. *hienieden* (41)

- Kontrastiv-anaphorische Betonung der Personalpronomina *Sie* (14, 17, 21, 25) vs. *Ich* (29, 30, 31)

- Oxymoron: *als ob das Herz / Recht angenehm verblute* (12)

- Allusionen: *Menschenkinder* (42) – analoge Bildung zu „Gotteskinder" (Röm 8,14) bzw. „Kinder Gottes" (Röm 8,21); *Miserere*[508] (55): Verweis auf Psalm 51: „Gott, sei mir gnädig nach deiner Güte, und tilge meine Sünden nach deiner großen Barmherzigkeit". *Eiche* (72): religiös aufgeladenes Symbol, AT, 2. Sam 18,9; Jes 6,13; Ri 6,11; seit 18. Jh. typisch deutscher Wappenbaum

- grammatische Inkongruenzen: z. B. Genus-Inkongruenz: *Ein kleines Harfenmädchen sang. / Sie sang mit wahrem Gefühle* (13 f.), Numerus-Inkongruenz: *Es lebe Bräutigam und Braut* (63)

- Inversionen: z. B. *Der Wind riß von den Bäumen das Laub (3)*, *In meiner Seele gehen auf / Die Sterne der höchsten Weihe – /* (67)

- ungewöhnliche Kollokationen/Wortverbindungen:[509] z. B. *die Seele schwelgt* (23) vs. *schwelgen im ersten Kusse* (60), *Eiapopeia vom Himmel* (26), *Engeln und [...] Spatzen* (48), *die seligsten Torten und Kuchen* (52)

- unreine Reime, stilistisch disparate Reimwörter: z. B. *Gefühle* (14) : *Spiele* (16); *neue* (66) : *Weihe* (68); *Himmel* (26) : *Lümmel* (28); *Geniusse* (58) : *Kusse* (60)

- Nebeneinander unterschiedlicher („gegensätzlicher") Stil- bzw. Sprachebenen:
  - gehoben: z. B.: *von Freuden, die bald zerronnen* (22), *hienieden* (41), *gerühret von ihrem Spiele* (16)
  - standardsprachlich: z. B.: *Die Tage wurden trüber* (2), *Und als ich an die Grenze kam* (5)
  - salopp-umgangssprachlich: z. B.: *einlullt* (27), *Eiapopeia* (26), *Lümmel* (28)
  - archaisch: z. B.: *begunnen* (8) statt „begannen"

- Tempora: Präteritum (1-32) vs. Präsens (33-72)

- romantische (Literatur-)Versatzstücke:
  - Märchen (Titel), *Zuckererbsen* (44, 45): vgl. z. B. Grimms Märchen „Die zwei Brüder", „Die beiden Wanderer", E.T.A. Hoffmann: „Nussknacker und Mäusekönig"
  - Mittelalter: *Harfenmädchen* (13)
  - Religion: z. B.: *Jenseits* (23), *Himmelreich* (36), *Himmel* (47), *Engeln* (48), *Miserere* (55)
  - Mythologie: *Myrten* (43), *Europa* (57), *Antaios* (= Der Riese, 75)

Für sein Gedicht wählte Heine die in der Romantik beliebte Form des Volksliedes.[510] Dadurch wird eine provokant-ironische Spannung zwischen dem Inhalt und dessen lyrischer Form erzeugt. Denn während das Volkslied vorzugsweise elementare menschliche Erfahrungen zum Gegenstand hat bzw. sich Themen wie Landschaft, Wanderschaft, Natur, Nacht u. Ä. widmet, übt Heine Kritik an den politischen, gesellschaftlichen und

---

508 Miserere kann auch als Homonym gefasst werden. Neben „Bußpsalm" der Vulgata bezeichnet das Nomen auch die Krankheit des Koterbrechens.

509 Diese neuen und unerwarteten Kollokationen sind bzw. erzeugen häufig die Heine'schen „Schellen des Humors".

510 Kennzeichen der Volksliedstrophe: in der Regel 3-hebige jambische Vierzeiler mit wechselnd männlicher und weiblicher Kadenz, unterbrochener Reim (abcb) oder Kreuzreim (abab). Heines Gedicht weist alternierend vier (1. und 3. Vers) und drei (2. und 4. Vers) Hebungen auf. Die Zahl der Senkungen variiert.

ökonomischen Zuständen im restaurativen Deutschland seiner Zeit. So kann auch die In-kongruenz zwischen Inhalt und Form als Analogon zu den aufgezeigten Widersprüchen bzw. Gegensätzen gedeutet werden.

3.2.2 Vormärz

Als literarische Epochenbezeichnung ist der Begriff „Vormärz" problematisch: zum einen wegen seiner einseitigen politischen Ausrichtung, zum anderen aufgrund der Schwierig-keit einer genaueren zeitlichen Verortung. Während das Ende des Vormärz mit der ge-scheiterten Märzrevolution (März 1848 bis Juli 1849) fraglos feststeht, wird dessen Beginn unterschiedlich terminiert, je nachdem, ob man die Gründung des Deutschen Bundes (1815), die Julirevolution in Frankreich und das Ende der klassisch-romanti-schen Kunstperiode (1830) oder den Be-ginn der die Revolution vorbereitenden radikalisierenden Politisierung (1840) zugrunde legt.

Jubelnde Revolutionäre nach Barrikadenkämpfen am 18. März 1848 in der Breiten Straße in Berlin

Zweifellos aber verweist die von der so-zialistischen Literaturgeschichtsschrei-bung eingeführte Sammelbezeichnung auf die mit dem Aufkommen von Libera-lismus und Nationalismus entstehende progressiv-oppositionelle, revolutionäre Literatur, die gegen ein zunehmend re-striktiver werdendes politisches Klima ankämpfte. Die Dichter des Vormärz teilen zwar die wesentlichen Ziele mit den Literaten des Jungen Deutschland,

setzten aber gemeinsam mit den Junghegelianern König und Adel doch ungleich größeren Widerstand entgegen. Die Julirevolution (1830) vermittelte der Bewegung zusätzliches Selbstvertrauen, das sich z. B. im Hambacher Fest (27. Mai bis 1. Juni 1832) objektivierte.

Auch die daraufhin am 5. Juli 1832 prompt erfolgende Reaktion des Bundestages, die „Maßregeln zur Aufrechterhaltung der gesetzlichen Ruhe und Ordnung im Deutschen Bunde", insbesondere die dort angeführten „Zehn Artikel"[511], entmutigten Dichter wie Georg Herwegh (1817-1875), Ferdinand Freiligrath (1810-1876), Georg Weerth (1822-1856), August Heinrich Hoffmann, d. i. Hoffmann von Fallersleben (1798-1874) u. a. jedoch nicht.

Mit der Thronbesteigung Friedrich Wilhelms IV. von Preußen 1840 und der eine nationale Begeisterungswelle auslösenden sog. Rheinkrise[512] (1840/41) keimte neue Hoffnung auf.

---

511   Dort heißt es u. a. in Art. 3: „Außerordentliche Volksversammlungen und Volksfeste, nämlich solche, welche bisher hinsichtlich der Zeit und des Ortes weder üblich noch gestattet waren, dürfen, unter welchem Namen und zu welchem Zwecke es auch immer sey, in keinem Bundesstaate, ohne vorausgegangene Genehmigung der competenten Behörde, stattfinden. Diejenigen, welche zu solchen Versammlungen oder Festen durch Ver-abredungen oder Ausschreiben Anlaß geben, sind einer angemessenen Strafe zu unterwerfen." Zitiert nach: http://germanhistorydocs.ghi-dc.org/docpage.cfm?docpage_id=150

512   Quasi als Kompensation seiner Niederlage in der sog. Orientkrise 1839-1841 beanspruchte Frankreich den Rhein als Ostgrenze. Die Realisierung dieses Anspruchs hätte bedeutet, dass deutsches, insbesondere preußisches Terri-torium unter französische Herrschaft gefallen wäre. Es kam zu einer diplomatischen Krise zwischen dem König-reich Frankreich und dem Deutschen Bund. Auf beiden Seiten entwickelten sich Ressentiments, die einen ver-stärkten Nationalismus evozierten.
   In diesem Kontext entstanden das politische Lied „Die Wacht am Rhein", dessen Text 1840 der Dichter Max Schneckenburger (1819-1849) verfasste, sowie das 1922 zur deutschen Nationalhymne erklärte „Lied der Deut-schen", dessen Text der Germanist Heinrich von Fallersleben, d. i. August Heinrich Hoffmann (1798-1874) am 26. August 1841 auf Helgoland dichtete.

Genährt wurde sie durch die Amnestie für alle „politischen Verbrecher"[513] und die Lockerung der Zensur. Doch blieben angekündigte Reformen weitestgehend aus. Im Gegenteil: Statt des erwarteten liberalen Kurses verfolgte der König von Preußen ab 1843 einen strikt reaktionären Kurs. So wurden z. B. Verbote von Zeitschriften erlassen und die Verfolgung oppositioneller Dichter, Schriftsteller und Journalisten war an der Tagesordnung. Viele von ihnen wurden so ins Exil getrieben, gingen nach Paris, Brüssel, Zürich oder London. Während der Zeit von 1830 bis 1848 stieg die Zahl der deutschen Emigranten drastisch an, allein in Frankreich schnellte sie von 30.000 auf 170.000.[514]

Im Kontext dieser restriktiven, die Freiheitsrechte der Bürger massiv beschneidenden und einer die Revolution heraufbeschwörenden Politik geriet nun erstmals ein schon seit dem späten 18. Jahrhundert sich abzeichnendes soziales Problem in den Fokus der öffentlichen Aufmerksamkeit: die zunehmende Verarmung weiter Teile der Bevölkerung aufgrund der beginnenden Industrialisierung. Vor allem die althergebrachten (häuslichen) Produktionsmethoden der Weber konnten mit den industriellen Fertigungstechniken, insbesondere in Form der 1784 erfundenen mechanischen Webmaschine, der sogenannten „Power Loom", nicht

Armut im Vormärz, 1840

mehr Schritt halten. Wachsende Armut, Hunger und Not bis hin zur Verelendung (Pauperismus), gegen die sich die Betroffenen erbittert zur Wehr setzten, waren die Folge.

Der Aufstand der schlesischen Weber vom 4. bis 6. Juni 1844 ist wegen der Politisierung des Themas in der Literatur und seines Zusammenhangs mit der Revolution 1848 der wohl bekannteste, keineswegs aber der erste einer ganzen Reihe von Aufständen.[515]

Die für die desaströse Situation Verantwortlichen standen (auch) für die Dichter des Vormärz außer Frage: der „König der Reichen", das „falsche Vaterland", „Altdeutschland".[516] Gegen sie richtete sich die aus hoffnungsloser Verzweiflung erwachsene Wut großer Teile der Bevölkerung. Ihr gaben die Dichter des Vormärz ihre entschlossene Stimme, indem sie den Unterdrückern den Kampf ansagten, ihnen drohten oder zum Sturz der Herrschenden bzw. des Königs aufriefen.

Als wirksames Medium hierfür erkannten sie die Poesie, die Lyrik zumal. Sie war ihnen Fanal, „Prophetin" kommender Ereignisse, „Vorläuferin der Tat" und „Waffe für unsere Sache"[517] zugleich.

---

513 Siemann 1985, S. 195

514 vgl. Sørensen 2010, S. 15

515 Zu Weberaufständen in Schlesien kam es bereits in den Jahren 1785/86, 1793 und 1798.

516 vgl. Heines berühmtes Gedicht „Die schlesischen Weber" (V. 11, 16, 23). Die heute bekanntere Version aus dem Jahre 1846 ist eine Umarbeitung der am 10. Juli 1844 auf dem Titelblatt des von Karl Marx redigierten „Vorwärts! Pariser Deutsche Zeitung" unter „Feuilleton des Vorwärts" abgedruckten Fassung, die Heine mit „H. H." unterzeichnete.
    s. https://de.wikipedia.org/wiki/Vorw%C3%A4rts_(Wochenblatt)#/media/File:D02S0150_01JIIz.jpg

517 Herwegh 1845, S. 91, 93

Ein typisches Beispiel politischer (Agitations-)Lyrik des Vormärz ist „Das Hungerlied" des Dichters, Journalisten und Kaufmanns Georg Weerth (1822-1856), des laut Friedrich Engels (1820-1895) „erste[n] und bedeutendste[n] Dichter[s] des deutschen Proletariats".[518]

3.2.2.1 Dichtung des Vormärz – Beispiel: Georg Weerth: *Das Hungerlied*[519]

Georg Weerth

Das Hungerlied

Verehrter Herr und König,
Weißt du die schlimme Geschicht?
Am Montag aßen wir wenig,

Und am Dienstag aßen wir nicht.
Und am Mittwoch mussten wir darben
Und am Donnerstag litten wir Not;
Und ach, am Freitag starben
Wir fast den Hungertod!

Drum lass am Samstag backen
Das Brot fein säuberlich –
Sonst werden wir sonntags packen
Und fressen, o König, dich!

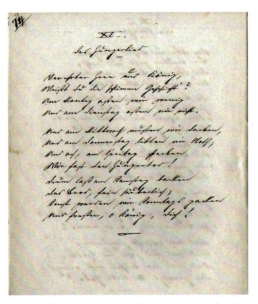

Autograph von Georg Weerths „Das Hungerlied"

„Das Hungerlied" ist das letzte Gedicht in Georg Weerths 11-teiligem, in den Jahren 1844/45 entstandenem Gedichtzyklus „Die Not". Es umfasst drei Strophen, die in ihrer schlichten Gestaltung den Kriterien des Volkslieds entsprechen: Die dreihebigen jambischen, zuweilen mit freier Füllung versehenen Verse sind durch Kreuzreim (abab cdcd efef) miteinander verbunden und enden, gleichmäßig alternierend, mit weiblicher oder männlicher Kadenz.

---

518   Engels 1883, s. http://www.mlwerke.de/me/me21/me21_005.htm
519   Das Gedicht entstand in den Jahren 1844/45 und wurde zu Lebzeiten des Autors nicht publiziert. Als autographische Reinschrift befindet es sich im International Institute of Social History Amsterdam, Georg Weerth-Archiv, Manuskript Nr. 29.

3.2.2.1.1 Formanalyse

Zeilen-Nr.	Georg Weerth **Das Hungerlied**	Reimschema Kadenz		Besonderheiten
	∪∪/∪/∪			3-hebige jambische Verse mit freier Füllung Volksliedstrophen
1	Verehrter Herr und König,	a	w	Apostrophe: (scheinbar) respektvolle, Distanz signalisierende (1) vs. vertraute Anrede (2)
2	Weißt du die schlimme Geschicht?	b	m	provozierend-rhetorische Frage (2) *du* (2, 9, 12) vs. *wir* (3, 4, 5, 6, 8, 11)
3	Am Montag aßen wir wenig, _Zeilenstil_	a	w	heller Vokal i in allen Reimwörtern (1-4) unreiner Reim: *König* (1) : *wenig* (3)
4	Und am Dienstag aßen wir nicht. _Zeilenstil_	b	m	Anapher (4, 5, 6, 7)
				polysyndetische Enumeratio *Am Montag* → *Und am Dienstag* → *Und am Mittwoch* → *Und am Donnerstag* → *Und* […] *am Freitag*
5	Und am Mittwoch mußten wir darben _Zeilenstil_	c	w	Dunkle Vokale a und o in den Reimwörtern (5-8); auffällige Dominanz dunkler Vokale (a, o, u) in Strophe 2
6	Und am Donnerstag litten wir Not; _Zeilenstil_	d	m	Parallelismus, Zeilenstil
7	Und ach, am Freitag starben ⌐	c	w	Antiklimax: *aßen wir wenig* (3) → *aßen wir nicht* (4)
	Enjambement			Klimax, verstärkt durch Interjektion *ach* (7) → *darben* (5) → *Not leiden* (6) → *sterben* (7)
8	Wir fast den Hungertod!	d	m	mit Ultimatum verbundener Imperativ (9)
				postpositioniertes Adverbial *fein säuberlich* (10)
				Inversion von Objekt *Das Brot* (10) und dem Infinitiv *backen* (9)
9	Drum lass am Samstag backen ⌐	e	w	intensivierende Pause (Gedankenstrich) (10)
	Enjambement _Enjambement_			Adverb *sonntags* (11) statt des Nomens „Sonntag" analog zu den zuvor sechs genannten Wochentagen
10	Das Brot, fein säuberlich —	f	m	Kombination unterschiedlicher Stilebenen *packen* (11), *fressen* (12) vs. *o König* (12)
11	Sonst werden wir sonntags packen ⌐	e	w	*König* als Vokativ und Objekt (!) in Form des Personalpronomens an exponierter Stelle → Rahmen *König* (1, 12)
	Enjambement			Inversion von Objekt *dich* (12) und finiten Verben *packen* (11), *fressen* (12)
12	Und fressen, o König, dich!	f	m	Dunkler Vokal a (9, 11) vs. heller Vokal i (10, 12)
	/ betonte Silbe (Hebung) ∪ unbetonte Silbe (Senkung)			

Seitenbeschriftung: **S i t u a t i o n** (Zeilen 1–8), **F o l g e** (Zeilen 9–12)

3.2.2.1.2 Interpretationsskizze

Das Gedicht beginnt mit einer Apostrophe, der direkten Anrede des Königs. Das lyrische Ich, das sich in der 1. Person Plural als Vertreter des einfachen Volkes zu erkennen gibt, bedient sich dabei der dem Standesunterschied zwischen König und Untertanen scheinbar gebotenen, höchsten Respekt bezeugenden Form „Verehrter Herr und König" (V. 1). Doch bereits der zweite Vers entlarvt die vermeintlich ergebene, betont ehrfürchtige Anrede als eine in ihrer Bedeutung ironisch-satirische. Die suggerierte Achtung ist in Wahrheit Ausdruck höchster Ver-Achtung: Die Anrede wandelt sich zum distanzlos-despektierlichen „du" (V. 2); die an den König gerichtete rhetorische Frage (V. 2) wird provokant und in der Folge eindeutig parteiisch beantwortet. Schließlich wird der in seinem Selbstverständnis gottgleiche und daher entsprechend zu verehrende „Herr und König" zum Befehlsempfänger (V. 9, 10) degradiert und mit der Androhung eines Aufstandes bzw. seiner Liquidierung konfrontiert, sollte er sich weigern, die deutlich formulierte und klar terminierte Order zu erfüllen (V. 9, 10).

Auffälligstes und zugleich wirkungsvollstes strukturbildendes Element des Gedichts ist die polysyndetische Enumeratio der Wochentage (V. 3, 4, 5, 6, 7). Zusammen mit dem 4-maligen anaphorischen „Und am" (V. 4, 5, 6, 7) verstärkt sie den pointierten Blick auf den immer gleichen, vom Hunger bestimmten Tages- bzw. Wochenverlauf der kleinen Leute. In Kontrast zu dieser monotonen Gleichförmigkeit steht die von Tag zu Tag sich steigernde Intensität des Hungers, die sich formalsprachlich in der Antiklimax „aßen wir wenig" (V. 3), „aßen wir nicht" (V. 4) und deutlicher noch in der Klimax „darben" (V. 5), „litten Not" (6), „starben" (V. 7) spiegelt.

Die Aufzählung der sieben Wochentage weckt Assoziationen an die Schöpfungsgeschichte (1. Mose,1-2,4). Doch ist im Gegensatz zu dieser die hier vorgetragene „Geschicht" (V. 2) keine Hommage an ein von Hunger und Not freies Leben (1. Mose 1,29).[520] Sie ist schlicht deren Negativ. Deshalb entladen sich Zorn und Wut der Untertanen gegenüber dem verhassten König, der seine Macht ja gerade mit der Idee des Gottesgnadentums legitimiert.[521] Das Volk lässt keinen Zweifel daran – sollte der Potentat die Not „am Samstag" (V. 9) nicht unverzüglich wenden –, dass der geheiligte siebte Tag kein Ruhetag (1. Mose 2,2.3), sondern ein Tag des Aufruhrs, der Exekution des Königs sein wird.

Die Beobachtung, dass dem feierlichen Vokativ „o König" (V. 12) die auf die Vernichtung des Monarchen verweisende Metapher „fressen" (V. 12) unmittelbar vorausgeht und das jeder Ehrerbietung bare Personalpronomen du in der Form des Objekts [!] „dich" das Gedicht beschließt, ist Ausdruck kaum zu überbietender ironischer Verhöhnung. So korrespondiert die letzte Zeile mit dem ersten Vers des Gedichts. Beide bilden dessen Rahmen.

---

520 „Und Gott sprach: Sehet da, ich habe euch gegeben alle Pflanzen, die Samen bringen, auf der ganzen Erde, und alle Bäume mit Früchten, die Samen bringen, zu eurer Speise."

521 Der Preußenkönig Friedrich Wilhelm IV., in dessen Parlament nur Adel und Geldbürgertum Mitspracherecht hatten, verstand sich als Herrscher von Gottes Gnaden. Die ihm 1849 von der Frankfurter Nationalversammlung angebotene Kaiserkrone lehnte er deshalb ab. Somit scheiterte auch die Revolution, denn die Krone aus der Hand von Revolutionären anzunehmen, war für ihn als Herrscher „Dei gratia" undenkbar.

4. Das Biedermeier in der Malerei – Beispiel

Carl Spitzweg: *Der arme Poet*

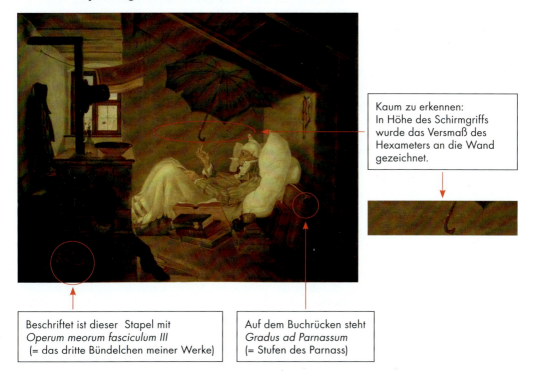

Kaum zu erkennen:
In Höhe des Schirmgriffs
wurde das Versmaß des
Hexameters an die Wand
gezeichnet.

Beschriftet ist dieser Stapel mit
Operum meorum fasciculum III
(= das dritte Bündelchen meiner Werke)

Auf dem Buchrücken steht
Gradus ad Parnassum
(= Stufen des Parnass)

Es ist das wohl nach Leonardo da Vincis „Mona Lisa" beliebteste Bild der Deutschen:[522] Carl Spitzwegs kleines, nur 36,3 mal 44,7 cm großes Gemälde „Der arme Poet" aus dem Jahre 1839.

Einem ersten ungeschulten und/oder naiven Blick mag das Bild romantisch erscheinen: Hat es sich da nicht ein älterer Herr in seinem von allerlei Büchern gesäumten Bett in einer sonnenbeschienenen Dachstube gemütlich gemacht?

Einem aufmerksamen Betrachter entgeht indessen nicht, dass der Abstand zur Epoche der Romantik kaum größer sein kann: Der Blick in die Weite einer unverstellten Ferne, wie er für die Romantik typisch ist, kehrt sich hier um in die Enge eines Innenraums, dessen kleines Fenster den Blick nach draußen jäh begrenzt. Mehr als das Dach des Nachbarhauses erhascht er nicht. Das auf einer zwischen den Dachbalken und der linken Wand der Dachkammer provisorisch gespannten Wäscheleine zum Trocknen aufgehängte Handtuch und der am Ofenrohr des Kachelofens fixierte Zylinder schränken den freien Blick des Betrachters zusätzlich ein. Und das in der Romantik immer wiederkehrende Motiv des Wanderns erscheint durch den neben Brennmaterial achtlos an der Wand lehnenden Wanderstab konterkariert, der sozusagen äußere Eskapismus in eine Flucht nach innen verkehrt.

Bewohner der Kammer ist ein von der Außenwelt abgeschotteter kauziger Poet, der trotz seines unermüdlichen literarischen Fleißes ein ärmliches Leben fristet. Für seine Dich-

---

522 vgl. Poppe 2015, S. 13 und Koldehoff 2012

tung interessiert sich niemand, und so schreibt er buchstäblich für den Kamin: Ein Teil seiner Elaborate ragt verkohlt aus der Feuerung des erloschenen Kachelofens, ein anderer lagert – versehen mit der lat. Aufschrift „Operum meorum fasciculum III" (Das dritte Bündelchen meiner Werke) – als Heizmaterial daneben. Doch unverdrossen frönt er weiter der Dichtkunst. Vermutlich wähnt er sich in seiner Dachkammer dem Parnass[523] besonders nah: „Gradus ad Parnassum" (Stufen des Parnass) steht auf dem Buchrücken des dicksten der seine dürftige, nur aus einer Matratze bestehenden Lagerstatt umgebenden Folianten. Das undichte Dach seiner Behausung stört den vergeistigten Poeten nicht. Ein direkt unter der schadhaften Stelle befestigter aufgespannter Regenschirm erscheint ihm hinreichend, um dem unangenehmen Umstand provisorisch zu wehren.

Eingehüllt in eine dicke Jacke, sein Schreibutensil – ein weißer Federkiel – quer zwischen die Lippen gepresst, sitzt der Dichter halb liegend mit angewinkelten Beinen von einer Wolldecke und einer Zipfelmütze gewärmt, den Rücken von einem mächtigen Kissen gepolstert, auf einer auf den nackten Bodendielen platzierten Matratze. Während er mit seiner linken Hand ein Manuskript festhält, ist die Bedeutung seiner mit der rechten Hand ausgeführten Geste nicht eindeutig zu bestimmen. Gilt seine gespannte Aufmerksamkeit einem zwischen den Fingern zerdrückten Floh oder skandiert er einen eben niedergeschriebenen Vers unter Zuhilfenahme seiner Hand? Auf Letzteres könnte die schemenhafte Skizzierung eines antiken Versmaßes hindeuten, die der ambitionierte Dichter wohl mit weißer Kreide an die kahle Wand gemalt hat.

Unzweifelhaft ist Spitzwegs „Der arme Poet" kein die Romantik verklärendes, sondern ein sie ironisch kritisierendes Bild, wie es zugleich die biedermeierliche Idylle bzw. den Rückzug ins Private als Ausdruck fehlender politischer Mitwirkungsmöglichkeit im Zeitalter der Restauration interpretiert.

Mit seinen in der Weltabgeschiedenheit verfassten Versen vermag der Dichter die desolate politische und gesellschaftliche Wirklichkeit nicht zu ändern. „Der arme Poet" kann als Allegorie des deutschen Michel – nationale Personifikation des Deutschen – gedeutet werden, der sich samt seines auffallendsten Attributs, der Zipfelmütze, ins Bett zurückgezogen hat und seine Zeit, fern der Gesellschaft und der Politik, eigenbrötlerisch mit dem Schmieden von Versen verbringt, statt die Fassade trügerischer Ruhe aufzubrechen, wie es dann schließlich die Dichter des Vormärz mutig, wenngleich letztlich vergebens tun.

---

523   Der Parnass, ein Gebirgszug in Zentralgriechenland, gilt in der griechischen Mythologie als Sitz der Musen und des Apollon. Ihm, dem Gott des Lichtes, der Heilung und des Frühlings, waren auch die Künste, insbesondere die Dichtkunst, die Musik und der Gesang, zugeordnet.

---

5. Dichter und Werke im Überblick (Auswahl)

Dichter	Werke
Ludwig Börne (1786-1837)	*Briefe aus Paris* (1832/1834)
Georg Büchner (1813-1837)	*Der Hessische Landbote* (1834) Pamphlet/Flugschrift *Dantons Tod* (1835) Drama *Woyzeck* (1837) Dramenfragment
Annette von Droste-Hülshoff (1797-1848)	*Die Judenbuche* (1842) Erzählung *Gedichte* (1844)
Ferdinand Freiligrath (1810-1876)	*Gedichte* (1838)
Franz Grillparzer (1791-1872)	*Ein Bruderzwist in Habsburg* (1848) Drama *Der Traum ein Leben* (1834) Dramatisches Märchen
Karl Gutzkow (1811-1878)	*Wally, die Zweiflerin* (1835), Roman
Heinrich Heine (1797-1856)	*Deutschland. Ein Wintermärchen* (1844) Satirisches Versepos *Die armen Weber* (1844)/*Die schlesischen Weber* (1846) Ballade *Reisebilder* (1826-1831) *Buch der Lieder* (1827) *Lyrisches Intermezzo* (1823)
Georg Herwegh (1817-1875)	*Gedichte eines Lebendigen* (1841/1842)
August Heinrich Hoffmann von Fallersleben (1798-1874)	*Utopische Lieder* (1840-1841) *Das Lied der Deutschen* (1841)
Heinrich Laube (1806-1884)	*Das junge Europa. Novelle* (1833-1837)
Eduard Mörike (1804-1875)	*Gedichte* (1838) *Maler Nolten* (1832) Künstlerroman *Mozart auf der Reise nach Prag* (1856) Künstlernovelle
Theodor Mundt (1808-1861)	*Madonna. Unterhaltungen mit einer Heiligen* (1835) Roman *Die Kunst der deutschen Prosa* (1837)
Adalbert Stifter (1805-1868)	*Bunte Steine* (1853) Novellenzyklus *Der Nachsommer* (1857)
Georg Weerth (1822-1856)	*Das Hungerlied* (1844) *Leben und Thaten des berühmten Ritters Schnapphahnski* (1848/49) Feuilleton-Roman
Ludolf Wienbarg (1802-1872)	*Ästhetische Feldzüge. Dem jungen Deutschland gewidmet* (1834) Sammlung von 22 Vorlesungen

6.   Info-Grafik   RESTAURATIONSZEIT

Biedermeier – Junges Deutschland – Vormärz

Polizei- und Überwachungsstaat · Einschränkung der Freiheitsrechte · Zensur · Partikularismus der deutschen Staaten

Wiener Kongress

Rückzug ins Private

Frührealismus

politisch-soziales Engagement

Biedermeier

- Rückzug ins Private, Idyllische („Cocooning")
- Fernhalten von der (Tages-)Politik
- Maß und Mitte, Bändigung der Leidenschaften
- Entsagung, Ergebenheit in das Schicksal
- „Heiterkeit auf dem Grunde der Schwermut" (Kluckhohn)
- Konzentration auf die kleinen Dinge („Kleines Glück")
- Heimatverbundenheit, Bindung an die Landschaft
- Interesse an den Gegenständen der Alltagswelt, Detailgenauigkeit („Frührealismus")

Kurze literarische (Gebrauchs-)Formen

Kleingedicht, Skizze, Kurzerzählung, Stimmungsbild, Novelle

Literatur/Kunst = Handwerk

Junges Deutschland

- Abkehr von der „rückständigen", unpolitischen Romantik
- Dichtung im Dienst der (Tages-)Politik
- Kontakt zum politisch-sozialen Leben, gegen Stagnation und „Biedermeier"
- Einsatz für Liberalität, Freiheit des Geistes, parlamentarisches System
- Forderung nach natürlicher Religion, neuer Moral, Emanzipation der Frau
- Emanzipatorische Verbindung von Kunst, Wissenschaft und Leben

Wesentliche Sprachform: Prosa als Annäherung von Kunst und Leben

Vormärz

- Freiheit; Verfassung, staatliche Einheit
- radikale systemkritische Agitationen
- gegen „illusionären" Liberalismus

Revolution 1848

Scheitern des Versuchs einer gesamtdeutschen Revolution

Lyrik/Poesie als Medium der politischen Agitation: „Vorläuferin der Tat", „Waffe für unsere Sache" (Herwegh)

Literatur weder zweckfrei idealistisch (Klassik) noch mystisch verklärt (Romantik)
Literatur/Kunst = soziales und politisches (Kampf-)Mittel

1. Begriff

Die Bezeichnung *Realismus* leitet sich ab von lat. *res* (= Sache, Ding, Gegenstand, Angelegenheit) bzw. *realis* (= sachlich, wirklich, wesentlich).

1.1 Realismus als Stilbegriff

Zu unterscheiden ist der Stilbegriff *Realismus* vom gleichlautenden Epochenbegriff.

Als Stilbegriff impliziert Realismus im alltäglichen Sprachverständnis die wirklichkeitsgetreue Darstellung der mit den Sinnen erfahr- und erfassbaren Welt mit einfachen sprachlichen Mitteln. Dies im Unterschied zur ästhetisch und ethisch idealisierenden Verklärung (Klassik), traumhaft-dämmernden Fantasie (Romantik) oder zum propagandistischen Aktualismus (Junges Deutschland, Vormärz).

Lässt man das Axiom, dass Kunst, also auch Literatur, stets auf Wirklichkeit antwortet, außer Acht und geht von einem Realismusverständnis aus, das sich durch konkrete historische Mitteilung des Faktischen bestimmt, ist Realismus als überzeitliche Konstante zu fassen.

1.2 Realismus als Epochenbegriff

Als Epochenbegriff bezeichnet Realismus eine zwischen Romantik und Naturalismus, also ca. zwischen 1830 und 1880/90, anzusiedelnde gemeineuropäische Literaturströmung, die primär der Wirklichkeitsnachbildung (Mimesis) verpflichtet ist. Im Vergleich – insbesondere zu Frankreich und Russland – erscheint der Realismus in Deutschland aufgrund der Sonderstellung des Biedermeier und des Jungen Deutschland etwas verspätet. Erst nach der gescheiterten Revolution von 1848 wird er zur bestimmenden, auch theoretisch diskutierten literarischen Phase. Dabei eignet dem Realismus der deutschsprachigen Literatur eine Besonderheit insofern, als er sich sowohl vom berichtenden Journalismus als auch von dem für Theorie und Praxis grundlegenden französischen Realismus unterscheidet. Anders als dieser ist er kaum sozialkritisch ausgerichtet und vertritt keine antibürgerliche Haltung. Auch verzichtet er bewusst auf eine (direkte) soziale und ethisch-moralische Wertung,[524] insbesondere aber auf die Einbindung extremer Wirklichkeit, z. B. des abstoßend Hässlichen.[525] Man spricht daher vom poetischen oder bürgerlichen Realismus als der quasi deutschen Variante des literarischen Realismus. Dessen Voraussetzungen und Postulate werden im Anschluss an die Skizzierung der historisch-politischen Situation und der geistesgeschichtlichen Verfassheit der Zeit aufgezeigt und reflektiert.

---

524 So enthält sich z. B. der Erzähler in Fontanes Roman „Effi Briest", ein Hauptwerk des deutschen Realismus, jeder Wertung hinsichtlich der Frage nach der Schuld am Unglück und dem frühen Tod der Protagonistin. Effi hat sich, wie auch der von ihr betrogene 21 Jahre ältere Ehemann, Baron Geert von Instetten, in einem Geflecht moralisch-gesellschaftlicher Konventionen verstrickt und stirbt mit 29 Jahren an gebrochenem Herzen. Auf die Frage nach der Schuld am Unglück ihrer Tochter legt der Erzähler dem alten Briest die an seine Frau gerichteten Worte „Ach, Luise, laß … das ist ein zu weites Feld" in den Mund. Sie bilden – bezeichnenderweise – den Schluss des Romans; vgl. Fontane 1998, S. 337

525 Es ist die Gegenbewegung zum poetischen Realismus, der Naturalismus, der das Hässliche bewusst und prononciert erstmals zum ernsthaften – nicht wie vormals in der Renaissance zum burlesken – Gegenstand der Literatur macht.

2.   Historisch-geistesgeschichtlicher Hintergrund

Politisch geprägt war die Zeit des Realismus von den enttäuschten Hoffnungen der Revolution. Zunächst schien es, als habe diese aufgrund der erzwungenen Abdankung Fürst Metternichs am 13. März 1848 und einiger sich unmittelbar einstellender positiver Veränderungen[526] über die restaurativ-reaktionären Kräfte gesiegt, doch: Gemessen an ihrem Doppelziel, der Herstellung nationaler Einheit (Nationalstaat) und der Gewähr politischer Freiheit (Verfassung), war die vor allem vom liberalen Besitz- und Bildungsbürgertum getragene Bewegung gescheitert. Statt eines geeinten Nationalstaats wurde der Deutsche Bund wiederhergestellt, wurden gegebene Verfassungszugeständnisse zurückgenommen, liberales Denken und entsprechende politische Agitation von der Zensur neuerdings unterdrückt und strikt geahndet.

Das solchermaßen in seiner Handlungsfähigkeit eingeschränkte Bürgertum reagierte zunächst mit Rückzugstendenzen, die von dem durch die napoleonischen Kriege bedingten latenten Wunsch nach Ruhe und Ordnung zusätzlich verstärkt wurden. Doch die politisch zur Passivität Verdammten fanden schließlich ein gemeinsames Betätigungsfeld: die Kultur. Sie bildete die identitätsstiftende „entscheidende Klammer, welche die verschiedenen Gruppen des Bürgertums[527] verband und zusammenführte".[528] Der nationalliberale Politiker und Verfasser einer „Geschichte der deutschen Nationalliteratur" Georg Gottfried Gervinus (1805-1871) schreibt: „Unsere Dichtkunst und Musik sollte nicht unter dem Schirme augusteischer und mediceischer Höfe aufblühen, sondern unter dem freien Himmel des Volksinteresses; und so verschmäht auch die Malerei allmälig [sic] die ausschließliche Protection der Fürsten und wirft sich der Nation in die Arme […] wir schlossen uns in Corporationen zusammen, um die neue Kunst zu pflegen."[529] Was Gervinus für die Malerei konstatiert und reklamiert, gilt allemal für die Dichtung. Eine der bekanntesten literarischen Gesellschaften („Corporationen") der Zeit war der „Tunnel über der Spree",[530] dem u. a. auch Theodor Fontane und Theodor Storm angehörten.

Neben diesem die Ohnmacht politischer Aktivität kompensierenden, das gespaltene Bürgertum zusammenführenden kulturellen Engagement waren es zwei Ereignisse resp. Prozesse, welche die Epoche des Realismus ganz wesentlich bestimmten und deren Konsequenzen weit über diese hinausreichten: die Einigung des Deutschen Reiches zum Nationalstaat und die in einem rasanten Tempo sich vollziehende Entwicklung in den Naturwissenschaften, der Technik und der Medizin.

Mit der Gründung des Deutschen Reiches 1871 siegte jedoch das Prinzip der nationalen Einheit über liberal-demokratische Prinzipien. Das heißt, der Nationalstaat war nicht durch den Willen des Volkes – sozusagen „von unten" – entstanden, sondern „von oben".

Doch auch ohne politische Selbstbestimmung wurde das Bürgertum schließlich zur führenden Schicht.

---

526   z. B. Aufhebung der Feudalordnung, Abschaffung der Grundherrschaft, Lockerung der Zensur, Ausarbeitung einer Verfassung

527   Die wichtigsten und einflussreichsten waren das Besitz- und das Bildungsbürgertum; sie waren untereinander gespalten.

528   Hahn/Berding 2010, S. 299

529   Gervinus 1839, S. 875

530   Gegründet wurde der literarische Zirkel am 3. Dezember 1827 als „Sonntags-Verein zu Berlin". Zwei prominente Literaten der Gesellschaft, deren letztes Protokoll vom 30. Oktober 1898 datiert, waren Theodor Storm und Theodor Fontane.
Vgl. z .B. https://de.wikipedia.org/wiki/Tunnel_%C3%BCber_der_Spree

Im Zuge der durch die Reichs-gründung erzeugten Auf-bruchsstimmung, die sich vor allem im wirtschaftlichen Op-timismus der Gründerzeit[531] äußerte, definierte das Bürger-tum gesellschaftlichen Einfluss als Teilhabe am Kapital (Be-sitzbürgertum) und an Bildung (Bildungsbürgertum). Letzteres bedingte einen enormen Auf-schwung der Literaturproduk-tion. Eine breite Lesekultur entwickelte sich. Vielerorts ent-standen Leih- und Volksbiblio-theken. Prachtausgaben litera-rischer Werke und Anthologien im Goldschnitt standen hoch im Kurs und wurden als Status-

Deutsches Kaiserreich 1871

symbole gehandelt. Vor allem aber entfaltete sich ein reges Zeitschriftenwesen. Hervorzuheben ist hier insbesondere „Die Gartenlaube – Illustrirtes Familienblatt". Erstmals 1853 erschienen, war „Die Gartenlaube" das erste erfolgreiche deut-sche Massenblatt. Es wurde zum Vorläufer der modernen Illustrierten. Unter ihren Mitarbeitern finden sich neben vielen (heute) weniger bekann-ten so renommierte Namen wie Friedrich Rückert, Karl Gutzkow, Theodor Fontane oder Paul Heyse. Bedeutung und Einfluss des in Leipzig verlegten und während der Gründerzeit national-liberal, später konservativ ausgerichteten Blattes waren enorm: Betrug die Auflage 1861 bereits beachtli-che 100.000 Exemplare, vervierfachte sie sich fast auf 380.000 im Jahre 1875.

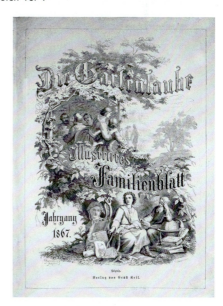

Die Gartenlaube (1867)

Die oben erwähnte Aufbruchsstimmung wurde zusätzlich genährt von dem durch die Naturwis-senschaften ermöglichten technischen und medi-zinischen Fortschritt. Verbunden mit diesem sich rasch beschleunigenden Progress und dem daraus resultierenden Gewinn zunehmenden und erklär-baren Wissens war die Abkehr von spekulativen, metaphysischen und theologischen Kon-zepten, also auch vom christlichen Weltbild, ja von der Religion überhaupt.

Im Sinne der Etymologie der Bezeichnung *Realismus* fokussierte sich der Blick ganz auf die Sache, d. h. auf die positiven, also gegebenen und zu erschließenden Fakten. Die Junghegelianer David Friedrich Strauß (1808-1874) und Ludwig Feuerbach (1804-1872) verstärkten diese Perspektive maßgeblich durch die Auflösung der Religion in Anthro-pologie und begründeten so zugleich eine ganz auf das Diesseits ausgerichtete optimis-tische Ethik:

---

531 Im engeren Sinne umfasst diese die Jahre 1871 bis 1873. Der ökonomische Aufschwung verdankte sich größ-tenteils den Reparationszahlungen, die Frankreich infolge seiner Niederlage im Deutsch-Französischen Krieg 1870/71 an das neu gegründete Deutsche Reich leisten musste.

Ludwig Feuerbach

„Homo homini Deus est"[532] lautet Feuerbachs Erkenntnis. Dieser „Grundsatz", der für den Philosophen und Anthropologen zugleich den „Wendepunkt der Weltgeschichte"[533] markiert, besagt: Der Mensch trägt das Göttliche in sich. Was er als Gott verehrt, ist er, d. h. sein eigenes Wesen, selbst. Die Sentenz „Homo homini Deus est" impliziert den Appell, in ebendiesem Bewusstsein nicht nur das eigene Leben zu leben, sondern auch für die Mitmenschen (karitativ) tätig zu sein.

Beschäftigt mit der nationalen Frage und geblendet von einem mit neuen Erkenntnissen in den Naturwissenschaften verbundenen (naiven) Fortschrittsglauben fanden die sich durch die Industrialisierung gravierend verschärfenden Probleme zunächst keine hinreichende Beachtung. Zusammengefasst werden sie unter dem Begriff „soziale Frage": Die fortschreitende Industrialisierung führte zur Landflucht und – bei einem ohnehin starken Bevölkerungswachstum – zu einem enormen Anwachsen der Städte.[534] Kleinbürger und Arbeiter lebten dort in ärmlichsten materiellen und hygienisch katastrophalen Verhältnissen. Die Arbeitsbedingungen verschlechterten sich mehr und mehr. Verelendung großer Teile der Bevölkerung war die Folge. Die soziale Kluft zwischen Bürgertum (Bourgeoisie) und Proletariat wurde immer tiefer. Und so wandelte sich bei vielen die anfängliche, von den naturwissenschaftlichen Erkenntnissen, dem technischen und medizinischen Fortschritt[535] gespeiste optimistische Grundstimmung in eine resignative, einen Schopenhauer'schen Pessimismus, demzufolge „wesentlich alles Leben Leiden ist".[536]

3. Theorie und Programmatik

Die Kritik an der einseitig idealisierenden Kunst der Klassik, der Traum und Wirklichkeit verschmelzenden Romantik, die Ablehnung der Literatur des Jungen Deutschland und des Vormärz sowie der zeitgenössischen Genremalerei mit ihrer ‚unverblümten' Darstellung der „Schäden und Gebrechen des socialen Lebens"[537] initiierten und bestimmten wesentlich die Programmatik des deutschen Realismus. Maßgeblich entwickelt wurde die Theorie des sogenannten poetischen Realismus[538] von dem namensgebenden Dich-

---

532   d. h. „Der Mensch ist dem Menschen Gott",. Feuerbach 1984, S. 401
      Gott im Sinne der Religion ist nach Feuerbach nichts anderes als das unbewusst nach außen projizierte Spiegelbild des menschlichen Wesens. Der Religionskritiker kehrt den wohl bekanntesten Satz der Genesis „Und Gott schuf den Menschen zu seinem Bilde" (1. Mose 1,27) um und formuliert: „Der Mensch schuf [unbewusst] Gott nach seinem Bilde".

533   Feuerbach 1984, S. 401

534   Wie rapide sich die Bevölkerungszahlen in den Städten entwickelten, zeigt u. a. das Beispiel der Stadt Essen: 1803: 3.480 Einwohner, 1871: 51.513 Einwohner, 1900: 118.862 Einwohner. Vgl. Wisotzky [o.J.]

535   Sehr bedeutsam waren – gerade im Hinblick auf das Bevölkerungswachstum – die Fortschritte im Bereich der Medizin. Durch die Entdeckung der Erreger von Infektionskrankheiten, z. B. der Cholera oder des Kindbettfiebers, und durch die Entwicklung von Impfstoffen, z. B. gegen Milzbrand und Tollwut, konnte die Mortalität beträchtlich gesenkt werden.

536   Schopenhauer 1996, Bd. I, S. 426.
      Der Philosoph lehrt, dass der Welt ein irrationales Prinzip zugrunde liegt, das sich als blinder, ziel- und erkenntnisloser Lebensdrang äußert und der sich, um sich selbst am Leben zu erhalten, der Individuen bedient. Der Mensch kann, so Schopenhauer, dem Leiden allenfalls temporär entfliehen – in Betrachtung der Kunst. Er fordert die „gänzliche Verneinung des Willens", ibid. S. 540.

537   Förster 1860, S. 400.
      Verwiesen sei hier auf Genrebilder wie „Die schlesischen Weber" (1844) von Heinrich Heine oder „Das Jagdrecht" (1846) von Carl Wilhelm Hübner (1814–1879), die ob ihrer direkten Kritik an den herrschenden sozialen Verhältnissen der Zeit von Literaten des poetischen Realismus, z. B. von Fontane, entschieden abgelehnt wurden, da sie „Misere mit Realismus verwechselte[n]". Fontane 1853, S. 358

538   Im englischen Sprachraum wurde für die „German version of realism" eigens die Lehnübersetzung „poetic realism" geprägt.

ter Otto Ludwig (1813-1865), dem Schriftsteller und Literaturhistoriker Robert Prutz (1816-1872), dem Literaturhistoriker Julian Schmidt (1818-1886),[539] dem Dichter Gustav Freytag (1816-1895) und dem wohl bedeutendsten literarischen Vertreter der Epoche: Theodor Fontane (1819-1898).

Betont wird – im Unterschied zum Jungen Deutschland – die Eigenständigkeit des Kunstwerks. Denn „[w]enn Dichtung ein Duplicat des Wirklichen gäbe, so wüßte man nicht, wozu sie da wäre",[540] zudem könne sie gar kein „bloße[r] Abklatsch des Wirklichen" sein, denn der Dichter „muß idealisiren [sic], er mag wollen oder nicht".[541] Das heißt: Dichtung im Sinne des poetischen Realismus ist weder eine bloße Dokumentation bzw. reine Widerspiegelung der Sinnenwelt, des Empirisch-Faktischen, des sozusagen „Handgreiflichen", noch ist sie – all dies „verschmähend" – davon zu trennen.[542] Denn „[d]er wahren Kunst ist der Idealismus ebenso unentbehrlich als der Realismus".[543]

Julian Schmidt

Der poetische Realismus hebt ab auf eine künstlerische Bearbeitung der Wirklichkeit, indem diese poetisiert[544], ergo – so die ursprüngliche Bedeutung des Verbs – (neu)gemacht, gestaltet werden soll. Am deutlichsten formuliert dieses Postulat der Schöpfer des Begriffs „poetischer Realismus" selbst: Realistische Dichtung ist für Otto Ludwig

> *Poesie der Wirklichkeit, die nackten Stellen des Lebens*
> *überblumend [...] durch Ausmalung der Stimmung und*
> *Beleuchtung des Gewöhnlichsten im Leben mit dem*
> *Lichte der Idee.*[545]

Otto Ludwig

Das jedoch bedeutet nicht, „das Leben, wie es jetzt ist, zu schmähen", sondern gerade dort,

> *wo das Leben, brav geführt, arm ist an Interesse, da soll die Poesie mit ihren Bildern*
> *es bereichern; sie soll uns nicht wie eine Fata Morgana Sehnsucht erregen wo an-*
> *ders hin, sondern soll ihre Rosen um die Pflicht winden, nicht uns aus den Dürren in*
> *ein vorgespieltes Paradies locken, sondern das Dürre uns grün machen.*[546]

---

539 Zusammen mit Gustav Freytag (1816-1895) war Schmidt von 1848 bis 1861 der Herausgeber der Zeitschrift „Die Grenzboten. Zeitschrift für Politik und Literatur". Sie war während beider Herausgeberschaft das einflussreichste Organ des nationalliberalen Bürgertums. Bedeutend war die Zeitschrift vor allem deshalb, weil Schmidt und Freytag hier die Theorie des Realismus entwickelten. Alle Jahrgänge der Zeitschrift stehen auch in digitalisierter Form zur Verfügung: http://brema.suub.uni-bremen.de/grenzboten/periodical/titleinfo/282153

540 Schmidt, Julian 1851, S. 123

541 ibid.

542 Otto Ludwig betont und moniert in seiner Reflexion „*Verhältnis zwischen Poesie und Leben*: „Die Dichter haben kein Recht, das Leben, wie es jetzt ist, zu schmähen. Sie trennten die Poesie vom Leben, natürlich, daß das Leben keine Poesie mehr hatte". Ludwig 1901, S. 99

543 Robert Prutz, zitiert nach: Korten 2009, S. 48

544 Poiesis (ποίησιζ) ist das Antonym zu Mimesis (μίμησιζ): Während diese die (passive) Nachahmung der Wirklichkeit bezeichnet, betont Poiesis – abgeleitet vom altgriech. Verb ποιέω (machen, handeln, hervorbringen) – das aktive Gestalten bzw. die künstlerische Modifikation der Wirklichkeit.

545 zitiert nach: Meid 2006, S. 438

546 Ludwig 1901, S. 99

Theodor Fontane

Auch für Fontane bedeutet Realismus in Literatur und Kunst „n i c h t das nackte Wiedergeben alltäglichen Lebens, am wenigsten seines Elends und seiner Schattenseiten". Er bedauert, dass „derlei sich von selbst verstehende Dinge" eigens betont werden müssen und konstatiert:

> [E]s ist noch nicht allzu lange her, daß man (namentlich in der Malerei) M i s e r e mit Realismus verwechselte und bei Darstellung eines sterbenden Proletariers, den hungernde Kinder umstehen, oder gar bei Productionen jener sogenannten Tendenzbilder (schlesische Weber, das Jagdrecht u. dgl. m.) sich einbildete, der Kunst eine glänzende Richtung vorgezeichnet zu haben. Diese Richtung verhält sich zum echten Realismus wie das rohe Erz zum Metall: die Läuterung fehlt.[547]

Der poetische Realismus kennzeichnet sich durch die Darstellung der empirischen Wirklichkeit, jedoch unter der entschiedenen Prämisse künstlerischen Eingreifens und Bearbeitens. Nichts anderes meinen die imperativischen Metaphern „Rosen um die Pflicht winden", „das Dürre [...] grün machen", „das rohe Erz zum Metall (läutern)". Angestrebt wird eine Überhöhung der Wirklichkeit, eine „Verklärung des Realen".[548] Beispiel einer solchen „Verklärung" sind die scheinbar beiläufig in einem Nachsatz erwähnten „schief stehend[en]" Pfosten einer Schaukel in Fontanes Roman „Effi Briest":

> [...] während nach der Park- und Gartenseite hin ein rechtwinklig angebauter Seitenflügel einen breiten Schatten erst auf einen weiß und grün quadrierten Fliesengang und dann über diesen hinaus auf ein großes in seiner Mitte mit einer Sonnenuhr und an seinem Rande mit Canna indica und Rhabarberstauden besetzten Rondell warf. Einige zwanzig Schritte weiter, in Richtung und Lage genau dem Seitenflügel entsprechend, lief eine, ganz in kleinblättrigem Epheu stehende, nur an einer Stelle von einer kleinen weißgestrichenen Eisenthür unterbrochene Kirchhofsmauer, hinter der der Hohen-Cremmener Schindelturm mit seinem blitzenden, weil neuerdings erst wieder vergoldeten Wetterhahn aufragte. Fronthaus, Seitenflügel und Kirchhofsmauer bildeten ein einen kleinen Ziergarten umschließendes Hufeisen, an dessen offener Seite man eines Teiches mit Wassersteg und angekettetem Boot und dicht daneben einer Schaukel gewahr wurde, deren horizontal gelegtes Brett zu Häupten und Füßen an je zwei Stricken hing – die Pfosten der Balkenlage schon etwas schief stehend. Zwischen Teich und Rondell aber und die Schaukel halb versteckend standen ein paar mächtige alte Platanen.[549]

Gerade das vermeintlich nebensächliche Detail der schiefen Schaukel wird herausgehoben und ästhetisiert – dadurch nämlich, dass es mit einem äußerst akkuraten, „rechtwinklig" gestalteten Umfeld in Verbindung gebracht wird und mit ihm kontrastiert. So verweist dieses scheinbar bedeutungslose Schaukel-Motiv bereits zu Beginn[550] auf die Grundthematik des Romans: die Fragwürdigkeit der in einer scheinbar wohlgeordneten bürgerlichen Gesellschaft geltenden Normen, welche die Protagonistin unter Missachtung ihres aufgeschlossenen Naturells und natürlichen Willens in eine „Schief"-Lage, eine arrangierte Ehe, drängen, in und an der sie schließlich psychisch und physisch zerbricht.

---

547 Fontane 1853, S. 357, 358
548 Robert Prutz, zitiert nach: Korten 2009, S. 48
549 Fontane 1998, S. 3
     s. auch: http://www.deutschestextarchiv.de/book/view/fontane_briest_1896/?hl=Seitenfl%C3%BCgel&p=8
550 In einem Brief Fontanes vom 18. August 1880 an den Literaturhistoriker Gustav Karpeles (1848-1909) heißt es: „Das erste Kapitel ist immer die Hauptsache und in dem ersten Kapitel die erste Seite, beinah die erste Zeile [...] Bei richtigem Aufbau muß in der ersten Seite der Keim des Ganzen stecken." Fontane 1977, Bd. 2, S. 280

Als wesentlich erachtet der poetische Realismus die enge Verbindung von Kunst und Leben, doch – wie bereits betont – unter Ausschluss des Negativen und Abstoßenden:

> *Was soll ein Roman? Er soll uns, unter Vermeidung alles Übertriebenen und Häßlichen, eine Geschichte erzählen, an die wir glauben [...] er soll uns eine Welt der Fiktion auf Augenblicke als eine Welt der Wirklichkeit erscheinen [...] lassen [...] Das etwa soll ein Roman.*[551]

Dieses Kriterium gilt nicht nur für die Literatur, es gilt ebenso für die bildende Kunst, vor allem die Malerei.

Nebenstehendes Ölgemälde des Genremalers Carl Wilhelm Hübner (1814-1879), „das seine Zeitgenossen außerordentlich beeindruckt"[552] hat und von dem Friedrich Engels behauptete, dass es „wirksamer für den Sozialismus agitiert hat als 100 Flugschriften",[553] entspricht nicht der Theorie des poetischen Realismus. In den Worten Fontanes, der sich explizit auf dieses Bild bezieht, gleicht die Darstellung „rohe[m] Erz", dem „die Läuterung fehlt". Sie „(verwechselt) Misere mit Realismus":

Carl Wilhelm Hübner: *Die schlesischen Weber* (1846)

Im Gestus eines absolutistischen Fürsten weist der Fabrikant mit herzloser Miene, sozusagen kalt wie „Erz", das Stück Leinen einer armen Frau zurück. Sie wird – umgeben von zwei kleinen Kindern – ohnmächtig, sinkt in sich zusammen. Hinter ihr zeigt ein junger Mann seiner ratlos scheinenden Mutter den kargen Lohn, den er für sein Leinen erhalten hat, während zwei Männer, deren Stoffprodukte ebenfalls zurückgewiesen wurden und von denen einer voller Wut die Hand zur Faust geballt hält, gerade den Raum verlassen.

Der Realismus „will am allerwenigsten das blos Handgreifliche", sondern „das Wahre",[554] d. h., es geht ihm um das Aufzeigen eines Wesentlichen, Typischen, allgemein Gültigen. Darin gründet der Unterschied zum bloßen Abbilden des Wirklichen, insofern sich jenes in diesem realisiert.[555] Theodor Storm (1817-1888), ein ebenfalls bedeutender Vertreter des deutschen Realismus, sieht die Aufgabe des Dichters deshalb darin, „im möglichst Individuellen das möglichst Allgemeine auszudrücken".[556]

Die wiedererkennbare objektive Darstellung der Wirklichkeit soll auf deren tiefere, nicht beobachtbare, aber erfahrbare Wahrheit verweisen. Diese mag enthüllen und zugleich rätselhaft bleiben. Gerade dies aber verbürgt nach Überzeugung Friedrich Hebbels (1813-1863), bedeutendster Dramatiker des Realismus, „[d]ie höchste Wirkung der Kunst", denn

---

551 Fontane selbst formuliert dieses Postulat im Kontext der Rezension zu Gustav Freytags Romanzyklus „Die Ahnen" (1872-1880) in der angesehenen Berliner „Vossischen Zeitung" am 21. Februar 1875. Zitiert nach: Steinecke 1984, S. 186

552 Türk 2000, S. 167

553 ibid.

554 Fontane 1853, S. 359

555 vgl. Schmidt, Julian 2009, S. 124: „ [...] unser Glaube [...] ist, daß die Idee sich in der Wirklichkeit realisiert"

556 Storm in einem Brief vom 10. Dezember 1852 an seinen Freund Hartmuth Brinkmann. Zitiert nach: Kittstein 2017, S. 75

„ein Geheimnis muß immer übrig bleiben, und läge das Geheimnis auch nur in der dunkeln Kraft des e n t z i f f e r n d e n Worts".[557]

4.   Merkmale

- Das Alltägliche, Private, Regionale rückt – im Gegensatz zum Vormärz – in den Fokus.
- Der Konflikt zwischen Individuum und Gesellschaft wird poetisch verdichtet. Dabei steht nicht das Gros der Gesellschaft im Vordergrund, sondern die Persönlichkeit (Psyche) des dem Bürgertum entstammenden Individuums.
- Orte, Dinge, Menschen werden – anders als in der Klassik und Romantik – nicht idealisiert, sondern erscheinen real, wirklichkeitsgetreu, bodenständig.
- Dingen, Orten, Situationen etc. kommt nicht – wie z. B. bei der Allegorie – a priori tiefere Bedeutung zu. Sie gewinnen diese auch nicht durch ein einmaliges Erlebnis, sondern durch den Kontext, in dem sie stehen, oder durch Wiederholungen in bedeutsamen Momenten.
- Größtmögliche Objektivität wird angestrebt (Epik: auktorialer Erzähler, Lyrik: Dinggedicht).
- Handlungen, Gegebenheiten, Vorgänge, Orte werden detailliert und realistisch beschrieben. Sie lassen sich eindeutig bestimmen, lokalisieren bzw. erscheinen geografisch verlagert.[558]
- Orte, Plätze, Landschaften etc. sind häufig als Seelenlandschaft (Psyche) einer Figur zu deuten.[559]
- Die Sprache ist der Sachlichkeit verpflichtet. Die referentielle Sprachfunktion dominiert. Insbesondere die Lyrik verzichtet – z. B. im Gegensatz zur Romantik – weitgehend auf Metaphern.
- Schönheit wird – im Unterschied zur Klassik und Romantik – nicht als objektiver Wert betrachtet. Sie gilt als subjektiv. Der Autor erst verleiht den Dingen ihren Charakter, indem er sie ästhetisiert.

---

557 zitiert nach: Hahn 2016, S. 248

558 z. B.: Theodor Storms „Die Stadt" (Husum), Conrad Ferdinand Meyers „Der römische Brunnen" (Brunnen in der Villa Borghese, Parkanlage in Rom), Theodor Fontanes „Effi Briest". In diesem Roman kommt im Kontext der Handlung den Orten (Hohen-) Kremmen und Kessin besondere Bedeutung zu. Es handelt sich um real existierende Orte in Brandenburg bzw. Mecklenburg-Vorpommern, die im Roman geografisch verlagert wurden.

559 Der poetische Realismus schuf die Grundlagen des psychologischen Romans, als dessen „Vorstufe" u. a. Otto Ludwigs Erzählung „Zwischen Himmel und Erde" (1856) gilt. Vgl.: Kluge, Manfred 1974, S. 11112

5. Dichtung des Poetischen Realismus – Beispiele

5.1 Theodor Storm: *Die Stadt*[560]

Theodor Storms[561] 1851/52 entstandenes Gedicht „Die Stadt" ist ein trotz seiner Kürze musterhaftes Beispiel für die Dichtung des poetischen Realismus und die Umsetzung des theoretischen Konzepts dieser Epoche. Die nachfolgende, in einer Überblicksgrafik zusammengefasste Analyse und die sich auf diese beziehende Interpretationsskizze sollen dies im Wesentlichen demonstrieren und begründen.

Die Stadt

Am grauen Strand, am grauen Meer
Und seitab liegt die Stadt;
Der Nebel drückt die Dächer schwer,
Und durch die Stille braust das Meer
Eintönig um die Stadt.

Es rauscht kein Wald, es schlägt im Mai
Kein Vogel ohn Unterlaß;
Die Wandergans mit hartem Schrei
Nur fliegt in Herbstesnacht vorbei,
Am Strande weht das Gras.

Doch hängt mein ganzes Herz an dir,
Du graue Stadt am Meer;
Der Jugend Zauber für und für
Ruht lächelnd doch auf dir, auf dir,
Du graue Stadt am Meer.

Theodor Storm

---

560 Storm 1983, S. 12

561 Theodor Storm (1817-1888) wurde in Husum, einer an der Nordseeküste Schleswig-Holsteins gelegenen Kleinstadt, geboren. Diese ist zweifelsfrei das Denotat seines Gedichtes. Lange standen die Herzogtümer Schleswig und Holstein und somit auch Husum unter dänischer Herrschaft, gegen die auch der Jurist Storm aufbegehrte, weshalb ihn der dänische Minister Tillisch 1852 mit Berufsverbot belegte. Storm verließ Husum und arbeitete als Kreisrichter im fernen Potsdam bzw. in Heiligenstadt. Erst nach dem ersten der drei zur Gründung des deutschen Nationalstaats führenden Einigungskriege – dem Deutsch-Dänischen Krieg (1864) – kehrte Storm in seine Heimatstadt zurück. Von ihr, ihrer Umgebung, den „Örtlichkeiten" und deren Eindrücken wurde Storm in seiner Jugend stark und nachhaltig geprägt, weniger von ihren Menschen. In einem Brief vom 13. August 1873 an den österreichischen Schriftsteller und Literaturkritiker Emil Kuh schreibt der 56-jährige Storm:
„Wir im Norden gehen überhaupt nicht oft über den Händedruck hinaus. Was Heimweh sei, habe ich nie empfunden. Ich wüßte nicht, daß bis zu meinem achtzehnten Lebensjahre irgend ein Mensch – in specie Lehrer – [...] Einfluß auf mich geübt, dagegen habe ich durch Örtlichkeiten starke Eindrücke empfangen; durch die Heide [...] und das Meer, namentlich den [...] Strand der Nordsee." Storm 1984, S. 68

5.1.1   Formanalyse

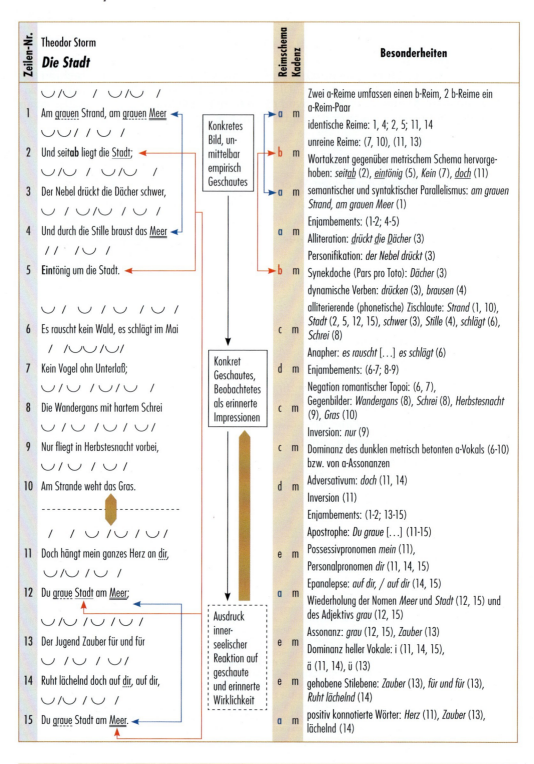

Zeilen-Nr.	Theodor Storm *Die Stadt*	Reimschema	Kadenz	Besonderheiten
	‿◡̲ ／ ◡‿ ／			Zwei a-Reime umfassen einen b-Reim, 2 b-Reime ein a-Reim-Paar
1	Am grauen Strand, am grauen Meer ◄	a	m	identische Reime: 1, 4; 2, 5; 11, 14
	◡‿／／◡ ／			unreine Reime: (7, 10), (11, 13)
2	Und seitab liegt die Stadt; ◄	b	m	Wortakzent gegenüber metrischem Schema hervorgehoben: *seitab* (2), *eintönig* (5), *Kein* (7), *doch* (11)
	◡‿ ／ ◡ ◡‿ ／			
3	Der Nebel drückt die Dächer schwer,	a	m	semantischer und syntaktischer Parallelismus: *am grauen Strand, am grauen Meer* (1)
	◡‿◡ ／ ◡ ／ ◡ ／			Enjambements: (1-2; 4-5)
4	Und durch die Stille braust das Meer ◄	a	m	Alliteration: *drückt die Dächer* (3)
	／／ ／ ◡‿ ／			Personifikation: *der Nebel drückt* (3)
5	Eintönig um die Stadt. ◄	b	m	Synekdoche (Pars pro Toto): *Dächer* (3)
				dynamische Verben: *drücken* (3), *brausen* (4)
	◡‿ ／ ◡◡ ／ ◡ ／			alliterierende (phonetische) Zischlaute: *Strand* (1, 10), *Stadt* (2, 5, 12, 15), *schwer* (3), *Stille* (4), *schlägt* (6), *Schrei* (8)
6	Es rauscht kein Wald, es schlägt im Mai	c	m	Anapher: *es rauscht […] es schlägt* (6)
	／ ／◡◡ ／◡ ／			Enjambements: (6-7; 8-9)
7	Kein Vogel ohn Unterlaß;	d	m	Negation romantischer Topoi: (6, 7), Gegenbilder: *Wandergans* (8), *Schrei* (8), *Herbstesnacht* (9), *Gras* (10)
	◡‿ ／ ◡ ／ ◡ ／			Inversion: *nur* (9)
8	Die Wandergans mit hartem Schrei	c	m	Dominanz des dunklen metrisch betonten a-Vokals (6-10) bzw. von a-Assonanzen
	◡‿ ／ ◡ ／ ◡ ／			
9	Nur fliegt in Herbstesnacht vorbei,	c	m	Adversativum: *doch* (11, 14)
	◡‿ ／ ◡ ／			Inversion (11)
10	Am Strande weht das Gras.	d	m	Enjambements: (1-2; 13-15)
	‐ ‐ ‐ ‐ ◇ ‐ ‐ ‐ ‐			Apostrophe: *Du graue […]* (11-15)
	／ ／ ／ ◡ ◡ ／ ◡ ／			Possessivpronomen *mein* (11),
11	Doch hängt mein ganzes Herz an dir,	e	m	Personalpronomen *dir* (11, 14, 15)
	◡‿ ／ ◡ ／ ◡ ／			Epanalepse: *auf dir, / auf dir* (14, 15)
12	Du graue Stadt am Meer;	a	m	Wiederholung der Nomen *Meer* und *Stadt* (12, 15) und des Adjektivs *grau* (12, 15)
	◡‿◡ ／◡ ／ ◡ ／			Assonanz: *grau* (12, 15), *Zauber* (13)
13	Der Jugend Zauber für und für	e	m	Dominanz heller Vokale: i (11, 14, 15),
	◡ ／ ◡ ／ ◡ ／ ◡ ／			ä (11, 14), ü (13)
14	Ruht lächelnd doch auf dir, auf dir,	e	m	gehobene Stilebene: *Zauber* (13), *für und für* (13), *Ruht lächelnd* (14)
	◡‿◡ ／ ◡ ／ ◡ ／			
15	Du graue Stadt am Meer.	a	m	positiv konnotierte Wörter: *Herz* (11), *Zauber* (13), *lächelnd* (14)

Konkretes Bild, unmittelbar empirisch Geschautes

Konkret Geschautes, Beobachtetes als erinnerte Impressionen

Ausdruck innerseelischer Reaktion auf geschaute und erinnerte Wirklichkeit

5.1.2 Interpretationsskizze

Thematisiert wird in Theodor Storms „Die Stadt" kein berühmter Sehnsuchtsort wie in der Romantik, auch eine weltabgewandte bescheidene Behaglichkeit wie im Biedermeier spricht nicht aus den Zeilen des dreistrophigen Gedichts, und national-patriotische Töne wie in vielen Versen des Vormärz sind ebenfalls nicht zu vernehmen. Konfrontiert wird der Leser stattdessen mit einer offensichtlich gänzlich unbedeutenden, namenlosen, „grauen" (V. 1, 12, 15), „seitab" (V. 2) gelegenen Stadt, deren sachlich-nüchterne Darstellung nicht nur die Assoziationskette langweilig-monoton-trostlos-öde ... auslöst, sondern den Rezipienten in einer depressiven Stimmung zurückließe, wäre da nicht das unerwartete Und-„Doch" (V. 11, 14) der letzten Strophe, die das Graue – dem Diktum Otto Ludwigs folgend – quasi „grün macht", es ästhetisiert, ohne es zu (ver-)leugnen oder zu beklagen. Das eben ist es, was den Kern des poetischen Realismus ausmacht.

Die erste Strophe gleicht einem Bericht, der unmittelbar Gegebenes fixiert. Mit wenigen Worten wird eine Stadt skizziert, die – abseits, am Meer gelegen und von schwer auf den Dächern lastenden Nebelschwaden eingehüllt – gänzlich konturlos erscheint. Trostloses Grau bestimmt die gesamte Szenerie: Grau ist der Strand, grau das Meer, grau auch, weil im Nebel versunken, die Stadt selbst. Ebenso reizlos wie das visuell vermittelte Bild ist die akustische Kulisse: Das „eintönige" (V. 5) Brausen des Meeres nur durchbricht die beklemmend anmutende Stille. Ihre formalsprachliche Entsprechung findet diese Monotonie im anaphorischen Parallelismus („Am grauen Strand, am grauen Meer" V. 1), in der Alliteration („drückt die Dächer" V. 3), in der Wiederholung der Schlüsselwörter („grau" V. 1, „Meer" V. 1, 4 und „Stadt" V. 2, 5), der Wiederkehr gleicher Reimsilben („Meer" – „schwer" – „Meer" V. 1, 3 ,4) und den identischen Reimen („Meer" : „Meer" V. 1, 4, „Stadt" : „Stadt" V. 2, 5). Wiederholung und Verflechtung sind überhaupt die vornehmlichen Gestaltungsprinzipien dieses Gedichts.

In der zweiten Strophe weicht die Wiedergabe des aktuell Geschauten einem bewussten Erinnerungsbild. Die implizit angestellten Vergleiche sind unverkennbare Allusionen auf die Romantik. Typische Topoi der Epoche werden negiert. Der dargestellte Ort, die Landschaft ist in allem das Gegenteil eines locus amoenus: „[e]intönig", herb, unfreundlich, abweisend. Offenkundig sind die fast wörtlichen Anlehnungen an Eichendorff und Brentano in ihrer zweifachen anaphorischen, die Eindringlichkeit der Feststellung intensivierenden Negation: „Es rauscht kein Wald, es schlägt im Mai kein Vogel ohn Unterlaß" (V. 6, 7). Es gibt nicht nur keine „leis'" rauschenden Wälder,[562] es gibt gar keine. Statt der melodischen Weise der stets singenden Nachtigall[563] durchbricht der „harte Schrei" der „Wandergans" (V. 8) die Stille – aber nicht im Wonnemonat Mai, nicht „in prächtiger Sommernacht",[564] sondern in „Herbstesnacht" (V. 9). Und statt duftenden Flieders[565] und blauer Blume bietet die Flora lediglich ordinäres „Gras" (V. 10). Der romantische Topos erscheint hier als dessen Negativ, als locus desertus, als unwirtlicher Ort. Diese Verkehrung spiegelt sich syntaktisch z. B. in der Inversion des Adverbs „nur" (V. 9), während die häufig vorkommenden, durchweg in metrisch betonter Position stehenden dunklen a-Assonanzen die unbehagliche Atmosphäre auch akustisch nachbilden.

Sind die beiden ersten Strophen ausschließlich realistischer, objektiver Darstellung verpflichtet, ändert sich dies in der dritten Strophe schlagartig. Das sie eröffnende, in V. 14 wiederholte adversative „Doch" (V. 11) kündigt ebenso unvermutet wie nachdrücklich

---

562 vgl. z. B . Eichendorffs Gedicht „Mondnacht". Hier heißt es in Vers 7: „Es rauschten leis die Wälder".

563 vgl. z. B. Clemens Brentanos Gedicht „Der Spinnerin Nachtlied", V. 17-18: „Seit du von mir gefahren, / Singt stets die Nachtigall!"

564 vgl. z. B. Eichendorffs Gedicht „Sehnsucht". Hier äußert sich ein heimlich-sehnsuchtsvoller Wunsch des lyrischen Ichs in den Versen 8 f.: „Ach, wer da mitreisen könnte / In der prächtigen Sommernacht!".

565 vgl. Eichendorffs Gedicht „Lockung", V. 13-14: „Wenn die Bäume träumend lauschen / Und der Flieder duftet schwül".

Gegensätzliches an. War das lyrische Ich in der sachlichen Beschreibung der Stadt bisher nirgendwo auszumachen, gibt es sich nun deutlich zu erkennen: in der Form des Possessivpronomens der 1. Person Singular (V. 11), insbesondere aber in der mehrfach wiederholten Apostrophe, der direkten Anrede (V. 11, 12, 14, 15) der Stadt als einem quasi seit Jugendtagen vertrauten Freund. Dem objektiv negativen Bild der Stadt stellt das Ich ein subjektiv positives, von „der Jugend Zauber" (V. 13) (mit-)bestimmtes gegenüber. Es ist Ausdruck der psychisch-innerseelischen Reaktion des Ichs auf das objektiv Geschaute und Erinnerte, ohne dass dieses dadurch idealisiert würde. Davon zeugt zweifelsfrei das der Stadt wiederholt zugeschriebene Attribut „grau" (V. 12, 15). Doch hellt die positiv subjektive Perspektivierung dieses Grau auf. Das Traurig-Triste schließt ein aufhellendes „Lächeln" (V. 14) nicht aus. Auf der syntaktischen, der lexikalischen bis hinunter zur phonetischen Ebene spiegelt sich dieser – im Sinne des deutschen Realismus – ästhetisierende poetische Befund.[566] Objektiv aber ist und bleibt der Gegenstand des Gedichts ein karger, reizloser, unbedeutender Ort, der seine Schönheit allein aus der subjektiven Setzung bezieht, beziehen kann, wie es hier beispielhaft in der dritten Strophe geschieht.

Doch muss eine subjektive Setzung nicht explizit markiert werden. Es bedarf hierzu keines erkennbaren lyrischen Ichs, wie es beispielsweise anhand von Personal- oder Possessivpronomen zweifelsfrei identifizierbar wäre – ein Umstand, der sich für eine als Realismus bezeichnete Epoche von selbst versteht. Und so ist denn auch das Dinggedicht eine für die Epoche typische Literaturform. Ein solches vergegenwärtigt intensiv wahrgenommene leblose oder lebendige reale Objekte. Diese werden – der Theorie des poetischen Realismus entsprechend – freilich nicht als exakte Kopie der Wirklichkeit abgebildet, sondern durch konsequentes Absehen von allem Konkret-Zufälligen auf das Wesentliche reduziert. Das so durch Abstraktion herausgearbeitete Wesen verweist als Symbol auf etwas Allgemeines, nicht nur im Sinne einer von und in einem Begriff zusammengefassten Klasse von Gegenständen, unter die das konkrete Objekt zu subsumieren wäre, sondern – darüber hinaus – auf eine Gesetzmäßigkeit, auf ein allgemeines Gesetz. Die Ästhetisierung eines solchen Textes besteht darin, dass durch die gänzliche Überführung des jeweiligen Gegenstandes in gestaltete Sprache dieser erlebbarer wird denn als realer. So wird das Dinggedicht – Gegenmodell zum Erlebnisgedicht – quasi selbst zu einem solchen. Diese subjektive Komponente ist jedoch gerade nicht einem lyrischen Ich geschuldet. Das ist in Dinggedichten i. d. R. nicht nachweisbar. Hier gilt im Besonderen, was Rilke über das „Kunst-Ding" im Allgemeinen sagt: „Das Ding ist bestimmt, das Kunst-Ding muß noch bestimmter sein; von allem Zufall fortgenommen, jeder Unklarheit entrückt, der Zeit enthoben und dem Raum gegeben, ist es dauernd geworden, fähig zur Ewigkeit."[567]

---

566   Auf der syntaktischen Ebene manifestiert sich die subjektive Perspektivierung im weitgehenden Verzicht auf den bisherigen, insbesondere in der vorhergehenden Strophe realisierten Aussagesatztypus Subjekt-Prädikat-Objekt. Dieser beschränkt sich auf die pure Wiedergabe objektiver, beobachtbarer Fakten, die additiv, also ohne Darstellung von Beziehungen, als parataktische Konstruktion referiert werden. Die dritte Strophe hingegen beschränkt sich nicht auf diese der Objektivität adäquateste syntaktische Form: Die standardsprachliche Position von Satzgliedern, wie sie den referentiellen, der Sachlichkeit verpflichteten Texten entspricht, wird aufgegeben (Inversionen: Spitzenstellung des Adversativadverbs „doch", V. 1;
Vorziehen des Genitivattributs „der Jugend"). Die fünfmal wiederholte direkte vertrauliche Anrede steht in Opposition zum nüchtern-distanzierten Aussagesatz und erzeugt bzw. betont eine subjektive Note, wie sie am deutlichsten in der Epanalepse „auf dir, / Auf dir" am Ende des Gedichts zum Ausdruck kommt.
Auf der lexikalischen Ebene fällt auf, dass die Wörter überwiegend die subjektiv-expressive Sprachfunktion bedienen. Sie sind mit Ausnahme des bereits in der ersten Strophe verwendeten Adjektivs „grau" und des Substantivs „Meer", zu denen sie in Opposition stehen, positiv konnotiert („Herz", „Jugend", „Zauber", „lächelnd"). Die etwas archaisch anmutende Fügung „für und für" ist der gehobenen Stilart zuzurechnen. Ihr eignet in gleicher Weise eine positiv emotionale Qualität. Das Verb „ruht" kontrastiert zudem auffällig mit den in der ersten Strophe realisierten dynamisch-bedrohlich wirkenden Verben „drückt" und „braust".
Bezüglich der phonetisch-lautlichen Gestaltung überwiegen in der letzten Strophe, insbesondere im Vergleich zu der vorangehenden, die hellen Vokale ä und ü, vor allem aber die Häufung des hellsten aller Selbstlaute, des i, das dreimal und stets in metrisch betonter Position erscheint.

567   Rainer Maria Rilke in einem Brief vom 8. August 1903 an die Schriftstellerin und Psychoanalytikerin Lou Andreas-Salomé, s. Rilke, 1929, S. 112

Ein solches „Kunst-Ding" ist Conrad Ferdinand Meyers (1825-1898) Gedicht „Der römische Brunnen". Es ist das wohl kürzeste Zeugnis des poetischen Realismus und zugleich eines der bedeutendsten. Für kein anderes Werk der Epoche ist der Prozess der Reduktion auf das Wesentliche[568] durch fortschreitende Abstraktion so eindrucksvoll bezeugt wie für dieses Gedicht. Über zehn Fassungen gibt es. Eine Version aus dem Jahre 1864/1865 und die letzte Fassung von 1882 seien hier gegenübergestellt. Auf einen detaillierten Vergleich wird hier verzichtet. Die folgende Analyse in Form einer Überblicksgrafik und Interpretationsskizze orientieren sich an der Endfassung.

5.2 Conrad Ferdinand Meyer: *Der römische Brunnen*[569]

Der Brunnen (1864/1865)

In einem römischen Garten
Verborgen ist ein Bronne,
Behütet von dem harten
Geleucht' der Mittagssonne,
Er steigt in schlankem Strahle
In dunkle Laubesnacht
Und sinkt in eine Schale
Und übergießt sie sacht.

Die Wasser steigen nieder
In zweiter Schale Mitte,
Und voll ist diese wieder,
Sie fluten in die dritte:
Ein Nehmen und ein Geben,
Und alle bleiben reich,
Und alle Fluten leben
Und ruhen doch zugleich.

Der römische Brunnen (1882)

Aufsteigt der Strahl und fallend gießt
Er voll der Marmorschale Rund,
Die, sich verschleiernd, überfließt
In einer zweiten Schale Grund;
Die zweite gibt, sie wird zu reich,
Der dritten wallend ihre Flut,
Und jede nimmt und gibt zugleich
Und strömt und ruht.

Conrad Ferdinand Meyer

---

568 Diese Reduktion auf das Wesentliche, auf die Essenz – ein für den Realismus ohnehin signifikantes Merkmal – ist in diesem Dinggedicht in doppeltem Wortsinn musterhaft nachvollziehbar, sodass der Philosoph Martin Heidegger zu Recht konstatiert, dass mit diesem Gedicht „das allgemeine Wesen eines römischen Brunnens als Wahrheit ins Werk gesetzt" wird.

569 Meyer, C. F. 1882, S. 125 ; Version „Der Brunnen" zitiert nach Henel 1962, S. 20. Weitere Varianten s. ibid. S. 18-22

5.2.1   Formanalyse

Zeilen-Nr.	C. F. Meyer *Der römische Brunnen*	Reimschema	Kadenz	Besonderheiten
	/ / ◡ / ◡ ◡ /			Inversion und Zusammenziehung des diskontinuierlichen Verbs *aufsteigen* (1)
1	Aufsteigt der Strahl und fallend gießt	a	m	Inversion der Genitivattribute (2, 4)
	◡ ◡ / ◡ / ◡ /			Präsenspartizipien: *fallend* (1), *verschleiernd* (3), *wallend* (6)
2	Er voll der Marmorschale Rund,	b	m	deutliche Dominanz von Verben gegenüber Substantiven
	/ / ◡ / ◡ ◡ /			Parenthese (5)
3	Die, sich verschleiernd, überfließt	a	m	hypotaktische (1-4) vs. parataktische Konstruktion (5-8)
	◡ ◡ / ◡ / ◡ /			polysyndetische Reihung (7, 8)
4	In einer zweiten Schale Grund;	b	m	Enjambements: (1, 2, 3, 4), (5, 6), (7, 8)
5	Die zweite gibt, sie wird zu reich,	c	m	Polarität : • Antonyme: *aufsteigen* vs. *fallen* (1), *nehmen* vs. *geben* (7), *strömen* vs. *ruhen* (8)
	◡ / ◡ / ◡ / ◡ /			
6	Der dritten wallend ihre Flut,	d	m	• alternierend helle vs. dunkle Vokale bzw. Diphthonge im Endreim, auch innerhalb der Verse (1, 7): i, ei, ö vs. a, au, u
	◡ / ◡ / ◡ / ◡ /			
7	Und jede nimmt und gibt zugleich	c	m	Versmaß: 4-hebiger Jambus, in Vers 8 auf zwei reduziert
	◡ / ◡ /			Wortakzent gegenüber metrischem Schema hervorgehoben: *Aufsteigt* (1), *Die sich* (3)
8	Und strömt und ruht.	d	m	Außer Personifikation keine rhetorischen Figuren, keine Neologismen etc.
				Verben überwiegen, kein lyrisches Ich erkennbar

5.2.2   Interpretationsskizze

Kein lyrisches Ich spricht in diesem Achtzeiler. Keine romantische Synästhesie erzeugt eine umfassende, gar universale Sinneswahrnehmung, und auch eine atmosphärische Gestimmtheit wird nicht vermittelt. In keine Zeit und in keinen Ort mehr eingebettet, wird der Gegenstand gespiegelt: plastisch, streng, objektiv,[570] konzentriert nur auf die reine Bewegung des Wassers und – wie es scheint – ohne jeglichen Anflug von Subjektivität. Und doch wird der dreischalige Brunnen erlebbar wie kaum ein reales Objekt. Der erste Vers entfaltet in geradezu spürbarer Dynamik[571] einen Spannungsbogen, dessen gegensätzliche, aber komplementäre Pole einen sich fortzeugenden Prozess initiieren, dessen Beginn kraftvoller kaum darstellbar ist. Komprimiert im ersten Wort bilden drei Phänomene in ihrem Zusammenwirken die Fulminanz der Fontäne eindrucksvoll nach: Inversion, Kontraktion und Intonation. Statt der standardsprachlich geforderten Zweitstellung des finiten Verbs (Der Strahl steigt auf.) nimmt es hier die Spitzenstellung ein, und zwar als diskontinuierliches (getrenntes) Verb in der mit dem Präfix verschmolzenen

---

570   Die Abstraktion von Raum und Zeit sowie die Objektivität im Vergleich zur Fassung aus dem Jahre 1866 dokumentieren sich im Verzicht auf die Nennung des Ortes („In einem römischen Garten"), der Tages-Zeit („Mittagssonne") und in der vollständigen Tilgung archaisierender bzw. betont konnotierender Wörter („Bronne", „Geleucht") oder Neologismen („Laubesnacht").

571   Diese wird hauptsächlich durch die Verwendung dreier (!) Verben erzeugt, rechnet man auch das Partizip I dieser Wortart zu.

Form („Aufsteigt[572] der Strahl"). Dies wiederum bedingt, dass der Sprachrhythmus eine Betonung fordert, wo das zugrunde liegende Metrum bzw. der Versfuß (Jambus) eine solche nicht vorsieht, sodass durch die beiden aufeinanderfolgenden Hebungen die Dynamik des aufsteigenden Strahls auch metrisch verkörpert wird. Schließlich zeichnen selbst die beiden die Klangfarbe des ersten Wortes bestimmenden Diphthonge den Weg des Wassers von unten nach oben – vom dunklen tiefen au zum hellen ei – phonetisch nach.

Dynamik und Polarität sind die beiden Inhalt und Form gleichermaßen bestimmenden, sich gegenseitig bedingenden und ergänzenden Prinzipien des Gedichts. Wie oben aufgezeigt, markiert das einleitende Wort („Aufsteigt") semantisch wie morphologisch den kraftvollen Quell der Dynamik. Über sieben Verse hinweg entfaltet sich diese – verstärkt durch den vorwärtsdrängenden 4-hebigen[573] Jambus – in einer dialektischen, vom Wechsel zwischen sich stauendem und (weiter-)fließendem Wasser bestimmten Bewegung. Erst in der letzten Zeile, im letzten Wort („ruht", V. 8) kommt diese Bewegung zum Stillstand. Nicht abrupt, nicht hektisch, sondern allmählich ausschwingend, in ihrer Verlangsamung durch die Figur des Polysyndeton nachempfunden und definitiv abgeschlossen in einem von acht auf vier Silben und von vier auf zwei Hebungen komprimierten Vers.

Die Polarität des Prozesses manifestiert sich durch eine Reihe antonymer Wortpaare (*steigen* vs. *fallen*, V. 1; *nehmen* vs. *geben*, V. 7; *strömen* vs. *ruhen*, V. 8) sowie durch die metrisch bzw. syntaktisch motivierten Pausen an jenen Stellen, die den Übergang von der ersten zur zweiten (schwebende Betonung des Relativpronomens „die", V. 3) und von der zweiten zur dritten (Parenthese, V. 5) Schale markieren. Prozesshaftigkeit und Bewegung des Geschehens spiegeln sich ferner in den die Verszeilen quasi überflutenden Enjambements (V. 1-4, V. 5-6, V. 7-8) sowie in den durchgehend konsequent gestalteten männlichen, das Fließen betonenden Versschlüssen, während das Reimschema des Kreuzreims (ababcdcd), insbesondere aber der regelmäßige Wechsel von hellen und dunklen Vokalen bzw. Diphthongen (ie – u – ie – u – ei – u – ei – u) in den Reimwörtern die Polarität abbilden. Doch Dialektik und Polarität erscheinen letztlich aufgehoben in einem Ineinander, einem Zusammen von Statik und Dynamik – eine Beobachtung, die formalsprachlich ihren sinnfälligsten Ausdruck in der dreimaligen Verwendung einer Wortform findet, die gleichermaßen Anteil hat am Verb wie am Adjektiv: dem Partizip Präsens (V. 1, 3, 6).

Was vordergründig wie die bloße Beschreibung eines bestimmten Brunnens[574] anmutet, ist die Darstellung des Wesens eines Brunnens, ergo die Darstellung eines Allgemeinen anhand des Besonderen. Mehr noch: In der dreimaligen Wiederholung eines beobachteten gestalteten Vorgangs wird ein Gesetz erkannt und formuliert (V. 7 f.), das alles Leben ausmacht, allem Leben inhärent ist: das Ineinander von Nehmen und Geben, Strömen und Ruhen.

6. Der Realismus in der Malerei – Beispiele

Der Begriff des poetischen Realismus manifestiert sich deutlich auch in der bildenden Kunst: Ludwig Knaus (1829-1910) z. B. zählt neben Franz Defregger (1835-1921) und Benjamin Vautier (1829-1898) zu den Vertretern des poetischen Realismus in der Malerei, „welche seinerzeit den größten Erfolg hatten".[575] Seine, Knaus', Werke können, wie der

---

572 Das mit dem Präfix bzw. dem Partikel „auf" verschmolzene Verb „steigen" wäre nach den Regeln der deutschen Syntax in seiner finiten Form „aufsteigt" weder im Aussagesatz noch im Fragesatz, sondern nur im Nebensatz zulässig.

573 Ein 3-hebiger Jambus, wie er in der Fassung aus dem Jahre 1866 vorliegt, wirkt im Gegensatz zum 4-hebigen etwas kurzatmig, weniger flüssig.

574 Konkretes Motiv von Meyers Gedicht war die Fontana dei Cavalli Marini in der Villa Borghese, einer Parkanlage in Rom.

575 Memmel 2013, S. 11; s. auch: Frantz 1902, S. 23

Kunsthistoriker Georg Galland zu Recht anmerkt, nur dann richtig verstanden und beurteilt werden, „wenn man ihn als Realisten und Idealisten zugleich betrachtet".[576] Knaus entsprach folglich dem Credo des (literarischen) poetischen Realismus, wonach „[d]er wahren Kunst der Idealismus ebenso unentbehrlich (ist) als der Realismus".[577] Darin eben unterscheidet sich der poetische (deutsche) von dem „nackten" Realismus, der in der Malerei seinen reinsten Ausdruck im Werk Gustave Courbets (1819-1877) fand.[578] Der Franzose lehnte den (akademischen) Idealismus ebenso ab wie die romantische Überhöhung. Der Alltag, nüchtern und ungeschönt, war ausschließlicher Gegenstand seiner Kunst, die „ihrem Wesen nach eine konkrete ist und einzig in der Darstellung der wirklichen und vorhandenen Dinge bestehen kann", weshalb „ein abstraktes, nicht sichtbares, nicht vorhandenes Ding im Bereich der Malerei nichts zu suchen (hat)".[579]

Anhand einer kurzen Gegenüberstellung zweier Gemälde soll der Unterschied zwischen dem „nackten" und dem poetischen Realismus auch in der Kunst aufgezeigt werden:

6.1   Gustave Courbet: *Ein Begräbnis in Ornans*

Courbets Monumentalgemälde (315 x 668 cm) gilt als eines der Hauptwerke, ja gar als Programmbild[580] des Realismus. Vor einer kahlen Berglandschaft mit schroff abfallendem Felsen und überspannt von einem trüb-gewittrigen Himmel ist ein lebensgroß dargestelltes Trauergeleit zu sehen. Zwar sind einzelne Gruppen des Trauerzugs auszumachen – links das kirchliche Personal, in der Mitte der von zwei Männern flankierte Totengräber, rechts die Trauergemeinde –, doch die Figuren sind nicht klar konturiert, verdichten sich zu einer amorphen Masse. Einige Gesichter hingegen sind identifizierbar,[581] heben sich von den zu einer schwarzen Wand verschmolzenen Körpern ab. Aber sie erscheinen beliebig, naturhaft, ungeschönt: ausgemergelt (Frau mit weißer Kopfbedeckung rechts), mit roten Nasen (Sargträger) oder einfältig-abwesender Physiognomie (Pfarrer im schwarzen Chormantel), zuweilen auch überzeichnet, karikiert (Männer in roten Roben). Wer der Verstorbene ist, erfährt der Betrachter nicht, und auch gesellschaftlich exponierte

576 Galland 1910, S. 313

577 Robert Prutz, zitiert nach: Korten 2009, S. 48; vgl. oben S. 149

578 Courbet wurde seiner avantgardistisch-provokanten Kunstauffassung und seiner revolutionären Maltechnik wegen angefeindet. Nachdem die meisten von ihm eingereichten Bilder für die Kunstausstellung („Salon de Paris") anlässlich der Weltausstellung in Paris 1855 abgelehnt worden waren, eröffnete er demonstrativ einen eigenen Pavillon, den er „Pavillon du Réalisme" nannte. Dadurch erst wurde der Begriff „Realismus", der in der Malerei ursprünglich negativ konnotiert, d. h. ein Schimpfwort war, im doppelten Wortsinne „salon"-fähig.

579 Courbet, Gustave: Brief an meine Schüler (1861); zitiert nach: Knaller 2015, S. 106, Anm. 70

580 vgl.: Herding 1987, S. 741

581 Courbet stellt hier ein Begräbnis in seiner Heimatgemeinde Ornans dar. Die Figuren verkörpern real existierende Menschen dieses Ortes im französischen Jura. Eindeutig als die Mutter des Künstlers zu erkennen ist z. B. die ganz rechts dargestellte alte Frau mit hagerem, abgehärmtem Gesicht und heller Kopfbedeckung. Auch deren Darstellung erscheint weder beschönigt noch verklärt. (s. Bildausschnitt).

Persönlichkeiten sind nicht auszumachen. Die Atmosphäre entbehrt jeder Feierlichkeit, ebenso einer gewissen Würde. Stattdessen suggeriert sie Beliebigkeit und Alltäglichkeit, was auch durch die Farbgebung unterstrichen wird: Eine einheitliche Nuancierung als gemeinsamer Stimmungsträger fehlt. Stattdessen wird das gesamte Gemälde von einem schmutzigen Grauton überlagert, der sich in den weiß gehaltenen Partien besonders deutlich zeigt. Auf das im übertragenen Sinne Graue, die alltäglich-beliebige Note der dargestellten Szene, verweist denn auch der Titel des Werks: „Ein [d. h. irgendein] Begräbnis in Ornans" („Un enterrement à Ornans").

Courbets Gemälde bricht nicht nur mit der Tradition der Romantik, der ästhetischen Überhöhung des Alltäglichen, Gewöhnlichen ins Besondere, Geheimnisvolle – es könnte geradezu als Allegorie auf das „Begräbnis" der Romantik interpretiert werden –, sondern auch mit den Idealen der Kunstgattungen (Historienmalerei, Gruppenporträt).

6.2 Ludwig Knaus: *Leichenzug im Walde*

Während Courbets Gemälde eine bedrückend-düstere Atmosphäre vermittelt, suggeriert ein flüchtiger Blick auf Ludwig Knaus' „Leichenzug im Walde" (96 x 114 cm) dem Betrachter eine ländliche Idylle. Eine genauere Betrachtung aber relativiert und korrigiert den ersten Eindruck. Helle Sonnenstrahlen durchdringen die lichten Wipfel eines Waldes und beglänzen die unschuldigen Gesichter einer in andächtigem Gestus einen Leichenzug anführenden kleinen Kinderschar. Ihr folgen die vom durchs Geäst schimmernden Sonnenlicht kaum mehr beschienenen, sich im Halbschatten des Waldes verlierenden Erwachsenen.

Ludwig Knaus: *Leichenzug im Walde* (1852)

Während der Trauerzug etwa zwei Drittel der Bildbreite einnimmt, wird das verbleibende rechte Drittel von der größten, klar konturierten Figur des Bildes beherrscht. Sie verkörpert einen in mehrfacher Hinsicht bemerkenswerten Mann: Im Gegensatz zum voranschreitenden Leichenzug verharrt er in statischer Position, seine Kleidung erscheint im Vergleich zu der der festlich gewandeten Kinder dem Anlass unangemessen und etwas ungepflegt. Seine in Hüfthöhe übereinandergelegten, einander sich festhaltenden Hände sind an den Gelenken gefesselt. Vermutlich handelt es sich bei dem Mann um einen Delinquenten, dem die Teilnahme am Leichenbegängnis eines Bekannten gestattet wurde und der von einem zwar nur schemenhaft wahrnehmbaren, aber unverkennbar mit einem Gewehr ausgestatteten Ordnungshüter mit fixierendem Blick bewacht wird.

Die Wirklichkeit erscheint hier weder „nackt" als direktes ungeschöntes Abbild der Realität noch als deren bloße Idealisierung, sondern eben als poetisierte Wirklichkeit, die ihren wohl sichtbarsten Ausdruck darin findet, dass das die Gesichter der unschuldigen Kinder illuminierende Licht auch das Gesicht des Delinquenten erhellt, und zwar stärker als das eines anderen auf dem Bild dargestellten Erwachsenen. Nicht zuletzt spiegelt sich das poetische Moment auch in der Farbgebung: Im Gegensatz zu Courbet verzichtete Knaus ganz auf starke und harte Farbkontraste. Er bevorzugte eine einheitliche, vermittelnde Nuancierung.

7. Dichter und Werke im Überblick (Auswahl)

Dichter	Werke
Friedrich Hebbel (1813-1863)	*Maria Magdalena* (1843) Drama *Herodes und Marianne* (1850) Drama *Agnes Bernauer* (1851) Drama *Nibelungen* (1861) Drama (Trilogie)
Otto Ludwig (1813-1865)	*Zwischen Himmel und Erde* (1856) Erzählung *Shakespeare-Studien* (1871; aus dem Nachlass)
Gustav Freytag (1816-1895)	*Soll und Haben* (1855) Roman *Die Ahnen* (1872-1880) Romanzyklus *Die verlorene Handschrift* (1864) Roman
Theodor Storm (1817-1888)	*Immensee* (1849) Novelle *Pole Poppenspäler* (1874) Novelle *Hans und Heinz Kirch* (1882) Novelle *Bötjer Basch* (1887) Novelle *Der Schimmelreiter* (1888) Novelle
Theodor Fontane (1819-1898)	*Irrungen, Wirrungen* (1888) Roman *Frau Jenny Treibel* (1892) Roman *Effi Briest* (1895) Roman *Der Stechlin* (1897/98) Roman
Gottfried Keller (1819-1890)	*Der grüne Heinrich* (1854/55) Bildungsroman *Die Leute von Seldwyla* (1856) Novellenzyklus
Conrad Ferdinand Meyer (1825-1898)	*Das Amulett* (1873) Novelle *Gustav Adolfs Page* (1882) Novelle *Die Versuchung des Pescara* (1887) Novelle *Angela Borgia* (1891) Novelle
Wilhelm Raabe (1831-1910)	*Die Chronik der Sperlingsgasse* (1856) Roman *Der Hungerpastor* (1864) Entwicklungsroman

8.   Erfindungen und Entdeckungen im Überblick (Auswahl)

Zeit	Erfindung/Entdeckung	Erfinder/Entdecker
1852	Personenaufzug/Sicherheitsauffangvorrichtung	Elisha Graves Otis
1855	Bessemerbirne (Stahlgewinnung aus Roheisen)	Henry Bessemer
1856	Siemens-Martin-Ofen (Stahlgewinnung)	Friedrich u. Wilhelm Siemens Pierre Émile Martin
1856	Erster synthetischer Farbstoff (Mauvein)	William H. Perkin
1857	Erste Erdölbohrung der Welt in Wietze bei Celle	
1859	Erste Ausbeutung von Rohöl	Edwin L. Drake
1861/1876	Telefon	Philipp Reis, Alexander G. Bell
1866	Schreibmaschine	Peter Mitterhofer
1866	Generator ohne Permanentmagnete	Werner von Siemens
1867	Dynamit	Alfred Nobel
1867	Eisenbetonbau/Bewehrungsstahl	Joseph Monier
1869	Periodensystem der Elemente	Dimitri I. Mendelejew, Julius L. Meyer
1876	Nachweis der Entstehung von Milzbrand (Bacillus anthracis)	Robert Koch
1879	Glühlampe	Thomas A. Edison
1881/82	Übertragung elektrischer Energie durch Überlandleitungen	Marcel Depréz
1881	Elektrische Straßenbahn	Werner von Siemens
1882	Erreger der Tuberkulose (Mycobacterium tuberculosis)	Robert Koch
1884	Reaktions-Dampfturbine	Charles Parsons
1885	Benzinkraftwagen/Verbrennungsmotor	Gottlieb Daimler, Wilhelm Maybach
1887	Schallplatte	Emil Berliner
1888	Nachweis elektromagnetischer Wellen	Heinrich Hertz
1890	Pneumatischer Gummireifen	John B. Dunlop
1891	Erster Gleitflug	Otto Lilienthal
1892/94	Kinematograph	Léon G. Bouly, Brüder L. u. A. Lumière
1895	Röntgenstrahlen	Wilhelm C. Röntgen
1895	Drahtlose Telegrafie	Guglielmo Marconi
1893/97	Dieselmotor	Rudolf Diesel

9.　Info-Grafik　　POETISCHER REALISMUS

C. F. Meyer

Haupt-Genres
Roman
Novelle

Theodor Storm

Aufzeigen des Wesentlichen
wie in der
Aufklärung

Keine explizite politische
und soziale Kritik,
kein Aktionismus
wie im
Vormärz

"Das Dürre grün machen"
(Otto Ludwig)

Der Jugend Zauber für und für

Doch
Der Nebel drückt die Dächer schwer

Motivik
und
Symbolik

Poetischer Realismus

- Darstellung der Lebenswirklichkeit, wie sie ist – nicht wie sie sein soll (Klassik) oder erträumt wird (Romantik)
- Reduktion der Wirklichkeit auf das Wesentliche
- mehr als bloße Abbildung der Lebenswirklichkeit
- poetische Verklärung der bedrückenden Seiten
- weder naturalistische noch idealistische Darstellung
- Herausarbeiten des allgemeinen Wesens anhand des Individuellen
- Zusammenführung von Kunst und Leben
- Objektivität und Detailtreue ohne Parteinahme → auktoriales Erzählen bzw. lyrisches Ich (oft) nicht erkennbar
- Kriterium: das Wahrscheinliche, Glaubwürdige

Keine Flucht aus der
unmittelbaren Lebenswelt,
keine weltferne Überhöhung
wie in der
Romantik

Literalisierung
Zeitschriften
Volksausgaben
Prachtausgaben

Theodor Fontane

zuweilen Rückzugstendenzen
wie im
Biedermeier

Keine Idealisierung,
kein Vorbildcharakter der
Antike
wie in der
Klassik

Otto Ludwig

1. Begriff

Die Bezeichnung Naturalismus leitet sich ab vom lat. Substantiv natura (= Natur), das wiederum auf das lat. Verb nasci (= geboren werden, entspringen, entstehen) zurückzuführen ist und also auf Authentisches, Ursprüngliches verweist.

Als Stilbegriff in Literatur und Kunst bezeichnet Naturalismus die streng mimetische und objektive Abbildung der Wirklichkeit ohne jede subjektive verklärende oder überhöhende Modifikation des faktisch Gegebenen. In Unterscheidung und Abgrenzung zum Begriff des (poetischen) Realismus spricht man auch von konsequentem, radikalem Realismus oder – personifizierend – von einem „Realismus in Angriffsstellung".[582]

Unter dem literarhistorischen Epochenbegriff Naturalismus versteht man die von Frankreich ausgehende, das letzte Viertel des 19. Jahrhunderts prägende gesamteuropäische literarische Bewegung, die sich unter Ausschluss jeder Metaphysik die minuziös-genaue, ausschließlich an naturwissenschaftlichen Methoden orientierende Beschreibung der Natur[583] zum Ziel gesetzt und zum ästhetischen Prinzip erhoben hatte.

2. Historisch-geistesgeschichtlicher Hintergrund

Den historisch-politischen Hintergrund des Naturalismus in Deutschland bildete die im Zuge der Industrialisierung und seit der Reichsgründung 1871 immer virulenter werdende soziale Frage. Der enorme Zuzug der Landbevölkerung in die Städte, aber auch die die Mortalität signifikant reduzierenden Fortschritte in der Medizin und die Erkenntnis des Zusammenhangs zwischen Hygiene und Gesundheit führte in vielen Städten zu einer Bevölkerungsexplosion. Die folgende Grafik bildet diesen Fakt für den Zeitraum zwischen 1875 und 1910 anhand einiger Beispiele exemplarisch ab.[584]

Bevölkerungswachstum ausgewählter Städte zwischen 1875 und 1910

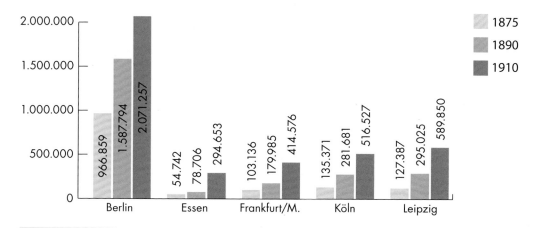

---

582 Hermand 2009, S. 20

583 Natur verstanden im Sinne empirisch fassbarer physischer Dinge, Gegenstände, Tatsachen und erfahrbarer Erscheinungen unter Ausschluss jeder Metaphysik und Ästhetisierung

584 Grafik erstellt nach Angaben bei Hohorst 1978, S. 45 f.

Ein Wohnviertel der Reichen, Tiergartenviertel, Berlin, Bellevuestraße

Mietskaserne Richardsburg, Berlin-Neukölln

Während aufgrund dieses immensen Wachstums und der ökonomischen Entwicklung einerseits neue Eliten entstanden, Unternehmer und Bildungsbürger zunehmend an Bedeutung und Prestige gewannen, kam es andererseits zu einer Proletarisierung und Verelendung breiter Bevölkerungsschichten, insbesondere der Industriearbeiter. Im Gegensatz zu den Unternehmern und zu den noch immer über die administrative Macht verfügenden Grundbesitzern, Beamten und Offizieren konnte der vierte Stand an der wirtschaftlichen Prosperität nicht partizipieren.

Auch von den bahnbrechenden Segnungen des medizinischen Fortschritts[585] blieben dessen Vertreter weitgehend ausgeschlossen. Und während jene gemeinhin in repräsentativen Prachtbauten residierten, mussten die Arbeiter ihr Leben in feuchten, dunklen Mietskasernen mit schummrigen Hinterhöfen in räumlich äußerst beengten Verhältnissen und unter zumeist unzumutbaren hygienischen Bedingungen fristen.

Elendsquartier einer Arbeiterfamilie, Berlin, Liegnitzer Straße 9, parterre, ca. 1910.
Raum: 3,80 m lang, 1,85 m breit, 3,80 m hoch

Als „verspätete Nation" war das von oben, also nicht demokratisch durch „Majoritätsbeschlüsse […], sondern durch Eisen und Blut"[586] gegründete Deutsche Reich ehrgeizig bestrebt, zu den euro-

---

585 z. B. Entdeckung und Bekämpfung der Ursachen von Infektionskrankheiten (Kindbettfieber 1847, Milzbrand 1876, Tuberkulose 1882)

586 Die bekannte Wendung „Eisen und Blut" geht auf eine Rede Otto von Bismarcks (1815-1898) zurück, die er, der spätere Reichskanzler (1871-1890), am 30. September 1862 vor der Budgetkommission des preußischen Abgeordnetenhauses hielt. Vgl. Neugebauer 2006, S. 331
Der sieben Tage zuvor von Kaiser Wilhelm I. (1797-1888) zum vorläufigen preußischen Ministerpräsidenten ernannte Bismarck bediente sich hier offensichtlich eines Verses aus dem Gedicht „Das eiserne Kreuz" von Max von Schenkendorf (1783-1817), Dichter und bedeutender Lyriker der Befreiungskriege. In Strophe elf dieses Gedichts heißt es:
„Denn nur Eisen kann uns retten, / Und erlösen kann nur Blut, / Von der Sünde schweren Ketten, / Von des Bösen Übermuth." Schenkendorf 1837, S. 135
Arno Holz (1863-1929), einer der wichtigsten Wegbereiter und Dichter des deutschen literarischen Naturalismus, geißelt mit unverhohlener Ironie die politische Führung, insbesondere auch den Militarismus des Kaiserreichs, so z. B. in den Versen „Der große Kanzler Otto spricht, / Ob's wahr, je nun, ich weiß es nicht: / ‚Der vielgesuchte Stein der Weisen / Ist ein Gemisch aus Blut und Eisen'." Holz 1886, S. 385

---

päischen Großmächten England und Frankreich aufzuschließen. Offenkundigster Ausdruck dieses von Konkurrenz- und Prestigedenken motivierten Ziels waren die Politik des deutschen Kolonialismus und das auch im Alltag allgegenwärtige Militär, das – einiger demokratischer Reformen ungeachtet – sämtliche Lebensbereiche der wilhelminischen Gesellschaft bestimmte und durchdrang. Sichtbarste Manifestationen dieses Militarismus waren allenthalben stattfindende Paraden und ein kaum zu überbietender Uniformkult. Militär, Aristokratie[587] und das durch die rasant fortschreitende Industrialisierung in seinem Selbstbewusstsein erstarkte Besitzbürgertum[588] bildeten jene Trias,[589] auf die sich die oft ins Ironisch-Satirische, zuweilen Zynische gewendete Kritik der Literatur des Naturalismus fokussierte.

Anlass bzw. Gründe für diese Kritik waren das überhebliche, oft zynisch-provokante Klassenverhalten und Geltungsstreben von Offizieren, Vertretern des Klerus und des Groß- und Besitzbürgertums sowie deren rücksichtsloses Profitstreben, Doppelmoral und Gleichgültigkeit gegenüber dem Schicksal des einfachen Volks, d. h. insbesondere gegenüber dem des Proletariats und des Kleinbürgertums.

Die folgenden Verse zeichnen ein Bild von deren existenzieller Not und nennen in typisierender bzw. metonymischer Form die Verantwortlichen:

> *Die Schläfen zittern mir und zucken,*
> *Denk ich, o Volk, an deine Noth,*
> *Wie du dich winden mußt und ducken,*
> *Dich ducken um ein Stückchen Brod!*
> *Du wälzt verthiert dich in der Gosse*
> *Und baust dir selbst dein Blutgerüst,*
> *Indeß in goldener Karosse*
> *Vor seinem sandsteingelben Schlosse*
> *Der Dandy seine Dirne küsst!*
>
> *Die Ritter von der engen Taille,*
> *Das sind die schlimmsten in dem Chor,*
> *Sie schimpfen hündisch dich ,Kanaille'!*
> *Und haun dich schamlos übers Ohr.*
> *Was kümmert sie's, wenn Millionen*
> *Verreckt sind hinterm Hungerzaun?*
> *Noch giebt's ja lachende Dublonen,*
> *Kasernen, Kirchen und Kanonen*
> *Und … köstlich mundet ein Kapaun!*[590]

Angesichts solch unsagbaren Elends erschien der Literatur der Zeit eine Poetisierung der Realität ebenso wenig adäquat, trostreich und berechtigt wie eine „veilchenblaue"[591] Idealisierung der Welt oder die Hoffnung, die Werte der Klassik garantierten eine menschenwürdige Existenz. Und auch von der bestechenden Logik des kategorischen Impe-

---

587 Wie der Militarismus wird auch die Aristokratie verspottet. Deren Vertreter werden u. a. als dümmliche „hinterpommersche Peers" bezeichnet; vgl. Holz 1886, S. 80

588 Der despektierlich-sarkastische, auf das Besitzbürgertum zielende Neologismus „Schlotbarone der Plutokratie" zeugt von der Verachtung der „protzigen Kerle", die die Fabrikarbeiter, die Proletarier, „schamlos" ausnutzen; vgl. Holz 1886, S. 365, 399

589 Kritisiert wird von den Literaten des Naturalismus neben Militär, Aristokratie und Besitzbürgertum auch der Klerus, der das einfache Volk für seine Zwecke instrumentalisiert und wie einen Esel vor sich her treibt: „Das Volk hat lange, graue Ohren, / Und seine Treiber nennen sich / Rabbiner, Pfarrer und Pastoren." Holz 1886, S. 358

590 Holz 1886, S. 398 f.

591 vgl. Holz' Gedicht „An die ,Obern Zehntausend'", in dem den Adressaten eine vom Volk – aufgerüttelt von den Dichtern – entfesselte Revolution angekündigt wird: „Und glaubt: Es wird kein veilchenblauer Werther, / Es wird ein blutiger Messias sein!". Ibid. S. 379

rativs stand nicht zu erwarten, dass sie die „Schlotbarone der Plutokratie" zu Vertretern aufgeklärter Moral bekehrte. Das ist die nackte Botschaft des aus nachfolgenden Zeilen sprechenden lyrischen Ichs:

> *Ja, Recht hat, o du süße Mutter,*
> *Dein Spruch, vor dem's mir stets gegraust:*
> *Was soll uns Shakespeare, Kant und Luther?*
> *Dem Elend dünkt ein Stückchen Butter*
> *Erhabner als der ganze Faust!* [592]

Aus der in der Folge der kapitalistischen Industrialisierung und Urbanisierung entstandenen Armut großer Bevölkerungsteile und deren desaströsen Wohnverhältnissen erwuchs eine Reihe weiterer gravierender individueller und sozialer Probleme: Alkoholismus, Prostitution, physische und psychische Krankheiten, Außenseitertum, Gewalt und Verbrechen. Diese blieben, wie die Nacht- und Schattenseiten der gesellschaftlichen Realität, des (alltäglichen) Lebens überhaupt, nun nicht mehr – wie noch von den Vertretern des poetischen Realismus ausdrücklich gefordert – aus der Literatur verbannt, sondern wurden erstmals literarisiert, rückhaltlos benannt und präzise abgebildet.

Auguste Comte

Bestimmend für die Tatsache, dass sich der Naturalismus auf die konkreten alltäglichen, sozialen und politischen Gegebenheiten und Bedingungen konzentrierte, war der von dem französischen Philosophen und Mathematiker Auguste Comte (1798-1857) begründete Positivismus[593].

Gemäß dieser dem Exaktheitsideal der Naturwissenschaften verpflichteten Lehre ist das faktisch Gegebene, Wirkliche, Beobachtbare, das durch wissenschaftliche Experimente Erfassbare die alleinige und ausschließliche Quelle menschlicher Erkenntnis. Nur unter dieser Prämisse erkannte Relationen und kausale Gesetzmäßigkeiten können nach der erkenntnistheoretischen Position des Positivismus Wissenschaftlichkeit und Wahrheit beanspruchen. Für den literarischen Naturalismus, dem es genau um diese Wirklichkeit und Wahrheit bzw. deren exakte Abbildung zu tun war, wurde der Positivismus gerade auch aufgrund seiner Ausweitung von den Naturwissenschaften auf die Geschichts- und Gesellschaftstheorie durch Hippolyte Taine (1828-1893) in besonderer Weise bedeutsam. Der französische Historiker und Philosoph versteht den Menschen nämlich nicht wie die Aufklärung als ein autonomes oder wie die Romantik als ein in seiner Schöpfungskraft fast gottähnliches Wesen, sondern als ein durch die drei Faktoren Gene (race), soziales Umfeld (milieu) und Zeitumstände (temps) determiniertes Produkt.[594]

---

592   ibid. S. 407

593   Das dem Substantiv zugrunde liegende Adjektiv „positiv" ist nicht als Antonym zu „negativ", sondern in seiner ursprünglichen, vom lat. „positivus" abgeleiteten Bedeutung „gesetzt", „gegeben" zu verstehen. Positivismus meint also das faktisch Gesetzte, Gegebene. Der Positivismus bezeichnet in dem von Comte begründeten Drei-Stadien-Gesetz das letzte Stadium der geistigen Entwicklung des Menschen: Während im ersten, dem theologischen (fiktiven) Stadium die Welt durch göttliche Mächte erklärt wird, geschieht dies im zweiten, dem metaphysischen Stadium, durch abstrakte Kräfte bzw. Wesenheiten. Das dritte, das positive Stadium, ist das wissenschaftliche. Hier werden ausschließlich konkrete Fakten und deren Wechselwirkungen berücksichtigt. Was außerhalb der Erfahrung liegt, also die Gegenstände der Theologie und der Metaphysik, gilt als nutzlos bzw. spekulativ. Der englische Empirismus mit seinem Hauptvertreter John Locke (1632-1704) kann als Vorläufer des Positivismus gelten.
Die erkenntnistheoretische Perspektive des Positivismus entwickelte Comte in einer Reihe von Texten zwischen den Jahren 1830-1842, die im Wesentlichen im „Course de philosophie positive" zusammengefasst wurden; s. Comte 1974

594   Beispielhaft sind diese Faktoren und deren Implikationen in Gerhart Hauptmanns 1887 entstandener und 1888 erschienener Novelle „Bahnwärter Thiel", Meisterwerk des Naturalismus, literarisch verarbeitet. Der gleichnamige Protagonist erscheint als ein gänzlich von äußeren Fakten und Verhältnissen (Eisenbahn, Arbeitsplatz, Familie) sowie inneren Faktoren (Gene, Triebe) determinierter Mensch.

Im Zuge des gewaltigen Aufschwungs und der Entwicklung der Naturwissenschaften war man überzeugt, dass nicht nur die physisch-materielle Welt, sondern auch die sozialen, geistigen, und psychischen Phänomene einer vom Willen unabhängigen Naturgesetzlichkeit unterliegen,[595] also kausalgesetzlich bedingt sind. Die Annahme von der Erklärbarkeit nicht nur aller Dinge, sondern auch des Menschen verfestigte sich mehr und mehr. Religion und Metaphysik verloren infolgedessen weiter an Bedeutung. Erstere wurde als spekulativ verworfen, metaphysische Reflexion als theoretisch unmöglich und praktisch nutzlos deklariert. In der Folge zeigte sich in der Gesellschaft eine zunehmende Tendenz zur Säkularisierung. Für die skizzierte Entwicklung besonders relevant – gerade auch für die Literaten des Naturalismus – war Charles Darwins (1809-1882) 1859 erschienenes Hauptwerk „Über die Entstehung der Arten durch natürliche Zuchtwahl", in dem der englische Naturforscher die Evolutionstheorie entwickelte, wonach die Entstehung der Arten einschließlich die des Menschen das Ergebnis eines evolutionsbiologischen natürlichen Selektionsprozesses ist. Diese Erkenntnis stand dem biblischen Schöpfungsgedanken und jeder teleologischen Welterklärung nicht nur diametral entgegen. Sie erschütterte das traditionelle Welt- und Menschenbild in seinen Grundfesten. Kirche und weite Teile der Obrigkeit empfanden die neue Lehre als ungeheuerliche Provokation, bedrohte sie doch akut deren Machtanspruch und Herrschaftslegitimation.

Charles Darwin

Die Naturwissenschaften avancierten hinsichtlich Beschreibung und Erklärung der Welt zum Maß aller Dinge,[596] zur „Königin der Wissenschaft". „Thron und Altar" galten nur mehr als (heuchlerische) Relikte einer Welt von „ehmals", die – so die literarische Prognose – vom „Jahrhundert der Revolution" liquidiert würden. Allein die Naturwissenschaften, „die heilige Schrift des Darwin", sind nach der Überzeugung der Naturalisten adäquate Instrumente zur Erfassung der Wirklichkeit, sie nur verbürgen Wahrheit. So heißt es in Arno Holz' Gedicht „Noch Eins!"[597] u. a.:

> *O glaubt mir, u n s e r Jahrhundert ist*
> *Das Jahrhundert der Revolution!*
>
> *Schaut hin, schon hat's an den Nagel gehängt*
> *Purpur und Hermelin*
> *Und sitzt am Studirtisch tief versenkt*
> *In die heilige Schrift des Darwin.*
> *Ja die biblische Spottgeburt aus Lehm*
> *Besann sich auf ihre Kraft*
> *Und die Wahrheit entschleiert ihr Weltsystem*
> *Vor der Köngin der Wissenschaft!*
>
> *Ihr aber thut, als wäre die Welt*
> *Noch die Welt, die sie ehmals war;*
> *Ihr bucht eure Titel und zählt euer Geld*
> *Und faselt von Thron und Altar!*

---

595   Es war der Begründer der Psychoanalyse, Sigmund Freud (1856-1939), der auf den inzwischen von der Neurowissenschaft bestätigten Fakt verwies, dass das bewusste Ich kaum Einsicht in die Grundlagen seines Wollens und seiner Handlungen hat, dass also „das Ich nicht Herr sei in seinem eigenen Haus". Freud 1917, S. 7

596   vgl. Illies 2010, S. 23 f.

597   Holz 1886, S. 79-81

3.   Theorie und Programmatik

„Unsre Welt ist nicht mehr klassisch, / Unsre Welt ist nicht romantisch, / Unsre Welt ist nur modern!"[598] verkündet Arno Holz. Allenthalben wurde die Distanzierung von den „Idolen"[599] Klassik und Romantik beschworen: Nicht mehr klassisch-zeitlos sollen Kunst bzw. Literatur sein, sondern „praktisch, empirisch, historisch, vergleichend".[600] Nachdrücklich gefordert wird die Darstellung des „Menschen mit Fleisch und Blut […] in unerbittlicher Wahrheit",[601] die „[t]reue Wiedergabe des Lebens unter strengem Ausschluß des romantischen […] Elementes",[602] der Verzicht auf „aufgewärmte[n] Sauerkohl", die Abwendung von den „fliedersüßen Lenzrhapsoden", die verblendet von „Lenznacht nur und Blüthenschimmer"[603] sangen.

Vielgestalttig und gleich einem Leitmotiv zieht sich das Wort „modern" durch die theoretischen und literarischen Werke der Epoche, sei es als Prädikativum, als Adjektiv oder als Substantiv: „Moderne Dichter-Charaktere", „Das Buch der Zeit. Lieder eines Modernen", „Zehn Thesen zur literarischen Moderne" u. ä. lauten die Titel von Anthologien und Programmschriften. Nicht zurück, sondern gänzlich nach vorn den Blick zu richten fordert das konziseste „Programm" des literarischen Naturalismus:

> Kein rückwärts schauender Prophet,
> Geblendet durch unfaßliche Idole,
> Modern sei der Poet,
> Modern vom Scheitel bis zur Sohle![604]

Was aber bedeutet „Moderne"? Populär und geradezu zum Etikett des Naturalismus wurde das als Antonym zu „Antike" gebildete Nomen durch den Literaturwissenschaftler Eugen Wolff (1863-1929)[605] und dessen 1866 erschienenen Essay „Die Moderne. Zur ‚Revolution' und ‚Reform' der Litteratur".

Wenngleich das Wort „Moderne" semantisch nirgendwo eindeutig bestimmt wurde, verweist es doch fraglos auf gegenüber der Tradition bedeutsame Änderungen und Entwicklungen der Lebensverhältnisse bzw. auf grundlegende, die gesamte Lebenswirklichkeit betreffende Umbrüche. Neben der Reichsgründung von oben, der industriellen und technischen Revolution sowie der Urbanisierung der Gesellschaft verstand man unter „Moderne" zuallererst den ungeahnten, immer weiter fortschreitenden Aufstieg der Naturwissenschaften. Denn die empirischen Wissenschaften durchdrangen nahezu alle Lebensbereiche und wurden zu Erklärungsmodellen fast aller Phänomene – auch der Kunst und der Literatur. Maßgebliche Programmschriften des Naturalismus forderten, Kunst und Literatur der Natur, den Fakten anzunähern, sie an den Naturwissenschaften und deren Methoden[606] auszurichten, oder betonten, auch sie unterlägen „der durchgängigen Gesetzmäßigkeit alles Geschehens".

---

598 Holz 1891, S. 42
599 Holz 1886, S. 308. „Idol" (lat. *idolum*), Plural „Idole", ist hier entsprechend seiner ursprünglichen Bedeutung mit „Trugbild, Götzenbild" zu übersetzen.
600 vgl. Alberti [1890], S. 155
601 Wolff 1888, These 5
602 Conrad 1885, S. 746
603 Holz 1886, „Zum Eingang", S. 5-7
604 Holz 1886, S. 308. Holz wendet sich gegen das „[v]erruchte Epigonenthum" und betont, dass „ein Dichter […] kein Papagei" sei; s. Arent [1885], S. 148-150
605 Wolff war Mitinitiator des 1886 gegründeten Berliner Literaturvereins „DURCH!", einer Vereinigung von Schriftstellern des Naturalismus, dem u. a. Wilhelm Bölsche, Heinrich und Julius Hart, Gerhart Hauptmann, Arno Holz und Johannes Schlaf angehörten.
606 Gefordert wird die empirische, an der Praxis, den konkreten Dingen orientierte Methode der Induktion statt der Deduktion, welche die klassisch-idealistische Ästhetik bestimmte. „Sie [die alte Ästhetik] ging von Begriffen aus statt von Dingen, sie war deduktiv statt induktiv, statt praktisch, empirisch, historisch vergleichend zu sein", konstatiere Alberti [1890], S. 155

Zwei der bedeutendsten und einflussreichsten Programmschriften waren Wilhelm Bölsches Abhandlung „Die naturwissenschaftlichen Grundlagen der Poesie" und Arno Holz' Schrift „Die Kunst. Ihr Wesen und ihre Gesetze".

Der Schriftsteller und Philosoph Wilhelm Bölsche (1861-1939) versteht den Dichter quasi als experimentierenden Naturwissenschaftler, der die Gesetze hinter den Handlungsweisen eines Menschen aufspürt, sie gar mathematisch durchdringt:

> Der Dichter [...] ist in seiner Weise ein Experimentator, wie der Chemiker, der allerlei Stoffe mischt, in gewisse Temperaturgrade bringt und den Erfolg beobachtet. Natürlich: der Dichter hat Menschen vor sich, keine Chemikalien. Aber [...] auch diese Menschen fallen in's Gebiet der Naturwissenschaften. Ihre Leidenschaften, ihr Reagiren gegen äussere Umstände, das ganze Spiel ihrer Gedanken folgen gewissen Gesetzen, die der Forscher ergründet hat und die der Dichter bei dem freien Experimente so gut zu beachten hat, wie der Chemiker, wenn er etwas Vernünftiges und keinen werthlosen Mischmasch herstellen will.[607]

In der Determiniertheit des Menschen, wie sie von Taine und anderen[608] vertreten wurde, sieht Bölsche gar überhaupt erst die Möglichkeitsbedingung realistischer, d. h. naturalistischer Dichtung:

> Für den Dichter aber scheint mir in der Thatsache der Willensunfreiheit der höchste Gewinn zu liegen. Ich wage es auszusprechen: wenn sie nicht bestände, wäre eine wahre realistische Dichtung überhaupt unmöglich. Erst indem wir uns dazu aufschwingen, im menschlichen Denken Gesetze zu ergründen, erst indem wir einsehen, dass eine menschliche Handlung, wie immer sie beschaffen sei, das restlose Ergebniss gewisser Factoren, einer äussern Veranlassung und einer innern Disposition, sein müsse und dass auch diese Disposition sich aus gegebenen Grössen ableiten lasse, – erst so können wir hoffen, jemals zu einer wahren mathematischen Durchdringung der ganzen Handlungsweise eines Menschen zu gelangen und Gestalten vor unserm Auge aufwachsen zu lassen, die logisch sind, wie die Natur.[609]

Wilhelm Bölsche

Für den Dichter und wirkmächtigsten Programmatiker des deutschen Naturalismus, Arno Holz, gibt es unter den Errungenschaften der Menschheit eine, „deren Tragweite so ungeheuer ist", dass es wohl auch künftig keine gebe, die an sie heranreicht: die „grosse Erkenntnis von der durchgängigen Gesetzmäßigkeit alles Geschehens".[610] Mehrfach betont Holz: „Es ist ein Gesetz, dass jedes Ding ein Gesetz hat".[611] Diese Erkenntnis sei zwar nicht neu, doch erst den „wahren Repräsentanten" unserer Zeit, den „Männern der Wissenschaft"[612], verdankten wir deren Bewusstwerdung bzw. die Einsicht in selbige, in das, „was wir sind":

Arno Holz

607 Bölsche 1887, S. 5 f.
608 u. a. auch von dem französischen Experimentalphysiologen, Arzt und Pharmazeuten Claude Bernard (1813-1878)
609 Bölsche 1887, S. 19
610 Holz 1891, S. 87
611 ibid. S. 88, 90
612 Gemeint sind insbesondere Hippolyte Taine, Auguste Comte und John Stuart Mill, die Holz als seine „Schutzheiligen" bezeichnete; vgl. Ajouri 2009, S. 104

> *Es ist freilich wahr, der Bauer hinter seinem Pfluge, der Pfarrer auf seiner Kanzel und noch hunderttausend Andre wissen von ihr entweder noch nichts, oder wollen von ihr noch nichts wissen; aber nichtsdestoweniger ist es ebenso wahr, dass, so verhältnissmässig gering zur Zeit auch noch die Zahl derjenigen Männer sein mag, in denen ihre Wahrheit bereits lebendig geworden ist, es doch gerade diese und nicht jene sind, in denen wir die wahren Repräsentanten unserer Zeit zu erblicken gewohnt sind. In den Comtes, den Mills,[613] den Taines, [...] mit einem Wort in den Männern der Wissenschaft! Ihr verdanken wir, was wir sind."[614]*

Von Comte, dem (Mit-)Begründer der Soziologie, übernimmt Holz auch den Gedanken von einer „einheitlichen Wissenschaft [...], deren natürlicher Abschluss die Wissenschaft von der Menschheit als Menschheit bildet, die Sociologie".[615] Ihr fällt die Aufgabe zu, die Gesetze der Gesellschaft zu untersuchen, um eine Voraussage der sozialen Zukunft zu ermöglichen. Die Tatsache, dass die Naturalisten Anhänger der Milieutheorie waren, bedeutet also mitnichten, dass sie einen fatalistischen Geschichtspessimismus vertraten. Vielmehr stritten sie für die Veränderung der äußeren Faktoren, der gesellschaftlichen Lebensbedingungen, wandten sich „gegen Ungerechtigkeit und Feigheit, die auf allen Gassen und Märkten gepflegt wird; gegen Heuchelei und Obscurantismus".[616] Sie waren überzeugt von der Möglichkeit des sozialen Fortschritts. Die kämpferisch-optimistische Note von Holz' „Buch der Zeit. Lieder eines Modernen" z. B. oder die beiden unverblümten (!) Einleitungen[617] zu Arents „Moderne Dichter-Charaktere" zeugen davon. Bedeutende kritische Zeitgenossen wie der Historiker, Publizist und Politiker Franz Mehring (1846-1919) hoben die entschiedene Haltung der jungen Naturalisten gegen die „Stützen" der wilhelminischen Gesellschaft anerkennend hervor.[618] Selbst sahen sie sich als die „jüngeren Stürmer und Dränger", als „Rebellen und Neuerer".[619] Die Hässlichkeit der sozialen Umstände machten sie im selben Maße zum Thema der Literatur, wie sie die so häufig noch in der klassischen und romantischen Tradition stehende Dichtung ihrer Zeit als „verfluchtes Epigonenthum",[620] als „verjährten Tand"[621] abtaten und „bis aufs Messer"[622] bekämpften. Denn Poesie „kehrt (auf ihrem Gang) nicht nur / In Wälder ein und Wirthshausstuben, / Sie steigt auch in die Kohlengruben / Und setzt sich auf die

---

613   John Stuart Mill (1806-1873), englischer Philosoph, Soziologe, Ökonom und einer der einflussreichen liberalen Denker des 19. Jahrhunderts, stand im Austausch mit Auguste Comte und verband dessen Positivismus mit dem englischen Empirismus.
Mill vertrat die ethisch und ökonomisch relevante Auffassung des Utilitarismus (lat. utilitas = Nutzen) – die Lehre, wonach das Handeln des Menschen dann richtig ist, wenn es den Gesamtnutzen maximiert, sozusagen das „größte Glück [Wohlergehen] der größten Zahl [von Menschen]" generiert bzw. garantiert. Im Gegensatz zu Kants Ethik des kategorischen, also bedingungslosen Imperativs, handelt es sich um einen hypothetischen Imperativ, d. h. um eine teleologische Ethik der Form ‚Wenn du x willst, dann musst du y tun'.

614   Holz 1891, S. 89

615   ibid. S. 90

616   Conradi [1885], S. IV

617   Conradi [1885], S. I-IV und Henckell [1885], S. V-VII

618   vgl. Mehring, 1961, S. 232

619   Conradi [1885], S. III

620   Holz 1886, S. 330. Wolff 1888, These 7, spricht vom „(geboten[en]) Kampf [...] gegen die moderne Epigonenklassizität, gegen [...] den blaustrumpfartigen Dilletantismus (sic)".
Als „Epigonen" galten den Naturalisten vor allem die Dichter Rudolf Baumbach (1840-1905), Felix Dahn (1834-1912), Emanuel Geibel (1815-1884), Max Kretzer (1854-1941), Hermann Lingg (1820-1905), Albert Träger (1830-1912) und Julius Wolff (1834-1910). Sie wurden offen angefeindet und geschmäht. Über bzw. „An Albert Träger", dessen seit 1858 erstmals erschienene Gedichte bis 1911 achtzehn (!) Auflagen erfuhren, schreibt Arno Holz die herablassenden Verse:
„Du überschwemmst das ganze Land / Als Mutterliederfabrikant / Und bist, soviel du auch geschrieben, / Immer ein kleines Kind geblieben." Und „An Max Kretzer" gerichtet spottet Holz: „Du bist das wahre Urgenie / Der Hintertreppenpoesie; / Damit sie wirkt, versetzt du deine Schrift / mit Brausepulver und mit Rattengift!"
Holz, 1886, S. 342

621   ibid. S. 9

622   ibid.

Hobelbank."[623] Wissenschaftlicher und technischer Fortschritt werden als angemessene Gegenstände der Kunst nicht mehr nur nicht ausgeschlossen, sondern nachdrücklich reklamiert: „Schau her, auch dies ist Poesie!"[624] – „Galvanis Draht und Voltas Säule / Lenkt funkensprühend das Genie".[625]

Unter Berufung auf die Lehre des Physiologen Claude Bernards (1813-1878),[626] den anthropologischen Determinismus Taines sowie in Anlehnung an Darwins Evolutionstheorie ging der Naturalismus davon aus, dass das gesellschaftliche Umfeld (Milieu) und die Erbanlagen die das menschliche Handeln bestimmenden Faktoren darstellen. Émile Zola (1840-1902), Leitfigur und Begründer der gesamteuropäischen Strömung des Naturalismus, sieht im Dichter daher einen „Sittenbildner", der „experimentell" zeige, „wie sich eine Leidenschaft in einem sozialen Milieu verhält".[627] Arno Holz vertrat in seiner für die Theorie des Naturalismus grundlegenden Schrift „Die Kunst. Ihr Wesen und ihre Gesetze" ebendieses Programm und stellte Literatur und Dichtung in den Dienst der wissenschaftlichen Erforschung derjenigen Gesetzmäßigkeiten, die das menschliche Zusammenleben bzw. Handeln bestimmen. Auf dieser Grundlage formulierte er das naturalistische Kunstkonzept:

Émile Zola

Die Kunst hat die Tendenz, wieder die Natur zu sein. Sie wird sie nach Massgabe ihrer Reproductionsbedingungen und deren Handhabung.[628]

Konzis erscheint dieses Konzept als berühmteste Formel der Literaturgeschichte: Kunst = Natur – x.[629] „x" steht für die Reproduktionsbedingungen der Kunst, d. h. für die nie ganz zu eliminierende Subjektivität des Künstlers, die ihm zur Verfügung stehenden (sprachlichen) Mittel sowie deren von der psychophysischen Disposition beeinflusste Anwendung. „x" verweist somit auf jene nie ganz zu schließende Lücke zwischen intendiertem (X = 0) und tatsächlich realisiertem (x → 0) Ergebnis. Doch sollte die Lücke letztlich nur ein „Löchelchen",[630] d. h. so klein wie möglich sein.

---

623 ibid. S. 13

624 ibid.

625 ibid. S. 11

626 Nach der Lehre des französischen Experimentalphysiologen unterliegen alle Lebewesen denselben Naturgesetzen wie die unbelebte Materie. Allein Fakten bilden für Bernard das Fundament der Wissenschaften; auch Analogie- und A-priori-Schlüsse werden als Erkenntnisinstrumente der exakten Wissenschaften verworfen.

627 Zola, 1904, S. 31
Musterhaft exemplifiziert Zola die das menschliche Handeln determinierenden Komponenten anhand seines Romans „Thérèse Raquin" (1867). Im Vorwort zur zweiten Auflage reflektiert er:
„Ich habe Gestalten gewählt, die übermäßig von ihren Nerven und ihrem Blut beherrscht werden, die keinen freien Willen besitzen und bei jeder Handlung ihres Lebens von den verhängnisvollen Fügungen ihrer Physis fortgerissen werden […] der Mord, den sie [die Protagonisten Thérèse und Laurent] begehen, ist eine Folge ihres Ehebruchs, welche Folge sie auf sich nehmen wie die Wölfe das Reißen von Schafen; kurzum, was ich als ihre Gewissensbisse habe bezeichnen müssen, das besteht ganz einfach in einer Verwirrung des Organismus, in einer Rebellion des bis zum Bersten angespannten Nervensystems […] Ich habe nichts getan, als an zwei lebendigen Körpern die analytische Arbeit durchzuführen, die Chirurgen an Leichen vornehmen." Zola 2007, S. 6 f.
Die Hauptvertreter des europäischen Naturalismus Émile Zola, Henrik Ibsen und Leo Tolstoi gelten Holz – im Gegensatz zu den „Epigonen" – als Vertreter „Eine[r] Welt […], die noch nicht verfault / Eine, die noch kerngesund ist". Holz, 1891, S. 41

628 Holz 1891, S. 118. Bewusst spricht Holz von „Tendenz", indem er sich auf einen ‚Mann der Wissenschaft' beruft: „auf Grund der alten, weisen Regel Mills: ‚Alle ursächlichen Gesetze müssen in Folge der Möglichkeit, dass sie eine Gegenwirkung erleiden (und sie erleiden alle eine solche!) in Worten ausgesprochen werden, die nur Tendenzen und nicht wirkliche Erfolge behaupten'".

629 ibid. S. 112 u. ö.

630 ibid. S. 113

Das Mittel, um das „x" aus dieser den „konsequenten Naturalismus" repräsentierenden Formel maximal zu minimieren, ist jene Technik, für die der Dichter Adalbert von Hanstein (1861-1904) den Begriff „Sekundenstil" prägte. Gemeint ist die photographisch und phonographisch exakte Widerspiegelung von Realität im Dienste größtmöglicher Authentizität. Der Dichter bestimmt lediglich das Objekt resp. den Inhalt und beschränkt sich ansonsten strikt auf die Funktion eines unsichtbaren Beobachters:

> *Sekunde für Sekunde (werden) Zeit und Raum geschildert. Nichts Keckes, Dreistes ist mehr gestattet, kein kühner Sprung darf mehr über die Wüsten hinwegsetzen, um die Oasen einander näher zu bringen. Nein, ein Sandkorn wird nach dem andern sorgfältig aufgelesen, hin und her gewendet und sorgsam beobachtet [...].*[631]

Holz selbst hat diese Technik der „neuen Kunst" im Vergleich zur „alten Kunst" anhand eines alltäglichen Vorgangs – eines zu Boden fallenden Blattes – erläutert:

> *Die alte Kunst hat von einem fallenden Blatt weiter nichts zu melden gewußt, als daß es im Wirbel sich drehend zu Boden sinkt. Die neue Kunst schildert diesen Vorgang von Sekunde zu Sekunde; sie schildert, wie das Blatt jetzt auf dieser Stelle, vom Lichte beglänzt, rötlich aufleuchtet, auf der anderen Seite schattengrau erscheint, in der nächsten Sekunde ist die Sache umgekehrt; sie schildert, wie das Blatt erst senkrecht fällt, dann zur Seite getrieben wird, dann wieder lotrecht sinkt [...].*
>
> *Eine Kette von einzelnen, ausgeführten, minuziösen Zustandsschilderungen, geschildert in einer Prosasprache, die unter Verzicht auf jede rhythmische oder stilistische Wirkung der Wirklichkeit sich fest anzuschmiegen sucht, in treuer Wiedergabe jeden Lauts, jeden Hauchs, jeder Pause – das war es, worauf die neue Technik abzielte.*[632]

Um den „Sekundenstil" in der Dichtung zu realisieren, die Variable „x" zugunsten einer „minuziösen" Abbildung der Natur also möglichst klein zu halten, wurden z. B. Dialoge konsequent zeitdeckend (Erzählzeit = erzählte Zeit) wiedergegeben. Die in der Literatur bisher allenfalls in Ansätzen[633] zu beobachtende Realisierung unterschiedlichster Sprachebenen und Varietäten wie Dialekt, Umgangssprache, Soziolekt,[634] Psycholekt[635] und Idiolekt[636] wurde für die Dichtung des Naturalismus – zuvorderst für die epischen und dramatischen Werke[637] – geradezu konstitutiv. Gleiches gilt für die direkte Wiedergabe von Sprachstörungen (z. B. Stottern, Stammeln), die Verwendung von Wort- und Satzfetzen, Inflektiven[638] und onomatopoetischen Interjektionen.[639] Um das Milieu und gerade auch (vermeintlich) Nebensächliches genauestens einzufangen und abzubilden, nehmen Regieanweisungen oft einen breiten Raum ein. Demselben Ziel dient das für den Naturalismus ebenso charakteristische akribische Spiegeln von Bewegungen, Geräuschen und Pausen.

---

631 Hanstein 1900, S. 157

632 zitiert nach: Fähnders 2010, S. 43. Es handelt sich um ein Gedächtnisprotokoll des Literatur- und Theaterkritikers Heinrich Hart (1855-1906). Er berichtet, dass Holz eines Nachmittags in dem berühmten Berliner Künstler- und Schauspieler-Treff „Café Monopol" seinen Freunden und Bekannten anhand der Ergebnisse eigener Studien den Unterschied zwischen „alter" und „neuer Kunst" erläuterte und am Objekt eines vom Baum fallenden Blattes demonstrierte.

633 vgl. Sturm und Drang

634 schichtspezifische Ausdrucksweise

635 situationsbedingte Ausdrucksweise

636 Ausdrucksweise eines Individuums

637 Obwohl auch die Lyrik revolutioniert wurde, insofern der Naturalismus erstmals das Hässliche und die Schattenseiten der Gesellschaft, insbesondere im Kontext der Großstadtproblematik, direkt thematisierte, blieb sie formal (Reim und Strophenbau, Metrik) bis zum Erscheinen von Holz' Hauptwerk „Phantasus" (1898/1899) noch größtenteils der Tradition verhaftet.

638 infinite unflektierte Verbformen (z. B. lach, seufz, grins)

639 akustische Phänomene nachahmende Interjektion

Die folgenden vier Auszüge aus unterschiedlichen Werken sind Muster dieser „neue[n] Kunst", die aufgrund ihrer radikalen ästhetischen Neuorientierung als eines der innovativsten Konzepte der Literaturgeschichte[640] gilt.

> Kopelke (zu Albert): *Sachteken, werther junger*
> *Herr, sachteken …* (zu Frau Selicke) *Immer in*
> *Jiete, Mutter! Det ville Jehaue un det ville*
> *Jeschumpfe nutzt zu janischt, zu reenjanischt! …*
> *Ibrijens …*
> (Er hat sich mitten in die Stube gestellt
> und schnuppert nun nach allen Seiten in der Luft rum)
>
> *… wat ick doch jleich noch sagen wollte …*
> *det … det … riecht jo hier so anjenehm nach*
> *Kafffe? … Hm! Pf! Brrr! … Nee, dieset*
> *Schweinewetter?! Ick bin — wahhaftijen Jott —*
> *janz aus de Puste!* (Er hat sich seinen grossen,
> dicken Wollshawl abgezerrt und schlenkert ihn nun
> nach allen Seiten um sich rum) *Kopp weg!* (zu
> Walter, den er dabei getroffen hat) *He? Wah*
> *det Deine Neese?*[641]
>
> *Eine Diele knackte, das Oel knisterte,*
> *draussen auf die Dachrinne tropfte das Thauwetter.*
> *Tipp. . . . .*
> *. . . . . .Tipp. . . . . .*
> *. . . . .Tipp. . . . .*
> *. . . . . .Tipp.*[642]
>
> *Kahl. Iiii.....i..ich habe n.n..neulich ene Flasche*
> *Rrr...r..rü...rüd..desheimer, ene Flasche*
> *Sssssekt get..t..trunken. Oben drauf d..d..d..*
> *dann nnoch eine Flasche B..b..bordeaux, aber besuffen*
> *woar ich no n..nich.*[643]
>
> ---
>
> *Der Zug wurde sichtbar — er kam näher — in unzählbaren*
> *sich überhastenden Stößen fauchte der Dampf aus dem*
> *schwarzen Maschinenschlote. Da: ein — zwei — drei*
> *milchweiße Dampfstrahlen quollen kerzengerade empor,*
> *und gleich darauf brachte die Luft den Pfiff der Maschine*
> *getragen. Dreimal hintereinander, kurz, grell, beängstigend.*
> *Sie bremsen, dachte Thiel, warum nur? und wieder gellten*
> *die Notpfiffe schreiend, den Widerhall weckend,*
> *diesmal in langer ununterbrochener Reihe.*[644]

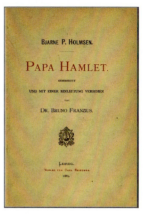

Titelblatt von „Papa Hamlet"
1889

---

640 vgl. Bartl 2009, S. 169
641 aus: Holz/Schlaf: Die Familie Selicke, 1890, S. 9 f.
642 Holz/Schlaf: Papa Hamlet, 1889, S. 88
643 Hauptmann: Vor Sonnenaufgang 1889, S. 30
       Hauptmann widmet sein Drama „Bjarne P. Holmsen [d.i. Arno Holz und Johannes Schlaf], dem consequentesten Realisten, Verfasser von ‚Papa Hamlet' zugeeignet, in freudiger Anerkennung der durch sein Buch empfangenen, entscheidenden Anregung." Hauptmann unterstreicht damit die Bedeutung und den Einfluss von Holz und Schlaf als Programmatiker und Literaten des Naturalismus gleichermaßen.
644 Hauptmann 1892, S. 44 f.

Wenngleich das Ideal (x = 0), also die Kongruenz von Kunst und Natur, nie ganz zu erreichen ist, so ermöglichen doch ein umfangreicheres Repertoire sprachlicher Mittel („Reproductionsbedingungen") sowie eine größere Variationsbreite ihrer Anwendung („Handhabung") eine größtmögliche Annäherung (x → 0) der Kunst an die Natur bzw. Wirklichkeit, was vorstehende Textauszüge (tendenziell) durchaus bestätigen.

Nicht nur für die Literatur beansprucht die Formel „Kunst = Natur – x" Gültigkeit, sondern für die Kunst allgemein. Holz erläutert dies anhand eines im Wortsinn bildhaften Vergleichs: Ein kleiner Junge hat mit einem Steingriffel auf eine Schiefertafel eine „Figur" gemalt, aus welcher der Betrachter „absolut nicht klug" wird: „Für ein Dromedar hat sie nicht Beine genug, und für ein Vexirbild (sic) ‚Wo ist die Katz?' kommt sie [dem Betrachter] zu primitiv vor. Am ehesten möchte [man] sie noch für eine Schlingpflanze, oder für den Grundriss einer Landkarte halten." Gefragt, was diese Figur denn darstelle, antwortete der Junge „Ein Suldat!" [Soldat]. Hätte ihm ein „Tuschkasten", ferner „ein kleines Muschelschälchen mit Goldbronze", ein „Pinsel" statt eines „Steingriffels" und ein „weisses Stück Pappe" statt einer „schwarze[n] Schieferplatte" zur Verfügung gestanden, „das x würde dann um ein paar Points verringert und die pp. Lücke nicht mehr ganz so grauenhaft gross geworden sein."[645]

Fußen die wichtigen Theoretiker des literarischen Naturalismus, Arno Holz und Émile Zola, Gründervater des europäischen Naturalismus, hinsichtlich der Entwicklung ihrer Kunsttheorie gleichermaßen auf den Naturwissenschaften und der Taine'schen Milieutheorie, so unterscheiden sie sich doch darin, dass der Franzose in der psychischen Persönlichkeit des Künstlers letztlich die entscheidende die Kunst bestimmende Größe sah: „Die Kunst ist ein Stück Natur, gesehen durch ein Temperament."[646]

4.   Das Paradigma der Moderne:

Gegen „den Erbfeind und Todfeind: die Lüge in jeglicher Gestalt"

Indem er auf die „Reproductionsbedingungen" der Kunst und deren „Handhabung" reflektiert, ist der Naturalismus als die die literarische Moderne begründende Epoche zunächst und zuvorderst ein Sprachprojekt. Und weil sich die Fesseln und Konventionen der Tradition am merklichsten in Gedichttexten lösen, gilt die Lyrik als Paradigma der Moderne. Ein Umstand, den nicht nur die Titel der maßgeblichen Anthologien der Zeit widerspiegeln.[647] „Modern" war auch die Losung von neu gegründeten literarischen Vereinen bzw. deren Programmen und Literaturzeitschriften.[648]

Doch blieb gerade die Lyrik – entgegen den Ankündigungen – formal zumeist konventionell. Inhaltlich aber genügte sie durchaus dem entschiedenen Anspruch, „nichts zu beschönigen und nichts zu vertuschen" und den „Erbfeind und Todfeind: die Lüge in jeglicher Gestalt"[649] zu bekämpfen.

---

645   Holz 1891, S. 107 f., 113 f.

646   Zola 1866, S. 229. Im originalen Wortlaut: „qu'une œuvre d'art est un coin de la création vu à travers un tempérament"

647   z. B. Arents „Moderne Dichter-Charaktere" [1885]; Holz' „Das Buch der Zeit. Lieder eines Modernen" (1886)

648   z. B.: „Zehn Thesen zur literarischen Moderne [des Vereins ‚DURCH!']" (1888); „Freie Bühne für modernes Leben" (1890).
Letztere, Sprachrohr des Naturalismus in Deutschland, wurde 1892 in „Freie Bühne für den Entwicklungskampf der Zeit" und 1893 in „Neue deutsche Rundschau" umbenannt. Seit 1904 erscheint sie unter dem Titel „Die neue Rundschau" und zählt zu den ältesten Kulturzeitschriften Europas.

649   Programmtext „Zum Beginn". In: Freie Bühne für modernes Leben, Jg. 1, 1890, H. 1, S. 1
Zitiert nach: https://friedrichshagener-dichterkreis.de/2010/05/

Was bislang darzustellen in der Dichtung als Tabu galt, nämlich das „nackte Wiedergeben alltäglichen Lebens, [...] seines Elends und seiner Schattenseiten",[650] welche die
Klassik allenfalls im außerliterarischen Kontext thematisierte,[651] die Romantik ganz igno-
rierte und der Realismus „überblumend" poetisierte, wird nun erstmals unverblümt und
rückhaltlos Gegenstand der Poesie.

Formal und inhaltlich gleichermaßen dem Paradigma der Moderne entsprechende, sel-
biges eigentlich erst konstituierende literarische Werke waren die Gedichte Arno Holz',
wenngleich auch er sich zunächst noch der später von ihm „als Selbstzweck" kritisierten
und verworfenen „Musik der Worte"[652] (Metrum und Reim) und des „geheime[n] Leierkasten[s]"[653] (Strophe) bediente, weshalb auch das x der Formel „Kunst = Natur – x" in
der Umsetzung zunächst noch größer geriet als in der Theorie postuliert.

Ein „Wortkunst"-Werk, das der Intention und dem Willen des Naturalismus nach unver-
stellter Darstellung der Wirklichkeit, d. h. des sozialen Elends der Zeit und des Verhält-
nisses von Kunst und Gesellschaft entspricht, obwohl die „Reproductionsbedingungen
und deren Handhabung" noch weitgehend der Tradition verhaftet sind, ist Holz' Gedicht
„Ihr Dach stieß fast bis an die Sterne". Es eröffnet den 13 Gedichte umfassenden Zyklus
„Phantasus!" seiner Anthologie „Buch der Zeit".[654] Als „Ur-Phantasus" bildeten diese 13
Gedichte die Keimzelle des späteren gleichnamigen monumentalen Hauptwerks[655] des
Dichters, in dem er die theoretische „Revolution der Lyrik"[656] praktisch umsetzte und
demonstrierte: mit „natürlichen Rhythmen"[657] und ohne die formalen, überflüssigen und
verbrauchten „Prinzipien" Strophen, Reim und Metrum.

5. Dichtung des Naturalismus – Beispiel

5.1 Arno Holz: *Ihr Dach stieß fast bis an die Sterne*[658]

Das 1886 erstmals veröffentlichte Gedicht erscheint aufgrund der hier realisierten, ab
1898 aber als überflüssige „Prinzipien" resolut verworfenen lyrischen Formen (Strophe,
Metrum und Reim) noch in traditionellem Gewand. Es genügt also (noch) nicht den später

---

650 Fontane 1853, S. 358

651 so z. B. Goethe in einem Gespräch mit Eckermann am 28. März 1828:
„Aber gehen Sie einmal in unsere großen Städte, und es wird Ihnen anders zumute werden. Halten Sie einmal einen Umgang an der Seite eines [...] Hinkenden [...] oder eines Arztes von ausgedehnter Praxis, und er wird Ihnen
Geschichten zuflüstern, daß Sie über das Elend erschrecken und über die Gebrechen erstaunen, von denen die
menschliche Natur heimgesucht ist und an denen die Gesellschaft leidet." Zitiert nach: Eckermann 2015, S. 638

652 Holz 1898, S. 210

653 ibid. S. 215

654 Holz 1886, S. 394-419
Phantasos ist in der griechischen Mythologie der Sohn des Hypnos, des Gottes des Schlafes. Zusammen mit seinen
Brüdern Morpheus und Phobetor verkörpert Phantasos die Oneiroi, die Träume bzw. den Träumer. In Holz' Gedichtzyklus erscheint Phantasus als Inkarnation des kreativen Dichters, der sich, völlig verarmt und konfrontiert
mit einer in allen Belangen morbiden Großstadt-Welt, in eine Fantasie- und Traumwelt flüchtet und schließlich
verhungert. „Sein Reich war nicht von dieser Welt!" (S. 418), kommentiert der lyrische Erzähler des „Phantasus!"
am Ende der ersten Strophe des letzten Gedichts.

655 Zwei Jahre nach der Veröffentlichung von Holz' „Das Buch der Zeit. Lieder eines Modernen" erschien „Phantasus" / von / Arno Holz / Berlin 1898 Sassenbach / Erstes Heft. 1899 folgte das zweite Heft. Zeitlebens beschäftigte
sich Holz mit der Phantasus-Thematik. Schließlich entstand aus dem 26 Seiten starken Phantasus-Zyklus 1886
über die beiden Phantasus-Hefte 1898/99 das 1.345 (!) Seiten umfassende Hauptwerk des wichtigsten Theoreti-
kers des deutschen Naturalismus.

656 Holz 1899

657 ibid. S. 28

658 Holz 1886, S. 394-395

---

formulierten revolutionären Ansprüchen.[659] Thematisch und inhaltlich indessen unterscheidet es sich gravierend von allen vorhergehenden literarischen Epochen, insofern es das Morbide und Brüchige, das Elend und die Schattenseiten des alltäglichen Lebens zum Gegenstand der Dichtung macht und den Gegensatz von unerbittlicher (sozialer) Realität und literarischer Traumwelt aufzeigt und problematisiert. Diesbezüglich zumindest ist dieses Gedicht wie der gesamte Zyklus „Phantasus!", den es einleitet, fraglos revolutionär. Das Ausrufezeichen im Titel signalisiert dies als Bestätigung und Anspruch gleichermaßen.

Arno Holz

Heinrich Zille:
Hinterhof einer Mietskaserne in Berlin (1919)

Ihr Dach stieß fast bis an die Sterne

Ihr Dach stieß fast bis an die Sterne,
Vom Hof her stampfte die Fabrik,
Es war die richtge Miethskaserne
Mit Flur- und Leiermannsmusik!
Im Keller nistete die Ratte,
Parterre gab's Branntwein, Grogk und Bier,
Und bis ins fünfte Stockwerk hatte
Das Vorstadtelend sein Quartier.

Dort saß er nachts vor seinem Lichte
– Duck nieder, nieder, wilder Hohn! –
Und fieberte und schrieb Gedichte,
Ein Träumer, ein verlorner Sohn!
Sein Stübchen konnte grade fassen
Ein Tischchen und ein schmales Bett;
Er war so arm und so verlassen,
Wie jener Gott aus Nazareth!

Doch pfiff auch dreist die feile Dirne,
Die Welt, ihn aus: „Er ist verrückt!"
Ihm hatte leuchtend auf die Stirne
Der Genius seinen Kuß gedrückt.
Und wenn vom holden Wahnsinn trunken,
Er zitternd Vers an Vers gereiht,
Dann schien auf ewig ihm versunken
Die Welt und ihre Nüchternheit.

In Fetzen hing ihm seine Blouse,
Sein Nachbar lieh ihm trocknes Brod,
Er aber stammelte: „O Muse!"
Und wußte nichts von seiner Noth.
Er saß nur still vor seinem Lichte,
Allnächtlich, wenn der Tag entflohn,
Und fieberte und schrieb Gedichte,
Ein Träumer, ein verlorner Sohn!

---

659 vgl. Holz 1898, S. 210-219 und ders. 1899
Revolutionär ist auch der Anspruch, Lyrik dem „wenig bemittelte[n] Bruchteil unseres Volkes" zugänglich zu machen.
Holz kritisiert die zeitgenössische Epigonen-Lyrik, die „höchstens [...] beklagt, daß das feuerschnaubende Untier von Dampfroß die süße Einsamkeit der Wälder entweihe" und für die „[d]as soziale Elend überhaupt nicht (existiert)." Er fordert eine „soziale Lyrik", die beständiger ist als die politische, die nur „meteorartig aufblitz[t] und dann wieder ebenso urplötzlich verlösch[t]" wie die Lyrik des Vormärz; s. Holz 1883, S. 57, 58

5.1.1 Formanalyse

Zeilen-Nr.	Arno Holz *Ihr Dach stieß fast bis an die Sterne*	Reimschema	Kadenz	Ort / Dichter / Welt	Besonderheiten
1	◡ / ◡ / ◡ / ◡ / ◡ / ◡ Ihr Dach stieß fast bis an die Sterne,	a	w	Ort	kataphorischer Gebrauch des Pronomens *ihr* (1) Alliteration (*stieß* : *Sterne*, 1)
2	Vom Hof her stampfte die Fabrik,	b	m		Personifikationen (*stampfte*, 2; [...] *hatte / Das Vorstadtelend sein Quartier*, 7 f.)
3	Es war die richtge Miethskaserne	a	w		umgangssprachliche Formen (*richtge*, 3) bzw. okkasionelle Wendun-
4	Mit Flur- und Leiermannsmusik!	b	m		gen (*Flur- und Leiermannsmusik*, 4)
5	◡ / ◡ / ◡ / ◡ / ◡ / ◡ Im Keller nistete die Ratte,	c	w		Fremdwörter (*Parterre*, 6; *Quartier*, 8, *Blouse*, 25) Zeilenstil (1, 2; 5, 6) vs. Enjambement (3-4, 7-8)
6	Parterre gab's Branntwein, Grogk und Bier,	d	m		Accumulatio (6); Antithese (*Dach*, 1 vs. *Keller*, 5)
7	Und bis ins fünfte Stockwerk hatte	c	w		Assonanzen (*Dach* : *fast*; *stieß* : *bis*; 1;
8	Das Vorstadtelend sein Quartier.	d	m		Parterre : *gab's* : *Branntwein*, 6) dunkle vs. helle Vokale (a vs. i): *Ihr Dach stieß fast bis an die Sterne* (1 u. ö.) Wortfeld „Vorstadtelend" (8): *Fabrik* (2), *Miethskaserne* (3), *Leiermannsmusik* (4), *Ratte* (5), *Alkohol* (6) Störung des jambischen Metrums (5, s. auch 11 u. ö.)
9	Dort saß er nachts vor seinem Lichte	e	w	Dichter	kataphorischer Gebrauch des Pronomens *er* (9)
10	— Duck nieder, nieder, wilder Hohn! —	f	m		elliptische Verwendung des reflexiven Verbs *niederducken* (10); Antithese (*nachts*, 9 vs. *Lichte*, 9)
11	◡ / ◡ / ◡ / ◡ / ◡ Und fieberte und schrieb Gedichte,	e	w		Apostrophe (10), Geminatio (10), Exclamatio (10) Enjambement (9/11) unterbrochen von Ausruf (10: 13-14, 15-16)
12	Ein Träumer, ein verlorner Sohn!	f	m		Bibel-Allusion bzw. -vergleich (12, 16)
13	Sein Stübchen konnte grade fassen	g	w		Asyndeton (*Ein Träumer, ein verlorner Sohn*, 12) zugleich Apposition in Distanzstellung
14	Ein Tischchen und ein schmales Bett;	h	m		Syndeton (*Und fieberte und schrieb Gedichte*, 11), s. auch 14, 15
15	Er war so arm und so verlassen,	g	w		Diminutiva (*Stübchen*, 13; *Tischchen* 14)
16	Wie jener Gott aus Nazareth!	h	m		Antonomasie (16)
17	Doch pfiff auch dreist die feile Dirne,	i	w	Welt	Alliteration (*Doch ... dreist die ... Dirne*, 17)
18	Die Welt, ihn aus: „Er ist verrückt!"	j	m		Inversion des Verbs (*auspfeifen*, 17/18) bzw. des Pronomens *ihn* (18)
19	Ihm hatte leuchtend auf die Stirne	i	w		Hypallage/Enallage (*dreist*, 17)
20	Der Genius seinen Kuß gedrückt.	j	m		Inversion von Subjekt (*Dirne*, 17) und Verb (*auspfeifen*, 17/18), von Adverb (*dreist*, 17) und Akkusativobjekt (*ihn*, 18), von Subjekt
21	Und wenn vom holden Wahnsinn trunken,	k	w		(*Genius*, 20) und Dativobjekt (*ihm*, 19), vgl. auch 23 f.
22	Er zitternd Vers an Vers gereiht,	l	m		Apposition ([...] *die feile Dirne / Die Welt*, 17/18)
23	Dann schien auf ewig ihm versunken	k	w		direkte Rede (18)
24	Die Welt und ihre Nüchternheit.	l	m		Contradictio in adiecto (*holder Wahnsinn*, 21) kontrastierende Stilebenen (normalsprachlich: *dreist die feile Dirne*, 17 f. vs. poetisch: *vom holden Wahnsinn trunken*, 21)
25	In Fetzen hing ihm seine Blouse,	m	w	Welt	Inversion des Subjekts (*seine Blouse*, 25) vs. normale Stellung (*Sein Nachbar*, 26) → chiastisch
26	Sein Nachbar lieh ihm trocknes Brod,	n	m		Inversion des Adverbs (*allnächtlich*, 30)
27	Er aber stammelte: „O Muse!"	m	w		elliptische Apostrophe (27) kontrastiert mit der Weise der Artikulation (*stammeln*, 27)
28	Und wußte nichts von seiner Noth.	n	m		Antithese (*Brod*, 26 vs. *Noth*, 28)
29	Er saß nur still vor seinem Lichte	e	w	Dichter	Zeilenstil (25, 26) vs. Enjambement (27-28; 29-32)
30	Allnächtlich, wenn der Tag entflohn	f	m		hypotaktische Konstruktion (30)
31	Und fieberte und schrieb Gedichte,	e	w		Apposition in Distanzstellung (*Ein Träumer, ein verlorner Sohn*, 32)
32	Ein Träumer, ein verlorner Sohn!	f	m		flüssiger Kehrreim (29) zu (9) feste Kehrreime (31 : 11; 32 : 12)

5.1.2 Interpretationsskizze

Vier Strophen zu je acht Versen umfasst dieses durchgehend im Kreuzreim gehaltene Gedicht, dessen Versschlüsse sich durch einen konsequenten Wechsel von weiblicher und männlicher Kadenz auszeichnen. Weniger stringent durchgehalten ist das 4-hebige jambische Versmaß. Zwar ist es das bestimmende metrische Schema des Gedichts, wird jedoch an einigen, inhaltlich besonders bedeutsamen Stellen, aufgegeben bzw. erscheint gestört (z. B. V. 5, 11, 31). Diese beim flüchtigen Lesen kaum merkliche „Ungereimtheit" deutet bereits subtil auf das Hauptthema des Gedichts: die Aufdeckung des schönen Scheins bzw. das Neben- und Gegeneinander von harter, unerbittlicher Realität und literarischer Traumwelt. Gegensätze und Oppositionen auf der formalsprachlichen wie auf der inhaltlichen Ebene sind denn auch die auffälligsten Struktur- und Bedeutungsmerkmale des Gedichts.

Die erste Strophe skizziert in objektiv-nüchternem Duktus das sich in trostlosen Wohnverhältnissen spiegelnde soziale Elend des Industrieproletariats einer Großstadt. Zeile für Zeile werden in quasi naturwissenschaftlicher Manier induktiv-analytisch konkrete Einzelbeobachtungen angestellt bzw. aneinandergereiht und schließlich unter dem abstrakten Begriff „Vorstadtelend" (V. 8) subsumiert. Dergestalt bildet die Eingangsstrophe des Gedichts gleichsam ein fast vollständiges Konzentrat naturalistischer Thematik: „Miethskaserne" (V. 3), Hinterhof (V. 2), stampfende „Fabrik" (V. 2), mangelnde Hygiene (V. 5), Alkoholismus (V. 6). Das für den Naturalismus ebenfalls charakteristische Sujet Anonymität wird weder expressis verbis noch metaphorisch formuliert, ist jedoch implizit präsent („Miethskaserne") und wird zudem formalsprachlich abgebildet: Der Bezug des den Text eröffnenden Possessivpronomens „Ihr" bleibt zunächst im doppelten Wortsinne unbekannt und wird erst in V. 3 klar („Miethskaserne"). Eine solche kataphorische Konstruktion ist auch in der zweiten Strophe auszumachen. Im Gegensatz zur ersten hebt diese zwar mit dem auf das „Quartier" (V. 8) unmittelbar verweisenden Adverb „Dort" anaphorisch an, die Referenz des Personalpronomens „er" (V. 9) jedoch wird erst in V. 12 („Ein Träumer, ein verlorner Sohn!") aufgelöst. Anonymität, soziale Distanz, Entfremdung bzw. Außenseitertum spiegeln so auch bestimmte grammatische Konstruktionen wider.

Hat die erste Strophe das „naturalistische" Objekt „Miethskaserne" und deren materiell, hygienisch und psychisch desolates Umfeld zum Gegenstand, fokussiert sich der Blick der zweiten auf einen dem „wilde[n] Hohn" (V. 10) seines unmittelbaren Milieus und der Welt preisgegebenen kreativen Literaten, der – seiner beengten Wohn- und kärglichen Lebensverhältnisse (V. 13 f.) gänzlich ungeachtet – ausschließlich für seine Dichtkunst lebt. Beziehungsreich verweist die dargestellte Situation und Haltung des Dichters auf die erste Zeile des Gedichts: Er erscheint nicht nur in der Wirklichkeit ver-, sondern der Welt entrückt. Fern der „Keller"-„Ratte" (V. 5) ist der „Dach"-Stubenpoet den „Sterne[n]" (V. 1) nah. Unbeirrt und entschieden gegen den sich in der Apostrophe „Duck nieder, nieder wilder Hohn!" artikulierenden Widerstand der Umwelt tut bzw. tat er einzig das, wozu er ganz offenbar bestimmt ist: Er „fieberte und schrieb Gedichte" (V. 11, 31). Anders als das geistferne Milieu mit seiner geschäftigen Kunstlosigkeit, die sich in der lärmenden mechanischen „Leiermannsmusik" (V. 4) wortwörtlich Gehör verschafft, bevorzugt er die Stille der Nacht (V. 9, 29), die ihn der Erdenschwere enthebt und seine Außenseiterposition potenziert.

Kann die erste Strophe geradezu als Muster des literarischen Naturalismus gelten, insofern sie in naturwissenschaftlicher Sachlichkeit ohne jede Wertung oder gar Beschönigung einen Ausschnitt der Wirklichkeit beschreibt und allein das konstatiert, was der Fall ist, trifft dies für die zweite nicht zu: Von der rein deskriptiven Sprachebene wechselt der lyrische Erzähler zur expressiven, erkennbar an dem engagierten Ausruf (V. 10), dessen Intensität zudem durch zwei durch Gedankenstriche markierte Pausen erhöht wird, an den Ausrufezeichen (V. 10, 12, 16) sowie an den Diminutiven „Stübchen" (V. 13) und „Tischchen" (V. 14). Dem „x" der Formel „Kunst = Natur – x" wird also – entgegen dem Diktum, es möglichst klein zu halten – viel Raum gegeben.[660] Auch die idealisierende Tradition der Klassik, der die „Modernen[n] Dichter-Charaktere" ein Jahr vor Erscheinen dieses Gedichts samt deren Epigonen eine klare Absage erteilt hatten, wirkt hier noch deutlich nach: Der Bezug auf das biblische Gleichnis vom verlorenen Sohn[661] (V. 12, 32) verklärt den „arm[en]" und „verlassen[en]" Poeten ebenso wie der Vergleich mit Jesus in Form der Antonomasie („Wie jener Gott aus Nazareth!", V. 16).

Vom unmittelbaren Umfeld des sozialen Milieus in der ersten Strophe verengte sich der Blick in der zweiten auf die Dachstube und deren – in den Augen der Umwelt – absonderlichen Bewohner.

In der dritten Strophe weitet sich die Perspektive nun auf die Welt (V. 18, 24). Diese – personifiziert als „Dirne" (V. 17) – schleudert dem weltabgewandten, vom „Genius" (V. 20) geküssten Poeten vehement ihre Verachtung entgegen, indem sie ihn „dreist" (V. 17) auspfeift (V. 17 f.) und als „verrückt" (V. 18) erklärt. In „holde[m] Wahnsinn trunken" und ganz ins Verseschmieden vertieft, wähnt der sich fern der „Welt und ihre[r] Nüchternheit" (V. 24). So wird auch hier ein weiteres Mal der Gegensatz zwischen harter Realität und Traumwelt manifest. Inversion, Enallage, Distanzstellung, Contradictio in adiecto sind die syntaktischen Strukturen resp. Stilmittel, die diese inhaltliche Diskrepanz auch formal abbilden.

Deckt, wie oben festgestellt, bereits die erste Strophe den Kanon typischer naturalistischer Themen weitestgehend ab, wird er hier durch zwei in der Literatur der Epoche häufig wiederkehrende Motive komplettiert: Prostitution und Wahnsinn. Signalisiert jene Verderbtheit der Sitten und moralischen Verfall, bezeichnet dieser eine tiefgreifende psychische, oft von Halluzinationen begleitete Störung.[662]

Allein schon aufgrund seiner entschiedenen Distanz zur Welt – er ist zwar in ihr, doch erhebt er sich über sie – erscheint der Dichter im Vergleich zur „Dirne" Welt moralisch erhaben. Und auch sein „Wahnsinn" (V. 21) ist kein destruktiv-wilder, sondern ein „holder" (V. 21), schöpferischer, der sich als *amabilis insania*,[663] als liebenswürdiger Wahnsinn, in Form selbstvergessener dichterischer Begeisterung äußert.

Die letzte Strophe rückt, wie schon die zweite, den Dichter in den Mittelpunkt – und dieses Mal ausschließlich ihn. Sie zeigt ihn nicht mehr in seinem unmittelbaren Umfeld, seiner spartanisch ausgestatteten Dachkammer. Der Bezug zur Welt, die ihm bereits zuvor „versunken (schien)" (V. 23), ist endgültig gekappt. In völliger Selbst- und Weltvergessenheit, äußerlich gänzlich verwahrlost (V. 25), vertieft allein in die Kunst und sich ihr gleichsam überantwortend „stammelt" er „O Muse!" (V. 27) – eine leise Apostrophe, die wie eine ferne, scheinbar unpassende Antwort auf die lärmend-plakative Zuschreibung der Welt „Er ist verrückt!" (V. 18) anmutet und in deren elliptischer Form sich die Weltabgewandtheit des Poeten ebenso ausdrückt wie sie die letzten beiden Verse des Gedichts als feste Kehrreime der V. 11 und 12 intensivierend bestätigen.

Die explizit genannten Sujets „Miethskaserne", „Hinterhof", „Fabrik", „Leiermannsmusik", „Ratte", „Branntwein, Grogk und Bier", „Vorstadtelend", „Wahnsinn" und die ange-

---

660 Die Schrift „Die Kunst. Ihr Wesen und ihre Gesetze", in der Arno Holz die berühmte Formel entwickelte, erschien allerdings erst 1891, also fünf Jahre nach Veröffentlichung dieses Gedichts.

661 s. Lk 15,11-32

662 In Gerhart Hauptmanns Novelle „Bahnwärter Thiel" unterliegt der gleichnamige Protagonist z. B. einem von Halluzinationen begleiteten Wahn: „und geriet [...] in eine Extase, die sich zu Gesichten steigerte, in denen er die Tote [Thiels verstorbene Frau] leibhaftig vor sich sah." Hauptmann 1892, S. 9

663 So umschreibt bereits der römische Dichter Horaz (65 v. Chr.-8 v. Chr.) die Nachbarschaft von Genie und Wahnsinn. Vgl. auch: Schopenhauer 1996, Bd. 1, S. 272

deuteten bzw. implizit erschließbaren Themen Außenseitertum, Armut, Anonymität und Prostitution weisen das Gedicht – wie schon eingangs betont – als typisch naturalistisches aus. Formal aber bleibt es (noch) der Tradition verhaftet. Neben der Strophengliederung, dem penibel durchgehaltenen Kreuzreim,[664] dem akkurat gestalteten Wechsel von klingender und stumpfer Kadenz sowie der – von einigen wenigen Ausnahmen abgesehen – regelmäßigen Metrik lässt sich die traditionelle Note anhand der Form-Inhalt-Korrespondenz belegen: Der Gegensatz zwischen realer, unverblümter (gesellschaftlicher) Wirklichkeit einerseits und dem sich über sie erhebenden Poeten andererseits spiegelt sich formal in vielfältiger Weise. Davon zeugen z. B. auf der lexikalischen Ebene häufig realisierte antithetische Wortpaare [„Dach" (V. 1) vs. „Keller" (V. 5); „nachts" (V. 9) vs. „Tag" (V. 30), „Lichte" (V. 9, 29); „auspfeifen" (V. 17/18) vs. „stammeln" (V. 27); „Brod" (26) vs. „Noth" (V. 28); „Leiermannsmusik" (V. 4) vs. „Gedichte" (V. 11, 31)]. Auf der grammatisch-syntaktischen Ebene spiegelt sich die Gegensätzlichkeit z. B. im Nebeneinander von kataphorischen und anaphorischen Konstruktionen (V. 1 vs. V. 9), syndetischen (V. 11, 31, 27 f.) und asyndetischen (V. 12, 32), Verknüpfungen und in zahlreichen Inversionen (V. 17 f., 19, 25). Selbst die räumliche Distanz bildet sich syntaktisch ab: So werden z. B. die beiden Konstituenten des diskontinuierlichen (!) Verbs „auspfeifen" in V. 17/18 durch das Einfügen einer Apposition in maximaler Entfernung zueinander positioniert.

Offenkundig ist auch das Nebeneinander zweier Stilebenen, die als Widerschein zweier von den Naturalisten geschätzten Epochen[665] gedeutet werden können: der gehobene Stil und das Pathos des Sturm und Drang (z. B. V. 10, 19 f.) einerseits und die sich an die Alltagssprache annähernde, auf rhetorische Mittel weitgehend verzichtende Vormärzdichtung,[666] wie sie z. B. in der ersten Strophe erkennbar wird, andererseits.

5.2   Holz' Revolution der Lyrik – Beispiel

Doch „revolutioniert" im strengen Sinne hat Holz, bedeutendster Lyriker des Naturalismus, die Poesie erst mit bzw. in der 2. Auflage des „Buchs der Zeit" 1892. „Daß wir Kuriosen der ‚Modernen Dichtercharaktere' damals [in den 1880er Jahren] die Lyrik ‚revolutionirt' zu haben glaubten, war ein Irrthum",[667] bekennt er selbstkritisch. Die über Jahrhunderte für die Lyrik konstitutiven Elemente Reim, Strophe und Metrum haben sich für den wirklich Modernen, den Lyrik-Revolutionär, überlebt: Der Reim taugt ihm allenfalls noch „[f]ür Struwwelpeterbücher und Hochzeitskarmina", denn – so Holz – „[b]rauche ich den selben Reim, den vor mir schon ein Anderer gebraucht hat, so streife ich in neun Fällen von zehn den selben Gedanken". Und die Strophe ist Holz, „sobald sie wiederholt wird, ein geheimer Leierkasten" und wird solchermaßen vom „Hohe[n] Lied" zur „Bänkelsängerei". Das Metrum schließlich ist ihm kaum mehr als ein „‚Streben nach einer gewissen Musik durch Worte als Selbstzweck.' […] nach einem gewissen Rhythmus, der nicht nur durch Das [sic] lebt, was durch ihn zum Ausdruck ringt."[668] Keines dieser Mittel findet sich daher – gerade auch im Sinne einer abbildenden, rein benennenden Sprache – in Holz' späteren Werken.

---

664   Gleichwohl sind einige Reime semantisch auffällig, kühn: z. B. „Sterne" (V. 1) : „Miethskaserne" (V. 3), „Fabrik" (V. 2): „Leiermannsmusik" (V. 4), „Bett" (V. 14) : „Nazareth" (V. 16).

665   In seiner Einleitung zur bedeutenden Anthologie „Moderne Dichter-Charaktere" formuliert Hermann Conradi das Selbstverständnis der „modernen" Dichter. Er spricht von „uns jüngeren Stürmern und Drängern, die wir alles epigonenhafte Schablonenthum über den Haufen werfen wollen". Conradi 1885, S. III
Holz selbst lobt die Vormärzdichter ausdrücklich, namentlich die ‚eiserne Lerche' Georg Herwegh, Hoffmann von Fallersleben und Ferdinand Freiligrath. Er bedauert, dass deren Dichtung „trotz der ungeheuren Erfolge, welche sie ‚bei Lebzeiten' errungen", bald „vergessen" war, und fordert daher eine die politische Lyrik inkludierende soziale, da diese dauerhafter als jene sei. Vgl. Holz 1883, Kyffhäuser-Zeitung. Wochenschrift für alle Universitäts-Angehörige deutschen Stammes und deutscher Zunge. Nr. 6, Berlin, 5. November, S. 58.

666   vgl. Bross/Kreuzmair 2017, S. 105

667   Holz 1898, S. 211

668   ibid. S. 213

Weil das Ziel der Kunst stets das gleiche bleibe, gelte: „Man revolutioniert eine Kunst […] nur, indem man ihre Mittel revolutioniert".[669] Zu solchen die Lyrik revolutionierenden Mitteln werden insbesondere Wiederholungen, Gedankenstriche, Punktreihen, Sperrungen:

Nacht.[670]

Der Ahorn vor meinem Fenster rauscht,

Von seinen Blättern funkelt der Thau ins Gras

Und mein Herz

Schlägt.

Nacht, Nacht, Nacht.

Ein Hund bellt – – ein Zweig knickt – – still !

Still !!

Still !!!

. . . .

Du?

Du??

Ah, deine Hand ! Wie kalt, wie kalt!

Und – deine Augen: gebrochen ! – –

Gebrochen !!

Diese Mittel wurden die neuen „Reproductionsbedingungen" der Kunst resp. deren Handhabung, also des „x" der Formel „Kunst = Natur – x". So sollte Wirklichkeit, sollte Natur (noch) genauer, authentischer und unter weitestgehender Ausschaltung alles Individuell-Subjektiven dargestellt werden. Wiederholungen, gleichviel, ob von Lexemen oder Interpunktionszeichen, sollten die Intensität einer Aussage spiegeln, Gedankenstriche Zeiträume bzw. Dauer im Verlauf einer Handlung ausweisen, Punktreihen Verstummen abbilden und Sperrungen Aussagen betonen.

Mit dem Erscheinen des ersten Heftes des neuen „Phantasus" 1898[671] kam dann das wohl optisch bekannteste und markanteste Merkmal der naturalistischen Lyrik hinzu: die typographische Anordnung der Verse um die Mittelachse, die sogenannte Mittelachsenzentrierung, welche die lyrische Einheit des Textes sichern und Zusammenhalt stiften sollte.

---

669 ibid. S. 211
670 Holz 1892, S. 288
671 Das Bändchen, dessen Titel im Jugendstil gestaltet und nur mit Mühe zu identifizieren ist, umfasst 51 unpaginierte Seiten.

Nacht.[672]

Der Ahorn vor meinem Fenster rauscht,
von seinen Blättern funkelt der Thau ins Gras
und mein Herz
schlägt.

Nacht

Ein Hund bellt ... ein Zweig ... knickt, — still!

Still ! !

Du? . . . Du?

Ah, deine Hand!   Wie kalt, wie kalt!
Und . . . deine Augen . . . gebrochen!

Gebrochen ! !

Phantasus. I. Heft. Berlin, 1898

Diese neuen Elemente machten die Gedichttexte gewissermaßen zu Partituren zur Darstellung der Wirklichkeit, der „Natur".

6.   Der Naturalismus in der Malerei – Beispiel

Max Liebermann: *Die Gänserupferinnen*

Max Liebermann
Selbstbildnis 1911

„[D]ie gutgemalte Rübe ist ebenso gut wie die gutgemalte Madonna."[673] Dieses Aperçu ist eines der bekanntesten in der Geschichte der deutschen Malerei. Es stammt von einem „Wegbereiter der Moderne",[674] einem Hauptvertreter des frühen Naturalismus in der bildenden Kunst, der sich einer „unverklärten, mimetischen Darstellung der alltäglichen Wirklichkeit verschrieb":[675] Max Liebermann (1847-1935). Seine unverblümt-nüchternen Darstellungen des Arme-Leute-Milieus standen in eklatantem Widerspruch zur Kunstauffassung des poetischen Realismus, wie sie sich etwa in den Genrebildern Ludwig Knaus' (1829-1910) oder Franz Defreggers (1835-1921) dokumentiert. Im wörtlichen Sinne sichtbar wird dieser Gegensatz in Liebermanns berühmtem, 1872 entstandenem Gemälde „Die Gänserupferinnen".

---

672 Es handelt sich um die ersten elf des insgesamt 47 Verse umfassenden, auf den ersten beiden Seiten des Heftes abgedruckten Gedichts „Nacht".

673 Liebermann: „Der Satz, daß die gutgemalte Rübe besser sei als die schlechtgemalte Madonna, gehört bereits zum eisernen Bestand der modernen Ästhetik. Aber der Satz ist falsch; er müsste lauten: Die gutgemalte Rübe ist ebenso gut wie die gutgemalte Madonna." Zitiert nach: http://gutenberg.spiegel.de/buch/die-phantasie-in-der-malerei-757/4

674 Fleck/zu Salm-Salm 2011

675 Memmel 2013, S. 247. Naturalist war Liebermann bis etwa 1890, später bekannte er sich zum Impressionismus.

In einem düsteren Raum, vom Schein des durch ein kleines Fenster an der hinteren Wand dringenden Lichts nur spärlich erhellt, sitzen mehrere Frauen wie auf einer Bühne nahe beieinander. Sie sind konzentriert auf ihre alltägliche Arbeit: das mühselige und langwierige Gänserupfen. Ihre Mienen, teils nur im verlorenen Profil zu sehen, sind ernst. Niemand spricht. Trotz ihrer physischen Nähe zueinander wirken die Frauen, jede für sich, isoliert. Die einzige erkennbare Interak-

Max Liebermann: *Die Gänserupferinnen* (1871-1872)

tion erklärt zugleich, wie der gleichermaßen monotone wie banale Arbeitsprozess effizient aufrechterhalten wird: Ein älterer bärtiger Mann mit Lederschürze nimmt den Arbeiterinnen die gerupften Gänse, deren Federn in einem runden Korb gesammelt werden, ab und führt ihnen neue zu.

Auffallend leer bleibt hinsichtlich der Bildkomposition die in der Regel bedeutsame Bildmitte. Eine in deren Nähe positionierte Figur wendet dem Betrachter gar den Rücken zu. So wird eine Identifikation mit bzw. die emotionale Parteinahme für Figuren erschwert und im Sinne der Objektivität größtmögliche Distanz gewahrt.

Schlicht, ungeschönt, unsentimental, ohne herablassendes Mitleid, ohne poetische, gar romantische Verklärung stellt Liebermann so einen alltäglichen, höchst trivialen Arbeitsvorgang dar – kommentarlos, ohne Wertung. Arno Holz' Kunstformel – wendete man sie auf die Malerei an – würde hier optimal entsprochen: das „x" möglichst klein gehalten.

Bürgertum und Kunstkritik zeigten sich brüskiert, geradezu schockiert, sahen in dem Bild „ein Gemälde, worin die abschreckendste Häßlichkeit in unverhüllter Abscheulichkeit thront".[676]

Seinen Schöpfer selbst schimpften sie „Maler des Hässlichen", seine Kunst „Schmutzmalerei".[677]

Als Maßstab galten den Kritikern noch immer nur das heitere Gemüt des Betrachters ansprechende Genrebilder nach Art des poetischen Realismus. Die vernichtende, auf die „Gänserupferinnen" gemünzte Kritik des Literatur- und Kunstkritikers Otto von Leixner mutet zugleich an wie eine Apotheose auf die im goldenen Atelier-Ton gehaltenen Genrebilder Ludwig Knaus'[678] oder Franz Defreggers:[679]

---

676 Eberle 1995, S. 44
677 vgl. https://de.wikipedia.org/wiki/Max_Liebermann
678 s. z. B. „Leichenzug im Walde" (1852); s. oben S.
679 s. z. B. „Kinder beim Kirschenessen" (1869)

So sprechen Apostel der Häßlichkeit und vertilgen mit einem Strich alles aus der Liste des Lebenden, was ihrem Princip feind ist: schöne, lachende Kindergesichter [...] die Welt der Freude und des Lichts, auf welche goldene Sonnenstrahlen [...] niederfluthen – sie versinkt in grauem Nebel.[680]

Indem sich Liebermann über die zur Zeit der Entstehung seiner „Gänserupferinnen" geltenden Konventionen hinwegsetzte, und zwar sowohl im Hinblick auf die Wahl des Sujets (Arme-Leute-Milieu) als auch auf die Art der Darstellung (keine Verklärung oder Idealisierung), war er in der Tat ein Wegbereiter der Moderne.[681]

7.   Dichter und Werke im Überblick (Auswahl)

Dichter	Werke
Wilhelm Bölsche (1861-1939)	*Die naturwissenschaftlichen Grundlagen der Poesie. Prolegomena einer realistischen Ästhetik* (1887)
Gerhart Hauptmann (1862-1946)	*Bahnwärter Thiel* (1887) Novelle *Der Apostel* (1890) Novelle *Vor Sonnenaufgang* (1889) Soziales Drama *Die Weber* (1892) Schauspiel *Der Biberpelz* (1893) Komödie *Fuhrmann Henschel* (1897) Schauspiel
Johannes Schlaf (1862-1941)	*Meister Oetze* (1892) Drama *Papa Hamlet* [zusammen mit A. Holz] (1889) Erzählband/Novellen *Die Familie Selicke* [zusammen mit A. Holz] (1890) Drama
Arno Holz (1863-1929)	*Die Dichtung der Jetztzeit* (1883) dreiteiliger Zeitschriftenartikel *Die Kunst. Ihr Wesen und ihre Gesetze* (1891) Programmschrift *Das Buch der Zeit. Lieder eines Modernen* (1886) Anthologie *Papa Hamlet* [zusammen mit J. Schlaf] (1889) Erzählband/Novellen *Die Familie Selicke* [zusammen mit J. Schlaf] (1890) Drama *Phantasus. Erstes Heft* (1898) Lyrikzyklus *Phantasus. Zweites Heft* (1899) Lyrikzyklus *Revolution der Lyrik* (1899) *Phantasus* (1916) Lyrikzyklus
Eugen Wolff (1863-1926)	*Die Moderne. Zur ,Revolution' und ,Reform' der Litteratur* (1866) *Zehn Thesen zur literarischen Moderne* (1888) [anonym]
Wilhelm Arent (1864-nach 1913) (Herausgeber der wichtigsten Anthologie des Frühnaturalismus)	*Moderne Dichter-Charaktere* (1885) Anthologie

---

680 Leixner 1878, S. 52
   Wie sehr sich die Kunstkritik und das Bürgertum über Liebermanns „Gänserupferinnen" echauffierten, zeigt auch die äußerst tendenziöse Stellungnahme des Kunstkritikers Ludwig Pietsch (1824-1911) in der „Vossischen Zeitung" (November 1872). Er spricht von „rohen, verkümmerten, durch angeborene, von Arbeit und Alter groß- gezogener Hässlichkeit, entstellten und verhunzten Menschenbildern". Zitiert nach: Trache 2016
681 Auch dass Liebermann die sogenannte niedere Arbeit (Rupfen von Gänsen) in einem Großformat (118 x 172 cm) darstellte, bestätigt die avantgardistische Rolle des Malers.

8.   Erfindungen und Entdeckungen im Überblick (Auswahl)

Zeit	Erfindung/Entdeckung	Erfinder/Entdecker
1883/84	Dampfturbine	Carl Gustaf Patrik de Laval Charles Parsons
1884	Füllfederhalter	Lewis Edson Waterman
1885	Benzinkraftwagen/Verbrennungsmotor	Gottlieb Daimler, Wilhelm Maybach
1886	Lochkartenverfahren	Hermann Hollerith
1887	Pneumatischer Gummireifen	John B. Dunlop
1887	Borosilikatglas (Jenaer Glas)	Otto Schott
1887	Schallplatte	Emil Berliner
1888	Nachweis elektromagnetischer Wellen	Heinrich Hertz

9.   Info-Grafik

NATURALISMUS

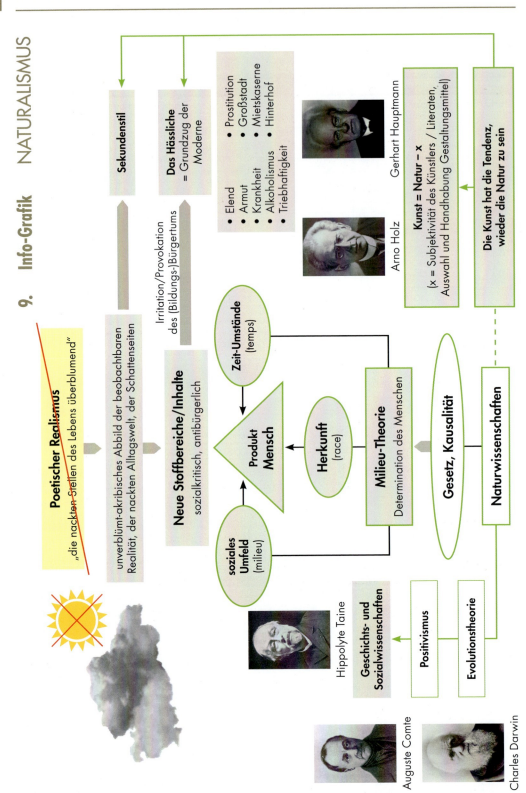

Sekundenstil

Das Hässliche
= Grundzug der Moderne

- Prostitution
- Großstadt
- Mietskaserne
- Hinterhof

- Elend
- Armut
- Krankheit
- Alkoholismus
- Triebhaftigkeit

Gerhart Hauptmann

Arno Holz

Kunst = Natur − x
(x = Subjektivität des Künstlers / Literaten, Auswahl und Handhabung Gestaltungsmittel)

Die Kunst hat die Tendenz, wieder die Natur zu sein

Irritation/Provokation des (Bildungs-)Bürgertums

Poetischer Realismus
„die nackten Stellen des Lebens überblümend"

unverblümt-akribisches Abbild der beobachtbaren Realität, der nackten Alltagswelt, der Schattenseiten

Neue Stoffbereiche/Inhalte
sozialkritisch, antibürgerlich

Zeit-Umstände
(temps)

Produkt Mensch

Herkunft
(race)

soziales Umfeld
(milieu)

Milieu-Theorie
Determination des Menschen

Gesetz, Kausalität

Naturwissenschaften

Hippolyte Taine

Geschichts- und Sozialwissenschaften

Positivismus

Evolutionstheorie

Auguste Comte

Charles Darwin

1. Begriff

„Jahrhundertwende" ist kein literarischer Epochen-, sondern ein Ordnungsbegriff, eine zusammenfassende chronologische Hilfsbezeichnung für eine Vielzahl von im Zeitraum zwischen ca. 1890 und 1910 nebeneinander existierenden, teils konkurrierenden, teils komplementären literarischen Strömungen und Stiltendenzen: Impressionismus, Symbolismus, Neoklassik, Neuromantik, Jugendstil, Décadence, Fin de Siècle, Wiener Moderne, Münchner Moderne, Berliner Moderne. Sie alle eint die Ablehnung des (konsequenten) Naturalismus, die Abkehr vom Zeitgeschehen, von der Alltagswirklichkeit, von der vom Darwinismus und Positivismus geprägten und bestimmten materialistischen Weltanschauung. Doch bereits die Tatsache, dass diese Benennungen unterschiedlichen Kategoriensystematiken[682] entstammen und ein je bestimmtes Vorverständnis evozieren, bedeutet, dass keine dieser Bezeichnungen literarhistorische Neutralität beanspruchen und eine scharfe Trennlinie zwischen den einzelnen Strömungen bzw. Stiltendenzen nicht gezogen werden kann.

2. Historisch-geistesgeschichtlicher Hintergrund

Epochenschwellen, zumal die Zeit zwischen einem zu Ende gehenden und dem Beginn eines neuen Jahrhunderts, lösen meist Unruhe und ein diffuses Unbehagen aus, erzeugen oftmals ein ambivalentes Bewusstsein von Veränderungen und Umbrüchen. Die Wende vom 19. zum 20. Jahrhundert ist geradezu ein Paradigma einer solchen Umbruchsituation. Keine Zeitenwende zuvor war von derart vielfältigen, tiefgreifenden, sich in rasantem Tempo vollziehenden Veränderungen und Neuerungen bestimmt wie die Wende vom 19. zum 20. Jahrhundert. Dies erklärt auch die Vielzahl der oben genannten literarischen Strömungen bzw. den Stilpluralismus.

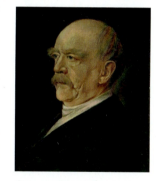

Otto von Bismarck

Die politische Situation der Zeit erscheint vordergründig stabil. Außenpolitisch trat das Deutsche Reich moderat und friedfertig auf. Expansionsbefürchtungen der europäischen Großmächte Großbritannien und Russland versuchte Reichskanzler Bismarck (1815-1898) zu zerstreuen, indem er u. a. mehrfach versicherte, dass das Reich nach dem Krieg gegen Frankreich und der Rückgewinnung Elsass-Lothringens (1871) territorial „saturiert"[683] sei. Dazu passte auch die im Vergleich zu anderen europäischen Mächten (zunächst) zurückhaltende Kolonialpolitik.[684] Innenpolitisch begünstigte und forcierte die nach dem Deutsch-Französischen Krieg 1870/71 ungewohnt lange Friedenszeit einen enormen Aufschwung der Wirtschaft, der sich primär der zweiten Welle der industriellen Revolution[685] verdankte, die auf den sich immer stärker entwickelnden

---

682 *Kunstgeschichte*: Impressionismus, Jugendstil; *Literaturgeschichte*: Neoklassik, Neuromantik; *Geschichtsphilosophie*: Décadence, Fin de Siècle; *Geografie*: Wiener Moderne, Münchner Moderne, Berliner Moderne

683 In einem Entwurf, der dem Reichstag im März 1871 vorgelegt wurde, hieß es, dass das „neue Reich [d. i. das im Januar 1871 gegründete Deutsche Reich] dem selbsteigenen Geiste des Volkes entsprungen [sei], welches, nur zur Abwehr gerüstet, unwandelbar den Werken des Friedens ergeben ist. [...] Die Tage der Einmischung in das innere Leben andrer Völker werden, so hoffen wir, unter keinem Vorwand und in keiner Form wiederkehren". Zitiert nach: Buchheim 1969, S. 87

684 Bismarck war bis 1884 „entschieden antikolonial eingestellt". Vgl. Baumgart 1992, S. 141-153

685 Während die erste Welle der industriellen Revolution von der Metall-, Eisen- und Textilindustrie ausgelöst und bestimmt war, wurde die zweite von der Chemie- und Stahlindustrie, der Elektrotechnik und der automatischen Fertigungstechnik (Fließband) initiiert und getragen.

Naturwissenschaften und auf der diese wesentlich beeinflussenden Theorie des Positivismus fußte. Um die mit der fortschreitenden Industrialisierung und Urbanisierung verbundenen Risiken zu minimieren und entsprechende Unwägbarkeiten abzusichern, wurde die Sozialgesetzgebung[686] eingeführt. Oberflächlich betrachtet schien das Reich also nicht nur außenpolitisch, sondern auch innenpolitisch, insbesondere ökonomisch und sozial, „saturiert".

Wilhelm II.

Doch hinter der Fassade dieser Saturiertheit, des Fortschrittsoptimismus und der Bemühungen um soziale Absicherung des Industrieproletariats taten sich irritierende, gar bedrohliche Widersprüche auf: Wilhelm II. (1859-1941), seit 1888 Deutscher Kaiser, war ein reaktionärer, selbstgefälliger Monarch, der sich als Regent von Gottes Gnaden verstand[687] und Adel und Militär protegierte.[688] Mit liberal und demokratisch gesinnten Kreisen geriet er aufgrund seines eigenmächtigen Regierungsstils zunehmend in Konflikt, wenngleich er die ihm von der Reichsverfassung gewährten Rechte nicht überschritt und gewisse Modernisierungsfortschritte des Bürgertums auf den Gebieten der Wirtschaft und Wissenschaft durchaus goutierte. Wie gezielt im Kaiserreich schon vor der Ägide (1888-1918) Wilhelms II. demokratische Kräfte und Bestrebungen, insbesondere vonseiten der Arbeiterschaft, massiv bekämpft wurden, davon zeugen ausgerechnet Bismarcks Sozialreformen. Was auf den ersten Blick in einem solidarischen Gewand daherkam, diente – im Interesse des Machterhalts der herrschenden Elite – ganz bewusst auch der Bekämpfung demokratischer Kräfte und Initiativen, konkret der Schwächung der Sozialdemokratie.[689] Zugleich sollte den freiwilligen Sozialversicherungen der Gewerkschaften und der kirchlichen Arbeiterverbände mit den staatlichen Sozialreformen die wirtschaftliche Grundlage entzogen werden. Daneben wandelte sich die vorgeblich „den Werken des Friedens ergeben[e]", betont antikoloniale Außenpolitik des Reichs alsbald in eine zusehends aggressiv-imperialistische, da man – so eine Verlautbarung des Außenministeriums – bei

---

686 Krankenversicherung (1883), Unfallversicherung (1884), Invaliditäts- und Altersversicherung bzw. Rentenversicherung (1889)

687 Von diesem Selbstverständnis zeugt nicht zuletzt der umfangreiche Titel des Monarchen, der mit den Worten anhob:
„Wir Wilhelm, von Gottes Gnaden Deutscher Kaiser; König von Preußen ..." („Wir" = Pluralis Majestatis; dies soll den Herrscher als besonders mächtig ausweisen und suggeriert, dass er für seine Untertanen spricht.).
Während eines Festmahls des Provinziallandtages im Mai 1890 in Königsberg betonte der Monarch, dass das Königtum von Gottes Gnaden ausdrücke, „daß Wir Hohenzollern unsere Krone nur vom Himmel nehmen und die darauf ruhenden Pflichten dem Himmel gegenüber zu vertreten haben. Von dieser Auffassung bin auch ich beseelt, und nach diesem Prinzip bin ich entschlossen zu walten und zu regieren." Zitiert nach: Richter 1898, S. 386 und Zietz 1999, S. 36

688 Die Armee, deren Stärke der Kaiser selbst bestimmte, war mit vielen Privilegien ausgestattet. Angehörige des Militärs standen in höchstem Ansehen. Eine besondere Rolle spielte der Adel, dem die hohen und höchsten militärischen Ränge vorbehalten waren. Auch der Beraterstab des Kaisers bestand nahezu ausschließlich aus hohen Militärs.

689 Bereits im Reichs-Gesetzblatt Nr. 34 vom 19./21. Oktober 1878 wurde das „Gesetz gegen die gemeingefährlichen Bestrebungen der Sozialdemokratie" erlassen, das den Sozialdemokraten in § 1 unterstellt, „den Umsturz der bestehenden Staats- oder Gesellschaftsordnung [zu] bezwecken", und das bis zum 30. September 1890 in Kraft blieb. Vgl. Kruse 2012

---

der Aufteilung der Welt nicht länger gewillt sei, „träumend beiseite [zu] stehen, während andere Leute sich den Kuchen teilen".[690]

Derartige, unverhohlen „Anspruch auf ein größeres Deutschland" reklamierende Äußerungen waren – erst recht in Zeiten zunehmender weltwirtschaftlicher Verflechtungen – Manifestationen einer sich verschärfenden ökonomischen und politischen Konkurrenzsituation, die auf einen bewaffneten Konflikt vorausdeutete.

Verstörende Konsequenzen zeitigen auch die Wissenschaften, erschütterten sie doch über Jahrhunderte geltende vermeintliche Gewissheiten, namentlich das menschliche Selbstverständnis. Hatte bereits 1859 Charles Darwin die Entstehung des Menschen als aus dem natürlichen Prozess der Evolution hervorgegangenes Produkt erklärt und damit die Überzeugung von der Sonderstellung des Menschen und seiner Einzigartigkeit zunichte gemacht, erfährt dessen Selbstbild an der Jahrhundertwende eine weitere Kränkung: Dieses Mal musste er gewärtigen, dass sein frei geglaubter Wille nur bedingt frei, sein Tun und Handeln vielmehr eine Funktion des Unbewussten seien, gar von der Libido bestimmt würden. Sigmund Freud (1856-1939), Entdecker des Unbewussten und Begründer der Psychoanalyse, komprimierte diese seine Erkenntnis in die Metapher, dass der Mensch „nicht [...] Herr ist im eigenen Hause, sondern auf kärgliche Nachrichten angewiesen bleibt von dem, was unbewußt in seinem Seelenleben vorgeht".[691]

Doch nicht nur das menschliche Selbstbild und Selbstverständnis wurden erschüttert, sondern auch das der Wissenschaft selbst. Nirgendwo wurde dies deutlicher als in der Physik, die infolge der von Max Planck (1858-1947) um 1900 begründeten Quantenphysik einen Großteil sicher geglaubter Erkenntnisse revidieren musste. Plancks Theorie[692] führte nicht allein zu einer Revolution des Denkens innerhalb der Physik, sondern implizierte prinzipielle Erkenntnisse bzw. (erkenntnistheoretische) Probleme. War man bisher überzeugt, dass die Realität unzweideutig sei, dass z. B. Messgrößen wie Ort und Geschwindigkeit exakt bestimmbar seien, erkannte man nun, dass dies für die subatomare Ebene nicht gilt, sondern dass alles, was sich dort ereignet, durch den Einfluss von Bewusstsein und Gedanke des Beobachters geschieht. Ins Konkrete übersetzt war diese revolutionäre Erkenntnis eine dreifache: 1. Der Beobachtende formt das Beobachtete, 2. Wissen ist stets subjektives Wissen, 3. objektive Wirklichkeit gibt es nicht.

Immer entschiedener wandte sich mithin der Blick vom Objekt zum Subjekt, zum Ich, bis hin zu dessen Infragestellung als beständige, vom Objekt klar geschiedene Einheit. Ihren markantesten Ausdruck fand diese Problematisierung in Ernst Machs Diktum „Das Ich ist unrettbar",[693] das für die Literatur der Jahrhundertwende besonders bedeutsam

---

690 Versicherte Bismarck noch 1881 kategorisch: „Solange ich Reichskanzler bin, treiben wir keine Kolonialpolitik", forderte der Staatssekretär des Auswärtigen Amtes und spätere Außenminister und Reichskanzler Bernhard von Bülow (1849-1929) am 6. Dezember 1897 im Reichstag: „Wir wollen niemanden in den Schatten stellen, aber wir verlangen auch unseren Platz an der Sonne". Bülow 1907, S. 8
Noch deutlicher wird Bülows Ankündigung einer aggressiven Expansionspolitik zwei Jahre später am 11. Dezember 1899:
„Untätig beiseite stehen, wie wir das früher oft getan haben, entweder aus angeborener Bescheidenheit oder weil wir ganz absorbiert waren durch unsere inneren Zwistigkeiten oder aus Doktrinarismus – träumend beiseite stehen, während andere Leute sich den Kuchen teilen, das können wir nicht und wollen wir nicht [...] Wenn die Engländer von einem Greater Britain reden, wenn die Franzosen sprechen von einer Nouvelle France, wenn die Russen sich Asien erschließen, haben auch wir Anspruch auf ein größeres Deutschland." Zitiert nach: Schnackenberg/Bernhardt 2017, S. 57

691 s. Freud 1969, S. 283 f.

692 Die Quantentheorie war deshalb so revolutionär, weil sie der bis dahin bekannten Erfahrungswelt insofern widersprach, als nun neben den bekannten kontinuierlichen auch gequantelte Größen, d. h. Teile eines Ganzen, deren Unterschiede nicht beliebig klein werden können, postuliert wurden.

693 Mach 1922, S. 20

Ernst Mach

wurde.[694] Nach dem österreichischen Physiker und Philosophen Mach (1838-1916) sind allein Empfindungen – „Farben, Töne, Drücke, Räume, Zeiten u.s.w." – und ihre funktionalen, nicht kausalen Abhängigkeiten und Zusammenhänge real.[695] Die Dinge sind Empfindungskomplexe. Auch das Ich ist nur ein Bündel von in sich geschlossenen Empfindungen, Beobachtungen, Gefühlen und Erinnerungen, das mit anderen, die zusammen die Außenwelt (Objekt) ausmachen, lediglich „schwächer zusammenhängt".[696] Eine strikte Trennung von Subjekt und Objekt, Ich und Welt ist – da alles mit allem kohäriert – nicht möglich. Demzufolge ist auch „[d]as Ich [...] keine unveränderliche, bestimmte, scharf begrenzte Einheit",[697] seine „Beständigkeit [...] besteht vorzüglich nur in der Kontinuität, in der langsamen Aenderung".[698] Machs „Philosophie des Impressionismus" beeinflusste nicht nur namhafte Literaten[699] der Zeit, sondern wirkte auch auf die Relativitätstheorie.

Neben dem durch Technisierung, Industrialisierung und wirtschaftlich-politische Expansion begründeten Fortschrittsoptimismus entwickelte sich ein zunehmend deutlich wahrzunehmendes Krisenbewusstsein – Ausdruck gravierender gesellschaftlicher Veränderungen und bahnbrechender wissenschaftlicher Einsichten: Die im Zuge der Industrialisierung sich rasant vollziehende Urbanisierung und die rapide Beschleunigung des Alltags begünstigten eine rasch fortschreitende Entfremdung und Isolation, gefährdeten die Grundwerte des sozialen Lebens. Zugleich wurden das Selbstverständnis des Menschen sowie dessen Weltbild und Weltanschauung durch neue Erkenntnisse der Wissenschaft, zuvorderst auf dem Gebiet der Psychologie und Physik, tiefgreifend und nachhaltig erschüttert. Verunsicherung und Orientierungslosigkeit waren die Folgen. Zugleich waren sie Impetus für das Entstehen bzw. Erstarken eines die Jahrhundertwende geistig-kulturell prägenden Kulturpessimismus.

Friedrich Nietzsche

Zu dessen einflussreichsten und bis heute wirkmächtigen Vertretern zählten Arthur Schopenhauer (1788-1860), Sigmund Freud, insbesondere aber Friedrich Nietzsche (1844-1900). Sie interpretierten Ich, Welt und Geschichte nicht als von Ratio und Bewusstsein, im Dienste teleologischer Zwecke wirksame und sich entfaltende, sondern wesentlich als vom Irrationalen, Unbewussten, der Libido, vom Affektiven und Instinkthaften bestimmte Phänomene. Desillusionierend formulierte Nietzsche:

Wir sind uns unbekannt, wir Erkennenden, wir selbst uns selbst [...] ‚Jeder ist sich selbst der Fernste' – für uns sind wir keine ‚Erkennenden'.[700]

---

694 Der einflussreiche Schriftsteller, Literaturkritiker, Publizist und Wortführer der Literatur-Avantgarde der Wiener Moderne, Hermann Bahr (1863-1934), bezeichnete Machs „Die Analyse der Empfindungen" als „das Buch, das unser Gefühl der Welt, die Lebensstimmung der neuen Generation auf das größte ausspricht". Die von Mach entwickelte Erkenntnistheorie nannte er „Philosophie des Impressionismus". Bahr 2010, S. 53

695 Mach 1922, S. 13

696 ibid. S. 23

697 ibid. S. 19

698 ibid. S. 3

699 Neben Hermann Bahr sind dies insbesondere Hugo von Hofmannsthal und Robert Musil. Letzterer schrieb seine Dissertation über Mach und betonte: „Nicht von Göthe [sic], Hebbel, Hölderlin werden wir lernen, sondern von Mach [...]". Zitiert nach: Nübel/Wolf 2016, S. 106

700 Nietzsche 2017 c, S. 8

IX. Literatur der Jahrhundertwende (1890–1910)

Und die Vorstellung resp. Überzeugung, das Glück sei Lebens- und Daseinszweck des Menschen, werteten Schopenhauer und Freud gleichermaßen als Phantasma:

> [W]ie man dies hat verkennen können und sich überreden lassen, es [das Leben] sei da, um dankbar genossen zu werden, und der Mensch, um glücklich zu sein […] Der Optimismus ist […] nicht nur eine falsche, sondern auch eine verderbliche Lehre. Denn er stellt uns das Leben als einen wünschenswerten Zustand und als Zweck desselben das Glück des Menschen dar.[701]

> [D]ie Absicht, daß der Mensch ‚glücklich‘ sei, ist im Plan der ‚Schöpfung‘ nicht enthalten […] Weit weniger Schwierigkeiten hat es, Unglück zu erfahren.[702]

Um das Unglück erträglich zu machen, über es hinwegzutrösten, ersannen die „Schwachen" und „Niedergedrückten" – Nietzsche zufolge – eine „angebliche […] Zweck- und Sittlichkeits-Spinne hinter dem großen Fangnetz-Gewebe der Ursächlichkeit",[703] die Verbindungen zwischen Dingen schafft, die nichts miteinander zu tun haben, also Kausalitäten herstellt, die es in der Welt nicht gibt, sondern die dieses metaphysische Netz erst ermöglicht: die christliche Moral, die Religion.

Der Bequemlichkeit, Trägheit, ‚Zeitgemäßheit‘, also der Unehrlichkeit,[704] bezichtigte Nietzsche seine Zeitgenossen, die sich in der Befolgung von Konventionen, den vom „heuchlerische[n] Anschein (übertünchte[n]) bürgerlichen Ordnungen",[705] sie selbst zu sein wähnten, statt dem Ruf ihres „Gewissen[s]" zu folgen, das ihnen zurief: „[S]ei du selbst! Das bist du alles nicht, was du jetzt thust, meinst, begehrst."[706]

Allein die Künstler nimmt Nietzsche von dieser ‚Zeitgemäßheit‘ aus, denn sie „hassen dieses […] Einhergehen in erborgten Manieren und übergehängten Meinungen".[707]

Zeittypische Manifestationen des Begriffs Kulturpessimismus im Bereich Kunst und Literatur sind die Bezeichnungen Fin de siècle[708] und Décadence.[709] Beide verweisen auf die melancholische Grundgestimmtheit der Zeit, auf die Dominanz des Irrationalen, die Prävalenz von Stimmungen und Empfindungen, auf das in der Dichtung der Zeit ästhetisierte Krankhaft-Morbide und – bei Nietzsche – zugleich auf dessen Überwindung. Im Gegensatz zu Schopenhauer, für den „wesentlich alles Leben Leiden ist"[710] und „die Verneinung (des Willens zum Leben) Erlösung",[711] bekennt Nietzsche entgegen allen „Ankläger[n]" des Lebens seine Liebe zu demselben und betont, dass „aller Idealismus Verlogenheit (ist)":[712]

---

701 Schopenhauer 1996, Bd. 2, S. 734, 748 f.

702 Freud 1930, zitiert nach: http://gutenberg.spiegel.de/buch/das-unbehagen-in-der-kultur-922/2
In einem Brief an den Philosophen Hans Vaihinger (1852-1933) konzediert Freud, dass Schopenhauer der Psychoanalyse „in mehrfacher Hinsicht […] besonders durch die […] Lehre von dem Unbewussten im menschlichen Seelenleben (vorgearbeitet)" habe. Zitiert nach: Gödde 2012: http://www.jp.philo.at/texte/GoeddeG2.pdf

703 Nietzsche 2017 c, S. 94

704 „zeitgemäß" bedeutet hier „unehrlich", s. Nietzsche 2016, S. 148.

705 Nietzsche, zitiert nach: Aus dem Nachlass der Achtzigerjahre; s. http://www.zeno.org/nid/20009257977

706 Nietzsche 2016, S. 142

707 ibid. S. 141

708 Fin de siècle (franz. = Ende des Jahrhunderts) bezeichnet die Jahrhundertwende selbst, insbesondere aber konnotiert der Begriff das pessimistische, von Endzeit- und Verfallsstimmung geprägte Lebensgefühl dieser Zeit.

709 Décadence (franz. = Niedergang, Zerfall) bezeichnet eine von Pessimismus, Weltschmerz, Überdruss geprägte Gemütsstimmung, gepaart mit dem Streben nach verfeinertem sinnlichem Genuss, Schönheit, Rausch und Eskapismus.

710 Schopenhauer 1996, Bd. 1, S. 426

711 Schopenhauer 1996 Bd. 2, S. 779

712 Nietzsche 2005, S. 51

> *Ich will [...] das Notwendige an den Dingen als das Schöne sehen: — so werde ich einer von denen sein, welche die Dinge schön machen. Amor fati[713] [...] Ich will keinen Krieg gegen das Hässliche führen. Ich will nicht anklagen, ich will nicht einmal die Ankläger anklagen. Wegsehen sei meine einzige Verneinung! Und, Alles in Allem und Großen: ich will irgendwann einmal nur noch ein Ja-sagender sein![714]*

Konzis und treffend formuliert der Kulturphilosoph und Soziologe Georg Simmel (1858-1918): „Wie Schopenhauer nur einen einzigen absoluten Wert kennt: Nicht-Leben – so kennt Nietzsche gleichfalls nur einen: Leben."[715] Mithin zeigt sich gerade auch in der die Jahrhundertwende gleichermaßen spiegelnden und bestimmenden Philosophie die Widersprüchlichkeit der Haltungen, die Ambivalenz zwischen Endzeitstimmung und Aufbruch, Resignation und Optimismus. Erkennbar wird deren literarischer Reflex zuweilen bereits am Rande des Naturalismus, wo sich – wie in den folgenden Versen – diese Zerrissenheit ebenso offenkundig, hier in Form der Antonymie, wie subtil – das grammatische Agens ist das faktische Patiens – abbildet:

> *und zwischen Tod und trunkener Lebenslust*
> *treib ich dahin, gleichwie in dumpfen Träumen.*[716]

Die oben thematisierte Erschütterung vermeintlicher Gewissheiten und bis dato scheinbar fragloser Überzeugungen machte auch vor der absoluten Möglichkeitsbedingung von Dichtung, der Sprache, nicht Halt. Die subjektivistische Auflösung des als stabile Einheit betrachteten Ichs, die Atomisierung der Erfahrungswirklichkeit und die vor allem von der bzw. durch die Quantenphysik vermittelte Einsicht der nur relativen Wahrheit von Erkenntnissen führten letztlich auch zu einer Sprach- und Identitätskrise. Deren prägnantester literarischer Ausdruck ist Hugo von Hofmannsthals (1874-1929) Essay „Ein Brief"[717] (1902), der sogenannte „Chandos-Brief". Zentrales Problem ist die Frage, inwieweit sich mittels Sprache Realität, Wirklichkeit erfassen bzw. überhaupt irgendetwas Zusammenhängendes ausdrücken lässt. Die bisherige Überzeugung des fiktiven Verfassers, dass „das ganze Dasein [...] eine große Einheit" sei, bestätigt sich ihm plötzlich nicht mehr:

> *Mein Fall ist, in Kürze, dieser: Es ist mir völlig die Fähigkeit abhanden gekommen, über irgend etwas zusammenhängend zu denken oder zu sprechen [...] die abstrakten Worte [...] zerfielen mir im Munde wie modrige Pilze [...] Es zerfiel mir alles in Teile, die Teile wieder in Teile, und nichts mehr ließ sich mit einem Begriff umspannen.*[718]

Die Einheit von Wort und Sache, Körper und Seele, Natur und Kunst sieht der Autor unvermittelt aufgelöst. Der Atomisierung der Welt folgt die Atomisierung der Begriffe. Weil er die Sprache verloren hat, in der „die stummen Dinge" zu ihm sprechen, erklärt Chandos, künftig kein Buch mehr zu verfassen, selbst zu verstummen.[719]

---

713 Amor fati = lat. Liebe zum Schicksal

714 Nietzsche 2017 a, S. 163

715 Simmel 2015, S. 195

716 Die Verse stammen aus Julius Harts (1859-1930) 1882 entstandenem Gedicht „Auf der Fahrt nach Berlin", das er 1898 in seine Anthologie „Triumph des Lebens" aufgenommen hat. Zitiert nach: Kittstein 2011, S. 139.

717 Es handelt sich um einen fiktiven Brief, den ein fiktiver Verfasser, der begnadete 26-jährige Dichter Philipp Lord Chandos, am 22. August 1603 an seinen realen Mentor, den englischen Philosophen, Naturwissenschaftler und Pionier des Empirismus, Francis Bacon (1561-1626), richtet, der u. a. auch auf die in den geschichtlich entstandenen Sprachen angesammelten Irrtümer aufmerksam machte.
Hofmannstahls Prosastück gilt als eines der wichtigsten Zeugnisse der kulturellen Krise um die Jahrhundertwende.

718 Hofmannsthal 2012, S. 50-52

719 Bemerkenswert ist, dass der Verfasser sein Unvermögen, sich sprachlich mitzuteilen, rhetorisch ebenso geschickt wie präzise erläutert. Hierin besteht das offensichtliche Paradoxon des Chandos-Briefes. Hofmannsthals Aufsatz ist daher kaum als Absage an die Dichtung schlechthin zu deuten. Vielmehr zeugt er vom Ringen nach Möglichkeiten des (poetischen) Ausdrucks jenseits einer usuellen, verbrauchten Alltagssprache.

3. Literaturströmungen

Gemeinsam sind den vielfältigen, jedoch nicht exakt voneinander abzugrenzenden Literaturströmungen der Ausschluss des vom Naturalismus literaturfähig gemachten Hässlichen, die Abkehr vom Naturalismus überhaupt, vom Zeitgeschehen, von der Alltagswirklichkeit, der Weltanschauung des Materialismus sowie ein ausgeprägtes Krisenbewusstsein. Die Erfahrung und das Erleben von sozialer Entfremdung, Isolation und Einsamkeit in einer immer differenzierteren, zunehmend schwerer durchschaubaren Welt schienen nur noch deren subjektive Anverwandlung zu ermöglichen.

Die Rolle des „konsequenten" naturalistischen Autors, die sich durch genaue Beobachtung, unverfälschte Wiedergabe und Reproduktion der Wirklichkeit definierte, objektivierte neben den Dingen und Menschen schließlich auch den Autor selbst und ging so letztlich auf dessen Eliminierung aus. Dieser Entwicklung entgegen steht nun der Rückbezug des Künstlers auf sich selbst, aufs Individuelle, Subjektive, das sich in unterschiedlicher Intensität von einem eher oberflächlich (Impressionismus) bis hin zu einem tiefgründigen, hermetisch-esoterisch (Symbolismus) anmutenden Habitus artikuliert.

3.1 Impressionismus

Die Bezeichnung geht auf das 1872 entstandene Bild „Impression, soleil levant" (franz. = Eindruck eines Sonnenaufgangs) des französischen Malers Claude Monet (1840-1926) zurück. Monet begründete einen völlig neuen, den Regelkanon der vom wirklichkeitsgetreuen Blick gelenkten Akademiemalerei gänzlich ignorierenden Malstil: Sujets, Motive sind unwesentlich, konkrete Gegenstände allenfalls (noch) zu erahnen. In und mit flüchtigen Pinselstrichen werden sie aufgelöst in Form, Farbe, Licht und Farbwerte. Bilder solcher Art erscheinen augenblickshaft, vergleichbar unmittelbaren Momentaufnahmen des neuen Mediums Fotografie, erzeugen Stimmungen und Empfindungen.

In nuce offenbart sich das ganze Programm der Malerei des Impressionismus – sie war durchweg Freilichtmalerei – in einem fast beiläufig wirkenden Rat, den Monet einst einer bei ihm zu Gast weilenden amerikanischen Malerin gab:

> *Wenn Sie draußen malen, versuchen Sie dann, alle Dinge zu vergessen, die Sie vor sich haben, einen Baum, ein Haus, einen Acker, was auch immer. Denken Sie nur: dort gibt es eine kleine blaue Fläche, dort ein rosa Rechteck, dort einen gelben Streifen, und malen Sie es genauso, wie Sie es sehen, in genau der Farbe und in der Form, bis alles Ihre eigene naive Impression der Szene vor Ihnen wiedergibt.*[720]

Auf die Literatur übertragen wurde die ursprünglich negativ konnotierte Bezeichnung[721] erstmals 1879 von dem französischen Schriftsteller und Literaturkritiker Ferdinand Brunetière (1849-1906).

Wie der Malerei war es auch der Literatur des Impressionismus nicht um die objektive Wirklichkeitswiedergabe zu tun. Ihr ging es um das Einfangen unmittelbarer, augenblickshafter, flüchtiger, subjektiv-sinnlicher Eindrücke, um die genaue Wiedergabe von Stimmungen und das Erzeugen feiner Seelenzustände. Sinneseindrücke und Empfin-

---

720 Visser 2005, S. 167 f.

721 „Impressionismus" wurde zunächst als Spott- und Schimpfname für die von der Jury der akademischen Pariser „Salonausstellung" 1874 abgelehnten Künstler – unter ihnen Claude Monet – gebraucht. Demonstrativ stellten diese ihre Werke im Atelier des Pariser Fotografen (!) Gaspard-Félix Nadar aus. Fotografen galten den akademischen Malern als „Nicht- Künstler".
Die Kunstwelt zeigte sich schockiert. Der Kunstkritiker Louis Leroy bezeichnete die Ausstellung in Anlehnung an Monets Bild „Impression, soleil levant" in der Zeitschrift „Le Charivari" vom 25. April 1874 als „L'Exposition des Impressionnistes" und polemisierte, der „Entwurf eines Tapetenmusters [sei] ausgereifter als dieses Seestück von Monet". Vgl. Schediwy 2014, S. 29

dungen verdrängten das filternde Bewusstsein, die Reflexion über die Dinge, die – wie auch das Subjekt selbst – nicht mehr als kohärent wahrgenommen wurden, sondern als in additiv aneinandergereihte Realitätspartikel aufgelöst erschienen. Zu Recht kann man daher den Impressionismus als literarische Manifestation der oben kurz referierten Mach'schen Erkenntnistheorie interpretieren, die der geistreiche zeitgenössische österreichische Literaturkritiker, Dramatiker und Schriftsteller Hermann Bahr (1863-1934) denn auch als „Philosophie des Impressionismus"[722] etikettierte.

Subjektivistische Anverwandlung „des auswärtigen Lebens" ausschließlich durch die Sinne und unter Verwerfung jedweder Gesetzes- und Kausalbegriffe war das Credo impressionistischer Dichtung, das Bahr in geradezu enthusiastisch-feierlicher Weise verkündete:

> Wir wollen die Fenster weit öffnen, daß die Sonne zu uns komme, die blühende Sonne des jungen Mai. Wir wollen alle Sinne und Nerven aufthun [...] Ja, nur den Sinnen wollen wir uns vertrauen [...] der Einzug des auswärtigen Lebens in den inneren Geist, das ist die neue Kunst [...] Wir haben kein anders Gesetz als die Wahrheit, wie jeder sie empfindet.[723]

Dem ausschließlichen Primat der sensualistischen Wahrnehmung und der Auflösung der komplexen, ganzheitlichen Wirklichkeit in flüchtige, rasch wechselnde, ausschnitthafte Momente entspricht die Diskreditierung der rationalen Dimension der Sprache zugunsten ihrer Suggestivkraft. Bevorzugte sprachliche und stilistische Mittel sind daher insbesondere die parataktische Reihung, die den unzusammenhängenden, additiven Charakter der Wahrnehmungen abbildet, das Partizip Präsens, das die Augenblicklichkeit eines konkreten Geschehens wiedergibt, die rhetorische Figur des Pars pro Toto, die dem ausschnitthaften Charakter der Wahrnehmung analog ist. Häufig verwendet wird auch die Lautmalerei, die akustisch konkret Wahrgenommenes unmittelbar spiegelt. Schließlich finden sich häufig Farb- und Helligkeitsadjektive sowie – aufgrund der Sinnesorientierung des Impressionismus und als deren Potenzierung naheliegend – die Synästhesie als häufig verwendetes Stilmittel.

Inhaltlich beschränkt sich der Impressionismus ganz überwiegend auf das „auswärtige Leben", das in den „inneren Geist" einziehen, feinste Stimmungen und differenzierte Empfindungen vermitteln bzw. wachrufen soll. Es dominiert das Unbeschwerte, Heitere, die farbig-sinnliche Atmosphäre, wobei die äußere Handlung gegenüber der passiven Beobachterrolle des lyrischen bzw. erzählenden Ichs meist zurücktritt. Oberflächlich, nur vordergründig zu sein, war daher ein gegenüber den Impressionisten – Malern wie Literaten – häufig zu vernehmender Vorwurf, der sich nicht ausschließlich an den Werken selbst, sondern auch an selbstreferenziellen Aussagen zu deren Entstehung entzünden konnte.[724] Typische Vertreter des literarischen Impressionismus sind z. B. Detlev von Liliencron (1844-1909), Peter Altenberg (1859-1919), Arthur Schnitzler (1862-1931), Max Dauthendey (1867-1918), der junge Hofmannsthal (1874-1929) und der junge Rilke (1875-1926). Ein kleines, aber für den Impressionismus repräsentatives Werk, Liliencrons Gedicht „Viererzug", soll unten vorgestellt und etwas näher betrachtet werden.

---

722 Bahr 2010, S. 53
723 Bahr 1891, S. 12-14, s. auch Wunberg 2018, S. 189-191
724 In einem Brief vom Juli 1894 an seinen Dichterkollegen Arthur Schnitzler (1862-1931) reflektiert Peter Altenberg: „Wie schreibe ich denn?! Ganz frei, ganz ohne Bedenken. Nie weiß ich mein Thema vorher, nie denke ich nach. Ich nehme Papier und schreibe. Sogar den Titel schreibe ich so hin und hoffe, es wird sich schon etwas machen, was mit dem Titel in Zusammenhang steht." Zitiert nach: Wunberg 2018, S. 427

3.2 Fin de siècle und Décadence

Die beiden aus dem Französischen übernommenen Bezeichnungen[725] drücken als kultur-historische, meist negativ konnotierte Epochenbegriffe die für die Zeit zwischen etwa 1890 und 1914 typische Gemüts- und Geisteshaltung einer ganzen Generation aus. Deren emotionale Befindlichkeit äußerte sich in einem diffusen „Gefühl des *Fertigseins*, des Zu-Ende-gehens (sic)".[726] Untergangs- und Endzeitstimmung, Weltschmerz, Lebensüber-druss, Faszination von Tod und Vergänglichkeit bestimmten das Bewusstsein, aus dem ein Kult des Krankhaft-Nervösen, Überfeinerten und Artifiziellen erwuchs, mit dem zu-gleich die Abkehr von der bürgerlichen Gesellschaft und der betonte Rückzug, die Ab-sonderung ins Individuell-Subjektive, Private einherging.

Prototypischer Ausdruck dieses morbid-dekadenten Lebens- und Selbstgefühls ist das 6-strophige Programmgedicht „Was ich liebe"[727] (1892) des Wiener Schriftstellers und Operettenlibrettisten Felix Dörmann (1870-1928), der „[v]irtuos auf der Klaviatur der Fin de Siècle-Metaphorik (spielt)".[728]

Felix Dörmann

Ich liebe die hektischen, schlanken
Narzissen mit blutrothem Mund;
Ich liebe die Qualengedanken,
Die Herzen zerstochen und wund;

Ich liebe die Fahlen und Bleichen,
Die Frauen mit müdem Gesicht,
Aus welchen in flammenden Zeichen,
Verzehrende Sinnenglut spricht;

Ich liebe die schillernden Schlangen,
So schmiegsam und biegsam und kühl:
Ich liebe die klagenden, bangen,
Die Lieder von Todesgefühl;

[...]

Ich liebe, was niemand erlesen,
Was keinem zu lieben gelang:
Mein eigenes, urinnerstes Wesen
Und alles, was seltsam und krank.

Die das Décadencegefühl prägende Todessehnsucht war in Literatur und Kunst nahezu allgegenwärtig. In betont despektierlicher Distanz zu dem dem (sozialen) Leben Zuge-

---

725 „Fin de siècle" ist zu übersetzen mit „Ende des Jahrhunderts". Verbreitung fand die Wendung in Deutschland insbesondere durch Hermann Bahrs 1891 veröffentlichten gleichnamigen Novellenband. Décadence (Zerfall, Nie-dergang) leitet sich von dem lat. Verb cadere (= fallen, abfallen, sterben) ab. Beide Begriffe sind nicht immer klar voneinander zu trennen. Doch ist ersterer der umfassendere. Er ist ambivalent, insofern er neben der fraglos domi-nierenden pessimistischen Note im Sinne einer Spätzeit- und Verfallsstimmung durchaus auch eine optimistische Nuance, ein moderates Bewusstsein von Aufbruch im Sinne eines Neubeginns impliziert.
Der Begriff „Décadence" hingegen ist im Kontext der Jahrhundertwende – vor allem auch infolge Nietzsches Dekadenzkritik an Richard Wagner („Der Fall Wagner" 1888) – ausschließlich negativ besetzt und als Radikalisie-rung der negativen Bedeutung des „Fin de siècle"-Begriffs zu verstehen.
726 So äußerte sich die mit Hofmannsthal, Rilke und Ebner-Eschenbach in regem Austausch stehende österreichische Schriftstellerin und Literaturkritikerin Marie Herzfeld (1855-1940) in ihrem Essay „Fin-de-siècle" (1893), aus dem im Vergleich mit der naturalistischen Generation ein ganz anderes Lebensgefühl spricht; vgl. Fähnders 2010 S. 95
727 Dörmann 1897, S. 21-23; Wunberg 2018, S. 357
728 zitiert nach: Lorenz 2007, S. 90

wandten kokettierte man geradezu mit dem Tod und einem fast narzisstisch anmutenden Rückzug von und aus der als unkultiviert, oberflächlich und unaufrichtig empfundenen Gesellschaft. Davon zeugen z. B. Arthur Schnitzlers Novelle „Sterben" (1892), Hugo von Hofmannsthals lyrisches Drama „Der Tor und der Tod" (1893) sowie dessen Fragment „Der Tod des Tizian" (1892), Richard Beer-Hofmanns Erzählung „Der Tod Georgs" (1900) und Thomas Manns Novelle „Der Tod in Venedig" (1911).

Charakteristisch für das exklusiv-elitäre, oft hochfahrende Selbstverständnis und den demonstrativen Rückbezug auf das eigene Ich sind die Verse des jungen Hofmannsthal, die dieser am 1. Mai 1890 angesichts 15.000 in Wien friedlich für ihre Rechte demonstrierender Arbeiter notierte:

> *Tobt der Pöbel in den Gassen, ei, mein Kind, so lass ihn schrei'n.*
> *Denn sein Lieben und sein Hassen ist verächtlich und gemein!*
> *Während sie uns Zeit noch lassen, wollen wir uns Schönerm weih'n.*
> *[…]*
> *Lass den Pöbel in den Gassen: Phrasen, Taumel, Lügen, Schein,*
> *Sie verschwinden, sie verblassen – Schöne Wahrheit ‚lebt' allein.*[729]

Wenngleich der Begriff der Décadence samt Denotat älter ist als der des Fin de siècle ist er zweifelsohne ein profiliertes Element des letzteren, da dieser Endzeit- und Aufbruchsstimmung gleichermaßen umfasst und also dieses ambivalenten Charakters wegen über die größere Extension (Begriffsumfang) verfügt, jenen also impliziert. Semantisch exakt zu trennen sind beide Begriffe aufgrund ihrer Überschneidung freilich nicht. Ihre Differenz ist eine sowohl graduelle als auch qualitative. Graduell, insofern Décadence die „Zuschärfung und Radikalisierung des Fin de siècle"[730] markiert, qualitativ insoweit, als sich neben dem definitiven Niedergangs- und Verfallsbewusstsein zugleich eine „offene Erwartungshaltung dem neuen Jahrhundert gegenüber"[731] ausspricht, an die sich „fühl"-bar – wie in Rilkes folgenden Versen aus dem Jahre 1899 – ein „Hauch der Hoffnung"[732] knüpfte:

> *Ich lebe grad, da das Jahrhundert geht.*
> *Man fühlt den Wind von einem großen Blatt,*
> *das Gott und du und ich beschrieben hat*
> *und das sich hoch in fremden Händen dreht.*
>
> *Man fühlt den Glanz von einer neuen Seite,*
> *auf der noch Alles werden kann.*
>
> *Die stillen Kräfte prüfen ihre Breite*
> *Und sehn einander dunkel an.*[733]

Rainer Maria Rilke

Trotz dieses „Hauch[s] der Hoffnung", dass „noch Alles werden kann":

Der Begriff Fin de siècle war zwar ein ambivalenter, blieb aber einseitig negativ, pessimistisch konnotiert und wurde als solcher inflationär gebraucht.[734] Bereits ein Jahr vor dem verhalten formulierten Zukunftsoptimismus des lyrischen Ichs in Rilkes Gedicht

---

729 zitiert nach: Lorenz 2007, S. 21
730 Fähnders 2010, S. 97
731 ibid. S. 96
732 Grünewald 2011, S. 82
733 Rilke 1955, S. 256 f.
734 vgl. Fähnders 2010, S. 96

wurde in der Münchner Wochenschrift „Jugend" – sie gab dem Jugendstil seinen Namen – dezidiert ein „Anti-Fin de siècle" reklamiert, sozusagen eine Haltungs-Wende zur Jahrhundertwende:

> *Nein! Nieder mit Allen, die uns das Wort Jahrhundertwende zum Schwindel mißbrauchen!*
>
> *Wir haben die Erhaltung der Energie über die Sylvesternacht 1899 hinaus verdammt nötig [...]*
>
> *Wir lassen uns unsere Zeit nicht verekeln.*[735]

Und so gründeten sich buchstäblich neue Gemeinschaften, z. B. um 1900 die „Neue Gemeinschaft" in Berlin, ein Kreis postnaturalistischer Schriftsteller, die sich um die Brüder Julius (1859-1930) und Heinrich Hart (1855-1906) scharten und denen der sozialistische Schriftsteller Gustav Landauer (1870-1919) mit seiner den individuellen Selbstbezug geißelnden Rede „Von der Absonderung zur Gemeinschaft" ihr Programm gab. Trotz solcher und anderer Bestrebungen, dem Niedergangs- und Verfallsbewusstsein entgegenzuwirken, blieb für das Gros der Künstler und Literaten doch das Bewusstsein bestimmend, in einer Epoche zu leben, die zu Ende geht, zu Ende gehen muss. Nirgendwo artikuliert sich dieses pessimistische, von „überfeinen Nerven" durchäderte Lebensgefühl und das Empfinden des notwendigerweise „Zu-Ende-gehens" (sic) eindrücklicher als in Hofmannsthals 1893 verfasstem Essay „Gabriele D'Annunzio":

> *Man hat [...] die Empfindung, als hätten unsere Väter [...] uns, den Spätgeborenen, nur zwei Dinge hinterlassen: hübsche Möbel und überfeine Nerven [...] Wir haben [...] einen gelähmten Willen und die unheimliche Gabe der Selbstverdoppelung. Wir schauen unserem Leben zu; wir leeren den Pokal vorzeitig und bleiben doch unendlich durstig: denn [...] der Becher, den uns das Leben hinhält, hat einen Sprung, und während uns der volle Trunk vielleicht berauscht hätte, muß ewig fehlen, was während des Trinkens unten rieselnd verlorengeht; so empfinden wir im Besitz den Verlust, im Erleben das stete Versäumen. Wir haben gleichsam keine Wurzeln im Leben.*[736]

Hugo von Hofmannsthal

3.3 Symbolismus

Wie die Bezeichnungen Impressionismus, Fin de siècle und Décadence stammt auch der Begriff Symbolismus aus dem Französischen. Namensgeber war der Dichter Jean Moréas (1856-1910) mit seiner kurzen Programmschrift „Un manifeste littéraire. Le Symbolisme" („Manifest des Symbolismus"), die er am 18. September 1886 im Pariser „Figaro littéraire", der Literaturbeilage der renommierten Tageszeitung „Le Figaro", veröffentlichte. Symbolismus ist ein Stilbegriff i. e. S., insofern er sich nicht – wie die Begriffe Fin de siècle und Décadence – auf Inhaltliches, sondern auf das sprachliche Material bezieht. Ihm eignet ein poetologisches Konzept, das sich in der Etablierung eines von der literarischen Tradition abweichenden Symbolbegriffs zu erkennen gibt. An die Stelle eindeutiger inhaltlicher Fixierungen treten Vieldeutigkeit und Unkonventionelles:

---

735 ibid.
736 Hofmannsthal 2012, S. 23-24

Fremdartigkeit der Metaphorik, ein neuartiges Vokabular, in dem die Gleichklänge sich mit den Farben und Linien vermischen [...] unverbrauchte Wörter [...] bedeutungsvolle Pleonasmen, rätselhafte Ellipsen, in der Schwebe bleibende Anakoluthe, kühne und vielgestaltige Tropen [...] geschickt geordnete Unordnung [...] der Reim leuchtend und gehämmert wie ein Schild aus Gold und Erz, neben dem Reim, der flexibel ist und nicht leicht zu erkennen.[737]

Wie die anderen literarischen Strömungen der Jahrhundertwende richtete sich auch der von Frankreich ausgehende, alle europäischen Literaturen beeinflussende Symbolismus gegen die Wirklichkeitswiedergabe des Realismus und deren Übersteigerung im Naturalismus. In seiner Konzeption aber war er weit radikaler als die zeitgenössischen Gegenströmungen: Er verfolgte eine poésie pure, d. h. eine von sämtlichen gesellschaftlichen, politischen, kulturellen, moralischen, ja überhaupt von allen Sachbezügen, Raum- und Zeitkategorien sowie jeglichen Zwecken herausgelöste „absolute Poesie". Dezidiert erklärte sich der Symbolismus zum „Feind des ‚Belehrens und Deklamierens, des falschen Gefühls und der objektiven Beschreibung'".[738] Somit gerierte er sich nicht nur als antinaturalistisch, sondern zugleich als antiromantisch und antiklassisch bzw. antiklassizistisch.

Er sah sich allein dem 1835 erstmals von dem französischen Schriftsteller Théophile Gautier (1811-1872) begründeten Prinzip des l'art pour l'art[739] verpflichtet, wonach die Kunst keinem äußeren Zweck dienstbar gemacht werden soll.[740] Wirklich schön, so Gautier, ist nur, „was zu nichts dienen kann; alles, was nützlich ist, ist zugleich hässlich, denn es stellt den Ausdruck von Bedürfnissen dar – und die Bedürfnisse des Menschen sind niedrig und ekelhaft, so wie seine arme, schwache Natur [...] der nützlichste Ort eines Hauses (ist) der Abort".[741]

Stefan George (1868-1933), einer der bedeutendsten Vertreter des deutschen Symbolismus, unterstreicht die Autonomie der Kunst, deren Unabhängigkeit von allen Wirkabsichten und allen Äußerlichkeiten. Die Form allein bestimmt den Wert der Dichtung:

In der dichtung – wie in aller kunst-bethätigung ist jeder der noch von der sucht ergriffen ist etwas ‚sagen' etwas ‚wirken' zu wollen nicht einmal wert in den vorhof der kunst einzutreten [...] Den wert der dichtung entscheidet nicht der sinn (sonst wäre sie etwa weisheit gelahrtheit) sondern die form d. h. durchaus nichts äusserliches sondern jenes tief erregende in maass und klang wodurch zu allen zeiten die Ursprünglichen die Meister sich von den nachfahren den künstlern zweiter ordnung unterschieden haben.[742]

Losgelöst wird die Kunst, also auch die symbolistische Poetik, nicht nur von jedem utilitaristischen Kalkül und Äußerlichkeiten, sondern auch vom Rousseau'schen Naturbegriff:

---

737 Moréas 1886

738 ibid., wörtlich heißt es: „Ennemie de l'enseignement, la déclamation, la fausse sensibilité, la description objective".

739 Zu übersetzen mit „die Kunst für die Kunst" im Sinne von „Kunst um der Kunst willen".
     Bekannt wurde die Wendung durch Gautiers Briefroman „Mademoiselle de Maupin" (1835), in dessen Vorwort er das Prinzip begründet. Erstmals belegt ist der Ausdruck indessen bereits 1812 in dem Traktat „Choix de pièces : notices sur divers tableaux du Musée Napoléon" des Kunsthistorikers und Archäologen Toussaint-Bernard Émeric-David (1755-1839).
     Vgl. Meyer 2016, S. 20

740 Diese Auffassung korrespondiert mit Immanuel Kants ästhetischer Theorie:
     „Die objektive Zweckmäßigkeit ist entweder die äußere, d. i. die Nützlichkeit, oder die innere, d. i. die *Vollkommenheit* des Gegenstandes. Daß das Wohlgefallen an einem Gegenstande, weshalb wir ihn schön nennen, nicht auf der Vorstellung seiner Nützlichkeit beruhen könne, ist [...] hinreichend zu ersehen: weil es alsdann nicht ein unmittelbares Wohlgefallen an dem Gegenstande sein würde, welches letztere die wesentliche Bedingung des Urteils über Schönheit ist." Kant 2017 b, S. 105

741 zitiert nach: Zanucchi, 2016, S. 42, Anm. 104

742 George 1894, S. 122
     Die für George charakteristische Kleinschreibung soll die Wörter von ihrem konventionellen Gebrauch lösen und in den Raum der Dichtung, in die Sphäre der Kunst entrücken.

Denn nach dem „wahren Vorläufer"[743] der symbolistischen Bewegung, Charles Baudelaire (1821-1867), ist die unberührte Natur gerade nicht Quelle alles Guten und Schönen, sondern der Ursprung barbarischen und unvernünftigen Geschehens. Schönheit hingegen ist ihm das Ergebnis eines sich von der Natur distanzierenden und emanzipierenden Prozesses, „Kunst der Triumph des Menschen über die Natur".[744]

Fremd ist dem Symbolismus daher auch „jedes konventionelle Zeigen und Erklären oder Sprechen von etwas, das außerhalb der Poesie besteht; die Wirklichkeit des Textes ist einmalig und nur ihm selbst immanent",[745] denn

> [d]ie Worte sind nicht von dieser Welt, sie sind eine Welt für sich, gerade so eine ganze vollständige Welt, wie die Welt der Töne. Man kann alles, was es gibt, sagen; und man kann alles, was es gibt, musicieren. Aber man kann nie etwas ganz so sagen wie es ist.[746]

Und so „führt von der Poesie kein directer Weg ins Leben, aus dem Leben keiner in die Poesie".[747]

Einer solchen, von außersprachlicher Referenz und Repräsentanz befreiten Sprache bzw. Poesie eignete ein ausgeprägter esoterischer Charakter, dem eine bewusste, zuweilen ostentativ gelebte gesellschaftliche Exklusivität des Dichters entsprach. Dieser verstand sich als Auserwählter, Priester, Prophet oder Seher und suchte, ja zelebrierte geradezu eine aristokratisch anmutende Abgrenzung von der Gesellschaft. Nirgendwo ist dies – ob in poetischer oder prosaischer Form – deutlicher zu beobachten als bei Stefan George, dem Protagonisten des deutschen Symbolismus:

> Des sehers wort ist wenigen gemeinsam:
> Schon als die ersten kühnen wünsche kamen
> In einem seltnen reiche ernst und einsam
> Erfand er für die dinge eigne namen – [748]

Und als für die Symbolisten „zweifelsohne sehr symptomatisch[en]" Wunsch wertet der Literaturhistoriker Žmegač folgende Aufzeichnung Georges:

> Es gibt keinen Künstler, der nicht irgendwann einmal tief gewünscht hat, sich in der Sprache, die dem Volk unzugänglich ist, auszudrücken und die Worte so zu kombinieren, daß sie nur noch Eingeweihten verständlich wären.[749]

3.4 Jugendstil

Die Bezeichnung Jugendstil wurde in Anlehnung an die von dem Journalisten und Schriftsteller Georg Hirth (1841-1916) 1896 gegründete Münchner Wochenschrift „Jugend" gebildet. Diese Stilrichtung wandte sich wie die bereits referierten gegen den Realismus und Naturalismus und verwirklichte sich zunächst in den angewandten Künsten und der Architektur, ehe sie dann auf alle Bereiche der bildenden Kunst ausstrahlte.[750] Der pro-

---

743 In seinem Manifest „Le Symbolisme" hebt Moréas neben Baudelaire und Paul Verlaine insbesondere Stéphane Mallarmé hervor, der dem Symbolismus „den Sinn für das Geheimnisvolle und für das Unsagbare (vermachte)" und an dessen Soireen in der Pariser Rue de Rome auch Stefan George teilnahm. Mallarmé und Baudelaire, dessen „Les Fleurs Du Mal" (1857-1868) George umdichtete, wurden zu dessen Lehrmeistern.

744 vgl. Žmegač 1989, S. 235

745 ibid.

746 Hofmannsthal in einem Brief vom 18. Juni 1895 an Edgar Karg von Bebenburg, zitiert nach: Denneberg 1996, S. 1552

747 Hofmannsthal 1896, S. 105

748 George 1897 [unpag.]

749 zitiert nach: Žmegač 1989, S. 235 f.

750 Auch der Jugendstil war – wie der Symbolismus – eine internationale Stilrichtung, die in Frankreich als „Art Nouveau", in England als „Modern Style" und in Österreich als „Sezessionsstil" bezeichnet wird.

grammatische Untertitel („Münchner illustrierte Wochenschrift für Kunst und Leben") der namensgebenden Zeitschrift verweist auf das Anliegen des Jugendstils, Kunst und Leben zu verbinden, d. h. auch die Gegenstände des Alltags in ein artifizielles Objekt zu verwandeln und sie solcherart zu überhöhen. Die Übertragung des Begriffs auf die Literatur, primär auf die Lyrik, ist zwar umstritten, doch zeigt er gerade durch die Überhöhung der Kunst zur exklusiv gestaltenden und sinngebenden Macht des Lebens eine deutlich erkennbare Nähe zum Symbolismus und zu dessen elitärem Selbstverständnis. Charakteristisch für den Jugendstil ist das zunächst aus Naturphänomenen und -formen – namentlich Lilien, Seerosen, Schwäne, Weiher, Parks – entwickelte, sich zunehmend zur Zweidimensionalität stilisierende schwungvolle Ornament.

In einigen Werken des jungen Rilke („Der Schwan", 1907), des jungen Hofmannsthal („Die Beiden", 1896) oder Georges („Komm in den totgesagten park", 1897) sind (auch) auffallende Elemente des Jugendstils auszumachen.

3.5   Neuromantik

Als gegen den materialistischen Naturalismus gerichtete Sammelbezeichnung umfasst der Begriff „Neuromantik" unterschiedliche gefühlsbestimmte und harmonisierende Strömungen. Gemeinsam ist ihnen der Rekurs auf die Kunstauffassung der deutschen Romantik. Die Abwendung von der Gegenwart hin zur Geschichte, die Abkehr vom Alltäglichen, an dessen Stelle das Außergewöhnliche, Wunderbar-Magische, Irrationale, oft auch das Skurrile tritt, sind für die Bewegung charakteristisch.

Zuzurechnen sind ihr – wenn auch oft gegensätzliche Zielrichtungen verfolgend – u. a. Agnes Miegel („Gedichte", 1901; „Balladen und Lieder", 1907), Börries von Münchhausen („Gedichte", 1897; „Balladen", 1906), Heinrich Mann („Das Wunderbare und andere Novellen", 1897), Hermann Hesse („Peter Camenzind", 1904, „Siddhartha" 1919/22), auch einige Werke Gerhart Hauptmanns („Hanneles Himmelfahrt"/„Hannele Matterns Himmelfahrt" ,1893; „Die versunkene Glocke", 1896).

3.6   Heimatkunst

Eine gegen den Naturalismus und dezidiert gegen die Internationalisierung, Intellektualisierung und Verfeinerung („Verkünstelung") der Sprache der Dichtung in der Décadence und im Symbolismus gerichtete literarische Bewegung der Jahrhundertwende war die Heimatkunst. Der 1898 von dem Literaturkritiker und Literaturhistoriker Adolf Bartels (1862-1945) geprägte Begriff ist ein kulturpolitischer und bezeichnet einen besonders von zwei ideologischen Schriften[751] beeinflussten antiliberalen, antimodernen, z. T. rassistischen Zeitgeist, der sich in der Betonung sogenannter bodenständiger Werte

---

[751]   Von intensiver Breitenwirkung – vor allem auf das Bürgertum – waren die „Deutsche[n] Schriften" (1878-1881), eine Sammlung politischer Aufsätze des Kulturphilosophen Paul de Lagarde [d. i. Paul Anton Bötticher] (1827-1891), und die 1890 anonym („Von einem Deutschen") erschienene Schrift „Rembrandt als Erzieher" des Kulturkritikers und Philosophen Julius Langbehn (1851-1907). Letztere erfuhr binnen zwei Jahren 39 (!) Auflagen. Der Verfasser beklagt darin, „daß das geistige Leben des deutschen Volkes sich gegenwärtig in einem Zustande des [...] rapiden Verfalls befindet. Die Wissenschaft zerstiebt allseitig in Spezialismus; auf dem Gebiet des Denkens wie der schönen Literatur fehlt es an epochemachenden Individualitäten, die bildende Kunst [...] entbehrt der Monumentalität [...] Musiker sind selten, Musikanten zahllos."
Als quasi mystisch-romantischen Gegenpol zur als zerstückelt empfundenen Moderne mit ihrem „Spezialisten- und Schablonentum", ihren „Renaissancephilologen" und „Naturwissenschaftler[n]" setzt Langbehn den „Niederdeutschen".
Dessen Inkarnation sieht er in Rembrandt, der ihm als „der ausgesprochenste Universalist und Individualist", als der „deutscheste aller deutschen Künstler" [!] gilt. Und er bedauert, dass den Deutschen „ihr nationalster [!] Künstler [...] nur innerlich, nicht auch politisch angehört". Wissenschaftlichkeit, Rationalität, Materialismus, Liberalismus und Kosmopolitismus wertet Langbehn als Degenerationserscheinungen.
Vgl. Langbehn 1922, zitiert nach: https://gutenberg.spiegel.de/buch/rembrandt-als-erzieher-2235/1

---

wie Nation, Heimat, Tradition konkretisiert. Von der Heimatdichtung unterscheidet sich die Heimatkunst durch eine geradezu lehrhafte, idealisierende Verherrlichung von Nation, Heimat, Landschaft, Dorfleben, Bauern- und Volkstum. Sie nimmt den Erzähltypus der realistischen Dorfgeschichte bzw. deren Themen auf und spitzt diese zu einem oft konservativ-nationalistischen, zivilisationsfeindlichen, antistädtischen Gestus zu. Sprechend sind die Titel ihrer Programmzeitschriften, z. B.: „Das Land" (1893), „Der Türmer" (1898), „Heimat" (1900). Vertreter der Heimatkunst sind u. a. Timm Kröger („Eine stille Welt. Bilder und Geschichten aus Moor und Heide", 1891; „Die Wohnung des Glücks", 1897), Ludwig Ganghofer („Der Jäger von Fall. Eine Erzählung aus dem bayerischen Hochlande", 1883), und Hermann Löns („Der letzte Hansbur", 1909, „Dahinten in der Heide", 1910).[752]

Zwei für die Jahrhundertwende und ihre unterschiedlichen literarischen Strömungen charakteristische Werke sollen im Folgenden exemplarisch vorgestellt und reflektiert werden: Detlev von Liliencrons „Viererzug" und Stefan Georges „Komm in den totgesagten park".

4.   Dichtung der Jahrhundertwende – Beispiele

4.1   Detlev von Liliencron: *Viererzug*[753]

Der „heute zu Unrecht vergessen[e]"[754] Dichter Detlev von Liliencron (1844-1909) gilt der Literaturwissenschaftlerin Petra Kipphoff als der „einzige rein impressionistische Lyriker in deutscher Sprache"[755] und der japanische Germanist Michio Ishibashi sieht in ihm gar den „Bahnbrecher des literarischen Impressionismus".[756] Dies überrascht insofern, als Liliencron gerade von führenden Naturalisten wie Johannes Schlaf als einer der ihren gefeiert wurde[757] und der Dichter selbst Arno Holz' Anthologie „Das Buch der Zeit. Lieder eines Modernen" emphatisch begrüßte.[758]

Zwar mag Liliencron „sich den Stiltendenzen des Naturalismus eng verbunden gefühlt"[759] haben und gerade aufgrund des von ihm virtuos verwendeten Sekundenstils ein „Wegbereiter des Naturalismus"[760] gewesen sein, Naturalist im eigentlichen Sinne – ein literarisch „roher Bursche" – war Liliencron, wie er indirekt selbst bezeugte, nicht.[761]

---

752   Literarische Vorbilder, deren Rang und Bedeutung die Heimatkunst-Dichter jedoch nie erreichten, waren vornehmlich Jeremias Gotthelf, Otto Ludwig, Gottfried Keller, Wilhelm Raabe und Ludwig Anzengruber.

753   Das Gedicht erschien erstmals unter dem Titel „Four in hand" in Liliencrons Anthologie „Adjutantenritte und andere Gedichte". Leipzig o. J. [1883], S. 46.

754   Kipphoff 1965

755   ibid.; Liliencron galt bis in die zwanziger Jahre des 20. Jahrhunderts überhaupt als „der Lyriker schlechthin"; vgl. Hotz 1993, S. 1.

756   Ishibashi 1992, S. 100

757   „Er [Liliencron] ist einer unserer gesundesten Naturalisten"; Schlaf 1887, S. 227

758   „Donnerwetter, das Papiermesser her … und ich habe das ganze Buch gelesen". [Papiermesser dienten früher zum Aufschneiden unbeschnittener Bücher, d. h. von solchen, deren Druckbögen zwar gefalzt und geheftet waren, deren Seiten aber noch aufgeschnitten werden mussten.] Liliencron preist das Werk und die „neue Dichtergeneration", die „mit fliegenden Fahnen vorwärts (stürmt)" und konstatiert: „[K]eine Epigonen sind's." Liliencron 1885, S. 483, 484

759   Brochmeyer 1985, S. 182.
      Brochmeyer bemerkt jedoch zutreffend, dass Liliencrons Stil „nicht zu Unrecht als Impressionismus bezeichnet worden" ist und dass die absolute Loyalität des Dichters zu „meinem Kaiser" und „meinem Vaterland" als seinen „zwei heiligen, unverrückbaren Sternen" und also auch seine entschiedene Distanz zur Sozialdemokratie und erst recht zum Sozialismus nicht für eine Affinität zum Naturalismus sprechen. Vgl. Brochmeyer 1985, S. 183

760   Blecken 2014, S. 125

761   Klar gegen den Naturalismus bzw. dessen Postulat „Kunst = Natur – x" richten sich Liliencrons Verse, die er „Den Naturalisten" ins Stammbuch schrieb: „Ein echter Dichter, der erkoren, / Ist immer als Naturalist geboren. / Doch wird er ein roher Bursche bleiben, / Tät ihm in die Wiege die Fee nicht verschreiben / Zwei Gnaden aus ihrem Wunderland: Humor und die feinste Künstlerhand [!]"; Liliencron 1911, S. 240.

Das Hässliche, Elende, kurz: die Schattenseiten des Lebens eliminierte Liliencron aus seiner Dichtung ebenso wie er der kränklich verfeinerten Dekadenz-Ästhetik distanziert gegenüberstand. Wie Nietzsche wollte er „keinen Krieg gegen das Hässliche führen", sondern im Sinne des Philosophen ein zum Leben, zur Vitalität „Ja-sagender sein".[762] Und so redete er den „lieben Sonnenwonnen", die der Naturalismus „[l]eider […] in Pökeltonnen[763] eingesargt" hatte, das Wort. Ein Umstand, der insbesondere bei den Vertretern des Symbolismus blasierte Reaktionen hervorrief, die der Grafiker und Schriftsteller Thomas Theodor Heine mit unten stehender Karikatur[764] ins Bild setzte.

Detlev von Liliencron

Viererzug

Vorne vier nickende Pferdeköpfe,
Neben mir zwei blonde Mädchenzöpfe,
Hinten der Groom mit wichtigen Mienen,
An den Rädern Gebell.

In den Dörfern windstillen Lebens Genüge,
Auf den Feldern fleißige Eggen und Pflüge,
Alles das von der Sonne beschienen
So hell, so hell.

Moderne Dichter

Wir können nicht mit ihm verkehren,
er ist nicht erblich belastet.

---

762 vgl. oben S. 232

763 vgl. Liliencrons Gedicht „Lebewohl an meinen verstorbenen Freund, Herrn Naturalismus"; Liliencron 1909, S. 134-135

764 Sie erschien in der Wochenschrift „Simplicissimus", Jg. VI (1901/02), Nr. 7, unter der Überschrift „Moderne Dichter".
Die Bildunterschrift, eine Äußerung, die einer zweifelsfrei als Stefan George zu identifizierenden Figur in den Mund gelegt und auf den im Vordergrund speisenden Liliencron gemünzt ist, lautet: „Wir können nicht mit ihm verkehren, er ist nicht erblich belastet."
Treffend beschreibt Wolfgang Bunzel diese Karikatur: Sie zeigt – im Gegensatz zur „elementare[n] Vitalität" Liliencrons – „eine Runde verhärmter, ausgezehrter Intellektueller [die] dem am Nebentisch üppig tafelnden, korpulenten Liliencron beim Essen zusieht", den man „rasch zum idealen Gegenpol gegen ein akademisch geprägtes oder auch dekadent-hypochondrisches Dichtertum werden" ließ. Bunzel 2005, S. 132, Anm. 52.
Boyle interpretiert die Karikatur ähnlich als Darstellung einer Verschwörung:
„Münchner Ästhetizismus (George, 2. v. links) und Berliner Naturalismus tun sich zusammen, um die Kunst von dem philiströsen Leben der Bourgeoisie zu distanzieren." Boyle 2009, S. 172

4.1.1 Formanalyse

Zeilen-Nr.	Detlev von Liliencron ***Viererzug*** *(Four in hand)*	Reimschema	Kadenz	Besonderheiten
1	Vorne vier nickende Pferdeköpfe,	a	w	durchweg additive, asyndetische Reihung elliptischer Verse (Prädikatskern fehlt)
2	Neben mir zwei blonde Mädchenzöpfe,	a	w	lediglich eine (koordinierende) Konjunktion, 6
3	Hinten der Groom mit wichtigen Mienen,	b	w	keine finiten, nur infinite Verbformen (*nickende*, 1; *beschienen*, 7)
4	An den Rädern Gebell.	c	m	Nomen dominieren; überwiegend Konkreta zumeist im Plural, besondere Komposita (*Pferdeköpfe*, 1; *Mädchenzöpfe*, 2)
5	In den Dörfern windstillen Lebens Genüge,	d	w	parallele syntaktische Strukturen, eingeleitet durch Lokaladverbien / Adverbiale (1-3) bzw. Präpositionen (4-6)
6	Auf den Feldern fleißige Eggen und Pflüge,	d	w	Alliterationen (*Vorne vier*,1; *den Dörfern*, 5; *Feldern fleißige*, 6)
7	Alles das von der Sonne beschienen	b	w	Assonanzen (*vier nickende*, 1; *mit wichtigen Mienen*, 3; *den Rädern Gebell*, 4; *Lebens Genüge*, 5 u. ö.)
8	So hell, so hell.	c	m	Mittelreim (*vier*, 1 : *mir*, 2)
				Dominanz heller Vokale (i, e, ä, ü, ei, eu)
				Kontrast dunkle vs. helle Vokale (o vs. e: *So hell, so hell*, 8)
				Personifikation (*fleißige Eggen und Pflüge*, 6)
				Synekdoche (*Pferdeköpfe*, 1; *Mädchenzöpfe*, 2; *Gebell*, 4)
				Enallage (*in den Dörfern windstillen Lebens*, 5)
				Synästhesie (*Gebell*, 4 : *hell*, 8)
				Geminatio (*So hell, so hell*, 8)
				keine Vergleiche, nur eine Metapher (*windstillen Lebens Genüge*, 5)
				unregelmäßige metrische Gestaltung

Vertikale Beschriftung zwischen Zeilen 2–4: „innen"; zwischen Zeilen 5–6: „außen"

4.1.2 Interpretationsskizze

Liliencrons Gedicht, ein kleines Laut- und Wortgemälde in impressionistischer Rein- und Reimform, ist ein unverkennbar literarisches Äquivalent zu dem knapp zehn Jahre zuvor von Claude Monet u. a. begründeten sensualistischen Malstil. Wie vor einem Kamera-Auge, das nur den Moment, das unmittelbar Wahrnehmbare erfasst, reihen sich – von mentaler Reflexion gänzlich ungefiltert – flüchtige, rasch wechselnde, im Bruchteil von Sekunden registrierte sinnliche Eindrücke additiv aneinander. Evoziert und nachgerade für den Rezipienten erlebbar werden sie durch den geschickten Einsatz der gewählten sprachlichen und stilistischen Mittel: Die asyndetische elliptische Parataxe in der Form des strengen Zeilenstils ist das durchgängig realisierte syntaktische Prinzip dieses Gedichts. Es erzeugt den Eindruck des inkohärenten Nebeneinanders und schnellen Wechsels von Wahrnehmungen und Erscheinungen, die – was das Tempo ihrer Abfolge zusätzlich intensiviert – aufgrund des gänzlichen Fehlens finiter Verbformen umso flüchtiger wirken. Vielfältig sind die visuellen (V. 1, 2, 3, 6, 7, 8), akustischen (V. 1, 5) und taktilen (V. 5) Sinnesreize, die auf das lyrische Ich von allen Seiten („Vorne", V 1; „Neben", V. 2; „Hinten", V. 3) einströmen, deren Substraten es jedoch aufgrund ihrer Bewegung und der eigenen Wahrnehmungsperspektive nur ausschnitthaft-flüchtig und in ganz wörtlichem Sinne en passant gewahr wird. Formalsprachlich abgebildet wird dieser Sachverhalt durch die Figur der Synekdoche in Form des Pars pro Toto („Pferdeköpfe", V. 1; „Mädchenzöpfe", V. 2; „Gebell", V. 4). Überhaupt ist das Stilmittel der Verknappung und Reduktion ein hier häufig verwendetes. Es erzeugt und spiegelt gleichermaßen das den Impressionismus wesentlich kennzeichnende Momenthafte, das Augenblicklich-Flüchtige und damit zugleich Bewegung und Dynamik: Realisiert wird diese Verknappung hauptsächlich durch den auffälligen Verzicht auf Konjunktionen, durch die elliptische Struktur der Syntax und die gegenüber entsprechenden analytischen Formen bevorzugten Nominativkomposita („Pferdeköpfe", V. 1; „Mädchenzöpfe", V. 2). Ähnlich wie bei einem impressionistischen Gemälde verschwimmen auch hier im Gedicht die Konturen, lösen sich in Bewegung auf: Fleißige, mit „Eggen und Pflüge[n]" ihre Felder bestellende Bauern verschmelzen quasi mit ihren Gerätschaften („fleißige Eggen und Pflüge", V. 6). Die Unmittelbarkeit der Eindrücke, die der Leser dieses impressionistischen Verbalgemäldes gänzlich unvermittelt erlebt, beruht nicht zuletzt auf einem nahezu vollständigen Verzicht auf Metaphern und Vergleiche. Weil beide die Reflexion, also die Verarbeitung des sinnlich Wahrgenommenen bzw. Erlebten voraussetzen, sind sie außerstande, den direkten Augenblick, unmittelbares Erleben wiederzugeben. Diesen Effekt unterstützen auch die vielen Konkreta, die, da zumeist im Plural verwendet, nicht selten den Wechsel der Zustände, mithin auch die Bewegung, unmittelbar abbilden, zumal dort, wo sie durch ein Adjektiv („wichtigen Mienen", V. 3) bzw. ein adjektivisch verwendetes Partizip („nickende Pferdköpfe", V. 1) spezifiziert werden.

Der impressionistisch-pointilistisch Maltechnik analog setzt sich das Gedicht aus einzelnen, unverbunden aneinandergereihten Elementen (Versen) zusammen, die sich – trotz ihres je eigenen fragmentarischen Charakters – in summa zu einem harmonischen Bildganzen fügen: „Alles das von der Sonne beschienen / So hell, so hell." (V. 7, 8). Abgebildet werden das Lichtfluidum, die Harmonie im Wortsinn vor allem auf der phonetischen Ebene. Hier übernehmen die zahlreich verwendeten hellen Vokale und Diphthonge in Form der Klangfiguren Assonanz (z. B. „An den Rädern Gebell", V. 4) und Alliteration (z. B. „Vorne vier nickende Pferdeköpfe", V. 1) auch eine unverkennbar onomatopoetische Funktion.

Statt beklemmenden urbanen Elends vitale Lebensfreude, statt urbaner Enge sonnenbeschienene dörfliche Weite, statt stampfender Fabriken „windstille[s] Leben". Deutlicher kann ein literarischer Gegenentwurf zum Naturalismus kaum ausfallen.

Die Vereinnahmung Liliencrons durch führende Naturalisten muss angesichts dieser Verse verwundern. „Niemals war er in vollem Sinne ihresgleichen. Liliencron wollte Natur, die anderen Naturalismus", pointierte denn auch völlig zu Recht der Schriftsteller Friedrich Ernst Peters (1890-1962).[765]

---

765   Peters 2012, S. 13

4.2 Stefan George: Komm in den totgesagten park[766]

Stefan George

Komm in den totgesagten park ...

Komm in den totgesagten park und schau:
Der schimmer ferner lächelnder gestade ·
Der reinen wolken unverhofftes blau
Erhellt die weiher und die bunten pfade.

Dort nimm das tiefe gelb · das weiche grau
Von birken und von buchs · der wind ist lau ·
Die späten rosen welkten noch nicht ganz ·
Erlese küsse sie und flicht den kranz ·

Vergiss auch diese letzten astern nicht ·
Den purpur um die ranken wilder reben
Und auch was übrig blieb von grünem leben
Verwinde leicht im herbstlichen gesicht.

Misst man Stefan George an seiner eigenen, an den Werken der französischen Symbolisten[767] orientierten und entwickelten Kunstauffassung, ist er mit diesem Gedicht nicht nur in den „vorhof der kunst" eingetreten, er hat ihn durchschritten – hin zum sozusagen symbolistischen Allerheiligsten, der autonomen (Wort-)Kunst. Denn wie in kaum einem anderen Gedicht wird hier „jenes tief erregende in maas und klang" spür-, hör- und erlebbar, worin George den alleinigen „wert der dichtung"[768] erkannte.

---

766 Die Verse erschienen erstmals in Georges 1887 publiziertem Gedichtband „Das Jahr der Seele".
767 Von großem Einfluss auf George waren namentlich Charles Baudelaire (1821-1867), Paul Verlaine (1844-1896) und Stéphane Mallarmé (1842-1898).
768 George 1894, S. 122

4.2.1 Formanalyse

Zeilen-Nr.	Stefan George *Komm in den totgesagten park ...*	Reimschema	Kadenz	Besonderheiten
1	‿ ‿‿ ‿‿ ‿ ‿ ‿ Komm in den totgesagten park und schau:	a	m	eigenwillige Schreibweise und Interpunktion: Kleinschreibung, Mittelstellung des Punktes, rhythmische statt syntaktische Gliederung
2	‿ ‿ ‿ ‿ ‿ ‿ ‿ ‿‿ Der schimmer ferner lächelnder gestade ·	b	w	Endreim- und Kadenzwechsel von Strophe zu Strophe Versmaß: 5-hebiger Jambus; Beginn jedoch mit betontem Imperativ (*Komm,* 1)
3	‿‿ ‿ ‿ ‿ ‿ ‿ Der reinen wolken unverhofftes blau	a	m	Enjambements (3-4, 5-6, 9-10, 11-12) Inversion von Subjekt und Genitivobjekt (3)
4	‿‿ ‿ ‿ ‿ ‿ ‿ ‿ Erhellt die weiher und die bunten pfade.	b	w	acht Imperative in zumeist exponierter Stellung (1, 8, 9, 12), z. T. als syndetische Enumeratio (8) Enallage (*Die späten Rosen,* 8) Metapher (*grünem Leben,* 11)
5	Dort nimm das tiefe gelb · das weiche grau	a	m	Substantivierung der Farbadjektive (3, 5, 10) Personifikation (*lächelnder gestade,* 2)
6	Von birken und von buchs · der wind ist lau ·	a	m	Alliterationen (*gelb – grau,* 5; *birken – buchs,* 6; *noch – nicht,* 7; *küsse – kranz,* 8; *ranken – reben,* 10)
7	Die späten rosen welkten noch nicht ganz ·	c	m	Anapher (*Der,* 2, 3)
8	Erlese küsse sie und flicht den kranz ·	c	m	Assonanzen (*Komm – totgesagten,* 1; *ferner – lächelnder,* 2; *wolken – unverhofftes,* 3; *nimm – tiefe,* 5; *birken – wind,* 6; *rosen – noch,* 7; *Vergiss – diese – nicht,* 9 u.ö.)
9	Vergiss auch diese letzten astern nicht ·	d	m	Dunkle vs. helle Vokale und Diphthonge
10	Den purpur um die ranken wilder reben	e	w	o, a, au vs. i, ie, e (z. B.: *Komm in den totgesagten park und schau,* 1 vs. *Verwinde leicht im herbstlichen gesicht,* 12; Reimwörter der 1. und 2. Strophe vs. Reimwörter der 3. Strophe)
11	Und auch was übrig blieb von grünem leben	e	w	Häufung des stimmhaften nasalen n- und des liquiden r-Lauts (*Die späten Rosen welkten noch nicht ganz,* 7; *schimmer ferner lächelnder gestade,* 2; *Den purpur um die ranken wilder reben,* 10)
12	Verwinde leicht im herbstlichen gesicht.	d	m	

4.2.2 Interpretationsskizze

Im Vergleich zu Liliencrons den unverbindlichen, unreflektiert-flüchtigen Augenblick einfangenden Versen mutet Georges nur vier Jahre später erschienenes Gedicht „Komm in den totgesagten park" wie ein Gegenbild an: idealisiert-artifiziell die Natur, ausgesucht erlesen die Gegenstände, gemessen feierlich der Ton, distanziert-überlegen das lyrische Ich.

Der vermutlich erste Eindruck, es handele sich um ein Natur- bzw. Herbstgedicht, muss – zumal im Wissen um die programmatische Bedeutung der Position[769] im Werk des Dichters – relativiert werden. Deutet schon das Motiv den Ausschluss der freien, natürlichen Natur an, erweist sich die künstlich-künstlerisch gestaltete, in magisch-schimmerndes Licht getauchte Landschaft alsbald als ‚erlesenes‘ Gefilde der Seele. Der Park wird zum Symbol von Dichter und Dichtung zugleich.

Die drei vierzeiligen Strophen konzentrieren sich auf einen bewusst arrangierten, nur den ästhetischen Prinzipien Schönheit und Form verpflichteten, von seinem Ursprung her aristokratischen Ort.[770]

Mit dem bestimmenden Gestus eines doppelten Imperativs fordert das lyrische Ich ein einzelnes Du auf, einzutreten in den vermeintlich toten Park, zu schauen. Wessen es gewahr wird, ist ein für die Tage des Herbstes „unverhofftes" (V. 3), makelloses, selbst auf die Wolken abstrahlendes „blau" (V. 3)[771] des Himmels, das – als Widerschein „ferner" (V. 2) Meere gedeutet – den Park unwirklich „erhellt" (V. 4), ihn als Kunstwerk, als ein spätes paradis artificiel offenbart. In „bunter" (V. 4), unerwarteter und lebendiger Fülle enthüllt die wahrhaft über-irdisch illuminierte Landschaft ihre erlesenen Schätze, gibt ihre morbide Schönheit preis.

Doch ein bloßer Ort des Betrachtens, Sich-Delektierens und Genießens ist der Park nicht. Den einleitenden Imperativen folgen in den beiden nachfolgenden Strophen sechs weitere, die sich zu der dezidierten Aufforderung vereinen, aus all den schimmernden Schönheiten und Kostbarkeiten, aus Blumen, Bäumen, Sträuchern und Wildem Wein[772] – den „späten rosen" (V. 7), den „letzten astern" (V. 9), dem leuchtenden Laub der „birken" (V. 6), dem Blattwerk des „buchs" (V. 6) und den „wilden reben" (V. 10) einen „kranz" (8) zu flechten. Zu „erlesen" (V. 8) sind die Zutaten nach strenger zielorientierter Weisung („Dort", V. 5; „diese", V. 9) des Sprechers vom Du selbst. In einem durch die sprachliche Formgebung, namentlich der phonetischen Gestaltung, geradezu nachzuempfindenden feierlichen Ritus vollzieht sich der Akt des Flechtens. Dessen Ergebnis, der „kranz" (V. 8), ist bzw. symbolisiert dreierlei: die materialisierte, konzentrierte Manifestation der Parklandschaft, ein Abbild des Herbstes, vornehmlich aber ist er Symbol des vollkommenen symbolistischen Kunstwerks. Die von ihren Trägern losgelösten, im doppelten Sinne abstrahierten Attribute – das „unverhoffte blau", das „tiefe gelb", das „weiche grau", das „purpur" – werden zu sich hier grammatisch in *Sub*stantiven spiegelnden selbststän-

---

769 Das titellose Gedicht eröffnet Georges bekanntestes Werk „Das Jahr der Seele". Dort steht es dem ersten Gedichtkreis der jahreszyklischen Reihe „Nach der Lese", „Waller im Schnee", „Sieg des Sommers" voran. Es ist nicht nur Einführung in die 98 Gedichte umfassenden Band, sondern eine „förmliche Initiation des Rezipienten in einen von allen Beimischungen der niederen Alltagswirklichkeit gereinigten Bezirk des Kunstschönen". Kittstein 2011, S. 123
Die Einladung, den vermeintlich toten Park zu betreten, ergeht jedoch nicht an jeden. Sie ist ein Privileg, etwas Exklusives, was auch – im wahrsten Sinne – augenscheinlich wurde bei Erscheinung des Bandes bzw. dessen Gestaltung: Er wurde in nur „zweihundert und sechs Abzügen" auf erlesenem Papier gedruckt. Die Drucktypen waren eigens von Georges Handschrift abgeleitet, der Buchschmuck von dem seinerzeit berühmten und renommierten Maler und Grafiker Melchior Lechter (1865-1937) im damals als revolutionär geltenden Jugendstil (Art nouveau) gestaltet worden.

770 Ein Park war ursprünglich ein im Wortsinn exkludierter Ort, nämlich ein außerhalb der Stadt, also abseits des Volkes, angelegter Schlossgarten. Gestaltet wurde er als idealisierte Natur, als paysage idéal, auf begrenztem Raum und nach bewussten Kriterien der Schönheit, u. a. nach Baumverteilung und Farbmischung.

771 Die ästhetizistische Sequenz „Der reinen wolken unverhofftes blau" spiegelt die Abkehr von der Realität bzw. den Widerstand gegen die naturalistische Wirklichkeitsauffassung besonders deutlich. Hofmannsthal bemerkt dazu: „Es [das Gedicht] ist schön […] Obwohl es kühn ist, zu sagen, ‚der reinen Wolken unverhofftes Blau‘, da diese Buchten von sehnsuchterregendem sommerhaftem Blau ja z w i s c h e n den Wolken sind." Hofmannsthal 1904, S. 129 f.

772 Auch die „wilden reben", d. i. die Wilde Weinrebe, sind mit ihren sich im Herbst purpurrot färbenden Blättern als Symbol selbstzwecklicher Schönheit zu verstehen, da sie sich – im Gegensatz zur „Echten Weinrebe" – einem materialistisch-naturalistischen Nutzen entziehen.
Das „purpur" als Farbe königlicher Würde unterstreicht und verstärkt darüber hinaus die Exklusivität, die Erlesenheit des Parks sowie die des lyrischen Ichs und des von ihm angesprochenen Du als den Akteuren.

---

digen *Sub*stanzen und begründen als solche in ihrer artifiziellen Komposition in Form eines Kranzes eine eigene, neue, Wirklichkeit, in die schließlich auch der Komponist selbst eingewoben, sozusagen mit ihr verschmolzen ist. Sie ist eine Welt sui generis, die sich nicht nur von der des die Wirklichkeit objektiv und ungeschönt abbildenden Naturalismus unterscheidet, sondern auch von der des Impressionismus, der sich zwar auf die Realität bezieht, sie aber durch den subjektiven Filter inneren momentanen Erlebens in eine je eigene modifiziert. Die Welt des Symbolismus hingegen ist ein „realitäts- und ethosloses Reich"[773] exklusiver Schönheit, fern jedes Elends, jedes Nützlichkeitskalküls und abseits jedes unreflektierten, augenblicklich-flüchtigen Empfindens. Seine Welt ist und äußert sich in eben jenem bereits oben zitierten George'schen „tief erregende[n] in maas und klang", der absoluten Dichtung, im Gedicht(eten), im Geflochtenen selbst. Als „gewichtsloses Gewebe aus Worten"[774] wirkt es vornehmlich durch deren „Anordnung und Klang"[775] und konstituiert so ein „neue[s] Dasein": die Welt der reinen Schönheit, des L'art pour l'art.

Und in der Tat sind es „maas und klang", die diese Schönheit erzeugen, fortzeugen und entfalten. Die Klangfiguren der Alliteration (*das tiefe gelb · das weiche grau*, V. 5; *Von birken und von buchs*, V. 6 u. ö.) und der Assonanz (*Komm in den totgesagten park*, V. 1; *Der reinen wolken unverhofftes blau*, V. 3 u. ö.), der kunstvolle Wechsel von dunklen und hellen Vokalen,[776] die Häufung des stimmhaften nasalen n- und des stimmhaften liquiden r-Lautes (*Die späten Rosen welkten noch nicht ganz*, V. 7 – *Der schimmer ferner lächelnder gestade*, V. 2, *Den purpur um die ranken wilder reben*, V. 10) sind es vor allem, die das zum Ritual stilisierte Herstellen des Kranzes – das Erlesen, Küssen, Flechten – in phonetisch-musikalischer Komposition auf subtile Weise nachbilden und dem Gedicht – freilich im Zusammenwirken mit dem „erlesenen" Wortmaterial (z. B. *gestade*, V. 2), der metrischen Gliederung und der unfehlbaren Vollkommenheit der Endreime – seine feierlich-gemessene Aura verleihen.

Die Exklusivität der Welt des Schönen als einer eigenen, autonomen Wirklichkeit bildet sich selbst noch auf der Ebene der Orthographie und Interpunktion ab: Substantive sind mit Ausnahme des Zeilenanfangs konsequent kleingeschrieben. Statt der gewohnten syntaktischen, durch Kommasetzung angezeigten erkennt man eine durch hochgestellte Punkte visualisierte rhythmische Gliederung.

So erscheint dieses Gedicht – erscheint Poesie überhaupt – als Fanum, als ein vom Leben, vom Pro-Fanum losgelöster, gesonderter, exkludiert-exklusiver Bereich. „Es führt", sagt Hofmannsthal, „von der Poesie kein directer Weg ins Leben, aus dem Leben keiner in die Poesie".[777]

5. Die Jahrhundertwende in der Malerei – Beispiel

Claude Monet: *Impression, soleil levant*

So unterschiedlich die literarischen Strömungen und Stilrichtungen der Jahrhundertwende auch waren, sie alle richteten sich – wie vielfach angedeutet und aufgezeigt – gegen den Naturalismus.

---

773 Fricke 1957, S. 354
774 Hofmannsthal 1896, S. 105
775 ibid.
776 Während z. B. im ersten Vers die dunklen Vokale bzw. Diphthonge (o, a, au) dominieren und phonetisch den (noch) tot geglaubten Park abbilden, lichten sich mit dessen Erhellung analog auch die Vokale, was bereits im zweiten Vers zu beobachten ist. In der letzten Zeile schließlich sind ausnahmslos helle Vokale realisiert. Der hellste aller Selbstlaute, das i, ist hier allein viermal anzutreffen.
777 Hofmannsthal 1896, S. 105

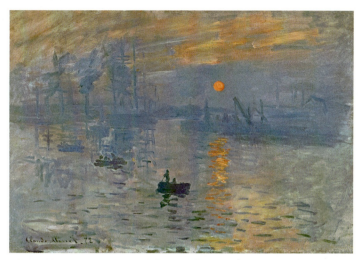

Claude Monet

Claude Monet: *Impression, soleil levant* (1872)

Am sinnfälligsten und im wörtlichen Sinne anschaulich wurde diese Opposition in der Malerei des Impressionismus. Beispielhaft zeigt sich die Abwendung von und der Gegensatz zum Naturalismus in dem dieser Kunstrichtung namensgebenden Gemälde „Impression, soleil levant"[778] Claude Monets.

Das 1872 entstandene Bild des Franzosen und die Werke seiner Malerkollegen[779] versetzten die damalige Kunstwelt in hellen Aufruhr, brachen sie doch radikal mit den Konventionen der Tradition und der akademischen Malerei. Nicht der Gegenstand wird gemalt, sondern Licht und Farbe, in denen er erscheint, werden eingefangen. Erfasst wird der Moment des Augenblicks, die „Impression" der flüchtigen Effekte, rasch vom Auge in die Hand übersetzt.

Wie nebenbei hingeworfene Skizzen wirkten die Bilder der Freilichtmaler im Vergleich zur zeitgenössischen, die Gegenstände möglichst naturgetreu und wirklichkeitsnah abbildenden Malerei. So auch das Gemälde Monets: flüchtig, eilig ausgeführte kleine Pinselstriche, scheinbar planlos neben- und übereinandergesetzte Farbtupfer, aufgelöste Konturlinien. Was als oberflächliche Improvisation erscheint und den Theaterschriftsteller und Kunstkritiker Louis Leroy (1812-1885) zu der Äußerung veranlasste, dass selbst der „Erstentwurf eines Tapetenmusters ausgereifter [sei] als dieses Seestück von Monet"[780], war nicht nur eine Malweise, die Gegenstände in Licht, Farbe und Bewegung auflöste und so Sinneseindrücke, Stimmungen und atmosphärische Anmutungen erzeugte, sondern sie setzte buchstäblich eine neue wissenschaftliche Erkenntnis bezüglich des menschlichen Sehvorgangs ins Bild. Nämlich die, dass die Netzhaut das Wahrnehmungsbild in Form kleiner Rasterpunkte aufnimmt, das Gehirn die (scheinbaren) Lücken zwischen den einzelnen Elementen schließt und die „fehlende" Information aufgrund von Erfahrungswerten ergänzt, sodass unvollständige, nicht geschlossene Figuren als geschlossen

---

778   Das Bild zeigt den Hafen der nordfranzösischen Stadt Le Havre. Monet malte es dort während eines Besuchs der Stadt von einem in einer höheren Etage liegenden Hotelzimmer aus.

779   Zu ihnen zählten u. a. Camille Pissarro, Alfred Sisley, Auguste Renoir, Paul Cézanne und Edgar Degas.

780   vgl. Schediwy 2014, S. 29
      Leroy wagte die Kritik allerdings nicht selbst auszusprechen. Er legte sie in seinem 1874 erschienenen satirischen Essay „L'exposition des Impressionistes" dem fiktiven Landschaftsmaler Joseph Vincent, einem von Regierungen vielfach ausgezeichneten Schüler Jean-Victor Bertins (1767-1842), in den Mund.
      So war die Bezeichnung „Impressionismus" eine ursprünglich abfällig-spöttische, die die Maler in der Folge selbstbewusst für sich übernahmen und reklamierten.

und zusammenhängend wahrgenommen werden. Aus der Nähe chaotisch-ungeordnet erscheinende Pinselstriche und Farbtupfer fügen sich so aus einiger Entfernung im Auge des Betrachters zu einem geschlossenen Ganzen.[781]

Monets Bild fängt die Stimmung einer erwachenden morgendlichen, noch weitgehend in Nebel gehüllten Hafenlandschaft ein. Die Gegenstände sind – Autonomie der Malerei über das Objekt – aufgelöst in rasche Pinselstriche, Farbflecken, flüchtig angedeutete Linien, Lichteffekte und Farben. Dies trifft – in graduierter Form – auf die Fischerboote im Vorder- und Mittelgrund ebenso zu wie auf die im Hintergrund sich durch den Nebel schemenhaft abzeichnenden Segelschiffe und Industrieanlagen. Einzig die Sonne ist als klar definierte kreisrunde Form dargestellt.

Vielfältig sind die Sinneseindrücke und Sinnesempfindungen, die das Gemälde beim Betrachten aus gebotener räumlicher Distanz hervorruft: Das im Bild dominierende, sich in der Ferne ins Weißgraue verflüchtigende und Tiefenwirkung erzeugende Blaugrau vermittelt frühe Kühle und entspannte Ruhe. Noch, fühlt man, ist der Tag nicht ganz erwacht. Lediglich ein paar im Gegenlicht der aufgehenden Sonne nur silhouettenhaft wahrnehmbare Fischer sind mit ihren Booten unterwegs. Doch diese beschauliche Ruhe und deutlich vernehmbare Stille wird, dies ist geradezu spürbar, jeden Augenblick in geschäftiges Treiben umschlagen, spätestens dann, wenn die orangerote Morgensonne den sich langsam lichtenden Nebel ganz durchbrochen und aufgelöst haben wird. Schon spiegelt sie sich in einer schimmernden Melange aus Rot-, Gelb- und Brauntönen auf der noch ruhigen Wasseroberfläche. In denselben warmen Farbnuancen erobert sie einen immer größeren Teil des Himmels, indem sie Kühle und Nebel vertreibt und so einen freundlichen, wohl auch betriebsamen Tag ankündigt.

6.   Dichter und Werke im Überblick (Auswahl)

Dichter	Werke
Detlev von Liliencron (1844-1909)	*Adjutantenritte und andere Gedichte* (1883) *Neue Gedichte* (1893)
Peter Altenberg (1859-1919)	*Wie ich es sehe* (1896) Prosaskizzen
Arthur Schnitzler (1862-1931)	*Sterben* (1892) Novelle *Lieutenant Gustl* (1900) Novelle
Hermann Bahr (1863-1934)	*Zur Kritik der Moderne* (1890) Essay *Die Überwindung des Naturalismus* (1891) Essay *Das unrettbare Ich* (1904) Essay
Richard Beer-Hofmann (1866-1945)	*Der Tod Georgs* (1900) Erzählung
Max Dauthendey (1867-1918)	*Ultra-Violett* (1893) Gedichte *Die schwarze Sonne* (1897) Gedichte und Prosa

---

781 Die Wirkweise dieses in der Wahrnehmungspsychologie als „Gesetz der Geschlossenheit" bekannten Phänomens verdeutlicht die nebenstehende Abbildung:
Die aus einzelnen unterschiedlichen schwarzen Flecken bestehende unvollständige, de facto nicht geschlossene Figur wird als geschlossen und zusammenhängend wahrgenommen.
Vgl. Vernon 1962, S. 63

Stefan George (1868-1933)	*Der Herr der Insel* (1894) Gedicht
	Das Jahr der Seele (1897) Gedichte
	Der siebente Ring (1907) Gedichte
Felix Dörmann (1870-1928)	*Neurotica* (1891) Gedichte
	Sensationen (1892) Gedichte
Hugo von Hofmannsthal (1874-1929)	*Der Tod des Tizian* (1892) lyrisches Drama (Fragment)
	Der Tor und der Tod (1893) lyrisches Drama
	Ballade des äusseren Lebens (1894)
	Ein Brief [Brief des Lord Chandos an Francis Bacon] (1902)
	Poesie und Leben. (Aus einem Vortrage.) (1896)
Thomas Mann (1875-1955)	*Buddenbrooks. Verfall einer Familie* (1901) Gesellschaftsroman
Rainer Maria Rilke (1875-1926)	*Das Stundenbuch* (1899-1903) Gedichtzyklus, erschien erst 1905
	Die Weise von Liebe und Tod des Cornets Christoph Rilke (1899) Erzählung

7.   Erfindungen und Entdeckungen im Überblick (Auswahl)

Zeit	Erfindung/Entdeckung	Erfinder/Entdecker
1890	Psychoanalyse	Sigmund Freud
1891	Erster Gleitflug	Otto Lilienthal
1892/94	Kinematograph	Léon G. Bouly, Brüder L. u. A. Lumière
1893/97	Dieselmotor	Rudolf Diesel
1895	Röntgenstrahlen	Wilhelm C. Röntgen
1895	Drahtlose Telegrafie	Guglielmo Marconi
1896/ 1898	Radioaktivität	Antoine Henri Becquerel Pierre und Marie Curie
1897	Synthese von Acetylsalicylsäure (Aspirin)	Felix Hoffmann
1897	Kathodenstrahlröhre	Ferdinand Braun
1900	Traumdeutung	Sigmund Freud
1900	ABO-System der Blutgruppen	Karl Landsteiner
1901	Staubsauger	Hubert Cecil Booth
1902	Fließband (Vorläufer)	Ransom Eli Olds
1903	Erster gesteuerter Motorflug	Orville und Wilbur Wright
1904	Radar	Christian Hülsmeyer
1906	Erste drahtlose Übertragung von Tönen	Reginald Fessenden
1906	Tragflügelboot	Enrico Forlanini
1908	Geigerzähler	Johannes Wilhelm Geiger
1909	Erster Massenkunststoff (Bakelit)	Leo Hendrik Baekeland

8.   Info-Grafik   LITERATUR DER JAHRHUNDERTWENDE

Naturalismus

Wirklichkeit

Detlev von Liliencron

Objekt
Subjekt

- objektive, vollständige Darstellung der Wirklichkeit
- keine subjektive Perspektivierung
- ungeschönte Wiedergabe des Alltags
- zielt auf Wirkung – eigene Programmatik
- übt Sozialkritik
- weltanschauliche Grundlagen (Positivismus, Darwinismus, Determination des Menschen)

- detailgetreue Beschreibung von Vorgängen und Handlungen (Sekundenstil)

Impressionismus

Sinnlich-subjektiver Eindruck des Augenblicks

Objekt
Subjekt

- Auflösung der Gegenstände in eine Vielzahl von Augenblicksempfindungen → keine klare Abgrenzung mehr von Ich und Welt, von Subjekt und Objekt
- Rückzug auf Subjektivismus und Individualismus
- Mimesis des Bewusstseins: Darstellung persönlicher, subjektiv-sinnlicher Eindrücke (Impressionen)
- Hier und Jetzt ist wesentlich → Ausblendung von Alltag, Geschichte, Politik, Sozialkritik
- Negation der materialistischen weltanschaulichen Grundlagen des Naturalismus
- keine eigene Programmatik

- führt die detailgetreue Ausdrucksform („Sekundenstil") des Naturalismus fort und verfeinert sie

Symbolismus

autonome Welt der Schönheit

Symbole =
Verabsolutierung der Sprache

Stefan George

- abstrahiert von Wirklichkeit, Realität
- verzichtet auf äußere Stimmungseindrücke und individuelle Empfindungen
- weist über das rein gegenständlich Gegebene hinaus
- verabsolutiert die Sprache
- erstrebt das Ideal der reinen Dichtung (= poésie pure)
- verfolgt keine Wirkungsabsichten (z. B. Belehrung, Deklamation)
- löst sich von der Gesellschaft und Kultur der Zeit (→ hermetische Literatur)

- verfolgt keine politischen, sozialen, ethisch-moralischen, weltanschaulichen Zwecke

1. Begriff

Der Begriff „Expressionismus" (lat. *expressiō* = Ausdruck, lat. *exprimere* = ausdrücken, herausstellen) ist wörtlich mit „Ausdruckskunst" zu übersetzen. Er entstammt dem Bereich der bildenden Kunst. Geprägt wurde er 1911 von dem Galeristen Herwarth Walden (1878-1941)[782] als Bezeichnung für all jene Stilrichtungen der europäischen Malerei, die sich radikal von einer mimetischen Kunstauffassung distanziert bzw. gelöst hatten[783] und für deren Vertreter die Aufgabe der Kunst darin bestand, die „wirkliche Wirklichkeit", d. h. das Wesen der Dinge, sichtbar zu machen. Konzis formulierte diesen Anspruch etwas später der Maler und Grafiker Paul Klee (1879-1940): „Kunst gibt nicht das Sichtbare wieder, sondern macht sichtbar".[784]

Kurt Hiller (1885-1972), Publizist und Herausgeber der ersten expressionistischen Lyrik-Anthologie „Der Kondor" (1912), übertrug den Begriff „Expressionismus" auf die Literatur. In seiner betont aktiv-dynamischen Bedeutung kontrastierte er ihn 1911 mit den von ihm ausschließlich reaktiv-rezeptiv interpretierten (Epochen-) Begriffen bzw. Strömungen Naturalismus, Ästhetizismus und Impressionismus, die ihm „nur Wachsplatten für Eindrücke sind und exakt-nuancensam arbeitende Deskribiermaschinen",[785] jedoch nichts „zu s a g e n (haben)".[786] Selbstbewusst formuliert er: „Wir sind Expressionisten. Es kommt uns wieder auf den Gehalt, das Wollen, das Ethos an".[787] „Wir", das sind – neben Hiller und in erster Linie – die jungen Lyriker Georg Heym, Ernst Blass, Ferdinand Hardekopf u. a., die „in Berlin […] die Keimzelle des expressionistischen Aufbruchs ausmachten".[788]

2. Historisch-geistesgeschichtlicher Hintergrund

Mit der Schaffung des deutschen Nationalstaats 1871 vollzog sich der Industrialisierungsprozess im Deutschen Reich in einem alle Lebensbereiche erfassenden, buchstäblich atemberaubenden Tempo. Hatte die Industrialisierung hierzulande derjenigen einiger europäischer Staaten, insbesondere der Englands, bislang hinterhergehinkt, entwickelte sich das Deutsche Kaiserreich bis 1914 zur führenden Industrie- und Wirtschaftsmacht Europas. Mit einem Anteil von 15% an der weltweiten Industrieproduktion im Jahre 1914 löste das Deutsche Reich das bis dato in Europa führende Großbritannien (14%) ab. Die industrielle Produktion stieg zwischen 1871 und 1914 um das Sechsfache und die Exporte

---

782 Walden war u. a. Herausgeber der von 1910-1932 zunächst wöchentlich, später monatlich erscheinenden wegweisenden expressionistischen Zeitschrift „Der Sturm".

783 Neben dem deutschen Expressionismus mit seinen 1905 bzw. 1911 gegründeten Künstlervereinigungen „Brücke" (Ernst Ludwig Kirchner, Erich Heckel, Karl Schmidt-Rottluff und Fritz Bleyl) und „Der Blaue Reiter" (Wassily Kandinsky, Franz Marc, August Macke, Paul Klee, Gabriele Münter u. a.) sind hier insbesondere der in Italien von Filippo Tommaso Marinetti (1876-1944) begründete Futurismus und der von dem Spanier Pablo Picasso (1881-1973) sowie dem Franzosen Georges Braque (1882-1963) entwickelte Kubismus zu nennen.

784 Klee 1920, S. 28

785 Hiller 1911

786 ibid.

787 ibid.
    Hiller bemerkt zudem: „[d]aß ,Ethos' nichts mit Sozialpolitik zu tun hat oder gar mit Patriotismus und Enthaltsamkeitslehre – brauchte ich nicht erst zu betonen, wenn nicht immer noch gelegentlich ein Grautier uns dahin mißverstünde" – eine Äußerung, in der sich der Protest der jungen Generation gegen den wilhelminischen Patriotismus und die heuchlerische (Sexual-)Moral der Zeit bereits deutlich artikuliert.

788 Fähnders 2010, S. 137

hatten sich vervierfacht.[789] Das Eisenbahnnetz, das nicht allein für den Gütertransport von größter Bedeutung war, sondern auch für das Zusammenwachsen der Regionen innerhalb des Reichs, erweiterte sich zwischen 1871 und 1917 von 18.876 km auf 63.378 km.[790]

Von 1890 bis zum Kriegsbeginn 1914 herrschte dauerhafte Hochkonjunktur im Deutschen Reich. In der Wissenschaft, zumal im Bereich der Naturwissenschaften, nahm es in den ersten zwei Jahrzehnten des 20. Jahrhunderts weltweit die Spitzenposition ein.[791]

Deutsche Universitäten und die erstmals in größerer Zahl eingerichteten außeruniversitären Forschungsinstitute[792] erlangten vor allem dank ihrer systematischen Grundlagenforschung weltweit Vorbildcharakter. 21 der während 1901 und 1918 verliehenen Nobelpreise – d. h. über ein Drittel aller Auszeichnungen – gingen an deutsche Wissenschaftler und Literaten.[793]

In der Mitte der Gesellschaft
Preußische Offiziere gehörten, wie hier in Berlin, um 1900/1914 zum Straßenbild.

Während Industrie, Wirtschaft und Wissenschaft in hohem Maße prosperierten und „Einsteins Deutschland" manchem Außenstehenden als „das wohl kultivierteste Volk auf der Welt"[794] gelten mochte, hatte sich die politische und gesellschaftliche Architektur kaum verändert: Wilhelm II. regierte quasi absolutistisch, militaristische Wertvorstellungen prägten und durchdrangen sämtliche Bereiche der Gesellschaft und die Klassenunterschiede blieben beträchtlich. Nach wie vor bestimmte die Geburt wesentlich die gesellschaftliche Stellung[795] und das Dreiklassenwahlrecht[796] blieb bis 1918 in Kraft. Zwar gab es eine Volksvertretung, die sich an der Gesetzgebung beteiligen konnte, großen Einfluss indessen hatte der Reichstag nicht. Die Machtstruktur war „noch immer in außerordentlichem Maße durch den grundbesitzenden, besonders den ostelbischen Adel bestimmt".[797] Diese „klei-

---

789   Z. B. stammte 1914 jede zweite elektrische Maschine (Elektromotoren, Generatoren, Transformatoren) weltweit aus deutscher Fertigung.

790   Zu den vorgenannten Wirtschaftsdaten vgl. https://www.dhm.de/lemo/kapitel/kaiserreich/industrie-und-wirtschaft.html
       Detaillierte Informationen s. Kiesewetter 2004, S. 106 ff.

791   „‚Einsteins Deutschland' […] war bereit, die Welt in der Lehre und in den Wissenschaften anzuführen […] Deutsch war die Sprache der Wissenschaft. Wer sich Hoffnungen auf eine Karriere in der Philologie machte, in der Philosophie, der Soziologie oder den Naturwissenschaften, war gut beraten, eine deutsche Universität zu besuchen." Fromkin 2005, S. 85 f.

792   Eines dieser Forschungsinstitute war die 1911 in Berlin gegründete Kaiser-Wilhelm-Gesellschaft zur Förderung der Wissenschaften, deren Nachfolger die heutige Max-Planck-Gesellschaft wurde.

793   Verliehen wurden sieben Nobelpreise für Chemie, sechs für Physik, vier für Medizin und vier für Literatur; davon je einer an die Dichter Paul Heyse (1910) und Gerhart Hauptmann (1912) sowie an den Philosophen Rudolf Eucken 1908) und den Historiker Theodor Mommsen (1902).

794   Fromkin 2005, S. 86

795   Erst 1919 verfügte die Weimarer Reichsverfassung, Art. 109: „Öffentlich-rechtliche Vorrechte oder Nachteile der Geburt oder des Standes sind aufzuheben." Zitiert nach: https://www.1000dokumente.de/pdf/dok_0002_wrv_de.pdf

796   Das Dreiklassenwahlrecht wurde 1848/49 in Preußen eingeführt und blieb im Kaiserreich auf Preußen beschränkt. Da Preußen jedoch nicht nur bezüglich der Fläche der bei Weitem größte der 25 Bundesstaaten des Reichs (349.000 km² von insgesamt 540.000 km²) war, sondern fast zwei Drittel der Gesamtbevölkerung (40 Millionen von 65 Millionen im Jahre 1910) umfasste, war dieses Wahlrecht für das Deutsche Reich auch insgesamt von Belang. Die erste Klasse der am höchsten Besteuerten umfasste z. B. 1908 nur 4% der Wähler, dennoch standen ihr ebenso viele Wahlmänner zu wie der dritten Klasse, die rund 82% der Wahlberechtigten ausmachte.

797   Wehler 1994, S. 53

---

ne Machtelite", die um 1900 auf etwa „24.000 Köpfe"[798] geschätzt wurde, genoss weitreichende Privilegien und hatte Zugang zu hohen und höchsten Ämtern in Militär, Verwaltung und Diplomatie. Zur Oberschicht zählten neben dem Adel das Bildungsbürgertum und das Besitz- resp. Wirtschaftsbürgertum,[799] deren beider Anteil an der Gesamtbevölkerung 1913 insgesamt etwa 5–6% betrug.[800] So heterogen die Oberschicht auch sein mochte, darüber, wie das Reich politisch geführt werden sollte, herrschte Konsens: monarchistisch, antidemokratisch und militaristisch. Militarismus, d. h. die Übertragung militärischer Wertvorstellungen, Ziele, Strukturen, Denk- und Verhaltensweisen auch auf die zivilen Lebensbereiche, war das augenfälligste Kennzeichen des Wilhelminischen Kaiserreichs. Außergewöhnlicher Stolz auf das Militär, gespeist aus den Siegen in den drei Einigungskriegen,[801] Vorrang der Rüstungs- und Verteidigungspolitik vor sämtlichen anderen Bereichen der Politik und die bevorzugte Stellung der Angehörigen des Militärs ließen an dessen politischem und gesamtgesellschaftlichem Primat keinen Zweifel.

Sein erster Gedanke:
Fatal! Jetzt kann ich nicht mehr Reserveoffizier sein.

Allenthalben fanden Militärparaden statt und das Straßenbild prägten wesentlich Uniformen und Rangabzeichen der Offiziere. Diese entstammten fast ausnahmslos dem Adel und wurden nicht nur respektiert und geachtet, sondern geradezu glorifiziert,[802] was deren ohnehin elitäres Selbstverständnis zusätzlich verstärkte.

Bürgersöhnen – und nur diesen – bot sich, militärisch-nationalistische Gesinnung vorausgesetzt, unter bestimmten Bedingungen die Möglichkeit einer „Ersatznobilitierung" zum Reserveleutnant, eine mit beträchtlichem gesellschaftlichem Prestige[803] verbundene „Rangerhöhung". Indem er den im Offizierskorps herrschenden Geist und dessen Werte in die Zivilgesellschaft trug, zu tragen hatte, wurde der Reserveoffizier zur wichtigen Instanz im Prozess der sozialen Militarisierung. Das enorme Renommee von Offizieren, Reserveoffizieren und die außerordentliche gesellschaftliche Bedeutung, die ihnen zugemessen wurde, unterstreicht das folgende Statement des Historikers Friedrich Meinecke

798 ibid.

799 Zum Bildungsbürgertum zählten Berufsgruppen mit akademischer Ausbildung, z. B. Professoren, Gymnasiallehrer, Richter, Ingenieure, Ärzte und Rechtsanwälte. Das Wirtschaftsbürgertum bestand insbesondere aus Unternehmern und Kaufleuten.

800 vgl. Freytag 2018, S. 76, 77

801 Deutsch-Dänischer Krieg (1864), Deutscher [Preußisch-Österreichischer] Krieg (1866), Deutsch-Französischer Krieg (1871)

802 Carl Zuckmayers sozialkritische Komödie „Der Hauptmann von Köpenick" (1931), die den Militarismus und die ebenso einfältige wie gefährliche Obrigkeitshörigkeit und naive Bewunderung von Uniformen geißelt, spiegelt exemplarisch sowohl die Haltung der Zivilgesellschaft als auch das elitäre Selbstverständnis des Militärs im Kaiserreich wider. So legt Zuckmayer dem Schneider Adolf Wormser, bei dem der gerade zum Reserveleutnant beförderte Kommunalbeamte und spätere Bürgermeister Obermüller eine Uniform erwerben will, die Worte in den Mund:
„Recht so. Muß'n schönes Gefühl sein, wenn man auf einmal mit Herr Leutnant angeredet wird, das schmeichelt den Gehörknöchelchen. Wissen Sie, ich sage immer: vom Gefreiten aufwärts beginnt der Darwinismus. Aber der Mensch, der Mensch fängt erst beim Leutnant an, is nich so, is nich so?"
Obermüller, der auch seiner aus einer Offiziersfamilie stammenden Mutter imponieren möchte, die gerade ihren Besuch angekündigt hat und besonderen Wert auf entsprechende Positionen und Uniformen legt, bestätigt Wormsers Aussage – dessen provozierende Note verkennend –, indem er sie durch die rhetorische Figur der Litotes scheinbar abschwächt, dadurch jedoch gerade verstärkt: „Das möchte ich nicht gerade behaupten – aber – für meine Laufbahn ist es natürlich außerordentlich wertvoll. Ich brauche die Uniform besonders eilig". Zuckmayer 2014, S. 58

803 s. obige Karikatur von Thomas Theodor Heine „Sein erster Gedanke", veröffentlicht 1896 in der satirischen Wochenzeitschrift „Simplicissimus"

(1862-1954): „Der preußische Leutnant ging als junger Gott, der bürgerliche Reserve-leutnant wenigstens als Halbgott durch die Welt."[804] Und der u. a. auch hinsichtlich der preußischen Berufungspolitik einflussreiche Altphilologe Ulrich von Wilamowitz-Moellendorff (1848-1931) bemerkte 1915:

> *Ich war damals schon jahrelang Professor wie heute, dachte und denke nicht gering von meinem Lehramte [...] Aber wie geringfügig kam alles, was unsereiner leisten kann, demgegenüber vor, was mein Hauptmann mit seiner [...] Arbeit erreichte, der Erzieher, der Hochschullehrer des Volkes.*[805]

Dass indessen gerade die bürgerliche Moral der wilhelminischen Gesellschaft eine vordergründige, ganz auf den äußeren Schein berechnete, oft heuchlerische, äußerst fragwürdige war, wurde kaum thematisiert, diesbezügliche (literarische) Kritik von der Zensur kassiert. Ersteres tat z. B. der Abgeordnete Hermann Wendel (1884-1936) 1914 im Reichstag, Letzteres widerfuhr dem Dichter Frank Wedekind (1864-1918) mit seinem 1891 entstandenen, 1906 in Berlin uraufgeführten, freilich provokant überzeichneten Drama „Frühlings Erwachen. Eine Kindertragödie".[806]

Wendel monierte, dass „[n]icht der ehrenwerte Bürger das vielfach gangbare Lebensideal [...] des deutschen Volkes (ist), sondern der schneidige Herr ‚von' mit seinem aufgedrehten Schnurrbart[807] [...] und [...] königlich preußischem Schnarrton".[808]

Und Wedekind entlarvt schonungslos die bigotte zeitgenössische bürgerliche (Sexual-) Moral, die sich – ob in Form der Institutionen Elternhaus, Schule oder Arzt – an den Jugendlichen aufs Schwerste versündigt, indem sie diese mit puritanischer Heuchelei, Geheimnistuerei und militaristischer Schulpädagogik in die Isolation oder den Selbstmord treibt.[809]

Die Mehrheit der Bevölkerung des Kaiserreichs zeigte sich eher unpolitisch bzw. verhielt sich Kaiser, Staat und dessen Autoritäten gegenüber loyal, orientierte sich – oft aus Furcht vor Sanktionen – an dem die Ära bestimmenden Prinzip von Befehl und Gehorsam. Doch gab es auch couragierte Stimmen und Gegenbewegungen. Neben denen der Kunst, auch und gerade des literarischen Expressionismus, waren dies pädagogische, frauenemanzi-patorische und pazifistische. So richteten sich z. B. neue, reform-pädagogische Ansätze[810] gegen die in den Schulen praktizierte autoritäre, auf Unterordnung abzielende und die Prügelstrafe als selbstverständliches Erziehungsmittel einsetzende Gesinnungspädago-gik, indem sie das Kind mit seiner je eigenen Persönlichkeit, seinen Bedürfnissen und Schwächen und als per se wertzuschätzendes Individuum in den Mittelpunkt rückten. Frauenrechtlerinnen wie Anita Augspurg (1857-1943), Clara Zetkin (1857-1933), Helene

---

804 zitiert nach: Berg/Herrmann 1991, S. 3-56, hier S. 13

805 Wilamowitz-Moellendorff 1915, S. 83 f.

806 Seit der Buchausgabe 1891 stand das Drama wegen angeblicher Obszönität im Fokus der Zensur. Erst 1912 wurde es zur Aufführung freigegeben. Zwar war die Pressefreiheit seit Mai 1874 gesetzlich verankert, hatte aber keinen Verfassungsrang und war daher relativ leicht auszuhebeln, weshalb sie oft „eine hohle Verheißung (blieb)". Siemann 2001, S. 101.

807 Anspielung auf den Zwirbelbart Wilhelms II.

808 Gemeint ist der militärische Befehlston. Zitiert nach: Best 2014, S. 46

809 Schülerselbstmorde und Suizidversuche aufgrund autoritärer Erziehung, Disziplinierung und pubertärer Krisen waren im Wilhelminismus bis zum Ausbruch des Ersten Weltkrieges fast alltäglich. Öffentliche Aufmerksamkeit erregte z. B. der Fall des 18-jährigen Rudolf Ditzen (1893-1947), der später als Schriftsteller unter dem Pseudonym Hans Fallada bekannt wurde, als er sich im Oktober 1911 in einem fingierten Duell mit einem seiner Mitschüler das Leben nehmen wollte. Vgl. Freytag 2018, S. 131
Thematisiert werden die repressiven Erziehungsmethoden und die aus diesen resultierende Suizidgefährdung auch in Hermann Hesses 1906 erschienener Erzählung „Unterm Rad".

810 vgl. z. B. die von Maria Montessori (1870-1952) entwickelte Pädagogik, die das Kind als „Baumeister seines Selbst" versteht. Auch die von Rudolf Steiner (1861-1925) entwickelte, auf dem sogenannten anthroposophischen Menschenbild gründende Waldorfpädagogik ist der Reformpädagogik zuzurechnen.

X. Expressionismus (1910–1925)

Stöcker (1869-1943) oder die Schriftstellerin Gabriele Reuter[811] (1859-1941)
pochten auf das Mitspracherecht[812] der
Frauen, kämpften gegen deren Reduktion auf die Rolle der bevormundeten
‚Dreiwesenheit‘ „Jungfrau, Gattin, Mutter".[813] Deutlich pazifistische, gegen Militarismus und Imperialismus gerichtete
Bestrebungen waren insbesondere aus
Teilen der Sozialdemokratie zu vernehmen. Deren Anhänger wurden ob ihrer
antimilitaristischen Haltung – wie z. B.
nebenstehende Abbildung[814] bezeugt
– als „Rote Vaterlandsverräter" denun-
ziert, die es „nieder"-zumachen gelte.

„DIE SOZIALDEMOKRATIE GEGEN WELTPOLITIK.
GEGEN KOLONIEN, GEGEN HEER UND FLOTTE !
NIEDER MIT DEN ROTEN VATERLANDSVERRÄTERN !"
(Postkarte der Zentrumspartei, ca. 1912)

Keine dieser Gegenbewegungen freilich
konnte sich zunächst wirksam durchset-
zen. Sie scheiterten an der patriarchalisch strukturierten Gesellschaft, am omnipräsen-
ten Militarismus, am demonstrativen Streben nach Hegemonie und Weltgeltung des Reiches. Dieses äußerte sich in dessen rasanter – vor allem maritimer – Aufrüstung,[815] in der
Ablehnung der Forderung nach Rüstungsbeschränkung auf der Haager Friedenskonfe-
renz (1907) und in einer die Gefahr einer militärischen Konfrontation provozierenden
Außenpolitik des Reiches. Die kluge, auf ein friedenssicherndes Kräftegleichgewicht
zwischen den europäischen Großmächten[816] ausgerichtete, eine Isolation des Deutschen
Reichs zu verhindern bestrebte Bündnispolitik Bismarcks wurde nach dessen Entlassung
1890 nicht nur aufgegeben, sondern von dem bisweilen ebenso unbedacht wie sprung-
haft agierenden Kaiser konterkariert.[817] Mit einer „Politik der freien Hand"[818] und „nach
persönlichem Regiment"[819] destruierte Wilhelm II. nach und nach die geschickt und
weitsichtig geknüpfte Bündnisgeometrie seines ehemaligen Reichskanzlers und betrieb
eine zunehmend „irrlichternde Weltpolitik".[820] So führten u. a. Provokationen gegenüber

811 vgl. Reuters Roman „Aus guter Familie. Die Leidensgeschichte eines Mädchens". Das erstmals 1896 erschienene
      Buch, das 1907 bereits 18 und bis 1931 28 Auflagen erreicht hatte, erzählt die „Leidensgeschichte" einer höhe-
      ren Tochter (Tochter aus großbürgerlichen Verhältnissen) und wirkte im Wilhelminismus wie „ein Aufschrei",
      wie „eine Selbstbefreiung großen Stils". Vgl. Freytag 2018, S. 137 und https://literaturwissenschaft.de/buch/aus-
      guter-familie-1.html

812 Erst das Reichswahlgesetz vom 30. November 1918 verbrieft in § 2 und § 25 das allgemeine aktive und passive
      Wahlrecht auch für Frauen; s. http://www.documentarchiv.de/wr/1918/reichswahlgesetz.html

813 Reuter 1895, zitiert nach: http://gutenberg.spiegel.de/buch/aus-guter-familie-7364/2

814 Die Zentrumspartei war die Partei des politischen Katholizismus. Sie war 1881-1912 und 1916-1918 stärkste Frak-
      tion des Reichstags.

815 Im Zuge der imperialen Kolonialpolitik verkündete Wilhelm II. anlässlich der Einweihung des Stettiner Frei-
      hafens 1898 in bewusster Konkurrenz zu England, der stärksten Seemacht: „Deutschlands Zukunft liegt auf dem
      Wasser". Zwischen 1898 und 1914 baute er die Kriegsmarine zur zweitstärksten der Welt aus.

816 Deutsches Reich, England, Frankreich, Österreich-Ungarn und Russland

817 Als das Dreikaiserbündnis zwischen den Kaisern Wilhelm I. (Deutsches Reich), Franz Joseph I. (Österreich-
      Ungarn) und Alexander II. (Russland) 1887 nicht mehr verlängert wurde, musste Bismarck handeln, um einen
      Zweifronten-Krieg möglichst zu vermeiden: Russland sollte im Falle eines Konfliktes mit Frankreich zur Neutra-
      lität verpflichtet werden. Deshalb schloss der Reichskanzler am 18. Juni 1887 mit Russland ein auf drei Jahre be-
      fristetes geheimes Neutralitätsabkommen, den sogenannten Rückversicherungsvertrag. Darin verpflichtete sich
      das Deutsche Reich, neutral zu bleiben, falls Österreich-Ungarn von Russland angegriffen würde; im Gegenzug
      garantierte Russland seine Neutralität im Falle eines Angriffs Frankreichs auf das Deutsche Reich. Eine von Russ-
      land nachdrücklich gewünschte Verlängerung des Vertrags lehnte Wilhelm II. 1890 ab.

818 Der metaphorische Ausdruck bezeichnet die Außenpolitik eines Staates, der bewusst darauf verzichtet, Bündnisse
      zu schließen, um auf die Interessen seiner Alliierten keine Rücksicht nehmen zu müssen.

819 Anders als sein Großvater, Wilhelm I., war Wilhelm II. bestrebt, den von der Verfassung gewährten Spielraum zu
      nutzen, selbst zu regieren, Kanzler zu sein und die Richtlinien der Politik zu bestimmen. Vgl. Freytag 2018, S. 157 f.

820 Freytag 2018, S. 232

Frankreich (Marokkokrise 1905/1906) und England („Krüger-Depesche" 1896) 1907 zur „Triple Entente", d. h. zum Schulterschluss von England, Frankreich und Russland, wodurch just das eintrat, was Bismarck durch sein komplexes Bündnisgeflecht zu verhindern suchte: die Gefahr eines Zweifrontenkriegs bzw. einer „Einkreisung" und damit der Isolation, wie sie wenige Jahre später – im durch die hier skizzierte Politik des Wilhelminischen Kaiserreichs wesentlich (mit)verursachten Ersten Weltkrieg – real werden sollte.

Die individuelle wie die gesellschaftliche Verfasstheit zu Beginn des 20. Jahrhunderts war geprägt von einem sich deutlich verschärfenden, in der zweiten Dekade kulminierenden Krisenbewusstsein als Ergebnis eines komplexen Prozesses von sich oft wechselseitig bedingenden und potenzierenden Zuständen, Ereignissen und Entwicklungen. Wesentliche Gründe bzw. Auslöser dieser Krisenstimmung waren die weitgehend (in Hierarchien) erstarrte Gesellschaft, die zunehmende Funktionalisierung und Verdinglichung des sich als passives Objekt erlebenden Menschen, die mit immer rasanterem Tempo voranschreitende Technisierung und zwei durch diese ausgelöste bzw. potenzierte Phänomene: eine nie da gewesene Beschleunigung des großstädtischen Lebens und die sich weiter intensivierende Anonymisierung.

Das so evozierte Krisenbewusstsein äußerte sich in einem zutiefst ambivalenten Lebensgefühl, in einer Zerrissenheit zwischen Aufbruch- und Endzeitstimmung, rauschhaft-ekstatischer Aktion und monoton-alltäglicher Langeweile, zwischen Aggression und Verbrüderung, Positivismus bzw. Ratio und Intuition, „Steigerung des Nervenlebens" und „Blasiertheit".[821]

Überall und allenthalben drängte dieses gespaltene Gefühl zur expressiven Artikulation. Es war Ausdruck einer den Menschen dieser Epoche charakterisierenden Ich-Dissoziation,[822] des Identitätsverlusts und der Erfahrung „transzendentaler Obdachlosigkeit",[823] des Verlusts metaphysischer Bindungen. Es war die Manifestation subjektiver Erfahrung des Sinn- und Werteverlusts, des Verlusts von Totalität und des Seinszusammenhangs in einer sich mehr und mehr fragmentierenden Welt.

Eindrucksvoll und beispielhaft vermitteln dieses Krisenbewusstsein und das „Leiden an den *lebenleeren Tagen*"[824] und die mit ihnen einhergehende Befindlichkeit die Tagebuchaufzeichnungen Georg Heyms (1887-1912):

> *Einen Tag möchte ich erleben, [...] wo ich nicht immer hin und her geworfen würde, wie ein Spielball einer unbekannten Macht. Einmal Frieden, aber immer Sturm und gräßliche Leidenschaft.*[825]

---

821 „Steigerung des Nervenlebens" und „Blasiertheit" sind nach dem Soziologen und Philosophen Georg Simmel (1858-1918) zwei die Moderne bzw. den Großstädter kennzeichnende Phänomene. Während jene „aus dem raschen und ununterbrochenen Wechsel äußerer und innerer Eindrücke" resultiert, bezeichnet diese die Unfähigkeit, „auf neue Reize mit der ihnen angemessenen Energie zu reagieren", indem sich der Mensch in der von Anonymität, Entfremdung und Verdinglichung seiner selbst von ebendiesen Reizen abschottet. Vgl. Simmel 1903, S. 188, 193

822 Der psychologische Begriff Dissoziation bezeichnet das Auseinanderfallen, die Auflösung bzw. Trennung von in der Regel assoziierten, also verbundenen, miteinander verknüpften Wahrnehmungs-, Gedächtnis- und Bewusstseinsinhalten.
Solche Abspaltungen können das Ergebnis traumatischer Erfahrung, aber auch Manifestation eines unbewussten Selbstschutzes sein, bei dem sich das Individuum gegen die auf es einströmenden Reize verwehrt und so für die qualitativen Unterschiede der Dinge weniger empfänglich wird und statt ihrer die (quantitative) Gleich-Gültigkeit „präferiert". In diesem Sinne korrespondiert der Begriff mit dem der Simmel'schen Blasiertheit. Vgl. Simmel 1903, S. 193

823 „transzendentale Obdachlosigkeit" bzw. „transzendentale Heimatlosigkeit" kennzeichnet nach dem Literaturwissenschaftler und Philosophen Georg Lukács (1885-1971) die Befindlichkeit des moderneren Menschen: Dem Empirischen preisgegeben, existiert er in einer in Details zerfallende/zerfallenen Welt ohne eine ihn transzendental einbindende Totalität, ohne metaphysischen Beistand. Vgl. Lukács 1963, S. 32, 52

824 Martens 1971, S. 74

825 Heym, Tagebuch-Eintrag 6.5.1908 unter der griech. Überschrift „αλαδοι" (= Seid verflucht!)
Zitiert nach: http://gutenberg.spiegel.de/buch/-6998/2

---

*Ach, es ist furchtbar. Schlimmer kann es auch 1820 nicht gewesen sein. Es ist immer
das gleiche, so langweilig, langweilig, langweilig. Es geschieht nichts, nichts, nichts.
Wenn doch einmal etwas geschehen wollte, was nicht diesen faden Geschmack von
Alltäglichkeit hinterläßt. Wenn ich mich frage, warum ich bis jetzt gelebt habe. Ich
wüßte keine Antwort. Nichts wie Quälerei, Leid und Misere aller Art. [...] Könnte ich
nur einmal den Strick abschneiden, der an meinen Füßen hängt.*

*Geschähe doch einmal etwas. Würden einmal wieder Barrikaden gebaut. Ich wäre
der erste, der sich darauf stellte, ich wollte noch mit der Kugel im Herzen den
Rausch der Begeisterung spüren. [...] Dieser Frieden ist so faul ölig und schmierig
wie eine Leimpolitur auf alten Möbeln.*

*Was haben wir auch für eine jammervolle Regierung, einen Kaiser, der sich in jedem
Zirkus als Harlekin sehen lassen könnte. Staatsmänner, die besser als Spucknapf-
halter ihren Zweck erfüllten, denn als Männer, die das Vertrauen des Volkes tragen
sollen.*[826]

[E]s gibt wenig Nacheinander [...] Es ist alles ein Nebeneinander.[827]

Wesentlich bestimmt und intensiviert wurde das Krisenbewusstsein von der Skepsis gegenüber den philosophisch-geistesgeschichtlichen Strömungen des 18. und 19. Jahrhunderts, d. h. gegenüber der von der Aufklärung idealisierten Vernunft und dem sich am
Exaktheitsideal der Naturwissenschaften und der Technik orientierenden Positivismus.
Gegen sie entwickelte sich im Rekurs auf die Lehren des Philosophen Friedrich Nietzsche
und die Lebensphilosophie Henri Bergsons zunehmender Widerstand, der den triebhaften
Willen, das Irrationale, die Intuition als die eigentlich wesentlichen, das Leben selbst bestimmenden und zugleich erklärenden Kräfte ausmachte. Für Nietzsche war der Intellekt
kein die Wahrheit erkennendes, sondern ein sie verkehrendes, den Schwachen und der
Heuchelei dienendes Instrument. Und das „Denken, Schließen, Berechnen, Kombinieren
von Ursachen und Wirkungen",[828] das „Bewusstsein'", identifizierte er als das „ärmlichste
und fehlgreifendste Organ!"[829] des Menschen, das sich im Verlaufe des Prozesses seiner
Vergesellschaftung an die Stelle der „alten Führer", der Instinkte, der „regulierenden
unbewusst-sicherführenden Triebe"[830] gesetzt hat. In der Triebgrundlage wurzeln für
Nietzsche der dionysische, d. h. der sich selbst bejahende Wille und die Fähigkeit zur
Selbstaktualisierung, zur Selbstermächtigung und zur schöpferischen Selbstgestaltung.

Nietzsche, der die „geistige Physiognomie des Expressionismus wesentlich geprägt"[831]
hat, wurde für die Expressionisten zum „spiritus rector", sein Name für den, der „sich
jung und vital fühlte", zum „Erkennungszeichen".[832]

Die Wirkmächtigkeit seiner Ideen und Lehren ist ebenso vielfach bezeugt wie deren
formal brillante Darbietung „zugunsten der Expression":

*Seine Lehre ist groß [...] sie giebt unserm Leben einen neuen Sinn [...] daß wir alles
Große und Erhabne in uns nach unsern Kräften ausgestalten [...] Und diese Lehre
kann uns auf uns allein stellen. Ich las ihn und wurde gefangen, ich, der ich früher
Angst vor diesem Buche*[833] *hatte,*[834]

---

826 Heym, Tagebuch-Eintrag 6. 7.1910. Heym 2006, S. 320
827 Heym, Tagebuch, Eintrag 21.7.1910. Heym 2006, S. 321
828 Nietzsche 2017 c, S. 67
829 ibid. S. 68
830 ibid. S. 67
831 Meyer, Theo 2006, S. 30
832 Safranski 2000, S. 334
833 Gemeint ist Nietzsches „Also sprach Zarathustra. Ein Buch für Alle und Keinen" (1883-1885).
834 Heym, Tagebuch-Eintrag 17.2.1906; zitiert nach: Krummel 1998, S. 277

notiert Heym im Februar 1906 in sein Tagebuch und unterstreicht für sich und seine (Dichter-)Generation die Bedeutung des von Nietzsche gepriesenen und geforderten schöpferischen Schaffens, der schöpferischen Tat. An diesem Begriff richteten sie sich auf. An seinen Namen, seine Gedanken, seine Schriften knüpfte sich die Hoffnung eines „Aufbruch[s] aus einer erstarrten Welt in etwas lebendiges Neues",[835] die so viele junge Männer – auch und gerade – mit dem Kriegsausbruch 1914 verbanden.[836]

Und Gottfried Benn bekennt im Vorwort zu der von ihm herausgegebenen Sammlung „Lyrik des expressionistischen Jahrzehnts":

> *Denn was uns [die expressionistischen Dichter] selbst angeht, unser Hintergrund war Nietzsche: Sein inneres Wesen mit Worten zu zerreißen, der Drang sich auszudrücken, zu formulieren, zu blenden, zu funkeln auf jede Gefahr und ohne Rücksicht auf Ergebnisse, das Verlöschen des Inhalts zugunsten der Expression – das war ja seine Existenz.*[837]

Henri Bergson

Maßgeblich mitbestimmt wurde die philosophische Diskussion zu Beginn des 20. Jahrhunderts auch von der Lebensphilosophie Henri Bergsons (1859-1941). In seinem später (1927) mit dem Nobelpreis für Literatur ausgezeichneten Hauptwerk „L'Évolution créatrice" (1907) verwies der in der Tradition Nietzsches und Schopenhauers stehende Franzose auf den wesentlichen Unterschied zwischen Intellekt und Intuition. Jenem kommt nach Bergson zwar eine unerlässliche Funktion als Erkenntnisinstrument der Naturwissenschaften zu, in seiner methodischen Festlegung aber bleibt er beschränkt auf das Messbare. Schon in der Biologie und Psychologie, vor allem aber in den Geisteswissenschaften, genauer hermeneutischer Wissenschaften, reicht der Intellekt als Erkenntnisorgan nicht aus. Wohl lassen sich durch ihn physische und chemische Bedingungen des Lebens erklären, nicht aber das Leben selbst. Dieses nämlich ist kein starres Erkenntnisobjekt, sondern etwas sich unausgesetzt Veränderndes. Es ist – so Bergson – „évolution créatrice", schöpferische Entwicklung, das sich durch den „élan vital", die Schwungkraft des Lebens, sein eigenes Ziel immer wieder neu schafft und setzt. Vernunft und Naturwissenschaften erfassen alles in räumlichen Dimensionen und Verhältnissen, wo sie durchaus sicheres Wissen generieren und vermitteln können. Die Zeit aber in ihrer wahren Natur zu erkennen, zu verstehen vermögen sie nicht. Etwas, was ursprünglich frei ist, kann der Intellekt nur als kausal-determiniert begreifen, etwas, was nur als Qualität erfahren werden kann, weist er als etwas Quantitatives, Messbares aus. Erfahrbar ist das Leben daher nur durch Intuition. Sie zeigt, dass das Lebendige ein ewiger Strom ist, in dem es keine zwei sich völlig gleichende Momente gibt, dass das Leben nicht kausal bestimmt, dass es undeterminiert ist und der mechanische Zeitbegriff für das Leben selbst nicht gilt.

Verstand Nietzsche die Idee des individuellen Willens als gesellschaftliche Gestaltungskraft, ist Bergsons schöpferischer Lebenswille zugleich auch ein überindividueller, weil allem Leben inhärent. So gesehen ist die Epoche des Expressionismus nicht nur als individuelles Aufbegehren, sondern als ein von gesamtgesellschaftlichen Entwicklungen bestimmter Prozess zu deuten und zu verstehen. Gleichviel: An die Stelle der Dominanz von Rationalismus und Positivismus traten Intuition, Vitalismus und Erleben. So betont z. B. Kurt Hiller, dass „für uns [Hiller und die Dichter des (Früh-)Expressionismus Jakob van Hoddis, Georg Heym, Ernst Blass u. a.] Philosophie nicht fachliche, sondern vitale

---

835   Schmidt, Rainer 2008, S. 60
836   vgl. ibid.
837   Benn 1962, S. 10.
      Benn sieht im Expressionismus den „eigentliche[n] Vollstrecker von Nietzsches Testament"; ibid. S. 8

X. Expressionismus (1910–1925)

Bedeutung hat, nicht Lehrsache [...] ist, sondern: Erlebnis", dass sie „viel eher in ein Cabaret zu passen (scheint) als auf ein Katheter oder in eine Vierteljahrsschrift".[838]

3. Von der Erscheinung zum Wesen – von der „Um-Wirklichkeit zur Un-Wirklichkeit"

Der Expressionismus – künstlerisches Symptom des skizzierten Krisenbewusstseins – war eine radikale, zuvorderst gegen die bürgerliche Gesellschaft, deren Saturiertheit, deren „Maske" und „erlogene Heiterkeit"[839] sowie gegen die Industrialisierung und Urbanisierung gerichtete Oppositionsbewegung von jungen, zwischen 1885 und 1896 geborenen,[840] selbst dem aufstrebenden Bürgertum entstammenden Intellektuellen. Gemeinsam war ihnen der Glaube an die Selbstbestimmung des Menschen, das Ringen um einen neuen, individuellen Ausdruck, eine Affinität zum „rasenden Leben", zur Tat, zur Aktion und – dies vor allem: eine über Pathos, Ekstase, Aufbegehren bis hin zum „Schrei" sich steigernde Intensivierung des Gefühls und Erlebens.[841]

Die „monströse Wissenschaft, in der es nichts gab als unanschauliche Begriffe, künstliche, abstrahierte Formeln"[842] und die „das Erlebnis nur noch als Wissenschaft, den Affekt als Erkenntnis, die Seele als Psychologie, die Liebe als Neurose"[843] begriff, eliminierte die eigentliche Frage: die nach dem Menschen. Dagegen opponierten die von der Lebensphilosophie Nietzsches und Bergsons eingenommenen und begeisterten Expressionisten. Dennoch: Eine einheitliche Bewegung war der Expressionismus nicht. Apokalyptische Vorahnungen und Endzeitstimmung einerseits, kreative Entwicklung eines neuen Bewusstseins und die Vision eines „neuen Menschen" andererseits markierten die zwei unterschiedlichen Pole des Expressionismus. Definitorisch war er daher nur schwer zu fassen.[844] Zu unterschiedlich erscheint die künstlerische Praxis, zu widersprüchlich muten die Ziele der Bewegung an. Und doch hat sich die Bezeichnung als Sammelbegriff in der literarhistorischen Forschung bewährt.[845] Denn bei aller Heterogenität einte die unterschiedlichen Richtungen neben den bereits oben genannten Gemeinsamkeiten auch die entschiedene Ablehnung des Naturalismus und die betonte Distanz zu den die Jahrhundertwende bestimmenden Literaturströmungen. Ersterer war ihnen nichts

---

838 Hiller 1910/11, S. 351. Das Zitat entstammt Hillers „Rede zur Eröffnung des Neopathetischen Cabarets", einer Veranstaltungsreihe von Lesungen und Vorträgen junger Dichter und Künstler in Berlin.

839 vgl. Heym: „Eine Fratze", Heym 2006, S. 291 f.

840 z. B.: 1885: Kurt Hiller, Carl Einstein; 1886: Gottfried Benn, Albert Ehrenstein; 1887: Georg Heym, Georg Trakl, Jakob van Hoddis; 1889: Alfred Lichtenstein, Rudolf Leonhard; 1890: Franz Werfel, Walter Hasenclever, Kasimir Edschmid, Ernst Wilhelm Lotz, Ernst Blass; 1891: Johannes R. Becher, Iwan Goll, Kurt Heynicke; 1893: Ernst Toller, Leo Matthias, Manfred Georg. Weitere Vertreter s. Fähnders 2010, S. 125 f.
Mehr als 80 % der expressionistischen Dichter waren Akademiker, zumeist Philologen, Juristen, Mediziner und Kunsthistoriker. Wirtschafts- und Naturwissenschaftler befanden sich – bezeichnenderweise – kaum unter ihnen; vgl. ibid. S. 126

841 Zu Recht bezeichnet der Schriftsteller und bedeutende Vermittler des Expressionismus in den Niederlanden Friedrich Markus Huebner (1886-1964) selbigen als eine „Norm des Erlebens, des Handelns". Vgl. Fähnders 2010, S. 134

842 Benn 1962, S. 13

843 ibid.

844 Zuweilen galt die Bezeichnung Expressionismus als „undefinierbare Strömung" bzw. als „Schlagwort von zweifelhafter Formulierung". Fähnders 2010, S. 134, 138. Sogar von dem „törichte[n] Wort Expressionismus" ist die Rede; s. Benn 1962. S. 8.

845 vgl. Fähnders 2010, S. 134

als eine „exakt nuancensam arbeitende Deskribiermaschine", in den letzteren sahen sie „Wachsplatten für Eindrücke"[846] bzw. artifizielle[847] oder esoterische[848] Kunstformen.

Treffend pointiert einer der Vorkämpfer des Expressionismus, der Schriftsteller Kasimir Edschmid (1890-1966), die Literaten der „neuen Bewegung":

> *Sie gaben nicht mehr die leichte Erregung. Sie gaben nicht mehr die nackte Tatsache.*
> *Ihnen war der Moment, die Sekunde der impressionistischen Schöpfung nur ein taubes Korn in der mahlenden Zeit. [...]*
> *Ihnen entfaltete das Gefühl sich maßlos.*
> *Sie sahen nicht.*
> *Sie schauten.*
> *Sie photographierten nicht.*
> *Sie hatten Gesichte.*
>
> *Statt der Rakete schufen sie dauernde Erregung. Statt dem Moment die Wirkung in die Zeit.*
> *[...] Niemand zweifelt, dass das das Echte nicht sein kann, was uns als äußere Realität erscheint.*
> *Die Realität muss von uns geschaffen werden. Der Sinn des Gegenstands muss erwühlt sein.*
> *Begnügt darf sich nicht werden mit der geglaubten, gewähnten, notierten Tatsache, es muss das Bild der Welt rein und unverfälscht gespiegelt werden. Das aber ist nur in uns selbst.*[849]

Wichtig war dem Expressionismus also, „die Um-Wirklichkeit zur Un-Wirklichkeit aufzulösen, durch die Erscheinung zum Wesen vorzudringen",[850] die Differenzierung zwischen äußerer und innerer Wirklichkeit, das Bestreben, dem Sinn, dem Eigentlichen des vordergründigen Gegenstandes nachzuspüren, ihn zu „erwühlen". Gottfried Benn bezeichnet diesen Akt, das Offensichtliche, vom Durchschnittsphilister als vermeintliche Wirklichkeit Erachtete, hin zu einer wahren Wirklichkeit zu durchdringen, zu durchstoßen in seiner berühmten, aus der Rückschau formulierten Definition des Expressionismus als „Wirklichkeitszertrümmerung, als rücksichtsloses An-die-Wurzel-der-Dinge-Gehen".[851] Konzis und in einem ihm entsprechenden antithetisch-dualistischen Duktus lautete das allgemeine Credo des Expressionismus:

> *Tiefe statt bloßer Oberfläche, ‚eigentliche' Wirklichkeit statt bloß augenscheinlicher, Inneres statt bloßer Äußerlichkeit, Wesen statt bloßer Erscheinung, auch: Kultur statt bloßer Zivilisation, Seele statt des bloßen Intellekts, Alleben statt mechanischer Vereinzelung.*[852]

---

846   vgl. Hiller 1911

847   So schreibt der Frühexpressionist Iwan Goll (1891-1950) im Vorwort seines Gedichtbandes „Films" (1914): „Er [der Expressionismus] verleugnet jene Kunstgattungen des l'art pour l'art, denn er ist weniger eine Kunstform als eine Erlebnisform."
      Zitiert nach: Anz/Stark 1982, S. 37

848   Den sich in aristokratischer Abgrenzung vom Volk als „Eingeweihte" und „Seher" gerierenden Künstlern – so z. B. der Symbolist Stefan George – rief der Schriftsteller Erich Mühsam (1878-1934) zu: „Ihr [...], die ihr wähnt, oben in euren Ateliers, andre, freiere Luft zu atmen, als die Masse auf den Plätzen der Städte! [...] Tut nicht, als wäret ihr Besondre! Seid Menschen! Habt Herz!", Mühsam 1911, S. 20 f.

849   zitiert nach: Anz/Stark 1982, S. 46

850   Pinthus 2018, S. X

851   Benn 1962, S. 9

852   Eibl 2010, S. 42

---

4. Periodisierung

Der Expressionismus, der in Deutschland eine kulturrevolutionäre, bildende Kunst, Musik und Literatur gleichermaßen erfassende und sich wechselseitig durchdringende Bewegung war, lässt sich, bezogen auf die Literatur, in drei Phasen gliedern: den Früh-, den Kriegs- und den Spätexpressismus.

Der Frühexpressionismus umfasste die Phase von 1910-1914, d. h. den von den ersten Verlautbarungen[853] und dem ersten gemeinsamen Auftreten der jungen Dichter in den von ihnen gegründeten Zirkeln[854] bis zum Beginn des Ersten Weltkriegs. Die Phase der Politisierung und Radikalisierung von 1914-1918 mit einer sich drastisch verschärfenden Zensur kann als eigene Etappe, als Kriegsexpressionismus, gefasst werden. Dessen Ende und den Beginn des Spätexpressionismus markiert die Novemberrevolution von 1918 bzw. die Aufhebung der Zensur im November dieses Jahres, die der Literatur eine freiere Entfaltung ermöglichte, wovon besonders der Bühnenexpressionismus zeugte. Nun konnten Stücke gespielt werden, die aufzuführen die Kriegszensur zuvor untersagt hatte. Die Datierung des Endes der noch weit in die dritte Dekade des 20. Jahrhunderts wirkenden Bewegung bleibt umstritten.[855]

Die klassische und bei Weitem produktivste Phase der Bewegung war die Zeit zwischen 1910 und 1920, was bei der Betrachtung und Analyse der Epoche eine Beschränkung auf diese oft als „expressionistisches Jahrzehnt" bezeichnete Zeitspanne erlaubt.[856]

5. Lyrik – Künderin des Kommenden

Wie schon der Naturalismus in seinen Anfängen von der Lyrik bestimmt wurde, so hob auch der Expressionismus mit dieser Gattung an. Sie wurde zur dominierenden der ganzen Epoche, zumindest aber für das expressionistische Jahrzehnt. Ganz entgegen der verbreiteten Annahme, sie sei aufgrund ihres (vermeintlichen) Subjektivismus von Zeitströmungen unabhängiger als Epik und Dramatik, ist die Lyrik als zuverlässiger prognostizierender literarischer Indikator gesellschaftlicher und kultureller Veränderungen erste Künderin des Kommenden. Sie ist es – konstatiert der Literatursoziologe und Literaturhistoriker Samuel Lublinski (1868-1910) –, die bei „jede[r] Wandlung des Kulturzustandes […] stets zuerst in Gährung (sic) gerät".[857] Diese Erkenntnis mag zunächst nicht in gleicher Weise für alle Epochen evident sein, für den Expressionismus ist sie signifikant. Im Vorwort des Standardwerks des literarischen Expressionismus, der Anthologie „Menschheitsdämmerung", betont dessen Herausgeber Kurt Pinthus denn auch gleich zu Beginn seines umfangreichen Vorwortes: „Stets war die Lyrik das Barometer […] der Bewegung und Bewegtheit der Menschheit. Voranzeigend kündete sie kommendes Geschehen".[858]

853 Unisono gilt das Jahr 1910 als Beginn des literarischen Expressionismus und Jakob van Hoddis' 1910 entstandene lyrische Miniatur „Weltende" als Gründungsdokument der Epoche. Vgl. z. B. Benn 1962, S. 6; Fähnders, 2010, S. 163; Hanke 2013, S. 22

854 Von Bedeutung waren der 1909 aus einer Studentenverbindung hervorgegangene, in Berlin gegründete „Neue Club", der ab 1910 unter der Bezeichnung „Neopathetisches Cabaret" Dichterlesungen organisierte, sowie das 1911 gegründete „Literarische Cabaret Gnu". Beide orientierten sich an dem 1881 in Paris instituierten Kabarett „Le Chat Noir". Sie bildeten die Keimzelle des literarischen Expressionismus und boten Autoren wie Georg Heym, Jakob van Hoddis, Ernst Blass, Johannes R. Becher, Ludwig Rubiner, Walter Hasenclever, Alfred Lichtenstein u. a. – Namen, die sich heute wie das Who is Who der Dichter des Expressionismus lesen – ein öffentliches Forum. In diesen Clubs rezitierten sie vor oft mehreren hundert Zuhörern – Studenten, Malern, Schauspielern, Bohemiens, Schriftstellerkollegen – aus ihren Werken. Vgl. z. B. Anz 2010, S. 24-27

855 vgl. Brinkmann 1980, S. 217 f.

856 Fähnders 2010, S. 135

857 Lublinski 1976, S. 194

858 Pinthus 2018, S. V

6. Statt eines Programms: Zeitschriften, Periodika und Grundsatzerklärungen

Ein einheitliches, verbindliches Programm des Expressionismus gab es nicht, auch keine ausgearbeitete Lyriktheorie.[859] Zeitschriften waren das wichtigste Forum der Bewegung. In ihnen bzw. durch sie transportierte sie ihre Grundsatzerklärungen, offenbarte sie ihr Selbstverständnis und schleuderte sie ihre Polemik gegen das als bigott und verlogen wahrgenommene und erlebte Bürgertum, gegen eine „Menschheit, die sich ganz und gar abhängig gemacht hatte von ihrer eigenen Schöpfung, von ihrer Wissenschaft, von Technik, Statistik, Handel und Industrie".[860] Bereits im Titel annoncierten viele der etwa 100 deutschen expressionistischen Periodika ihr Programm.

DER STURM,
Nr. 20 (14. Juli 1910)

Dies gilt insbesondere auch für die beiden die Gesamtentwicklung des Expressionismus maßgeblich bestimmenden und von den wichtigsten Mentoren der expressionistischen Generation, Herwarth Walden (1878-1941) und Franz Pfemfert (1879-1954), in Berlin ab 1910 bzw. 1911 herausgegebenen Zeitschriften „Der Sturm" und „Die Aktion". Als Plattform nahezu aller bedeutenden Expressionisten,[861] der Literaten ebenso wie der bildenden Künstler, war letztere das signifikanteste Organ des Expressionismus. Zeitschriftentitel wie „Der Sturm", „Die „Aktion", „Der Orkan", „Der Brenner", „Der Revolutionär" oder „Revolution" waren wie viele andere quasi Pars pro Toto stehende Ein- bzw. Zwei-Wort-Programme. Metaphorisch verwiesen sie auf das von rasantem technischem Fortschritt bestimmte individuelle und „menschendurchtobte"[862] urbane Leben mit seiner unerhörten, bis zum Rausch hin sich steigernden Geschwindigkeit. Dieser artikulierte sich programmatisch nirgendwo frenetischer und aggressiver als in dem am 20. Februar 1909 im Pariser „Le Figaro" veröffentlichten „Manifest des Futurismus" des Italieners Filippo Tommaso Marinetti (1876-1944):

> *Mut, Kühnheit und Auflehnung werden die Wesenselemente unserer Dichtung sein. Bis heute hat die Literatur die gedankenschwere Unbeweglichkeit, die Ekstase und den Schlaf gepriesen.*
> *Wir wollen preisen die angriffslustige Bewegung, die fiebrige Schlaflosigkeit, den Laufschritt, den Salto mortale, die Ohrfeige und den Faustschlag. [...]*
> *Wir erklären, daß sich die Herrlichkeit der Welt um eine neue Schönheit bereichert hat: die Schönheit der Geschwindigkeit. Ein Rennwagen, dessen Karosserie große Rohre schmücken, die Schlangen mit explosivem Atem gleichen ... ein aufheulendes Auto, das auf Kartätschen zu laufen scheint, ist schöner als die Nike von Samothrake.[863] [...] Wir wollen die Museen, die Bibliotheken und Akademien jeder Art zerstören [...][864]*

---

859   vgl. Fähnders 2010, S. 139, 164
ʼ860   Pinthus 2018, S. X
861   vgl. Fähnders 2010, S. 141
862   Pinthus 2018, S. VIII
863   Griechische Skulptur, die in Form einer geflügelten Frau die Siegesgöttin Nike darstellt. Sie wurde um etwa 190 v. Chr. von rhodischen Bildhauern geschaffen und befindet sich heute im Louvre in Paris.
864   zitiert nach: http://www.kunstzitate.de/bildendekunst/manifeste/futurismus.htm

Im Gegensatz zu den italienischen Futuristen tasteten die Expressionisten die „Institution Kunst" nicht an.[865] Technik und Tempo waren ihnen keine Phänomene apotheotischer Verklärung, sondern Quelle des ihre Zeit bestimmenden Chaos und der vielfachen Entfremdung des Menschen. Mit jenen assoziierten sie destruktiv-apokalyptische Szenerien, an die sich jedoch eine Hoffnung knüpfte: die der Erneuerung, der Auferstehung des Menschen, der Menschheit, verstanden als „das Menschliche im Menschen".[866] Dieses galt es zu erkennen. Auch davon zeugen die Titel vieler Broschürenreihen und Zeitschriften: „Der Jüngste Tag", „Das Neue Pathos", „Kain. Zeitschrift für Menschlichkeit", „Kameraden der Menschheit", „Menschen. Monatsschrift für neue Kunst. Jüngste Literatur".[867]

KAIN, Jg. 1, April 1911

So beschwor z. B. der Schriftsteller und Publizist Erich Mühsam (1878-1934) 1911 in der von ihm herausgegebenen Monatsschrift „Kain"[868] inständig das Gemeinschaftsgefühl und die Menschlichkeit. Sein „Appell an den Geist" richtet sich bewusst gegen Heuchelei sowie ein esoterisches und elitäres Kunst- bzw. Dichtungsverständnis:

> *Ihr törichte Einsame, die ihr wähnt, oben in euern Ateliers andre, freiere Luft zu atmen, als die Masse auf den Plätzen der Städte! […] Tut nicht, als wäret ihr Besondere! Seid Menschen! Habt Herz ! […] Ihr, die Ihr Werke schafft, aus denen der Geist unsrer Zeit in die Zukunft flammen soll, sorgt, dass Eure Werke nicht lügen! […] Täuscht der Nachwelt nicht Bilder vor, die das jämmerliche Grau unsrer Tage in Gold malen! Seid keine Philister, da Ihr allen Anlass habt, Rebellen zu sein! Paria ist der Künstler, wie der letzte der Lumpen! Wehe dem Künstler, der kein Verzweifelter ist! Wir, die wir geistige Menschen sind, wollen zusammenstehen, – in einer Reihe mit Vagabunden und Bettlern, mit Ausgestossenen und Verbrechern wollen wir kämpfen gegen die Herrschaft der Unkultur! Jeder, der Opfer ist, gehört zu uns! Ob unser Leib Mangel leidet oder unsre Seele, wir müssen zum Kampfe blasen![869]*

Und sie bliesen zum Kampfe, die jungen Dichter! Provokant-polemisch schleuderten sie ihre Kritik gegen das saturierte und selbstgerechte Bürgertum, gegen die Vätergeneration der Naturalisten, Impressionisten und Ästhetizisten. Sie solidarisierten und identifizierten sich mit den von ihr und der wilhelminischen Gesellschaft Marginalisierten, Stigmatisierten und Ausgestoßenen. Eines der sprechendsten Zeugnisse hierfür ist Ludwig Rubiners (1881-1920) 1912 für die „Aktion" verfasster Artikel „Der Dichter greift in die Politik", der die gesellschaftliche Rolle des Dichters programmatisch bestimmte und dessen Selbstverständnis offenbarte. Auf die selbstgestellte Frage „Wer sind wir?" antwortet er so sarkastisch wie ernsthaft:

> *Prostituierte, Dichter [!], Zuhälter, Sammler von verlorenen Gegenständen, Gelegenheitsdiebe, Nichtstuer, Liebespaare inmitten der Umarmung, religiös Irrsinnige,*

---

865 vgl. Fähnders 2010, S. 158

866 Pinthus 2018, S. XI

867 „neu" und „jüngste"/„jüngster" waren die am häufigsten in den (Unter-)Titeln von Zeitschriften, Aufsätzen und Anthologien verwendeten Attribute. Metaphorisch pointiert, sozusagen programmatisch verdichtet, wurde so bereits das Anliegen der Bewegung signalisiert.

868 Der biblische Brudermörder Kain galt Mühsam als erster Revolutionär der Menschheit. Den Selbstgerechten und vermeintlich „Guten" entgegnet „Kain" in Mühsams gleichnamigem Gedicht: „Eure geballten Fäuste schrecken mich nicht! / […] / Brudermörder ihr selbst – und tausendfach schlimmer! / […] / Aufrecht steh ich vor euch und fordre mein Teil! … / Gebt mir Freiheit und Land! – und als Bruder für immer / kehrt euch Kain zurück, der Menschheit zum Heil!"
Mühsam 1911 a, S. 1-4

869 Mühsam 1911 b, S. 20 f.

Säufer, Kettenraucher, Arbeitslose, Vielfraße, Pennbrüder, Einbrecher, Erpresser, Kritiker, Schlafsüchtige, Gesindel. Und für Momente alle Frauen der Welt. Wir sind Auswurf, der Abhub, die Verachtung.[870]

Die „Klage um die Menschheit" und die „Sehnsucht nach der Menschheit",[871] die „rußige Morgensonne"[872] und die klare Sonne der Morgenröte waren die beiden Seiten der Medaille „Expressionismus", deren eine – Conditio sine qua non für die andere – getilgt, vernichtet werden sollte. Damit etwas Neues entstehen konnte, musste das Alte zugrunde gehen – eine im Expressionismus fest verankerte Vorstellung. Diese dualistische Ambivalenz zwischen Untergang und Auferstehung, Resignation und Hoffnung bildet sich in einer Reihe von „Frontlinien" ab[873] und spiegelt sich nicht zuletzt – programmatisch wie metaphorisch – auch im Grundwort des Titels der repräsentativsten und bedeutendsten Anthologie der Epoche: „Menschheitsdämmerung". Ihm kommt eine doppelte Bedeutung zu: Sonnenuntergang und Sonnenaufgang, das Ende eines alten Tages und der Beginn eines neuen.

Als Weg aus der als Chaos und „Krankheit" empfundenen Gegenwart hin zur Morgenröte, zum neuen Menschen, zur Menschlichkeit sahen viele Expressionisten anfänglich den Krieg. Nicht weil sie – wie die Futuristen um Marinetti – Kriegstreiber gewesen wären,[874] sondern weil sie sich von ihm in einer „Zeit, aus der jedes Ethos geschwunden war"[875] und sich „selbst zur Liebe zu krank"[876] wähnten, kathartische Wirkung erhofften. „Ein Heilmittel wüßte ich wohl [...] eine große Revolution, ein hellenischer Krieg",[877] notierte Georg Heym in sein Tagebuch. Und in seinem Prosastück „Eine Fratze" (1911) heißt es so elegisch wie ironisch-anklagend: „Der Krieg ist aus der Welt gekommen, der ewige Friede hat ihn erbärmlich beerbt."[878] Ein Irrtum, den sich die jungen Dichter alsbald desillusioniert eingestehen mussten, viele von ihnen mit tödlicher Konsequenz: Alfred Lichtenstein (1889-1914), Ernst Wilhelm Lotz (1890-1914), Reinhard Sorge (1892-1916), Ernst Stadler (1883-1914), August Stramm (1874-1915) u. a. fielen im Krieg, Georg Trakl (1887-1914) zerbrach psychisch an ihm. Georg Heym – Exponent des (lyrischen) Expressionismus schlechthin[879] – erlebte den Krieg nicht mehr. 1912 verunglückte er, gerade einmal 24 Jahre alt, tödlich beim Versuch, seinen beim Schlittschuhlaufen auf der Havel ins Eis eingebrochenen Freund Ernst Balcke zu retten.

7.   Der Mensch im absoluten Fokus – zwischen Weltuntergang und Neubeginn

Die expressionistische Dichtung, sei es die „O Mensch"-Lyrik oder die der Simultaneität,[880] fokussierte sich ganz auf den Menschen. Nichts anderes hatte Platz in ihr. Selbst die

---

870   Rubiner 1912, Sp. 647

871   Pinthus 2018, S. IX

872   vgl. Jakob van Hoddis' Verse „Die Morgensonne rußig. Auf den Dämmen donnernde Züge./ Durch Wolken pflügen goldne Engelpflüge" aus dessen Gedicht „Morgens", s. Pinthus 2018, S. 119 f.

873   Väter vs. Söhne, Gesellschaft vs. Gemeinschaft, Bürger vs. Bruder, Statik vs. Dynamik, Bürgerlichkeit vs. Revolution u. a.; vgl. Fähnders 2010, S. 154

874   In Marinettis „Manifest des Futurismus" (1909) heißt es wörtlich: „Wir wollen den Krieg verherrlichen – diese einzige Hygiene der Welt –, den Militarismus"; zitiert nach: http://www.kunstzitate.de/bildendekunst/manifeste/futurismus.htm

875   Pinthus 2018, S. IX f.

876   Heym 2006, S. 292

877   Heym, Tagebuch-Eintrag 20.7.1909, s. Heym 2006, S. 317

878   Heym 2006, S. 292

879   vgl. Benn 1962, S. 8

880   vergegenwärtigende Darstellung von räumlich und zeitlich unzusammenhängenden Ereignissen mit literarischen Mitteln

---

Landschaft – in der Romantik besungen, im Realismus geschildert, im Impressionismus auf- und eingefangen – wurde „ganz vermenscht".[881] Es galt, den Menschen „aus dem Zerfallenden"[882] zu retten, seinen verzweifelten Schrei, seinen „Ruf nach der Gemeinsamkeit des Menschlichen",[883] nach Gemeinschaft im „ziellosen Chaos"[884] und dröhnend Lauten der rasend geschäftigen Gesellschaft nicht zu überhören. Er, der Mensch, wurde den Expressionisten „Ausgangspunkt, Mittelpunkt, Zielpunkt".[885]

Georg Heym

In verantwortungsloser Begeisterung waren die Geisteswissenschaften auf den Wagen der vermeintlich omnipotenten, alles zu erklären und zu verstehen (!) fähigen Naturwissenschaften aufgesprungen. Infiziert von dem durch deren (technische) Erfolge ausgelösten Fortschrittsoptimismus übertrugen sie deren Gesetze auch auf das geistige Geschehen, betrachteten auch den Menschen kausal, vertikal statt horizontal, schieden das „Aufeinanderfolgende auseinander".[886] Schließlich verkannte die Zeit, dass „[n]icht Einrichtungen, Erfindungen, abgeleitete Gesetze das Wesentliche und Bestimmende (sind), sondern der Mensch".[887] Der dieses verkennende bzw. missachtende „Feind" sollte nun „im Ansturm des Geistes [...] umarm[t] und [...] vernichte[t]"[888] werden. Nicht – wie der Herausgeber der „Menschheitsdämmerung" in seiner Einleitung zu Recht anmerkt – „aus Lust an der Revolte, sondern um durch die Empörung das Vernichtende und Vernichtete ganz zu vernichten, so daß Heilendes sich entfalten konnte".[889] Worte, die wie die abstrakte Version von Heyms bereits oben zitiertem Tagebucheintrag vom 20. Juli 1909 anmuten: „Ein Heilmittel wüßte ich wohl [...] ein hellenischer Krieg". Literarischer Reflex dieser Haltung sind Gedichte wie Heyms „Der Krieg" oder Albert Ehrensteins „Der Kriegsgott".

8. Die Dichtung des Expressionismus – Beispiele

Das sich ursprünglich als psychophysische Einheit in Wahrnehmung und Bewusstsein, also in Denken, Fühlen und Handeln erlebende Ich empfand sich in der Moderne zunehmend als zersplittert, dissoziiert, ohne innere Substanz.[890] Und nicht mehr nur die psychische Integrität schien bedroht, auch die physische: Eine Reihe in dichter Abfolge sich ereignender und prognostizierter verheerender Natur- und technischer Katastrophen[891] erschütterte den bislang ungebrochenen Fortschrittsglauben mithin auch den an die Beherrschbarkeit der Natur. Zivilisationskritik und Kulturpessimismus machten sich breit. Allenthalben sah und witterte man – immer auch im Verbund mit dem Hässlichen – Zer-

---

881 Pinthus 2018, S. XIII

882 ibid. S. XV

883 ibid.

884 ibid.

885 ibid. S. XIII

886 Pinthus 2018, S. V

887 ibid. S. XI

888 ibid. S. X

889 Pinthus 2018, S. XII

890 vgl. Ernst Machs oben S. 229 f. referierte positivistisch hergeleitete bzw. begründete Erkenntnis „Das Ich ist unrettbar"

891 z. B.: 18.04.1906: Erdbeben von San Francisco (über 3.000 Tote), 18.10.1906: Zug stürzt in Atlantic City von Brücke (53 Tote), 25.09.1911: Explosion des französischen Panzerkreuzers „Liberté" im Hafen von Toulon (204 Tote), 14.04.1912: Untergang der „RMS Titanic", das seinerzeit größte und als unsinkbar geltende Schiff der Welt (1.514 Tote), 29.05.2014: Untergang des britischen Passagierdampfers „Empress of Ireland" (1.012 Tote)

fall, Verfall, Krankheit und Tod.[892] Eine Atmosphäre, die sich zu einer apokalyptischen Endzeitstimmung verdichtete, die ihren offensichtlichsten Ausdruck, ihre „Expression", im Kontext des Erscheinens des Halleyschen Kometen fand, mit dem 1910 Hunderttausende das Weltende gekommen wähnten:[893]

„Weltende", „Verfall", „Die Morgue", „Mann und Frau gehn durch die Krebsbaracke", „Heimat der Toten", „Ballade von Wahnsinn und Tod", „Der Todesengel".

So und ähnlich lauteten denn auch die Titel einer Vielzahl lyrischer Werke „in dieser trüben und vor Wahnsinn knallenden Zeit".[894] In ihrer Darstellung und Artikulation von Angst, Verzweiflung, Schmerz, Wahn und Tod – kurz des Pathos – glichen sie einer „literarischen Psychopathographie",[895] die sich in bewusste Opposition zum ästhetizistischen Schönheitskult um 1900 setzte[896] und die in Anlehnung an Marinettis dezidiert-provokante Aufforderung, das „‚Häßliche' in der Literatur [zu] [g]ebrauchen" und „überall die Feierlichkeit [zu] töten",[897] auch vor einer expliziten, schonungslosen Schilderung von Ekel und Abscheu nicht zurückschreckte. Diese nämlich waren Evokationen des unter der bürgerlichen Oberfläche Verborgenen, das es „zugunsten des ‚Wesens' äußerer und innerer Realität"[898] zu dekuvrieren galt. Nirgendwo geschah dies so rigoros, konsequent, mitleidlos und in größtmöglicher Distanz zur Ästhetik des L'art pour l'art, des Symbolismus und des Jugendstils wie in Gottfried Benns Gedichten, z. B.

> *Mann und Frau gehn durch die Krebsbaracke*[899]
>
> *Der Mann:*
> *Hier diese Reihe sind zerfallne Schöße*
> *Und diese Reihe ist zerfallne Brust.*
> *Bett stinkt bei Bett. Die Schwestern wechseln stündlich.*
> *Komm, hebe ruhig diese Decke auf.*
> *Sieh, dieser Klumpen Fett und faule Säfte,*
> *[...]*
> *Fühl ruhig hin. [...]*
> *[...]*

Gottfried Benn

oder „Schöne Jugend", dessen Titel unverhohlen auf den Ästhetizismus des Jugendstils anspielt, um ihn sogleich inhaltlich wie formal in „schockierenden Kontrastbildungen" zu konterkarieren:[900]

---

892 Dies sind die im Expressionismus in variantenreichem Wechsel immer wiederkehrenden Themen und Motive. In ihrer z. T. vulgären, zynischen, absurden Darstellung waren sie im wörtlichen Sinne „rücksichtslos", d. h. bis dato ohne Vorbild und Tradition.

893 Die Ankündigung, dass die Erde 1910 in den Schweif des lichtstarken Kometen geraten werde, löste eine weltweite Massenpanik aus. Denn man glaubte, dass die im Schweif enthaltenen Kohlenstoff-Stickstoff-Moleküle (Cyan) sich mit Salz zu Kaliumcyanid (Zyankali) verbinden könnten und die Menschheit den Erstickungstod sterben würde.

894 Heym, Tagebuch-Eintrag 10.12.1911; zitiert nach: https://gutenberg.spiegel.de/buch/-6998/2

895 Anz 2010, S. 166

896 „Niemals war das Ästhetische und das L'art pour l'art-Prinzip so mißachtet wie in dieser Dichtung", konstatiert Pinthus 2018, S. XIV; und der Literaturwissenschaftler Paul Raabe formuliert lapidar: „Der Expressionismus hat eine Sendung, die nichts mehr von Schönheit weiß."; zitiert nach: Anz 2010, S. 166.

897 Marinetti 1912, S. 195

898 Anz 2010, S. 167

899 Benn 2016, S. 16, s. auch: Pinthus 2018, S. 53 f.

900 inhaltlich: negativ konnotierte Begriffe, ekelerregende Assoziationen; formal: gänzlicher Verzicht auf Reim und Rhythmus

Schöne Jugend[901]

Der Mund eines Mädchens, das lange im Schilf gelegen hatte,
sah so angeknabbert aus.
Als man die Brust aufbrach, war die Speiseröhre so löcherig.
Schließlich in einer Laube unter dem Zwerchfell
fand man ein Nest von jungen Ratten.
Ein kleines Schwesterchen lag tot.
Die andern lebten von Leber und Niere,
tranken das kalte Blut und hatten
hier eine schöne Jugend verlebt.
Und schön und schnell kam auch ihr Tod:
Man warf sie allesamt ins Wasser.
Ach, wie die kleinen Schnauzen quietschten!

Solche rücksichtslos mit der Tradition brechenden Verse der jungen Dichter riefen bei der verhassten gründerzeitlichen Vätergeneration konsterniertes Unverständnis und Entsetzen hervor. Galt doch dem (nationalliberalen) Besitz- und Bildungsbürgertum die Weisung seines Dichter-Lieblings Emanuel Geibel (1815-1884),[902] die dieser weiland an den „wahre[n] Poet[en]“ ausgab, als sakrosankt, nämlich die,

[a]uch dem beschwerlichsten Stoff noch abzugewinnen ein Lächeln
Durch vollendete Form strebe der wahre Poet.
Kummer und Gram sei'n schön, vom erhabenen Rhythmus besänftigt,
Selber der Brust Angstschrei werde dem Ohr zur Musik,
Und der versehrende Pfeil des Gespötts, in die Woge der Anmut
Sei er getaucht, klangvoll werd' er vom Bogen geschnellt.[903]

Dieses unaufrichtige „Ideal der Blaublümeleinritter"[904] war vielen Expressionisten so zuwider, dass sie – wie Georg Heym – eine geradezu brachial-aggressive Aversion gegen deren Vertreter entwickelten: „Immanuel Jeibel, poeta. Dir müßte man noch den Schädel zertreten",[905] notiert er am 21. Januar 1909 in sein Tagebuch.

---

901 Benn 2016, S. 11
     Beide Gedichte erschienen erstmals 1912 in dem schmalen Lyrik-Bändchen „Morgue und andere Gedichte". Bereits der Titel signalisiert den bewussten Bruch mit dem Ästhetizismus und dem Geschmack des zeitgenössischen Bürgertums:
     „Morgue" verweist auf das 1864 in Paris eröffnete Leichenschauhaus „La Morgue", das der Identifikation unbekannter Mordopfer diente, ehe sie zur Bestattung freigegeben wurden. Schon Ende November 1911 schrieb Heym ein Gedicht mit dem Titel „Die Morgue" und trug es im neopathetischen „Cabaret Gnu" vor. Darin heißt es ebenso ernüchternd wie hoffnungslos:
     „Wir thronen hoch auf kahlen Katafalken, / Mit schwarzen Lappen garstig überdeckt. / Der Mörtel fällt. Und aus der Decke Balken / Auf uns ein Christus große Hände streckt. / Vorbei ist unsre Zeit. Es ist vollbracht. / Wir sind herunter. Seht, wir sind nun tot. / In weißen Augen wohnt uns schon die Nacht, / Wir schauen nimmermehr das Morgenrot."

902 vgl. Goltschnigg 2001, S. 34. Geibel war ein zwischen 1840 und 1915 äußerst populärer und erfolgreicher Dichter. Sein 1840 erstmals erschienener Band „Gedichte" erlebte bis 1915 132 (!) Auflagen.

903 Geibel 1883, S. 107

904 In seiner Rezension zu den „Morgue"-Gedichten betonte Ernst Stadler (1883-1914), eine der Leitfiguren des literarischen Expressionismus, dass Benn „gründlich mit dem lyrischen Ideal der Blaublümeleinritter auf[ge]räumt" habe.
     Zitiert nach: Hanna/Reents2016, S. 75

905 zitiert nach: https://gutenberg.spiegel.de/buch/-6998/2

8.1   Jakob van Hoddis: *Weltende* – Programm des Untergangs und des Neubeginns

„Initialzündung (für den expressionistischen Aufbruch)",[906] „Gründungsdokument des lyrischen Expressionismus",[907] „Schlüsselerlebnis für […] die expressionistische Generation",[908] „Synonym für die expressionistische Bewegung",[909] „acht Zeilen […], die den

,Geist der Zeit' wie in einem Brennglas zusammenglühten",[910] „Marseillaise der expressionistischen Revolution"[911] – diese Superlative verweisen auf eine literarische Miniatur von gerade einmal acht Zeilen, die eine außerordentliche Wirkung und eine unter den jungen Dichtern beispiellose Kraft der Identifikation entfalteten: Jakob van Hoddis' (1887-1942) Gedicht „Weltende". Entstanden 1910, dem „Jahr, in dem es in allen Gebälken zu knistern begann",[912] erschien es am 11. Januar 1911 in der Berliner Zeitschrift „Der Demokrat".[913]

Weltende
van Hoddis' handschriftliches
Manuskript

Weltende

(Nachdruck verboten.)

Dem Bürger fliegt vom spitzen Kopf der Hut.
In allen Lüften hallt es wie Geschrei.
Dachdecker stürzen ab und gehn entzwei
Und an den Küsten — liest man — steigt die Flut.

Der Sturm ist da, die wilden Meere hupfen
An Land, um dicke Dämme zu zerdrücken.
Die meisten Menschen haben einen Schnupfen.
Die Eisenbahnen fallen von den Brücken.

Berlin.   Jakob van Hoddis.

aus: „Der Demokrat", 11. Januar 1911

Nicht von ungefähr eröffnete dieses Gedicht – gleichsam als Programm – die wichtigste und folgenreichste Sammlung des literarischen Expressionismus.[914] Deren Titel „Menschheitsdämmerung" bildet in seinem Grundwort die Bipolarität von Sonnenuntergang und Sonnenaufgang, von Apokalypse und Neubeginn metaphorisch ab, während der Untertitel „Symphonie jüngster Dichtung" mit seinem ersten Substantiv im ursprünglichen Wortsinn zugleich auf beider Gegensätze Zusammengehörigkeit verweist,[915] sie quasi vereint.

Die Resonanz auf dieses „berühmteste" und wohl „meistzitierte"[916] Gedicht des deutschen Expressionismus, das seinerzeit „rasend schnell Karriere machte",[917] war – wie Johannes R. Becher noch Jahrzehnte später (1957) erinnert – eine außerordentliche: Hoddis' Verse wurden zum Fanal:

906 Fähnders 2010, S. 169
907 Hanke 2013, S. 22
908 Buck 2010, S. 192
909 Wieczorek 2009, S.
910 Hillebrand 1987, zitiert nach: http://www.planetlyrik.de/bruno-hillebrand-hrsg-uber-gottfried-benn-band-1/2015/07/
911 ibid.
912 Benn 1962, S. 6
913 Deren Schriftleiter war zum Zeitpunkt des Erscheinens Franz Pfemfert, der wenige Wochen später die dem Expressionismus wesentlich zum Durchbruch verhelfende Zeitschrift „Die Aktion" herausgab. 1918 schrieb der Publizist und Literaturkritiker über den Achtzeiler:
„Dieses Gedicht des genialen Jakob van Hoddis leitete, im Januar 1911, die AKTIONSLYRIK ein, die jetzt das Schlagwort ,expressionistische' Lyrik nennt. Ohne Jakob van Hoddis […] wären die meisten ,fortschrittlichen' Lyriker undenkbar."
Zitiert nach: Nörtemann 1987, S. 481
914 Die zuerst 1919 im Rowohlt Verlag erschienene, auf 1920 vordatierte Anthologie „Menschheitsdämmerung. Symphonie jüngster Dichtung" erfuhr bis 1922 bereits vier Nachfolgeauflagen mit insgesamt 20.000 Exemplaren.
915 „Symphonie" leitet sich von dem griech. Partizip σύμφωνος (sýmphōnos) ab und bedeutet „zusammenklingen", „zugleich klingend".
916 Rühmkorf 2001, S. [16]; Fähnders 2010, S. 169
917 Schmid 2011

> *Diese zwei Strophen, o diese acht Zeilen schienen uns [Dichter der expressionisti-*
> *schen Generation] in andere Menschen verwandelt zu haben, uns emporgehoben zu*
> *haben aus einer Welt stumpfer Bürgerlichkeit, die wir verachteten und von der wir*
> *nicht wußten, wie wir sie verlassen sollten. […] wir waren durch diese acht Zeilen*
> *verwandelt, gewandelt, mehr noch, diese Welt der Abgestumpftheit und Wider-*
> *wärtigkeit schien plötzlich von uns – zu erobern, bezwingbar zu sein. Alles, wovor*
> *wir sonst Angst oder gar Schrecken empfanden, hatte jede Wirkung auf uns verlo-*
> *ren. Wir fühlten uns wie neue Menschen, wie Menschen am ersten geschichtlichen*
> *Schöpfungstag, eine neue Welt sollte mit uns beginnen, und eine Unruhe schworen*
> *wir uns zu stiften, daß den Bürgern Hören und Sehen vergehen sollte und sie es*
> *geradezu als eine Gnade betrachten würden, von uns in den Orkus geschickt zu*
> *werden.*[918]

Neben der sarkastischen Ironie und der provozierenden lyrischen Darstellung des Themas bestimmten wesentlich drei Komponenten die Wirkung des Verswerkes, die es in
ihrem Zusammenspiel zu einem, zu dem repräsentativen Werk des (Früh-)Expressionis-
mus machten: die Kritik am Bürgertum, die Versammlung bzw. Andeutung nahezu aller
für die Epoche typischen Motive auf engstem Raum und schließlich die Semantisierung
der Form, welche die rasante wissenschaftlich-technische Entwicklung und deren Folgen
ebenso widerspiegelt wie die geistesgeschichtlich-philosophische Grundhaltung der Zeit.

Weltende

Dem Bürger fliegt vom spitzen Kopf der Hut,
In allen Lüften hallt es wie Geschrei,
Dachdecker stürzen ab und gehn entzwei
Und an den Küsten – liest man – steigt die Flut.

Der Sturm ist da, die wilden Meere hupfen
An Land, um dicke Dämme zu zerdrücken.
Die meisten Menschen haben einen Schnupfen.
Die Eisenbahnen fallen von den Brücken.

Jakob van Hoddis

---

918   Becher, zitiert nach: Knopf/Žmegač 1985, S. 446

8.1.1   Formanalyse

Zeilen-Nr.	Jakob van Hoddis *Weltende*	Reimschema	Kadenz	Besonderheiten
	∪ ∪ / ∪ ̷ ∪ / ∪ / ∪ / ∪ /			Inversion von Subjekt und Objekt (1)
1	Dem Bürger fliegt vom spitzen Kopf der Hut,	a	m	Enallage: *spitzer Kopf* statt: *spitzer Hut* (1)
2	In allen Lüften hallt es wie Geschrei,	b	m	Zeilenstil, Parataxen (1, 2, 3, 5, 7, 8) → Fehlen syntagmatischer Kontiguitätsbeziehungen
	∪ ∪ / ∪ / ∪ / ∪ / ∪ /			Enjambement (V. 5-6)
3	Dachdecker stürzen ab und gehn entzwei	b	m	Parenthese (4)
4	Und an den Küsten – liest man – steigt die Flut.	a	m	Antonyme: *steigen* (4) vs. *fallen* (8) *Meer* (5) vs. *Land* (6)
5	Der Sturm ist da, die wilden Meere hupfen	c	w	dynamische Verben: *fliegen* (1), *hallen* (2), *stürzen* (3), *entzweigehen* (3), *steigen* (4), *hupfen* (5), *zerdrücken* (6), *fallen* (8)
				nur eine einzige Hypotaxe: Finalsatz (6)
6	An Land, um dicke Dämme zu zerdrücken.	d	w	Alliterationen (*fliegt vom* 1; *der … da … 5, dicke Dämme … zerdrücken* 6, *meisten Menschen* 7, *fallen von* 8)
7	Die meisten Menschen haben einen Schnupfen.	c	w	Assonanzen (*allen, hallt* 2, *Dachdecker, ab* 3, *Sturm, hupfen* 5, *Eisenbahnen, fallen* 8)
8	Die Eisenbahnen fallen von den Brücken.	d	w	Kontrast helle vs. dunkle Vokale: z. B. i, ie vs. o, u (1) ei, ü vs. a (2), i, ei, ü vs. u, a (4)
				Parallelismus (Anapher 7, 8)
				Personifikation (*hupfen* 5, *zerdrücken* 6)
				semantische Disparität (*spitz* vs. *Kopf* 1, *Dachdecker* vs. *gehn entzwei* 3, *wilde Meere* vs. *hupfen* 5, *Katastrophe* 8 vs. *Schnupfen* 7)
				lyrisches Ich nur angedeutet: Indefinitpronomen *man* (4)
				Subjekte: Naturphänomene (*Flut* 4, *Sturm* 5, *Meere* 5) vs. Objekte: Menschen (*Bürger* 1, *Dachdecker* 3)
				Allusionen: Offb des Johannes: Titel *Weltende, Geschrei* 2, *Sturm* 5
				Form: traditionell (Endreim, 5-hebiger Jambus – Ausnahme: V. 3 auftaktlos, daktylisch)
				Stilmittel: provokant-avantgardistisch (Groteske, sarkastische Ironie)

8.1.2   Interpretationsskizze

Den flüchtigen Leser mögen diese Verse auf eine falsche Fährte führen, zumal wenn er sich von den gemeinhin an den Titel sich heftenden Assoziationen einnehmen, von ihnen sozusagen ein- bzw. *ver*hüllen lässt. Bilder aus der Offenbarung (Offb) des Johannes, der Apokalypse, werden unweigerlich geweckt,[919] Katastrophenszenarien scheinbar unausgesetzt bedient: Geschrei in den Lüften (V. 2), aufziehender Sturm (V. 5), von den Dächern stürzende Menschen (V. 3), steigende Flut (V. 4), von Brücken fallende Eisenbahnen (V. 8).

Das aus dem Griechischen stammende Wort Apokalypse[920] bedeutet wörtlich „*Ent*hüllung", „*Ent*schleierung", ist also ursprünglich kein per se negativer Begriff, was denn auch das letzte Buch des Neuen Testaments enthüllt: Es ist im Grunde ein auf das Wahre

---

919 z. B. die Assoziationsreihe: „wie ein schwarzer Sack sich verfinsternde Sonne", „Sturm", „Geschrei", „Erdbeben", „vom Himmel fallende Sterne" … vgl. Offb 6,12; 16,18; 18,21

920 Das Nomen „Apokalypse" ist abgeleitet von griech. καλύπτειν (kalyptein = verschleiern, enthüllen).

abstellendes und die Hoffnung auf „einen neuen Himmel und eine neue Erde"[921] näh-rendes Buch. Zugleich ist es ein „Lied der Überwinder",[922] ein „Lied" derjenigen, die den Allmachtsansprüchen eines falschen Gottes, des „Antichristen",[923] trotzen. Diesen zu „überwindenden" Götzen identifizierten die Expressionisten vor allem und namentlich mit dem saturierten (Spieß-)Bürgertum und mit der von ihnen als lähmend-langweilig empfundenen Zeit.

> *Alles, wovor wir sonst Angst oder gar Schrecken empfanden, hatte jede Wirkung auf uns verloren. Wir fühlten uns wie neue Menschen, wie Menschen am ersten ge-schichtlichen Schöpfungstag, eine neue Welt sollte mit uns beginnen.*

Vor diesem Hintergrund „enthüllt" sich Bechers dem Leser vermutlich zuvor etwas rät-selhaft erscheinendes Bekenntnis als ein im etymologischen Sinne apokalyptisches:

Das Gedicht gliedert sich in zwei Strophen zu jeweils vier Zeilen. Während die Verse des ersten Abschnitts durch einen umarmenden Reim (abba) verbunden sind und mit männlicher Kadenz enden, weisen die mit weiblicher Kadenz schließenden Verse der zweiten Strophe einen Kreuzreim (cdcd) auf. Metrisch zeichnet sich das Gedicht durch ein konsequent durchgehaltenes Versmaß, den 5-hebigen Jambus, aus. Der auftaktlose Beginn des dritten Verses kompensiert die beim Rezitieren fehlende Übereinstimmung zwischen Versmaß und natürlicher Akzentuierung durch schwebende Betonung.

In auffälligem Kontrast zu dieser der Tradition folgenden systematischen Ordnung und Anwendung reimtechnischer und metrischer Gestaltungselemente steht die beliebige Aneinanderreihung von Sätzen, der keine zeitlich oder kausal bedingte Abfolge der Er-eignisse entspricht und die keiner inneren Logik gehorcht. Das – mit Ausnahme der durch Enjambement verbundenen Verse 5 und 6 – durchgängige Nebeneinander von se-mantisch wie syntaktisch völlig unkoordinierten parataktischen, in strengem Zeilenstil gehaltenen Hauptsätzen (V. 1, V. 2, V. 3, V. 4, V. 7, V. 8) spiegelt einzelne Geschehnisse, die zwar als durch Unwetter bedingte Störungen der Ordnung identifizierbar sind, als gleichzeitig ablaufend dargestellte Ereignisse jedoch aus jedem Zusammenhang gelöst erscheinen. Diesen herzustellen gelingt dem lyrischen Ich nicht (mehr). Verse sind – sieht man vom vorgegebenen Reimschema ab – wechselseitig substituierbar (z. B. V. 7, V. 8), naturhafte Kausalitäten außer Kraft gesetzt („Dachdecker" werden vom „Sturm" zu Tode gestürzt, ehe die Naturgewalt „da (ist)"; V. 3, V. 5). Die vormals die Teilaspekte der Wirklichkeit und das Auseinanderstrebende ordnende, klassifizierende und wertende Instanz, das Ich, ist dissoziiert, seine nun anonyme und durch die Parenthese (V. 4) auch formal angezeigte isolierte Präsenz allenfalls noch im Indefinitpronomen „man" (V. 4) vage zu erkennen.

Die Auflösung des Ichs, die im Chaos versinkende Wirklichkeit und die daraus resultie-rende Desorientierung korrespondieren neben dem für den Expressionismus typischen, die Inkohärenz bzw. Gleichzeitigkeit (Simultaneität) der Ereignisse abbildenden Rei-hungsstil mit der für die Epoche nicht minder charakteristischen Ästhetik des Dispara-ten: Prioritäten werden verkehrt, indem Bedeutsames als banal („Dachdecker stürzen ab und *gehn entzwei*" V. 3, „die wilden Meere *hupfen*" V. 5), Banales als bedeutsam darge-stellt und gewichtet oder Unvergleichbares gleichgesetzt wird („Die meisten Menschen haben einen Schnupfen." V. 7; „Die Eisenbahnen fallen von den Brücken." V. 8). Die Verbindung des Disparaten wirkt grotesk, erzeugt eine nachgerade sarkastische Ironie, weckt Entsetzen und Heiterkeit zugleich, schafft Distanz.

---

921 Offb 21,1
922 ibid. 15 („Das Lied der Überwinder")
923 ibid. 13 („der Antichrist und sein Prophet")

Doch wessen Welt ist es, die hier bar jeder sinnstiftenden, ergo auch narrativen Ordnung gänzlich aus den Fugen gerät und die – wie der Titel prophezeit – untergeht? Es ist die des „Bürgers",[924] Repräsentant einer hybriden Zivilisation. Für ihn, den nun auch im wahren Wortsinn unbehüteten, ‚ent‚schleierten' Spitzköpfig-Deformierten, ist das „Weltende" eine Katastrophe. Für die jungen Dichter indes, die expressionistische Moderne – den metaphorischen „Sturm" –, bedeutet das Ende der bourgeoisen Welt eine Befreiung, eine Ent-Fesselung.[925]

Nahezu alle für den Expressionismus typischen Motive, Bilder und Darstellungstechniken finden sich hier in Andeutung, als Pars pro Toto oder in semantisierter Form auf engstem Raum konzentriert: Apokalypse („Weltende" und Neubeginn), Kritik des Bürgertums („spitzer Kopf"), Mechanisierung des Menschen („Dachdecker gehn entzwei"), Großstadt (Dächer) vs. Natur („Meere"), rasante technische („Eisenbahnen") und medial-kommunikative (Zeitung, „liest man") Beschleunigung des urbanen Lebens, Ich-Verfall (weitgehendes Verschwinden des lyrischen Ichs), Reihungsstil (asyndetische Parataxen), Disparität (Verbindung von Ungleichem), Auflösung von Zusammenhängen bzw. Ordnungen (Fehlen syntagmatischer Kontiguitätsbeziehungen).

Gleich zu Beginn wird der Bürger, Stütze der auf überkommenen Autoritätsstrukturen beruhenden wilhelminischen Gesellschaft, demaskiert. Seines ihm unvermittelt vom Kopf gefegten Statussymbols beraubt, wird offenbar, was ihm bis dato zu verbergen gelungen war: seine menschlich-moralische Deformation. Und nicht nur der „Spitzkopf" des verspießerten Bürgers wird – im eigentlichen Sinne – ent-deckt. Auch der ‚Dachschaden' der von ihm repräsentierten Gesellschaft bleibt nicht länger verborgen. Die ihn zu kaschieren Beauftragten stürzen – noch ehe ein aufziehender Sturm seine vernichtende Zerstörungskraft entfaltet – in die Tiefe.

Der Machtverlust der Herrschenden bzw. ihrer Repräsentanten wird ebenso wie die dehumanisierende Instrumentalisierung ihrer Untertanen auch formalsprachlich gespiegelt: das Nomen „Bürger" fungiert nicht als Subjekt, als Agens, sondern als (Dativ-)Objekt, als Patiens. Die für den Aussagesatz normative Satzgliedstellung (S-P-O) ist invertiert (O-P-S). Und weil das grammatisch dem Nomen „Kopf" zugeordnete Attribut „spitz" sich semantisch auf „Hut" beziehen lässt, kann dieser Ausdruck ebenfalls als Vertauschung, genauer als Enallage, gedeutet werden. Gänzlich ungewöhnlich ist die Kollokation „Dachdecker gehn entzwei" (V. 3). Sie verweist auf die Mechanisierung und Verdinglichung des Menschen. Der sich als Herrscher Wähnende findet sich jäh in der Rolle des Beherrschten. Seine auf rational-positivistischem Kalkül basierenden und frenetisch als fortschrittlich eingestuften (technischen) Errungenschaften erweisen sich buchstäblich als hin-fällig („Eisenbahnen fallen von den Brücken" V. 8). Und so wenig der „Hut" den bigotten Bürger vor Demaskierung schützt, so wenig gelingt es diesem und seinesgleichen, sich mit bzw. durch andere Schutzvorrichtungen („dicke Dämme" V. 6) zu tarnen. Die ihm vermeintlich Untertanen, allen voran dessen gleich Naturgewalten („Sturm", „Meere" V. 5) auftretenden Söhne, entlarven ihn durch einen bewusst intentionalen und entschlossenen Akt, durch die Zerstörung scheinbar sakrosankter Ordnungen und Strukturen: „Der Sturm ist da, die wilden Meere hupfen / An Land, um dicke Dämme zu zerdrücken" (V. 5 f.). Die Zielgerichtetheit signalisiert das finale „um […] zu" (V. 6); die Grenzüberschreitung, der Sprung der „Meere" „[a]n Land" (V. 6), spiegelt sich formalsprachlich im Enjambement „hupfen / An Land" (V. 5 f.); „wilde" Entschlossenheit und Vitalität der Akteure schließlich betonen nachdrücklich die markant auffälligen Alliterationen „Der", „da", „die" (V. 5), „dicke", „Dämme", „zerdrücken" (V. 6). Die so geradezu

---

924　Der „Bürger", die Generation der Väter, ist das Feindbild der Expressionisten par excellence. Von van Hoddis selbst heißt es, er sei „antibourgeois bis in die Hysterie" gewesen. Vgl. Riegel 1961, S. 57-60

925　vgl. z. B. den Tagebuch-Eintrag Georg Heyms vom 6. Juli 1910: „Könnte ich nur einmal den Strick abschneiden, der an meinen Füßen hängt." Zitiert nach: https://gutenberg.spiegel.de/buch/-6998/2

spürbare Verve korrespondiert mit der im Expressionismus präferierten Verwendung dynamischer Verben. Acht der insgesamt neun Vollverben des Gedichts entstammen dieser Kategorie.

Durchgängiges, auf allen sprachlichen Ebenen realisiertes strukturbildendes Prinzip des Textes ist das des Gegensatzes bzw. der Disparität. Semantisch manifestiert es sich wie bereits angedeutet insbesondere im direkten Nebeneinander von katastrophalem Geschehen (V. 8) und trivialem Zustand (V. 7) sowie in der Kombination unvereinbarer Begriffe (V. 3). Syntaktisch bemerkenswert ist neben der Inversion von Subjekt und Objekt die Verwendung der durch ein Enjambement verbundenen zweizeiligen finalen Hypotaxe (V. 5 f.), während die restlichen Verse durchweg als Parataxe und im Zeilenstil formuliert sind. Auf der lexikalischen Ebene sind es Antonyme („steigen" V. 4 vs. „fallen" V. 8 bzw. „stürzen" V. 3; „Meer" V. 5 vs. „Land" V. 6), die das für dieses Gedicht konstitutive Prinzip der Gegensätzlichkeit spiegeln, das sich selbst phonetisch noch deutlich abbildet: in der Opposition von hellen und dunklen Vokalen, signifikant bereits im ersten Vers, in dem der hellste Vokal (i) mit dem dunkelsten (u) kontrastiert.

Das „ungeheure Gebälk und Bretterwerk der Begriffe, an das sich klammernd der bedürftige" – d. h. der rational-positivistisch ausgerichtete – „Mensch sich durch das Leben rettet",[926] ist in diesem wie in vielen Werken der Epoche destruiert, der Einfluss der Lebensphilosophie evident, insbesondere der Nietzsches, welcher postulierte:

> *wenn er* [der sich an Begriffen orientierende Mensch] *es* [,Gebälk und Bretterwerk der Begriffe'] *zerschlägt, durcheinanderwirft, ironisch wieder zusammensetzt, das Fremdeste paarend und das Nächste trennend, so offenbart er, daß er jene Notbehelfe der Bedürftigkeit nicht braucht und daß er jetzt nicht von Begriffen, sondern von Intuitionen geleitet wird.*[927]

Van Hoddis' Verse können als literarischer Vollzug dieses Programms interpretiert werden, das zu einem, zu *dem* wegweisenden des Expressionismus, ja der literarischen Moderne überhaupt avancierte.

Als „[s]elbstsadistisch arrogant"[928] attribuiert van Hoddis die abstrakte Vernunft, die den Menschen und seine Lebenswirklichkeit zu fassen, zu begreifen, zu definieren vorgibt, denn:

> *Wir […] sind in jedem Augenblick ein Anderes, stets Unbegreifliches./ Wir fühlen Uns, ohne Uns zu definieren. […] Wir werden uns zum Dämon. / Es gibt kein höheres Dasein, als das Unbegreifliche.*[929]

8.2 Franz Werfel: *An den Leser* – Programm des „neuen Menschen"

Nicht nur gegen den Avitalismus, den „realpolitischen Irrsinn und [die] entartete Gesellschaftsordnung anzurennen",[930] trachtete die expressionistische Dichtung, sondern sie „(wies) mit glühendem Finger, mit weckender Stimme […] auf den Menschen selbst".[931] Dieser erlebte und empfand sich durch die zunehmende „Entzauberung der Welt",[932] d. h. durch deren fortschreitende Verwissenschaftlichung und vermeintliche Berechen-

---

926 Nietzsche 2018 e, S. 23
927 ibid.
928 van Hoddis, zitiert nach: Nörtemann 1987, S. 65
929 ibid. S. 67
930 Pinthus 2018, S. XIII
931 ibid.
932 vgl. Weber 1919, S. 16

barkeit, nicht nur als Einzelner sozial zunehmend isoliert,[933] sondern auch metaphysisch unbehaust.[934] Dieses das Bewusstsein zutiefst prägende, verzweifelte Lebensgefühl konzentrierte den Blick vieler Expressionisten vom Ich auf das Du zum Wir.[935] Nicht das Trennende, Individuelle, sondern das allen Menschen Gemeinsame, nicht „der Kampf aller gegen alle",[936] sondern das alle Menschen Verbindende beschworen sie mit nachgerade „religiös-ekstatisch überhöhten metaphysischen Pathos-Formeln".[937] Franz Werfels für das sogenannte „O Mensch"-Pathos stichwortgebende Gedicht „An den Leser"[938] zeugt von der flehentlichen Inbrunst dieser Beschwörung und der Vision des neuen Menschen.[939] Es ist das Programmgedicht der „O Mensch"-Dichtung schlechthin. Die 20 einfachen, ohne literarisch-künstlerischen Aufwand gestalteten Zeilen hatten ihre Hörer förmlich emporgerissen[940] – sprach aus ihnen doch „eine Macht des Gefühls", die „schiere Intensität des Lebens, das keiner Argumente bedurfte"[941] und also auch keiner Interpretation. Emphatisch setzten sie einen Kontrapunkt zur Verabsolutierung jener scheinbar den Fortschritt garantierenden positivistisch-rationalen Kräfte, die in ihrer einseitig-unreflektierten Verklärung und im Verbund mit einer militaristischen, zunehmend kapitalistischen Politik wesentlich das Phänomen der Entfremdung, die Auflösung und den Verlust menschlicher und religiöser Bindungen beförderten und letztlich zu der Katastrophe führten, die viele der jungen Dichter visionär antizipierten. Jene, die sich vom Krieg eine kathartische Wirkung erhofft, ja ersehnt hatten, wurden – sofern sie ihn denn überlebt hatten – im Sinne des humanitären „O Mensch"-Pathos zu Pazifisten, zu Philanthropen.

---

933 Die Grundbefindlichkeit des modernen Menschen, seine Beziehungslosigkeit, sein Gefühl des Verlassenseins, findet ihren verzweifelten, vielleicht sprechendsten Ausdruck in den Versen des Dichters Walter Calé (1881-1904):
„[…] und deine Arme, die du um mich schlangest, / sie spür' ich fern, und deines Lebens Strom, / der pocht und pocht, verrinnt mir unerkannt, / und keine Brücke ist von Mensch zu Mensch." Calé 1920, S. 97; vgl. auch Pinthus 2018, S. XII

934 vgl.: Lukács 1963, S. 32, 52

935 z. B.: Wilhelm Klemm (1881-1968): „O meine Zeit! So namenlos zerrissen"; s. Pinthus 2018, S. 4; Kurt Heynicke (1891-1985): „Brich auf ins Licht! O Mensch ins Licht"; s. Pinthus 2018, S. 173; Johannes R. Becher (1891-1958): „Mensch Mensch Mensch stehe auf stehe auf ! ! !"; s. Pinthus 2018, S. 215); Walter Hasenclever (1890-1940): „Tritt mit der Posaune des Jüngsten Gerichts / Hervor, o Mensch, aus tobendem Nichts!", s. Pinthus 2018, S. 208

936 Pinthus 2018, S. XII

937 Fähnders, 2010, S. 167

938 Werfel 1911, S. 110 f., s. auch: Pinthus 2018, S. 239 f.

939 Die expressionistische Vision des neuen Menschen, der Appell zum Aufbruch, zur Erneuerung reflektieren auch die Titel der zahllosen Schriften und Periodika der Epoche, z. B.: „Neuer Leipziger Parnass" (1912), „Die neue Zeit" (1912), „Das neue Pathos (1913-1914), „Die neue Literatur" (1916), „Neue Jugend" (1916-1917), „Neue Blätter für Kunst und Literatur" (1918-1922);
s. auch: http://n-online.jp/cat/LEX_list.pdf

940 vgl. Stach 2015, S. 44

941 ibid.

8.2.1 Formanalyse

Zeilen-Nr.	Franz Werfel *An den Leser*			Reimschema	Besonderheiten
1	Mein einziger Wunsch ist, Dir, o Mensch, verwandt zu sein!	Ich	Du	a	inständig (→ Interjektion o, 1) vorgetragene, absolute (→ Superlativ *einziger* ,1) Bitte im Verbund mit integrativer Apostrophe;
2	Bist Du Neger, Akrobat, oder ruhst Du noch in tiefer Mutterhut,			b	
3	Klingt dein Mädchenlied über den Hof, lenkst Du Dein Floß im Abendschein,			a	lyrisches Ich wendet sich an jeden Menschen, ungeachtet seiner nationalen, sozialen, beruflichen Provenienz, gleich welchen Alters und Geschlechts
4	Bist Du Soldat, oder Aviatiker voll Ausdauer und Mut.			b	
5	Trugst Du als Kind auch ein Gewehr in grüner Armschlinge?	Ich	Du	c	Intensivierung der Apostrophe → Alliteration *Mein Mensch* (7), *mit mir* (8), Stiftung von
6	Wenn es losging, entflog ein angebundener Stöpsel dem Lauf.			d	Identität durch *Erinnerung* (7) an gemeinsame Kindheitstage, und umgangssprachlichen
7	Mein Mensch, wenn ich Erinnerung singe,			c	Wortgebrauch (*losging*, 6), empathischer, um Einfühlung bittender Imperativ (8) → gegen
8	Sei nicht hart, und löse Dich mit mir in Tränen auf!			d	gesellschaftliche und militärische Härte
9	Denn ich habe alle Schicksale durchgemacht. Ich weiß		Ich	e	Verweis auf eigene *Schicksale* (9) als nachdrück-liche, durch Anapher (*Das Gefühl*, 10, 11, 12)
10	Das Gefühl von einsamen Harfenistinnen in Kurkapellen,			f	verstärkte Begründung der Ein- und Einfühlung mit dem Du; Empathiefähigkeit aufgrund des
11	Das Gefühl von schüchternen Gouvernanten im fremden Familienkreis,			e	Erlebens von Einsamkeit (10), Fremdheit (11) und (Versagens-)Angst (12)
12	Das Gefühl von Debutanten, die sich zitternd vor den Souffleurkasten stellen.			f	
13	Ich lebte im Walde, hatte ein Bahnhofsamt,			g	Explikation der o. g. (10-12) *Schicksale* in Form des Pars pro Toto (Natur und Zivilisation, 13;
14	Saß gebeugt über Kassabücher, und bediente ungeduldige Gäste.		Ich	h	geistige und körperliche Arbeit, 14, 15; soziale Verachtung, Armut, 16); Spiegelung der sozialen
15	Als Heizer stand ich vor Kesseln, das Antlitz grell überflammt,			g	Diskrepanz: Antonyme (*saß*, 14 vs. *stand*, 15; poe-tische (*Antlitz überflammt*, 15) vs. standardsprach-
16	Und als Kuli aß ich Abfall und Küchenreste.			h	liche (*Abfall und Küchenreste*, 16) Stilebene
17	So gehöre ich Dir und Allen!	Ich	Du	i	Verbrüderungsangebot des lyrischen Ichs, formal gespiegelt durch die Klimax *ich, Dir, Allen* (17) ver-
18	Wolle mir, bitte, nicht widerstehn!			i	bunden mit der mit V. 8 korrespondierenden Bitte, dieses anzunehmen; die Pronomen der 1. und 2.
19	O, könnte es einmal geschehn,	Wir		i	Person Singular gehen in der 1. Person Plural auf; Änderung der Reimform (Kreuzreim) in den die
20	Daß wir uns, Bruder, in die Arme fallen!			i	„Umarmung" abbildenden umarmenden Reim

9.   Der Expressionismus in der Malerei – Beispiel

Ludwig Meidner: *Apokalyptische Landschaft*

Ludwig Meidner

In keiner anderen Epoche zuvor war der Austausch zwischen Literaten und Künstlern so intensiv wie im Expressionismus. Sie trafen sich in Cafés, nahmen gemeinsam an Autorenabenden teil,[942] an denen nicht nur die jungen Dichter aus ihren Werken rezitierten, sondern auch Vorträge über Malerei, Musik, Kino und Politik auf dem Programm standen. Maler und Grafiker, deren Namen sich heute wie die Crème de la Crème der Kunstrichtung lesen, gestalteten Einladungen zu Vortragsabenden,[943] illustrierten Titelblätter der beiden bedeutendsten Periodika des Expressionismus „Der Sturm" und „Die Aktion"[944] oder wirkten selbst aktiv mit an den von den jungen Dichtern organisierten Veranstaltungen.[945] Viele Literaten und Maler waren befreundet, so auch Jakob van Hoddis und Ludwig Meidner (1884-1966).[946] Letzterer, auch Porträtist vieler expressionistischer Dichter,[947] zählte zu den wichtigsten Vertretern des künstlerischen Expressionismus.

Meidners Gemälde „Apokalyptische Landschaft" – das vermutlich erste einer zwischen 1912 und 1916 entstandenen, ca. zwei Dutzend Bilder umfassenden thematisch einheitlichen Serie – zeigt ein Endzeitszenario:

Wie aus gewaltigen Flammenwerfern gestoßen zischen zwei riesige glühende Feuergarben aus dem sternenlosen Nachthimmel auf eine Stadt hernieder. Ungeheure, durch rasende Geschwindigkeit der Flammen und fortwährende Wärmezufuhr sich verstärkende Druckwellen bringen

Ludwig Meidner: *Apokalyptische Landschaft* (1912)

---

942   z. B. an den regelmäßig stattfindenden Autorenabenden der Zeitschrift „Die Aktion"

943   Karl Schmidt-Rottluff (1884-1976), Mitbegründer der renommierten Künstlergruppe „Brücke", gestaltete z. B. die Einladungskarten für die öffentlichen Dichterlesungen des „Neopathetischen Cabarets", die Vortragsabende der 1909 von Kurt Hiller und Jakob van Hoddis gegründeten Vereinigung „Der neue Club", der Keimzelle des (Früh-)Expressionismus.

944   Titelblätter für die Zeitschrift „Der Sturm" gestalteten u. a. Ernst Ludwig Kirchner (1880-1938), Franz Marc (1880-1916), Max Pechstein (1881-1955), Oskar Kokoschka (1886-1980), für „Die Aktion" u. a. Ludwig Meidner (1884-1966), Egon Schiele (1890-1918), Conrad Felixmüller (1897-1977).

945   Der Maler und Silhouettenkünstler Ernst Moritz Engert (1892-1986) entwarf nicht nur Programmblätter für das „Neopathetische Cabaret", er brachte auch das Stück „Sansara. Das liebliche Schattentheater" von Erwin Loewenson (1888-1963) alias Golo Gangi mit selbstgefertigten Silhouettenfiguren zur Aufführung.

946   vgl. Nörtemann 1987, S. 443 f.

947   Meidner portraitierte u. a. Jakob van Hoddis, Johannes R. Becher, Paul Zech, Alfred Wolfenstein, Franz Werfel und Ernst Wilhelm Lotz. Diese Porträts illustrieren auch Kurt Pinthus' Anthologie „Menschheitsdämmerung. Symphonie jüngster Dichtung".

Häuserfronten zum Einsturz. Ganze Häuserzeilen geraten ins Wanken, Fenster bersten, Dachstühle brennen lichterloh, Explosionen allüberall. Und auch der bereits vom Widerschein des Feuers erfasste, am oberen Rand des linken Drittels schwebende Zeppelin, Inbild technischen Fortschritts und seiner Schnelligkeit, droht „im gelben Nachtsturm"[948] augenblicklich zu explodieren. Menschenknäuel, winzig klein, im Gegenlicht des Feuers kaum zu erkennen, irren in der Bildmitte orientierungslos durchs flammende Chaos auf der verzweifelten Suche nach einem rettenden Ausweg. Im Vordergrund versuchen zwei von Panik getriebene Männer dem alles zerstörenden Inferno zu entkommen – Rettung scheint möglich: Sie laufen am unteren Rand des Bildes aus diesem hinaus – auf dem „Weg zu einem neuen Morgen".[949]

Unschwer ist Meidners Gemälde als visuelle Transformation konkreter literarischer, biblischer und philosophischer Texte zu erkennen. Neben den Gedichten Jakob van Hoddis', die „einen unmittelbaren Einfluß auf Meidners Bildsprache ausübten",[950] waren auch diejenigen Georg Heyms bestimmend für das frühe Schaffen des Künstlers: „Und Schein und Feuer, Fackeln rot und Brand, / Die drohn im Weiten mit gezückter Hand / Und scheinen hoch von dunkler Wolkenwand", heißt es in Heyms 1911 erschienenem Sonett „Die Stadt".[951] Und in seinem ein Jahr zuvor entstandenen Gedicht „Der Gott der Stadt"[952] liest man: „Ein Meer von Feuer jagt / Durch eine Straße. Und der Glutqualm braust / Und frißt sie auf, bis spät der Morgen tagt."

Auch die alttestamentarische Apokalypse setzte Meidner ins Bild: „Und von ihm [Himmel, Thron] ging aus ein langer feuriger Strahl" heißt es bei Daniel,[953] und Jesaja prophezeit: „Der Herr macht die Erde leer und wüst und wirft um, was auf ihr ist, und zerstreut ihre Bewohner".[954]

Schließlich spiegelt sich in Meidners Bild Nietzsches Philosophie vom neuen Menschen, der – um zu werden – die Notwendigkeit seines eigenen Untergangs erkennen[955] muss: „die Stadt [...] wo alles Anbrüchige, Anrüchige, Lüsterne, Düstere, Übermürbe, Geschwürige, Verschwörerische zusammenschwärt"[956] soll in einer „Feuersäule [...] verbrannt"[957] werden. Und „solche Feuersäulen müssen dem großen Mittage vorangehn"[958] auf dem „Weg zum Abende als seine höchste Hoffnung [...] denn es ist der Weg zu einem neuen Morgen".[959]

Meidner hatte jedoch die „künftige Erdennot"[960] auch selbst in ahnungsvoller Vorausschau antizipiert und die Überwindung des „gelben Nachtsturm[s]" durch einen „neuen Morgen" geradezu erspürt. „[E]in schmerzhafter Drang", bekannte er, „gab mir ein, alles Geradlinig-Vertikale zu zerbrechen. Auf alle Landschaften, Trümmer, Fetzen, Asche zu breiten".[961] Doch aus derselben „Asche" glühte ihm zugleich „herrliche Hoffnung", er-

---

948 Meidner; zitiert nach: Meyer, Dorle 2013, S. 299

949 Nietzsche 2017 b), S. 89

950 Stratenwerth 2001, S. 162

951 Heym 2006, S. 157; zur Analyse und Interpretation s. Amann 2002, S. 237-245

952 ibid. S. 14 f.

953 Dan 7,10

954 Jes 24,1. Bei dem hebräischen Namen „Jesaia" handelt es sich übrigens um einen Satznamen, dessen Prädikat zur hebr. Wurzel ישׁע jšʻ gehört, also „retten", „befreien", „in der Not helfen" bedeutet.

955 Die Notwendigkeit dieser Erkenntnis fasst Nietzsche in die Metapher „großer Mittag".

956 Nietzsche 2017 b), S. 199

957 ibid. S. 200

958 ibid.

959 ibid. S. 89

960 Meidner, zitiert nach: Meyer, Dorle 2013, S. 299

961 ibid.

ahnte er „Gesänge unaussprechlicher Süße [...] [v]on Liebe, Brüderlichkeit, Gottbegeis-
terung. Oh – wie fern [...] rauscht es auf: Tanzmusik einer zukünftigen Menschheit".[962]

10. Dichter und Werke im Überblick (Auswahl)

Dichter	Werke
Georg Kaiser (1878-1945)	*Die Koralle* (1917) Drama *Gas I* (1918) Drama *Gas II* (1920) Drama
Carl Sternheim (1878-1942)	*Die Hose* (Uraufführung 1911) bürgerliches Lustspiel
Ernst Stadler (1883-1914)	*Der Aufbruch* (1914) Gedichte
Alfred Wolfenstein (1883-1945)	*Die gottlosen Jahre* (1914) Gedichte
Gottfried Benn (1886-1956)	*Morgue und andere Gedichte* (1912)
Georg Heym (1887-1912)	*Der ewige Tag* (1911) Gedichte *Umbra vitae* (posthum 1912) Gedichte *Der Dieb* (posthum 1913) Novellenband
Jakob van Hoddis (1887-1942)	*Weltende* (1910) Gedicht *Gedichte* (hrsg. von Regina Nörtemann 1990)
Georg Trakl (1887-1914)	*Gedichte* (1913) *Sebastian im Traum* (posthum 1915) Gedichte
Alfred Lichtenstein (1889-1914)	Die Dämmerung (1913) Gedichte
Walter Hasenclever (1890-1940)	*Städte, Nächte, Menschen* (1910) Gedichte *Der Jüngling* (1913) Gedichte *Der Sohn* (1914) Drama
Franz Werfel (1890-1945)	*Der Weltfreund* (1911) Gedichte *Wir sind* (1913) Gedichte *Einander – Oden, Lieder, Gestalten* (1915) Gedichte *Der Gerichtstag* (1919) Gedichte
Johannes R. Becher (1891-1958)	*Verbrüderung* (1916) Gedichte

---

962 Meidner, zitiert nach: Meyer, Dorle 2013, S. 312
   Auch diese Äußerung Meidners mag die Verbalisierung einer seiner Visionen sein, die „erlebt" zu haben er selbst
   bezeugt:
   „Verzückungen, Visionen, Ekstasen, das erlebte ich wirklich, das waren große und gute Gaben, die plötzlich von
   einem Tage an im Dezember 1912 auftauchten". Zitiert nach: Weiß 2015, S. 35

11. Erfindungen und Entdeckungen im Überblick (Auswahl)

Zeit	Erfindung/Entdeckung	Erfinder/Entdecker
1910	Wasserflugzeug (Hydravion)	Henri Fabre
1911	Erster geländegängiger Panzerwagen	Gunther Burstyn
1911	Hochfrequenzverstärker	Otto von Bronk
1911	Wilsonsche Nebelkammer	Charles Thomson Rees Wilson
1911	Supraleitung	Heike Kamerlingh Onnes
1912	Rostfreier Stahl	Benno Strauß/Eduard Maurer
1912	Echolot	Alexander Behm
1912	Beugung von Röntgenstrahlen an Kristallen (wellenförmig)	Max von Laue
1912	Gasmaske	Garrett Morgan
1913	Atommodell	Niels Bohr
1913	Kohleverflüssigung (Bergius-Pier-Verfahren)	Friedrich Bergius
1913	Kleinbildkamera	Oskar Barnack
1913	Fließbandfertigung	Henry Ford
1914	Erste elektronische Lichtsignalanlage (Cleveland/USA)	
1915	Allgemeine Relativitätstheorie	Albert Einstein
1915	Luftkissen-Torpedo-Schnellboot	Dagobert Müller von Thomamühl
1915	Ganzmetallflugzeug	Hugo Junkers
1919	Entdeckung des Protons	Ernest Rutherford
1919	Erste Beobachtung einer Kernreaktion	Ernest Rutherford
um 1920	Eiserne Lunge	Philip Drinker
1921	Insulin	Frederick Banting
1925	Pauli-Prinzip (Paulisches Ausschlussprinzip)	Wolfgang Pauli

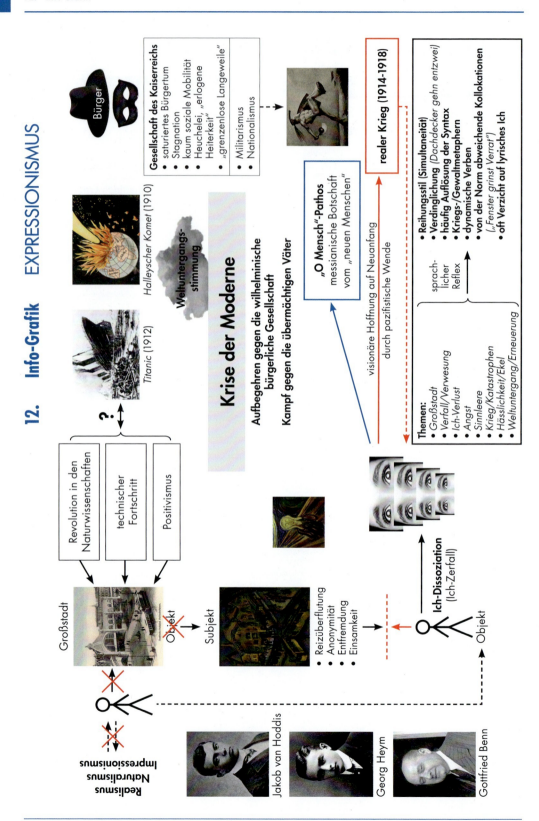

Fachbegriffe	Erläuterungen und Beispiele
Adjektiv	Wortart, die Eigenschaften von Dingen, Vorgängen und Lebewesen benennt (z. B. *das **geräumige** Zimmer*)
Adverb	Wortart, die die Umstände eines Geschehens bzw. einer Handlung näher bestimmt (z. B. *Sie wollen **bald** beginnen und **intensiv** arbeiten.*)
Adverbial	Satzglied, das die Umstände eines Geschehens, Zustandes näher bestimmt (z. B. *Ich sitze **im Büro**.*)
Adverbialsatz	Gliedsatz, der durch eine subordinierende → Konjunktion eingeleitet wird (z. B. ***Als es Abend wurde**, wurde es empfindlich kalt.*)
Akkusativ	Kasus (4. Fall). Ermittelt wird er mit der Frage *wen* oder *was*? (z. B. *Jan schreibt **einen Brief**.*)
Aktiv	Tätigkeitsform. Das Geschehen, die Handlung wird aus der Perspektive dessen gesehen, der handelt. (z. B. *Der **Gärtner schneidet** die Blumen.*)
Antonym	Gegensatzwort (z. B. ***schwarz** vs. **weiß**, **Liebe** vs. **Hass***)
Apposition	nach- oder vorgestelltes → Satzglied im gleichen Kasus (z. B. *Der Zug, **ein Intercity**; die **Bundeshauptstadt** Berlin*)
Artikel	Begleiter des → Nomens, zeigt dessen grammatisches Geschlecht (Genus) an; bestimmte Artikel: ***der**, **die**, **das***; unbestimmte Artikel: ***ein**, **eine**, **ein**.*
Attribut	Erweiterung nominaler Satzglieder, tritt in unterschiedlichen Formen auf (z.B. *der **gespitzte** Bleistift, der Kuli **mit der roten Mine**, die Lust **zu singen**, **des Baumes** Blatt, den Bleistift, **den ich gerade gespitzt habe***)
Attributsatz	→ Gliedsatz in Form eines Relativsatzes oder einer Parenthese (z. B. *Das Auto, **das am Berg im Schnee stecken blieb**, benötigte Schneeketten. Das Auto – **es blieb am Berg im Schnee stecken** – benötigte Schneeketten.*)
Aussagesatz	Satzart, in der etwas ausgesagt, festgestellt oder mitgeteilt wird (z. B.: *Max ist heute zu spät nach Hause gekommen.*)
Dativ	→ Kasus (3. Fall). Ermittelt wird er mit der Frage *wem*? (z. B. *Der Trainer gab **dem Mannschaftsführer** einen Tipp.*)
Dativobjekt	→ Satzglied im → Dativ (z. B. *Das Buch gehört **meinem Freund**.*)
Deklination	Beugung (Veränderung) der nominalen Wörter, also der → Nomen, → Pronomen, → Artikel und → Adjektive (z. B. *der Ball, des Ball**es***)
Demonstrativpronomen	hinweisendes Fürwort, verweist auf die Gesprächssituation und kann nur bei Anwesenheit verstanden werden (z. B.: ***Das** ist aber hübsch. **Solche** gibt's aber hier nicht.*)
Diminutivum	Verkleinerungsform mit Hilfe der Suffixe *-chen* oder *-lein* (z. B. *Herz**chen**, Kind**lein***)
Elativ	absoluter Superlativ, d. h. höchste Steigerungsstufe → Komparation des Adjektivs jedoch ohne Vergleich. Er wird zumeist durch adverbiale Umschreibungen bzw. Gradpartikeln ausgedrückt (z. B. *Er ist ein **überaus/sehr** fleißiger Schüler.*)
Flexion	Veränderung der Wortform, die grammatische Kategorien (z. B. Kasus, Genus, Numerus, Person, Tempus u. a.) kenntlich macht (z. B. *Er schreibt ein**en** Brief.*)
Futur	→ Tempus zur Bezeichnung einer zukünftigen Handlung bzw. eines zukünftigen Geschehens. Man unterscheidet **Futur I** (z. B. *Wir **werden** uns nächste Woche **treffen**.*) und **Futur II**, das eine in der Zukunft abgeschlossene Handlung bzw. ein in der Zukunft abgeschlossenes Geschehen bezeichnet. (z. B. *Bis dahin **werden** wir die Arbeit **erledigt haben**.*)

Genitiv	→ Kasus (2. Fall). Ermittelt wird er durch die Frage wessen? (z. B. *Der Trainer **der Fußballmannschaft** gibt dem Kapitän einen guten Tipp.*)
Genitivattribut	Es ist die häufigste Verwendung des → Genitivs im Deutschen und nicht zu verwechseln mit dem → Genitivobjekt (z. B. *Das Auto **meines Vaters** steht dort.*)
Genitivobjekt	→ Satzglied im 2. Fall. Einige → Verben (z. B. erinnern, bedürfen, gedenken) fordern ein solches → Objekt. (z. B. *Diese Arbeit bedarf **der Korrektur**.*)
Genus	grammatisches Geschlecht der → Nomen. Man unterscheidet: **Maskulinum**, **Femininum** und **Neutrum** (**der** *Keller*, **die** *Küche*, **das** *Wohnzimmer* – **ein** *Keller*, **eine** *Küche*, **ein** *Wohnzimmer*)
Genus verbi	gemeinsame Bezeichnung für → **Aktiv** und → **Passiv**. Handlungsrichtung des → Verbs. Ein Geschehen wird entweder von demjenigen her gesehen, der handelt (Aktiv), oder von demjenigen, der oder das betroffen ist (Passiv).
Gleichsetzungs-nominativ	→ Satzglied im → Nominativ (1. Fall). Er begegnet nur bei den folgenden → Verben: sein, bleiben, scheinen, sich dünken, heißen. (z. B. *Sein Vater **ist** ein angesehener **Jurist**.*)
Gliedsatz (Nebensatz)	→ Satz, der einem anderen Satz angegliedert und diesem untergeordnet ist. Das finite (konjugierte) → Verb steht am Ende des → Gliedsatzes. (z. B. ***Dass du häufig zu spät kommst**, ärgert mich. Der Gliedsatz steht anstelle eines Satzgliedes → **Das** ärgert mich. Hier steht **Das** für das Subjekt.*)
Hauptsatz	→ Satz, der selbständig stehen kann, und zwar in den drei Satzarten Mitteilungs-, Frage- und Aufforderungssatz. Ein Hauptsatz kann auch Gliedsatz sein. (z. B. *Wir essen heute im Restaurant, weil **der Küchenherd defekt ist**.*)
Hilfsverb	Die drei Hilfsverben **sein**, **haben**, **werden** übernehmen im Zusammenhang mit einem Vollverb eine Hilfsfunktion, insbesondere bei der Tempusbildung. (z. B. *Ich lerne. Ich **habe** gelernt. Ich **werde** lernen.*)
Homonyme	gleichlautende Wörter mit unterschiedlicher Bedeutung (z. B. Ball [Spielgerät] vs. Ball [Tanzveranstaltung])
Hypotaxe	Satzgefüge, Verknüpfung eines Hauptsatzes mit abhängigen (untergeordneten) Nebensätzen (NS) (z. B. *Er hat erkannt, **dass er fleißiger lernen muss, wenn er sein Ziel erreichen möchte**.* = HS + NS 1. Grades + NS 2. Grades)
Imperativ	einer der drei Modi des Deutschen, formuliert einen Aufforderungs- oder Wunschsatz (z. B. ***Sprich** bitte klar und deutlich!*)
Indefinit-pronomen	unbestimmte → Pronomen (z. B. man, alle, irgendeiner, niemand)
Indikativ	einer der drei Modi des Deutschen, formuliert ein tatsächliches Geschehen bzw. einen wirklichen Sachverhalt (z. B. *Es regnet.*)
Infinitiv	Grundform des → Verbs, die hinsichtlich → Person, → Numerus, → Tempus, → Modus nicht näher bestimmt ist. Gemeinsam mit den → Partizipien zählt der Infinitiv zu den infiniten Verbformen.
Interjektion	Ausrufewort, drückt meist Empfindungen, Emotionen aus (z. B. *ach, hui, au, oh, verflixt, Donnerwetter, Mist*)
Interrogativpro-nomen	Fragewort (z. B. wer?, was?, welche?). Nicht zu verwechseln sind Fragewörter mit → Adverbien, die im Gegensatz zu den Interrogativpronomen nicht flektiert werden. (z. B. wo?, wohin?, woher?, wann?)
Inversion	Umstellung der üblichen Wort- bzw. Satzgliedfolge (z. B. ***Groß sind** die Werke der Götter.* statt *Die Werke der Götter **sind groß**.*)

Kasus	grammatischer Fall bei der Deklination der nominalen Wortarten. Es gibt im Deutschen vier Kasus: → **Nominativ** (wer?/was?), → **Genitiv** (wessen?), → **Dativ** (wem?), → **Akkusativ** (wen?/ was?)
Kausalsatz	→ Gliedsatz, der eine Begründung für einen Vorgang oder eine Handlung angibt (z. B. *Es wurde empfindlich kalt,* **weil die Heizung abgestellt werden musste.**)
Komparation	Steigerung des → Adjektivs: Positiv (z. B. *schön*), Komparativ (z. B. *schöner*), Superlativ (z. B. *am schönsten*). Der Superlativ kann auch durch Gradpartikel (z. B. *überaus schön*) wiedergegeben werden, dann spricht man von → Elativ.
Konditionalsatz	→ Gliedsatz, der eine Bedingung ausdrückt, unter der der im übergeordneten → Satz angegebene Sachverhalt gilt bzw. zutrifft (z. B. **Wenn wir den Rohrbruch nicht bald orten,** *werden wir frieren müssen.*)
Konjugation	Beugung der → Verben. Die Konjugation kennzeichnet die Verbform bezüglich der fünf grammatischen Größen → Person, → Numerus, → Tempus, → Modus und → Genus verbi. (z. B. *ich* **lerne** *Deutsch. –* Person: *1.,* Numerus: *Singular,* Tempus: *Präsens,* Modus: *Indikativ,* Genus verbi: *aktiv*)
Konjunktion	Bindewort, leistet die Verbindung von Sätzen, Satzgliedern und einzelnen Wörtern. Zu unterscheiden sind: **koordinierende** (gleichordnende, z. B. *aber, und, oder, sondern, weder … noch*) und **subordinierende** (unterordnende, z. B. *dass, damit, weil, obwohl, wenn*) Konjunktionen. Letztere schließen → Gliedsätze an den Hauptsatz an. Bei Gliedsätzen, die mit einer subordinierenden Konjunktion eingeleitet werden, steht das konjugierte → Verb am Ende des → Gliedsatzes. (z. B. **Weil** *es heute unaufhörlich* **regnet,** *bleiben wir zu Hause.*)
Konjunktiv	Einer der drei → Modi des Deutschen; er drückt die Einschätzung unter dem Aspekt der Möglichkeit, Wünschbarkeit, Unwirklichkeit eines Geschehens aus. Zu unterscheiden sind der **Konjunktiv I**, der zumeist bei der indirekten Rede verwendet wird (z. B. *Er sagte, er* **gehe** *jetzt nach Hause*) und der **Konjunktiv II**, auch „Irrealis" genannt (z. B. *Beinahe* **hätte** *der Torwart den Elfmeter* **gehalten.**)
Konsekutivsatz	→ Gliedsatz, der eine Folge des im → Hauptsatz benannten Sachverhaltes benennt (z. B. *Sie lernte sehr fleißig,* **so dass sie die Prüfung ohne Weiteres bestand.**)
Konzessivsatz	→ Gliedsatz, der einen Gegensatz bzw. einen unzureichenden Gegengrund zur Aussage des Hauptsatzes ausdrückt (z. B. **Obwohl er eifrig gelernt hatte,** *hat er die Prüfung nicht bestanden.*)
Modalität	Einschätzungen und Urteile über Wirklichkeit, Unwirklichkeit, Wünschbarkeit und Notwendigkeit können auf unterschiedliche Weise ausgedrückt werden: • durch bestimmte Formen des → Verbs, die sog. → Modi: → *Indikativ* (Wirklichkeit), → *Konjunktiv* (Möglichkeit) und → *Imperativ* (Aufforderungs-/Wunschform) • durch die → Modalverben: *dürfen, können, mögen, müssen, sollen, wollen*
Modalsatz	→ Gliedsatz, der die Art und Weise ausdrückt, in der ein im übergeordneten → Satz genanntes Geschehen oder eine dort genannte Handlung abläuft. Eingeleitet wird er durch Konjunktionen wie *indem, dadurch dass …* (z. B. *Er grüßte freundlich,* **indem er seinen Hut zog.**)
Modalverben	Modalverben geben in Verbindung mit einem → Infinitiv die besondere → Modalität an, unter der eine Handlung bzw. ein Geschehen einzustufen ist: **dürfen, können, mögen, müssen, sollen, wollen.** (z. B. *Die Arbeiten* **müssen** *erledigt werden.*)
Modus	Als Kategorie des → Verbs wertet der Modus die durch das Verb ausgedrückte Handlung bzw. das Geschehen als wirklich, wünschbar, möglich, notwendig etc. ein. Man unterscheidet die Modi → Indikativ, → Konjunktiv und → Imperativ.

Nomen	Wortart, die **Konkreta** (z. B. *Tier, Junge, Zentner*) oder **Abstrakta** (z. B. *Heiterkeit, Freiheit, Glück*) bezeichnet. Sie informiert im Kontext zugleich über die grammatischen Kategorien → *Numerus*, → *Kasus* und → *Genus*, z. B. *Tische* = Numerus: Plural, Kasus: Nominativ oder Akkusativ, Genus: Maskulinum
Nominativ	→ Kasus (1. Fall). Ermittelt wird er mit der Frage *wer oder was?* Er ist der Kasus des → Subjekts (*casus rectus* im Gegensatz zu den *casus obliqui* (= → Genitiv, → Dativ, → Akkusativ).
Numerale	Zahlwort. Zu unterscheiden sind Kardinalzahlen (z. B. eins, zwei, drei) und Ordinalzahlen (z. B. erste, zweite, dritte).
Numerus	Grammatische Zahl: *Singular* (Einzahl, z. B. *ein Mann*) und Plural (Mehrzahl, z. B. *sieben Männer*). Zu beachten: Der Numerus des Subjekts entscheidet über den Numerus der Verbform; man spricht von Numerus-Kongruenz: Steht das Subjekt z. B. im Plural, muss auch das Verb in diesem Numerus stehen: **Ich** komm**e** vs. **Wir** komm**en**.
Objekt / direktes Objekt	Ein → Objekt gibt nähere Information zu dem durch → Subjekt und → Prädikat dargestellten Sachverhalt. Zahl und Art der Objekte werden vom Verb (Valenz) bestimmt. Zu unterscheiden sind zwei Typen: die fallbestimmten Objekte (Genitiv-, Dativ- und Akkusativobjekt) und die präpositionalen Objekte. Beispiel für ein fallbestimmtes Objekt: *Sie gedenken **der Toten***; Beispiel für ein Präpositionalobjekt: *Wir warten **auf den Chef.***
Objektsatz	→ Gliedsatz, der die Stelle eines → Satzgliedes (→ Objekt) einnimmt (z. B. *Der Wetterbericht sagt voraus, **dass die Sonne scheinen wird**.* statt: *Der Wetterbericht sagt **Sonnenschein** voraus.* (*Sonnenschein* = Akkusativobjekt)
Parataxe	Satzreihe im Gegensatz zum Satzgefüge (→ Hypotaxe). Nebeneinander von gleichgeordneten Hauptsätzen (z. B. ***Der Esel schrie, der Hund bellte, die Katze miaute** und **der Hahn krähte**.*)
Parenthese	Schaltsatz. Ein → Satz, der in einen anderen eingeschaltet ist. Eine Parenthese ist kein Gliedsatz, sondern selbst ein → Hauptsatz, der i.d.R. durch Gedankenstriche, zuweilen durch Kommata abgesetzt wird. (z. B. *Der Regen – **er dauerte die ganze Nacht an** – war gut für den Garten.*)
Partizip	infinite Verbform. Man unterscheidet das **Partizip I** (= Partizip Präsens, z. B. *das* **schreibende** *Mädchen*) und das **Partizip II** (= Partizip Perfekt, z. B. *der von ihm* **geschriebene** *Brief*).
Passiv	Form des → Genus verbi. Zu unterscheiden ist das **Vorgangspassiv**, bei dem der Vorgang, der Ablauf des Geschehens betont wird (z. B. *Die Blumen* **werden** [vom Gärtner] **geschnitten**) vom **Zustandspassiv**, bei dem das Resultat betont wird (z. B. *Die Blumen* **sind geschnitten**).
Perfekt	→ Tempus (vollendete Gegenwart). Der im Perfekt dargestellte Sachverhalt reicht in seiner Konsequenz im Gegensatz zum → Präteritum bis in die Gegenwart. (z. B. *Mein Wagen* **ist** *heute Morgen nicht* **angesprungen***. Ich* **habe** *ihn in die Werkstatt* **gebracht***. Die Konsequenz: Zurzeit steht mir mein Wagen nicht zur Verfügung.*)
Person	Kennzeichnung der finiten Form des → Verbs nach 1. Person (Sprecher), 2. Person (Angesprochenem) oder 3. Person (Besprochenem) im Singular oder Plural
Plusquamperfekt	→ Tempus (vollendete Vergangenheit). Kommt zumeist in → Hypotaxen mit abgestuften Zeitverhältnissen vor. (z. B. *Nachdem der Dampfer* **angelegt hatte***, gingen die Passagiere an Land.*)
Possessiv-pronomen	drückt Besitz und Zugehörigkeit aus (z. B. **mein** *Fahrrad,* **deine** *Uhr,* **unser** *Vater*)
Positiv	s. Komparativ

Postposition	einem nominalen Ausdruck nachgestellte → Präposition (z. B. *die Straße* **entlang**; *der Einfachheit* **halber**; *des Geldes* **wegen**)
Prädikat	Der Teil eines Satzes, der <u>nicht</u> → Subjekt ist. Im einfachsten Falle besteht das Prädikat nur aus dem Prädikatskern (z. B. *Peter* **schreibt**.). I. d. R. besteht es jedoch aus dem **Prädikatskern** und Objekten und → Adverbialen. (z. B. *Ich schreibe meinem langjährigen Freund morgen einen ausführlichen Brief*. In diesem Satz besteht der Prädikatskern aus dem finiten Verb (*schreibe*) + **Dativobjekt** (*meinem langjährigen Freund*) + **Adverbial** (*morgen*) + **Akkusativobjekt** (*einen ausführlichen Brief*).
Prädikativum	prädikative Satzteile, die nach einem der Kopulativverben *bleiben, erscheinen, heißen, sein, werden* stehen können (z. B. *Er* **ist klug**. *Jannik* **bleibt hier**.)
Präposition	Wortart, die zumeist einen **bestimmten → Kasus erfordert**; z. B. erfordert *mit* den → Dativ (*Er geht* <u>mit</u> **seinem Freund** *ins Kino*.), *durch* den → Akkusativ (*Wir joggen* <u>durch</u> **den Buchenwald**.)
Präsens	→ Tempus (Gegenwart), bezeichnet ein gerade ablaufendes Geschehen, kann mit Verwendung eines Temporaladverbs auch futurisch gebraucht werden (z. B. *Wir* **fahren morgen** *nach München*.)
Präteritum	→ Tempus (Vergangenheit), im Gegensatz zum → Perfekt signalisiert das Präteritum, dass das vergangene Geschehen abgeschlossen ist und dessen Konsequenzen nicht mehr in die Gegenwart reichen. Häufig wird es als Erzähltempus gebraucht (episches Präteritum), hat dann allerdings „Gegenwartsfunktion" (vgl. z. B. **Morgen war** *Weihnachten*.).
Pronomen	Zu unterscheiden sind **Personalpronomen** (*ich, du, er …*) vs. **Relativpronomen** (*der, die, das* bzw. *welcher, welche, welches*) vs. **Demonstrativpronomen** (*jener, dieses, dasselbe …*) vs. **Possessivpronomen** (*mein, dein, unser …*) vs. **Reflexivpronomen** (*sich, dich …*) vs. **Indefinitpronomen** (*jemand, manche, keiner …*) vs. **Interrogativpronomen** (*wer?, wessen?, was? …*).
Satz	Ein hierarchisch, nach bestimmten Regeln geordnetes Ganzes aus Wörtern bzw. Wortfolgen. Ein Satz ist <u>keine</u> Aneinanderreihung von Wörtern. Das Ganze (Satz) ist mehr als die Summe seiner Teile (Wörter).
Satzglied	zusammenhängende, nicht umstellbare Wortgruppe, die innerhalb eines Satzes verschiebbar ist (z. B. *Der vergessliche Peter benutzt* **wieder einmal** *einen geliehenen Bleistift*. → **Wieder einmal** *benutzt der vergessliche Peter einen geborgten Bleistift*.
Subjekt	Das Subjekt nennt i. d. R. den Handelnden bzw. Verursacher einer durch das → Verb bezeichneten Handlung. (z.B. Es kann auch als sog. *grammatisches Subjekt* fungieren, z. B. bei Witterungsverben (*Es regnet, schneit …*). Es steht immer im → Nominativ (z. B. **Der Chef** *lobte die neue Mitarbeiterin*.)
Tempus	Zeitform. Das Deutsche unterscheidet beim Verb sechs Tempora (*Präsens, Präteritum, Perfekt, Plusquamperfekt, Futur I, Futur II*), von denen nur das Präsens und das Präteritum eigene Formen ausgebildet haben. Die übrigen sind sogenannte umschriebene Formen.
Verb	Wortart, die zeitliche Vorgänge, Handlungen oder Zustände wiedergibt. Zu unterscheiden sind drei Arten von Verben: 1. **Vollverben**, deren Inventar offen ist. 2. die drei → **Hilfsverben** *sein, haben, werden* und 3. die sechs → **Modalverben** *dürfen, können, mögen, müssen, sollen, wollen*.

A = *Anschaulichkeit*, Ä = *ästhetische Anschaulichkeit*, E = *Eindringlichkeit*, S = *Spannungserzeugung*,
K = *kommunikative Wirkung*

Bezeichnung	Erklärung	Beispiel	Funktion
Akkumulation	Anhäufung von Wörtern ohne Nennung des Oberbegriffs	Nun ruhen alle *Wälder, Vieh, Menschen, Städt* und *Felder*. (Paul Gerhardt)	E
Allegorie	bildliche Darstellung (Personifizierung) eines abstrakten Begriffs	*Justitia* für Gerechtigkeit; *Sensenmann* für Tod	A, Ä
Alliteration	gleicher Anlaut bzw. Klang betonter (Stamm-)Silben unmittelbar aufeinanderfolgender oder benachbarter Wörter	*Der* Nebel *drückt die Dächer* schwer (Storm)	E
Allusion	Anspielung; eine als bekannt vorausgesetzte Wendung wird verfremdet.	Was lange *gärt*, wird endlich *Wut*.	S, K
Anadiplose	Der folgende Satz beginnt mit dem Schluss des vorigen.	Er ging *in den Wald, in den Wald* des Romantikers.	E
Anakoluth	syntaktisch nicht folgerichtige Fortsetzung eines Satzes; Satzbruch bzw. Satzabbruch	*Sie schlägt*, die Rüstung ihm vom Leibe reißend, *den Zahn schlägt sie in seine weiße Brust*. (Heinrich von Kleist)	K
Anapher	Wiederholung der Anfangswendung (Wörter, Wortgruppen) in aufeinanderfolgenden Sätzen, Versen, Strophen	*Hörst du*, wie die Brunnen rauschen/*hörst du*, wie die Grille zirpt? (Clemens Brentano)	E, Ä
Antithese	Gegenüberstellung; Zusammenstellung entgegengesetzter Begriffe	Der Wahn ist *kurz*, die Reu ist *lang*. (Schiller)	E, S, Ä
Antonomasie	Umbenennung	*Barbarossa* für Friedrich I.	A, Ä
Aposiopese	Abbruch eines Satzes bzw. einer Satzkonstruktion; Verschweigen des Wichtigsten	Kameraden! *Dieser Brief –* Freut euch mit mir! (Schiller)	K, E, S
Apostrophe	Anrede von Personen bzw. (unsichtbaren) Dingen, Abstrakta	*Freude*, schöner Götterfunken (Schiller)	K
Archaismus	Verwendung altertümlicher Wörter aus stilistischen oder ideologischen Gründen	*abhold* für abgeneigt, *weiland* für einst, früher	Ä
Asyndeton	Reihung ohne koordinierende Konjunktionen	Er *kam, sah, siegte*, statt: Er kam, (und) sah und siegte.	E
Chiasmus	Überkreuzstellung	*Eng* ist die *Welt* und das *Gehirn* ist *weit*. (Schiller)	Ä
Chiffre	Zeichen, dessen Inhalt rätselhaft ist; autorspezifische Metapher	*Schwarze Milch* der Frühe (Celan)	A
Contradictio in adiecto	Widerspruch in der Beifügung, zwischen Substantiv und Adjektiv	*blaues* Blut, *stummer* Schrei	S, A
Correctio	Korrektur eines zu schwach erscheinenden Ausdrucks	Sie lieben Madame? Nein, Sie *anbeten, auf Händen* Sie *tragen* (Heine)	E
Ellipse	Auslassung eines Wortes oder Satzteiles	Je schneller [*es geschieht*], desto besser [*ist es*].	E
Emphase	nachdrückliche Hervorhebung eines Wortes; Ausdruck eigener innerer Bewegung	Hier bin ich Mensch, *hier darf ich's sein*. (Goethe)	E

Enallage	Verschiebung der logischen Wortbeziehung durch grammatische Zuordnung des Adjektivs zu einem Wort (Nomen), zu dem es inhaltlich nicht gehört	das *braune Lachen* ihrer Augen [Die Augen sind braun, <u>nicht</u> das Lachen.]	Ä
Epanalepse	Wiederaufnahme eines Wortes oder eines Satzteils	*Und atmete* lang *und atmete* tief (Schiller)	E
Epipher	Wiederholung eines Wortes oder Wortgefüges am Ende aufeinanderfolgender Satzteile oder Sätze; Umkehrung der Anapher	Nicht jetzt, *sagte er* … nachher, *sagte er*.	E
Exclamatio	Zu einem Ausruf gesteigerte Aussage, meist in Verbindung mit einer Apostrophe	*O Mutter, Mutter! Hin ist hin!* (Gottfried A. Bürger)	E, K
Figura etymologica	Verbindung zweier Wörter desselben Stammes	Das *Lernen lernen*; Gar schöne *Spiele spiel* ich mit dir (Goethe); *betrogene Betrüger*	E, Ä
Geminatio	unmittelbare Wiederholung eines Wortes oder einer Wortgruppe	*Mein Vater, mein Vater*, jetzt faßt er mich an! (Goethe)	E
Hyperbel	Übertreibung	Sie lügt, *dass sich die Balken biegen.*	E, A
Hysteron-Proteron	das Spätere als das Frühere; Verkehrung der logischen, dem Geschehensablauf folgenden Ordnung	Vögel *würgen* und *fangen* (Wolfram von Eschenbach)	S, K
Inversion	von der üblichen Wort- oder Satzgliedstellung abweichende Wort- bzw. Satzgliedfolge	*Groß* ist unser Gott.	S, Ä
Ironie	Eine Äußerung ist anders gemeint als gesagt.	Du siehst heute aber gut aus! [wenn das Gegenteil der Fall ist]	S, Ä, K
Katachrese	Bildbruch: Vermengung von nicht zusammengehörenden Bildern	Der *Zahn der Zeit*, der schon manche *Träne getrocknet* hat, wird auch über diese *Wunde Gras wachsen* lassen.	Ä, S
Klimax	Steigerung	In jeder Partei gibt es *Eifrige*, *Übereifrige* und *Allzueifrige*. (H. Wehner)	E
Kollokation	inhaltliche Kompatibilität bzw. Kombinierbarkeit von Lexemen bzw. abweichende Wortkombination	Dachdecker *gehn entzwei* (van Hoddis)	K, S
Litotes	Bejahung durch doppelte Negation; Hervorhebung eines Begriffs durch Untertreibung	Die Schüler sind *nicht unwillig*; *nicht selten* statt *oft*	S, Ä
Metapher	sprachliches Bild, bildhafte Übertragung aus einem Bedeutungszusammenhang in einen anderen	*Licht* der *Wahrheit*; Der *Löwe* ist der *König* der Tiere	A, Ä
Metonymie	Vertauschung begrifflich in einem Zusammenhang stehender Ausdrücke	Friede [sei] den *Hütten* (= Friede den Armen) (Büchner)	A
Onomatopoesie	Lautmalerei, Klangmalerei	Es *knistert* und *knastert*	E, A, Ä

Oxymoron	Verbindung sich widersprechender Begriffe	*beredtes* Schweigen; *bittere* Süße	S
Parallelismus	parallele Anordnung gleichrangiger Satzglieder bzw. Wiederkehr derselben Wortfolge	*Was ihr nicht tastet, steht euch* meilenfern; *Was ihr nicht faßt, das fehlt euch ganz und gar.* (Goethe)	E
Paronomasie	Wortspiel; semantisch sich ausschließende bzw. etymologisch nicht zusammengehörende, jedoch im Klang sich ähnelnde Wörter	Der von den *Göttern* du stammst, von *Goten* oder vom *Kote* (Herder)	S, Ä
Periphrase	Umschreibung eines Begriffs, vgl. Antonomasie	*Der Allmächtige* für Gott	Ä
Personifikation	Vermenschlichung eines Gegenstandes	Kunst und Naturwissenschaft gehen *Hand in Hand.*	A
Pleonasmus	Form der semantischen Redundanz (Wiederholung): Das semantische Merkmal eines einem Nomen zugeordneten Adjektivs ist bereits in diesem enthalten.	*armer* Bettler; *alter* Greis	S, K
Polyptoton	Wiederholung desselben Wortes in einem Satz bzw. einer Wortfolge in einem anderen Kasus	Der *Mensch* ist dem *Menschen* ein Wolf.	Ä, E
Polysyndeton	Aneinanderreihung von Sätzen bzw. Satzteilen durch koordinierende Konjunktionen	… *und* wiegen *und* tanzen *und* singen dich ein (Goethe)	E
Reihungsstil	Aneinanderreihung von Bildern unterschiedlicher Sinneswahrnehmungen ohne zwingende syntaktische und logische Verbindung (besondere Form der Parataxe)	Ein dicker Junge spielt mit einem Teich, / Der Wind hat sich in einem Baum gefangen. / Der Himmel sieht verbummelt aus und bleich (A. Lichtenstein)	K
Rhetorische Frage	Scheinfrage, zielt nicht auf Antwort, sondern die Betonung einer affektbestimmten Aussage	Wer glaubt denn noch an den Weihnachtsmann?	S, K
Synästhesie	Zwei bzw. mehrere unterschiedliche Sinnesqualitäten werden verschmolzen.	*Golden* weh'n die *Töne* nieder (Clemens Brentano)	Ä
Synekdoche	Ein Teil steht fürs Ganze (Pars pro Toto) oder umgekehrt (Totum pro Parte).	*Klinge* statt Schwert; *Lenze* statt Jahre	A
Tautologie	Form der semantischen Redundanz (Wiederholung): Verbindung meist zweier derselben Wortart zugehörenden Wörter mit derselben bzw. ähnlicher Bedeutung	*nackt* und *bloß*, *einzig* und *allein*	E, K
Vergleich	Form des sprachlichen Bildes, bei dem zwei oder mehrere Personen, Gegenstände bzw. Sachverhalte aufgrund einer Gemeinsamkeit (Tertium Comparationis) miteinander verglichen werden, zumeist durch die Vergleichspartikel wie	Er ist stark *wie* ein Löwe.	A
Zeugma	Verbindung zweier oder mehrerer Substantive durch ein Verb, das zu jedem einzelnen, nicht aber in gleicher Weise zu beiden passt	Er *schlug* das Fenster und sie *den Weg* zum Bahnhof *ein.*	E

Viele literarische Primärtexte sind auch digital zugänglich. Besondere Beachtung unter den im Folgenden aufgeführten Datenbanken verdient das Deutsche Textarchiv. Es stellt u. a. zwischen 1600 und 1900 erschienene deutschsprachige literarische Werke auf der Grundlage von Erstausgaben als elektronische Volltexte zur Verfügung.

Deutsches Textarchiv:	http://www.deutschestextarchiv.de/
Die Deutsche Gedichte-Bibliothek:	https://gedichte.xbib.de/
Digitale Sammlungen (Periodika):	https://de.wikisource.org/wiki/Digitale_Sammlungen
Full text of „Repertorium der gesammten [sic!] deutschen Literatur":	https://archive.org/stream/bub_gb_i58DAAAAYAAJ/ bub_gb_i58DAAAAYAAJ_djvu.txt
Projekt Gutenberg-DE:	https://gutenberg.spiegel.de/
Volltextbibliothek:	http://www.zeno.org/Literatur
Wikisource:	https://de.wikisource.org/wiki/Hauptseite

Literaturverzeichnis

Ajouri, Philip: Literatur um 1900. Naturalismus – Fin de Siècle – Expressionismus. Berlin: Akademie 2009

Alberti, Conrad: Natur und Kunst. Beiträge zur Untersuchung ihres gegenseitigen Verhältnisses. Leipzig o. J. [1890]

Amann, Helmut: Georg Heym. Der Gott der Stadt. Analyse und Interpretationsskizze eines expressionistischen Gedichts. In: Grenzüberschreibungen. Festschrift für Henrik Nikula zu seinem 60. Geburtstag. Hrsg. von Andreas F. Kelletat und Christoph Parry.Vaasa, Mainz: 2002, S. 237-245

Anz, Thomas/Stark, Michael (Hrsg.): Expressionismus. Manifeste und Dokumente zur deutschen Literatur 1910-1920. Stuttgart: Metzler 1982

Anz, Thomas: Literatur des Expressionismus, 2., aktual. und erw. Aufl. Stuttgart, Weimar: Metzler 2010

Arent, Wilhelm (Hrsg.): Moderne Dichter-Charaktere. Mit Einleitungen von Hermann Conradi und Karl Henckell. Leipzig: Wilhelm Friedrich o. J. [1885];
s. auch: http://www.deutschestextarchiv.de/book/view/arent_dichtercharaktere_1885?p=7

Bahr, Hermann: Die Überwindung des Naturalismus. ‚Zur Kritik der Moderne'. Dresden und Leipzig: E. Pierson 1891

Bahr, Hermann: Dialog vom Tragischen: In: Schnödl, Gottfried (Hrsg.): Dialog vom Tragischen, Dialog vom Marsyas, Josef Kainz. Weimar: VDG 2010,S. 1-71;
s. auch: https://www.univie.ac.at/bahr/sites/all/ks/9-dialog.pdf

Bartl, Andrea: Die deutsche Komödie. Metamorphosen des Harlekin. Ditzingen: Reclam 2009

Baumgart, Winfried: Bismarcks Kolonialpolitik. In: Kunisch, Johannes (Hrsg.): Bismarck und seine Zeit. Forschungen zur brandenburgischen und preußischen Geschichte. Neue Folge. Beiheft 1. Berlin: Duncker & Humblot 1992, S. 141-153;
s. auch: https://publications.ub.uni-mainz.de/opus/volltexte/2011/2660/pdf/2660.pdf

Begemann, Christian: Gespenster, Gespenstisches, Wiedergänger. In: E. T. A. Hoffmann-Handbuch. Hrsg. von Christine Lubkoll und Harald Neumeyer. Stuttgart, Weimar: Metzler 2015, S. 267-273

Behler, Ernst u.a. (Hrsg.): Friedrich Schlegel. Kritische Ausgabe seiner Werke. Bd. 2. München, Paderborn, Wien: WBG 1967

Benn, Gottfried: Sämtliche Gedichte. Neunte Aufl. Stuttgart: Klett-Cotta 2016

Benn, Gottfried: Lyrik des expressionistischen Jahrzehnts. Von den Wegbereitern bis zum Dada. Einleitung von Gottfried Benn. München: dtv 1962

Benne, Christian: Nietzsche und die historisch-kritische Philologie. Berlin, New York: de Gruyter 2005

Berg, Christa/Herrmann, Ulrich: Industriegesellschaft und Kulturkrise. Ambivalenz der Epoche des Zweiten Deutschen Kaiserreichs 1870-1918. In: Berg, Christa (Hrsg.): Handbuch der deutschen Bildungsgeschichte, Bd. IV, 1810-1918. Von der Reichsgründung bis zum Ende des Ersten Weltkriegs. München. C.H. Beck: 1991, S. 3-56

Best, Otto F.: Handbuch literarischer Fachbegriffe. Definitionen und Beispiele. 8. Aufl. Frankfurt am Main: S. Fischer 2008

Best, Otto F.: Volk ohne Witz. Über ein deutsches Defizit. Frankfurt am Main: S. Fischer (1993), Reprint 2014

Blecken, Gudrun: Textanalyse und Interpretation zu Naturlyrik vom Mittelalter bis zur Gegenwart. 2. Aufl. Hollfeld: Bange 2014

Böhmer, Otto A.: Lexikon der Dichter. Deutschsprachige Autoren von Roswitha von Gandersheim bis Peter Handke. München und Wien: Hanser 2004

Bölsche, Wilhelm: Die naturwissenschaftlichen Grundlagen der Poesie. Prolegomena einer realistischen Ästhetik. Leipzig: Reissner 1887;
s. auch: https://www.lernhelfer.de/sites/default/files/lexicon/pdf/BWS-DEU1-0582-06.pd

Borst, Arno: Valmy 1792 – ein historisches Ereignis? In: der Deutschunterricht, Jg. 26, Heft 6, Dezember 1974, S. 88-104

Bosse, Anke: Johann Wolfgang von Goethe: Prometheus: Von Revolte und Konkurrenzschöpfertum zur Sprachmacht. In: Enklaar, Jattie u.a.: Schlüsselgedichte. Deutsche Lyrik durch die Jahrhunderte: Von Walther von der Vogelweide bis Paul Celan. Würzburg: Königshausen & Neumann 2009, S. 39-54

Boyle, Nicholas: Kleine deutsche Literaturgeschichte. München: C.H. Beck 2008

Brinkmann, Richard: Expressionismus. Internationale Forschung zu einem internationalen Phänomen. Stuttgart: Metzler 1980

Brochmeyer, Dieter: Der Naturalismus und seine Ausläufer. In: Žmegač, Viktor (Hrsg.): Geschichte der deutschen Literatur vom 18. Jahrhundert bis zur Gegenwart. Bd. II/I, 2., unveränderte Aufl., Königstein/Ts.: Athenäum 1985, S. 153-233

Brochmeyer, Dieter: Schiller. Die Tragödie vom verlorenen Vater. Literaturkritik. Nr. 5, Mai 2005; s. auch: https://literaturkritik.de/id/8136

Brochmeyer, Dieter: Weimarer Klassik. Portrait einer Epoche. Weinheim: Beltz-Athenäum 1998

Bross, Fabian/Kreuzmair, Elias: Basiswissen fürs Examen. Deutsche Lyrik. Paderborn: Wilhelm Fink 2017

Buchheim, Karl: Das deutsche Kaiserreich 1871-1918. München: Kösel 1969

Büchner, Georg: Werke und Briefe. Münchner Ausgabe. Hrsg. von Karl Pörnbacher u.a., 15. Aufl., München: dtv 2015

Buck, Theo: Streifzüge durch die Poesie. Von Klopstock bis Celan. Gedichte und Interpretationen. Köln, Weimar, Wien: Böhlau 2010

Bülow, Bernhard von: Deutschlands Platz an der Sonne. In: Fürst Bülows Reden nebst urkundlichen Beiträgen zu seiner Politik. Mit Erlaubnis des Reichskanzlers gesammelt und hrsg. von Johannes Penzler. I. Bd. 1897-1903. Berlin: Reimer 1907, S. 6-8; s. auch: https://de.wikisource.org/wiki/Deutschlands_Platz_an_der_Sonne

Bunzel, Wolfgang: Das deutschsprachige Prosagedicht. Theorie und Geschichte einer literarischen Gattung der Moderne, Tübingen: Niemeyer 2005

Bürger, Gottfried August: Gedichte. Erster Theil. Göttingen: Dieterich 1789

Burkhardt, Armin: Jacob Grimm als Politiker. In: Armin Burkhardt/Dieter Cherubim: Sprache im Leben der Zeit. Beiträge zur Theorie, Analyse und Kritik der deutschen Sprache in Vergangenheit und Gegenwart. Helmut Henne zum 65. Geburtstag. Tübingen: Niemeyer 2001, S. 449-476

Calé, Walter: Nachgelassene Schriften. Mit einem Vorwort von Fritz Mauthner. Hrsg. und eingeleitet von Arthur Brückmann. Berlin: S. Fischer 1920

Carls, Ottmar/Rieger, Wolfgang: Herrschaftsauffassung Ludwigs XIV. In: Praxis Geschichte. Heft 1, 1988

Carus, Carl Gustav (Hrsg.): Friedrich der Landschaftsmaler. Zu seinem Gedächtniß nebst Fragmenten und seinen nachgelassenen Papieren, seinem Bildniß und seinem Faksimile. Dresden: Teubner 1841;
s. auch: https://epub.ub.uni-muenchen.de/21697/1/8Hist.19581_1.pdf

Comte, Auguste: Die Soziologie. Die positive Philosophie im Auszug. Hrsg. von Friedrich Blaschke. 2. Aufl. mit einer Einleitung von Jürgen Kempski. Stuttgart: Kröner 1974

Conrad, Michael Georg: Zola und Daudet. In: Die Gesellschaft. Münchener Halbmonatschrift für Kunst und Kultur. Hrsg. und begründet von M. G. Conrad. Pierson, Dresden und Leipzig: 1, 1885, Nr. 40

Conradi, Hermann: Unser Credo. In: Moderne Dichter-Charaktere . Hrsg. von Wilhelm Arent. Leipzig: Friedrich o. J. [1885], S. I-IV;
s. auch: http://www.deutschestextarchiv.de/book/view/arent_dichtercharaktere_1885?p=11

Crusius, Otto: Aus der Geschichte der Fabel. Einleitung zu: Kleukens, C[hristian] H[einrich] (Hrsg.): Das Buch der Fabeln. 2. Aufl. Leipzig: Insel 1920; s. auch: http://ds.ub.uni-bielefeld.de/viewer/image/2512406/21/

Danneberg, Lutz: Sprachphilosophie in der Literatur. In: Dascal, Marcello u.a. (Hrsg.): Sprachphilosophie/ Philosophy of Language/La philosophie du langage. Ein internationales Handbuch zur zeitgenössischen Forschung. 2. Halbbd. Berlin, New York: de Gruyter 1996, S. 1538-1566

Danz, Jörg/Jantzen, Jörg (Hrsg.): Gott, Natur, Kunst und Geschichte: Schelling zwischen Identitätsphilosophie und Freiheitsschrift. Göttingen: Vandenhoeck & Ruprecht 2011

Die Bibel oder Heilige Schrift des Alten und Neuen Testaments nach Übersetzung Martin Luthers. Stuttgart: Deutsche Bibelgesellschaft 1982; s. auch: https://www.bibel-online.net/

Dithmar, Reinhard: Die Fabel. Geschichte, Struktur, Didaktik. 7. Aufl. Paderborn, München, Wien, Zürich: Schöningh 1988

Dörmann, Felix: Sensationen. Wien: Weiss 1897;
s. auch: http://www.zeno.org/Literatur/M/D%C3%B6rmann,+Felix/Gedichte/Sensationen/Sensationen/Was+ich+liebe

Dorn, Nico: Lessings Fabeln – Kampfmittel der Aufklärung? In: Abi-Box Deutsch. „Literatur und Sprache um 1800" und „Drama und Kommunikation". Lehrermappe. Baustein B: Aufklärung: die erhellende Kraft der Vernunft, Hannover 2011; s. auch: http://www.texttexturen.de/lessing-fabeln-aufklaerung/

Dörr, Volker C./Oellers, Norbert (Hrsg.): Johann Wolfgang Goethe: Mit Schiller. Briefe, Tagebücher und Gespräche vom 24. Juni 1794 bis zum 9. Mai 1805. Teil II: Vom 1. Januar 1800 bis zum 9. Mai 1805. Hrsg. von Volker C. Dörr und Norbert Oellers. Frankfurt a. M. 1999

Dudenredaktion (Hrsg.): Das Herkunftswörterbuch. Etymologie der deutschen Sprache. 5., neu bearb. Auflage. Berlin: Duden 2014 (= Duden Band 7)

Eberle, Matthias: Max Liebermann 1847-1935. Werkverzeichnis der Gemälde und Ölstudien. Band 1: 1865-1899. München: Hirmer 1995

Eckermann, Johann Peter: Gespräche mit Goethe in den letzten Jahren seines Lebens. Hrsg. von Fritz Bergemann. 11. Aufl. Berlin: Insel 2015

Eibl, Karl: Expressionismus. In: Hinderer, Walter (Hrsg.): Geschichte der deutschen Lyrik vom Mittelalter bis zur Gegenwart, 3. Aufl. Würzburg: Könighausen & Neumann 2010, S. 420-438

Eichendorff, Joseph von: Dichter und ihre Gesellen. Novelle. In: Dichter und ihre Gesellen. Sämtliche Erzählungen II. Hrsg. von Brigitte Schillbach und Hartwig Schultz. Frankfurt am Main: Deutscher Klassiker Verlag 2007, S. 105-353

Eichendorff, Joseph von: Dichter und ihre Gesellen. Sämtliche Erzählungen II. Hrsg. von Brigitte Schillbach und Hartwig Schultz. Frankfurt am Main: Deutscher Kalkiger Verlag 2007

Einsiedel, Wolfgang von: Kindlers Literatur Lexikon. 25 Bde. München: dtv 1974

Eisler, Rudolf: Kant-Lexikon. Nachschlagewerk zu Immanuel Kants sämtlichen Schriften, Briefen und handschriftlichem Nachlaß. Bearbeitet von Rudolf Eisler (Nachdruck der Ausgabe Berlin 1930), Hildesheim: Weidmann 2015

Elm, Theo/Hasubek, Peter: Fabel und Parabel in der Kultur der Aufklärung. In: Elm, Theo; Hasubek, Peter (Hrsg.): Einleitung: Fabel und Parabel. Kulturgeschichtliche Prozesse im 18. Jahrhundert. München: Fink 1994

Engels, Friedrich: [Georg Weerth, der erste und bedeutendste Dichter des deutschen Proletariats] In: „Der Sozialdemokrat", Nr. 24, 7. Juni 1883; s. http://www.mlwerke.de/me/me21/me21_005.htm

Enklaar, Jattie u.a. (Hrsg.): Schlüsselgedichte. Deutsche Lyrik durch die Jahrhunderte: Von Walther von der Vogelweide bis Paul Celan. Würzburg: Königshausen& Neumann 2009

Enzensberger, Hans Magnus: Verteidigung der Wölfe (1957), Frankfurt am Main: Suhrkamp 1999

Fähnders, Walter: Avantgarde und Moderne 1890-1933. Lehrbuch Germanistik. 2., aktual. und erw. Auflage. Stuttgart, Weimar: Metzler 2010

Feuerbach, Ludwig: Das Wesendes Christentums. Ditzingen: Reclam 1984

Fleck, Robert/zu Salm-Salm, Marie-Amélie (Hrsg.): Max Liebermann. Wegbereiter der Moderne. Katalog zur Ausstellung in der Kunst- und Ausstellungshalle der Bundesrepublik Deutschland. Bonn 2011 und in der Hamburger Kunsthalle 2011/12. 2011

Fontane, Theodor: Der Dichter über sein Werk. Zwei Bände. Hrsg. von Richard Brinkmann in Zusammenarbeit mit Waltraud Wiethölter. München: dtv 1977

Fontane, Theodor: Effi Briest. Roman. Mit einem Nachwort von Kurt Wölfel. Ditzingen: Reclam 1998

Fontane, Theodor: Gedichte. 10. Aufl. Stuttgart und Berlin: J. G. Cotta'sche Buchhandlung Nachfolger 1905

Fontane, Theodor: Unsere lyrische und epische Poesie seit 1848. In: Biedermann, Karl (Hrsg.): Deutsche Annalen zur Kenntniß der Gegenwart und Erinnerung an die Vergangenheit. Erster Band. Leipzig: Avenarius & Mendelssohn 1853, S. 353-377; s. auch: https://archive.org/details/bub_gb_tToAAAAAcAAJ/page/n363

Forschner, Maximilian: Thomas von Aquin. München: C.H. Beck 2006

Förster, Ernst: Geschichte der deutschen Kunst. Fünfter Theil. Von 1820 bis zur Gegenwart. Leipzig: Weigel 1860

Frantz, Erich: Die Kunst im neuen Jahrhundert. Hamm i. W.: Beer & Thiemann 1902

Frenzel, Herbert A./Frenzel, Elisabeth: Daten deutscher Dichtung. Chronologischer Abriß der deutschen Literatur-geschichte. Bd. 1: Von den Anfängen bis zum Jungen Deutschland; Bd. 2: Vom Realismus bis zur Gegen-wart, 24. Aufl. München: dtv 1988

Freud, Sigmund: Vorlesungen zur Einführung in die Psychoanalyse. In: Mitscherlich, Alexander u. a. (Hrsg.): Sigmund Freud. Studienausgabe. Frankfurt am Main: S. Fischer 1969, S. 34-445; s. auch: http://gutenberg.spiegel.de/buch/-926/18

Freud, Sigmund: Das Unbehagen in der Kultur, 1930; s. http://gutenberg.spiegel.de/buch/das-unbehagen-in-der-kultur-922/2

Freud, Sigmund: Eine Schwierigkeit der Psychoanalyse. In: Freud, Sigmund (Hrsg.): Imago – Zeitschrift für Anwendung der Psychoanalyse auf die Geisteswissenschaften. V. 1. Leipzig, Wien 1917, S. 1-7

Freytag, Nils: Das Wilhelminische Kaiserreich 1890-1914. Paderborn: Schöningh 2018

Fricke, Gerhard: Geschichte der deutschen Dichtung. 5. Aufl. Lübeck, Hamburg: Matthiesen 1957

Fromkin, David: Europas letzter Sommer. Die scheinbar friedlichen Wochen vor dem Ersten Weltkrieg. München: Blessing 2005

Gaarder, Jostein: Sofies Welt. Roman über die Geschichte der Philosophie. Aus dem Norwegischen von Gabriele Haefs. München: Hanser 1993

Galland, Georg: Nationale Kunst. Gesammelte Aufsätze. Leipzig: Xenien 1910

Geibel, Emanuel: Gesammelte Werke. In acht Bänden. Erster Band: Tugendgedichte, Zeitstimmen, Sonnette. Stuttgart: Cotta 1883; s. auch: https://archive.org/stream/gesammeltewerke0102geibuoft#page/n3/mode/2up/search/Distichen

Gelfert, Hans-Dieter: Gedichtinterpretation: Ein Fahrplan: http://www.literatur-wissen.de/Studium/Gedichtinterpretation/gedichtinterpretation.html

Gellert, Christian Fürchtegott: Die Fahrt auf der Landkutsche. Dichtungen, Schriften, Lebenszeugnisse. Hrsg. und mit einem Nachwort von Karl Wolfgang Becker. Berlin: Der Morgen 1985

Gellert, Christian Fürchtegott: Fabeln und Erzählungen. Hrsg. von Karl-Heinz Fallbacher, Stuttgart: Reclam 2016

Gellert, Christian Fürchtegott: Gesammelte Schriften. Kritische, kommentierte Ausgabe. Bd. II. Hrsg. von Bernd Witte Berlin. New York: de Gruyter 1997

George, Stefan: Über Dichtung. In: Blätter für die Kunst. Zweite Folge, IV. Band. Berlin 1894, S. 122; s. auch: https://www.uni-due.de/lyriktheorie/scans/1894_george.pdf

George, Stefan: Das Jahr der Seele. Berlin: Blätter für die Kunst 1897; s. auch: http://www.deutschestextarchiv.de/book/view/george_seele_1897/?hl=k%C3%BChnen&p=28

Gerlach, Hans Martin: Kant und die Berliner Aufklärung. In: Eichhorn, Wolfgang (Hrsg.): Revolution und Denkungsart. Zum 200. Todestag von Immanuel Kant. Sitzungsberichte der Leibniz-Sozietät. Bd. 69, Berlin: Trafo 2005

Gerstenberg, Heinrich Wilhelm von: Briefe über Merkwürdigkeiten der Litteratur. Erster Band. Schleswig und Leipzig: Hansen 1767, Brief 20; s. auch: https://www.uni-due.de/lyriktheorie/texte/1767_gerstenberg.html

Gerstenberg, Heinrich Wilhelm von: Ugolino. Eine Tragödie, in fünf Aufzügen. Hamburg und Bremen: Cramer 1786; s. auch: http://www.deutschestextarchiv.de/book/view/gerstenberg_ugolino_1768?p=5

[Gervinus, Georg Gottfried]: Venetianische Briefe über neudeutsche und altitalienische Malerei. In: Blätter für literarische Unterhaltung. Jahrgang 1839. Zweiter Band. Leipzig: F. A. Brockhaus 1839, Nr. 216, 4. August 1839, S. 873-875

Gödde, Günter: Schopenhauer und die Psychoanalyse. 2012; s. http://www.jp.philo.at/texte/GoeddeG2.pdf

Goethe, Johann Wolfgang von: Egmont. Ein Trauerspiel in fünf Aufzügen. Ditzingen: Reclam 2018

Goethe, Johann Wolfgang von: Faust. Eine Tragödie. Tübingen: Cotta 1808; s. http://www.deutschestextarchiv.de/book/view/goethe_faust01_1808/?hl=Gewi%C5%BF%C5%BFenhaft;p=7

Goethe, Johann Wolfgang von: Goethe's Schriften. Achter Band. Leipzig: Göschen 1789

Goethe, Johann Wolfgang von: Iphigenie auf Tauris. Ein Schauspiel. Ächte Ausgabe. Leipzig: Göschen 1787; s. auch: http://www.deutschestextarchiv.de/book/view/goethe_iphigenie_1787/?hl=Es;p=8

Goethe, Johann Wolfgang von: Was wir bringen. Vorspiel, bey der Eröffnung des neuen Schauspielhauses zu Lauchstädt. Tübingen: Cotta 1802

Goethe, Johann Wolfgang von: Wilhelm Meisters Lehrjahre. Ein Roman. Band 4. Frankfurt [Main] und Leipzig o. V. 1796;

s. auch: http://www.deutschestextarchiv.de/book/view/goethe_lehrjahre04_1796/?hl=unbedingtes;p=7

Goethe, Johann Wolfgang: Götz von Berlichingen mit der eisernen Hand. Ein Schauspiel. o.O., o. V., 1773; s. auch: http://www.deutschestextarchiv.de/book/view/goethe_goetz_1773/?hl=Ha%CD%A4ndel;p=5

Gottsched, Johann Christoph: Versuch einer Critischen Dichtkunst vor die Deutschen. In: Schriften zur Literatur. Hrsg. von Horst Steinmetz. Ditzingen: Reclam 2009

Greiner, Ulrich: Lust auf Bildung. Literatur. In: Die Zeit, Nr. 4, 2006

Grillparzer, Franz: Der Traum ein Leben. In: Sämtliche Werke. Ausgewählte Briefe. Berichte. Hrsg. von Peter Frank und Karl Pörmbacher. München: Hanser [1960-1965], S. 90-181; s. auch: http://www.zeno.org/Literatur/M/Grillparzer,+Franz/Dramen/Der+Traum+ein+Leben?hl=der+traum+ein+leben

Grimmelshausen, Hans Jakob Christoffel von: Deß Weltberuffenen Simplicissimi Pralerey und Gepräng mit seinem Teutschen Michel. o. O. [Nürnberg] 1673; s. auch: http://www.deutschestextarchiv.de/book/view/grimmelshausen_michel_1673/?hl=Pralerey&p=7

Grünewald, Heidi: Joan Maragalls Rezeption deutscher Literatur im Identitätsdiskurs der Moderne. (Diss.) Barcelona 2011

Gryphius, Andreas: Vanitas, Vanitatum, Et Omnia Vanitas. Es ist alles gätz eytel. Eccl. I.V. 2. In: Andreae Gryphii Sonnete. Gedruckt zur Polnischen Lissa durch Wigandum Funck, o.J. [1637]

Gryphius, Andreas: Sonnete [sic]. Das erste Buch. Gedruckt zur Polnischen Lissa durch Wigandum Funck 1643

Gryphius, Andreas: Freuden und Trauer-Spiele auch Oden und Sonnette. Breßlau: Lischken und Trescher 1658; s. auch: https://commons.wikimedia.org/wiki/Category:Gryphius_Sonnette_(1658)#/media/File:Gryphius_Sonnette_(1658)_A_2.jpg

Gryphius, Andreas: Gedichte. Herausgegeben von Thomas Borgstedt. Ditzingen: Reclam 2012

Guery, Michael: Eine kleine Geschichte der Philosophie. Von Thales bis Sartre. Donauwörth: Auer 2006

Hahn, Hans-Werner/Berding, Helmut: Reformen, Restauration und Revolution 1806-1848/49. Stuttgart: Klett-Cotta 2010 [=Gebhardt, Bruno (Hrsg.): Handbuch der deutschen Geschichte. Zehnte, völlig neu bearb. Auflage,, Bd. 14]

Hahn, Ulla (Hrsg.): Gedichte fürs Gedächtnis. Zum Inwendig-Lernen und Auswendig-Sagen. Ausgewählt und kommentiert von Ulla Hahn. Mit einem Nachwort von Klaus von Dohnanyi. 23. Aufl., München: DVA 2016

Hanke, Michael: Lyrik des Expressionismus. Lektüreschlüssel für Schülerinnen und Schüler. Stuttgart: Reclam 2013

Hanstein, Adalbert von: Das jüngste Deutschland. Zwei Jahrzehnte miterlebte Literaturgeschichte. Leipzig: Voigtländer 1900

Hauptmann, Gerhart: Der Apostel. Bahnwärter Thiel. Novellistische Studien. Berlin: S. Fischer 1892; s. http://www.deutschestextarchiv.de/book/view/hauptmann_bahnwaerter_1892?p=11

Hauptmann, Gerhart: Vor Sonnenaufgang. Soziales Drama. Berlin: Conrad 1889 s. auch: http://www.deutschestextarchiv.de/book/view/hauptmann_sonnenaufgang_1889/?hl=Iiii;p=7

Hegel, Georg Friedrich Wilhelm: Grundlinien der Philosophie des Rechts oder Naturrecht und Staatswissenschaft im Grundrisse. Mit einer Einleitung herausgegeben von Bernhard Lakebrink. Ditzingen: Reclam 2009

Hegel, Georg Friedrich Wilhelm: Vorlesungen über die Philosophie der Geschichte. Mit einer Einführung von Theodor Litt. Ditzingen: Reclam 2016

Hegel, Georg Wilhelm Friedrich: Vorlesung über die Philosophie der Geschichte. Mit einer Einführung von Theodor Litt. Ditzingen: Reclam 2016

Hehn, Victor: Gedanken über Goethe (Auswahl). Nikosia, Cyprus 2016 (Nachdruck der Ausgabe 1925)

Heine, Heinrich: Gesammelte Werke. Köln: Anaconda 2017

Heine, Heinrich: Ueber den Denunzianten. Eine Vorrede zum dritten Theile des Salons. Hamburg: Hoffmann und Campe 1837; s. auch: https://de.wikisource.org/wiki/Ueber_den_Denunzianten

Heine, Heinrich: Werke und Briefe in zehn Bänden. Hrsg. von Hans Kaufmann. 2. Aufl. Berlin und Weimar: Aufbau 1972

Henckell, Karl: Die neue Lyrik. In: Moderne Dichter-Charaktere. Hrsg. von Wilhelm Arent. Leipzig: Friedrich o. J. [1885], S. V-VII; s. auch: http://www.deutschestextarchiv.de/book/view/arent_dichtercharaktere_1885?p=15

Henel, Heinrich (Hrsg.): Gedichte Conrad Ferdinand Meyers. Wege ihrer Vollendung. Tübingen: Niemeyer 1962

Henne, Helmut: Sprachliche Spur der Moderne. In Gedichten um 1900: Nietzsche, Holz, George, Rilke, Morgenstern. Berlin, New York: de Gruyter 2010

Herder, Johann Gottfried: Abhandlung über den Ursprung der Sprache, welche den von der Königl. Academie der Wissenschaften für das Jahr 1770 gesetzten Preis erhalten hat. Berlin: Voß 1772; s. auch: https://archive.org/details/HerderAbhSprache1772/page/n3

Herder, Johann Gottfried: Journal meiner Reise im Jahr 1769. Vollständige Neuausgabe mit einer Biographie des Autors. Hrsg. von Karl-Maria Guth. Berlin: Contumax 2013

Herding, Klaus: Realismus. In: Busch, Werner/Schmock, Peter (Hrsg.): Kunst. Die Geschichte ihrer Funktionen. Weinheim, Berlin: Quadriga/Beltz 1987

Hermand, Jost: Fünfzig Jahre Germanistik. Aufsätze, Statements, Polemiken 1959-2009. Bern: Peter Lang 2009

Herwegh, Georg: Die Kunst der deutschen Prosa. Ästhetisch, literargeschichtlich, gesellschaftlich. Berlin: Veit und Comp 1837

Herwegh, Georg: Eine demokratische Verirrung. In: Gedichte und kritische Aufsätze aus den Jahren 1839 und 1840. Erste Abtheilung, 1939. Constanz,: Belle-Vue 1845, S. 88-95

Heym, Georg: Aus den Tagebüchern, s. http://gutenberg.spiegel.de/buch/-6998/2

Heym, Georg: Werke mit einer Auswahl von Entwürfen aus dem Nachlass, von Tagebuchaufzeichnungen und Briefen. Hrsg. von Gunter Martens. Ditzingen: Reclam 2006

Hildebrand, Dieter: Das Berliner Schloss. Deutschlands leere Mitte. München: Hanser 2011

Hillebrand, Bruno (Hrsg.): Über Gottfried Benn. Kritische Stimmen. 1912-1986. 2 Bde. Frankfurt am Main: S. Fischer 1987; s. auch: http://www.planetlyrik.de/bruno-hillebrand-hrsg-uber-gottfried-benn-band-1/2015/07/

Hiller, Kurt: Das Cabaret und die Gehirne Salut. Rede zur Eröffnung des neopathetischen Cabarets. In: Der Sturm, Jg. 1 1910/11, Heft 44, S. 351; s. auch: https://digi.ub.uni-heidelberg.de/diglit/sturm1910_1911/0357/image

Hiller, Kurt: Die Jüngst-Berliner. In: Literatur und Wissenschaft. Monatliche Beilage Heidelberger Zeitung. Jg. 53, Nr. 169, 22. Juli 1911, Nr. 7; s. auch: https://www.uni-due.de/lyriktheorie/scans/1911_2hiller.pdf

Hinck, Walter: Stationen der deutschen Lyrik. Von Luther bis in die Gegenwart – 100 Gedichte und Interpretationen. Mit 9 Abbildungen. 2. Auflage. Göttingen: Vandenhoeck & Ruprecht 2001

Hobbes, Thomas: Vom Bürger. Elemente der Philosophie III (1642). Aus dem Englischen von Max Frischeisen-Köhler. Hamburg: Meiner 1977

Hofmannsthal, Hugo von: Gesammelte Werke in zehn Einzelbänden. Reden und Aufsätze 1-3. Band 1, Frankfurt am Main 1979

Hofmannsthal, Hugo von: Ein Brief. In: Hugo von Hofmannsthal. Der Brief des Lord Chandos. Schriften zur Literatur, Kultur und Geschichte. Herausgegeben von Mathias Mayer. Ditzingen: Reclam 2012, S. 46-59

Hofmannsthal, Hugo von: Gabriele d'Annunzio. In: Hugo von Hofmannsthal. Der Brief des Lord Chandos. Schriften zur Literatur, Kultur und Geschichte. Herausgegeben von Mathias Mayer. Ditzingen: Reclam 2012, S. 23-35

Hofmannsthal, Hugo von: Über Gedichte. In: Die neue Rundschau. XV. Jahrgang. Erster Band. Berlin: S. Fischer 1904, S. 129-139; s. auch: https://www.uni-due.de/lyriktheorie/scans/1904_hofmannsthal.pdf

Hofmannsthal, Hugo von: Poesie und Leben. In: Die Zeit. Wochenschrift (Wien), VII. Bd., Wien, Nr. 85, 16. Mai 1896, S. 104-106; s. auch: https://www.uni-due.de/lyriktheorie/scans/1896_hofmannsthal.pdf

Hofstaetter, Walther/Peters, Ulrich (Hrsg.): Sachwörterbuch der Deutschkunde. 2 Bde. Leipzig: Teubner 1930.

Hohorst, Gerd u.a. (Hrsg.): Sozialgeschichtliches Arbeitsbuch II. Materialien zur Statistik des Kaiserreichs 1870-1914. 2., durchgesehene Aufl., München: C.H. Beck 1978

Holz, Arno/Schlaf, Johannes: Die Familie Selicke. Drama in drei Aufzügen. Berlin: Wilhelm Issleib (Gustav Schuhr) 1890; s. auch: http://www.deutschestextarchiv.de/book/view/holz_selicke_1890/?hl=Immer;p=9

Holz, Arno: [Die Dichtkunst der Jetztzeit.] Ein offener Brief an Herrn Richard Fellner. In: Kyffhäuser Zeitung. Wochenschrift für alle Universitätsangehörigen deutschen Stammes und deutscher Zunge. III. Jg. 1883, Nr. 4 (22. Okt.), S. 38-40; Nr. 5 (29. Okt.), S. 48-50, Nr. 6 (5. Nov.), S. 57-58. [Erschienen ist der 3-teilige Artikel unter dem Pseudonym „Heinrich v. Ofterdingen"]; s. https://www.uni-due.de/lyriktheorie/scans/1883_holz.pdf

Holz, Arno/Schlaf, Johannes: Papa Hamlet. Übersetzt und mit einer Einleitung versehen von Dr. Bruno Franzius. Leipzig: Reissner 1889; s. auch: http://www.deutschestextarchiv.de/book/view/holz_hamlet_1889/?hl=Tipp;p=5

Holz, Arno: Phantasus. 1. Heft. Berlin: Sassenbach 1898; s. auch: http://www.deutschestextarchiv.de/book/view/holz_phantasus01_1898?p=9

Holz, Arno: [Selbstanzeige] Phantasus. Berlin, Sassenbach. In: Harden, Maximilian (Hrsg.): Die Zukunft.

Dreiundzwanzigster Band. Berlin, 1898, S. 210-217;
s. auch: https://archive.org/details/diezukunft34hardgoog/page/n5

Holz, Arno: Das Buch der Zeit. Lieder eines Modernen. 2., vermehrte Aufl. Berlin: F. Fontane 1892

Holz, Arno: Das Buch der Zeit. Lieder eines Modernen. Zürich: Schabelitz 1886;
s. http://www.deutschestextarchiv.de/book/view/holz_buch_1886?p=9

Holz, Arno: Die Kunst. Ihr Wesen und ihre Gesetze. Berlin: Wilhelm Issleib (Gustav Schuhr) 1891;
s. https://archive.org/details/diekunstihrwese02holzgoog/page/n11

Holz, Arno: Revolution der Lyrik. Berlin: Sassenbach 1899

Honolka, Kurt: Schubart: Dichter, Musiker, Journalist und Rebell. Sein Leben, sein Werk. Stuttgart: Deutsche Verlagsanstalt 1985

Hotz, Karl (Hrsg.): Gedichte aus sieben Jahrhunderten. Interpretationen. 3., veränderte Aufl. Bamberg: Buchners 1993

Hübner, Anna-Louise: Zur Verbürgerlichung preußischer Wohnkultur. Schloß Charlottenhof und Berliner Interieurs in der ersten Hälfte des 19. Jahrhunderts im Kontext zeitgenössischer Magazine und Vorbilderhefte für Möbel. Berlin 2004 (Diss. 1997)

Hürlimann, Thomas: Ein Licht? Ein Hauch? Ein Traum? In: Die Zeit, Nr. 20, 2015
s. auch: http://www.zeit.de/2015/20/inspiration-dichter-kreativitaet-geheimnis

Illies, Christian: Der Mensch und die Evolution. In: Hofer, Michael (Hrsg.): Über uns Menschen. Philosophische Selbstvergewisserungen. Bielefeld: transcript 2010 S. 9-32

Ishibashi, Michio: Liliencrons „In memoriam". Zur Genese eines impressionistischen Gedichts. [1992] S. 100-109; s. https://www.jstage.jst.go.jp/article/dokubun1947/89/0/89_0_100/_pdf

Kandylis, Panjotis: Die Aufklärung im Rahmen des neuzeitlichen Rationalismus. Stuttgart: Klett-Cotta 1981

Kant, Immanuel: Was ist Aufklärung? In: Berlinische Monatsschrift. 1784, Heft 12, S. 481-494;
s. auch: http://www.deutschestextarchiv.de/book/view/kant_aufklaerung_1784?p=17

Kant, Immanuel: Critik der practischen Vernunft. Riga: Hartknoch 1788

Kant, Immanuel a): Grundlegung zur Metaphysik der Sitten. Hrsg. von Theodor Valentiner. Ditzingen: Reclam 2017

Kant, Immanuel b): Kritik der Urteilskraft. Herausgegeben von Gerhard Lehmann. Ditzingen: Reclam 2017

Karthaus, Ulrich: Sturm und Drang. Epoche, Werke, Wirkung. Zweite, aktualisierte Auflage. München. C.H. Beck 2007

Keller, Gottfried: Der grüne Heinrich. Nach der ersten Fassung von 1854/55 hrsg. von Jörg Drews, Ditzingen: Reclam 2016

Kerner, Justinus: Werke. 6 Teile in 2 Bänden. Hrsg. von Raimund Pissin. Bd. 1 u. 2, Berlin: Bong 1914.

Kiesewetter, Hubert: Industrielle Revolution in Deutschland. Regionen als Wachstumsmotoren. Stuttgart: Steiner 2004

Kipphoff, Petra: [Detlev von Liliencron] Ein unzeitgemäßer deutscher Dichter. In: Die Zeit Nr. 17/1965;
s. https://www.zeit.de/1965/17/ein-unzeitgemaesser-deutscher-dichter

Kittstein, Ulrich: Deutsche Lyrik. Ein Lesebuch mit Gedichten und Interpretationen. Darmstadt: L. Schneider 2011

Kittstein, Ulrich: Liebeslyrik. In: Storm Handbuch. Leben – Werk – Wirkung. Hrsg. von Christan Demandt/Philipp Theisohn. Stuttgart: Metzler 2017, S. 74-80

Klee, Paul: Schöpferische Konfession. In: Tribüne der Kunst und der Zeit. Eine Schriftensammlung. Hrsg. von Kasimir Edschmidt. Bd. XIII. Berlin: Reiß 1920, S. 28-40; s. auch: https://upload.wikimedia.org/wikipedia/commons/1/1c/Schoepferische_Konfession_-_Paul_Klee.pdf

Klopstock, Friedrich Gottlieb: Klopstocks Werke. Zweyter Band. Oden zweyter Band. Leipzig: Göschen 1798

Kluckert, Ehrenfried: Eduard Mörike. Sein Leben und Werk. Köln: DuMont 2004

Kluge, Friedrich: Etymologisches Wörterbuch der deutschen Sprache. 23. erw. Aufl., bearb. von Elmar Seebold. Berlin, New York: de Gruyter 1999

Kluge, Manfred: Zwischen Himmel und Erde. Erzählung von Otto Ludwig. In: Kindlers Literaturlexikon im dtv. 25 Bände. Bd. 24 Nachträge. München: dtv 1974, S. 11112 f.

Knaller, Susanne: Die Realität der Kunst. Programme und Theorien zu Literatur, Kunst und Fotografie seit 1700. Paderborn: Fink 2015

Knoepffler, Nikolaus (Hrsg.): Von Kant bis Nietzsche. Schlüsseltexte zur klassischen deutschen Philosophie. 2, erweiterte und kommentierte Auflage. München: Utz 2000

Knopf, Jan/Žmegač, Viktor: Expressionismus als Dominante. In: Žmegač, Viktor (Hrsg.): Geschichte der deutschen Literatur vom 18. Jahrhundert bis zur Gegenwart. Band II/2. 2., unveränderte Aufl. Königstein/ Ts.: Athäneum 1985, S. 413-500

Köhn, Eckhardt: Die Erfahrung des Machens. Zur Frühgeschichte der modernen Poetik von Lessing bis Poe. Bielefeld: transcript 2005

Koldehoff, Stefan: Carl Spitzweg. Das Lieblingsbild der Deutschen. In: Die Zeit Nr. 3/2012

Kölsch, Hanskarl: Heinrich Heine. Zeit – Leben – Werk. Ein Wintermärchen. Norderstedt: BoD 2010

Korten, Lars: Poietischer Realismus. Zur Novelle der Jahre 1848-1888. Stifter, Keller, Meyer, Storm. Tübingen: Niemeyer 2009.

Krauße, Anna-Carola: Kompaktwissen Malerei von der Renaissance bis heute. Potsdam: Ullmann 2018

Krebs, Gilbert/Polonie, Bernard (Hrsg.): Volk, Reich und Nation. Texte zur Einheit Deutschlands in Staat, Wirtschaft und Gesellschaft 1806-1918. Paris: Presses Sorbonne Nouvelle 1994

Krummacher, Hans-Henrik: Mitteilungen zur Chronologie und Textgeschichte von Mörikes Gedichten. In: Martini, Fritz u.a. (Hrsg.): Jahrbuch der deutschen Schillergesellschaft, 6. Jg., 1962, S. 253-310

Krummel, Richard Frank: Nietzsche und der deutsche Geist. Band II. Ausbreitung und Wirkung des Nietzscheschen Werkes im deutschen Sprachraum vom Todesjahr bis zum Ende des Ersten Weltkrieges. Ein Schriftenverzeichnis der Jahre 1901-1918. Zweite, verbesserte und ergänzte Auflage. Berlin, New York: de Gruyter 1998

Kruse, Wolfgang: Das deutsche Kaiserreich. Sozialdemokratie zwischen Ausnahmegesetzen und Sozialreformen. 2012;
http://www.bpb.de/geschichte/deutsche-geschichte/kaiserreich/139650/sozialdemokratie-zwischen-ausnahmegesetzen-und-sozialreformen

Kühlmann, Wilhelm: Literatur und Kultur im deutschen Südwesten zwischen Renaissance und Aufklärung. Neue Studien, Walter E. Schäfer zum 65. Geburtstag gewidmet. Amsterdam: Rodopi 1965

Lahnstein, Peter: Schillers Leben. München: List 1981

Langbehn, Julius: Rembrandt als Erzieher. 72.-76. Aufl. Leipzig: Hirschfeld 1922;
s. https://gutenberg.spiegel.de/buch/rembrandt-als-erzieher-2235/1

Leixner, Otto von: Die moderne Kunst und die Ausstellung der Berliner Akademie. Erster Band. Die Ausstellung 1877. Berlin 1878

Lessing, Gotthold Ephraim: Werke. Bd. I. Hrsg. von Herbert G. Göpfert, Karl S. Guthke. München: Hanser 1970

Liebermann, Max: Die Phantasie in der Malerei. 4. Aufl., Berlin: Cassirer;
s. http://gutenberg.spiegel.de/buch/die-phantasie-in-der-malerei-757/4

Liliencron, Detlev von: [Rezension zu Arno Holz'] Das Buch der Zeit. In: Friedrichs, Hermann (Hrsg.): Magazin für die Litteratur des In- und Auslandes. Organ des Allgemeinen Deutschen Schriftsteller-Verbandes. 54. Jg., Nr. 31, 1. August 1885; Leipzig und Berlin: Friedrich 1885, S. 483-484;
s. auch: https://archive.org/details/bub_gb_N30DAAAAYAAJ/page/n493

Liliencron, Detlev von: Gesammelte Werke. Zweiter Band. Gedichte. Nachdruck des Originals von 1911: Verone 2017

Liliencron, Detlev von: Gute Nacht. Berlin 1909;
s. http://www.zeno.org/Literatur/M/Liliencron,+Detlev+von/Gedichte/Gute+Nacht

Liliencron, Detlev von: Adjutantenritte und andere Gedichte. Leipzig: Friedrich o.J. [1883];
s. auch: http://www.deutschestextarchiv.de/book/view/liliencron_adjutantenritte_1883?p=7

Lorenz, Dagmar: Wiener Moderne. 2., aktualisierte und überarbeitete Aufl. Stuttgart, Weimar: Metzler 2007

Lublinski, Samuel: Der Ausgang der Moderne. Ein Buch der Opposition. Dresden: Reissner 1909. Neu hrsg. von Gotthart Wunberg. Tübingen 1976;
s. auch: https://archive.org/details/derausgangdermod00lubluoft/page/194

Ludwig, Otto: Dickens und die deutsche Dorfgeschichte (1860). In Ludwig, Otto: Romane und Romanstudien. Hrsg. von William J. Lilliyman. München: Hanser 1977, S. 545-551

Ludwig, Otto: Shakespeare-Studien. Mit einem Vorbericht und sachlichen Erläuterungen. Original-Ausgabe. Zweite Auflage. Halle: Gesenius 1901;
s. auch: http://diglib.uibk.ac.at/download/pdf/288453?name=Shakespeare-Studien

Lukács, Georg: Theorie des Romans: ein geschichtsphilosophischer Versuch über die großen Formen der Epik. Hamburg 1963

Mach, Ernst: Die Analyse der Empfindungen und das Verhältnis des Physischen zum Psychischen. 9. Aufl. Jena: Gustav Fischer 1922; s. auch: https://archive.org/details/dieanalysederemp00mach/page/n6

Mai, Manfred: Geschichte der deutschen Literatur. Mit Bildern von Rotraut Susanne Berner. 7. Aufl. Weinheim, Basel: Beltz 2015

Mangold, Sabine: Eine weltbürgerliche Wissenschaft. Die deutsche Orientalistik im 19. Jahrhundert. Stuttgart: Steiner 2004

Marinetti, Filippo Tommaso: Manifeste du futurisme. 1909: http://www.kunstzitate.de/bildendekunst/manifeste/futurismus.htm

Marinetti, Filippo Tommaso: Die futuristische Literatur. Technisches Manifest. In: Der Sturm. 3. Jg. Nr. 133, Oktober 1912, S. 194-195
s. auch: http://bluemountain.princeton.edu/bluemtn/cgi-bin/bluemtn?a=d&d=bmtnabg191210-05.1.1&e= -------en-20--1--txt-txIN-------

Martens, Gunter: Vitalismus und Expressionismus. Ein Beitrag zur Genese und Deutung expressionistischer Stilstrukturen und Motive. Stuttgart, Berlin, Köln, Mainz: Kohlhammer 1971

Martinec, Thomas: Lessings Theorie der Tragödienwirkung: humanistische Tradition und aufklärerische Erkenntniskritik. Tübingen: Niemeyer 2003 (Untersuchungen zur deutschen Literaturgeschichte, Bd. 116)

Martus, Steffen: Die Brüder Grimm. Eine Biographie. Reinbek: Rowohlt 2015

Marx, Karl: Zur Kritik der politischen Ökonomie. Berlin: Duncker 1859; s. auch: https://gutenberg.spiegel.de/ buch/zur-kritik-der-politischen-4976/1

Mehring, Franz: Aufsätze zur deutschen Literatur von Hebbel bis Schweichel. Hrsg. von Thomas Höhle u. a. Berlin: Dietz 1961

Meid, Volker: Metzler Literatur Chronik. Werke deutschsprachiger Autoren. 3., erw. Auflage. Stuttgart; Weimar: Metzler 2006

Meid, Volker: Sachwörterbuch zur deutschen Literatur. Stuttgart: Reclam 1999

Memmel, Matthias: Deutsche Genremalerei des 19. Jahrhunderts – Wirklichkeit im poetischen Realismus. Diss. München 2013

Menzel, Wolfgang: Die junge Literatur (Fortsetzung) In: Literaturblatt auf das Jahr 1836. Redigiert von Wolfgang Menzel. Nr. 3, 8. Januar 1836, S. 9-13

Meyer, Conrad Ferdinand: Gedichte. Leipzig: Haessel 1882; s. auch http://www.deutschestextarchiv.de/book/view/meyer_gedichte_1882?p=7

Meyer, Dorle: Doppelbegabungen im Expressionismus. Zur Beziehung von Kunst und Literatur bei Oskar Kokoschka und Ludwig Meidner. Göttingen: Universitätsverlag 2013

Meyer, Theo: Nietzsche und die klassische Moderne. In: Kopij, Marta/Wojciech, Kunicki (Hrsg.): Nietzsche und Schopenhauer. Rezeptionsphänomene der Wendezeiten. Leipzig: Universitätsverlag 2006, S. 13-47

Meyer, Ursula I.: Der philosophische Blick auf die Kunst. Aachen: ein-FACH, 2016

Moréas, Jean: Un Manifeste Littéraire; s. https://gallica.bnf.fr/ark:/12148/bpt6k2723555/f2.item Deutsche Übersetzung: https://www.uni-due.de/lyriktheorie/texte/1886_moreas.html

Moréas, Jean: Un manifeste littéraire. Le symbolisme. (Ein literarisches Manifest. Der Symbolismus) 1886; s. https://gallica.bnf.fr/ark:/12148/bpt6k2723555/f2.item (https://www.uni-due.de/lyriktheorie/ texte/1886_moreas.html)

Mörike, Eduard: Gedichte. Auswahl und Nachwort von Bernhard Zeller. Ditzingen: Reclam 2018

Mühsam, Erich a): Kain. In: Mühsam, Erich (Hrsg.): Kain. Zeitschrift für Menschlichkeit. München. Jg. 1, Nr. 1, April 1911, S. 1-4; s. auch: https://archive.org/details/erich-muehsam_Kain/page/n1

Mühsam, Erich b): Appell an den Geist. In: Mühsam, Erich (Hrsg.): Kain. Zeitschrift für Menschlichkeit. München. Jg. 1, Nr. 2, Mai 1911, S. 17-21; s. auch https://archive.org/details/erich-muehsam_Kain/page/n19:

Müller, Johann von: J[ohann] G[ottffried] v[on] Herders sämmtliche Werke. Zur schönen Literatur und Kunst. Dreizehnter Theil. Carlsruhe im Büreau der deutschen Classiker 1821

Müller, Silke/Wess, Susanne: Studienbuch. Neuere Deutsche Literaturwissenschaft. 1720-1848. Basiswissen. Zweite, durchgesehene Aufl. Würzburg: Königshausen & Neumann 1999

Müller, Wilhelm: Bibliothek deutscher Dichter des siebenzehnten Jahrhunderts. 10 Bde. 1822-1827, Bd. X, Leipzig: Brockhaus 1827

Neugebauer, Karl-Volker (Hrsg.): Grundkurs deutsche Militärgeschichte. Band 1. Die Zeit bis 1914. Vom Kriegshaufen zum Massenheer. München: Oldenbourg 2006

Nietzsche, Friedrich: Schopenhauer als Erzieher (1874); s. http://www.zeno.org/nid/20009229841

Nietzsche, Friedrich: Menschliches, Allzumenschliches. Ein Buch für freie Geister (1878). Köln: Anaconda 2006

Nietzsche, Friedrich: Unzeitgemäße Betrachtungen. David Friedrich Strauß. Vom Nutzen und Nachteil der Historie für das Leben. Schopenhauer als Erzieher. Richard Wagner in Bayreuth. Berlin: H. Contumax & Co. KG 2016 (Sammlung Hofenberg); s. auch: http://www.zeno.org/nid/20009229841

Nietzsche, Friedrich a): Die fröhliche Wissenschaft (1882). Hamburg: Nicol 2017

Nietzsche, Friedrich b): Also sprach Zarathustra. Ein Buch für Alle und Keinen (1883-1885). 5. Aufl. Frankfurt am Main: S. Fischer 2017

Nietzsche, Friedrich c): Zur Genealogie der Moral. Eine Streitschrift (1887). Hamburg: Nikol 2017

Nietzsche, Friedrich d): Ecce homo. Mit einem Nachwort von Volker Gernhardt. 10. Aufl. München: dtv 2018; s. auch: http://www.zeno.org/Philosophie/M/Nietzsche,+Friedrich/Ecce+Homo/Warum+ich+so+klug+-bin?hl=amor+fat

Nietzsche, Friedrich e): Über Wahrheit und Lüge im außermoralischen Sinne (1873). Herausgegeben, kommentiert und mit einem Nachwort versehen von Kai Sina. Ditzingen: Reclam 2018

Nipperdey, Thomas: Deutsche Geschichte 1800-1866. Bürgerwelt und starker Staat. München: C.H. Beck 1983

Nörtemann, Regina: Jakob van Hoddis. Dichtungen und Briefe. Zürich: 1987

Novalis (d. i. Hardenberg, Friedrich von): Schriften. Hrsg. von Ludwig Tieck und Fr[iedrich] Schlegel. Fünfte Auflage. Erster Theil. Berlin: Reimer 1837

Novalis: Schriften. Hrsg. von Ludwig Tieck und Ed[uard] v. Bülow. Dritter Theil. Berlin: Reimer 1846

Novalis: Fragmente und Studien. Die Christenheit oder Europa. Hrsg. von Carl Paschek. Ditzingen: Reclam 1996; s. auch: http://www.philos-website.de/index_g.htm?autoren/novalis_g.htm~main2

Novalis: Gesammelte Werke. Hrsg. von Hans Jürgen Balmes. 2. Aufl. Frankfurt am Main: S. Fischer 2015, S. 357-471

Novalis: Heinrich von Ofterdingen. Ein Roman. Hrsg. von Wolfgang Frühwald. Ditzingen: Reclam 2017

Nübel, Birgit/Wolf, Christian N. (Hrsg.): Robert-Musil-Handbuch. Berlin, Boston: de Gruyter 2016

Peters, Friedrich Ernst: Detlev von Liliencron. In: Im Dienst der Form. Gesammelte Aufsätze. Göttingen: Deuerlich 1947, S. 28-48. Digitalisiert 2012, S. 5-27: https://publishup.uni-potsdam.de/opus4-ubp/frontdoor/deliver/index/docId/5564/file/peters_liliencron.pdf

Pfeffel, Gottlieb Konrad: Poetische Versuche. Erster bis Dritter Theil, Band 2, Tübingen: Cotta 1802

Pinthus, Kurt (Hrsg.): Menschheitsdämmerung. Symphonie jüngster Dichtung. Berlin: Rowohlt 1920; Classic Reprint. London 2018

Plumpe, Gerhard (Hrsg.): Theorie des bürgerlichen Realismus. Eine Textsammlung. Ditzingen: Reclam 2009

Polenz, Peter von: Deutsche Sprachgeschichte vom Spätmittelalter bis zur Gegenwart. Bd. II. 17. und 18. Jahrhundert: Berlin, New York: de Gruyter 1994

Polenz, Peter von: Geschichte der deutschen Sprache. 10., völlig neu bearbeitete Auflage von Norbert Richard Wolf. Berlin, New York: de Gruyter 2009

Poppe, Birgit: Spitzweg und seine Zeit. Leipzig: Seemann 2015

Potthast, Barbara (Hrsg.): Christian Friedrich Daniel Schubart. Das Werk. Heidelberg: Winter 2016

Prawer, Siegbert S.: Mörike und seine Leser. Versuch einer Wirkungsgeschichte. Mit einer Mörikebibliographie und einem Verzeichnis der wichtigsten Vertonungen. Stuttgart: 1960 (Veröffentlichungen der Schillergesellschaft, 23)

Probst, Maximilian: Ludolf Wienbargs „Ästhetische Feldzüge". Vergessener Vordenker. In: taz. die tageszeitung, 23. März 2009; http://www.taz.de/!696173/

Radisch, Iris: Als die Kunst noch helfen sollte. Eine Revolution, die auf Samtpfoten heranschleicht: „Über die ästhetische Erziehung des Menschen in einer Reihe von Briefen". In: Die Zeit Nr. 2/2005

Reinartz, Burkhard: „Der Himmel ist überall, auch in dir selber". Der Mystiker und Philosoph Jakob Böhme: In: Deutschlandfunk, 8. Oktober 2013: https://www.deutschlandfunk.de/der-himmel-ist-ueberall-auch-in-dir-selber.886.de.html?dram:article_id=264305

Reitmeyer, Ursula; Zumhof, Tim (Hrsg.): Rousseau zur Einführung. Berlin: LIT 2014.

Reuter, Gabriele: Aus guter Familie. Leidensgeschichte eines Mädchens. Berlin: Fischer 1908 s. auch: https://gutenberg.spiegel.de/buch/aus-guter-familie-7364/1 (18. Aufl. 1908)

Richter, Eugen: Politisches ABC-Buch. Ein Lexikon parlamentarischer Zeit- und Streitfragen. 9. Aufl. Berlin: Fortschritt AG 1898; s. auch: http://freisinnige-zeitung.de/archives/8565

Riedel, Erik/Wenzel, Mirjam: Ludwig Meidner. Expressionismus, Ekstase, Exil. Berlin: Mann 2018

Riedel, Wolfgang: Die anthropologische Wende. Schillers Modernität. In: Hinderer, Walter (Hrsg.): Friedrich Schiller und der Weg in die Moderne. Würzburg: Königshausen & Neumann 2006, S. 143-164

Riegel, Werner: Bemerkungen zu Jakob van Hoddis. In: ders.: Gedichte und Prosa. Mit einem Nachwort von Peter Rühmkorf. Wiesbaden: Limes 1961, S. 57-60

Rieser, Ferdinand: „Des Knaben Wunderhorn" und seine Quellen. Ein Beitrag zur Geschichte des deutschen Volksliedes und der Romantik. Dortmund: Ruhfus 1908

Rilke, Rainer Maria: Briefe aus den Jahren 1902-1906. Hrsg. von Ruth Sieber-Rilke und Carl Sieber. Leipzig: Insel 1929; s. auch: https://www.uni-due.de/lyriktheorie/scans/1903_rilke.pdf

Rilke, Rainer Maria: Sämtliche Werke. Hrsg. Rilke-Archiv. 6 Bde. Wiesbaden 1955

Ritter, Ralf-Dietrich: Die deutsche Gedichte-Bibliothek: https://gedichte.xbib.de/impressum.htm

Rölleke, Heinz u.a. (Hrsg.): Die Märchen der Brüder Grimm. Eine Einführung. 2., durchgesehene Aufl. München, Zürich: Artemis 1986

Rosenberger, Sebastian: Satirische Sprache und Sprachreflexion. Grimmelshausen im diskursiven Kontext seiner Zeit. Berlin, Boston: de Gruyter 2015

Rousseau, Jean-Jacques: Der Gesellschaftsvertrag oder Grundsätze des politischen Rechts. Aus dem Französischen von Hermann Denhardt. Köln: Anaconda 2012

Rousseau, Jean-Jacques: Abhandlung über den Ursprung und die Grundlagen der Ungleichheit unter den Menschen. Aus dem Französischen übersetzt und hrsg. von Philipp Rippel. Ditzingen: Reclam 2017

Rousseau, Jean-Jacques: Emile oder Über die Erziehung. Herausgegeben, eingeleitet und mit Anmerkungen versehen von Martin Rang. Unter Mitarbeit des Herausgebers aus dem Französischen übertragen von Eleonore Sckommodau. Ditzingen: Reclam 2018

Rubiner, Ludwig: Der Dichter greift in die Politik. In: Die Aktion. Jg. 1912, Nr. 21, 22. Mai, Spalte 645-652, fortgesetzt Nr. 23, 5. Juni, Sp. 709-715; s. auch: https://archive.org/details/DieAktion02jg1912/page/n243

Ruffing, Reiner: Philosophiegeschichte. Paderborn: Fink 2015

Rühmkorf, Peter: Bemerkungen zu Jakob van Hoddis' „Weltende". In: Stratenwerth, Irene (Hrsg.): all meine pfade rangen mit der nacht. jakob van hoddis. Frankfurt am Main und Basel: Stroemfeld 2001, S. [16]

Safranski, Rüdiger: Friedrich Nietzsche. Biographie seines Denkens. München: Hanser 2000

Safranski, Rüdiger: Goethe und Schiller. Geschichte einer Freundschaft. München: Hanser 2009

Safranski, Rüdiger: Romantik: Eine deutsche Affäre. 6. Aufl. Frankfurt: Fischer 2015

Saße, Günter: Die aufgeklärte Familie. Untersuchungen zur Genese, Funktion und Realitätsbezogenheit des familiären Wertesystems im Drama der Aufklärung. Tübingen: de Gryuter 1988 (Studien zur deutschen Literatur, Bd. 95)

Schädlich, Horst: „lyrix"-Unterrichtsmaterialien März/April 2011: Leitmotiv „Es ist alles eitel"; s. https://www.deutschlandfunk.de/lyrix-marz-april11-pdf-deutschunterricht.media.da7d8e7a4bb687e337bc75da0ad847d1.pdf

Schediwy, Robert: Rückblick auf die Moderne. Wien: LIT 2014

Schenkendorf, Max: Max von Schenkendorf's sämmtliche Gedichte. Erste vollständige Ausgabe. Berlin: Eichler 1837

Schiller, Friedrich: Was heißt und zu welchem Ende studiert man Universalgeschichte. Eine Akademische Antrittsrede bey Eröffnung [sic] seiner Vorlesungen gehalten von Friedrich Schiller, Professor der Geschichte in Jena. Jena 1789; s. auch: http://www.deutschestextarchiv.de/book/view/schiller_universalgeschichte_1789/?hl= fliehendes;p=3

Schiller, Friedrich (Hrsg.): Musen-Almanach für das Jahr 1798. Tübingen: Cotta 1797

Schiller, Friedrich: Ueber naive und sentimentalische Dichtung. In: Schillers sämmtliche Werke in zehn Bänden. Mit Privilegien gegen den Nachdruck. Zehnter Band. Stuttgart und Tübingen: Cotta 1844, S. 281-368

Schiller, Friedrich: Wallenstein. Ein dramatisches Gedicht. II Wallensteins Tod. Ein Trauerspiel in fünf Aufzügen. Ditzingen: Reclam 2000

Schiller, Friedrich: Sämtliche Gedichte in einem Band. Hrsg. von Jochen Golz. Frankfurt am Main und Leipzig: Insel 2005

Schiller, Friedrich: Vom Pathetischen und Erhabenen. Schriften zur Dramentheorie. Hrsg. von Klaus L. Berghahn. Ditzingen 2009; s. auch: http://gutenberg.spiegel.de/buch/ueber-das-pathetische-3311/1

Schiller, Friedrich: Über Anmuth und Würde. Hamburg: tradition classics o. J. [2012]

Schiller, Friedrich: Über die ästhetische Erziehung des Menschen in einer Reihe von Briefen. Mit den Augustenburger Briefen. Hrsg. von Klaus L. Berghahn. Durchgesehene und bibliographisch ergänzte Ausgabe. Ditzingen: Reclam 2013

Schlaf, Johannes: Detlev von Liliencron. Ein litterarisches Bild von Johannes Schlaf. In: Conrad M[ichael] G[eorg] (Hrsg.): Die Gesellschaft. Monatsschrift für Literatur und Kunst. Jahrgang 1887, Erstes Semester. Leipzig, S. 227-230; s. auch: https://www.uni-due.de/lyriktheorie/scans/1887_schlaf.pdf

Schlechter, Armin: Des Knaben Wunderhorn. Eine Momentaufnahme des populären Liedes. 2008; s. https://www.uni-heidelberg.de/presse/ruca/ruca08-1/02.html

Schlegel, August Wilhelm: August Wilhelm von Schlegel's sämmtliche Werke. Hrsg. von Eduard Böcking, Bd. 1, Leipzig: Weidmann 1846

Schlegel, Friedrich: „Athenaeum"-Fragmente und andere frühromantische Schriften. Hrsg. von Johannes Endres. Ditzingen: Reclam 2018

Schlegel, Friedrich: Lucinde. Bekenntnisse eine Ungeschickten. Ein Roman. Erster Theil. Berlin: Frölich 1799; s. auch: http://www.deutschestextarchiv.de/book/view/schlegel_lucinde_1799/?hl=Prolog;p=4

Schmid, Thomas: Dem Bürger fliegt vom spitzen Kopf die Hut. In: Die Welt, 8. Januar 2011, S. 4-5; s. auch: https://www.welt.de/print/die_welt/vermischtes/article12041405/Dem-Buerger-fliegt-vom-spitzen-Kopf-der- Hut.html

Schmidt, Arno: Herder, oder vom Primzahlmenschen. In: ders.: Nachrichten von Büchern und Menschen. Zur Literatur des 18. Jahrhunderts. Bd. 1. Frankfurt am Main: Fischer 1971

Schmidt, Helmut: Pflicht und Gelassenheit. In: Die Zeit, Nr. 9/2015

Schmidt, Helmut: Was ich noch sagen wollte. München: Pantheon 2016

Schmidt, Julian: Georg Büchner. In: Die Grenzboten. Zeitschrift für Politik und Literatur, redigirt [sic] von Gustav Freitag [sic] und Julian Schmidt, 10. I. Semester, I. Band. Leipzig: Herbig 1851, S. 121-128

Schmidt, Julian: Idee und Wirklichkeit. In: Plumpe, Gerhard (Hrsg.): Theorie des bürgerlichen Realismus. Ditzingen: Reclam 2009, S. 121-124

Schmidt, Rainer: Macht, Schuld, Schuldfähigkeit und Freiheit. Eine individualpsychologische Studie. Göttingen: V & R unipress 2008

Schmitz-Scholemann, Christoph: Gellert – ein fast vergessener Aufklärer. Deutschlandfunk, 04.07.2015: http://www.deutschlandfunk.de/vor-300-jahren-geboren-gellert-ein-fast-vergessener.871.de.html?dram: article_id=324417

Schnackenberg, Martin/ Bernhardt, M.: Der ‚lange Hunderter' von 1908 – Geld als Quelle. In: Bernhardt, Markus (Hrsg.): 10 Stunden, die funktionieren. Geplante und erprobte Geschichtsstunden. Schwalbach/Ts. Wochenschau Verlag 2017. Vgl. auch: https://wwi.lib.byu.edu/index.php/B%C3%BClow%27s_%27Hammer_and_Anvil%27_Speech_before_the_ Reichstag

Schneider, Eva-Maria: Herkunft und Verbreitungsformen der „Deutschen Nationaltracht der Befreiungskriege" als Ausdruck politischer Gesinnung. Band I Textteil. Bonn (Diss.) 2002

Schopenhauer, Arthur: Die Welt als Wille und Vorstellung. Zwei Bände. Frankfurt am Main und Leipzig: Insel 1996

Schubart, Christian Friedrich Daniel: Gedichte. Leipzig [o. J.] s. auch: http://www.zeno.org/Literatur/M/Schubart,+Christian+Friedrich+Daniel/Gedichte/Gedichte

Schubart, Ludwig: [Christian Friedrich Daniel] Schubart's Karakter. Von seinem Sohne Ludwig Schubart. Erlangen 1798

Schulz, Gerhard: Romantik. Geschichte und Begriff. 3. Auflage. München: C.H. Beck 2008

Schutte, Jürgen: Lyrik des deutschen Naturalismus (1885-1893). Stuttgart: Metzler 1976

Selg, Anette/Wieland, Reiner (Hrsg.) : Diderots Enzyklopädie. Mit Kupferstichen aus den Tafelbänden. Berlin: Die Andere Bibliothek 2013; vgl. auch: https://de.wikipedia.org/wiki/Encyclop%C3%A9die_ou_Dictionnaire_raisonn%C3%A9_des_ sciences,_des_arts_ et_des_m%C3%A9tiers

Sengle, Friedrich: Das Genie und sein Fürst. Die Geschichte der Lebensgemeinschaft Goethes mit dem Herzog Carl August von Sachsen-Weimar-Eisenach. Ein Beitrag zum Spätfeudalismus und zu einem vernachlässigten Thema der Goetheforschung. Stuttgart, Weimar: Metzler 1993

Shakespeare, William: Sämtliche Werke in vier Bänden. Bd. 3, Berlin: Aufbau 1975

Siemann, Wolfram: Deutschlands Ruhe, Sicherheit und Ordnung. Die Anfänge der politischen Polizei 1806-1866. Berlin: de Gruyter 1985

Siemann, Wolfram: Verbote, Normierungen und Normierungsversuche. In: Geschichte des Deutschen Buchhandels im 19. und 20. Jahrhundert. Bd. 1. Das Kaiserreich 1817-1918. Hrsg. von der Historischen Kommission im Auftrag des Börsenvereins des Deutschen Buchhandels. Frankfurt am Main 2001, S. 87-121

Simmel, Georg: Die Großstädte und das Geistesleben. In: Petermann, Theodor (Hrsg.): Die Großstadt. Vorträge und Aufsätze zur Städteausstellung. Jahrbuch der Gehe-Stiftung. Bd. 9. Dresden 1903, S. 185-206

Simmel, Georg: Schopenhauer und Nietzsche. Paderborn: Salzwasser 2015

Sørensen, Bengt Algot (Hrsg.): Geschichte der deutschen Literatur. Bd. II. Vom 19. Jahrhundert bis zur Gegenwart. 3., aktualisierte Ausgabe, München: C.H. Beck 2010

Staas, Christian: Gebrüder Grimm. Ein Gespräch mit dem Germanisten Heinz Rölleke über die wahre Herkunft der Grimmschen Märchen. In: Die Zeit, Nr. 50, 2012;
s. auch: https://www.zeit.de/2012/50/Brueder-Grimm-Maerchen-Roelleke

Stach, Reiner: Kafka. Die Jahre der Entscheidung. 6. Aufl., Frankfurt am Main: Fischer 2015

Stade, Heinz: Unterwegs zu Schiller. Berlin: Aufbau 2005

Steinecke, Hartmut (Hrsg.): Romanpoetik in Deutschland. Von Hegel bis Fontane. Tübingen: Narr 1984 (Deutsche Textbibliothek Bd. 3)

Stephan, Inge: Inszenierte Weiblichkeit. Codierung der Geschlechter in der Literatur des 18. Jahrhunderts. Köln, Weimar, Wien: Böhlau 2004

Stifter, Adalbert: Leben und Werk in Briefen und Dokumenten. Hrsg. von Kurt Gerhard Fischer. Frankfurt am Main: Insel 1962

Stifter, Adalbert: Bunte Steine. Erzählungen. Hrsg. von Helmut Bachmaier. Ditzingen: Reclam 1994

Storm, Theodor: Briefe in zwei Bänden. Bd. 2. Berlin und Weimar: Aufbau 1984

Storm, Theodor: Gesammelte Werke in sechs Bänden. Hrsg. von Gottfried Honnefelder. Bd. I. Frankfurt am Main: Insel, 1983

Stratenwerth, Irene (Hrsg.): all meine pfade rangen mit der nacht. jakob van hoddis. hans davidsohn (1887-1942). Frankfurt am Main und Basel: Stroemfeld 2001

Strauß, David Friedrich: Christian Friedrich Daniel Schubart's Leben in seinen Briefen. Zwei Bde. Bd. I, Berlin: Duncker 1849

Szyrocki, Marian (Hrsg.): Andreas Gryphius. Gesamtausgabe der deutschsprachigen Werke, Bd. 1: Sonette. Tübingen: Niemeyer 1963

Tomann, Rolf (Hrsg.): Klassizismus und Romantik. Architektur, Skulptur, Malerei, Zeichnung 1750-1848. Köln: Könemann 2000

Trache, Claudia: Deutschlands Supertalent. Der Maler Max Liebermann – Begründer der Moderne in Deutschland. In: Jüdische Rundschau. Unabhängige Monatszeitung, Nr. 2, Februar 2016

Turk, Horst (Hrsg.): Theater und Drama. Theoretische Konzepte von Corneille bis Dürrenmatt. Tübingen: Narr 1992

Türk, Klaus: Bilder der Arbeit. Eine ikonografische Anthologie. Wiesbaden: Westdeutscher Verlag 2000

Vernon, Magdalen D.: The Psychology of Perception. Harmondsworth: Penguin 1962

Visser, Gerard: Erlebnisdruck. Philosophie und Kunst im Bereich eines Übergangs und Untergangs. Würzburg: Königshausen & Neumann 2005

Vogt, Jochen: Einladung zur Literaturwissenschaft. Mit einem Vertiefungsprogramm im Internet. 7., erw. und aktualisierte Aufl. Paderborn: Fink 2016

Wagenknecht, Christian (Hrsg.): Karl Kraus. Schriften. Frankfurt am Main: Suhrkamp 1989

Wagenknecht, Sahra: Lest mehr Goethe! In: Focus, Nr. 16/2011;
s. https://www.sahra-wagenknecht.de/de/article/966.lest-mehr-goethe.html

Warneken, Bernd Jürgen: Schubart. Der unbürgerliche Bürger. Frankfurt am Main: Eichborn 2009

Weber, Max: Wissenschaft als Beruf. In: Geistige Arbeit als Beruf. Vier Vorträge vor dem Freistudentischen Bund. Erster Vortrag. München und Leipzig: Duncker & Humblot 1919;
s. auch: http://www.deutschestextarchiv.de/book/view/weber_wissenschaft_1919/?hl=Entzauberung;p=1

Weber, Max: Politik als Beruf. In: Geistige Arbeit als Beruf. Vier Vorträge vor dem Freistudentischen Bund. Zweiter Vortrag. München und Leipzig: Duncker & Humblot 1919

Weerth, Georg: Das Hungerlied. Aus: Gedichtzyklus „Die Not" (1844/45) [zu Lebzeiten Weerths wurde das Gedicht nicht veröffentlicht]; Näheres s. unter: https://de.wikisource.org/wiki/Das_Hungerlied

Wehler, Hans-Ulrich: Das Deutsche Kaiserreich 1871-1918. 7. Aufl. Göttingen: Vandenhoeck & Ruprecht 1994

Wehrle, Martin: Führungskräfte. Das Zitat... und Ihr Gewinn. In: Die Zeit Nr. 21/2011; s. auch: https://www.zeit.de/2011/21/C-Coach

Weiß, Juliane: Das Motiv der Apokalypse in Literatur und Malerei des Expressionismus. Dargestellt an Werken von Max Beckmann, Georg Heym, Ludwig Meidner und Paul Zech. Hamburg: Diplomica 2015

Werfel, Franz: Der Weltfreund. Gedichte. Berlin-Charlottenburg: Juncker 1911; s. auch: https://archive.org/details/3322507/page/n5

Wiegmann, Hermann: Abendländische Literaturgeschichte. Die Literatur in Westeuropa von der griechischen und römischen Dichtung der Antike bis zur modernen englischen, französischen, spanischen, italienischen und deutschen Literatur. Würzburg: Königshausen & Neumann 2003

Wienbarg, L[udolf]: Aesthetische Feldzüge. Dem jungen Deutschland gewidmet. Hamburg: Hoffmann und Campe 1846

Wilamowitz-Moellendorff, Ulrich von: Reden aus der Kriegszeit. Berlin: Weidmann 1915

Wildner, Manfred: Freiheit, Gleichheit, Brüderlichkeit. In: Das Gesundheitswesen, Ausg. 02, April. Stuttgart: Thieme 2012, S. 59-60

Wilpert, Gero von: Sachwörterbuch der Literatur. 7., verbesserte und erweiterte Auflage. Stuttgart: Kröner 1989

Winckelmann, Johann Joachim: Geschichte der Kunst des Alterthums. 2 Bde. Dresden: Waltherische Hof-Buchhandlung 1764

Winckelmann, Johann Joachim: Gedancken über die Nachahmung der Griechischen Wercke in der Mahlerey und Bildhauer-Kunst. Sendschreiben. Erläuterung. Hrsg. von Max Kunze.. Ditzingen: Reclam 2013

Wisitzky, Klaus: Wie Essen größer wurde. Die Eingemeindungspolitik der Stadt Essen im Kaiserreich [o. O, o. J.]; https://media.essen.de/media/histiorisches_portal/historischesportal_dokumente/startseite_5/Dr_Wisotzky_Beitrag_Eingemeindungen.pdf

Wolf, Gerhard (Hrsg.): Die Ehre hat mich nie gesucht. Lessing in Berlin. Gedichte, Briefe, kritische Schriften, Stücke. Berlin: Der Morgen 1985

Wolf, Norbert: Caspar David Friedrich 1774-1840. Der Maler der Stille. Köln: Taschen 2017

Wolff, Eugen: Die Moderne. Zur ,Revolution' und ,Reform' der Litteratur. In: Deutsche academische Zeitschrift für alle geistigen Interessen. (Organ der „Deutschen academischen Vereinigung"). 3. Jg. Nr. 33, 26. September 1886. Erstes Beiblatt. unpag. [4-6]; s. auch: https://www.uni-due.de/lyriktheorie/scans/1886_wolff.pdf

[Wolff, Eugen]: Zehn Thesen des Vereins „DURCH!" zur literarischen Moderne [1888]. Zitiert nach: Deutsche Universitätszeitung, Jg. 1, 1888, Nr. 1; s. auch: https://deutschunterlagen.files.wordpress.com/2015/01/naturalismus-10-thesen-c2abdurchc2bb.pdf

Wunberg, Gotthart u.a. (Hrsg.): Die Wiener Moderne. Literatur, Kunst und Musik zwischen 1890 und 1910. Ditzingen: Reclam 2018

Wyss, Ulrich: Die Grimmsche Philologie in der Postmoderne. In: Hildebrand, Reiner u.a. (Hrsg.): Brüder-Grimm-Symposion zur historischen Wortforschung. Untersuchung zur Sprach- und Kulturgeschichte des Deutschen in seinen europäischen Bezügen. Bd. 1, Berlin, New York: de Gruyter 1986

Zanucci, Mario: Transfer und Modifikation. Die französischen Symbolisten in der deutschsprachigen Lyrik der Moderne. 1890-1923, Berlin, Boston: de Gruyter 2016

Zeller, Bernhard: Schiller. Eine Bildbiographie. München: Kindler 1958

Zietz, Peer: Franz Heinrich Schwechten. Ein Architekt zwischen Historismus und Moderne. Mit Photographien von Uwe H. Rüdenburg. Stuttgart, London: Menges 1999

Žmegač, Viktor: Kleine Geschichte der deutschen Literatur. Von den Anfängen bis zur Gegenwart. 3., durchgesehene Aufl. Frankfurt am Main: Athenäum 1989

Zola, Émile: Mes haines. Causeries littéraires et artistiques. Mon salon. Paris: Charpentier 1866; s. auch: https://flaubert.univ-rouen.fr/jet/public/feuilletoir/feuilletoir.php?f=bibliotheque/feuilletoir/zola_haines#9

Zola, Émile: Der Experimentalroman. Eine Studie. Leipzig: Zeitler 1904 s. auch: https://archive.org/details/bub_gb_nGhBAAAAYAAJ

Zola, Émile: Thérèse Raquin. Aus dem Französischen übersetzt und mit einem Nachwort von Ernst Sander. Ditzingen: Reclam 2007

Zuckmayer, Carl: Der Hauptmann von Köpenick. 5. Aufl., Frankfurt am Main: S. Fischer 2014